LA BATAILLE DE SAINT-PRIVAT

PAR

GERMAIN BAPST

Avec cartes

PARIS
LIBRAIRIE PLON
PLON-NOURRIT ET Cie, IMPRIMEURS-ÉDITEURS
8, RUE GARANCIÈRE — 6e

—

1913
Tous droits réservés

Il a été tiré de cet ouvrage 5 exemplaires sur papier de cuve des papeteries d'Arches numérotés de 1 à 5.

LA BATAILLE
DE SAINT-PRIVAT

LA BATAILLE DE SAINT-PRIVAT

PAR

GERMAIN BAPST

Avec cartes

PARIS
LIBRAIRIE PLON
PLON-NOURRIT ET Cie, IMPRIMEURS-ÉDITEURS
8, RUE GARANCIÈRE — 6^e
—
1913
Tous droits réservés

Droits de reproduction et de traduction
réservés pour tous pays.

PRÉFACE

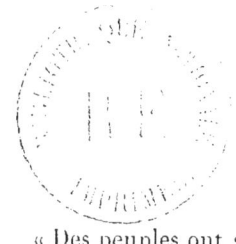

« Des peuples ont succombé parce que dans le bien-être et le luxe ils ont négligé leurs armements.

« Celui qui ne les maintient pas en état montre qu'il a fini de jouer son rôle.

« La France en 1870, la Turquie aujourd'hui ont dû se rendre compte de cette vérité.

« M. de Bethmann-Hollweg. »

Un peuple doit sans cesse étudier ses victoires comme ses défaites et méditer sur leurs causes.

Ses victoires lui apprennent ce qu'il peut oser et lui donnent confiance en lui-même ; sans cela il est incapable de jouer un rôle intellectuel, social, civilisateur ou militaire.

S'il s'en tenait seulement à l'étude de ses succès, sa confiance deviendrait une absurde présomption ; il perdrait bien vite la notion des réalités, ne se rendrait plus compte des difficultés à vaincre, des travaux à fournir, des fatigues et des peines à supporter.

Ses défaites lui montrent les fautes et les erreurs à éviter ; elles lui font voir que c'est toujours par manque d'énergie et de volonté, par le fait des dissensions intestines, de l'introduction de la politique dans l'armée, de l'intempérance du peuple, de la mollesse des classes dirigeantes, de la présomption de la nation, de son ignorance de la puissance de ses voisins, de la faiblesse de ses gouvernants et de la lâcheté de ses mandataires qu'il a succombé sous les coups d'un peuple plus énergique et plus résolu que lui à vaincre.

C'est pour s'être endoctrinée d'humanitarisme, pour s'être laissé fasciner par le souvenir de ses victoires de la guerre de Sept ans, pour n'avoir pas compris la Révolution française, ni voulu se persuader de la valeur des armées enfantées par elle et commandées par Napoléon, que la Prusse a été battue en 1806.

Si à notre tour nous avons été vaincus en 1870, c'est pour nous être endormis confiants dans l'armée qui nous avait procuré les succès de Crimée et d'Italie, sans nous rendre compte des efforts accomplis par les Allemands depuis un demi-siècle dans toutes les voies ouvertes au génie humain et pour n'avoir pas eu l'énergie de faire les quelques sacrifices nécessaires à la sécurité du pays.

La guerre de Bohême en 1866 et le coup de foudre de Sadowa réveillèrent la France en sursaut. Napoléon III eut dès lors une vision très nette de la situation et mesura exactement l'étendue du danger. Il comprit que la lutte avec l'Allemagne devenait inévitable et que pour ne pas être vaincu et réduit à un démembrement dont les Allemands nous menaçaient ouvertement, il fallait s'imposer des charges et des sacrifices. Il demanda au pays d'y consentir, mais, avec un entêtement ridicule, nos représentants refusèrent.

Uniquement préoccupés de leur réélection, ils ne parlaient que de désarmement et, parmi eux, ceux qui devaient, plus tard, comme ministres, déclarer la guerre à la Prusse étaient les plus ardents à prêcher l'affaiblissement de nos forces et à combattre toutes mesures militaires. Ils disaient qu'ils trouvaient « toujours les armées françaises trop nombreuses », que « l'Allemagne n'avait aucun désir de nous faire la guerre », que c'était « nous qui l'y poussions » et « que les officiers de la landwehr étaient nommés à l'élection ». Ils acquéraient la renommée par le talent et la persévérance qu'ils déployaient à s'opposer à l'entretien de nos places fortes, à la transformation de notre artillerie demandée par M. Thiers et à la fabrication des chassepots quand cette arme devait constituer pour nous une réelle supériorité sur les Allemands.

Avoir réussi à amoindrir notre puissance était pour eux un titre de gloire dont ils se prévalaient sans cesse.

En Prusse, la Chambre avait aussi refusé de voter les crédits et les lois militaires proposés par le roi et son ministre, M. de Bismarck; mais ni l'un ni l'autre ne s'inquiétèrent; ils laissèrent crier les députés, se passèrent de leur approbation, comme s'ils n'eussent pas existé, et quoique ce fût illégal, ils dépensèrent l'argent, firent les augmentations d'effectifs et d'armements refusées par les mandataires du pays, mais quand la victoire vint justifier leurs procédés, il n'y eut pas chez les députés prussiens assez de paroles d'allégresse et d'enthousiasme pour remercier le souverain et son ministre et exalter leur conduite que tous les historiens allemands n'ont pas cessé de vanter depuis quarante ans.

Au contraire, Napoléon III, pour avoir fait abstraction de sa conviction, avoir abandonné ses projets sagement mûris en cédant aux désirs du pays et avoir tenu à respecter la légalité, a été renversé de son trône, bafoué, insulté, calomnié, tourné en ridicule par ceux qui avaient été les plus violents à l'empêcher de mettre son pays en état de défense. S'il eût agi comme le roi Guillaume, s'il eût fait enfermer les antipatriotes les plus turbulents, s'il eût contraint les députés à céder à ses désirs, il n'y aurait pas de places publiques où ne s'élèverait sa statue, et son nom serait acclamé comme celui d'un bienfaiteur de l'humanité.

Les peuples oublient les années de peines et de souffrances; ils n'ont de souvenir que pour la gloire et les succès.

Les Allemands parlent-ils de tout ce qu'ils ont supporté avant 1870? Les Saxons, les Bavarois et les Hanovriens parlent-ils de Langensalza, d'Aschaffenburg, de Kissingen et de Sadowa? Ils ne célèbrent que les victoires remportées sur nous.

Malheureusement Napoléon III était malade; il

n'avait plus la douce ténacité de sa jeunesse ; il n'insista pas assez et n'exerça pas une pression assez puissante. Et pourtant il jouait son trône, sa renommée et les destinées de la France. Tout cela valait bien un effort suprême.

Si, après l'avoir tenté, il n'avait pu décider la nation à renoncer au suicide, il aurait dû signer son abdication en la motivant et, tout chef d'État qui, dans une circonstance analogue, n'aura pu convaincre son pays de faire le nécessaire pour sa sûreté et sa dignité, aura le même devoir à remplir.

Les chefs de l'armée n'ont pas une responsabilité moins grande. A eux revient la mission de préparer la guerre et d'assurer la défense nationale. S'ils jugent cette défense imparfaitement préparée ou compromise, s'ils ont acquis la conviction, dès le temps de paix, qu'il leur serait impossible d'exercer utilement leur commandement pendant la guerre, ils doivent le déclarer sans ambages au gouvernement.

Si le gouvernement ne tient pas compte de leur avis, s'ils n'obtiennent pas ce qu'ils jugent d'un besoin absolu pour la sécurité du pays, ils ont l'obligation de se démettre d'une charge qu'on les met dans l'impossibilité de remplir, et ils doivent faire ouvertement connaître les motifs de leur retraite pour ne pas laisser une confiance trompeuse au pays.

Ainsi nous louons sans réserve les généraux Jamont, Delanne et Hagron qui ont refusé de s'associer à des mesures qu'ils considéraient comme ruinant la défense nationale.

Aujourd'hui nous nous retrouvons dans une situation identique à celle qui a précédé la guerre de 1870. L'Allemagne vient d'accroître successivement sa puissance militaire en 1911 et 1912, et elle l'accroît encore davantage cette année quand, depuis douze ans, au contraire, nous avons diminué la nôtre.

D'ici peu l'Allemagne aura une armée permanente de 900 000 soldats, tandis que la nôtre est juste inférieure de moitié si on en défalque les non-combattants et les troupes d'occupation au Maroc, comme le général de Lacroix l'a démontré, dans ses dernières études, avec autant de clarté que de modération.

L'Allemagne n'augmente pas seulement son armée : elle la transforme. Ce n'est plus une armée à effectifs restreints dont les réservistes constitueraient au jour de la mobilisation la majeure partie ; c'est une armée permanente de près d'un million de soldats sous les drapeaux, comptant plus de 100 000 sous-officiers, susceptible d'être appelée au premier signal pour tenter un coup de main sur notre territoire, bousculer nos troupes et nous obliger à reculer notre concentration.

Une telle armée est une menace de guerre pour le monde, mais elle constitue pour nous, en raison de la constitution des deux pays un péril imminent et donne à l'Allemagne un avantage manifeste. Son gouvernement, en effet, n'a pas besoin du concours du parlement pour déclarer la guerre ou la décider : l'Allemagne peut nous envahir à son heure, après avoir préparé son agression dans une sécurité absolue, nous sachant dans l'impossibilité d'en faire autant.

Chez nous, au contraire, la Constitution exige l'accord du pouvoir exécutif et des Chambres pour déclarer la guerre. Cette même constitution ne prévoit même pas les hostilités, n'indique pas comment fonctionneraient les pouvoirs publics tant qu'elles dureraient et ne dit même pas à qui appartient le droit de lancer l'ordre de la mobilisation, si bien que tel président de la République, préoccupé par-dessus tout de ne pas prendre des responsabilités, pourrait, malgré l'envahissement du territoire, se refuser à la décider, sans un vote des deux Chambres. Qu'on pense alors à ce qui se passerait si nous subissions une agression pendant les vacances parlementaires.

Il y a là, il faut qu'on le sache, une cause d'infériorité pour nous. Rien n'est démoralisant comme une surprise pour celui qui la subit et c'est avec raison que Napoléon a dit que se laisser attaquer est une des fautes les plus graves que l'on puisse commettre. L'issue d'une campagne en effet dépend souvent de la façon dont elle est engagée.

Si la guerre venait à éclater, des deux côtés on s'efforcerait de faire concourir à la bataille décisive la masse de l'armée. Protégée par les troupes frontières, la mobilisation et la concentration s'opéreraient avec la plus grande rapidité possible. Les troupes de première ligne entreraient immédiatement en campagne, tandis que les réserves s'exerceraient et prendraient de la cohésion pour remplir le rôle qui leur est dévolu.

La nouvelle loi présentée au Reichstag, en augmentant les effectifs de l'armée permanente, permet de n'introduire dans les armées de première ligne qu'une faible proportion de réservistes; de là le double avantage d'avoir des troupes plus solides et une rapidité beaucoup plus grande d'entrée en opérations.

A ce sujet il faut rappeler les paroles si justes de M. le député Benazet :

« Les généraux bulgares m'ont formellement déclaré — ainsi s'est-il exprimé — d'abord qu'il était criminel (c'est la propre expression de l'un d'eux) d'envoyer au feu des formations entièrement composées de réservistes avant une période d'entraînement qu'il ne faut pas espérer abaisser en deçà de quinze ou vingt jours; ensuite qu'il était dangereux de compter utiliser de nuit, au feu, des unités dans lesquelles la proportion des réservistes serait trop considérable; « enfin qu'il serait désirable, en cas d'une nouvelle guerre, *de ne partir qu'avec des unités actives, incorporant un nombre relativement peu élevé de réservistes jeunes, ayant accompli leur service actif récemment.*

« Partout où les formations de réserve ont été employées, elles n'ont pas remplacé les troupes actives. En face, les formations turques de rédifs (réservistes), même placées sur la défensive, étaient les points sensibles de la ligne ottomane *(sic)*. Dès qu'un homme lâchait pied, l'ensemble se disloquait. »

A Rezonville comme à Saint-Privat les réservistes inexercés étaient pour nos régiments une cause de faiblesse et certains chefs, comme le général Lapasset, demandaient à les renvoyer s'instruire dans Metz.

L'instruction des réserves est intensivement poussée en Allemagne. Cette année (1913) 611 000 réservistes et landwehriens avec 13 000 officiers sont convoqués pour des périodes variant de douze à cinquante-six jours et ce nombre, en 1914, sera augmenté de 200 000.

La loi allemande prescrit pour les hommes de la réserve cinquante-six jours de service en une ou deux convocations et pour ceux de la landwehr deux périodes de douze à quatorze jours.

Nous sommes loin en France d'exiger autant et cependant si nous voulons tenir tête à l'armée allemande, il ne faut admettre, comme nos voisins, qu'une proportion restreinte de réservistes dans nos formations de guerre et il faut aussi que nous donnions à nos réservistes et à nos territoriaux une instruction suffisante pour qu'ils soient à même d'être utiles en temps de guerre.

Quelques personnes font en ce moment les discours déjà faits en 1867-70. Ce sont les mêmes phrases, les mêmes expressions pour exalter « la nation armée », « les milices nationales », « une armée qui n'en est pas une », « une garde nationale universelle ». Combien ceux qui prônèrent ce système l'ont plus tard regretté.

« Ces idées, a écrit Jules Ferry, nous les avons professées... mais je vous le demande, en est-il un seul qui n'ait été converti par les événements? »

Si avant 1870 nous avions consenti à l'effort nécessaire, les charges qui pèsent actuellement sur le monde n'existeraient pas, nous ne serions pas encore aujourd'hui obligés par l'Allemagne à la suivre dans l'augmentation de ses forces, nous eussions évité une perte de trois départements, une dépense d'un total de quinze milliards, et depuis quarante ans nous n'aurions pas été sous le coup de menaces perpétuelles.

Les Allemands nous menacent ouvertement et nous préviennent que si nous sommes vaincus, nous aurons peut-être une contribution de 40 milliards à payer et une vingtaine de départements à livrer.

Quand avant 1870 ils parlaient de nous prendre 5 milliards avec l'Alsace et la Lorraine, on ne voulait pas les croire. Depuis, bien des fois, ils ont manifesté leur regret de n'avoir pas demandé beaucoup plus, parce que, disent-ils, ils l'auraient obtenu.

* * *

Qu'on songe à la répercussion qu'aurait dans le monde la victoire de l'autocratie et de la féodalité allemande et la défaite de la démocratie française! Quel recul serait imprimé à tous les progrès et quelle calotte de plomb pèserait sur la pensée et la liberté humaines!

Je le demande aux professeurs de notre Sorbonne, quelle autorité aurait leur voix, quelle influence auraient leurs doctrines et quelle action auraient notre littérature et nos arts, si seulement nous étions obligés de nous avouer impuissants à lutter contre l'Allemagne et si nous reconnaissions sa suprématie en nous déclarant une nation de second ordre?

« La France humiliée, a dit Renan, vous n'aurez plus d'esprit français. »

Le rayonnement que notre génie national répand dans le monde serait éteint.

On ne connaît pas assez en France les principes qui régissent les esprits en Allemagne et auxquels Hegel a donné une formule :

« Le monde doit appartenir à la race supérieure. Cette race est la race germanique. L'Allemagne doit donc dominer le monde, vaincre les autres peuples et les soumettre. La force est la loi universelle. Elle seule décide du sort de l'humanité et le fait accompli devient un dogme.

« Les guerres et les batailles sont bienfaisantes, la victoire est un arrêt de justice. Le vaincu a mérité son sort. Le vainqueur est plus moral que le vaincu, c'est pour cela qu'il est vainqueur. La victoire confère tous les droits. Le vainqueur prononce et exécute des sentences sans appel. Le vaincu est la juste proie du vainqueur. Sa défaite témoigne de son infériorité intellectuelle et morale. La victoire distribue les rangs entre les peuples : malheur à ceux qu'elle fait descendre! Ce ne sont plus que des êtres inférieurs à qui les nations civilisées et victorieuses ne reconnaissent que des droits inégaux et une dépendance formelle. Elles peuvent légitimement leur enlever leur indépendance et les anéantir, car le peuple victorieux, et par le fait même supérieur, est appelé à dominer sans que les autres aient à protester.

« La force prime le droit, ou plutôt c'est la force qui est le droit. »

Telle est la doctrine professée par les plus illustres savants allemands : Mommsen, Sybel, Gervinus et Strauss : doctrine que le prince de Bismarck et M. de Bethmann-Hollweg se sont appropriée quand ils ont dit : « La force prime le droit »... « Le faible devient la proie du fort. »

De cette philosophie en découle une autre d'ordre religieux.

L'Empereur allemand est investi par Dieu d'un droit supérieur : « Il est la justice et la miséricorde, le châtiment et la bénédiction. » Dieu l'a chargé de faire la guerre à ses ennemis qui sont aussi les ennemis de Dieu. C'est au nom de Dieu que la Prusse s'est annexé le Schleswig-Holstein, le Hanovre, Francfort et l'Alsace-Lorraine; c'est aussi au nom de Dieu qu'elle persécute l'Alsace, la Lorraine et la Pologne dont elle déporte les habitants après leur avoir confisqué leurs propriétés.

La France était corrompue en 1870; Dieu a choisi les Allemands et l'empereur Guillaume comme instruments « de justice et d'expiation » pour lui « rendre des mœurs ».

L'un de nos plus éminents maîtres de la Sorbonne, Albert Dumont, qui a réorganisé notre enseignement supérieur, a parlé de ce mysticisme et nous a montré, en 1870, le grand-duc de Bade, le gendre de l'empereur Guillaume, invitant au nom de Dieu le général Uhrich à rendre la place de Strasbourg pour sauver les femmes et les enfants de cette ville. S'il s'y refusait, le grand-duc serait contraint par les ordres de la Providence de bombarder les maisons particulières et de massacrer les femmes et les enfants. Ce serait donc le général Uhrich seul qui serait responsable devant Dieu de ces massacres.

Tout ce que fait l'Allemagne est non seulement permis, mais elle est l'instrument choisi de Dieu pour exécuter ses desseins : « La France est une nation maudite, immorale, et l'Allemagne accomplira, en la châtiant, une mission providentielle. »

Le gouvernement allemand n'est pas seul à se réclamer de ces principes : ils sont enseignés dans toutes les chaires des écoles allemandes et c'est en les invoquant que les plus grands esprits de l'Allemagne comme Gervinus, Strauss et Mommsen insultaient à notre défaite en 1870. Aucune voix ne fut plus cynique que celle de Mommsen, que cependant nos académies et nos sociétés savantes avaient accueilli à bras ouverts. Pour lui « la culture française » était « un pis aller » et notre littérature « aussi sale que les eaux de la Seine à Paris ». Du reste, c'est lui qui a proclamé que « lorsqu'on a la force il faut s'en servir ».

Je le répète, que resterait-il de notre enseignement national si nous étions réduits au rang de seconde puissance et surtout si nous étions une seconde fois vaincus? Ce serait à Berlin que les étudiants de tous les pays iraient apprendre comment on devient un peuple supérieur.

La voix de notre Sorbonne s'éteindrait. Cette Sorbonne, c'est un des éléments les plus précieux, les plus utiles de notre patrie. Son enseignement séculaire a répandu nos idées dans le monde entier. C'est elle qui a créé l'âme française, qui lui a donné cette culture générale, ce charme, cet agrément et cette sociabilité dont les Allemands sont si jaloux et qui a tant excité la haine de Lessing et de Mommsen.

En vertu de ces mêmes principes, si l'Allemagne autocratique et féodale parvenait, par la victoire, à établir son hégémonie sur l'Europe, elle détruirait immédiatement le socialisme.

Les doctrines de ce parti répandent dans un pays un courant d'humanité et un sentiment plus réel de justice qui agit d'une façon bienfaisante sur les classes dirigeantes et sur les favorisés de la fortune. Il n'est pas besoin de partager toutes les idées du parti pour reconnaître qu'il a contribué à de grandes améliorations sociales et a réussi souvent à soulager les classes les plus pauvres dont le travail est une des sources de la puissance nationale. Ce serait donc un grand malheur pour l'humanité si le socialisme français venait à disparaître. Cependant son anéantissement serait une des conséquences de la victoire de l'autocratie et de la féodalité allemandes.

M. Lavisse n'a-t-il pas qualifié l'annexion de l'Alsace-Lorraine de « retour au vieux droit féodal qui attachait le serf à la glèbe ».

Les chefs du parti socialiste n'en doutent pas : « Nous voulons une France grande et forte, nous la voulons capable de défendre sa république contre les monarchies coalisées », ont écrit MM. Dereure, Ferroul et Lafargue. M. Jaurès aussi a déclaré « vouloir être prêt à saisir le fer et à répondre aux obus par les obus. »

« Le socialisme et le prolétariat, a-t-il écrit d'autre part, tiennent à la patrie française par toutes les racines... La patrie est donc nécessaire au socialisme »

Personne, on le sait, ne fut plus patriote que le chef du parti, Armand Barbès.

« Enfant, je me suis trouvé mal en apprenant la défaite de Waterloo, écrivait-il, et tant qu'on ne me démontrera pas qu'il est un pays plus avancé que la France, un pays de meilleur cœur et de plus grand dévouement, je désirerai que son drapeau triomphe, par quelque main que ce drapeau soit tenu. »

Nous sommes entièrement d'accord sur ce point et nous devons avoir raison, car si nous en croyons un ancien officier allemand, le sort du prolétariat, sous l'hégémonie allemande, ne serait pas souhaitable.

Voici en effet ce que Varnhagen écrivait en 1848 dans son journal :

« Je suis effrayé des expressions dont on n'a pas honte d'user dans les hautes classes en parlant des classes inférieures. Je rougirais de parler des bêtes sur ce ton-là. Un ouvrier est un drôle, un gibier de potence qui mérite de mourir de misère sous le sabre; sa femme et ses enfants sont une engeance maudite. Le droit et la liberté ne sont pas faits pour ce ramassis de gueux... qu'ils meurent de faim sans se plaindre et sans troubler les grands dans leur luxe et leur orgueil! »

Au reste, si la théorie de la race supérieure enseignée en Allemagne s'établissait, immédiatement s'établirait aussi la théorie des castes supérieures et inférieures et la destruction de celles-ci. Les socialistes y ont-ils pensé?

Mais ce qui nous importe par-dessus tout, dira-t-on, c'est la paix. Soit, si vous voulez vivre en paix avec l'Allemagne, il faut être au moins aussi fort qu'elle. Mommsen vous l'a dit : « Quand on a la force il faut s'en servir. » Et Fichte, dont l'action a été et est encore si grande en Allemagne, va vous édifier à ce sujet.

« Pour conserver la paix, dit-il, il faut que chacun voie chez son adversaire une force égale à la sienne et capable de lui résister avec une énergie égale. Cet équilibre de forces *seul* assure à chaque peuple la garde de ses frontières et la paix. »

C'est ce que M. Winston Churchill traduisait ainsi

dans son dernier discours : « Plus un pays est armé, plus il a chance de conserver la paix. »

Et il avait raison.

L'histoire du dix-neuvième siècle nous apprend que le peuple allemand et ses gouvernants ne se lancent dans la guerre qu'à coup sûr.

S'ils voient la France en état de se défendre et décidée à ne pas s'incliner devant ses injonctions, ils ne nous attaqueront pas.

Si au contraire nous ne sommes pas de taille à résister, d'ici peu nous recevrons une sommation d'avoir à obtempérer aux vues de l'Allemagne, quelque contraires qu'elles puissent être à nos intérêts et nous nous trouverons dans l'alternative d'être obligés de céder ou de subir l'agression de nos voisins.

Le danger est d'autant plus grand que la masse de la nation poussera à la guerre et l'appellera de tous ses vœux. Accablé d'impôts, le peuple allemand considère le régime de la surenchère des armements et des contributions comme passager : « Il commence à se persuader que pour échapper à de telles charges il n'y a qu'une issue, la guerre, et il la demandera, espérant récupérer par l'indemnité qu'il réclamera et par l'annexion de riches provinces, plus de dix fois ce qu'il aura payé. Il sera d'autant plus ardent à se battre et impitoyable dans la victoire qu'il aura fait davantage de sacrifices et qu'il comptera sur de plus grandes rémunérations. »

Certains organes de la presse allemande ont traduit ces sentiments et d'autres ont commencé une campagne pour déclarer « la France pourrie », ou « la plus basse, la plus lâche des nations et la plus dénuée de valeur ». Un troisième nous traite « d'égout puant ». « Le bouledogue allemand, dit un quatrième, devrait tuer le roquet français d'un coup de dent… Non, il faut seulement le tenir en laisse… » Nous sommes encore la nation immorale qu'il faut châtier, et puisque les Allemands ont la force c'est à eux que Dieu confie cette mission.

Pour nous il nous faut faire un effort et ne pas le faire à moitié, nous entretenir à des demi-mesures ou à des expédients.

Rien ne serait aussi funeste. Nos peines et notre argent seraient dépensés en pure perte.

Plutôt que d'avoir des forces de qualités inférieures, il serait préférable de supprimer complètement les armées et les défenses du pays, se déclarer pacifiste et partisan quand même de l'arbitrage. On se confierait à la générosité et a la justice des autres peuples, déclarant ne vouloir rien exiger d'eux puisqu'on n'a pas un soldat et leur demandant par réciprocité à ne pas être attaqué.

Cette théorie n'est pas la nôtre, mais elle est rationnelle.

Ce qui est contraire au bon sens, ce qui est un crime de lèse-humanité, c'est d'avoir des soi-disant armées ou plutôt des masses d'hommes insuffisamment disciplinées et commandées. Toutes ces masses ne feraient que de la chair à canon.

Exposer ces foules armées au feu des troupes allemandes serait les condamner inutilement à l'extermination.

Soldats et canons allemands faucheraient dans leurs rangs en toute sécurité, car ces masses inexercées ne rendraient aucun des coups qu'elles recevraient.

Ce serait le massacre voulu de toute la jeunesse de France et la défaite certaine après l'hécatombe.

A tous les Français je demanderai de méditer sur cet avertissement que le chancelier de Bethman-Hollweg nous a lancé du haut de la tribune :

« Des peuples ont succombé parce que dans le bien-être et le luxe ils ont négligé leurs armements.

« Celui qui ne les maintient pas montre qu'il a fini de jouer son rôle.

« La France en 1870 et la Turquie aujourd'hui ont dû se rendre compte de cette vérité. »

Qui oserait, après avoir médité sur ces paroles, refuser ce que le gouvernement demande comme indispensable pour la défense du pays. Quel parlement prendrait la responsabilité de livrer la France, sa richesse et une partie de ses provinces à l'Allemagne ; de lui sacrifier notre science, notre littérature, nos arts, notre esprit, en un mot tout le génie français et de lui céder comme des serfs une partie de nos concitoyens ?

*
* *

En 1870, surtout à l'armée de Metz, le commandement français a été faible. Quelques-uns des généraux devaient leur grade à la faveur, mais la plupart l'avaient gagné par de longs services de guerre, par des actions d'éclat, par l'énergie, la valeur, le caractère qu'ils avaient montré dans des circonstances graves. Leur défaut capital était d'être trop vieux ou malades. Plus jeunes de quinze ans et bien portants, ils eussent agi tout autrement. Avec l'activité physique ils avaient perdu l'esprit d'initiative et ne savaient plus se jeter sur l'ennemi quand ils l'apercevaient, comme ils l'avaient fait en Italie et en Crimée.

En outre nos généraux ignoraient les campagnes du Premier Empire et ne savaient pas comment se manient des grandes masses de troupes, tandis que les Allemands étudiaient sans relâche les principes de Napoléon, et les mettaient en pratique.

Depuis quarante-deux ans s'est accompli dans l'armée française un énorme labeur dont les résultats sont en rapport avec l'effort donné. Le commandement s'est renouvelé, un état-major instruit et dévoué s'est créé et a élaboré une doctrine de guerre dont le premier initiateur fut le général Cardot.

Tout ce travail s'est fait en silence et dans le pays on paraît ne pas le savoir.

Le public n'étant pas admis à l'École de guerre et les cours qu'on y professe n'étant pas publiés, on ignore la science et l'éloquence des maîtres, l'élévation de leurs idées philosophiques et morales et on ne connaît pas les applications pratiques déduites de leur enseignement.

Le dévouement et le travail des officiers de troupe

ne sont pas moins grands : avec une persévérance inlassable ils se consacrent à instruire leurs hommes de leur métier : ils s'occupent aussi de leur éducation intellectuelle et morale, de manière à faire d'eux des soldats et des citoyens susceptibles d'accomplir leur devoir de Français jusqu'au bout.

M. Lavisse, qu'il faut toujours citer quand il s'agit d'enseignement, se plaignait, il y a quelque temps, de l'insuffisance ou même de la nullité de l'éducation donnée dans l'Université à la jeunesse française et il constatait que l'esprit des jeunes gens échappait à leurs maîtres. Dans l'armée, au contraire, l'officier éduque en même temps qu'il instruit avec un dévouement et une abnégation qu'on ne trouve dans aucun autre corps d'officiers que celui de notre pays.

Dans tous les régiments on s'est guidé sur les circulaires et les manuels d'éducation civique que Paul Bert, alors ministre de l'instruction publique, publiait pour servir de programme aux maîtres de l'Université : « L'éducation militaire, déclarait-il, me paraît le plus puissant moyen de maintenir le niveau moral par l'enseignement de l'obéissance raisonnée et des sacrifices légitimes. »

Je crois l'état major français, nos officiers et nos soldats supérieurs à ceux de tout autre pays. Notre soldat a plus d'initiative, d'élan et d'intelligence naturelle. Quand l'officier et le soldat français ont eu le temps de se connaître, de s'apprécier et qu'entre eux s'est établie une confiance mutuelle, alors officier et soldat, appuyés l'un sur l'autre, ont une force d'offensive à laquelle on ne résiste pas.

Demandez-le aux combattants d'Iéna, d'Auerstaedt, demandez-le même aux survivants de Fræschwiller.

Notre commandement et notre état-major reconstitués, il nous faut une armée à la hauteur de celle des Allemands : ce n'est pas le nombre des hommes qui importe, c'est leur résistance, leur force morale, leur énergie, leur cohésion, leur dévouement, qualités qui ne s'acquièrent que par l'éducation et l'instruction données au corps.

En présence d'une armée constituée avec des soldats, il faut mettre une autre armée encore plus solidement constituée et composée de soldats d'une plus grande valeur morale, d'une énergie supérieure, d'une discipline meilleure et d'une instruction pratique plus développée. Quoique inférieure en nombre, cette armée peut être victorieuse.

Grâce au travail persistant accompli en silence par notre armée, en cas de guerre chacun cherchera à faire de son mieux et même à corriger dans la mesure du possible des défectuosités et des erreurs inhérentes aux choses de ce monde : « Si tu ne peux rien changer à une disposition mauvaise, a dit le maréchal Bugeaud, sache qu'elle peut encore réussir par ton courage et ta bonne volonté. »

Ce courage et cette bonne volonté ne feront pas défaut.

Si en temps de paix le chef de l'État et les généraux ne doivent pas accepter une situation qu'ils jugent dangereuse, au contraire quand la guerre éclate ils doivent rester à leur poste et tout mettre en œuvre pour tirer le meilleur parti de conditions défectueuses qu'ils ont cherché à améliorer. On peut reprocher au maréchal Le Bœuf de ne pas avoir donné sa démission quand ses collègues du ministère lui imposèrent en juin 1870 une diminution du contingent, mais nous approuvons ses déclarations optimistes au moment de l'affaire Hohenzollern : agir autrement eût été un crime. Quand la lutte est ouverte il ne faut pas répandre la désillusion ni jeter le découragement. Avant tout on doit donner confiance et soutenir le moral. Surtout il ne faut pas s'abandonner si la chance tourne.

Au cours du siècle nous avons vu plusieurs fois la France sur le point de sombrer et toujours elle s'est relevée inopinément et s'est retrouvée avec une vitalité plus grande qu'auparavant. Jamais il ne faut désespérer : quelque compromise que soit la partie, on peut encore la sauver, on peut au moins atténuer sa défaite.

Certains prétendent que l'on ne peut rien contre la force des choses, fatalité ou Providence, que le monde est mené par des courants physiques, économiques, sociaux ou rationnels sur lesquels la volonté et l'intelligence des individus ou des peuples ne peuvent rien.

Nous nous élevons avec la dernière énergie contre ces théories décevantes. En toute circonstance l'homme de volonté et de caractère garde son libre arbitre et, s'il agit, son geste a un résultat. Il arrive souvent que l'imprévu déjoue les combinaisons du génie, mais combien de fois aussi un effort donné au moment propice a-t-il fait tourner les événements.

Combien de fois aussi, un agitateur, un prophète, un fascinateur, un être décidé, Jeanne d'Arc, Garibaldi, Pierre l'Ermite ou Napoléon ont enflammé les foules et changé la face du monde. Celui qui agit a toujours la supériorité sur celui qui ne fait rien, de même que dans le combat celui qui attaque a toujours raison de celui qui s'en tient à la défensive.

Le génie n'est pas seul à réussir et à entraîner la fortune dans ses desseins. Souvent l'opiniâtreté a aussi obtenu de grands résultats par une série de combinaisons très simples poussées avec persévérance.

Le monde ou une armée n'est pas plus une vaste machine qu'un individu ou un soldat n'est une roue ou une courroie. Les événements, et particulièrement ceux de la guerre, démontrent que, loin d'être un rouage, l'homme est un être agissant de son gré et dont la valeur est plus ou moins grande selon l'initiative, l'énergie et la volonté qu'il déploie.

En lisant les récits de 1870 il pourra venir à l'esprit de certains que tout tournait contre nous et que les dés avec lesquels nous jouions étaient pipés.

Oui, ils l'étaient, par les fautes que nous avions commises, par notre manque de préparation à la guerre, par notre inertie quand elle a été déclarée et par l'activité et l'application raisonnée de nos adversaires. Or, c'est bien le contraire de la fatalité que cette loi universelle qui veut que les fautes se paient et les efforts soient récompensés.

Or, malgré nos malechances, malgré notre infériorité, l'étude approfondie des batailles de Rezonville et de Saint-Privat, nous montre qu'à chaque instant une initiative inspirée, un coup de tête hardi eût changé le cours des événements.

Que ceux qui liront ces lignes, s'ils sont appelés à combattre, ne l'oublient jamais : un effort n'est jamais perdu. Un dernier sacrifice peut sauver une situation compromise. On devra toujours être reconnaissant à Gambetta de ne pas avoir désespéré de la patrie après Sedan.

Qu'on ne vienne pas dire que la résistance dans certains cas est folie.

Nous verrons au contraire que, pour avoir lutté jusqu'à la dernière limite du possible à Saint-Privat, le maréchal Canrobert et ses soldats ont conservé le camp retranché de Belfort à la France, qui, sans leur dévouement, nous eût été pris.

Il est vraisemblable que la guerre en province inspirée par le souffle patriotique de Gambetta, alors que le sort semblait être fixé, nous a préservé de nouvelles agressions. Peut-être les Allemands n'ont-ils été retenus en 1875 et lors de l'affaire Schnœbelé que par le souvenir de cette lutte désespérée soutenue par un pays sans défense. Ils ont pensé que la guerre, tournât-elle même en leur faveur, leur coûterait tellement cher qu'il était préférable d'attendre une occasion plus propice.

Dans la prochaine lutte, surtout dans la bataille, les officiers de troupe joueront un rôle considérable : c'est eux qui auront l'honneur et la gloire de vaincre. Ils seront dans la fournaise souvent éloignés de leurs chefs. Il leur faudra se décider et agir d'eux-mêmes. Que jamais ils n'en viennent à se dire : « Je n'ai pas d'ordres. Je ne peux rien faire. » Il leur appartiendra de suppléer à l'absence d'instructions. Qu'ils s'inspirent de leurs lumières et de leur conscience. Que la crainte d'une réprimande ou celle de faire un sacrifice inutile de leurs soldats ou même celle d'être toute leur vie poursuivis par le remords d'avoir inutilement sacrifié des vies humaines ne les arrête pas quand le devoir leur dicte leur conduite, que leur patriotisme les conseille et que le succès les sollicite. Qu'ils s'élèvent au-dessus de toute autre considération que celle d'agir au mieux pour leur pays.

Alors combien d'existences, en fin de compte, leur devront leur conservation?

Plus le danger grandira, plus la situation empirera, plus il faudra montrer d'audace et se jeter à corps perdu dans l'offensive la plus hardie.

Qu'ils se rappellent ces paroles de M. Messimy, ancien ministre de la guerre : « Le grand enseignement, le seul qui ne puisse prêter à aucune controverse, c'est qu'il n'y a pas deux moyens d'avoir le dessus, et cet unique moyen est que d'une volonté unanime et farouche un peuple veuille *non pas se défendre, mais vaincre.* »

M. Messimy a raison. Nul ennemi ne vous attend si vous êtes décidé. Jamais il ne se trouve deux résolutions égales face à face. L'un des deux adversaires, le moins solide, a cédé avant d'en venir aux mains. Il n'y a que des chocs moraux. Avant le corps à corps, un des deux a tourné le dos.

Voilà ce que Paul Bert voulait qu'on apprît dans les écoles quand il disait :

« C'est bien là aussi une religion que la religion patriotique, une religion qui a eu et aura ses saints et ses martyrs, mais une religion qui ne demande en aucune façon le sacrifice de la raison. »

A quelque classe ou quelque parti que nous appartenions, nous sommes Français, nous tenons à le rester. Nous ne le resterons que si nous faisons pour notre défense des sacrifices aussi grands que les Allemands en font pour nous envahir. Il nous faut tous dans la nation nous préparer à la guerre avec la même persistance et la même application qu'eux.

« Passons tous par l'école et par l'armée, a écrit M. Lavisse, et que de l'école et de l'armée, toutes deux régénérées, la discipline reflue dans les familles et dans la société... Pour tous le devoir est de s'instruire, pour tous le devoir est de défendre la Patrie. »

Nous avons commis plusieurs erreurs dans le récit de « la bataille de Rezonville ». Nous avons cherché à les corriger dans les différentes éditions successivement parues. Mais il en est deux que nous tenons à signaler ici.

La première est relative à l'ordre de marche du 13 août par lequel le maréchal Bazaine ordonnait à toute l'armée de s'écouler par une seule route. Cet ordre fut modifié le 14 août à midi avant la bataille de Borny ; les 3ᵉ et 4ᵉ corps reçurent à ce moment des télégrammes leur enjoignant de ne pas se déverser sur la route de Metz à Gravelotte, mais de gagner directement celle qui de Gravelotte conduit à Verdun par Doncourt.

Nous avons aussi raconté qu'à la bataille de Rezonville le lieutenant Rouvray, dans une reconnaissance du côté de Ville-sur-Yron, avait fait prisonniers plusieurs délégués de la Croix-Rouge : le prince Radziwill, le pasteur Gerlach et l'infirmier Jacobstœtter. Nous nous sommes trompé : les prisonniers du lieutenant Rouvray étaient des médecins allemands qui passèrent la soirée et la nuit à aider les nôtres à Bruville et à Doncourt.

On verra dans le récit de la bataille de Saint-Privat comment le prince Radziwill et ses compagnons se trouvèrent prisonniers.

Je tiens à exprimer ma reconnaissance aux témoins et aux combattants de la guerre franco-allemande qui m'ont aidé par leurs conseils, leurs récits, la communication de leurs notes ou de leurs lettres et m'ont facilité ma tâche.

Je veux dire aussi toute la complaisance que j'ai trouvée auprès des officiers et des fonctionnaires des Archives du ministère de la bibliothèque et de la guerre comme ceux de la Bibliothèque nationale.

Je prie M. Gomel, président du Conseil du chemin de fer de l'Est, et M. Darcq, ancien directeur au ministère des postes et télégraphes de croire que je n'oublie pas le concours qu'ils m'ont prêté. Je témoigne aussi ma vive gratitude à M. Paul Lippmann qui, depuis que cet ouvrage est commencé, a bien voulu revoir mes textes et corriger mes épreuves avec un soin dont je ne saurais trop le remercier.

Paris, 10 avril 1913.

PLANCHE I

POSITION DES DEUX ARMÉES
DANS LA NUIT QUI SUIT
LA BATAILLE DE REZONVILLE

La ligne française, affectant la forme d'un Z, va de Bruville jusqu'au sud de Gravelotte; sur plusieurs points de cette ligne, il y a des divisions en réserve.

Du côté des Allemands, les IIIe et X^e corps, les 5e et 6e divisions de cavalerie sont entre Tronville et Flavigny, principalement à Vionville; une division du IXe est au sud et non loin de Gravelotte, une brigade du VIIIe corps est à Gorze, une division du IXe à Novéant; la Garde à Rambucourt et Bernécourt, la cavalerie saxonne à Pannes, le XIIe corps (Saxons) à Regniéville et Pont-à-Mousson, le IVe corps, près de Nancy, à Marbache; la 1re division de cavalerie à l'est de Corny, une division du VIIIe corps à l'est d'Arry, le VIIe à Sillegny et Verny, le IIe à Buchy et Sailly, le Ier à Courcelles-sur-Nied.

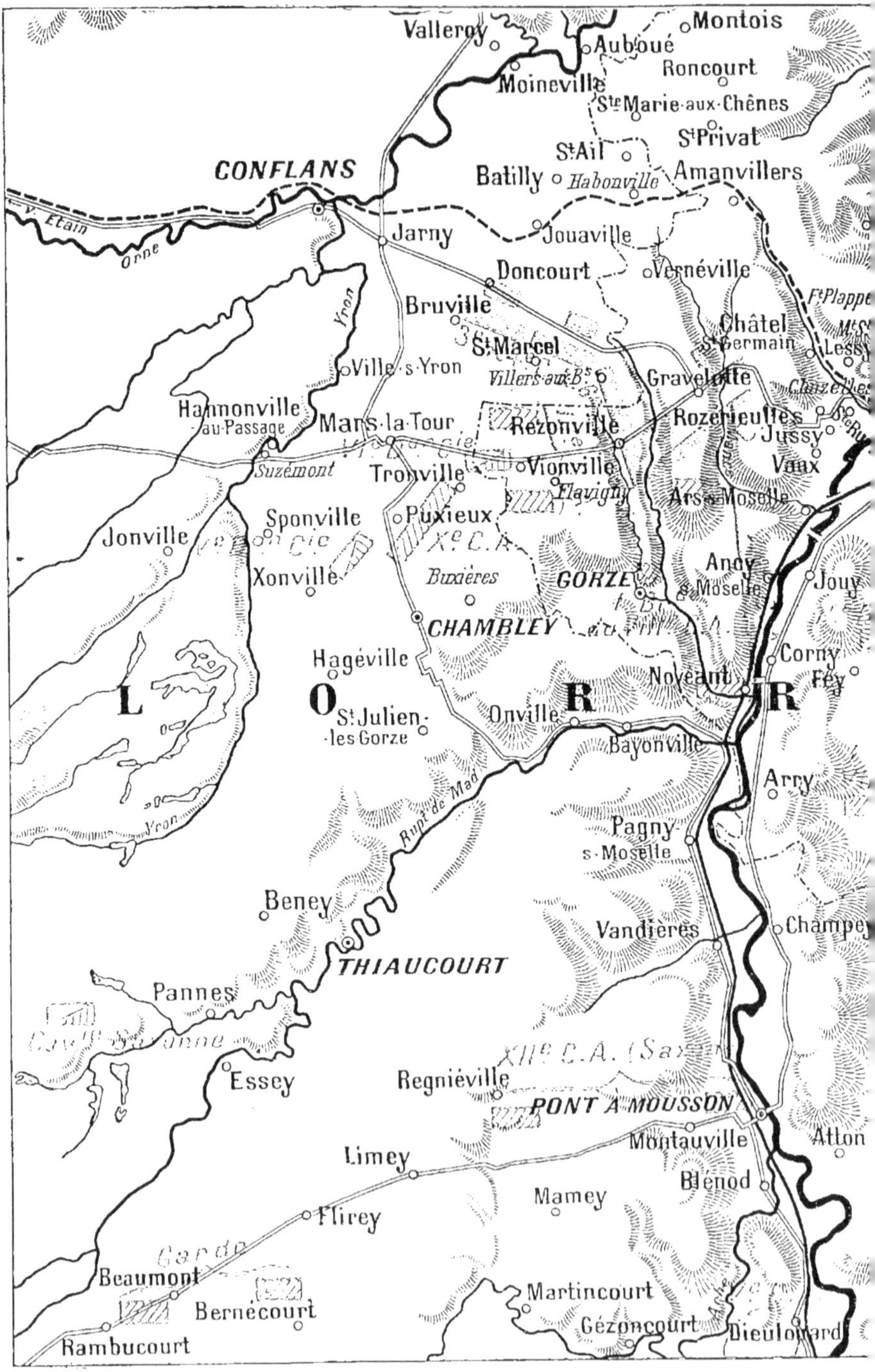
Valleroy
Auboué
Montois
Roncourt
Moineville
Ste Marie aux Chênes
St Privat
St Ail
Batilly
Habonville
Amanvillers
CONFLANS
Orne
Jarny
Jouaville
Doncourt
Vernéville
Bruville
Châtel
St Germain
St Marcel
Villers aux B.s
Gravelotte
Ville s. Yron
Yron
Hannonville au Passage
Mars-la-Tour
Rezonville
Rozerieulles
Jussy
Suzémont
Tronville
Vionville
Flavigny
Vaux
Sponville
Puxieux
Ars s. Moselle
Jonville
Xonville
Xe C.A.
Buxières
GORZE
Ancy s. Moselle
Jouy
CHAMBLEY
Hagéville
Corny
Novéant
Fey
L
O
R
R
St Julien les Gorze
Onville
Bayonville
Arry
Rupt de Mad
Pagny s. Moselle
Beney
Vandières
THIAUCOURT
Pannes
Essey
Regniéville
PONT À MOUSSON
Montauville
Atton
Limey
Blénod
Mamey
Flirey
Beaumont
Martincourt
Bernécourt
Gézoncourt
Dieulouard
Rambucourt

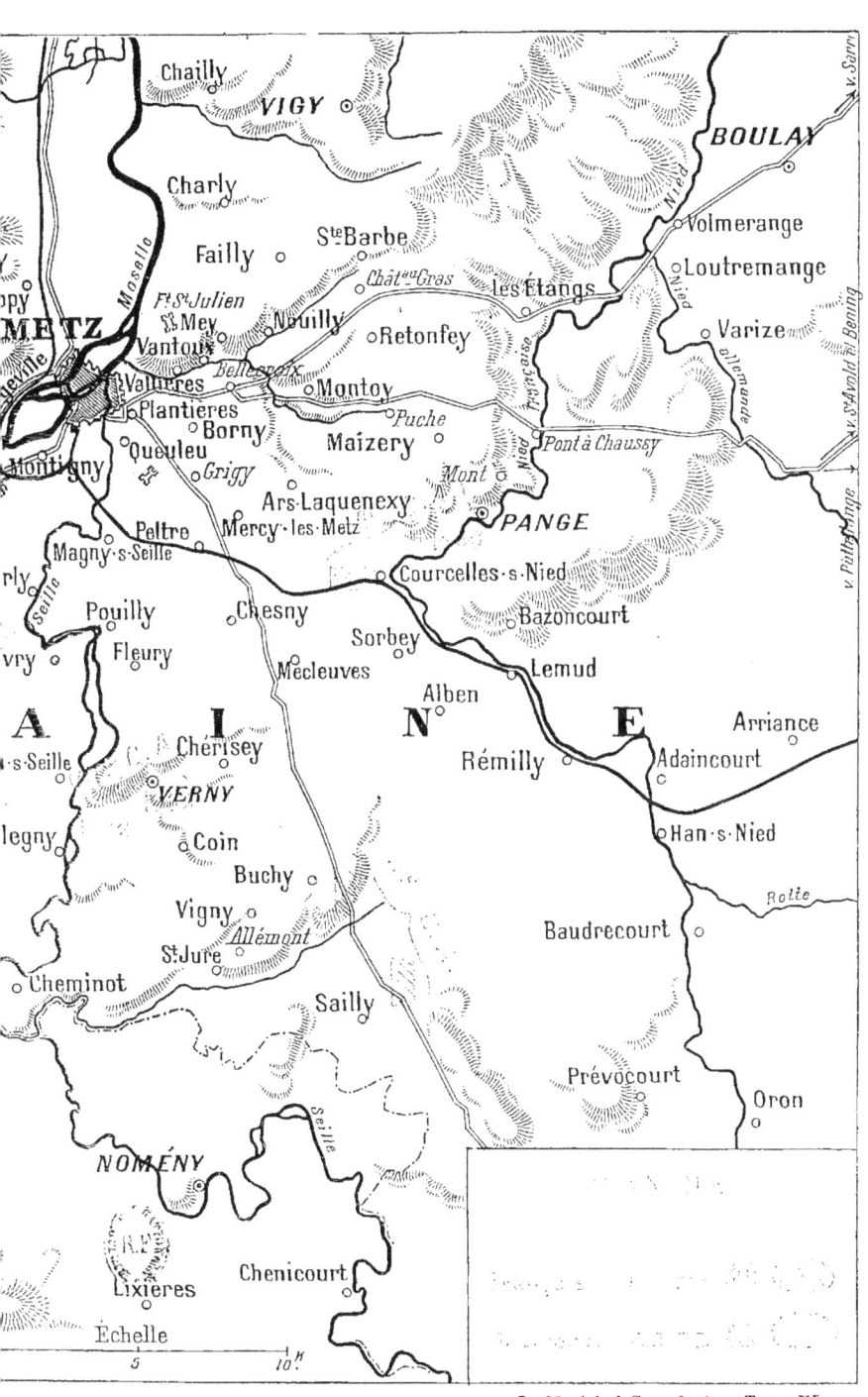

Le Maréchal Canrobert. — Tome VI.

CANROBERT

LIVRE PREMIER

CHAPITRE PREMIER

LES DEUX ARMÉES LE LENDEMAIN DE LA BATAILLE

Dans la matinée du 16 août 1870, le IIIe corps d'armée allemand commandé par le général Constantin d'Alvensleben avait attaqué l'armée française et avec l'appoint de quelques détachements arrivés successivement sur le champ de bataille lui avait tenu tête jusqu'à cinq heures du soir. Alors le Xe corps sous les ordres du général de Voigt-Retz s'était à son tour lancé sur nous.

Par leur offensive vigoureuse et sans cesse renouvelée, ces deux corps — 75 000 hommes environ — nous en avaient imposé ; nous étions demeurés inertes, nous croyant encerclés par une force quadruple quand c'était nous qui débordions la gauche ennemie en la prenant à revers.

Nous avions tenu sur place et si quelquefois des velléités de se jeter sur l'ennemi s'étaient manifestées dans nos rangs, des ordres formels — les seuls qu'ait donnés le général en chef de l'armée française — avaient aussitôt cloué nos soldats au terrain occupé par eux. Ainsi s'échappa la victoire.

Chercher l'ennemi, lui tomber dessus, lui faire le plus de mal possible, lui donner les coups les plus terribles pour le réduire à merci; ne pas s'effrayer de son nombre, des blessures qu'il pourra faire; ne pas se rebuter devant un, deux, trois échecs, mais revenir sans cesse à la charge, convaincu que la persévérance dans l'offensive déterminera infailliblement le succès; accourir à l'aide d'un camarade dès qu'il est attaqué et se joindre à lui pour foncer sur l'ennemi : voilà les sources certaines de la victoire; voilà les vérités à répéter sans cesse dans nos régiments et nos écoles, aux généraux, aux officiers, aux soldats, aux maîtres chargés de l'éducation de nos enfants, les soldats de demain.

Si, dans son enseignement, un peuple n'adopte pas ces doctrines, s'il n'en encourage pas la diffusion, s'il ne les met pas en pratique dans son armée, quelque dévouement et quelque héroïsme que montrent ses enfants aux jours d'épreuve, il est infailliblement condamné à la défaite, à l'amoindrissement et dans un temps donné à l'asservissement.

Le monde et le succès appartiennent à ceux qui agissent et les désœuvrés deviennent leur proie; de même dans la bataille la victoire est l'apanage de l'armée la plus active tandis que celle qui s'immobilise sur « de belles positions est vouée à la défaite et à la captivité. »

L'étude de la bataille de Rezonville nous l'a déjà démontré, le récit de celle de Saint-Privat le démontrera d'une façon encore plus poignante.

Après s'être battue dix heures et avoir perdu 15 000 hommes, l'armée française se trouvait le 16 au soir à peu de chose près sur ses positions du matin, ayant une ligne de bataille brisée affectant la forme d'un Z.

A la droite, de Ville-sur-Yron à Villers-au-Bois, les 3ᵉ et 4ᵉ corps faisaient le haut du Z, face au sud; le 6ᵉ corps et la garde impériale, de Villers-au-Bois au bois de Saint-Arnould, en formaient la ligne médiane face à l'ouest; le 2ᵉ corps, de Rezonville à Gravelotte au sud de la grande route, en était la base.

Ainsi disposée, avec ses réserves à Gravelotte, notre armée est concentrée et dix de ses divisions, intactes et groupées, sont capables de recommencer la bataille au lever du jour : le surplus, trois divisions et demie, disloquées et éprouvées, se rallieront et pourront intervenir comme soutiens à la fin de la journée.

L'armée allemande au contraire est dispersée sur une énorme étendue de plus de 40 kilomètres de long. Les IIIᵉ et Xᵉ corps qui ont combattu se sont concentrés à la nuit au sud-ouest de Vionville entre ce village et Puxieux. Réduits d'un tiers, privés de la moitié de leurs officiers et sans munitions, ils ne sont pas aptes à reprendre le combat au lever du jour. En dehors de ces deux corps d'armée, le plus rapproché est le IXᵉ aux ordres du général de Manstein : il a une division au nord de Gorze tout près de Gravelotte et l'autre à Arnaville sur la rive gauche de la Moselle : l'ensemble pourra vers 6 heures se trouver en face de nous. Le VIIᵉ corps, général de Gœben, est encore sur la rive droite de la Moselle à Sillegny et Verny : il lui faudra cinq heures pour soutenir le IXe, et les autres troupes sont trop loin pour arriver avant 4 heures du soir.

Nous avons donc l'avantage du nombre et surtout celui de la position. Les deux corps allemands susceptibles de soutenir la lutte sont échelonnés sur plusieurs lieues et leurs unités s'engageront les unes après les autres au débouché de pentes abruptes au milieu de bois et de fourrés difficiles à franchir. Il nous sera donc facile de les rejeter sur la Moselle au fur et à mesure de leur apparition sur le plateau.

Nous raisonnons aujourd'hui, à coup sûr, connaissant exactement la situation des deux adversaires. Sur le moment le maréchal Bazaine ne savait rien; il se trompait complètement sur l'effectif des forces ennemies en sa présence et n'avait aucun renseignement sur la moitié de sa propre armée dont il ne s'était point encore informé.

Cependant certains esprits doués de l'instinct de la guerre, comme les généraux Changarnier et Bourbaki, avaient une vision juste de l'état des choses. Le général Changarnier ne cessait de répéter au maréchal Le Bœuf qu'il ne fallait pas attendre le jour pour attaquer et le général Bourbaki proposait au maréchal Bazaine vers 10 heures du soir d'exécuter un mouvement tournant par notre droite tandis qu'il tiendrait de front avec le maréchal Canrobert.

Mais cette proposition n'était pas du goût du maréchal Bazaine. Durant la bataille, à partir de deux heures, elle lui avait été faite à plusieurs reprises et il n'avait pas paru l'entendre. Eût-il même connu l'état exact des choses, il n'eût pas agi autrement qu'il le fît : prendre l'offensive, l'effrayait ; il se sentait incapable de commander son armée en rase campagne et la responsabilité était un spectre effrayant dressé devant lui : aussi son esprit, d'ordinaire flottant et imprécis, se fixe dans la nuit qui suit la bataille. Il se retirera à l'abri des forts de Metz et là attendra en sécurité les événements.

Mais s'il voit son but, il ne sait comment faire pour l'atteindre : soit qu'il n'ose pas avouer immédiatement son projet et qu'il veuille le cacher, soit que, par habitude, il ne puisse se résoudre à conformer nettement et ouvertement ses paroles et ses actes à sa résolution, il s'arrête à un terme moyen.

Au réveil toute l'armée se mettra en marche pour prendre, à deux lieues en arrière du champ de bataille, une position intermédiaire où elle s'arrêtera vingt-quatre heures avant de rentrer dans le camp retranché.

Si par moment apparaît dans la journée du 17 août une autre intention, aussitôt un ordre viendra à point pour rétablir les choses, ne rien laisser au hasard et supprimer toute circonstance de nature à retarder ou empêcher l'internement de l'armée : tout est prévu dans l'esprit du général en chef pour fermer les issues qui permettraient à l'armée française d'échapper au blocus auquel il l'a condamnée.

Le récit des événements édifiera ceux qui en douteraient.

Tandis que nous reculons sur Metz, les Allemands — pendant la nuit et la journée qui suivent la bataille, 17 août — se concentrent sur le terrain où ils ont combattu. La garde royale et le corps saxon, venant de 40 kilomètres au sud, marchent toute la nuit et l'après-midi pour former l'aile gauche de leur armée à Mars-la-Tour. Le IXe corps, qui était à Gorze et à Arnaville, rejoint les deux corps engagés la veille et avec eux constitue le centre autour de Vionville. Les VIIe et VIIIe corps, qui étaient sur la rive droite de la Moselle à cheval sur la Seille, à Sillegny et à Pommérieux, franchissent le pont de Novéant pour constituer l'aile droite dans les bois de Saint-Arnould, des Ognons et de Vaux regardant le nord et faisant face à Gravelotte.

Le soir, ces mouvements achevés, l'armée allemande — 200 000 hommes environ — comptant sept corps d'armée, dont cinq encore non engagés, s'étend de Mars-la-Tour à Vaux en passant par Vionville et Flavigny et longeant les bois au sud de Gravelotte.

Les ordres de mouvement du maréchal de Moltke sont décousus, mais son but est défini : « Rejeter vers le nord les Français qui abandonnent Metz... les refouler en les coupant de Châlons et de Paris et les poursuivre jusqu'à la frontière... »

Chacun de ses lieutenants, au courant de sa pensée, cherchera à concourir efficacement à sa réalisation.

Le 17 août, à 4 heures du matin, le prince Frédéric-Charles est sur la hauteur de Flavigny et observe nos mouvements. A 6 heures, le roi Guillaume et le général de Moltke le rejoignent : de leur observatoire ils distinguent des colonnes françaises se formant sur tous les chemins pour s'éloigner du champ de bataille ; « le capitaine von der Goltz de l'état-major du prince, dont la vue est perçante, remarque qu'elles gagnent Gravelotte et de là la Malmaison. » C'est la garde impériale française et une partie du 6e corps dont il voit le défilé.

La direction de ces troupes vers le nord trompe l'état-major allemand qui nous croit en retraite par Briey ou par Thionville.

Bientôt les colonnes françaises disparaissent et comme la cavalerie ennemie ne les suit pas, le contact est perdu.

A midi, quoique les Saxons et la garde prussienne ne soient pas encore en vue, le maréchal de Moltke voudrait se mettre immédiatement à notre recherche et nous attaquer avec les cinq corps dont il dispose. Le prince Frédéric-Charles fait des objections et le roi se rend à ses raisons. Le prince envoie alors à l'armée ses ordres pour le lendemain. « L'armée ennemie paraissant se retirer en partie vers le nord-ouest, en partie vers Metz, la IIe armée et les VIIe et VIIIe corps se mettront en marche demain matin vers le nord *pour rechercher l'ennemi et le battre...* »

Si nous nous sommes retirés sur le camp retranché de Metz il faudra nous y enfermer, si nous nous sommes dirigés vers le nord sur la frontière, on s'efforcera de nous y acculer.

Ainsi dans l'armée allemande on sait ce que l'on veut.

Dans l'armée française tous l'ignorent.

A la cessation du feu nul ne s'attendait à un ordre de retraite et quand cet ordre est communiqué personne ne saisit dans quel but il est donné. Le général en chef n'initie pas son armée à ses projets, il les cache même parce qu'il les sait inavouables et ses lieutenants restent indécis sur les mesures à prendre, attendant quelques éclaircissements de nature à leur montrer où doivent tendre leurs efforts. Comment pourraient-ils concourir à la réalisation des vues du commandement puisqu'ils les ignorent?

Dans l'une des deux armées, du général au dernier soldat on sait ce que l'on a à faire : dans l'autre, tous cherchent, sans la découvrir, quelle est la pensée du chef.

Dans ces conditions la partie n'est pas égale.

On a vu quelquefois un lieutenant sauver par une initiative heureuse une situation compromise par son général. Peut-être la chance nous favorisera-t-elle : l'un des lieutenants du maréchal Bazaine par une inspiration soudaine amènera-t-il un changement complet des événements? A la guerre un incident peut tout modifier.

Malheureusement l'initiative et l'offensive n'étaient plus pratiquées chez nous, tandis qu'elles étaient en honneur dans l'armée allemande. Le prince Frédéric-Charles s'est convaincu de leur nécessité en étudiant les succès de nos troupes en Crimée et en Italie : il s'en est fait l'apôtre et a communiqué sa foi à ses officiers et à ses soldats.

Dans l'armée française la règle immuable était la passivité. Un lieutenant n'osait remporter un succès sans en avoir auparavant référé à son chef. Le général de Cissey, après la destruction de la brigade Wedell devant Mars-la-Tour, demanda à la poursuivre et à assurer un succès éclatant à son corps d'armée. Cette autorisation lui ayant été refusée, il s'arrêta et l'occasion si belle s'échappa.

En 1870 il était défendu à un subordonné de gagner la bataille, s'il n'en avait pas obtenu la permission!

L'initiative c'est l'action, c'est la vie : elle amène

à l'offensive qui a pour résultat de contraindre son adversaire à ce qu'on veut lui imposer. La défensive c'est l'immobilité et la passivité : pour les êtres et les nations c'est le néant et la mort : pour les armées c'est la défaite.

Dans un assaut d'escrime, comme dans une lutte corps à corps, le plus fort ne pourra jamais réduire son adversaire, fût-il beaucoup plus faible, s'il se contente de parer ses coups sans lui en porter aucun.

Le maréchal Bazaine, à la bataille de Rezonville, s'était agité dans le vide pour faire illusion sans donner d'autre ordre que de ne pas bouger; à la bataille de Saint-Privat il se désintéressa complètement de son armée et ne s'inquiéta même pas des péripéties de la lutte, décidé qu'il était à abandonner de toute façon ses positions le 19 août avant le jour.

Le sang versé dans cette bataille, l'une des plus grandes et des plus meurtrières du siècle, a donc été inutile et M. de Moltke eut la chance unique, qu'aucun général ne retrouvera plus, d'avoir un adversaire qui mettait tout en œuvre pour lui faciliter la réalisation de son plan.

CHAPITRE II

LA NUIT APRÈS LA BATAILLE DE REZONVILLE

L'obscurité est tombée sur l'immense plateau qui s'étend de Doncourt au bois des Ognons où les armées françaises et allemandes se sont battues toute la journée.

Il n'y a pas de lune, le ciel est pur et les étoiles brillent en quantité infinie.

Par places, de grands feux sont allumés et à la lueur de leurs flammes on voit des ombres s'agiter au milieu de dormeurs étendus à terre; à d'autres endroits sont des espaces tout noirs et silencieux.

La grande route qui coupe cette plaine dans sa longueur, de l'est à l'ouest, est toujours à l'état de fleuve humain, mais un fleuve qui aurait des courants multiples et contraires, se heurtant et se mélangeant sans cesse. Des convois de munitions vont de Gravelotte aux batteries de combat; dans les environs de Rezonville, des cacolets et des voitures pleines de blessés criant et gémissant les croisent, les accrochent ou leur barrent le chemin.

De distance en distance, le passage est obstrué par des amoncellements de charrois de toutes sortes, arrêtés et même souvent dételés, dont les files se perdent dans l'obscurité et des bandes d'hommes, tant à pied qu'à cheval, se glissent entre les jambes des chevaux ou les roues des voitures arrêtées ou en marche.

De chaque côté de la route, dans les fossés, des gens mangent ou dorment.

Pas une torche, pas une lanterne pour faciliter la circulation des officiers et des estafettes porteurs d'ordres. A dix pas on ne distingue rien et c'est lorsque l'on butte sur un obstacle qu'on connaît sa présence.

A tout instant, des sonneries de clairon, refrains de divisions, de brigades et de régiments, traversent l'espace rappelant les égarés à leurs bivouacs.

L'état d'esprit de chacun est différent :

« Après le tumulte d'une grande bataille, a écrit le soir même du 16 août l'un des combattants, le colonel Borson, le silence qui se fait sur le champ de carnage tout à l'heure si bruyant, la grandeur calme et sereine du ciel étoilé qui forme un contraste saisissant avec l'animation des moments précédents, vous émeut et vous force à réfléchir... » Mais ceux qui font leur examen de conscience sont peu nombreux. Ce qui préoccupe surtout, c'est de pouvoir manger, boire et s'installer le mieux possible pour dormir.

Passons en revue le front de l'armée en présence de l'ennemi : à gauche, sur le plateau de la Maison-Blanche, la brigade Lapasset est au complet, les deux bataillons du 97ᵉ qui avaient été envoyés par le maréchal Bazaine à Rezonville sont revenus à leur place de bataille.

De ce côté, le soldat est satisfait d'avoir repoussé l'ennemi. Il y a dans cette brigade de nombreux blessés dont beaucoup descendent jusqu'à Ars ; parmi eux sur le même cacolet sont le colonel Benoît, du 84ᵉ, et le capitaine de Garros, du 14ᵉ chasseurs à pied. Ce dernier a deux blessures graves. Arrivé à Ars, le colonel Benoît demande un médecin. Le docteur Gilbin, occupé à soigner les blessés déjà arrivés, se présente ; le colonel Benoît lui confie le capitaine de Garros et, ordonnant de le remplacer par un soldat moins grièvement atteint, se fait conduire à Metz où il arrive au petit jour : preuve indéniable que les Prussiens n'occupaient pas encore Ars, comme le général Desvaux était allé le dire vers 10 heures du soir au maréchal Bazaine.

En arrière de la brigade Lapasset, depuis la Maison-Blanche jusqu'à Rezonville, sont, pêle-mêle, la division Montaudon, la brigade de Brauer (de la division Aymard) et les deux divisions de voltigeurs et de grenadiers, avec toutes les batteries de la Garde et une douzaine d'autres de différents corps.

Dans la division Montaudon les soldats des 51ᵉ et 62ᵉ, presque tous vétérans du Mexique, se racontent leur charge inopinée « exécutée automatiquement » et sans commandement pour délivrer le drapeau du 3ᵉ grenadiers.

Le général Montaudon erre sur le champ de bataille cherchant à reformer ses troupes dispersées à son insu par le maréchal Bazaine. La difficulté qu'il éprouve à remettre la main sur tout son monde le rend morose. Le général Lapasset le reconnaissant, l'appelle :

— Que faites-vous donc? Avez-vous mangé quelque chose?

— Non.

— Eh bien, asseyez-vous là. Mes soldats ont pris à un intendant un chargement de vin et de biscuit, partagez avec moi la part que j'en ai.

Le général Montaudon, qui avait la perspective de se coucher sans souper, accepta avec reconnaissance et non sans quelques quolibets à l'adresse de l'intendant dévalisé : il fit honneur au repas improvisé, offert si opportunément et laissa ses idées tristes, mais quelques instants après il était moins satisfait quand son sous-intendant, M. Puffeney, lui rendait compte que les soldats de la brigade Lapasset s'étaient emparés du convoi de sa division et en avaient disposé.

Grenadiers, voltigeurs, canonniers de la Garde sont d'abord mélangés au 51° et au 62°. Ils se rallient peu à peu : dans quelques régiments on allume des feux, dans d'autres on défend d'en faire.

Dans l'artillerie de la Garde, les officiers et les canonniers s'étendent couverts de leurs manteaux, sans feu, les chevaux attelés : ils croient recommencer la lutte et il en est de même dans les batteries de la division Montaudon, où l'on a laissé les pièces en position sans les raccrocher aux avant-trains.

Les capitaines Noël et Mercier, de l'état-major de l'artillerie de la Garde, circulent de batteries en batteries pour surveiller la mise au complet des coffres et ils sont sur le point d'avoir fini quand le commandant de Mondésir, de l'état-major de l'artillerie, en passant, prévient que cela devient inutile, puisque l'on retourne sous Metz pour se réapprovisionner.

Vers une heure du matin, on amène au 2° grenadiers plusieurs hussards prussiens faits prisonniers. L'un d'eux est un tout jeune volontaire d'un an, parlant le français. Les officiers l'interrogent et il leur répond sans forfanterie avec l'accent de la conviction : « Nous sommes admirablement bien commandés et je suis sûr que dans quinze jours nous serons devant Paris. »

Le général Bourbaki s'entretient avec le général Picard : il est convaincu de la continuation du combat au petit jour, et il ordonne de s'y préparer ; il écrit même au maréchal Bazaine en ce sens pour lui conseiller de tenter avec la droite (maréchal Le Bœuf et général de Ladmirault) un mouvement tournant pendant que le maréchal Canrobert et lui « tiendront de front ».

Il communique sa pensée aux généraux Jeanningros, Lacroix de Vauxbois, Garnier et Brincourt : « Le maréchal Bazaine, leur dit-il, est libre de refouler l'ennemi dans les ravins d'Ars, de Gorze et de Novéant, ou bien, s'il le préfère, de prendre la route de Mars-la-Tour ou celle de Conflans ; il est maître de la situation », et il parle de la proposition qu'il vient de faire comme si elle était déjà adoptée.

La situation lui apparaissait claire : la journée avait préparé la victoire, nous la remporterions le lendemain dès la première heure.

Au lieu de frayer avec les autres généraux de la Garde, le général Deligny s'était isolé, furieux que le maréchal Bazaine eût disposé de la plus grande partie de sa division sans l'en aviser ; il disait au commandant Fabre, de son état-major : « Cette batterie de Vionville, elle m'appartenait, je l'aurais enlevée si on ne m'avait pas pris mon monde que je n'ai plus retrouvé quand j'en ai eu besoin. » Il s'était assis le long d'une haie et mangeait un morceau en compagnie de son aide de camp, le capitaine Hullin, et de son officier d'ordonnance, le lieutenant de Coatgoureden, quand deux voltigeurs, en passant près de lui pour aller chercher leurs sacs, exprimèrent leur satisfaction de l'heureuse issue de la journée.

« Ah! vous êtes contents, vous autres, leur cria-t-il, eh bien! moi, je trouve que ça ne pouvait guère plus mal marcher. »

Dans le village de Rezonville, toutes les habitations regorgeaient de blessés; il n'y avait aucun éclairage et quand parfois apparaissait une lumière, elle laissait voir une scène lugubre, des chirurgiens en tablier blanc maculé de sang opérant des blessés.

Dans les dernières maisons du côté de l'ouest et dans les vergers, des sapeurs du génie donnaient des coups de pioche dans les murs pour y percer des meurtrières ou bien abattaient des pans entiers pour ouvrir des communications.

La division Le Vassor-Sorval est en majeure partie autour de Rezonville. Deux de ses régiments, les 25e et 26e, ont, vers la fin du combat, des compagnies égrenées jusqu'au bois de Saint-Arnould; toutefois le colonel Gibon et le commandant Philebert parviennent vers minuit à réunir les deux régiments presque en entier à l'est de Rezonville et au nord de la grande route. Les 28e et 70e, qui n'ont guère été engagés, sont dans les maisons et les vergers de Rezonville.

Plus à droite, la division Lafont de Villiers est de toute l'armée la plus en désordre. Les deux tiers du 94e, sous les ordres du lieutenant-colonel Hochstetter, bivouaquent au nord de Rezonville et le colonel est près de Gravelotte avec 400 hommes sans nouvelles de la portion principale de son régiment depuis une heure de l'après-midi. Deux bataillons du 93e se sont retirés à Mogador; un autre est du côté de Villers-au-Bois. Le 75ᵉ et le 91ᵉ, privés de leurs réservistes qui ont filé, passent la nuit près du bois Le Prince. Cette division peut mettre en ligne quelques bataillons, mais il faut rallier les autres. Les deux charges de cavalerie subies à deux heures et demie et à sept heures et demie ont impressionné les moins solides. « On ne peut pas résister à de telles avalanches », répète le colonel Jamet. Le pauvre homme est tellement troublé qu'il envoie le capitaine de Chalus déclarer au maréchal Canrobert qu'il n'a plus un coup de canon quand la moitié de ses caissons est intacte.

Vers 11 heures un sous-officier de cuirassiers blancs prisonnier est conduit aux officiers de l'état-major du général Lafont de Villiers. Le capitaine Tysseire l'interroge. D'après lui le IIIᵉ corps allemand avec plusieurs divisions de cavalerie était seul engagé au moment où il a été pris. Quelque affirmatif qu'il soit, personne ne veut le croire et le colonel Piquemal ne transmet pas le renseignement à l'état-major du 6ᵉ corps : du reste on ne le prendrait pas davantage au sérieux, tant on est convaincu d'avoir lutté contre deux armées allemandes.

L'infanterie de la division Tixier, sauf un bataillon du 100ᵉ resté à Rezonville, est groupée derrière la voie romaine; mais de ses quatre batteries, une seule, celle du capitaine Flottes, est restée avec l'infanterie. Le lieutenant-colonel de Montluisant, le commandant de cette artillerie, ne sait ce que sont devenues ses pièces et leurs canonniers. Il écrit à onze heures du soir au général Tixier pour lui demander s'il en a des nouvelles. La réponse lui parvient dans la nuit et elle l'invite à s'informer sur l'heure des batteries sous ses ordres et de rendre compte au général de division de leur situation, qu'il devait connaître.

Des quatre régiments de la division Tixier, le plus ardent est le 4ᵉ de ligne : sous l'impulsion que lui a donnée le colonel Vincendon, il est capable de tout. Le 100ᵉ de ligne au contraire est dans des sentiments plus moroses : ses officiers ignorent où est leur colonel et leur drapeau : « Triste nuit, a écrit le capitaine Coudert de la Villatte du 100ᵉ de ligne : nous tuons le cheval blessé de l'adjudant-major Lansac, nous faisons cuire à la flamme fumeuse de notre feu le morceau sanguinolent qui revient à ma section et nous essayons de le manger. Nous en fûmes dégoûtés et il fallut nous rabattre sur quelques morceaux de biscuit trempés dans de l'eau bourbeuse. »

« Nous avions la certitude de ne pas avoir reculé, dit aussi le capitaine Lemaire de Montifaut du même régiment. Toute la journée nous avions entendu dire : « Tout le monde se portera en avant dès que « Ladmirault arrivera. » Le mouvement n'avait pas eu lieu, mais on croyait à la retraite des Allemands à la tombée de la nuit... On ne percevait aucun bruit ni aucun mouvement de leur côté... Étions-nous couverts par des avants-postes, je n'en ai pas vu ; mais à la fin de la journée il y avait devant nous des tirailleurs d'un autre régiment que le nôtre, peut-être a-t-il fourni des grand'gardes : cependant quand le lendemain matin nous avons quitté la position il ne restait personne devant nous. »

Le 9ᵉ de ligne avait bien détaché une compagnie en avant de son bivouac : « J'ai reçu l'ordre, nous a raconté le capitaine Delmas de Grammont, le commandant de cette compagnie, de prendre la grand'garde : il m'était donné par mon égal en grade, pourtant je lui demandai : « En grand'garde, mais où ? » — « Où tu voudras ! » — « Bono. »

« Je fais faire demi-tour à ma compagnie, je marche dans la direction inverse de celle que nous venions de suivre et grâce à l'étoile polaire je me dirige sur l'ouest ; quand j'ai marché cinq cents pas je m'arrête. Nuit noire opaque ; j'ignore si il y a des postes à gauche, à droite, devant moi ; quoi faire ? Nos hommes sont éreintés et affamés, ils n'ont pas mangé depuis la veille et leurs bidons sont vides. Après réflexion je commande sacs à terre.

« Tout le monde au repos, couché les armes avec soi, sauf la première escouade qui, seule, prend la garde ; la moitié des hommes déployés à cinq pas et à vingt en avant du gros, l'autre moitié groupée autour de moi. Les escouades se relèveront d'heure en heure.

« La nuit s'écoula sans incident, et cependant c'est avec un vif sentiment de soulagement que je vis paraître derrière nous la ligne blanchâtre messagère de l'aube. »

Quand le canon s'était tu, le maréchal Le Bœuf était en avant de Saint-Marcel sur un mamelon coté 279, où se trouvaient trois arbres isolés : « Voilà un endroit bien abrité, dit-il, c'est là que nous passerons la nuit. » Le général Manèque, son chef d'état-major, lui fit observer qu'il était dans un champ où nul chemin ne donnait accès et lorsque la nuit serait tombée, il deviendrait impossible aux officiers et aux estafettes de le trouver.

Le maréchal Le Bœuf reconnut la justesse de ces observations et se dirigea sur Saint-Marcel. Son état-major s'établit dans la salle d'école où le personnel eut des tables, de l'encre et de la lumière pour rédiger les ordres et où officiers et plantons chargés de missions purent sans trop de difficultés découvrir son quartier général.

Vers minuit, le maréchal, installé au premier étage de l'école, reçut la visite du général Tixier accompagné de son chef d'état-major, le colonel Fourchaud, et les accueillit par ces mots : « Nous sommes victorieux. » C'était ce qu'il avait écrit à 8 heures et demie au maréchal Bazaine. Mais lorsqu'en réponse à cette boutade, le bouillant colonel Fourchaud proposa d'occuper séance tenante le bois de Tronville, pour reprendre le combat aux premières lueurs du jour, le maréchal Le Bœuf et le général Tixier refusèrent.

Le général Changarnier au contraire répétait qu'il ne fallait même pas attendre le jour pour recommencer.

On parlait bien de victoire dans les divisions du 3ᵉ corps qui n'avaient pas donné, mais, au fond, généraux et officiers d'état-major n'étaient pas sans une arrière-pensée de regrets, et l'un d'eux, le capitaine Robert de France, aide de camp du général de Maubranches, a noté le soir même avec franchise ses sentiments que certains n'osaient avouer : « Nous avions l'impression, écrivait-il, que nous n'avions rien fait, que nous aurions pu faire quelque chose et nous comptions que nous allions entamer une poursuite au petit jour. »

On ignorait encore à l'état-major du 3ᵉ corps la

décision du maréchal Bazaine. On en fut informé vers 3 heures et demie ou 4 heures du matin, et dans la salle d'école on demeura stupéfait. Le général Changarnier fit relire deux fois l'ordre et devant tous les officiers, dont plusieurs vivent encore et se souviennent du fait, manifesta son irritation. Il eût voulu qu'on attaquât séance tenante : en s'en allant on laissait le champ libre à l'ennemi, et uniquement pour aller se ravitailler ! « Mais pourquoi, disait-il, envoyer l'armée chercher des munitions. N'est-il pas bien plus simple de lui en amener là où elle est? »

Dans les bivacs, les soldats avaient allumé des feux et faisaient cuire les chevaux tués pendant l'action. Pendant la nuit, des Allemands en petits groupes ou individuellement, au nombre d'une centaine, vinrent se constituer prisonniers : égarés, à bout de forces, sans nourriture ou bien blessés ils venaient là où ils apercevaient du feu. A croire ces prisonniers, les troupes allemandes engagées contre nous dans la journée étaient loin d'être aussi nombreuses que nous le supposions.

Au 4° corps qui forme l'extrême droite, des colonels aux soldats, tout le monde avait la conviction d'être victorieux. Dans les états-majors les sentiments étaient moins définis. Le général de Ladmirault avait arrêté la poursuite de la brigade Wedell en déroute, et fait revenir vers 7 heures du soir son infanterie sur le plateau de Bruville. Entre 10 et 11 heures il ordonna une marche rétrograde de 4 kilomètres pour ramener son monde autour de Doncourt. Cet avis, transmis aux troupes entre minuit et une heure, fut mal accueilli. Le général de Cissey agonisa de sottises l'officier qui le lui communiqua et les colonels de tous les régiments firent un accueil à peu près identique aux officiers d'état-major porteurs de l'ordre en question.

Il resta sur la ligne des campements de la soirée une seule compagnie du 98° à la ferme de Gréyère où elle avait en garde une centaine de prisonniers.

On était mécontent d'abandonner du terrain à l'ennemi et encore plus furieux, après une journée de fatigue, d'être réveillé dans son premier sommeil et d'être condamné à errer dans l'obscurité durant des heures au lieu de reposer.

Cette retraite du 4° corps en pleine nuit a toujours semblé bizarre et pour l'expliquer on a souvent prétendu que le général de Ladmirault l'avait prescrite pour obéir au maréchal Bazaine. C'est complètement faux. Il ignorait encore les intentions du maréchal Bazaine à 5 heures du matin, quand le général du Barail, qui venait de recevoir l'ordre général du mouvement, lui en donna communication.

Le général de Ladmirault a donc fait preuve d'initiative personnelle et a agi suivant ses propres inspirations.

Maintenant que nous avons passé en revue toute la ligne de l'armée de la gauche à la droite, revenons au centre, à Rezonville.

Il est 11 heures du soir : le maréchal Canrobert est à pied dans la grande rue; il parle au général Henry et lui donne « l'ordre de mettre le 6° corps en marche sur Verdun par Mars-la-Tour et Étain à 4 heures du matin. » Ses instructions données, il entre dans une chaumière abandonnée appartenant à une vieille femme nommée Dardenne et s'étend tout habillé sur le lit : le commandant Lonclas vient le rejoindre vers minuit et ses officiers d'ordonnance s'établissent dans la première pièce qui servait de cuisine.

Vers une heure du matin, le général Bourbaki, suivi du général Dauvergne, se rendit dans la chaumière où se trouvait le maréchal Canrobert, et demanda à lui parler. Le commandant Lonclas appelé introduisit le général Bourbaki dans la chambre : « Je fus frappé de son air abattu, a-t-il écrit, il avait perdu cette confiance et cet entrain qui le distinguaient. Le résultat indécis de la journée l'avait profondément atteint. »

« Il aborda le maréchal en lui disant — c'est le lieutenant de Forsanz qui parle maintenant : — « Monsieur « le maréchal, nous sommes fichus. La meilleure armée « française n'a pu battre les réservistes prussiens » ; puis il se mit à pleurer et le maréchal le consola de son mieux. » Le général Bourbaki avait toujours vu nos troupes victorieuses, il n'admettait pas qu'on pût douter de leur invincibilité : il avait été un mois auparavant l'un des plus chaleureux champions de la guerre et nos premières défaites l'avaient profondément affecté.

Depuis trente ans, l'armée le considérait comme le type accompli du chef : chez lui le physique était beau, le front haut et large, le sourire charmant, la prestance imposante, la taille souple, le regard limpide, la voix chaude et claire. Il y avait dans toute sa personne quelque chose de chevaleresque et nul n'avait à la fois autant de séduction et d'autorité.

Tous les cœurs et les intelligences lui étaient acquis. Pas un de ses subordonnés n'eût hésité à faire l'impossible pour lui obéir tant il savait entraîner, subjuguer et se faire aimer.

Sa réputation n'existait pas seulement en France et en Algérie, elle avait aussi pénétré dans les états-majors allemands. Envoyé en 1864 aux manœuvres de Spandau, il avait conquis les généraux prussiens, qui avaient vu en lui un véritable chef.

Cette renommée universelle était méritée. En Afrique comme en Crimée, il avait montré du caractère, de la décision, du sang-froid dans les moments critiques et une aptitude à commander en toutes circonstances. Mais depuis Inkermann, quinze ans se sont écoulés. L'œil est toujours aussi vif et aussi clair; si les cheveux et la moustache ont quelques imperceptibles fils blancs, les rides ne sont point venues et la taille demeure svelte. Il semble encore tel qu'à Sébastopol. Cependant un changement s'est opéré en lui : il n'a plus la même confiance en lui-même, sa décision n'est plus immédiate; il pèse le pour et le contre, hésite, et une fois son idée arrêtée, l'arrière-pensée de s'être peut-être trompé l'envahit et sème le doute dans son esprit. Il est devenu nerveux, impressionnable; il ne sait plus cacher ses sentiments; il laisse voir, par la décomposition de ses traits et par la mobilité inquiète de ses regards, les émotions violentes qui l'envahissent. Sa précision dans le commandement s'est relâchée et ses ordres maintenant sont quelquefois d'un vague déconcertant. Son élan et son impétuosité ont aussi diminué.

La nouvelle de nos premières défaites a agi sur cette nature mobile et généreuse, et l'a plus douloureusement atteint que tout autre.

Sa santé s'est altérée et une blessure à la jambe, reçue à Sébastopol, s'est rouverte : il en souffre, souvent ne peut presque plus marcher et doit se ménager.

Il a conscience du changement opéré en lui : la veille, s'entretenant avec son vieil ami le général Picard, le commandant des zouaves et des grenadiers, il lui a dit à plusieurs reprises : « Vois-tu, nous sommes trop vieux pour faire cette guerre-là. »

A la bataille de Rezonville, aussitôt le combat engagé et la Garde en action, il s'était retrouvé l'héroïque et brillant soldat d'une époque déjà lointaine.

Les zouaves, les grenadiers et les canonniers de la Garde une fois en ligne, il avait parcouru leurs rangs, droit sur un beau cheval noir, en gants blancs et en bottes vernies : à tous il avait dit un mot de sa voix claire et séduisante; ses soldats l'avaient acclamé : il était toujours pour eux le héros légendaire de la chanson du capitaine d'artillerie Artus :

> Ce chic exquis
> Par les turcos acquis.
> Ils le doivent à qui?
> A Charles Bourbaki.

Sa lucidité d'esprit et la rectitude de son jugement lui étaient revenus en entier; il avait senti le point faible de l'ennemi. Il avait réuni 54 pièces en une seule batterie pour éteindre celle des Allemands établie à Vionville et préparer l'attaque de cette position par son infanterie. Il s'était rendu compte de l'épuisement de l'ennemi et, sans cesse, était revenu à la charge auprès du maréchal Bazaine pour arracher à ce sphinx impénétrable un mot, une approbation à ses propositions de prendre l'offensive de front en même temps que notre droite essayerait de rejeter les Allemands dans la Moselle. A 10 heures du soir il renouvelait encore par écrit ses instances sans pouvoir davantage obtenir une réponse. Sa nature toute de loyauté, de droiture, de franchise était déroutée par le vague, les réticences ou le mutisme du maréchal Bazaine et il redoutait, ne connaissant pas ses idées, d'agir contre ses vues.

Pas un instant de la journée il n'avait douté du succès, et le soir il pensait que le maréchal Bazaine ne le remettait au lendemain que pour le rendre plus considérable.

L'ordre d'abandonner la lutte et de se retirer sous Metz l'a stupéfié. Il ne comprend pas. Que cache le maréchal Bazaine? A-t-il de mauvaises nouvelles encore non divulguées? Avons-nous subi une défaite sur un autre point? Cet ordre de retraite est l'écroulement de l'espoir qu'il avait repris durant la bataille. C'est donc la défaite définitive? Et, de nouveau, il doute de lui-même et de l'armée. Pour passer de cette désillusion et de ce manque de confiance au désespoir, il n'a plus qu'un pas à faire.

Ce seul fait prouve combien la retraite est contraire au sentiment du soldat français et combien elle exerce une action déprimante même chez les plus braves. Si « jamais » était un terme raisonnable, je dirais qu'un chef ne doit jamais l'ordonner.

Le général Dauvergne, resté avec les officiers du maréchal, leur parut « aussi déprimé ». Une heure auparavant il se félicitait du résultat de la journée.

L'ordre de retraite l'avait retourné à l'égal de son chef.

Les ampliations de cet ordre de retraite furent remises à leurs destinataires à partir d'une heure et demie du matin, suivant que les porteurs parvenaient à les joindre plus ou moins rapidement. A peine était-il connu qu'il produisait de l'étonnement, de l'inquiétude et quelquefois de l'irritation, surtout chez ceux que l'on réveillait d'un sommeil profond et réparateur pour leur donner le pli désenchanteur. Quelques-uns répondaient par toutes sortes de malédictions. De ceux-ci le plus expressif fut le général Deligny. Une balle kabyle lui avait perforé le crâne une quinzaine d'années auparavant, et quand il lui arrivait une contrariété, il ressentait des douleurs aiguës qui se traduisaient par des colères terribles. Aussi, lorsque le capitaine de La Ferté le réveilla pour lui remettre les instructions dont il était porteur, il fut accueilli par une bordée d'épithètes comme il n'en avait jamais entendu. L'aide de camp du général Deligny, le capitaine Hullin, accourut à temps, emmena de force son camarade et le calma en lui expliquant la cause de l'exaltation de son chef.

Le général de Montaudon, après avoir lu le papier qu'on lui apportait, crut à une erreur de rédaction et envoya son chef d'état-major, le colonel Follope, à Gravelotte s'assurer auprès du général Jarras s'il n'y avait point erreur. Vers trois heures du matin il était fixé : sa division se leva, rompit les faisceaux et dans le silence et l'obscurité se mit en marche, traversant en diagonale le champ de bataille, pour aller du côté de Saint-Marcel où elle avait laissé ses sacs. La brigade de Brauer de la division Aymard fit de même.

Le maréchal Canrobert, déjà prévenu par le général Bourbaki du contenu de la dépêche du maréchal Bazaine, n'eut, quand il la reçut, aucune hésitation : à minuit il avait prescrit à son état-major de préparer les itinéraires pour la continuation de la marche sur Verdun et un exprès venait d'être envoyé au général Tixier pour lui dire de faire filer ses bagages sur Conflans sans attendre le jour ; il fallut changer toutes ces dispositions et ses officiers passèrent le reste de la nuit à expédier des contre-ordres et à organiser la marche en sens opposé.

Devant les bivouacs où dorment les combattants, des grand'gardes avec des petits postes et des sentinelles sont censés surveiller l'ennemi : ces grand'-gardes sont fournies un peu par les voltigeurs de la Garde, mais surtout par les brigades Clinchant et de Brauer, et des pelotons du 2e et du 4e chasseurs à cheval.

Sentinelles et soldats des petits postes tombent de sommeil et leurs officiers ne parviennent pas à les tenir éveillés. La fatigue est plus forte que les exhortations ou les menaces. Il en est qui, par suite d'énervement, ne peuvent fermer l'œil : ils voient toute la nuit, devant eux, des lumières allant et venant, des centaines de vers luisants courant sur le sol ; ce sont les Prussiens qui cherchent leurs blessés ; de nos premières lignes on les entend appeler et crier sans cesse « Meine Mutter... Meine Mutter. »

Vers trois heures du matin, ceux qui dormaient encore se réveillèrent trempés jusqu'aux os, transis de froid et beaucoup avec un côté du corps ou quelque membre endolori. La rosée était si abondante qu'elle les avait mouillés autant que s'ils eussent été jetés à l'eau. Chacun dut se relever, se secouer, s'essuyer, se sécher, ce qui n'était pas commode, car les feux, là où on en avait allumé, étaient éteints.

Rendons-nous à 3 kilomètres en arrière, à Gravelotte où sont les réserves, l'état-major général, la plupart des ambulances, les convois, les parcs et des fractions de tous les corps égarés. Sur la route nous trouvons à notre droite sur la lisière du bois des Ognons les deux divisions d'infanterie du 2ᵉ corps : après leur retraite, elles se sont ralliées et se trouvent à peu près complètes. Certains de leurs régiments n'ont presque plus d'officiers ni même de sous-officiers ; pour rendre à chacun d'eux sa valeur, il faudrait compléter ses cadres.

L'état d'esprit au 2ᵉ corps est tourné au noir. « Nos réflexions étaient tristes, a écrit le lieutenant de Trenquelléon du 12ᵉ bataillon de chasseurs, on récriminait ferme contre les chefs : on se plaignait d'avoir été mal engagé.

« La précipitation des ordres au début prouvait un manque de sang-froid. La marche en bataille dans des terres labourées pendant un kilomètre sous le feu de l'artillerie avait été fatigante et avait mis le désordre dans nos rangs. Sur la ligne de feu nous n'avions reçu aucun ordre et nous ne savions quoi faire. »

Des hommes ont dressé leur petite tente, et au centre du camp, non loin de la maison de poste, est celle du général Frossard qui dort roulé dans une couverture.

Plus on se rapproche de Gravelotte, plus le mouvement de va-et-vient augmente : de chaque côté de la route sont des bivouacs et des campements éclairés par des feux multipliés au loin et à l'infini.

Les batteries de la réserve générale d'artillerie avaient reçu l'ordre, le combat fini, de revenir à leur campement du matin et elles y étaient toutes réunies avant minuit. Il était trop tard pour dresser les tentes ; officiers et canonniers couchèrent dans leurs manteaux. « Nous dormîmes peu, — dit le colonel Laffon de Ladébat, — car la grande route, contre laquelle nous étions, était parcourue sans interruption par des isolés ou des détachements à la recherche de leurs corps et, à tout instant, on venait au feu de nos bivouacs espérant y trouver à manger et à boire. »

Également dans des champs contre la route était la cavalerie de la Garde. Cuirassiers, dragons et lanciers, qui avaient chargé et dont beaucoup avaient reçu des coups de sabre, étaient éreintés : « Quelle nuit ! pas un morceau de pain, on ne pouvait même pas se procurer un peu d'eau, a écrit le lieutenant Legrand de Vaux, des cuirassiers. J'ai offert 5 francs à un paysan pour m'en donner un peu; il ne m'a rien apporté... Ne tenant plus debout, tous nous nous couchons ; la nuit est très froide ; nous nous relevons et à force de chercher nous trouvons vers 10 heures un peu de feu. Roulé dans mon grand manteau rouge, je me suis étendu auprès de cendres encore chaudes et j'ai passé mon temps à me garer d'un certain vent du nord qui me glaçait, mais rien n'y fit, j'ai gelé toute la nuit et n'ai que rarement fermé l'œil ; nos hommes étaient en tête de leurs chevaux bridés et sellés. »

Dans des prairies à l'est de Gravelotte ce sont deux bataillons du 2ᵉ voltigeurs, ce qui reste du 3ᵉ grenadiers et trois compagnies des chasseurs de la Garde. Ces troupes, comme l'artillerie de réserve, sont revenues passer la nuit sur l'emplacement de leur camp du matin.

Dans Gravelotte autant qu'à ses abords, l'encombrement est complet : bagages des états-majors, équipages de ponts, fourragères, charrettes ou fourgons de l'intendance ; plus de mille voitures sont là obstruant toutes les voies. Dans les maisons, les enclos, les hangars, les granges ou les écuries, des ordonnances, des convoyeurs, des mercantis, des traînards, des fricoteurs, des pillards et aussi des blessés.

Quand, vers minuit, le 2ᵉ voltigeurs entre dans Gravelotte, « le désordre se met dans nos rangs par suite d'un encombrement énorme, — dit l'adjudant-major Doyard de la Motte, — les hommes se perdent et il serait impossible de reformer le régiment et de prendre les armes pendant la nuit ; il faut bivouaquer par petits groupes, comme l'on peut. »

Vers le nord, à droite de la route de Conflans, dans un champ de luzerne qui s'étend jusqu'à la ferme de Mogador, est établie l'ambulance. Plus de 5 000 blessés sont couchés sur l'herbe pilée ou la terre nue. A la lueur de quelques bougies emmanchées dans des bouteilles ou enfermées dans les lanternes, on distingue leurs files interminables.

Ces malheureux sont torturés par la soif. Tous crient : « A boire, à boire... », « de l'eau, de l'eau. »

Le lieutenant-colonel Pavet de Courteille est à côté du lieutenant Foulon : il demande à boire à un médecin qui passe et deux heures après on lui apporte un quart de bouillon. Le docteur Mouillac, médecin en chef de Saint-Cyr, se multiplie; tous les officiers qui ont passé par l'école et qui savent son dévouement et son savoir, l'appellent. Le colonel Pavet de Courteille lui demande si on pourra lui conserver sa jambe horriblement mutilée. Le médecin ne répond pas, peut-être voyait-il que ce malheureux officier était à la veille de succomber.

Officiers et soldats sont pêle-mêle. « Le terre-plein est pavé de blessés, — ainsi s'exprime le lieutenant de Monard, des chasseurs à pied de la Garde, qui a une balle dans les reins. — Il y a là plusieurs milliers de malheureux hurlant. On a couché à côté de moi un officier d'artillerie, le lieutenant Morel, délirant, à l'agonie. Il meurt dans la nuit. Un petit soldat du 70e, qui est blessé au bras, est de l'autre côté. Il me soutient le dos, car je ne puis pas respirer; j'ai une oppression énorme; il me soulage et me soigne, moi je tâche de lui maintenir son bras en l'air, et nous passons la nuit à nous aider; il partage sa couverture avec moi, car il fait froid. »

Cédons maintenant la parole au docteur Le Reboulet : « Comment leur donner de l'eau à boire à tous ces patients, nous n'en avions même pas pour les panser! Nous trempions de la charpie dans des seaux dont le liquide n'était plus qu'une fange sanglante. Nous opérions et mettions les appareils à la lueur d'une chandelle. Mais ce qui m'a surtout frappé, c'étaient des blessures produites par des éclats d'obus qui étaient venus frapper sur les sacs et avaient brisé les piquets de tentes dont le bois avait pénétré dans les chairs. Nous devions, à la lueur vacillante et fumante d'une chandelle, retirer de l'épaule des milliers d'échardes plus ou moins profondément entrées... »

Au centre de ce charnier, quatre ou cinq grandes tentes de forme conique servaient de salles d'opération ; à leur entrée est un mouvement perpétuel de médecins, de soldats qui amènent et emportent des blessés ; de l'intérieur partent des cris épouvantables : jurons et blasphèmes se mêlent aux invocations et sans cesse, revenant comme un leitmotiv, les mots : « Maman, maman, ma mère, ma mère. » Pansements ou résections se font à la lueur d'une lumière vacillante et sans chloroforme. Ceux des blessés qui sont auprès de ces tentes ne peuvent dormir, leur esprit se frappe des horreurs qu'ils voient et leurs souffrances physiques se doublent d'angoisses et de tortures morales.

Autour de Gravelotte la division Metman est déployée en un vaste demi-cercle d'une lieue de diamètre : les troupes ont été disposées au hasard dans l'obscurité et, quoiqu'en deuxième ou troisième ligne, elles ont placé des grand'gardes.

Le 7ᵉ bataillon de cette division est envoyé à la bordure du bois des Ognons contre le ravin de la Mance. Ses petits postes ne savent où ils sont : « Il faudrait s'orienter, dit le lieutenant d'Ivoley... je vois poindre un point lumineux... un poste prussien sans doute ? Accompagné d'un chasseur choisi, je me dirige avec des allures d'Indien des prairies vers le point suspect. C'est un feu que l'on ranime de temps en temps... des ombres s'agitent autour, mais aucun détail ne m'apparaît. Nous avançons encore. Nous distinguons des voix .. Ouf! ce sont des chasseurs du 12ᵉ commandés par mon ami Burlin. Je cause avec lui et j'apprends la mort de Barbeyrac de Saint-Maurice, tué d'un éclat d'obus. »

« Notre grand'garde est couverte par une autre et je n'ai plus d'autre souci que de terminer la nuit à dormir auprès d'un bon feu. »

Aussitôt la bataille finie, la veille au soir, à neuf heures et demie environ, le maréchal Bazaine a quitté le champ de bataille pour rentrer à Gravelotte. En chemin, il a « autorisé » l'intendant de Préval, qui le lui proposait, à aller chercher un convoi de vivres à Metz pour le ramener à Gravelotte.

A peine s'est-il installé dans la chambre de l'auberge Plaisant où l'empereur a couché la veille au soir, qu'il congédie le général Jarras en lui disant que s'il a besoin de lui il le rappellera. Demeuré seul, il écrit au gouverneur de Metz qu'il vient de livrer « une bataille heureuse » et lui demande « son concours pour le ravitaillement de l'armée en vivres et en munitions. » A 11 heures, il reçoit le chef de l'état-major de l'artillerie, le colonel Vasse-Saint-Ouen, qui vient lui dire que les dépenses de coups de canon ont été considérables, du tiers à la moitié des ressources de l'armée. Entre onze heures et minuit, il fait appeler le général Jarras et lui dicte l'ordre de la retraite. Le général Jarras devra l'envoyer aux commandants de corps d'armée, le maréchal se réservant de le faire parvenir au général Soleille. En effet il lui écrit une lettre où est inséré son ordre et où il l'avise de ne plus amener, comme il en a été convenu une heure auparavant, le convoi de ravitaillement jusqu'aux positions actuelles, mais de l'arrêter là où va s'installer l'armée. Le maréchal ne pense pas à prévenir l'intendant de Préval, envoyé chercher des vivres; aussi à 8 heures du matin 450 voitures chargées de toutes sortes de denrées commençaient à monter les rampes du plateau de Gravelotte, quand le commandant supérieur de la place de Metz transmit l'ordre de les faire revenir.

Le général Jarras, après avoir écrit à la hâte l'ordre de retraite sous la dictée du maréchal, le rapporta dans la maison où il était installé et le lut à tête reposée :

« Gravelotte, minuit et demi.

« ... La grande consommation... de munitions d'artillerie et d'infanterie ainsi que le manque de vivres pour plusieurs jours ne permettent pas de continuer la marche qui avait été tracée. Nous allons donc nous porter sur le plateau de Plappeville. Le 2e corps occupera la position comprise entre le Point-du-Jour et Rozerieulles. Le 3e corps se placera à droite, à hauteur de Châtel-Saint-Germain qu'il laissera en arrière. Le 4e sur la droite du 3e vers Montigny-la-Grange et Amanvillers. La Garde à Lessy et à Plappeville où sera le grand quartier général. Le 6e corps sera à Verneville et la division Forton s'établira avec le 2e corps.

« Le mouvement devra commencer le 17 à 4 heures du matin. La division Forton marchera avec le 6e corps..... A 3 heures, les bagages du grand quartier général avec le grand prévôt se dirigeront sur Plappeville ».

Comme l'avant-veille, la réserve d'artillerie et les ponts étaient oubliés : aucune disposition méthodique ni aucune indication d'heure de départ n'étaient données pour la mise en mouvement d'une masse de 150 000 hommes avec ses 30 000 chevaux et ses 7 000 voitures de bagages ; et quoiqu'il eût été témoin l'avant-veille du désordre de la marche de ses troupes causé par l'amoncellement simultané de plusieurs corps sur une seule voie, le maréchal Bazaine faisait encore déverser toute la gauche de son armée et ses convois sur la seule grande route de Moulins.

Entasser la moitié de l'armée sans méthode ni mesures de prévoyance sur une seule route était maladroit, mais il était bien plus grave de mélanger et de faire entre-croiser deux corps d'armée.

Dans son ensemble, le mouvement de retraite consistait dans une vaste conversion et pendant qu'elle s'opérerait les 3e et 6e corps devaient se traverser mutuellement pour se trouver, après son achèvement, intervertis dans l'ordre de bataille.

On voit souvent dans les ballets de l'Opéra des groupes de danseuses, partant en même temps des deux extrémités de la scène, venir se croiser au milieu pour aller se placer le long de la rampe au côté opposé à celui d'où ils sont partis.

C'était un croisement identique que le maréchal Bazaine ordonnait aux huit divisions sous les ordres des maréchaux Canrobert et Le Bœuf, sur un terrain coupé de bois et de ravines en guise d'un plancher de scène.

Si un enfant veut exécuter une conversion avec des soldats de plomb, il la leur fait faire en les maintenant tous à la même hauteur, de manière à ne pas les mélanger : le maréchal Bazaine n'avait pas eu cette idée-là.

Le général Jarras avait, l'avant-veille, pris sur lui de donner des instructions à la réserve d'artillerie. Il fit de même dans la nuit du 16 au 17 et écrivit au général Canu d'avoir, comme le 15, à suivre le mouvement de l'infanterie de la Garde qui commencerait à 4 heures.

Cet oubli réparé, restait à savoir comment assurer l'exécution de l'« ordre général ».

Aller retrouver le maréchal Bazaine? Mais il tombait de sommeil tout à l'heure lors de sa dictée; il devait maintenant être couché et il serait bien difficile de pénétrer jusqu'à lui; y fût-on parvenu, de quelle utilité pratique aurait pu être une conversation avec un homme épuisé, réveillé subitement et, de ce fait, privé de ses facultés? Par-dessus tout, les relations du maréchal et de son chef d'état-major étaient telles que le général Jarras ne songea probablement pas une minute à une explication complémentaire.

Ne voulant rien modifier au texte du maréchal Bazaine, il se décida à l'envoyer tel quel à ceux à qui il était destiné en les prévenant qu'une heure avant le jour un chef de section de l'état-major viendrait apporter des explications et resterait avec chaque commandant de corps d'armée pour diriger ses colonnes. C'était là une précaution spécieuse; il eût fallu refaire l'ordre de marche, préciser les itinéraires et les heures de mise en route de chacun. Aussi le mouvement, malgré les chefs de section, s'exécuta dans le décousu et le désordre; même certaines fractions de l'armée mirent dix heures à faire deux lieues.

Quoique le général Jarras ne pût guère se faire d'illusions sur le palliatif de son invention, il convoqua les chefs et sous-chefs de section de l'état-major, les colonels et lieutenants-colonels Lewal, d'Andlau, Lamy, Ducrot, Fay, Saint-Cyr-Nugues et une douzaine d'officiers de l'état-major général. Il leur dicta d'abord l'ordre général et indiqua ensuite à chacun la mission qu'il aurait personnellement à remplir.

Le colonel Lewal conduirait le 2ᵉ corps et la division de Forton ; le colonel d'Andlau, la Garde, la réserve d'artillerie et les équipages de ponts ; le colonel Lamy, le 6ᵉ corps ; le colonel Ducrot, le 3ᵉ ; le lieutenant-colonel Fay, le convoi ; le lieutenant-colonel Saint-Cyr-Nugues, l'arrière-garde composée de la division Metmann ; le capitaine Amphoux marcherait en tête du convoi du quartier général et le capitaine de La Ferté irait au col de Lessy avec des gendarmes et des cavaliers assurer la circulation.

A mesure que le général Jarras dictait l'ordre du maréchal Bazaine, l'étonnement de ses auditeurs augmentait et quand il eut fini ils se regardèrent stupéfaits.

« Dire la stupeur qui s'empara de tous, en apprenant un pareil ordre, — a écrit un des assistants — est impossible. »

Le colonel d'Andlau prend à part le colonel Lewal, le plus avant dans l'intimité du maréchal Bazaine et des siens, et lui demande des éclaircissements : « A-t-il connaissance de quelque fait de nature à expliquer cette décision inattendue ? Quelle raison le maréchal Bazaine a-t-il pour agir d'une façon si imprévue ? » Mais le colonel Lewal, aussi surpris que lui, ne peut rien répondre.

Cependant on a vu dans la soirée un certain nombre de plantons apporter des télégrammes et l'on a remarqué que le maréchal en tenait un en main : aussitôt une légende se fait : vers neuf heures du soir le maréchal aurait reçu une dépêche de l'Empereur, disant qu'ayant « appris à Verdun l'approche de l'ennemi dans la vallée de la Meuse » et « effrayé des dangers qui pourraient en résulter pour l'armée, il invitait le maréchal à modifier la direction de sa marche ».

Cette dépêche ou toute autre similaire n'a jamais existé. Toute la journée du 16 et celle du lendemain, Napoléon III, loin de conseiller une modification au plan convenu, se crut suivi de près par l'armée et ne cessa pendant ces quarante-huit heures de s'informer si elle était en vue. Sur tout son parcours, il annonça l'apparition prochaine des troupes et ordonna à Verdun de prendre toutes les dispositions pour le passage de la Meuse et la réunion d'approvisionnements considérables; même il retint les courriers, trouvant plus sûr de les faire rester à Verdun où le maréchal Bazaine les trouverait le soir ou le lendemain.

A minuit, le maréchal Bazaine fit appeler le général Letellier-Blanchard, pour lui « donner l'ordre de transporter à 3 heures du matin le quartier général à Plappeville ».

Le général Letellier-Blanchard, qui venait la minute d'avant d'entendre les hussards de l'escorte du maréchal « chanter victoire », ne put « s'empêcher de faire de respectueuses observations ». Mais le maréchal l'ayant congédié sans lui en dire davantage, il se rendit chez le général Jarras à qui il exprima « sa surprise de ce recul ». Ayant alors appris que la raison invoquée pour justifier la retraite était le manque de vivres et de munitions sur le terrain de l'action, il proposa de se rendre tout de suite à Metz avec quelques officiers, se déclarant en mesure de trouver le nécessaire soit dans la place, soit dans la gare dont il avait vu l'encombrement. Mais le général Jarras l'engagea à se conformer, sans rien de plus, aux ordres du maréchal Bazaine.

Derrière la maison où habite le général Letellier-Blanchard, dans un pré, sont les deux escadrons d'escorte avec les mobiles secrétaires d'état-major. Encore exaltés de leur charge contre les hussards de Brunswick, ils racontent leurs exploits : ils sont tellement convaincus du succès et de la reprise du combat au matin qu'ils n'ont pas dressé leurs tentes ni dessellé leurs chevaux pour être plus tôt prêts. Vers minuit on leur amène un groupe de cavaliers prussiens prisonniers et M. Debains, secrétaire d'ambassade attaché à l'état-major, vient les interroger : la plupart fument leur grande pipe de porcelaine avec une attitude calme et digne. Le lieutenant Senez, de semaine, les fait surveiller par des sentinelles et à deux heures du matin un détachement d'infanterie vient les prendre en garde et les emmène.

A 3 heures du matin, par la nuit encore noire, les chefs de section et les officiers d'état-major désignés par le général Jarras pour assurer l'exécution de l'ordre de retraite partaient remplir leur mission.

En même temps le capitaine Guillouzic réunissait les officiers de l'escadron d'escorte du 5ᵉ hussards et leur apprenait qu'on retournait sur Metz :

« Nous avons tous été comme assommés à cette nouvelle, » a écrit dans ses notes le lieutenant Senez.

CHAPITRE III

LE 6ᵉ CORPS VA A VERNEVILLE

L'ordre de retraite du maréchal Bazaine prescrit à l'armée de se mettre en marche au réveil pour aller occuper une position intermédiaire entre celle où elle a combattu et celle où il la reportera le surlendemain près des glacis des forts.

Cette position d'attente forme une longue ligne oblique de 12 kilomètres partant du fort de Saint-Quentin et des hauteurs du Point-du-Jour et s'avançant sur le nord-ouest à Saint-Privat. Le 6ᵉ corps doit former à Verneville une avant-ligne « et être là comme dans un redan ». La Garde, la réserve d'artillerie et plus de la moitié de la cavalerie de l'armée viendront s'entasser sous les forts et presque contre les remparts de la ville, derrière la gauche de l'armée, l'artillerie avec les équipages de ponts sur des montagnes et la cavalerie dans un ravin presque sans issue.

Venons d'abord au 6ᵉ corps.

Des lignes blafardes et violâtres apparaissaient du côté de Metz et, dans la demi-obscurité du crépuscule, les colonels d'Andlau et Lamy approchaient de Rezonville où ils devaient joindre le général Bourbaki et le maréchal Canrobert, quand le commandant Lonclas sortit seul de la maison de Mme Dardenne où il avait

PLANCHE II

ARMÉE FRANÇAISE

ITINÉRAIRE SUIVI PAR LES CORPS D'ARMÉE
ET
LES DIVISIONS DE CAVALERIE
ET
LA RÉSERVE GÉNÉRALE D'ARTILLERIE

LE 17 AOUT

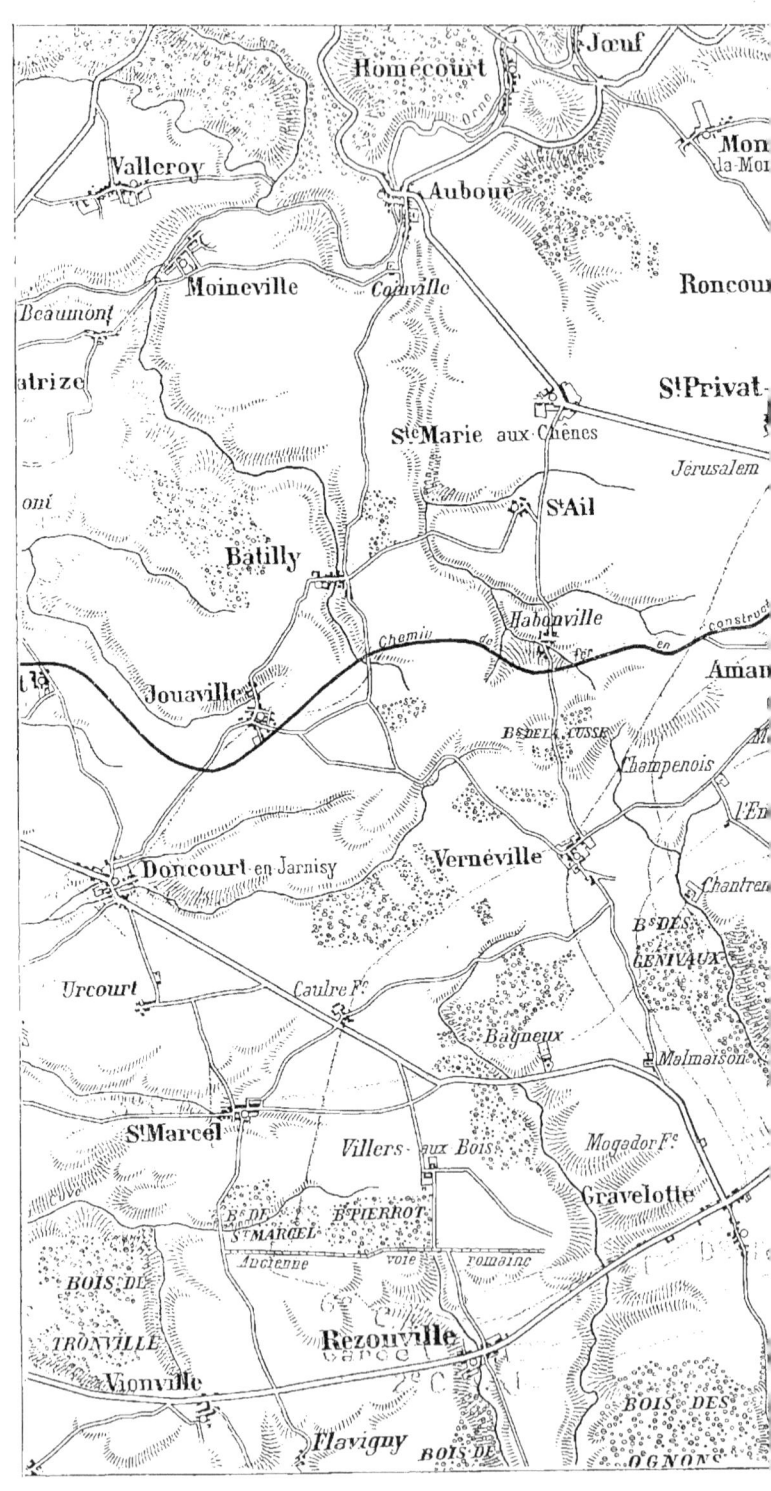

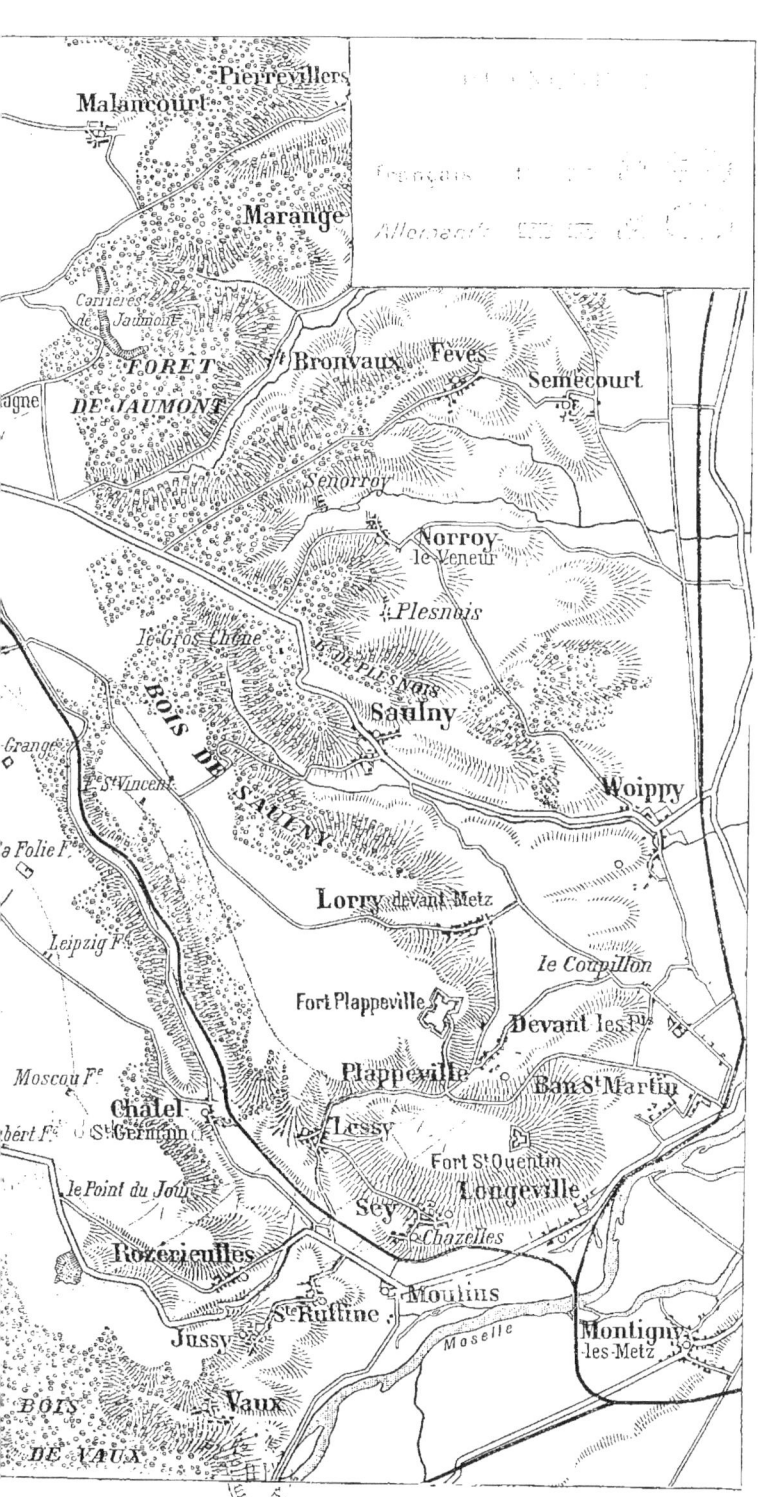

Le Maréchal Canrobert. — Tome VI.

couché à côté du maréchal Canrobert; il remonta la grande rue du village et fut bientôt devant la demeure du maire, M. Driant, où il entra pour voir le commandant Boussenard qui avait eu un bras emporté la veille.

Sur de la paille contre le perron étaient plusieurs blessés qui n'avaient pas trouvé de gîte et, en travers de la porte, l'aide de camp heurta un cadavre encore chaud baignant dans une mare de sang. Dans le corridor et sur chaque marche de l'escalier, des malheureux gémissaient et demandaient à boire. Le commandant ne put qu'avec les plus grandes précautions pour éviter de toucher aux blessés, atteindre la chambre où était son camarade : la femme du général Archinard l'avait veillé toute la nuit et était encore auprès de lui : heureusement il n'avait pas de fièvre. Le commandant Lonclas, après lui avoir dit quelques mots, partit rassuré : le général Boussenard, devenu commandant de corps d'armée, est mort l'année dernière.

Le commandant Lonclas était tellement écœuré et ému par ce dont il avait été témoin, qu'en rentrant auprès du maréchal il éclata en sanglots.

Il est absolument nécessaire de cacher à l'armée de pareils spectacles : la démoralisation, le découragement, la peur gagneraient immédiatement même les plus solides. Ils sont rares ceux qui peuvent assister sans faiblir aux scènes effroyables des ambulances. Le maréchal Canrobert, quoiqu'il eût le cœur sensible et qu'il aimât ses soldats de l'affection d'un père pour ses enfants, avait cependant le don de supporter la vue des horreurs les plus poignantes et c'est un des rares chefs qui aient toujours visité sans cesse malades et blessés. Ses poignées de main, ses paroles d'encouragement ou de félicitation ont été un réconfort puissant, ont souvent ramené l'espérance chez des désespérés, la guérison chez des moribonds et adouci bien des derniers moments.

Il était près de 4 heures du matin : en rentrant, le commandant Lonclas trouva le colonel Lamy devant la porte du maréchal Canrobert en conversation avec le colonel Borson et le commandant Caffarel : « Pourquoi nous retirer? Cette retraite va infailliblement amener notre investissement dans Metz, » disait le colonel Borson.

Le maréchal Canrobert attendait le colonel Lamy : la poussière, la chaleur des jours précédents et surtout la fraîcheur des nuits, lui avaient donné une extinction de voix ; il eut donc quelque difficulté à s'exprimer, mais ayant fait venir les officiers de son état-major et ceux de son escorte, il pria le colonel Lamy de leur communiquer les instructions dont il était porteur. Après avoir écouté, tous partirent pour réunir les troupes encore dispersées et leur indiquer leur itinéraire, soit sur routes, soit à travers champs, selon leur emplacement.

La division de cavalerie du corps du général Frossard, commandée par le général de Valabrègue, était restée près de Rezonville. Depuis le commencement de la bataille le maréchal Canrobert avait été seul à lui donner des ordres ; il la fit prévenir par un officier de son escorte que le corps du général Frossard était à Gravelotte et allait s'établir dans la matinée à Rozerieulles ; il envoya aussi rappeler le 4ᵉ chasseurs à cheval de cette division demeuré près de Saint-Marcel.

Ensuite le maréchal Canrobert, suivi du général Henry, des colonels Lamy et Borson et d'un peloton d'escorte, quitta la maison Dardenne, s'engagea sur la grande route et traversa Rezonville, se dirigeant vers l'ouest, du côté de l'ennemi.

Au débouché du village, l'aspect du champ de bataille de la veille parut sinistre.

Près de la dernière maison, contre la route, est un groupe de cadavres autour d'une charrette abandonnée; un vieux grenadier de la Garde se tient cramponné après le brancard. De l'autre côté, une vieille femme, ridée comme une pomme séchée, jaune, le regard hébété et fixe, les deux mains appuyées sur son tablier bleu, est assise sur la marche d'une porte. Un drapeau blanc à croix rouge flotte au haut d'une perche fichée en terre : un prêtre et deux paysans jettent des cadavres dans une fosse; un peu plus loin, des gendarmes parcourent la plaine. Dans les fonds et aux abords du bois il y a un léger brouillard, comme des flocons d'ouate accrochés aux buissons. On ne voit pas un Allemand; mais, autant que le permet l'atmosphère, on distingue des colonnes françaises en mouvement. La plus rapprochée, formée des grenadiers de la Garde, se dirige, par le flanc, du côté de Rezonville; sa tête atteint en ce moment la grande route et la suit du côté de Metz.

Le premier régiment a deux drapeaux : « Comment ces deux aigles? » demande un officier : « C'est celui d'un régiment qu'un cavalier a apporté hier soir au général Bourbaki et nous le gardons pour le lui rendre. » C'était le drapeau du 93°.

Le maréchal Canrobert, après être sorti de Rezonville du côté de l'ennemi, tourne presque aussitôt au nord : autour de lui sont partout des morts dans les positions les plus bizarres; il en est que l'on croirait en vie : un d'eux est à genoux appuyé contre un arbre, son fusil en main, prêt à tirer.

Le maréchal appelle le colonel Borson et l'envoie du côté de Vionville : il devra s'assurer que le 28ᵉ de ligne laisse des arrière-gardes pour couvrir la retraite et examiner ce que font les Allemands.

Le colonel prend le galop et s'avance assez loin : il regarde longtemps à la lunette, personne; on ne voit ni sentinelle, ni vedette, ni poste. Les blessés ont été enlevés et on n'entend plus ni plaintes ni appels : c'est le silence et le vide; du côté de l'ennemi, il n'y a que des cadavres.

Dans nos lignes, au contraire, sur l'emplacement des bivacs des grenadiers de la Garde et de la division Montaudon, il y a des milliers d'isolés, surtout des soldats du 2ᵉ corps à la recherche de leurs sacs abandonnés la veille et de ces vampires qui pullulent les lendemains de bataille.

« Ce qui me frappa le plus — écrivit dans la journée le colonel Borson — fut de voir les hordes de rôdeurs qui circulaient à droite et à gauche de la route. C'étaient des vols de corbeaux autour des morts... »

Quelques dragons se dirigent sur Vionville. Quand ils sont tout près du village, des Prussiens sortent comme de dessous terre, crient : « Französen, französen » et tirent sur les dragons. Ceux-ci reviennent et en arrivant près du colonel Borson, le lieutenant Carrère de Nabat se détache, lui dit être officier d'ordonnance du général Bachelier; son fourgon est resté à Vionville;

la veille au matin le général l'a prié d'essayer de le rattraper : il a pu arriver à une centaine de mètres de ce malencontreux fourgon, il l'a très bien vu, mais les Prussiens l'ont accueilli à coups de fusil et il n'a plus qu'à rejoindre sa brigade.

Le maréchal Canrobert continue sa marche vers le nord, du côté de la voie romaine, et à mesure qu'il s'avance, il voit des troupes en mouvement. Quelques-uns des officiers de l'état-major et de l'escorte, envoyés pour rallier et mettre en route les diverses unités de son corps d'armée, reviennent après avoir rempli leur mission.

Dans les états-majors où l'on connait l'ordre de retraite, on discute, on s'interroge et on critique.

Tout à l'heure, quand le général Bisson a été mis au courant, il a juré et a crié : « Il trahit, dit-il, il nous fait tourner le dos à l'ennemi... » — « Mais non, mon général, lui répondent ses officiers, regardez la carte, nous faisons une marche de flanc... » — « Est-ce que je sais lire une carte, moi! je vous dis que nous tournons le dos à l'ennemi... Il trahit... » Impossible de le sortir de là.

Ceux de la suite du maréchal Canrobert qui ont entendu ce propos le répètent à leur retour, et plusieurs expriment des craintes pour l'avenir.

Le maréchal semble ne rien entendre.

Sa situation de subordonné au maréchal Bazaine lui était pénible. Il ne lui était jamais venu de regret d'avoir, en Crimée, cédé le commandement au maréchal Pélissier, pour lequel il professait une haute estime et dont il connaissait les qualités supérieures. Avec le maréchal Bazaine il n'en était plus de même.

Certainement il le croyait habile, mais son caractère sans franchise et son absence de tenue dans la vie privée choquaient ses sentiments. Élevé dans le culte des traditions, il en avait précieusement gardé le respect : pour lui la dignité de maréchal de France surpassant d'une hauteur démesurée toutes les autres, ceux qui en étaient revêtus devaient à ce titre si beau, au pays, à l'armée, à leurs devanciers comme à leurs collègues vivants, de demeurer invariablement fidèles à la devise inscrite sur le bâton semé de fleurs de lis ou d'aigles d'or : *Terror belli; Decus pacis*.

A ce moment il n'était pas encore venu à l'esprit du maréchal Canrobert que le maréchal Bazaine pût avoir d'autres mobiles de conduite que le salut du pays.

Quand plus tard les faits lui apporteront des doutes, il les chassera, jugeant indigne de lui de soupçonner son chef et lorsque les accusations se multiplieront et amèneront le maréchal Bazaine devant un conseil de guerre, pas une parole de lui ne viendra à l'appui des accusateurs. C'est qu'il n'a jamais admis qu'un maréchal de France pût trahir son devoir.

Doyen des maréchaux à l'armée, il devait plus que tout autre donner l'exemple de la subordination et soutenir le prestige du général en chef, ne jamais le discuter et lui obéir avec empressement et dévouement, de manière que chacun le vît.

Quand il avait exercé le commandement suprême, il avait senti combien les persiflages, les oppositions sournoises, les résistances inavouées et même la mollesse ou le laisser-aller dans l'exécution des ordres compromettaient le succès et gênaient l'exercice du commandement. Maintenant que c'était au maréchal

Bazaine d'être général en chef, il voulait lui éviter les difficultés qu'il avait éprouvées en Crimée et était décidé à tout faire pour les écarter ou au moins pour en atténuer les effets, si elles venaient à se produire.

Il ferait abstraction de ses sentiments intimes et les cacherait, au point que personne ne pût les soupçonner; il ne laisserait non plus rien voir de la piqûre faite à son amour-propre, et il ne dirait rien de nature à être interprété comme une désapprobation.

Telle était au 17 août la ligne de conduite invariable que le maréchal Canrobert s'était tracée : il la considéra encore plus nécessaire, à mesure que l'indiscipline faisait davantage de progrès dans tous les rangs de l'armée. Il fallait ramener la confiance, combattre l'esprit de dénigrement et de découragement qui se manifestait perpétuellement et à propos de rien par ce cri stupide : « Nous sommes trahis... On nous trahit. » Il agirait en toutes circonstances pour rallumer le feu sacré de l'enthousiasme et raviver l'espérance.

Des doutes envahirent son cœur : il eut des mouvements de révolte; mais il ne laissa rien paraître et demeura le lieutenant déférent et dévoué qu'il avait promis d'être.

Les uns lui en ont fait un mérite. D'autres l'en ont blâmé.

En se rapprochant du bois de Villers, le maréchal Canrobert traversa le terrain où avait eu lieu la charge Bredow! Les cadavres des grands cuirassiers blancs se détachaient en note claire sur la luzerne ou sur le sol foncé. Des chevaux errants poussaient des gémissements : « Il y avait des mares de sang par place, puis des cadavres et encore du sang. » Près de la voie romaine était un caisson renversé au timon duquel on avait attaché un beau cheval de pur sang : tout à côté un jeune homme à la moustache et aux cheveux blonds était étendu à terre semblant dormir. Dépouillé de son uniforme, il était simplement revêtu d'une chemise et d'un caleçon de lingerie dont la finesse et la blancheur attiraient l'attention. En arrivant près de lui, les lieutenants de Bellegarde et de Bourdès le reconnurent; c'était le lieutenant de Nyvenheim, du 5ᵉ chasseurs, leur ancien camarade de Saint-Cyr : ils demandèrent au maréchal de s'arrêter. « Il a l'air de dormir, permettez-nous de voir s'il vit encore », et sur l'assentiment du maréchal, les deux officiers sautèrent à bas de leurs chevaux, soulevèrent leur camarade, l'appelèrent : « Nyvenheim... Nyvenheim. » Il était froid. En l'examinant, ils s'aperçurent qu'il avait une blessure étroite et profonde à la gorge; elle provenait d'un coup de lance qui l'avait tué net sans que le moindre sang apparût. Un de ses frères, lieutenant aux lanciers de l'Impératrice, avait été mortellement blessé, presqu'en même temps que lui, dans la grande charge de Ville-sur-Yron. Ayant constaté que leur ami était mort, les deux officiers examinèrent le pur sang attaché au caisson. Il appartenait au capitaine d'artillerie de Chalus. Confié à un chasseur de l'escorte, il fut rendu dans la soirée à son propriétaire.

Le maréchal, après avoir traversé la chaussée romaine, s'engagea dans la route bordée de bois qui longe l'étang et conduit au château de Villers-au-Bois.

Le carrefour, sur lequel s'ouvrent d'un côté la porte de la ferme et de l'autre la grille du château de M. Quarré d'Asnières, était plein de blessés : dans la cour de la ferme, il y en avait peut-être cinq cents étendus sur de la paille. L'avenue du château, avec ses deux lions couchés à l'entrée et ses caisses d'orangers et de palmiers en bordure, était également couverte de malheureux alignés sur de la paille et du foin.

Le maréchal adressa quelques mots à ceux qui étaient au carrefour et, tournant à gauche, se dirigea sur la ferme de Caulre située à droite de la route de Metz à Verdun par Conflans, auprès de laquelle était réunie la division Tixier.

Dans la nuit, le général Tixier, croyant à la continuation de la marche sur Verdun, avait fait partir ses bagages sur Conflans sous la conduite du lieutenant Plazanet. Le maréchal lui confirma ses ordres déjà transmis par l'un des officiers de son état-major : il devait servir de couverture au reste du corps d'armée qui se rendait à Verneville par la Malmaison. Il se mettrait en marche à 8 heures quand les autres divisions auraient eu le temps d'opérer leur mouvement. Il irait alors à Verneville par la route qui part de Caulre, traverse le bois Doseuillons et débouche par la tour du « Télégraphe ».

Tout en parlant au général Tixier, le maréchal Canrobert était parvenu devant la ferme de Caulre. A l'entrée et dans l'immense cour formée par les bâtiments, des officiers, des estafettes, des soldats de toutes armes et des habitants s'agitaient. Des groupes nombreux s'étaient formés autour des voitures de cantiniers, et chacun y mangeait ou buvait debout.

Le maréchal mit pied à terre devant la grande porte charretière et s'approcha d'une tapissière arrêtée tout près sur la route : une femme assise sur le devant distribuait des tasses de café chaud. Le maréchal en demanda une et pendant qu'il la buvait en croquant des morceaux de biscuit, le général Du Barail, suivi de quelques chasseurs d'Afrique, descendit de cheval et l'aborda.

Il venait, conformément aux ordres qu'il avait reçus à 4 heures, se mettre à la disposition du maréchal Canrobert.

Il fut décidé qu'il aurait, en outre de ses chasseurs d'Afrique, le 2ᵉ chasseurs à cheval sous ses ordres et qu'il s'assurerait si l'ennemi nous suivait.

Des troupes et des états-majors défilaient sur la route : c'était la division Nayral, puis celle du général Aymard et la réserve d'artillerie du 3ᵉ corps.

Le général Aymard en passant causait avec le commandant Jamont. « J'allais débusquer les Prussiens du bois de Tronville, lui disait-il, lorsque j'ai été arrêté. »

Le moment était venu de gagner Verneville. Le maréchal Canrobert monta à cheval et prit le chemin qui passe entre le bois de Bagneux et le bois Doseuillons.

La division Tixier le suivit. Le 4ᵉ de ligne était en tête de colonne et le 100ᵉ de ligne (2 bataillons) en queue : les sacs des sapeurs de ce régiment étaient blancs. Quelqu'un s'approcha pour les regarder : ils étaient recouverts de bandes de lard taillées à coups de hache.

Des batteries à cheval venant de Saint-Marcel passaient à quelques cents mètres plus au sud, allant rejoindre la grande route près de Bagneux.

ANECDOTE DU DRAGON

Les coffres étaient transformés en meules de paille. En traversant un champ de seigle nouvellement coupé, les canonniers avaient fait la moisson et chargé leurs caissons comme des charrettes.

Un groupe de prisonniers allemands conduit par des chasseurs à pied suivait la colonne d'artillerie.

Le 100ᵉ de ligne et l'escadron du 2ᵉ chasseurs du capitaine Marguier d'Aubonne formaient l'arrière-garde du 6ᵉ corps. Ils ne devaient quitter Saint-Marcel et Caulre qu'après le dernier échelon des troupes et la dernière voiture du convoi.

« Nous vimes ainsi, a écrit le lieutenant de Montifaut du 100ᵉ de ligne, passer des voitures de blessés, des prisonniers et de nombreux groupes de chasseurs d'Afrique coiffés de chéchias et vêtus de bourgerons de toile et de ceintures rouges. Cette tenue inusitée, en Europe, nous étonnait et donnait à ces cavaliers l'air de débandés. »

A un kilomètre en avant de Verneville, le maréchal Canrobert marchait dans un champ, ayant à côté de lui le général Henry et le commandant Roussel, quand « un dragon venant en sens opposé l'aborda, le salua et à haute voix lui dit qu'il « appartenait à l'escorte du maréchal Bazaine, que tous ses camarades avaient été déployés en tirailleurs et qu'on leur avait prescrit d'aller à la recherche des commandants de corps d'armée pour leur transmettre l'ordre de reprendre leurs positions de la veille. » Quoique ce cavalier se présentât bien et s'exprimât correctement, le maréchal n'accorda aucune attention à ses paroles, et le commandant Roussel, qui a noté ces détails sur son carnet, en fit autant. Mais peu d'instants après, le colonel Henry

Ducrot, chef de l'une des sections du grand état-major, chargé de conduire les colonnes du 3ᵉ corps, étant venu à passer, le général Henry l'appela et lui rapporta les paroles du dragon.

Le colonel Ducrot les prit au sérieux : « Jamais, dit-il, le maréchal Bazaine n'avait eu d'escorte de dragons; celui-ci pouvait être un halluciné, comme il s'en trouve un jour ou un lendemain de bataille, mais c'était plus vraisemblablement un officier allemand déguisé. Il fallait envoyer un rapport sur cet incident et à son retour au quartier général il demanderait une enquête. »

Devant cette insistance le général Henry, après son arrivée à Verneville, relata le fait dans une lettre où le maréchal Canrobert demandait des munitions et des vivres.

Tous les officiers de l'état-major du 6ᵉ corps, après avoir couru « en tous sens pour mettre de l'ordre dans les troupes et les conduire vers Verneville », étaient revenus auprès du maréchal Canrobert.

Le mouvement se faisait, rapportaient-ils, dans le décousu et sans aucune prévision pour la marche des colonnes : ils avaient, conformément aux instructions du colonel Lamy, acheminé successivement à une heure de distance les divisions Le Vassor-Sorval et Lafont de Villiers par la Malmaison.

Leur concentration avait demandé du temps et de la peine. Enfin les deux divisions s'étaient mises en marche, mais aussitôt elles avaient été arrêtées et coupées par de l'infanterie, de la cavalerie, de l'artillerie, des convois : elles avaient été prises dans des engorgements où tout le monde se croisait, se heurtait et se disputait pour passer. Le désordre, la confusion existaient partout. Le capitaine Grosjean racontait qu'étant avec le capitaine Tisseyre, le colonel Lewal était passé à côté d'eux. Le capitaine Tisseyre, lié avec lui depuis le Mexique, lui avait demandé pourquoi on tournait le dos à l'ennemi. « Personne n'y comprend rien, avait-il répondu ; au grand état-major nous avons été ébahis de ce mouvement sans nécessité. La reprise de la lutte ce matin paraissait indiquée. »

Quelques-uns, ils sont rares, comme le général Bisson, criaient à la trahison ; d'autres plus nombreux, comme le colonel Borson, auguraient mal de cette retraite, mais le plus grand nombre gardaient encore confiance et croyaient toujours en l'habileté du maréchal Bazaine. « S'il s'est replié, c'est qu'il a des raisons pour le faire », répétait-on dans les rangs.

« Le maréchal Bazaine mène admirablement son affaire et nous avons confiance, » écrira dans la soirée le capitaine Aubry de l'état-major du 6ᵉ corps.

Dans la troupe — infanterie ou cavalerie — on est convaincu de la victoire et on ignore qu'on bat en retraite. On a reçu l'ordre de marcher et on marche sans savoir où l'on va : personne n'a de cartes et au 6ᵉ corps, engagé dans des chemins différents de ceux suivis l'avant-veille, on ne se rend pas compte de la direction que l'on suit.

« Au régiment, a écrit le lieutenant Desourteaux, du 25ᵉ de ligne, on se tenait les coudes, on marchait, on s'arrêtait, on mangeait, on bivouaquait sur un signe : un bruit plus ou moins vague nous arrivait, mais on s'inquiétait peu d'où il venait. On était si groupé que tout renseignement paraissait inutile. On était alors naïf, ignorant, insouciant : on marchait à la victoire et cela suffisait. Les repos, la popote, les distributions préoccupaient peu. Que de fois la marmite sur le feu était renversée au moment du départ sans qu'on s'inquiétât des criailleries de l'estomac! »

Ceux qui, en s'orientant sur la marche du soleil, devinaient la direction suivie, ne voulaient pas croire davantage à la retraite.

Écoutons le lieutenant Delmas de Grammont du 9ᵉ de ligne :

« En route pour le nord-est! écrit-il. Bien que surpris, nous n'avons nullement le sentiment d'une retraite, nous supposons faire un mouvement d'envergure pour gagner un autre point de la ligne de bataille, nous marchons par le flanc à travers champs et de tous les côtés des artilleurs se livrent à la chasse des chevaux échappés. »

« Nous partons après avoir vu passer le maréchal Le Bœuf qui inspectait les positions de la veille, dit aussi le capitaine Couderc de La Vilatte du 100ᵉ de ligne. Nous croyons continuer notre succès de la veille et aller couper la retraite à l'ennemi. La route que nous suivons à travers des champs et des bois nous confirme dans cette idée et nous nous réjouissons de notre manœuvre. »

Dans l'artillerie et dans le génie on saisit mieux la réalité : les officiers connaissent le terrain où l'on opère; ils y ont vécu et ils en ont levé le plan : ils se rendent compte que l'on se retire : « Grande fut notre surprise quand nous vîmes que nous ne nous éloignions pas de Metz. » En écrivant ces mots le capitaine Bessières du 18ᵉ d'artillerie rend l'opinion exacte de ses camarades.

Insouciance de la jeunesse, sentiments de confiance et d'espoir, tel est l'état d'esprit de l'infanterie du 6ᵉ corps, le plus éprouvé dans la bataille de la veille.

Entre 10 et 11 heures du matin, le maréchal Canrobert était devant Verneville. Ce village, situé dans une légère dépression, est entouré de bois : à son extrémité au sud-ouest, en bordure de la route venant de Gravelotte, est un beau parc clos d'un haut mur de pisé jaune. Au milieu des futaies d'épicéas et de hêtres apparaît un château Louis XIII en briques et pierres avec des toits d'ardoise démesurément élevés. C'est la demeure de Mme Huin de Verneville, dont les deux fils sont à l'armée : l'un d'eux a été blessé de plusieurs coups de sabre la veille dans la charge de Ville-sur-Yron et l'on vient de le ramener chez sa mère.

C'est dans ce château que le maréchal doit établir son quartier général.

Il entre par la grille, descend au perron, où il est reçu par Mme de Verneville et son fils, la tête enveloppée de bandages.

Après la traversée du champ de bataille, après le spectacle des cadavres accumulés, des mares de sang et de longues files de blessés, l'aspect charmant de cette demeure familiale, le calme qui y règne, l'ombrage délicieux de ses magnifiques arbres, ses pelouses toutes vertes, ses corbeilles de fleurs aux couleurs variées et éclatantes, amènent une douceur reposante dans l'esprit du maréchal et de ses compagnons.

« Le séjour trop court de Verneville, a écrit sur son carnet le mobile P. de Coubertin, secrétaire d'état-major, m'est resté entre deux batailles comme un souvenir agréable : le râtelier des fusils de chasse dans le salon, l'aspect du mobilier du château, des parterres et des allées du parc nous ramenaient au cœur l'idée de l'agrément et de la joie qui nous faisaient défaut. »

Quand le maréchal Canrobert et tous les officiers de son état-major furent installés dans des chambres, leur premier soin fut d'écrire à leurs familles des lettres, où l'on peut voir l'état d'esprit de chacun en cette journée.

Voici d'abord le billet laconique du maréchal Canrobert à la maréchale :

« Verneville, près Metz, 17 août 1870.

« Je me porte à merveille quoique très fatigué. Hier nous avons eu une bataille pendant dix heures à Rezonville. Elle a été très disputée, mais le succès définitif a été à nous.

« Boussenard est blessé

« L'Empereur doit être à Paris.

« Mille et mille tendresses pour toi et les chers anges.

« Maréchal CANROBERT. »

Le commandant Louclas voulant, de son côté, rassurer la maréchale, fait porter ce télégramme au sous-préfet de Briey avec prière de l'expédier. « Le maréchal va bien ainsi que les maris qui l'entourent », et il lui écrit par la poste ce billet :

« 17 août, midi. Verneville.

« Madame la Maréchale,

« Le maréchal va bien. Quesnoy est resté aux ambulances. Le 6ᵉ corps a tenu la clé de la position de dix heures du matin à huit heures du soir. La lutte a été horriblement tenace des deux côtés. Le maréchal a été superbe au feu, mais il s'expose comme s'il était colonel de zouaves.

« Ce malheureux Boussenard a perdu le bras gauche : nos pertes sont inconnues et nos munitions épuisées, mais nous avons l'honneur de la journée. »

Le général Henry dicte au mobile Paul de Coubertin une lettre pour sa fille : « 16 août. C'est une date célèbre, chère enfant : la fatalité qui pesait sur nos armées a disparu... Dans le lointain, le canon de Ladmirault, ce brave chef dont ton frère est le porte-fanion, parlait si haut que nous acclamions de nos vivats ses détonations comme des espérances certaines de succès.

« Ton frère n'a rien, ton père est heureux que Dieu l'ait gardé pour vous tous en faisant son horrible métier de soldat. Réjouis-toi, ma fille : allez en famille prier Dieu et le remercier. Je vous embrasse tous. »

Son fils qu'il était si heureux de dire sain et sauf avait été tué. On le savait déjà à l'état-major du 6ᵉ corps, mais personne n'avait le courage de l'apprendre au malheureux général. M. de Coubertin cacha son émotion et ne souffla mot pendant la dictée, mais en recopiant la lettre, il supprima la phrase où le père témoignait sa joie d'avoir conservé son fils : elle eût été trop horrible pour celle à qui elle était destinée.

Le sous-chef d'état-major, le colonel Borson, écrivait aussi à sa femme : « Le maréchal a été très beau, très calme, vraiment homme de guerre et son état-major peut, je crois, porter avec un certain orgueil son nom... Son aide de camp (commandant Boussenard) a eu le bras emporté, et de toutes les gloires que chacun s'attribue je me réserve celle de l'avoir secouru et d'avoir aidé à le faire transporter. Je suis resté seul quelque temps auprès de ce camarade, regardant tristement l'état-major qui s'éloignait et pensant que c'était peu de chose que la vie de l'homme le plus brillant étendu sanglant au milieu des obus et ne pouvant se faire transporter...

« Vers 2 heures la Garde est entrée en ligne ; le spectacle était alors magnifique, le plus beau que la guerre puisse offrir : une immense ligne de feux d'artillerie, au centre un village occupé par nous, canonné, couvert de mitraille, où les batteries se relayaient parce que les positions étaient des plus critiques. La canonnade se prolongeait à droite et à gauche sur un développement de plus de 15 kilomètres !

« Nous étions au centre et nous voyions la partie la plus intéressante. Plusieurs fois le village (Rezonville) a failli être pris. A un moment nous avons mis le sabre à la main... Nous sommes restés maîtres de nos positions si ce n'est du champ de bataille...

« Telle quelle, c'est une bataille où l'armée a établi sa valeur... J'avais prié le matin dans une modeste église, où je pensais reposer peut-être le soir. J'ai éprouvé le plus grand calme de ma vie. Je n'ai rien fait d'extraordinaire : j'ai fait mon service, mais je remercie Dieu de m'avoir conservé la vie et de m'avoir permis d'assister à une grande affaire qui aura place dans l'histoire.

« Ce matin, nous aurions dû reprendre l'offensive, mais on alléguait le manque de munitions et depuis trente-six heures le manque de distributions. En résumé, ce n'est pas une victoire, mais c'est une bataille qui rétablit l'honneur des armes. »

Enfin c'est le hussard Jean de Montebello, secrétaire du maréchal Canrobert, qui adresse un petit mot à son père, le général de Montebello en retraite, resté comme aide de camp de l'Empereur auprès de l'Impératrice.

« 17 août.

« MON BON PÈRE,

« Le Ciel nous a protégés. Nous sommes sains et saufs, excepté le commandant Boussenard, qui a eu le bras emporté mais va aussi bien que possible. Immense bataille foudroyante! Les Prussiens sont en déroute et on dit qu'ils ont repassé la Moselle.

« Pendant treize heures nous avons essuyé un déluge de balles et d'obus; mon cheval, que je venais de changer avec le commandant Boussenard, a eu la tête emportée à deux pas de nous. Le bon maréchal Canrobert a été splendide : il s'est exposé comme le plus simple soldat.

« Je t'assure qu'on peut être fier d'avoir vu le feu à côté d'un pareil homme... »

Le commandant Aubry répète les mêmes détails à sa femme :

« Malgré l'ardente valeur du maréchal Canrobert qui semble se plaire là où la mêlée est la plus ardente, nous n'avons eu qu'un accident, celui du commandant Boussenard. »

Dans ces lettres un sentiment domine, l'admiration pour le courage du maréchal Canrobert : il s'expose trop et l'on pourra lui reprocher d'avoir plutôt joué le rôle d'un officier de troupe que celui d'un chef de corps d'armée. Mais à suivre l'action comme nous l'avons fait, on a pu voir que si le maréchal s'est parfois exposé, s'il a par moments rallié des unités ou s'il en a entraîné d'autres, il n'a pas cessé pour cela de demeurer attentif à l'ensemble de la bataille et n'a pas abandonné une minute la direction du 6ᵉ corps. C'est même cette connaissance de la bataille et la façon dont il dirigeait le combat qui frappèrent alors le colonel Borson et le commandant Boussenard et dont ces deux généraux parlaient encore quarante ans après.

A Rezonville, le maréchal crut nécessaire de se multiplier et de se trouver au plus fort du danger pour prendre sur les officiers comme sur les soldats une autorité qu'on ne lui discuterait plus à l'avenir et qu'il sentait manquer à beaucoup de chefs.

La plupart des généraux de son corps d'armée étaient inconnus de leurs troupes; certains d'entre eux étaient au-dessous de leur tâche et les commandants d'armes spéciales avec leur état-major manquaient : le maréchal Canrobert estimait, à cause de sa popularité chez le soldat, devoir suppléer autant qu'il lui était possible les chefs inférieurs à leur rôle et en même temps essayer de diriger lui-même son artillerie. Il fallait donner du cœur à ceux à qui on demandait de se faire tuer : or, pour donner confiance aux gens, pour obtenir qu'ils n'aient pas peur de la mort et qu'ils fassent « joyeusement » le sacrifice de leur vie, il n'y a qu'un moyen, c'est de s'exposer aux mêmes coups et de se trouver avec eux dans les endroits les plus dangereux.

Napoléon se tenait souvent hors de la portée des projectiles, mais à certains moments, il croyait devoir faire des actes de témérité absurdes en eux-mêmes.

A Arcis-sur-Aube, voyant l'émotion produite sur une troupe par la chute d'une grenade la mèche allumée, il mit le nez de son cheval dessus : la grenade éclata et par miracle ni lui ni personne ne fut atteint. Cet acte, que l'on pourra qualifier de stupide, était cependant raisonné et jugé nécessaire.

Le général de Ladmirault, bon juge en cette matière, pensait comme le maréchal Canrobert : après Saint-Privat il fit des observations à l'un de ses généraux, homme de valeur et d'énergie, parce qu'il ne s'était pas assez montré à ses troupes dans les passes les plus dangereuses.

Le maréchal Canrobert, aussitôt après avoir écrit à la maréchale, sortit de la chambre qu'il occupait dans le château de Verneville et alla examiner le camp de son corps d'armée et en reconnaître les abords pour le placement des grand'gardes : il était accompagné du commandant Lonclas, des lieutenants de Forsanz et de Reynies et d'un peloton de chasseurs avec ses officiers.

Il se dirigea sur un mamelon à l'ouest du village où s'élevait une tour qui avait servi autrefois à un appareil de télégraphe aérien : de ce point, le plus élevé des environs, il examina le pays, étudia ses cartes et envoya chercher le général du Barail pour lui confier la mission de « pousser tout de suite des pointes à Jouaville, Batilly, Saint-Ail et Sainte-Marie-aux-Chênes ».

« Le maréchal, avec qui nous faisions cette reconnaissance, dit le commandant Lonclas, trouva la position mauvaise : nous sommes dans des bois, dominés de divers côtés et sans aucun point d'appui. »

Une avant-ligne à Verneville pouvait être utile, mais il était regrettable de la constituer avec un corps privé des trois quarts de sa cavalerie, de la moitié de son artillerie, de la presque totalité de son génie et des chefs de ces services indispensables en cette circonstance.

Le 6ᵉ corps, dans une telle conjoncture, pouvait être tourné et surpris; en tout cas, isolé et en flèche à une lieue environ de la ligne de bataille, il serait dans des conditions pitoyables pour soutenir une attaque.

Le colonel Lamy se trouvait à ce moment avec le maréchal Canrobert. Avant de le laisser retourner au quartier général, le maréchal l'invita à faire quelques pas avec lui : s'étant avancés vers l'ouest, tous deux furent alors témoins de la crainte que les bois inspiraient aux soldats : ils venaient d'atteindre un boqueteau; le maréchal, avant de passer outre, voulut le faire fouiller et contourner par ses cavaliers d'escorte : ceux-ci partent, mais à peine sont-ils hors de la vue de leurs officiers, qu'ils s'arrêtent, hésitent et reviennent. Les bois imprimaient à l'armée du Rhin une crainte mystérieuse que rien ne pouvait détruire.

Une autre raison s'opposait aux reconnaissances de

cavalerie : officiers et cavaliers n'en avaient jamais fait : on ne leur apprenait que des évolutions de champ de mars ou de carrousels. Les chevaux n'étaient pas dressés à aller seuls. Plusieurs officiers m'ont déclaré que dans leur escadron il eût été impossible de détacher les chevaux du rang; ils ne marchaient qu'encadrés et s'ils s'en trouvaient séparés, ils retournaient d'eux-mêmes à leur place dans le peloton, sans qu'on pût les en empêcher.

Montrant les cavaliers revenant sans avoir fait plus de 200 mètres, le maréchal dit au colonel Lamy : « Cette position est en l'air, elle a beaucoup de bois et vous voyez que les soldats ne les aiment pas. Dites au maréchal Bazaine que, si son intention n'est pas de me laisser là, il me donne des ordres pour me relier à la ligne de bataille. » Et le maréchal Canrobert, sans préjuger de la décision que prendra le général en chef, continue, après le départ du colonel Lamy, à examiner les environs, puis rentre à Verneville, où il dicte une note prescrivant à chacun de ses généraux de division de « faire immédiatement la reconnaissance exacte et minutieuse des terrains qui couvrent leur front. Les bois, dont se sert si habilement l'ennemi, disait cette note, doivent être l'objet d'un examen attentif, ils doivent être constamment occupés par des forces assez sérieuses pour pouvoir les défendre. Les chefs doivent s'assurer que l'insouciance de nos soldats ne les porte pas à considérer comme puérile une précaution de la plus impérieuse nécessité... »

« Enfin à 11 heures, dit le commandant Lonclas, nous pouvons mettre pied à terre et peu après faire honneur au déjeuner de Mme de Verneville. »

« Lorsque apparut sur la table un bifteck, le premier plat de ce déjeuner, — c'est un autre convive qui parle, — nous eûmes une envie terrible de nous jeter dessus, et quand on nous servit, nous le dévorâmes comme des fauves, ne pensant plus qu'à nous rassasier. Nous avions les dents longues, — vingt-huit ans — depuis trente-six heures nous étions sans nourriture, sans sommeil et nous avions passé par bien des émotions .. »

Les soldats du 6ᵉ corps, pas plus que les officiers de l'état-major, n'ont mangé depuis l'avant-veille; aussi, à peine le camp établi, les colonels cherchent à acheter ce qui est nécessaire à leur troupe, tandis que la plupart des hommes, craignant de n'avoir encore aucune nourriture ce jour-là, fouillent partout, même dans le château.

A la fin du déjeuner, le maréchal voit dans le parc de Mme de Verneville des chasseurs d'Afrique s'agiter autour d'une pièce d'eau. Il envoie savoir ce qu'ils font. Avec des seaux et toutes sortes de moyens, ils viennent de vider l'étang et en prennent les poissons qu'ils se partagent. Le commandant Lonclas, sur son ordre, va avec des chasseurs d'escorte chasser tous ces maraudeurs et met des sentinelles pour empêcher qu'il en pénètre encore dans le parc.

On entend le canon du côté de Gravelotte, les troupes courent aux faisceaux et sur toutes les routes on voit refluer aux allures les plus désordonnées des gens apeurés, criant : « Voilà les Prussiens... »

Le maréchal envoie l'escadron du capitaine Marguier d'Aubonne (4ᵉ du 2ᵉ chasseurs) aux fermes de Bagneux et de la Malmaison et le fait soutenir par le 100ᵉ de ligne.

Le canon cesse presque aussitôt et nos cavaliers, qui restent en observation devant Gravelotte jusqu'à 4 heures et demie, voient des éclaireurs ennemis à l'horizon.

En rentrant au château de Verneville le maréchal Canrobert signa la lettre rédigée par le général Henry où était rapportée l'incident du dragon et où il demandait le réapprovisionnement immédiat de son corps d'armée en munitions et en vivres : réapprovisionnement indispensable, le 6ᵉ corps ne possédant ni parc d'artillerie ni convoi de vivres.

Le lieutenant Thomas, du 6ᵉ chasseurs à cheval, porta cette lettre au quartier général de Plappeville.

CHAPITRE IV

CHANGEMENT DE LIGNE DE BATAILLE.
LE 6ᵉ CORPS SE PORTE DE VERNEVILLE A SAINT-PRIVAT

Le colonel Lamy en quittant Verneville se rendit à Plappeville où il trouva le maréchal Bazaine déjà installé. Il lui exposa la situation du 6ᵉ corps et lui transmit les observations du maréchal Canrobert. La position avancée de Verneville présentait des dangers pour un corps d'armée privé de la moitié de son artillerie, de sa cavalerie et de son génie.

Le maréchal Bazaine écouta, ne fit aucune question et dicta cette lettre :

« *Au maréchal Canrobert.*

« Plappeville, 17 août.

« D'après les observations qui m'ont été transmises par le colonel Lamy au sujet de votre position à Verneville, je vous autorise à quitter cette position et à aller vous établir sur le prolongement de la crête occupée par les autres corps. Vous pourriez occuper Saint-Privat et vous relier par votre gauche au 4ᵉ corps établi à Amanvilliers. *Je vous prie de me faire connaître la détermination à laquelle vous vous serez arrêté*, et de me dire en même temps le point choisi pour votre quartier général, afin qu'il n'y ait pas de retard dans notre correspondance. »

Puis, relisant, il ajouta de sa main : « Cette position de Verneville avait été indiquée pour protéger la retraite du général de Ladmirault, qui est encore à Doncourt. »

Depuis qu'il existe des armées, on n'avait pas encore signalé un ordre aussi extraordinaire. Un général en chef n'autorise pas ses lieutenants à faire telle ou telle chose. Il ne leur dit pas qu'ils peuvent aller où ils voudront pourvu qu'ils le lui fassent savoir.

Un général en chef commande et par conséquent sait ce qu'il veut et ce qu'il ne veut pas : il décide ce que doit faire son armée, dicte des ordres en conséquence et exige leur stricte exécution.

Si un de ses lieutenants croit devoir lui faire une observation, il est libre d'en tenir compte ou de la négliger, mais s'il en tient compte, il lui faut donner un ordre formel modifiant celui donné précédemment. Il doit aussi, si ce nouvel ordre apporte un changement dans les dispositions générales de l'armée, prévenir ses autres lieutenants.

En cette occasion le maréchal Bazaine ne donna aucun ordre, permit à son lieutenant de s'en aller de l'endroit où il lui avait prescrit d'être, sans lui indiquer positivement où il devrait s'établir et il oublia de donner avis à ses autres lieutenants du changement opéré dans la ligne de bataille.

Pourquoi le 4ᵉ corps avait-il besoin de protection pour exécuter sa retraite? Dans la matinée du 17 il était de toute l'armée le plus éloigné de l'ennemi; il avait donc moins de chance que les autres corps d'être attaqué; en tout cas, il ne pouvait l'être que lorsque le reste de l'armée l'aurait déjà été; enfin il était capable de se défendre lui-même; il était même dans de bien meilleures conditions que le 6ᵉ corps, puisqu'il avait l'avantage d'être complet et de n'avoir comparativement presque pas subi de pertes la veille.

Le maréchal Bazaine, nous l'avons dit souvent, ne pouvait se décider à donner un ordre, mais il aimait recevoir un avis. Immédiatement il le suivait, décidé à déclarer, si les choses tournaient mal, n'avoir pas agi de son plein gré, mais avoir été contraint de céder à des suggestions contraires à ses idées.

Dans sa peur des responsabilités il oubliait que le général en chef est seul juge de décider, seul maître de l'opportunité de telle ou telle mesure et aussi seul responsable.

« Le maréchal Canrobert, déclara-t-il en 1872, me demanda d'occuper avec tout son corps d'armée Saint-Privat. Je l'y autorisai *quoique d'un avis différent.* Ce changement augmenta notre front, affaiblit notre ligne de bataille et permit à l'ennemi de déboucher sur notre centre à Verneville... Je croyais le maréchal Canrobert à Verneville comme dans un redan... En y restant il aurait diminué notre front et aurait rendu difficile le mouvement tournant de notre droite. Le maréchal Canrobert m'a fait dire qu'il préférait être ailleurs; alors, j'ai cédé et il est allé s'établir du côté de Saint-Privat. »

Cette déclaration amena le maréchal Baraguay d'Hilliers, à qui elle était faite, à la discuter. Et alors s'engagea entre lui et le maréchal Bazaine ce curieux dialogue :

— Vous dites (c'est le maréchal Baraguay d'Hilliers qui parle) que ce fut contraire à votre opinion?

— Je ne pouvais pas lui dire non, au maréchal Canrobert, un commandant de corps, un maréchal!

— Vous pouviez lui dire : « Restez où vous êtes. » Quand on commande, on commande réellement.

— J'ai dit au maréchal Canrobert : « Faites ce que vous voudrez ».

— Comment dites-vous que le maréchal Canrobert devait être comme dans un redan en avant, puisque vous lui disiez qu'il était à Verneville pour protéger la retraite du général de Ladmirault.

— C'est plus tard que je lui ai dit ça.

— Du tout... c'est dans la même lettre..., et le maréchal Baraguay d'Hilliers montre sa lettre au maréchal Bazaine qui ne répond rien; puis il ajoute : « Il y a contradiction, puisque vous dites qu'il n'était là *que*... (il appuie sur ce mot *que*) pour protéger la retraite du 4ᵉ corps : ce n'était pas alors pour l'y faire rester la retraite effectuée.

Le maréchal Baraguay d'Hilliers rapporta au maréchal Canrobert cette conversation, et lui posa cette question :

« Vous occupiez avec votre corps d'armée la position de Verneville. Cette position était très bonne et pourtant vous avez demandé à la changer. »

A ces paroles, le maréchal Canrobert se mit à sourire : « Si je l'avais trouvée si bonne, répondit-il, je n'aurais pas demandé à en changer ». Le maréchal Baragua d'Hilliers ayant insinué « qu'elle avait paru bonne au maréchal Bazaine », le maréchal Canrobert ajouta : « Il est probable que sur le moment il n'en a pas jugé ainsi, car il n'avait qu'à me donner l'ordre d'y rester et j'y serais resté. »

Cette déclaration était sans réplique, elle termina la discussion.

En possession de la lettre « d'autorisation » vers 3 heures et demie du soir, le maréchal Canrobert la lut et la relut; il ne comprenait pas le post-scriptum. L'ordre général prescrivait au 4ᵉ corps de se mettre en mouvement à quatre heures du matin; il était trois heures et demie de l'après-midi, le 4ᵉ corps qui avait à se rendre de Doncourt à Amanvillers, soit 10 à 12 kilomètres, devait être depuis longtemps à son camp. Le maréchal Canrobert interrogea le capitaine Costa de Serda, porteur de ce fameux pli. Il ne savait rien. Alors le maréchal lui fit observer que « l'heure n'était pas indiquée sur cette pièce et que pour un ordre aussi important c'était regrettable : une journée ayant vingt-quatre heures, il importait de savoir à quel moment il avait été donné. »

Le maréchal dicta ensuite la réponse : « D'après l'autorisation qui lui en a été donnée par le commandant en chef, le 6ᵉ corps quitte Verneville à 4 h. 30 pour Saint-Privat », et le lieutenant Costa de Serda l'emporta à Plappeville.

Ainsi vers 5 heures le maréchal Bazaine était prévenu que les 3ᵉ et 4ᵉ corps, jusqu'alors à l'abri derrière le 6ᵉ, se trouvaient désormais en première ligne; cependant, il ne leur en donna pas avis et si le maréchal Le Bœuf fut informé c'est parce qu'il avait envoyé son aide de camp, le commandant

Mojon, s'assurer de la liaison de son corps avec le 6°.

Arrivé à Verneville au moment où le maréchal Canrobert l'évacuait, le commandant Mojon courut prévenir son chef.

En chemin il croisa une patrouille du 10ᵉ chasseurs à cheval envoyée par le colonel Foloppe, le chef d'état-major du général Montaudon, pour s'assurer si sa division était couverte. Le général de Ladmirault, qui ne prit pas les mêmes précautions, crut jusqu'au lendemain midi, lorsque commença la bataille de Saint-Privat, se trouver en deuxième ligne et être protégé par le 6ᵉ corps contre toute attaque.

A 4 heures du soir le maréchal Canrobert donna à ses généraux réunis au château de Verneville ses instructions, et à 4 heures et demie son corps d'armée s'ébranlait.

Les troupes quittèrent le bivac de Verneville avec chagrin. Les régiments s'y étaient reconstitués et avaient retrouvé leurs unités égarées.

Le bataillon du 100ᵉ de ligne, resté avec le drapeau et son colonel à Rezonville, rejoignit le gros du régiment. Le 94ᵉ retrouva son colonel et les 400 hommes qui avaient gagné Mogador après l'échauffourée de Flavigny et y avaient passé la nuit. Le 9ᵉ de ligne fut rejoint par quelques centaines d'hommes : ils avaient quitté le champ de bataille avec le commandant Renard de Fuchsamberg vers une heure de l'après-midi et étaient retirés à Verneville d'où ils n'avaient plus bougé.

Sauf quelques centaines d'hommes et cinq officiers du 70ᵉ disparus la veille depuis 8 heures du soir, les régiments étaient au complet, et c'était avec joie que l'on revoyait des camarades supposés morts, blessés ou prisonniers.

A peine arrivé, chaque corps avait établi ses bivacs dans des prairies, ayant à proximité de l'eau et du bois. On eut vite fait de se procurer de la viande et du pain dans le village.

A la division Tixier, le colonel Fourchaud s'empara de vingt-quatre bœufs dans une ferme et fit main basse sur le convoi de la division Montaudon.

« L'administration ne nous nourrit pas, criait-il à ceux qu'il rencontrait ; eh bien, je prends mon bien où je le trouve. »

Le colonel Gibon du 25ᵉ se fit livrer aussi des bêtes par un entrepreneur qui gardait un troupeau et lui donna des bons de réquisition en échange.

Des corvées envoyées aux environs retournaient les champs de pommes de terre et en rapportaient d'abondantes moissons. Aussi vers 2 heures des cuisines s'étaient installées un peu partout, des feux s'élevaient et le pot-au-feu se préparait. Autour de chaque foyer les escouades, oubliant les fatigues et les combats, causaient gaiement avec l'espoir d'un bon souper, que vingt-quatre heures de jeûne et de combat rendaient encore plus alléchant.

Malgré le mécontentement causé par l'ordre de renverser les marmites et de mettre sac au dos, il n'y eut pas de murmures à en croire les lettres et les souvenirs des officiers du 6ᵉ corps.

Les trois divisions marchèrent en ligne, le 100ᵉ régiment et la cavalerie à l'arrière-garde ; l'escadron Maguier d'Aubonne, très en arrière, formant le dernier échelon.

Malheureusement le 4ᵉ corps s'était mis en route à 11 heures au lieu de 4 heures du matin, comme l'ordre général le prescrivait et la division Lorencez, la dernière dans l'ordre de marche, se trouvait encore sur le chemin d'Habonville à Amanvillers : les divisions du 6ᵉ corps vinrent butter sur elle et durent s'arrêter pour attendre son entier écoulement.

Le maréchal Canrobert ne voulut pas demeurer immobile ; pressé de reconnaître le terrain où allait être son corps d'armée, il franchit la route avec son état-major et son escorte et se dirigea du côté de Saint-Ail, de Sainte-Marie-aux-Chênes et d'Auboué jusqu'à l'Orne ; il remonta ensuite le glacis qui s'étend devant Saint-Privat et que coupe de l'est à l'ouest la grande route de Sainte-Marie-aux-Chênes à Saint-Privat.

Il s'arrêta près de la chaussée, s'assit près d'un peuplier et étudia ses cartes étendues sur des bottes de blé amoncelées en tas par des chasseurs de son escorte.

Après examen il désigna le commandant Caffarel pour aller choisir entre Roncourt et Saint-Privat le terrain de campement de la division Lafont de Villiers dont il surveillerait l'établissement. Les capitaines Leps et Aubry gagnèrent Saint-Privat pour préparer le logement du quartier général et le bivac de la division Tixier et le commandant Roussel fut chargé de placer la division Le Vassor-Sorval entre Saint-Privat et Amanvillers en liaison avec le 4ᵉ corps.

A peine parti, le commandant Roussel était de retour. Il avait trouvé la division Cissey, du 4ᵉ corps, établie à Saint-Privat, sur le terrain destiné à la division Lafont de Villiers.

Le maréchal envoya son premier aide de camp, le

commandant Lonclas, prier le général de Cissey de resserrer ses troupes sur Amanvillers pour laisser aux siennes l'espace nécessaire. Le commandant Roussel l'accompagnerait et l'acquiescement du général de Cissey obtenu, il placerait la division Lafont de Villiers entre Saint-Privat et Amanvillers.

Le général de Cissey accueillit fort mal les deux officiers : et quoiqu'il obtempérât à la requête du maréchal il témoigna à ses envoyés combien leur communication lui était désagréable.

Le jour commençant à tomber, le maréchal Canrobert remonta à cheval et envoya au-devant de chacune de ses divisions un officier pour les guider, puis se dirigea sur Saint-Privat où, après avoir examiné ses débouchés, il descendit chez M. Noirel-Dardare.

La propriété de ce cultivateur se trouve située au centre du village, dans une rue étroite et tout près d'une place ombragée de tilleuls où s'établit l'escorte et où l'on parqua les bagages de l'état-major.

Devant la maison était un petit jardin de curé divisé en quatre plates-bandes séparées par des allées bordées de buis et de fleurs, principalement de reines-marguerites. A l'intérieur de l'habitation, il y avait deux pièces à chaque étage : celles du rez-de-chaussée furent converties en bureau et en dortoir pour les officiers d'ordonnance. Le maréchal s'installa au premier dans une chambre très simple, meublée d'un lit à rideaux blancs, d'une commode de palissandre et de deux chaises de paille; le commandant Lonclas prit celle qui était à côté et l'état-major occupa une ferme sur la place.

La compagnie de grand'garde du 28ᵉ de ligne, commandée par le capitaine Condeau, détacha une de ses sections, aux ordres du sous-lieutenant Poterat de Billy, comme garde du quartier général.

A neuf heures du soir le sous-lieutenant Thomas, de retour à Plappeville, demanda à rendre compte au maréchal de l'accomplissement de la mission qu'il lui avait confiée vers une heure de l'après-midi :

« Je suis arrivé à Plappeville vers 2 heures, exposa-t-il, et je me suis rendu au château. Introduit dans une grande salle où étaient installés de nombreux officiers, ceux-ci voulurent prendre le pli dont j'étais porteur, mais je déclarai avoir l'ordre de le remettre en mains propres. Le maréchal Bazaine prévenu est entré, il a pris connaissance de la lettre et m'a dit : « Votre « maréchal est un halluciné ». Puis, sur une carte étalée sur une table, il me montra les nouveaux emplacements assignés au 6ᵉ corps et dicta à mi-voix sa réponse qu'il me remit en disant : « Le maréchal « Canrobert sera probablement attaqué demain matin, « recommandez-lui d'organiser des tranchées. »

« N'ayant pas été avisé par le maréchal Bazaine du départ du 6ᵉ corps de Verneville, je suis retourné à ce village, où des paysans me prévinrent de la présence des Prussiens. J'ai pris à travers champs dans la direction du nord et j'ai été assez heureux pour arriver ici. »

Le maréchal Canrobert ayant ouvert la lettre du maréchal Bazaine, y lut : « Le maréchal Bazaine au maréchal Canrobert... — Prenez en arrière de Verneville, *ou sur la droite* d'Amanvillers, vers Saint-Privat, telle position que vous jugerez convenable, ainsi que je vous l'ai fait dire tantôt.

« Quant aux vivres, je pousse l'intendant Préval à vous approvisionner en toutes choses et il y a peu d'instants l'ordre a été transmis d'envoyer à Plappeville les voitures du train disponibles pour y prendre les denrées destinées à votre corps d'armée.

« Quant aux munitions d'artillerie ou d'infanterie, l'ordre a été donné au général Soleille, qui s'est rendu à Metz, de presser l'exécution de mes ordres à cet égard. »

Cette lettre est aussi extraordinaire que celle apportée à Verneville vers 3 heures par le capitaine Costa de Serda de l'état-major général. Toujours le même procédé : ne pas donner un ordre ferme, mais autoriser ses lieutenants à faire « ce qu'ils jugeront convenable; » si ça tourne mal, il dira : « Moi, je ne voulais pas; ce sont eux qui m'ont forcé la main. »

La même question se pose pour la recommandation de faire des tranchées, transmise verbalement par le sous-lieutenant Thomas. Le maréchal Canrobert avait en tout deux compagnies de génie sans parc, soit cent pelles ou pioches; comment le maréchal Bazaine, qui le savait, parlait-il de faire couvrir un front de 8 kilomètres de retranchements et d'abris de batteries? S'il eût pris au sérieux sa recommandation, il eût télégraphié au général Coffinières, commandant en chef du génie, d'envoyer de Metz, où se trouvait tout le personnel et le matériel sous ses ordres, deux compagnies de sapeurs, des voitures d'outils et un état-major pour faire le tracé des travaux et diriger leur exécution.

Ces mesures étaient tellement indiquées que le maréchal Bazaine affirma, lors de son procès en 1873, les avoir prises, tant il lui paraissait impossible d'avoir pu faire autrement.

Le maréchal Canrobert, avant de se coucher,

recommanda à son état-major de veiller au placement des grand'gardes et fit mander auprès de lui le maire de Saint-Privat, M. Barthélemy Terroine : il désirait envoyer six habitants du pays dans les villages avoisinants pour s'informer si l'on y avait vu des Allemands. Quant à lui il se sentait malade : l'extinction de voix qu'il avait depuis le 16 était devenue un mal de gorge et il avait la fièvre ; il allait prendre de la quinine et se coucher immédiatement sans manger, mais il fallait le réveiller le lendemain avant quatre heures du matin.

En raison du retard occasionné par le défilé de la division Lorencez, les têtes de colonne du 6e corps atteignirent leurs emplacements au crépuscule, la masse entre 8 heures et 10 heures et les arrière-gardes vers minuit.

Le 3e bataillon du 100e, commandant Poilloüe de Saint-Mars, était à l'extrême arrière-garde. « Nous devions attendre les retardataires, et protéger le convoi, a écrit le lieutenant de Montifaut. Chaque fois que nous apercevions trois ou quatre voitures derrière nous, il fallait nous arrêter pour les laisser passer devant. Jusqu'à la nuit nous n'avons pas marché dix minutes sans halte. Ces pauses répétées, la fatigue et le manque de nourriture nous mirent dans un énervement extrême.

« Vers une heure du soir, à la brume, le bruit courut dans nos rangs que les Allemands marchaient parallèlement à nous. Le commandant de Saint-Mars, résolu à voir clair, s'écarta de la colonne sur la gauche, le revolver au poing, pour fouiller les boqueteaux et les haies. Des traînards, surtout des cavaliers, surgissaient à chaque instant dans l'ombre et le commandant leur

galopait dessus, criant : « Qui vive ou je tire! »
Estomaqués, les gens disparaissaient en répétant :
« Qu'est-ce qu'il nous f..., celui-là? » Cette scène se
renouvela peut-être dix fois. »

Les officiers de l'état-major du corps d'armée chargés
de guider les colonnes eurent beau se donner de la
peine, ils ne purent maintenir l'ordre ni empêcher les
fausses directions. Ils ne furent au reste nullement
aidés par les états-majors divisionnaires. « En arrivant
à Saint-Privat, a écrit l'un des officiers de l'état-major
de la division Le Vassor-Sorval, nous ne nous occupâmes pas des grand'gardes. L'état-major d'une division était une cinquième roue à un carrosse... Nous
nous installâmes et nous dînâmes avec les provisions
que j'avais rapportées. Le colonel Melin — le chef
d'état-major — était de fort mauvaise humeur et il eut
une empoignade avec le général Le Vassor-Sorval... Le
paysan chez qui nous étions avait un gamin de sept ou
huit ans qui trouva drôle de p..... sur le pantalon du
général. »

Le colonel Melin était un officier intelligent, sceptique et dégoûté : « Je ne passerai pas général, avait-il
l'habitude de dire, pourquoi donc me la foulerais-je? »
Il laissait d'autant plus aller le service sans s'occuper
de rien que son général était incapable de donner un
ordre ou de faire une observation.

Le général Lafont de Villiers, en arrivant à Saint-Privat, laissa au commandant Caffarel le soin de placer
ses régiments et alla s'installer chez un bourgeois
catarrheux qui après le dîner ne cessa de répéter
comme un halluciné : « Ils vont venir par les bois. »
On l'interrogea, mais jamais il ne disait autre chose :

les officiers le prirent pour un fou ou un maniaque.

Le général Tixier se rendit du côté de la forêt de Jaumont; le colonel Fourchaud, son chef d'état-major, s'arrêtant à Saint-Privat, le laissa se débrouiller seul. Pour lui, appelant le plus jeune des officiers sous ses ordres, il lui dit : « A la guerre, quand on a l'occasion d'un bon lit et d'un souper, il faut la saisir, peut-être ne se représentera-t-elle plus. » S'étant arrêté devant la maison d'un boulanger, il se fit ouvrir, entra dans la chambre où ce brave homme était couché avec sa femme et ses enfants, fit lever grands et petits, les envoya où ils pouvaient et se mit à leur place dans le lit au grand ébahissement de son jeune compagnon.

Le lendemain matin le colonel Fourchaud n'avait pas d'expressions assez amères pour reprocher au maréchal Canrobert et à son état-major leurs mauvaises dispositions pour l'établissement des troupes.

La division Lafont de Villiers était à peu près établie vers 10 heures du soir. Celle du général Le Vassor-Sorval n'eut pas fini de dresser ses tentes avant minuit. Chacun de leurs régiments envoya de lui-même une compagnie en grand'garde. Le placement se fit à tâtons, sans orientation et sans liaison avec les postes voisins.

La division Tixier arriva la dernière : ses régiments campèrent comme ils purent, derrière leurs faisceaux, sans savoir de quel côté ils faisaient front.

Cette division était près de la forêt de Jaumont; des soldats y coupèrent du bois et firent des feux toute la nuit : le régiment d'arrière-garde de cette division, le 100ᵉ de ligne, arriva seulement à minuit : « Personne pour nous indiquer notre camp. On erre de la droite à la gauche des bivacs... C'était le tour de ma compagnie d'être de grand'garde, — nous dit le lieutenant Heimburger, — je fus fort embarrassé quand un capitaine d'état-major, en présence du colonel Gremion, me dit pour toute indication : « Allez par là vers « ces bois. Vous couvrez tout le régiment... ne bougez « pas avant que je vous en aie donné l'ordre. » Je marchai vers ces bois, j'arrêtai ma compagnie à 700 mètres du régiment et je plaçai des petits postes et des sentinelles dans les taillis. Le lendemain je m'aperçus que le 4ᵉ et le 6ᵉ corps étaient entre ma grand'garde et l'ennemi à qui elle tournait le dos. Comme j'aurais dormi de bon cœur si je l'avais su. »

Le lieutenant Raymond Duval, officier d'ordonnance du général Tixier, courut toute la nuit pour régulariser la position des grand'gardes : mais dans l'obscurité, sur un terrain inconnu, il ne put parvenir à les joindre toutes et à les placer là où il aurait fallu.

A la guerre le désordre et les erreurs sont inévitables ; mais il faut que chacun dans la mesure du possible cherche à remédier à cet état de choses : on y est d'autant plus tenu qu'on a un grade plus élevé ou une situation plus importante. Si le colonel Fourchaud, au lieu d'aller se fourrer dans le lit du boulanger de Saint-Privat, eût été où son devoir l'appelait, il eût pu régler plus rationnellement le campement des troupes qui lui étaient confiées et corriger les dispositions qu'il jugeait mauvaises. On peut dire la même chose des généraux de division et de leurs chefs d'état-major qui ne s'occupèrent pas de leurs troupes.

La cavalerie s'arrêta à minuit sur la grande route à l'ouest de Saint-Privat et bivouaqua dans les champs.

Le Trésor alla donner dans la division Grenier et gagna Saint-Privat vers 10 heures du soir.

Toute la nuit, des traînards, des attardés et des débandés rejoignirent leurs régiments : ils buttaient dans des lignes de faisceaux et réveillaient les dormeurs. L'un de ces maladroits causa une alerte : « On avait vu un uhlan galoper dans nos lignes », et bien d'autres bêtises couraient de rangs en rangs.

Après des journées aussi fatigantes, une bataille et trente-six heures de privation de nourriture et d'eau, il y avait forcément un nombre considérable de maraudeurs et d'ivrognes et ces tristes personnages errant, chantant ou criant dans la nuit mirent le trouble dans les 4e et 6e corps.

Malheureusement, depuis nos premiers désastres, l'indiscipline avait fait des progrès. Les ordres, suivis de contre-ordres, l'indécision du commandement avaient diminué la confiance et amené des critiques et des récriminations. Des officiers ne craignaient pas devant leurs hommes de blâmer leurs chefs. Il en résultait que souvent l'on refusait d'obéir et qu'à l'exemple de leurs officiers, les soldats perdaient la notion du respect. Par suite des privations, la maraude devenait habituelle. On pillait même sans nécessité, en maudissant l'intendance qui laissait l'armée mourir de faim ou lui distribuait, comme la veille, de la viande pourrie ou des denrées avariées.

Punir était souvent bien difficile. Pour ne pas y être contraints, beaucoup d'officiers s'éloignaient de leurs soldats quand ceux-ci déblatéraient contre les généraux, ou bien faisaient semblant de ne pas voir les maraudeurs. La plupart d'entre eux conservaient toutefois leur ascendant et maintenaient leurs hommes par leur supériorité morale et intellectuelle. A la bataille de Rezonville, à bien peu d'exceptions, ils avaient donné l'exemple du calme et de la bravoure, et ils avaient largement payé de leurs personnes, ce à quoi le soldat n'est jamais insensible.

Mais rien ne fait contre la faim, et la plupart des soldats du 6ᵉ corps en souffraient : on peut évaluer à deux mille le nombre de ceux qui se répandirent le soir et cette nuit-là dans les localités des environs, cherchant à manger et à boire, fouillant partout, enfonçant les portes, prenant dans les garde-manger, les buffets, les caves, tout ce qu'ils trouvaient. Le lendemain matin, les Prussiens en firent prisonniers dans des villages éloignés et un certain nombre étaient complètement ivres.

Les premiers arrivés du corps d'armée grignotèrent du biscuit, ou firent cuire des quartiers de viande emportés de Verneville sur les sacs. Les sapeurs du génie de la division Tixier avaient, pendant une halte du côté d'Habonville, fouillé un champ de pommes de terre ; ils en firent une soupe à la graisse : « Ils n'auraient rien mangé sans cela », a écrit le commandant Féraud.

Ce soir-là, faute de nourriture, par suite de fatigue ou en raison de l'heure tardive, beaucoup se couchèrent sans souper : « Nous sommes si éreintés que nous nous jetons à terre et qu'aussitôt nous dormons à poings fermés. »

Dans certains régiments les officiers mangèrent avec leurs soldats : « Je partageais la marmite de ma première escouade, a écrit le capitaine Delmas de Grammont du 9ᵉ de ligne, quand je vis tournailler, l'air désemparé, un général que je ne connaissais pas. Je le priai de prendre place à notre feu, et voyant les regards d'envie qu'il portait à mes pommes de terre, je lui offris de les partager avec ma gamelle. Il accepta et m'apprit qu'il était le général Plombin, commandant de l'une des brigades de notre division restée en route à Frouard : il était arrivé dans la journée par Thionville avec sa pipe pour tout bagage.

« Après avoir mangé il s'éloigna pour chercher un gîte où passer la nuit. Il a été blessé le lendemain et on ne l'a plus revu. »

Toute la nuit des estafettes et des plantons vinrent au quartier général du 6ᵉ corps à Saint-Privat apporter des ordres : l'un d'eux, prescrivant l'envoi de toutes les voitures du corps d'armée à Plappeville pour y prendre des vivres, arriva vers 2 heures du matin.

Peu après, vers 2 heures et demie, eut lieu une alerte qui courut sur la totalité du front de l'armée et mit tout le monde sur pied.

En fait la journée du 18 août se présentait sous d'assez tristes auspices au 6ᵉ corps : rompus de fatigue, les hommes se trouvaient sans vivres depuis vingt-quatre heures et on ne savait pas quand ils en recevraient.

CHAPITRE V

RETRAITE DE L'AILE GAUCHE. — LE QUARTIER GÉ-
NÉRAL A PLAPPEVILLE. — LA GARDE ET L'ARTIL-
LERIE DE RÉSERVE SUR LE SAINT-QUENTIN. — LE
2ᵉ CORPS AU POINT-DU-JOUR.

A 3 heures du matin, conformément aux ordres du maréchal Bazaine, le général Letellier-Blanchard et le capitaine Amphoux, le premier chargé de l'installation du grand quartier général et le second de la conduite du convoi de l'état-major, étaient avec quelques gendarmes devant la maison où couchait le maréchal Bazaine. Rien n'étant encore prêt pour le départ, général, capitaine, gendarmes attendirent une heure; alors seulement apparurent les premières voitures du quartier général : il fallut encore une demi-heure avant que toutes fussent réunies. Ce retard du premier échelon arrêta d'autant la marche des autres convois.

Par surcroît de malheur, le capitaine Amphoux, qui marchait en tête des bagages du quartier général pour les diriger, se trompa de route et les égara. De là flottement, arrêt, désordre et même commencement de panique dans les colonnes qui suivaient. Après beaucoup de cris et quelques accidents, l'ordre se rétablit et les bagages du quartier général atteignirent Plappeville à 8 heures. Le général Letellier-Blanchard choisit la villa de M. de Bouteiller pour le quartier général du maréchal Bazaine, y fit amener ses fourgons et désigna la maison d'en face, de l'autre côté de la rue, pour l'état-major général.

Le général Jarras avait confié la direction du grand convoi de l'armée au lieutenant-colonel Fay, avec injonction de gagner le Ban-Saint-Martin ou Plappeville par la grande route en précédant les troupes. Mais à peine faisait-il jour que, sans ordre et sortant des champs à droite, à gauche, des quantités de voitures — beaucoup portant des blessés — vinrent se déverser en deçà de Gravelotte pour gagner Metz le plus vite possible.

Celles qui venaient de Rezonville, de la Malmaison ou de Saint-Marcel s'accumulaient à l'entrée de Gravelotte, et bientôt il devenait impossible de traverser ce village.

Une bien faible partie de l'immense convoi de l'armée était en marche quand les voltigeurs de la Garde apparurent, venant de Rezonville et se dirigeant sur le Saint-Quentin. Leur colonne contourna le village par le nord, pour en éviter la traversée. En passant près de Mogador, ils déposèrent leurs blessés à l'ambulance, rejoignirent la grande route qu'ils suivirent jusqu'à Saint-Hubert et là s'engagèrent sur la voie romaine. Leur marche fut lente et pénible à travers les voitures et les isolés qui les arrêtaient à chaque instant. Cependant ils réussirent, en prenant le temps, à s'écouler peu à peu, mais quand, à leur suite, les grenadiers débouchèrent sur Gravelotte, ils se heurtèrent à une véritable barrière et force leur fut de s'arrêter avant d'avoir atteint les premières maisons.

A mesure que la matinée avançait, le nombre des voitures augmentait. Il en sortait d'on ne sait où ; des cours des fermes, des hangars, des écuries, des champs, et par les chemins de terre on en voyait des files interminables, cherchant à gagner la grande route et à prendre place dans le déversement sur Metz. « C'est inouï ce qu'une armée traîne de bagages à sa suite : on n'en voit jamais la fin. »

Les officiers de l'état-major de la Garde cherchaient une issue, mais ils n'en pouvaient espérer une avant une heure ou deux et serait-on parvenu à traverser Gravelotte, il eût été impossible d'avancer sur la grande route tant elle débordait de véhicules de toute espèce. Il fallait prendre un autre itinéraire que celui prescrit par le maréchal Bazaine. Le colonel d'Andlau, chargé de la direction de la Garde et de la réserve d'artillerie, proposa au général Bourbaki de laisser les voltigeurs, déjà engagés sur la grande route, continuer leur chemin et de diriger le surplus de la Garde vers le nord, quitte à lui faire faire un grand détour. On gagnerait le bois des Génivaux, et parvenus au delà zouaves, grenadiers, cavaliers et canonniers prendraient les voies qu'ils jugeraient les plus faciles pour atteindre le Saint-Quentin. Le colonel d'Andlau les y aurait précédés et à leur arrivée leur indiquerait leur emplacement.

Le colonel Lewal, chargé de conduire le 2e corps, après avoir longtemps erré dans le labyrinthe des troupes amoncelées autour de Gravelotte, ne trouva pas le général Frossard avant 5 heures passées, alors que les troupes auraient dû être en mouvement depuis plus d'une heure. Le colonel Lewal, en présence de l'état-major, annonça au général Frossard qu'il était chargé de placer son corps d'armée à Rozerieulles, ce qui parut le blesser au vif. »

Pour rattraper le temps perdu, le capitaine Thomas fut envoyé aux généraux Vergé et Fauvart-Bastoul « leur dire de partir sans perdre une minute ».

« L'un et l'autre me répondirent — a écrit le capitaine Thomas — qu'ils ne pouvaient mettre immédiatement leur division en route parce qu'ils avaient envoyé des corvées de vingt-cinq hommes par compagnie à Rezonville pour y reprendre les sacs laissés la veille. Je les priai de se presser, les ordres étant formels. Le général Vergé surtout parut surpris et me dit : « Comment, nous quittons le terrain sans enlever « nos blessés et enterrer nos morts... » Je ne pus que lui réitérer les ordres dont j'étais porteur.

« Nous nous mimes en marche avec une heure et demie de retard, au milieu d'une quantité d'isolés, de détrousseurs de morts, et de blessés que l'on rapportait encore. Nous contournâmes Gravelotte par le sud et nous longeâmes la grande route à travers champs. »

Quand le 2ᵉ corps fut écoulé, le convoi le suivit et la division Metman, qui protégeait le mouvement, se retira la dernière : il était midi.

Ainsi, dans la matinée, la gauche de l'armée avait opéré sa retraite : la division de voltigeurs, le 2ᵉ corps et le convoi par la grande route ; les divisions de cavalerie de Forton et de Valabrègue à travers champs, la première à un kilomètre environ au sud de la grande route ; la division Valabrègue en diagonale de Villers à Longeau par la ferme de Chantrenne ; les grenadiers, la cavalerie de la Garde avec l'artillerie de réserve, en décrivant une vaste parabole au nord.

Suivons ces colonnes et en marchant avec elles nous interrogerons officiers et soldats pour connaitre leurs sentiments.

La division des chasseurs et des voltigeurs de la Garde, la première troupe engagée sur la grande route de Gravelotte à Metz, s'avance par à-coups et met trois heures pour faire 2 500 mètres !

A 8 heures, ses treize bataillons sont parvenus au Point-du-Jour, où ils se massent et se reposent pendant deux heures ; on met bas les sacs, les faisceaux sont formés, les hommes s'assoient. Les officiers se réunissent en groupes et, par cette matinée superbe, regardent l'admirable vallée de la Moselle qui s'étend à leurs pieds. Ils parlent des incidents de la veille, et dans un cercle de capitaines du 3ᵉ voltigeurs, l'un d'eux, M. Anthoine de Saint-Joseph, raconte le fait suivant : « Un soldat de ma compagnie, dit-il, avait croqué une somme dont il était dépositaire et quoiqu'il l'eût remboursée petit à petit sur son prêt, ses camarades le tenaient en suspicion ; hier il a été atteint mortellement et avant de mourir a désiré me parler : j'ai été à lui et il m'a demandé de lui pardonner sa faute ; je lui répondis que tout était oublié. « Alors, dit-il, permettez-moi, mon capitaine, « en signe de pardon, d'embrasser votre croix d'hon- « neur. » J'accédai à sa demande et je m'informai s'il avait quelques dernières volontés : « Oui, dit-il encore, « je désire que ma logeuse, Mme de Bastion, rue Le- « courbe, sache que je me suis bien conduit. » Il est mort une heure, après terminait le capitaine de Saint-Joseph, et à mon premier bivac j'écrirai à cette Mme Bastion. »

Les auditeurs, tous vétérans d'Afrique, de Crimée et d'Italie, étaient émus du récit de leur camarade.

A 10 heures, la division se remet en marche : la grande route au tournant du Point-du-Jour est tellement encombrée qu'on ne peut songer à la suivre. La vieille chaussée romaine, au sol rocailleux, conduit directement au moulin de Longeau par une pente toute droite et à pic. Le général Deligny s'y engage. Il marche en tête de sa troupe, tout seul, encore plus exaspéré que tout à l'heure quand le capitaine de La Ferté l'a réveillé. Depuis le commencement de la campagne, il est ulcéré de ne pas avoir le commandement d'un corps d'armée, comme c'était décidé en 1867. Son irritation s'augmente de ce qui s'est passé la veille.

Il comptait employer au moment opportun sa division de voltigeurs, la plus solide et la plus vigoureuse de l'armée, comme une massue pour donner à l'ennemi un coup décisif. Loin de là, dès le commencement de l'action, sa troupe a été disloquée, dispersée, sans seulement qu'il en fût avisé et au lieu de l'avoir dans la main, quand le moment favorable se présenta, il ne put en réunir que le tiers.

Durant cette marche il repasse en son esprit les incidents de la bataille, et ne cesse de jurer : « Tas de cireurs de parquet... de valets d'antichambre », répète-t-il, puis : « On a voulu me retirer mon commandement effectif... On m'a déshonoré, j'ai été empêché de frapper un coup qui eût décidé la retraite des Prussiens! » Il tire son épée, et, pour exhaler sa mauvaise humeur, tape de droite et de gauche sur les branches de mirabelliers qui bordent la route, comme don

Quichotte avec sa lance sur les ailes des moulins à vent. Son état-major, soit pour éviter des mots désagréables, ou par crainte d'être éborgné, ralentit le pas et marche prudemment à bonne distance.

Grand, droit, maigre, sec, avec des traits anguleux et ascétiques, le front haut, un œil perçant et enfoncé, il porte de longs cheveux noirs et lissés « comme un curé »; très dur à lui-même, comme pour ses officiers et ses soldats, il est aussi très brave; il a eu en Kabylie, alors qu'il était colonel, certains traits d'audace exagérée où il a laissé nombre des siens et où lui-même, atteint d'une balle dans la tête, a failli rester.

Ayant fait la guerre uniquement en Afrique, où l'on n'use pas d'artillerie, il considère les canons comme des meubles inutiles, et quand le commandant de ses batteries, le lieutenant-colonel Gerbaut, vient lui demander ses ordres, il a l'habitude de lui répondre d'aller où il voudra, pourvu qu'il ne le voie pas.

Très ambitieux autant qu'avisé, il ne manque aucune occasion pour se pousser et l'on raconte qu'il s'est fait nommer général en laissant espérer à un ministre qu'il épouserait sa fille.

Quels que soient ses défauts et son originalité, c'est un véritable chef : il a des idées, les exprime nettement, les applique jusqu'au bout et impose sa volonté, même aux plus frondeurs, sans la laisser discuter une minute. C'est peut-être, dans cette armée du Rhin, le général le plus capable de la commander et de la tirer de la situation où elle est enlisée. En ce moment il voudrait se jeter sur la Moselle, en détruire les ponts, battre les arrière-gardes ennemies restées sur la rive droite et les couper du gros de leur armée.

Sans s'acharner à cette idée qu'il sait impossible à faire adopter par le général en chef, nous le verrons, à l'encontre de ses camarades, transmettre des observations pleines de justesse et d'à-propos et dont l'application eût changé les événements.

Les voltigeurs atteignent Longeau, continuent au nord-est par des chemins de traverse au milieu des vignes et avancent du côté de Scy en longeant la base de Saint-Quentin qui se dresse devant eux.

« Un officier d'état-major, dit le lieutenant Dubard du 2e régiment, vient nous prévenir que nous allons camper là-haut et qu'il n'y a pas d'eau : il faut donc remplir nos marmites et nos bidons en bas et les monter pleins. Nous grimpons à pic à travers jardins, vignes et vergers. Officiers et soldats s'arrêtent toutes les cinq minutes pour souffler, et la division est bientôt sens dessus dessous. Après trois quarts d'heure d'une ascension épuisante, nous atteignons le plateau et nous trouvons de magnifiques fontaines, de quoi abreuver toute l'armée ! »

Derrière les voltigeurs, sur la grande route venaient le parc de la Garde et l'artillerie du 2e corps, dont l'infanterie s'avançait à travers champs au sud de la route.

Arrivée au pont de la Mance, cette infanterie s'arrêta et ses régiments, les uns après les autres, cherchèrent à pénétrer, homme par homme, sur la chaussée, pour passer le pont, en se faufilant entre les roues des voitures et les jambes des chevaux. Aussitôt de l'autre côté du ravin, ils se ralliaient en dehors de la voie et se remettaient en marche.

A midi seulement le 2e corps avait gagné son emplacement ; il avait mis six heures pour faire 3 kilomètres.

La division de cavalerie de Forton prit également à travers champs mais plus au sud que le 2ᵉ corps : ses cavaliers franchirent individuellement les bas-fonds broussailleux de la Mance, firent une halte à la ferme Saint-Hubert et arrivèrent dans le fond de Longeau vers 4 heures. Douze heures pour 5 kilomètres !

Le maréchal Bazaine s'était décidé à gagner Plappeville par la même route.

Il montait à cheval à Gravelotte quand les zouaves de la Garde tournaient au nord pour gagner la Malmaison ; voyant le général Picard qui marchait à leur tête, il l'interpella en ces termes : « Nous nous retirons parce que nous n'avons plus ni vivres ni munitions. » Le général Picard passa sans rien répondre, mais quelques pas plus loin, quel ne fut pas son étonnement et celui de son aide de camp, le capitaine Sonnois, en voyant dans un champ des caisses de biscuits et des monceaux de sacs de pain. Loin de manquer de vivres, on en avait donc de trop qu'on les avait entassés par terre contre la route ?

Le maréchal Bazaine, suivi de ses officiers d'ordonnance et de l'état-major, suivit la grande route de Metz, pénétra dans la cohue et se laissa entraîner par elle.

Comme l'avant-veille, il fut témoin du spectacle navrant que présentait son armée. « On crie, on jure, on se mêle devant lui. » A certain moment, des attelages d'artillerie s'emballèrent, buttèrent à droite et à gauche, s'enchevêtrèrent et augmentèrent le désarroi. Il regardait et ne disait rien.

Il mit ainsi plusieurs heures pour franchir les 2 kilomètres qui séparent Gravelotte du Point-du-Jour. Arrivé en cet endroit il s'arrêta sur le perron d'une auberge, demanda l'heure au capitaine Campionnet et remonta sa montre.

Peu d'instants après, il reprenait son cheval et gravissait un monticule dominant une carrière ouverte d'où l'on découvre tout le pays.

Il regarda assez longtemps à la lorgnette, interrompant son observation de temps en temps pour recommander aux officiers des unités qui passaient près de lui de faire des tranchées.

Le général Frossard, l'ayant vu, vint se plaindre de l'état déplorable de son corps d'armée; il avait perdu 10 000 hommes et 400 officiers; certains de ses régiments se trouvaient commandés par des capitaines et quelques compagnies par des sergents; on ne pouvait pas attendre; il fallait nommer immédiatement des colonels et des officiers aux places vacantes et donner quelques encouragements aux corps les plus éprouvés, sinon on ne pourrait demander d'effort considérable au 2ᵉ corps.

Le maréchal Bazaine, ne répondant pas, le général Jarras intervint et insista pour qu'on suivît les règlements et qu'on observât les formalités d'usage.

« Le général Frossard, grossissant la voix, lui répondait qu'il ne devait plus y avoir d'autre règlement que la nécessité et que si le maréchal Bazaine lui en donnait le pouvoir, il aurait bientôt pourvu aux emplois pour lesquels des propositions régulières avaient déjà été faites. Le maréchal Bazaine écoutait toujours, indifférent, sans rien dire. La discussion tournait à l'aigre, et les derniers mots échangés avaient cessé d'être parlementaires lorsque le maréchal Bazaine, en s'en allant, mit fin à la scène ».

Le général Frossard était très grand, il avait près de deux mètres, et quoiqu'il eût 63 ans, sa taille demeurée svelte et mince faisait encore de lui un soldat superbe. Ses traits étaient réguliers et on était frappé au premier abord de l'ampleur de son front et de l'acuité du regard de ses deux yeux noirs ombragés de sourcils épais, bien arqués et également noirs.

Il a été le premier ingénieur militaire du dix-neuvième siècle et les travaux de siège qu'il a menés devant Sébastopol sont les plus considérables et les plus beaux que l'histoire ait à enregistrer. Il les a conduits avec une science consommée, sans jamais se laisser arrêter par les difficultés, abattre par des échecs momentanés, donnant à tous l'exemple de la bravoure la plus calme et de l'énergie morale la plus persistante, suivant, sans jamais s'en départir, avec une volonté inlassable, la ligne qu'il s'était tracée.

Sa conduite en ces événements peut être donnée en modèle à ceux qui entreprennent une tâche ardue.

Au moral, c'est le caractère qui frappe chez le général Frossard. Honnête homme, scrupuleux, délicat et réservé jusqu'à l'excès ; incapable de déguiser quoi que ce soit de ses sentiments, il était l'opposé du courtisan. Doué d'une haute érudition scientifique et littéraire, il continua toute sa vie, au milieu de ses travaux techniques, à cultiver les lettres latines et françaises. Père de famille modèle, lui-même fit l'éducation et l'instruction de ses fils, qui entrèrent tous les trois à l'École polytechnique. Frappé de ces faits et sûr d'avoir en lui un homme de confiance, qu'aucune influence ne ferait dévier du devoir, Napoléon III le nomma gouverneur du prince impérial, malgré l'Impératrice qui redoutait son inflexibilité et aurait voulu quelqu'un de plus souple et plus déférent à ses volontés.

Lorsque la guerre éclata, il avait le commandement temporaire des troupes réunies au camp de Châlons; ce corps, en cas de guerre, était destiné à servir d'avant-garde à l'armée sous les ordres du général Bourbaki.

L'Empereur eut le tort de proposer au général Frossard de conserver ce corps d'armée, au lieu de le maintenir au commandement en chef du génie, pour lequel il était désigné et que nul ne pouvait mieux exercer. Le général Frossard eut le tort plus grand encore d'accepter.

Mal obéi, abandonné par le maréchal Bazaine et ses généraux, il fut battu à Forbach; alors l'opinion publique s'acharna contre lui : les accusations les plus absurdes et les plus injustes lui furent prodiguées, sans toutefois l'abattre et lui faire perdre confiance : une lettre de ce jour, 17 août, écrite à sa femme, le montre des plus dignes devant les calomnies, et conservant encore l'espoir de l'issue heureuse de la guerre.

Les récriminations et les persiflages, sans atteindre sa fermeté, avaient surexcité sa nature faite de « raideur, de feu et de fougue ». Il s'emportait à tout moment, comme avec le général Jarras tout à l'heure. Quand il revit l'Empereur après la bataille de Forbach, il l'aborda devant M. Raimbaud par ces paroles : « Sire, il y a trois généraux que votre oncle aurait fait fusiller sur l'heure. » Et ayant rencontré le général Castagny, il lui lança cette apostrophe : « Si je ne me respectais, je vous étranglerais. »

A la tête d'un corps d'armée il n'était pas à sa place; mais, si les circonstances devaient l'amener à redevenir officier du génie, il se retrouverait immédiatement l'homme supérieur qu'il était. Ainsi, à la bataille de Saint-Privat, où il eut à défendre une position, grâce à ses mesures habiles et à sa ténacité, ses troupes infligèrent aux masses allemandes qui cherchaient à déboucher sur le Point-du-Jour une déroute complète qui dégénéra en panique.

La première de ses divisions, celle du général Vergé, venait de s'installer sur la hauteur dominant le ravin de la Mance, au sud de Saint-Hubert; le 66ᵉ de cette division, après avoir occupé le mamelon coté 358, avait détaché des petits postes jusqu'à la lisière du bois de Vaux et la brigade Lapasset prolongeait sa gauche avec des avant-gardes à Jussy et Vaux, lorsque le colonel Lewal survint : il pouvait être 11 heures; il prescrivit aux troupes de rétrograder et de se retirer à un kilomètre en arrière des crêtes jusqu'au Point-du-Jour et Sainte-Ruffine.

Pourquoi abandonner ces avancées d'où l'on domine les fonds de la Mance et la vallée de la Moselle? N'était-ce pas inviter l'ennemi à prendre pied sur le plateau et à tourner notre gauche?

Le général Frossard, devant plusieurs officiers de son état-major, demanda des explications au colonel Lewal, et celui-ci répondit que les troupes devaient reculer par suite d'un ordre formel. Le général Frossard s'inclina, mais on voyait combien il était irrité.

Pour expliquer des dispositions aussi fâcheuses, il faut penser que le maréchal Bazaine avait déjà l'intention arrêtée de ramener son armée au plus tard le lendemain sous les glacis du corps de la place de Metz.

L'arrêt momentané de l'armée sur la ligne Rozerieulles-Amanvillers avait pour but unique de permettre au général en chef de dire qu'il ne battait pas en retraite précipitamment sous la pression de l'ennemi, que s'il se retirait c'était de son plein gré.

Vers midi l'infanterie du 2⁰ corps était définitivement installée, les divisions Vergé et Fauvart-Bastoul en arrière du Point-du-Jour, la brigade Lapasset à Rozerieulles et Sainte-Ruffine et la division de cavalerie Valabrègue, avec celle du général de Forton, tâchait d'arriver homme par homme dans le fond de Longeau où devaient être entassés treize régiments de cavalerie et quatre batteries à cheval!

Le général de Valabrègue et son chef d'état-major, le colonel de Cools, hésitaient à descendre dans ce bas-fond sans issue : le colonel Lewal, qui les conduisait, alla, sur leur demande, en référer au maréchal Bazaine et revint confirmer les premiers ordres.

« Engouffrement dans le ravin de Châtel, lit-on sur le calepin du capitaine de Germiny de l'état-major de la division Valabrègue. La division de Forton nous suit et s'engouffre à son tour. Pour comble, la division de cavalerie de la Garde avec son artillerie vient encore, vers 4 heures du soir, augmenter l'empilement. »

En quittant Gravelotte par la Malmaison, la division des zouaves et des grenadiers de la Garde fut aussitôt coupée par la division Valabrègue qui se dirigeait vers l'est, puis par le 93⁰ dont la direction était Verneville au nord-ouest. Le général Bourbaki fit venir le colonel Ganzin, lui apprit qu'il avait retrouvé son aigle et la lui fit rendre.

A la Malmaison, la tête de colonne, formée par les zouaves, prit à droite la route de Verneville, et tomba dans les divisions du 3ᵉ corps qui affluaient de plusieurs directions à la fois : il fallut s'arrêter pour les laisser passer.

« Nous prîmes à l'ouest, m'a dit le capitaine Sonnois, nous gagnâmes Chantrenne et Leipzig, puis nous descendîmes dans la vallée de Mouveaux par des sentiers ; là nous fîmes une halte d'une heure, sous des hêtres séculaires. Le général Bourbaki, le général Picard, leurs états-majors causaient : bientôt passèrent sur la route qui suit le fond de la vallée et côtoie la ligne de chemin de fer des groupes de soldats, puis des régiments : ils nous firent une impression pénible, beaucoup d'hommes avaient perdu leurs sacs... Ils ne seront plus en état de faire campagne. »

« Le maréchal Bazaine, dit l'un d'entre nous, serait effrayé du sort du maréchal Mac-Mahon... » « Non, répond un autre, c'est un homme d'une habileté consommée, s'il agit comme il le fait, c'est qu'il a de bonnes raisons. »

La confiance dans le général en chef, on le constate une fois de plus, existait encore chez beaucoup.

Les troupes reposées, zouaves et grenadiers traversèrent Châtel-Saint-Germain, gagnèrent Lessy, puis grimpèrent au col et établirent leur camp sur les pentes de Saint-Quentin, au milieu des vignes.

Il fallut arracher des échalas : la déclivité du sol était si rapide et les terres si meubles que l'on ne pouvait fixer solidement les piquets des tentes. C'était un campement des plus mauvais.

Le général Bourbaki descendit au village de Plappeville, s'installa dans la jolie maison du colonel Deville et son état-major dans celle de M. de Bazelaire, président du tribunal civil de Metz. Le général Picard était tout à côté.

La cavalerie de la Garde suivit la division des grenadiers, mais au lieu de la diriger à droite au bois des Génivaux, le général Desvaux lui fit faire une boucle d'une envergure double en l'emmenant jusqu'à Amanvillers où, alors seulement, elle tourna à droite pour descendre dans le ravin de Châtel et gagner la crête opposée.

Les cavaliers se dirigeant de là au sud-est passèrent « devant les forts de Plappeville et de Saint-Quentin dont les pentes étaient couvertes de troupes ».

Le chef d'état-major avait pris un guide du pays, mais soit qu'il ne sût où il devait aller, soit qu'il y eût des modifications dans la direction indiquée primitivement, « cette journée fut pire que les précédentes, dit le sous-lieutenant Almir de Vaux : tous les 2 kilomètres, nous faisions demi-tour pour prendre une autre direction. »

Enfin on arrive près de Plappeville et après la fatigue et l'énervement d'une marche aussi mal conduite, officiers et cavaliers se préparaient à bivaquer et à se reposer « quand le général Dauvergne, chef d'état-major de la Garde, lisons-nous dans les notes du capitaine Delphin, se présente et nous annonce que, d'après de nouveaux ordres, nous devons nous rendre dans le vallon au-dessous de Lessy. Le général Desvaux, comme chacun de nous, ne peut comprendre qu'on choisisse pour la cavalerie un pareil trou, sans débouchés possibles et dominé de tous côtés. Notre position y sera des plus critiques. Il exige que le général Dauvergne nous y conduise lui-même.

pour bien constater que c'est le quartier général qui lui impose un pareil campement. Il eût mieux fait d'aller faire ses observations au général Bourbaki et solliciter de lui un changement ».

Mais c'était l'habitude, à cette époque, dans l'armée, de ne jamais faire d'observations, même lorsque l'on commandait les choses les plus absurdes. Certain jour, un ordre ridicule ayant été transmis par un chef d'état-major à un officier, ce dernier démontra combien ce qu'on lui prescrivait était stupide : « C'est possible, répondit le chef d'état-major, mais si on me disait de vous faire danser sur la tête, je vous transmettrais l'ordre sans le discuter. »

« Pour descendre, — c'est le capitaine Delphin qui continue, — nous passons par des sentiers escarpés : il faut mettre pied à terre et tenir son cheval par la bride. A Lessy, un parc d'artillerie est engagé sur notre sentier, qui est si étroit que nos cavaliers, quoiqu'un à un, ne peuvent se croiser avec les voitures. Il en résulte un long temps d'arrêt. Dubreton et moi nous rencontrons un excellent homme, le docteur Collignon, qui nous invite à venir nous rafraichir. Il est une heure de l'après-midi; il nous donne de quoi écrire et c'est de chez lui que j'adresse ma dernière lettre à Paris.

« Quand nous sortons de chez le docteur, la route n'est pas encore libre. J'abandonne mon cheval à mon ordonnance et je vais à pied à travers le fourré et les vignes à notre bivac. J'arrive à trois heures au moulin de Longeau où est notre quartier général. La division Forton et la division Valabrègue se trouvent aussi dans ce vallon étroit.

« C'est à se demander si nos chefs ont leur raison.

« Quelques fantassins suffiraient à mettre toute cette cavalerie dans un désordre effroyable ».

Comme le dit le capitaine Delphin, en dévalant dans le fond de Longeau la cavalerie de la Garde y trouvait déjà installés les neuf régiments et les deux batteries des divisions Forton et Valabrègue.

« Treize régiments dans un trou, dominés de tous côtés, tellement pressés que les hommes et les chevaux ne pouvaient remuer! Il était impossible de trouver un bivac plus dangereux et je n'ai jamais été plus ennuyé », a écrit le général Desvaux dans ses notes.

En supposant que tout allât pour le mieux, cette cavalerie demeurerait tout au moins inutile et si le plus petit accroc se produisait, elle subirait un désastre effroyable que nulle mesure ne pourrait prévenir ni éviter. Comment le maréchal Bazaine annihilait-il ainsi cette masse énorme de cavalerie, quand il en avait un urgent besoin à sa droite où s'étendaient de vastes plaines, où elle trouverait nourriture et fourrage et où elle pourrait manœuvrer, tant pour surveiller l'ennemi que pour couvrir celle des ailes de l'armée la plus exposée?

Personne, je crois, ne pourra expliquer à quel mobile obéissait en cette circonstance le maréchal Bazaine.

A quatre heures du matin les batteries de l'artillerie de réserve et les pontonniers étaient prêts, mais comment allaient-ils sortir des champs au nord de Gravelotte où des colonnes d'hommes et de voitures les entouraient de tous côtés, en leur fermant toute issue?

« Nous attendîmes jusqu'à 7 heures, nous dit le lieutenant de Galembert qui nous raconte l'odyssée de la réserve générale d'artillerie : alors on sonne à cheval et nous attendons encore... Enfin nous traversons Gravelotte au milieu d'une foule impossible à dépeindre. Les maisons sont toutes barricadées, des voitures dételées, à moitié déchargées bouchent en partie les issues et des caisses défoncées sont à terre. Nous nous dirigeons vers Metz à l'étonnement général. Au milieu du village nous tournons à gauche (au nord) par la route d'Étain; nous avançons péniblement car l'embarras est plus grand que jamais. Une ferme sur la route a été transformée en ambulance. Le long de cette route des troupes de toutes armes attendent leur tour de marcher. Des chevaux blessés errent en liberté et parfois l'un d'eux tombe et ne se relève plus. Le calme et la tranquillité, presque la stupeur, règnent. Nous allons sans savoir où. Cependant le bruit se répand que nous retournons sur Metz et nous prenons un chemin à droite se dirigeant sur Verneville. Dire l'impression de découragement que produit cette nouvelle est impossible. Faut-il donc reculer après chaque bataille, alors qu'il suffirait d'affirmer son succès? La défiance envers les chefs s'en augmente. L'incurie du commandement, son ignorance du pays et des chemins, l'absence d'officiers d'état-major pour diriger les colonnes donnera une idée lointaine de la confusion, de la lenteur et des arrêts mortels de notre marche.

« Avant d'atteindre Verneville nous tournons à droite, le long du bois des Génivaux. Toutes les routes avoisinantes sont couvertes de troupes se dirigeant du même côté que nous. C'est une retraite générale. Pourquoi? C'est donner à l'ennemi le droit de se dire vainqueur.

« Ces troupes cheminent sur des routes convergentes et sont contraintes à des haltes à chaque point de croisement ou de bifurcation. Nous sommes arrêtés ainsi plus de deux heures contre le bois de la Charmoise, près d'un pré sur lequel se jettent nos chevaux. Enfin nous nous remettons en route et nous traversons la Mance sur un pont.

« Le général Changarnier suivi d'un cavalier s'y présente en même temps que le général Canu et le colonel Salvador; il fait route avec eux et parle des événements de la veille

« Après avoir laissé la ferme de Leipzig, continue le lieutenant de Galembert, nous nous trouvons sur un plateau élevé d'où nous dominons le champ de bataille de la veille. Aucun ennemi ne s'y montre. Le silence de la mort plane sur ce champ de deuil.

« Nous descendons et nous nous engageons dans un affreux ravin — celui de Châtel-Saint-Germain. — Je ne sais comment nos chevaux fatigués et attelés à des voitures chargées ne s'y sont pas abattus vingt fois.

« Nous nous trouvons à Châtel-Saint-Germain, but de nos parties de campagne lorsque nous étions à l'École d'application.

« Nous prenons la route de Lessy et en sortant de ce village nous tombons nez à nez avec les carabiniers et les cuirassiers de la Garde qui viennent en sens contraire. Le chemin est étroit et encaissé; nos canons tiennent toute la place, et les *coquillards* sont obligés de passer un à un. Il y en a pendant plus d'une heure. Ils suaient sang et eau sous leurs cuirasses qui reflétaient le soleil comme autant de miroirs.

« Ils nous avouèrent être complètement égarés ; un officier d'état-major les avait induits en erreur ; ils avaient dépassé leur bivac vers lequel ils n'avaient guère espoir d'arriver avant le lendemain. Il est certain qu'allant un à un ils ont dû y mettre du temps.

« Après Lessy nous nous engageons dans le col qui sépare les deux forts.

« En arrivant près du Saint-Quentin nous apercevons, ô surprise ! les équipages de ponts qui grimpent péniblement jusqu'au sommet de ce mont escarpé. Ces bateaux se profilant sur l'azur du ciel présentaient le spectacle le plus original qu'on puisse rêver. Ils semblaient naviguer dans les airs. »

Le lieutenant-colonel Laffon de Ladébat nous apprend comment s'établit le camp de cette artillerie.

« Nous croyions, dit-il, trouver en haut le colonel d'Andlau qui, d'après la lettre du général Jarras, devait être chargé de nous indiquer notre campement : personne. Nous courons de tous côtés et, de guerre lasse, nous nous arrêtons sur l'un des flancs du Saint-Quentin. A peine installés, le général Deligny apparait et veut nous faire déguerpir. Mais le général Canu tient bon.

« Le terrain était tellement mauvais qu'une voiture du 13ᵉ d'artillerie, détélée et mal calée, dégringola toute la pente jusqu'au ravin, au risque d'écraser les malheureux campés en contre-bas de nous.

« A quatre heures et demie seulement nous étions à peu près installés, il avait fallu neuf heures pour faire 6 kilomètres. »

Les équipages de ponts étaient parqués avec les batteries de la réserve ; vers 5 heures du matin les capitaines Nussbaum et Deschamps, qui les commandaient, avaient été prévenus par le commandant Couturier qu'ils auraient dans la journée à verser leur matériel à l'arsenal. A sept heures ils n'avaient point encore bougé, quand le commandant Hurstel vint leur donner l'ordre de suivre le mouvement de l'artillerie de réserve jusqu'à Lessy : là ils le retrouveraient muni de nouveaux ordres.

Les haquets déboîtèrent après les canons et les suivirent d'abord, mais furent bientôt pris par un remous de l'infanterie de la division Aymard et entraînés dans ses rangs : ce fut alors un feu roulant de lazzis sur le compte des pontonniers : « Eh ! va donc, avec ton bachot dans un pays où il n'y a pas une goutte d'eau..... » « Il n'y a pas seulement de l'eau de quoi remplir ma gourde et on traîne des bateaux ! »

Emportés par le courant de l'infanterie, les équipages de ponts arrivèrent à Lessy avant l'artillerie qui aurait dû les précéder : le commandant Hurstel les attendait : au grand ébahissement de tous, il leur prescrivit de monter sur le sommet du Saint-Quentin. Ce fut alors que les « blagues » redoublèrent. « Des bateaux sur une montagne ! » — « C'est parce qu'il n'y a pas de rivière dans les fonds qu'on les fait monter dans les nuages. » — « Et dire que nous n'avons pas une goutte d'eau à boire ! »

Le départ successif de l'artillerie de réserve et des équipages de ponts diminua peu à peu l'encombrement qui régnait à Gravelotte, débarrassa les routes et rendit la circulation plus facile. « Le grand convoi de l'armée put alors s'organiser définitivement », nous dit le lieutenant-colonel Fay dans deux notes inédites.

Jusqu'à ce moment l'écoulement sur Metz s'était fait dans le plus complet désordre. Bagages régimentaires, caissons de munitions, voitures d'administration, transports de blessés, pièces d'artillerie se pressaient sur la route au milieu des troupes dans une confusion indescriptible.

Comme l'avant-veille, chacun voulant dépasser son voisin, les charrettes se heurtaient et les conducteurs se disputaient.

« Les voitures étaient sur trois files, les troupes passant autant que possible en dehors de la route. »

Aux carrefours, il n'y avait aucune indication, ni officier d'état-major pour donner la direction des colonnes et les faire arrêter à tour de rôle lorsqu'elles se croisaient.

Le lieutenant-colonel Fay se multipliait, pressait en vain les gendarmes et leurs officiers d'accélérer la marche de chacun, et d'interposer leur autorité pour faire cesser les altercations des convoyeurs. « Mais ces malheureux gendarmes, complètement débordés, montraient par leur attitude gênée et leurs regards ahuris leur incapacité à rien faire et se contentaient de marcher sur les côtés de la route comme des gens tout surpris d'être englobés dans cette cohue. »

Dans les flots de ce fleuve de voitures, une charrette conduite par un paysan des environs frappa la vue et retint l'attention du lieutenant-colonel Fay au point qu'il en conserva toujours le souvenir. Elle contenait l'avoir de son conducteur et les membres de sa famille : un jeune garçon de huit ans et deux jeunes filles, l'une pleurant, l'autre regardant la foule avec résignation;

le petit garçon tenait sur ses genoux une statuette de la Vierge entourée de fleurs artificielles aux tons crus, le tout sous un globe de verre, « et lui souriait comme à l'ange protecteur de la famille. »

L'écoulement par la route et le garage de cette multitude de voitures demanda du temps et à 4 heures, lorsque le lieutenant-colonel Fay rejoignit le quartier général de Plappeville, les troupes de la Garde des 2ᵉ et 3ᵉ corps étaient déjà établies depuis longtemps. En passant près des camps, il vit quantité d'hommes dans les villages, les fermes et les habitations à la recherche de quoi boire et manger : il en vit d'autres, même des officiers, se rendant à Metz. « Si en cette après-midi, disait-il, il y avait eu une alerte inopinée, on n'aurait pas compté la moitié des effectifs dans les rangs. »

L'exemple venait de haut. Vers 3 heures, lorsque l'état-major général du 2ᵉ corps fut établi à Châtel-Saint-Germain, le général Saget, qui en était le chef d'état-major, s'en alla en ville au vu et su de la cavalerie de la Garde dont il longea toute la colonne.

Le général Saget — l'aîné — était une personnalité typique dans l'armée du Rhin. Très intelligent, travailleur, brillant officier d'état-major, à la fois homme du monde accompli, géodésien et historien, il avait fait la guerre en Algérie, en Crimée et en Italie où il avait été chef du service des renseignements ; plus tard il rédigea le grand ouvrage officiel de la campagne de 1859 ; son activité s'étendait aussi à la politique et le conseil général de l'Oise le nomma son président à plusieurs reprises.

Malheureusement, depuis 1859, il avait été absorbé

par un service de bureau au ministère, où il avait pris des habitudes sédentaires qui lui rendaient pénible l'absence de *confort*.

En 1870, il était surtout préoccupé de ses aises : il ne pouvait coucher à la belle étoile et s'arrangeait toujours, comme le soir de Rezonville, à gagner une habitation ou à trouver au moins un lit pour passer la nuit. En temps ordinaire, une fois installé dans le local indiqué pour son état-major, il revêtait sa robe de chambre et transmettait les ordres sans quitter la maison. Habitué aux victoires de Crimée et d'Italie, « quand tout allait bien, disait-il, on avait du cœur au travail et les peines ne vous rebutaient pas, mais si les affaires venaient à mal tourner il était inutile de lutter contre la malchance ; le mieux était de laisser aller les choses. »

Officier d'état-major de premier ordre quinze ans auparavant, il avait maintenant, comme presque tous les généraux de l'armée du Rhin, le tort d'être trop vieux.

A Gravelotte et à Mogador, la retraite de l'aile gauche s'opérait sous la protection de la division Metman. Les lieutenants-colonels Saint-Cyr-Nugues, de l'état-major général, et d'Orléans, le chef d'état-major de la division, l'avaient déployée en un vaste demi-cercle, allant de la Malmaison au bois des Ognons, avec une ligne de vedettes formée de deux pelotons du 10ᵉ chasseurs à cheval sous les ordres des lieutenants de Préval et Leroyer.

La division attendit toute la matinée. D'abord elle vit toutes les troupes s'en aller une à une, ensuite les bagages, puis elle aperçut de loin l'incendie des denrées et des effets que nous ne pouvions emporter ni laisser aux Allemands.

Vers 11 heures, celles de ses troupes placées au sud de la grande route virent toute une division allemande sortir du bois des Ognons, grimper sur le mamelon de la Maison Blanche et gagner le plateau où nous étions quelques heures auparavant.

« Nous comptâmes, dit le capitaine Mignot de l'artillerie, onze bataillons défilant à 1 600 mètres de nous, la meilleure portée pour nos mitrailleuses, mais par ordre supérieur nous ne pouvons pas tirer. »

« Après le départ des dernières voitures de Gravelotte, la division Metman se retira, se dirigeant sur le nord-est : plusieurs de ses régiments passèrent à côté des bûchers où brûlaient paquets de chaussures, pains de sucre, sacs de café, caisses de biscuits et ballots de couvertures et de vêtements. Certaines unités, dont la compagnie du génie, sur l'invitation des fonctionnaires de l'intendance, prirent quelques denrées et des souliers. »

Quand le général Metman arrivait à Saint-Hubert les officiers de son état-major distinguèrent des cavaliers allemands au sud de Gravelotte : la batterie de mitrailleuses de la division était là ; elle reçut l'ordre de tirer une ou deux salves : deux coups suffirent pour faire rentrer les éclaireurs ennemis dans le taillis.

Les troupes de l'aile gauche viennent de se replier directement sur Metz par le même chemin qu'elles ont pris le 15 pour s'en éloigner : elles revoient les mêmes sites, les mêmes villages, les mêmes arbres ; il ne peut y avoir de doute pour elles : on bat en retraite.

On cherche à expliquer ce mouvement rétrograde et une légende se forme surtout dans l'artillerie.

« Nous manœuvrons autour de Metz, écrit le capitaine Saillard, aide de camp du général Pé de Arros, pour battre successivement les armées allemandes qui sont autour de nous. Dimanche nous avons repoussé l'armée de Steinmetz à Borny : nous avons passé la Moselle dans la nuit, et hier nous avons encore battu cette armée de Steinmetz réunie à celle du prince Frédéric-Charles à Mars-la-Tour et Gravelotte. Voilà que maintenant les Prussiens abandonnent la partie et repassent la Moselle ; je crois que nous allons les poursuivre, reprendre l'offensive sur Sarrebruck et les obliger à retourner chez eux. »

La même note se retrouve dans le carnet du lieutenant Poilloüe de Saint-Perrier, des batteries à cheval de la Garde.

« Au lever du jour le bruit court parmi nous que l'armée allemande a repassé la Moselle, a-t-il écrit ; nous filons sur Metz leur couper la retraite... Mais quand nous sommes au Saint-Quentin, nous voyons la poussière soulevée par les colonnes ennemies au-dessus des routes allant de la rive droite à la rive gauche et nous comprenons que ce ne sont pas les Prussiens qui battent en retraite... »

« Nous croyons continuer nos succès et aller couper la retraite à l'ennemi », dit encore l'adjudant-major Doyard de la Motte du 2ᵉ voltigeurs.

Bientôt il faut déchanter et le lieutenant Dubard du 1ᵉʳ voltigeurs nous fait voir comment l'illusion se dissipe.

« Cette retraite nous étonne ; c'est une manœuvre

pour laisser passer le reste de l'armée, dit-on. Durant la marche, les bruits les plus divers circulent. On est moins sûr de la victoire. Le commandant Le Perche, l'aide de camp et le confident le plus intime du général Bourbaki, paraît; on l'interroge : « Les caissons sont vides, répond-il; il faut le temps de les remplir à Metz. »

« C'est la désorganisation la plus complète dans les troupes que nous rencontrons; des groupes de soldats sont à l'aventure. Avec deux ou trois ordres précis, quelques gendarmes eussent évité cette débandade. Nos voltigeurs, au contraire, marchent régulièrement de chaque côté de la route. »

« Nous sommes profondément déconfits..., impressionnés péniblement »... « et notre espoir disparait peu à peu », lisons-nous dans les notes manuscrites du capitaine Corréard, du lieutenant Rouillon de Gironville des zouaves et du lieutenant Detalle du 1er grenadiers.

Chez le soldat de la garde impériale habitué à la régularité des manœuvres et à la précision des ordres, qui a déjà fait campagne, et a vu des victoires, le dépit commence à naître en même temps que la confiance diminue. Il est écœuré des à-coups et des arrêts dans les marches mal réglées. Il ne comprend rien à la retraite : « A quoi sert de gagner une bataille, si c'est pour f..... le camp? C'est bien la peine de se faire tuer. »

L'inquiétude règne chez les chefs comme chez les soldats; s'il passe un officier d'état-major, il est arrêté à chaque instant; des camarades courent à lui, et le pressent de questions. « Qu'y a-t-il? que fait-on? pour-

quoi revenir sur Metz? Savez-vous quelque chose? »
Ils ne répondent rien ; ils ne savent rien. Comment sauraient-ils?

Cette armée cependant est capable de tous les efforts ; on peut lui demander tous les sacrifices possibles si l'on s'adresse au cœur de chacun de ceux qui la composent. Il faudrait que le général en chef fût animé d'une passion ardente, doué d'une volonté inébranlable de remporter la victoire, et qu'il fit partager son ardeur à ses soldats. Mais le général en chef ne veut pas vaincre, son âme n'est pas de celles qu'enflamme la passion et son cerveau est impuissant à émettre une idée élevée et généreuse.

CHAPITRE VI

RETRAITE DE L'AILE DROITE (3ᵉ ET 4ᵉ CORPS)

Autour de Saint-Marcel les troupes du 3ᵉ corps se levèrent transies de froid et trempées de rosée avant que le jour ne fût paru. Le maréchal Le Bœuf sortit vers 4 heures de la mairie de Saint-Marcel, monta à cheval, parcourut le front d'une partie de ses troupes et gagna les mamelons situés entre le bois de Saint-Marcel et celui de Tronville (cotes 299 et 264), d'où l'on découvre le terrain sur lequel on s'était battu la veille.

On ne voyait pas un ennemi et dans l'état-major du maréchal on se demandait pourquoi l'on se retirait.

Le maréchal Le Bœuf ordonna à sa cavalerie de pousser un peu en avant : elle s'avança de 4 kilomètres environ jusqu'au bois de Tronville et, ne découvrant rien, revint en arrière.

Pour protéger la retraite, le maréchal fit placer les batteries des capitaines de Maillier et Gebhart en position au nord-ouest de Saint-Marcel avec la brigade de cavalerie légère en soutien. Il gagna ensuite le château de Villers-aux-Bois, transformé en ambulance, mit pied à terre devant la grille contre laquelle des lances de uhlans, des cuirasses et des casques français et allemands étaient mélangés en tas : il longea l'avenue, pénétra dans le château, en parcourut toutes les pièces, serrant des mains, donnant des paroles d'encouragement aux blessés des deux nations et recommandant aux intendants de presser l'évacuation de tous ces malheureux sur Metz.

Ses quatre divisions s'étaient mises en marche. Celle du général Nayral, la première en mouvement, suivit la grande route jusqu'à la Malmaison; là elle tomba sur les divisions Lafont de Villiers et Le Vassor-Sorval du 6ᵉ corps, sur les grenadiers, la cavalerie de la Garde et la réserve d'artillerie qui l'obligèrent à attendre leur écoulement.

Le général Aymard s'adressa comme la veille à son officier d'ordonnance, le lieutenant de Lardemelle, pour conduire la sienne et sa marche s'opéra régulièrement par des chemins de traverse.

Cette division, en arrivant à Verneville, reçut l'ordre de tourner au sud et de se diriger au delà de la ferme de Moscou en laissant Leipzig sur sa gauche.

Ces noms de Moscou et de Leipzig, ayant frappé le général Aymard, il demanda à son officier d'ordonnance s'il en connaissait l'origine. « Après les guerres de l'Empire, répondit le lieutenant de Lardemelle, un vieux capitaine en demi-solde à Metz, du nom de Thirion, défricha le plateau sur lequel nous allons camper; il donna à ses fermes le nom de Moscou et de Leipzig, où il avait été, et conserva longtemps dans la première la jument qui l'avait porté de Lisbonne à Moscou et l'en avait ramené dans la retraite de Russie. »

La division Montaudon qui suivait la division Aymard eut à subir les mêmes à-coups.

Quand on n'était pas arrêté par des colonnes en

marche dans une direction divergente, c'étaient des files interminables de voitures de paysans rentrant dans Metz qui obstruaient les chemins. Aussi les trois divisions du 3ᵉ corps ne purent pas établir leur camp avant midi. Il leur avait fallu 6 heures pour faire 5 kilomètres.

La division de cavalerie du général de Clérembault se retira la dernière. En passant près de l'étang de Villers-aux-Bois, on voulut faire boire les chevaux, ce qui ne leur était pas arrivé depuis trente heures, mais ils se refusèrent à goûter l'eau vaseuse et rouge de sang qu'on leur offrait.

Vers neuf heures, cette cavalerie s'arrêta une heure à Verneville et établit ensuite son camp en arrière de Moscou sur la crête qui domine la vallée de Monceaux.

Pour protéger l'écoulement du 3ᵉ corps, les deux batteries à cheval des capitaines de Maillier et Gebhart, placées aux abords de Saint-Marcel avec un soutien de cavalerie, restèrent en position jusqu'à 11 heures. « Comme il importait de couvrir la route de Conflans, dit le capitaine de Maillier, dans ses notes, on nous établit en batterie toute la matinée, le long de cette route. De l'endroit où nous étions on voyait bien le champ de bataille et nos pièces surveillaient le débouché des bois et du ravin. » Le colonel de La Jaille, ne voyant plus personne, envoya le capitaine Brzumienski en reconnaissance : il revint après une longue randonnée, disant n'avoir pas rencontré d'autres troupes que des dragons du 4ᵉ corps, commandés par le colonel de Verneville, et qui allaient se retirer d'un moment à l'autre. Les deux batteries, n'ayant plus de raison de rester en position, rejoignirent le reste du corps d'armée.

Assuré de l'immobilité de l'ennemi sur le front du 3ᵉ corps, le général Manèque envoya l'escadron d'éclaireurs du capitaine Danloux au sud dans la vallée de la Moselle jusqu'à Jouy-aux-Arches. Parti vers 6 heures, il pénétrait à Vaux vers dix heures du matin et ne pouvait aller plus loin. L'infanterie allemande lui envoyait des coups de fusil du village d'Ars et des bois environnants où elle était en grand nombre; il lui fallut se retirer par les hauteurs du nord-est de Vaux. En revenant, il aperçut des colonnes gagnant Gorze et paraissant venir de Pont-à-Mousson. Depuis les premières heures du jour, disaient les paysans, des troupes allemandes avaient suivi sans interruption la même direction.

A 2 heures le capitaine Danloux mettait le général Manèque au courant de ces faits. Ce fut la seule reconnaissance ordonnée de ce côté dans la journée du 17 août.

Les sentiments étaient, au 3ᵉ corps, les mêmes que dans les autres parties de l'armée. Les officiers d'état-major et d'artillerie s'étonnaient de la retraite. Dans les corps de troupe, les régiments qui reprenaient en sens inverse le chemin parcouru la veille étaient sous le coup du désenchantement, les autres ignoraient où on les conduisait.

La bataille aussitôt finie, le maréchal Le Bœuf avait écrit au maréchal Bazaine pour le féliciter « du succès de ce jour ». Cet optimisme, que son état-major partageait le soir du 16, se dissipa vite. « Si le soir de la bataille nous croyions à une victoire, a écrit le lieutenant Bonneau du Martray, le lendemain matin nous en doutions et dans la journée nous n'en parlions plus. Quand nous apprîmes que l'arrière-garde de la division Metman avait fait le coup de feu, nous jugions même la position critique. Personnellement, lorsqu'à Villers-aux-Bois j'entendis un officier parler au maréchal Le Bœuf des coureurs ennemis signalés dans le voisinage, je ne crus plus à la victoire et je m'étonnai que la bataille ne recommençât pas. »

Cependant le général Changarnier demeurait convaincu du succès. Était-ce pour remonter le moral ou croyait-il réellement ce qu'il disait? « C'est notre Sadowa, répétait-il; ils ont été complètement battus. » Et dans l'après-midi il prononça les mêmes paroles à plusieurs reprises devant le colonel de Launay du 19e et les officiers du 15e bataillon de chasseurs. C'est de l'un d'eux, le lieutenant Grœff, que nous tenons ce fait.

« Nous avions l'impression, a écrit le lieutenant Muzac du 69e de ligne, que la bataille n'était pas finie et qu'elle allait recommencer; nous fûmes donc étonnés, le jour venu, de voir désertes les positions occupées la veille par l'ennemi. Vers 5 heures, le régiment se rassembla à Saint-Marcel et se mit en marche avec la division Nayral. Les états-majors savaient peut-être que nous revenions sous Metz, mais nous l'ignorions dans les corps de troupes et nous pensions exécuter une simple manœuvre. »

« Dans le rang, a dit le sous-officier Corniot du 3e chasseurs à cheval, on s'entretenait avec une tristesse vague des événements de la veille où le régiment eût pu jouer un beau rôle. Plusieurs commençaient à dire ce qu'ils pensaient déjà depuis quelque temps :

« On bat donc encore en retraite. » Et tous nous eûmes le même sentiment. Bien qu'ignorant l'ensemble des faits, nous ne pouvions plus en douter, cette fois ce n'était pas la direction que nous eussions prise si nous avions été victorieux. »

Vers une heure et demie, les trois premières divisions d'infanterie du 3ᵉ corps furent rejointes par celle du général Metman, restée à Gravelotte pour protéger la retraite.

Sur aucun point l'ennemi ne nous avait inquiétés.

Du côté de Doncourt, à l'extrême droite, le 4ᵉ corps avait eu une nuit agitée. Si la division Lorencez, établie à Bruville à la fin du combat, y était restée, les divisions Cissey et Grenier avaient levé leur camp entre 11 heures et minuit, s'étaient retirées sur Doncourt et Butricourt et leur marche, dans la nuit, à travers champs, sans repérage possible, et à tâtons, s'était opérée en désordre.

La division Grenier, la première prévenue, était réinstallée à son nouveau bivac vers 2 heures et demie et la division de Cissey ne parvenait pas au sien avant les premières lueurs du jour.

Ces troupes éreintées firent autant que possible la grasse matinée : officiers et soldats qui avaient pu trouver un abri dormaient encore à 6 heures du matin.

Le général du Barail, campé avec le 2ᵉ chasseurs d'Afrique à côté de la ferme de Gréyère, fut accosté vers une heure du matin par le lieutenant-colonel Saget : « Je couche sur le champ de bataille, lui dit le général, pour être prêt à marcher demain matin. » — « Il ne s'agit pas de cela, il faut vous retirer. Je suis ici pour m'assurer qu'il n'y a plus personne sur le terrain », répondit le colonel.

Le général du Barail fit lever son monde et alla passer le restant de la nuit un peu en arrière de Doncourt.

Dans sa précipitation il ne pensa pas à prévenir son artillerie, dont la présence l'avait préoccupé toute la journée.

« A peine sur pied au petit jour, dit le capitaine Bédarrides, nous constatâmes, avec quelque étonnement mêlé d'émotion, que nos batteries avaient seules couché sur le champ de bataille. Nos gardiens avaient délogé sans bruit et sans nous prévenir.

« Nous déguerpîmes en riant de l'aventure : le commandant Loyer nous dirigea du côté de Doncourt, où il apprit le départ du général du Barail; il se mit à sa recherche et le rejoignit à onze heures à Verneville. »

Le réveil de la division Lorencez au jour naissant ne manqua pas de pittoresque. Les soldats s'aperçurent qu'ils avaient sommeillé en compagnie de bœufs et de vaches qui paissaient tranquillement au milieu de leurs bivacs et le long de la ligne des faisceaux.

Le fonctionnaire chargé d'assurer les vivres de cette division, sous l'action du soleil torride de la veille et de quelques libations, demeurait plongé dans un sommeil de plomb sans avoir rien préparé pour subvenir aux besoins des troupes. Celles-ci n'ayant guère mangé depuis trente-six heures et n'espérant pas avoir encore une distribution de la journée, sur l'ordre de leurs colonels et avec l'approbation du chef d'état-major, le colonel Villette, firent main basse sur une partie du troupeau que le ciel leur envoyait; des feux s'allumèrent et les bêtes, abattues séance tenante, fournirent un déjeuner réconfortant avant le départ, qui eut lieu à 11 heures.

Vers 3 heures et demie du matin, le général de Gondrecourt, commandant de la division de cavalerie, ordonna deux reconnaissances sur Mars-la-Tour avec mission de s'assurer si l'ennemi ne cherchait pas à déboucher de ce côté. Les sous-lieutenants de Seroux et Lancelot, des 2ᵉ et 7ᵉ hussards, furent désignés pour les commander.

Le sous-lieutenant Lancelot revint sans avoir rien vu. Le sous-lieutenant de Seroux, quoique atteint de deux blessures, dont un coup de sabre qui lui avait traversé le bras, se dirigea vers le sud.

« J'arrivai au ravin de Bruville, a-t-il écrit, et je trouvai le curé du village occupé avec des paysans à relever les blessés... Sur le terrain de la charge, je vois étendu le cadavre de l'officier que j'ai tué la veille. Je suis pris d'un remords... Je constate que mon régiment a laissé une vingtaine de cadavres sur le terrain.

« D'autres reconnaissances se déployaient en tirailleurs à ma gauche, j'arrive à Mars-la-Tour ; je monte dans le clocher et je constate que les Prussiens, massés en lignes noires, sont immobiles sur les hauteurs de Tronville : on ne voit rien dans les autres directions.

« A mon retour, quand je reviens à Doncourt, je trouve mon régiment prêt à partir. Je reçois l'ordre d'aller faire mon rapport au général de Ladmirault. J'y cours et je suis reçu par un officier, qui me dit qu'on f... le camp et qu'on n'a pas besoin de renseignements. »

Entre temps le général du Barail, en quittant Doncourt, avait communiqué à l'état-major du 4ᵉ corps l'ordre général de retraite qu'il venait de recevoir.

Ainsi mis au courant du mouvement de l'armée, le général de Ladmirault, nous apprend le lieutenant-colonel Rousset, réunit ses chefs de service, leur annonce que les reconnaissances ne signalent pas de forces ennemies dans les environs et que certains avis lui font prévoir un mouvement rétrograde dont il ne préjuge pas la direction. Il donne ensuite des ordres pour préparer la retraite, principalement au général Laffaille, le commandant de son artillerie.

Il lui prescrit de prendre les deux batteries de 12 du corps d'armée et de les poster en avant de Jouaville, de chaque côté de la route.

Le général Laffaille va lui-même aux capitaines Florentin et Gastine, — tous deux nous l'ont raconté, — leur répète les paroles du général de Ladmirault, se met à côté du capitaine Florentin en tête de la colonne, et la conduit. D'abord il est silencieux, puis il hausse les épaules et s'adressant au capitaine Florentin : « Nous allons battre en retraite, lui dit-il, mettez-vous en batterie là pour protéger l'écoulement des colonnes : et allant ensuite au capitaine Gastine il fait établir ses pièces dans un terrain cultivé qui descend en pente douce sur Doncourt, en lui recommandant d'observer le défilé de Jarny. Avant de quitter ses deux capitaines, il leur fait observer l'importance de leur mission et termine par ces mots : « Vous aurez au moins une mort glorieuse. »

« Nous sommes restés là et nous n'avons vu âme qui vive en fait d'ennemis », a écrit dans ses notes le capitaine Gastine.

On avait apporté à l'église de Doncourt les cadavres des deux généraux Legrand et de Brayer et celui du porte-fanion Henry. Dans la nuit les sapeurs de la compagnie de réserve du génie avaient fait des cercueils en planches : on les mit à l'entrée de l'église et sur ceux des généraux on lisait les noms : « Général Legrand », « général Brayère » *(sic)*. A sept heures et demie, le curé de Doncourt fit un service pour le porte-fanion Henry : l'abbé Meissas, aumônier de la division Metman, devait dire une autre messe plus tard pour les deux généraux.

Le général de Ladmirault assista au service de son porte-fanion et pendant qu'il était à l'église l'ordre général de mouvement lui parvint, « apporté en même temps, a-t-il dit, par un officier et un paysan qui s'étaient égarés en route ».

Il était 9 heures. Le général de Ladmirault se rendit à la réunion prescrite par lui deux heures auparavant, et « d'une voix attristée, nous dit encore le lieutenant-colonel Rousset, fit connaître que les précédents avis concernant la retraite étaient malheureusement conformes. « Obéissons », dit-il, puis il prescrivit le départ immédiat des bagages et dicta l'ordre suivant :

« Le bivouac sera levé à 11 heures du matin et le 4ᵉ corps se rapprochera de Metz pour se ravitailler : il occupera des positions situées vers Montigny-la-Grange et Amanvillers.

« Il prendra la route qu'il a à peu près suivie hier. La première division marchera en tête : derrière marcheront le trésor, toute l'artillerie, l'ambulance, les bagages du corps; la deuxième division fournira un bataillon, dont trois compagnies marcheront à droite et trois à gauche.

« A la suite du convoi viendra la deuxième division.

« Enfin la colonne sera fermée par la troisième division.

« La cavalerie marchera : les dragons sur le flanc droit, un régiment à hauteur de la deuxième division et l'autre à hauteur de la troisième. Les hussards sur le flanc gauche, à même hauteur que les dragons. »

Le récit du lieutenant-colonel Rousset, écrit d'après les souvenirs du lieutenant-colonel Saget que le général de Ladmirault affectait d'appeler son chef d'état major en raison de la confiance qu'il lui accordait, nous montre le commandant du 4ᵉ corps affligé d'être obligé de se retirer sur Metz, mais ne nous dit pas explicitement ce qu'il eût souhaité.

Le général de Ladmirault a déclaré au procès du maréchal Bazaine avoir désiré recommencer le combat le matin et depuis il a, à plusieurs reprises, fait par écrit la même déclaration. Nous-même, nous basant sur ses affirmations, nous lui avions prêté la même idée durant la bazaille de Rezonville et dans la nuit qui la suivit ; mais sa pensée était tout autre, d'après son aide de camp si dévoué, le colonel de La Tour du Pin.

Voici ce qu'avec son amabilité coutumière veut bien nous écrire le colonel de La Tour du Pin pour nous prévenir que nous nous sommes entièrement mépris sur les intentions du général de Ladmirault. « Vous le croyez orienté sur Mars-la-Tour, tandis qu'il l'était vers Étain. Il n'a qu'un sentiment : échapper à l'investissement de Metz ! Le dégagement de la route de Verdun par Mars-la-Tour n'intéresse pas son corps d'armée, qui est lancé sur celle d'Étain. »

Ce n'était qu'une impression passagère qu'avait le général de Ladmirault lorsqu'il disait en arrivant sur le champ de la bataille et en montrant le clocher de Tronville au général Prudon : « Voilà bien mon objectif. » Sa pensée maîtresse était, d'après le colonel de La Tour du Pin, de marcher le plus vite possible sur Verdun par la route d'Étain sans s'acharner à poursuivre l'ennemi.

Ainsi s'explique le recul du 4ᵉ corps derrière le ravin de la Cuve, l'arrêt du général de Cissey dans la poursuite de l'ennemi en déroute dans l'après-midi de la veille, et la retraite nocturne du corps d'armée sur Doncourt.

Rien ne bougeait cependant du côté de Mars-la-Tour. L'ennemi ne se montrait nulle part : le lieutenant Lecat, de la compagnie du 98ᵉ en grand'garde à la ferme de Greyère, s'avance avec un de ses camarades et parcourt le terrain où a eu lieu la grande charge de cavalerie : pas âme qui vive ; après une assez longue observation, il distingue une patrouille de quatre uhlans qui disparaît bientôt, et c'est tout.

Vers 10 heures, le 4ᵉ corps se préparait à se mettre en marche, quand le général Berger, placé avec sa brigade à gauche de Bruville, aperçut quelques hussards allemands. Aussitôt il prend peur, recule sur Doncourt et donne l'alarme. « Voilà les Prussiens qui attaquent », répète-t-on au quartier général ; des officiers portent l'ordre de prendre les armes. Le général de Cissey forme sa division face au sud. Le général Grenier place la sienne en sens inverse, tournant le dos à l'ennemi, le nez contre les bois Doseuillons. On ne sait ce qui se passe. Le capitaine Albert de La Boulaye, envoyé aux nouvelles, revient dire au général de Cissey qu'il « s'agit d'une fausse alerte causée par un sous-lieutenant officier d'ordonnance, ou peut-être par l'ordre de retraite mal interprété ».

A la division Grenier on est tout à fait désorienté : « d'abord on fait mettre les cuisiniers dans le rang, on les renvoie à leurs feux, puis on les rappelle. Enfin, après une heure d'attente, certains disent plus, le corps d'armée se met en marche. »

La prise d'armes et la mise en route des troupes les privait, sauf celles de la division Lorencez qui avait mangé, d'un repas dont elles auraient eu grand besoin et qu'elles voyaient se préparer avec joie.

« Nous avions la satisfaction, matérielle il est vrai, mais cela compte quand on n'a rien mangé depuis trente heures, de voir arriver nos fourgons de vivres, et déjà l'on regardait les victuailles avec plaisir, quand on fit tout emballer. Les Prussiens arrivaient! Quels Prussiens? Nous n'en avons pas vu un seul, » lisons-nous dans les notes du sous-lieutenant Wetzel du 73e : nous retrouvons la mention d'une déception identique chez les officiers et les soldats que nous avons interrogés ou qui ont écrit leurs souvenirs.

La tête de la colonne du corps d'armée, formée de la division de Cissey, s'avance en ordre et sans à-coups ; au contraire, la marche de la division Grenier est « désordonnée » ; « la route est encombrée et la colonne est morne », on chemine le cœur serré. Il faut « sans cesse s'arrêter et laisser passer les ambulances et l'artillerie ». Ainsi s'expriment le capitaine Geoffroy, le lieutenant Lorençot et le sous-lieutenant de Courson.

« Bazaine est un cochon », crie tout haut le capitaine Vautherot du 98ᵉ quand on tourne le dos à l'ennemi. « La surprise est générale », dit le sous-lieutenant de Courson. « Nous allons la tête basse, la tristesse au cœur, constatant à chaque buisson que nous faisons, en sens inverse, le même chemin que la veille », dit aussi le lieutenant Wetzel. D'autres ne se rendent pas compte et marchent sans réfléchir.

D'après le lieutenant-colonel Rousset, le général de Ladmirault fut un des derniers de son corps d'armée à quitter Doncourt : il lui en coûtait d'abandonner ce point. Il avait même retardé jusqu'à midi la mise en route de ses troupes qui auraient dû s'ébranler à 4 heures du matin, d'après l'ordre général de mouvement. « Il avait espéré jusqu'au dernier moment que le « maréchal Bazaine mieux informé » modifierait ses ordres. En sortant de Doncourt le commandant du 4ᵉ corps gagna une éminence et y demeura longtemps immobile à regarder la route de Verdun par Étain comme s'il espérait y voir se produire un événement vivement souhaité et impatiemment attendu ; puis, le silence et le calme continuant à régner et nul être humain ne se montrant, il rejoignit son corps d'armée qui s'éloignait du champ de bataille où la veille il avait eu un si beau succès.

Officiers et soldats, comme leur général, se retiraient à regret. Une vague inquiétude envahissait les cœurs : beaucoup ignoraient où ils allaient, mais même ceux-là ne comprenaient pas pourquoi l'on n'achevait pas la victoire ébauchée la veille.

« Vers 10 heures, a noté le lieutenant Dubard du 15ᵉ de ligne de la division Lorencez, on commence à murmurer et le bruit court qu'on ne recommencera pas la bataille. Bientôt nous recevons l'ordre d'aller reprendre nos sacs à Doncourt, puis de nous replier. Nous sommes consternés. Nous n'avons pas été engagés et d'autres divisions non plus. Nous reprenons la route de Jouaville et nous sommes devancés par deux colonnes de prisonniers qui longent notre division, fumant leur longue pipe de porcelaine, l'air satisfait.

« La chaleur est suffocante, on fait halte, les commentaires continuent, l'humeur de tous est massacrante. On reprend la marche en silence. Personne n'a envie de parler. »

Les officiers de la réserve du génie, le capitaine Lambert et les lieutenants Paitre et Joly, ayant rencontré le commandant de Polignac, chargé des renseignements à l'état-major du 4ᵉ corps, le pressent de questions : « Nous n'avons plus ni vivres, ni munitions, leur répond-il, et il faut nous en aller pour ne pas être attaqués par une nouvelle armée ennemie toute fraîche. »

L'idée d'une nouvelle armée prête à tomber sur nous hante l'esprit du commandant de Polignac et, dans la soirée, quand il interroge le lieutenant allemand Sommerbach, fait prisonnier la veille, il lui dit : « Vous ne voulez pas pourtant nous faire croire que votre régiment nous eût attaqués avec une telle énergie s'il n'avait pas eu un corps d'armée derrière lui. »

Nouvelle preuve de la puissance de l'offensive et de l'action morale qu'elle exerce sur ceux qui la subissent, fussent-ils même dix fois plus nombreux que leurs assaillants.

Dans ses notes intimes rédigées à Hambourg à la fin de l'année 1870, le général de Cissey nous apprend les raisons invoquées auprès de lui par le maréchal Bazaine pour justifier son ordre de retraite. Ce témoignage du général de Cissey est précieux à consigner parce que, de tous les généraux de l'armée du Rhin, il était le plus avant dans la confiance du général en chef.

« Nous commençons notre mouvement de retraite vers Saint-Privat, ainsi s'exprime-t-il. C'est de ce mouvement que résultent tous les désastres de la campagne : il était nécessaire de se rapprocher de Metz pour se ravitailler ; mais en se portant sur Étain et Bricy on ne cessait pas d'être en communication avec Metz et Thionville. On pouvait se ravitailler et faire jonction avec le maréchal de Mac-Mahon et on eût évité les désastres de Sedan et de Metz. *Mais cette place investie n'eût pas tardé à succomber.* Les forts n'étaient qu'incomplètement armés et auraient pu être enlevés par un coup de main hardi. Ce sont ces considérations qui ont déterminé le maréchal Bazaine — du moins il me l'a dit — à se replier sous Metz après chaque affaire. »

Au 17 août les forts et la place de Metz était bien plus en état de soutenir un siège que Sébastopol en 1854 et cependant cette ville nous a arrêtés onze mois.

En tout cas, si le maréchal Bazaine jugeait utile de rester à Metz, il aurait dû le dire à son gouvernement et à ses lieutenants, au lieu de leur faire croire qu'il allait incessamment gagner l'intérieur de la France.

Au moment où le corps d'armée s'ébranle, la division de Cissey est en tête ; à Habonville elle fait une halte d'une heure. La division Grenier la dépasse et parvient à Amanvillers après « une marche énervante autant que fatigante, nous a raconté le lieutenant Cardot. Les régiments n'avaient aucune indication de l'emplacement de leur camp et le 98ᵉ vint butter contre un long mur. Le lieutenant-colonel Reggley de Kœnigsegg ordonna une halte, puis l'établissement du camp sur le terrain même où se trouvait sa troupe. Une demi-heure après, survient le général Grenier. « Ce n'est pas là qu'il faut aller », dit-il Le lieutenant-colonel, quoique déjà monté, se contient et ne répond rien, quand un officier d'état-major de la division intervenant dit au général Grenier : « C'est le 98ᵉ, ce régiment qui n'envoie jamais d'officier au rapport de la division. » Cette fois, le lieutenant-colonel riposte : « Oui, j'ai défendu qu'on aille au rapport ; pour les « sottises qu'on y débite, c'est préférable de s'abs- « tenir. » Le général Grenier calma le lieutenant-colonel en l'autorisant à laisser son camp là où il était et s'en alla. »

Le 98ᵉ se trouva de ce fait sur trois lignes de profondeur face au sud-ouest ; le reste de la division était sur une ligne face à l'ouest, allant de Montigny-la-Grange à Amanvillers.

Les capitaines Albert de La Boulaye et Garcin, envoyés reconnaître les environs d'Amanvillers, rencontraient le lieutenant-colonel Saget, « désespéré de l'absence d'eau » mais convaincu de la présence des Prussiens aux portes de Metz : les uhlans avaient enlevé une femme, tué plusieurs hommes dont on sapeur du génie; on avait vu son cadavre. Peu de temps après, pendant que les capitaines Albert de La Boulaye et Garcin poussaient leur reconnaissance au nord jusqu'à Saint-Privat et « profitaient de l'invitation du maire de ce village, M. Noirel-Dardare, pour déjeuner », le lieutenant-colonel Saget transmettait de la part du général de Ladmirault au général de Cissey, qui en était stupéfait, « l'ordre incroyable et formel de tourner le dos à Metz ». « On avait persuadé au général de Ladmirault — c'est le général de Cissey qui parle — que les hauteurs en arrière d'Amanvillers étaient occupées par des tirailleurs ennemis. On ajoutait qu'un sapeur du génie venait d'être tué par les uhlans, une femme enlevée, etc. ». Mais sceptique sur la présence de l'ennemi entre l'armée et Metz, le général de Cissey parcourut le terrain et trouva « le sapeur prétendu mort cuvant son vin dans un fossé. »

Son camp finissait d'être ainsi établi entre Amanvillers, Saint-Privat, le front de bandière regardant Metz quand les commandants Lonclas et Roussel vinrent, de la part du maréchal Canrobert, demander l'évacuation de Saint-Privat.

Le général de Cissey, ses lettres et ses notes le démontrent, était irrité d'avoir été empêché la veille de compléter son succès et il ne décolérait pas en ce moment même de tourner le dos à l'ennemi par suite d'ordres qu'il qualifiait « d'incroyables ». Il eût dû prévenir son chef, le général de Ladmirault, du déplacement du 6e corps, qui au lieu de couvrir ses troupes venait prolonger leur ligne sur la droite. Il n'en fit rien et se contenta de prendre de nouvelles dispositions : il laissa les 1er et 6e de ligne là où ils étaient, face à Metz, mais ramena à leur hauteur les 57ᵉ et 73ᵉ, qu'il plaça face à l'ennemi. Dans ce nouveau dispositif, ses deux brigades étaient dos à dos, l'une regardant l'ennemi, l'autre Metz.

Quoique le resserrement de la division de Cissey eût amené un changement des bivacs de la division Grenier et que la division Lorencez eût arrêté au moins pendant une heure la marche du 6ᵉ corps, personne de l'état-major de ces deux divisions ne prévint celui du corps d'armée. Aussi tout le 4ᵉ corps connaissait le déplacement des troupes du maréchal Canrobert, seul le général de Ladmirault et son état-major n'en étaient point prévenus. Ils ne furent au courant de la situation que le lendemain, une heure avant la bataille.

Quand, à 8 heures du soir, le camp du 4ᵉ corps fut établi, les troupes faisaient face à des directions divergentes : une brigade de la division de Cissey était tournée vers l'est, l'autre vers l'ouest. La division Grenier était orientée vers le sud-ouest et la division Lorencez avait été placée, par un officier de l'état-major, regardant le sud-est.

Les sentiments des officiers et des soldats variaient selon leur tempérament et les conditions où la journée se terminait pour eux.

« Nous commencions à penser que nous n'étions pas dirigés, a écrit le sous-lieutenant de Wetzel du 73ᵉ, l'on ne savait où l'on allait; l'estomac vide ne prête pas à la gaieté, mon lieutenant Lucas du Coudray et moi nous causions souvent, lui l'officier déjà mûr, moi le tout jeune homme à l'esprit militaire, le Lorrain discipliné; nous étions, malgré tout, portés à l'espoir et nous conservions le sentiment de la victoire. A Borny nous avions repoussé les Prussiens; le 16, nous les voyions fuir, nous ramassions des prisonniers et nous recevions victorieusement une charge de cavalerie. Enfin nous n'avions pas encore vu un Prussien mordre sur nous. C'est donc que nous les valions bien. »

« Nous dinons de bon appétit et je m'endors tranquillement, » dit le capitaine Dulac du 11ᵉ dragons. « La soupe et les pommes de terre dévorées, nous nous couchons réconfortés et sans penser à rien », lit-on dans les notes d'un autre officier.

Un rayon de soleil, une nuit de repos, un morceau de pain faisaient oublier fatigues et déboires. Cette armée dans ses éléments jeunes avait le feu sacré. Il ne lui manquait qu'un chef.

CHAPITRE VII

DES RAISONS INVOQUÉES POUR JUSTIFIER LA RETRAITE

« La grande consommation de munitions d'artillerie et d'infanterie, qui a été faite dans la journée, ainsi que le manque de vivres ne permettent pas de continuer la marche... Nous allons donc nous porter sur le plateau de Plappeville. »

Voilà comment, le soir même de la bataille de Rezonville, le maréchal Bazaine a expliqué sa résolution de battre en retraite.

« Le manque de vivres » n'était qu'un prétexte; l'armée avait avec elle, sur les plateaux, de quoi subsister; son retour sur Metz, au contraire, nécessita la destruction de plus d'un million de rations.

Malgré l'ordre de laisser le convoi à Metz, l'intendant de Préval avait pris sur lui d'amener à Gravelotte une centaine de chariots portant des vivres, de l'avoine et d'autres denrées pour nourrir l'armée et ses chevaux pendant quarante-huit heures.

Dans la matinée du 17, les fonctionnaires de l'intendance, préoccupés d'enlever le plus grand nombre de blessés et manquant de moyens de transport, firent décharger les voitures et les mirent à la disposition des ambulances.

Une heure après, vers 5 heures et demie, les sous-intendants du quartier général recevaient l'ordre de se replier immédiatement avec tout leur matériel : aucune des voitures prêtées n'était encore de retour et l'encombrement des routes enlevait tout espoir de les voir revenir.

Les denrées et objets divers mis à terre présentaient, sur le bas-côté des routes où ils avaient été jetés, un amoncellement hétéroclite de caisses de biscuits (94 000 kilos, soit 200 000 rations), de sacs de farine, de pain, d'avoine, de café et de sel (76 000 kilos de farine et 132 000 kilos d'avoine), avec des pains de sucre, des couvertures, des souliers et des barils de vin.

Préoccupé de sauver le plus possible de ces ressources, le sous-intendant Chapplain « alla proposer au maréchal Bazaine d'en distribuer la plus grande quantité possible aux troupes qui passaient à proximité des points où elles étaient déposées. »

Le maréchal consentit, et des fonctionnaires de l'intendance coururent le long des colonnes pour inviter les chefs de corps à donner l'ordre à leurs soldats de prendre dans les tas. La plupart des chefs n'autorisant ni l'arrêt de leur troupe, ni la mise à terre des sacs, les soldats se contentèrent de s'emparer de ce qu'ils pouvaient tenir à la main, mettre dans leur musette, ou accrocher à leur sac sans le défaire.

La division Metman se retirant et ne laissant plus personne après elle, les sous-intendants de Boisbrunet et Chapplain cherchèrent dans Gravelotte le maire ou quelque personnalité officielle susceptible de prendre en charge ce qui restait, mais toutes les autorités avaient abandonné le pays. Ne voulant pas laisser aux Allemands ces amoncellements d'effets et de vivres, ils y firent mettre le feu. Aussitôt des paysans, des rôdeurs, des écumeurs de champs de bataille accoururent et pillèrent à qui mieux mieux. Une partie de ces cormorans s'en allaient pliant sous leur charge, quand ils furent croisés par le 7º bataillon de chasseurs formant le dernier échelon de l'arrière-garde. Les chasseurs, furieux de ce spectale et mécontents de voir passer sous leur nez des objets dont ils avaient un besoin journalier, obligèrent les pillards à leur remettre leurs prises.

Des hauteurs du Point-du-Jour et de Moscou on vit la fumée des bûchers, et dans les environs on sentit l'odeur du caramel produit par la fusion de 13 000 kilos de sucre.

C'étaient deux jours de vivres de perdus.

Au moment où l'on brûlait ces approvisionnements, un nouveau convoi considérable — 450 voitures — parti de Metz dans la nuit était sur le point d'atteindre le plateau de Gravelotte.

La veille au soir, la bataille terminée, l'intendant de Préval avait accosté le maréchal Bazaine quand il rentrait à Gravelotte et lui avait proposé d'aller chercher le surplus des vivres laissés à Metz par son ordre. Le maréchal avait consenti et M. de Préval, que cet acquiescement avait convaincu de la continuation de la lutte, avait couru à Metz avec les sous-intendants Mony et Gaffiot. A minuit et demi, il était chez le général Coffinières et l'informait des intentions du maréchal Bazaine : il se rendait ensuite chez l'intendant de la place, M. Dennecey de Cevilly, et se renseignait auprès de lui sur le sort des vivres laissés à Metz l'avant-veille.

Une partie des voitures encore non déchargées étaient rangées au Ban-Saint-Martin et l'autre dans la ville, sur l'Esplanade : on pouvait les faire atteler et les mettre en route dans la nuit même.

M. de Préval et ses deux adjoints se partagèrent séance tenante le travail et à 4 heures du matin 450 fourgons et charrettes s'ébranlaient emportant plus de trois jours de nourriture pour l'armée : ce long convoi gravissait la grande côte de Rozerieulles quand le capitaine Fix, en le longeant, rencontra l'intendant de Préval et le prévint des changements survenus dans les ordres. Au lieu d'envoyer chercher des subsistances, c'était maintenant l'armée qui allait en prendre à Metz. Il fallait donc arrêter les voitures, leur faire rebrousser chemin et les ramener à leur point de départ.

M. de Préval, croyant à une méprise, retourna au galop chez le général Coffinières et le capitaine Fix continua son chemin : ayant atteint la tête du convoi et rencontré le sous-intendant Mony, il lui communiqua l'ordre dont il était porteur. M. Mony, ne voulant pas plus que son chef croire à ses paroles, alla conférer avec son collègue M. Gaffiot. L'ordre d'amener les vivres à l'armée leur avait paru tout naturel et sa révocation leur semblait impossible : le capitaine Fix avait dû faire erreur. C'est par suite du manque de nourriture et pour se ravitailler que l'armée retourne à Metz », avait-il dit. Mais c'était faux : il y avait des provisions pour deux jours à Gravelotte et dans deux heures ils en auraient amené pour près de quatre autres jours! Il devait y avoir malentendu. Ils envoyèrent l'adjoint Martinie prendre des instructions à Metz et attendirent sur place avant de faire revenir le convoi sur ses pas.

L'intendant de Préval et l'adjoint Martinie se trouvèrent en même temps à Metz à l'hôtel de la division et tous deux furent introduits dans le cabinet du gouverneur, qui soutenait en cet instant une discussion animée avec le sous-intendant Baratier.

Il s'était rendu à Metz pour reprendre possession du convoi du 4ᵉ corps et les fonctionnaires de la place ayant refusé de le lui rendre, il priait le général Coffinières de lever cet interdit quand MM. de Préval et Martinie entrèrent : la discussion cessa et M. de Préval demanda au gouverneur la signification des paroles du capitaine Fix.

« Le maréchal Bazaine, répondit le général Coffinières, lui avait annoncé hier soir « une bataille heureuse » en lui demandant des subsistances et des munitions ; mais dans la nuit il lui avait fait remettre par le capitaine Fix une nouvelle lettre disant juste le contraire : l'armée revenait sous Metz et le maréchal établirait dans la matinée son quartier général à Plappeville, aux portes de la place.

« La seule chose à faire, disait le général Coffinières à M. de Préval, est d'arrêter le convoi pour l'utiliser dans les positions nouvelles où va s'établir l'armée » ; et prenant une carte, il indiqua à l'intendant deux routes : une allant de Longeau jusqu'à Amanvillers, en suivant la voie du chemin de fer de Verdun, et l'autre partant du Ban-Saint-Martin, passant par le village de Plappeville, traversant le col de Lessy et de là débouchant sur le plateau de Moscou à la ferme de Leipzig.

Ainsi renseigné, M. de Préval retourna à son convoi.

Son départ subit et l'arrêt des voitures de tête avaient impressionné les conducteurs, les fonctionnaires subalternes de l'intendance et même les gendarmes chargés de la surveillance. Après avoir travaillé toute la nuit, ils étaient partis croyant l'armée victorieuse et voilà qu'on les arrêtait et que l'on parlait de les faire revenir à Metz!

Le mot magique de victoire leur a fait oublier les fatigues et leur a donné de l'ardeur et de l'énergie. L'espoir qui les soutenait a disparu et, sans transition, de gais qu'ils étaient ils deviennent tristes et n'ont plus de cœur à rien. Instantanément, à l'ordre d'arrêt, entraînés par un de ces courants qui enflamment ou paralysent les foules, ils font retourner leurs voitures automatiquement.

Au retour de M. de Préval, tous se mettent en mouvement; chacun veut gagner de vitesse et passer devant celui qui le précède : ces lourds véhicules, dont la plupart sont chargés tant qu'ils peuvent l'être, s'accrochent, se heurtent : quelques-uns restent au travers de la route sans pouvoir, faute d'espace, se retourner complètement.

Il y a des embarras et des obstructions. Et voilà des voitures de blessés, des cacolets, des bagages, des parcs d'artillerie et des voitures d'habitants des environs rentrant dans la ville qui viennent par derrière et forment au bout de quelque temps une masse compacte et infranchissable.

L'intendant de Préval et ses adjoints, pour débarrasser le plus possible la grande route, font déverser toutes les charrettes qu'ils peuvent dans des chemins de traverse, et profitent de l'espace devenu libre pour remettre de l'ordre dans leur convoi et le diriger sur Metz. Leur intention était de le diviser en plusieurs tronçons et d'en envoyer un à chaque corps d'armée, où les distributions pourraient être faites aussitôt. Le maréchal Bazaine consulté approuva d'abord cette mesure, puis la fit révoquer et les corps furent invités à aller chercher des vivres, avec leurs propres voitures.

Si l'armée était demeurée sur ses positions de combat, elle eût été ravitaillée en quelques heures. Au contraire, sur les nouveaux emplacements, vu la difficulté d'y accéder, sa gauche ne pourra pas toucher de vivres avant la matinée du lendemain et sa droite n'en touchera pas du tout.

Depuis quatre jours, le maréchal Bazaine prescrivait l'agglomération de subsistances à Verdun, à Mézières, Sedan, Charleville, Montmédy et Longuyon, sur la ligne des Ardennes. Il savait ses ordres exécutés et d'énormes quantités de denrées réunies en ces points; cependant, par sa retraite, il abandonnait ces ressources et donnait à l'ennemi la possibilité de s'en emparer.

On jugera, après cet exposé, de la valeur du premier prétexte invoqué pour justifier le recul de l'armée sous les forts de Metz.

La pénurie de munitions d'artillerie et d'infanterie était le second motif de la retraite.

Le général Soleille avait induit en erreur le maréchal Bazaine le soir même de la bataille, en lui faisant croire à l'emploi du « tiers à la moitié » du contenu de nos caissons. Dans la journée suivante, il continua à l'égarer par des renseignements encore plus erronés.

Le général Soleille, commandant en chef de l'artillerie de l'armée, était un créole de l'île Bourbon, fils d'un colonel du génie. « D'une éducation parfaite, d'une correction absolue de manières et de langage, très lettré, ayant le don de la parole et écrivant, comme il parlait, dans un style pur et clair », excellent cœur, facile à vivre, il a été aimé de tous ceux qui l'approchèrent et particulièrement des officiers attachés à sa personne.

Dès le commencement de sa carrière en Algérie il s'était fait apprécier du général Ducos de Lahitte, dont il était l'aide de camp, et il en avait épousé la fille aînée.

« En Crimée, a écrit un de ses aides de camp, j'ai passé un an près du général Soleille, vivant avec lui, à cheval, à sa table, à son bureau, du matin au soir, et j'ai été reçu dans sa maison militaire comme dans ma famille. Sans être très cavalier, le général Soleille, étant bien portant, montait à cheval ; ainsi, j'ai fait avec lui la course de Traklir à Batchi-Seraï aller et retour en vingt-quatre heures, et il n'en a éprouvé aucune fatigue.

« Dans la campagne d'Italie, j'ai retrouvé en lui le même calme sous le feu, la même lucidité, la même clairvoyance, mais sa santé était atteinte : le soir de la bataille de Solférino, j'ai voulu lui donner le cheval que je montais et il n'a pu le supporter quoique ce cheval eût les mouvements les plus souples. »

Il commençait à ressentir les premières atteintes d'un mal terrible qui le rendit impotent peu d'années après et agit sur son moral au point de le déprimer complètement et de le rendre incapable d'un service actif.

La maladie ne diminua pas l'aménité de son caractère et ne lui retira pas sa faculté de bien dire et écrire, mais elle développa dans son esprit des terreurs mystiques un peu ridicules. Il prévoyait sans cesse des désastres et des catastrophes, « justes punitions du ciel », disait-il.

En 1859 se manifesta chez lui la manie de se croire toujours sans munitions. Dans la nuit de Solférino, le capitaine de Brives l'ayant interrogé au nom de l'Empereur sur l'état de ses ressources, il répondit en être tout à fait dénué. Ce renseignement erroné, rapporté au souverain, lui fit conclure à l'épuisement de nos caissons et le fit renoncer à la poursuite des Autrichiens. « C'est dommage », se contenta-t-il de dire au général Le Bœuf.

En 1870 cette manie avait progressé avec sa maladie. Le général Soleille était alors un grand vieillard impotent, très maigre, aux traits allongés, osseux et tirés, à la taille pliée et au regard voilé par des lunettes d'or : il ne circulait qu'en voiture ; l'usage du cheval, même au pas, était une souffrance qu'il redoutait et évitait avec soin.

Ne pouvant, faute d'activité physique, diriger les batteries sur le champ de bataille ni surveiller effectivement les parcs et les services ressortissant de son commandement, il croyait suffire à sa tâche par une exagération de formalisme et d'écritures. Il multipliait les circulaires, les lettres, les notes, les avis ; exigeait des rapports, des états, des bordereaux sans nombre ; n'autorisait pas la moindre réparation sans plusieurs pièces comptables en double et en triple et réclamait avec une inlassable insistance la moindre écriture en retard. Il avait ainsi transformé l'artillerie en une officine de paperasseries où, du matin au soir et même la nuit, officiers et sous-officiers passaient leur temps à un travail de copiste énervant autant qu'inutile.

L'Empereur et le ministre ont eu grand tort de lui donner un commandement à l'armée : il fallait le laisser au comité d'artillerie ou dans tout autre service sédentaire. A Metz, il vint loger à l'hôtel du Porte-Enseigne et jusqu'au 14 août n'eut d'autre activité à déployer que d'aller tous les jours au rapport de l'Empereur, à la préfecture.

Quand il fut question de campagne active, le général Soleille fut pris de scrupule : il craignait ne plus avoir la santé et l'agilité nécessaires pour diriger le service de l'artillerie de l'armée. Il s'en ouvrit à celui de ses aides de camp le plus avant dans sa confiance, le capitaine Dubouays de la Bégassière; celui-ci, fort gêné, ne crut pas, par déférence, devoir pousser son chef à abandonner son commandement au moment où il s'agissait de se battre. Depuis, le capitaine de la Bégassière a souvent exprimé à ses camarades le regret de sa discrétion exagérée. En le déterminant à céder son commandement à un autre plus apte à l'exercer, il eût rendu grand service à son général et au pays.

Le premier jour du mouvement de l'armée, le général Soleille coucha encore à Metz et partit seulement le 15 au matin pour Gravelotte dans son break. Le jour de la bataille de Rezonville, son état-major à cheval l'attendit une heure pendant que le canon résonnait! Il fit encore en break une partie de la route et étant monté sur son cheval près de Rezonville, il demanda à en changer avec le capitaine Deloye : trouvant cette bête encore trop ardente, il accepta quelques minutes après celle que son secrétaire, M. Romain-Desfossés, lui offrait en ces termes : « Prenez mon cheval, mon général, c'est une rosse. » « Nous avions perdu une heure dans ces cérémonies ridicules de changement de brides et de selles pour chaque nouvelle monture », a écrit un officier de l'état-major de l'artillerie.

Peu après il était culbuté dans la charge Bredow et ramené sur un coffre à Gravelotte où il se couchait. Demeuré une partie de l'après-midi et toute la soirée dans son lit, il envoya « spontanément » à 11 heures du soir son chef d'état-major au maréchal Bazaine dire que « l'on avait dépensé dans la journée du tiers à la moitié des munitions. » Cette communication devait être secrète. Ses aides de camp et les officiers de son état-major, même ceux chargés spécialement des approvisionnements, l'apprirent trois ans plus tard.

Le lendemain, 17 août, il se fit conduire en break à Tignomont, hameau dépendant de Plappeville, chez M. Vianson-Ponté, se coucha immédiatement, ne sortit de son lit que pour prendre un bain à cinq heures et se recoucha aussitôt après.

Vers une heure, cette même journée du 17, il avait reçu du maréchal Bazaine l'avis d'aller s'assurer des ressources contenues dans l'arsenal de Metz. Il s'agissait d'une petite course de 2 kilomètres; n'étant pas en état de la faire, il se contenta d'écrire au général de Mecquenem, commandant l'artillerie de la place, pour le prier de s'y rendre et de le renseigner.

Le général de Mecquenem, gravement malade, encore tout nouveau dans les fonctions où il vient d'être affecté il y a quatre jours, a pour premier devoir de conserver aux forts et à l'enceinte dont il commande l'artillerie le plus de munitions possible. Aussi, pour ne pas être obligé d'en céder à l'armée, il répond que les ressources disponibles à l'arsenal sont insignifiantes.

En possession de la lettre du général de Mecquenem, le général Soleille se fait apporter un buvard et sur son lit rédige cette note : « Je viens de visiter l'arsenal de Metz. Les ressources sont en quelque sorte nulles pour le réapprovisionnement de l'armée et il n'a pu fournir que 800 000 cartouches d'infanterie. Je demande avec la plus grande instance que des approvisionnements soient envoyés par la voie de Thionville dans la journée de demain. *Le maréchal Bazaine doit faire surveiller cette voie par de la cavalerie pendant la journée.* Prévenir de l'arrivée à Thionville.

« Les consommations de la journée du 16 ont été énormes : l'armée est dans une pénurie de munitions inquiétante ».

Le général Soleille garde la minute de sa rédaction dans le buvard sur lequel il l'a écrite et le lendemain il l'oubliera dans la précipitation de son départ. Son propriétaire, M. Vianson, la retrouvera un an après et l'enverra à Paris, où elle figurera dans les pièces du procès Bazaine.

Il adresse cette note par le télégraphe au ministre et en envoie le double au maréchal Bazaine avec un commentaire où on lit : « Demain matin seront distribuées 836 766 cartouches, la place en conservant pour elle un million. »

« On ne peut compter sur la fabrication locale de cartouches... les éléments de fabrication manquant ont été demandés au ministre. On a demandé également au ministre d'envoyer demain sur Thionville un grand approvisionnement de cartouches et de munitions d'artillerie. Il y a actuellement pour être distribués 794 coups de 12, 3 840 de 4 et 4 350 de mitrailleuse L'arsenal, après cet envoi, n'a plus aucune ressource pour l'armée On ne peut compter pour le réapprovisionnement que sur les ressources venant de Paris demandées au ministère et qui ne peuvent arriver que par Thionville.

... « Comme exemple de l'insuffisance des ressources, le 2ᵉ corps à lui seul demande 36 caissons de 4 et l'arsenal ne peut en donner que 32 pour toute l'armée. »

Cette note et son commentaire étaient destinés à produire l'effet le plus désastreux. Un fait surtout frappait par-dessus tous les autres : nous n'avions plus que 800 000 cartouches... Le maréchal Bazaine, en transmettant cette nouvelle effrayante à l'Empereur, ajoutait : « Pour nos soldats, c'est l'affaire d'une journée. »

Telles qu'elles étaient conçues, dépêches et lettres faisaient croire que l'armée avait en tout 800 000 cartouches à brûler quand la place et l'armée en possédaient 28 *millions* et que l'on dut presque toutes livrer aux Prussiens lors de la capitulation, les troupes n'en ayant pas brûlé durant toute la campagne au delà de 3 millions et demi.

Les déclarations du général Soleille concernant les

munitions pour canons n'étaient pas plus exactes. Dans les deux batailles de Borny et de Rezonville, on avait dépensé 39 000 coups sur 171 000 emmenés au départ de Metz : on allait en recevoir 8 000 autres constituant le parc mobile et l'arsenal en conservait plus de 40 000 qui furent distribués le 19 et le 20. L'armée était donc, avec les réserves mises à sa disposition, mieux pourvue qu'avant les deux batailles du 14 et du 16 et elle était en mesure de livrer encore cinq batailles comme celle de la veille.

Le cri de détresse inconsidéré poussé par le général Soleille et répété par le maréchal Bazaine jeta dans une consternation profonde les ministres, le souverain et le maréchal de Mac-Mahon. Ils crurent à l'agonie prochaine de l'armée du Rhin. Ils considéraient comme une folie de lancer l'armée de Châlons au-devant de l'ennemi, trois fois plus nombreux. Ils croyaient sage de la ramener sur Paris. La crainte de voir succomber l'armée de Metz faute de munitions leur fit changer d'avis et la marche sur Sedan fut décidée.

Le général Soleille avait cependant sous les yeux la preuve que l'armée n'était pas à court de munitions. Il savait qu'en dehors des cartouches, des gibernes et des réserves divisionnaires, les parcs de corps d'armée avaient 2 500 000 cartouches. Lui-même avait constitué un parc de réserve de 3 800 000 cartouches placées sur des chariots de batteries et des voitures de réquisitions attelées par la 15ᵉ compagnie et la 6ᵉ *bis* du 1ᵉʳ régiment du train et par un détachement auxiliaire aux ordres du sous-lieutenant Delporte.

La seule explication à donner de la conduite du

général Soleille est son état de santé. « Du fait que le général Soleille était prévenu de l'existence de tel ou tel stock de cartouches, m'écrivait le général Deloye, directeur, puis président du comité à Saint-Thomas-d'Aquin et alors capitaine attaché à l'état-major de l'artillerie, il ne faut pas conclure qu'il en avait la notion claire. Sa santé mettait des lacunes dans son service personnel et il n'y a rien d'étonnant que sa mémoire n'ait été réellement saisie et en possession de certains faits qu'après de longs retards. »

L'homme malade, en proie à des souffrances continuelles, n'est plus lui-même; sa volonté disparaît, toutes ses pensées cherchent la diminution de ses douleurs et, sans en avoir conscience, il fait souvent ce que, dans la plénitude de la santé, il réprouverait. C'était le cas du général Soleille : le moindre déplacement à cheval ou même en voiture était une torture pour lui. Avant tout il désirait demeurer en place, et dans cette guerre il agit en toutes circonstances pour conseiller l'immobilisation de l'armée.

De l'exposé des faits il résulte que les deux prétextes invoqués pour justifier la retraite étaient absurdes autant que faux.

Mais pourquoi le maréchal Bazaine avait-il besoin d'un prétexte pour justifier sa décision? Un général en chef est investi d'un pouvoir absolu : il est maître d'agir à sa guise; s'il jugeait la retraite sous Metz le meilleur parti à prendre, c'était son devoir de l'ordonner, et il n'avait pas besoin de prétexte à invoquer comme un collégien pris en faute.

Il n'avait qu'à commander et à tenir à l'exécution de ses ordres : il avait à prévenir son souverain et le gouvernement de ses nouvelles décisions modifiant le plan de campagne combiné avec eux et déjà en cours. Souverain et ministres n'auraient eu qu'à s'incliner.

Il n'en fit rien : il laissa croire à la persistance de son intention de gagner l'intérieur de la France, attirant ainsi Napoléon III, le maréchal de Mac-Mahon et l'armée de Châlons dans le précipice de Sedan.

CHAPITRE VIII

AU QUARTIER GÉNÉRAL DE PLAPPEVILLE

Le maréchal Bazaine, en s'éloignant des carrières du Point-du-Jour où le général Frossard l'avait prié de reconstituer les cadres de son corps d'armée, se dirigea sur le plateau du Saint-Quentin. Quand il y parvint, il trouva les abords, le glacis et le cavalier du fort couverts de soldats, d'habitants des environs et de bourgeois de Metz, installés comme au théâtre pour regarder le mouvement des troupes.

L'attention de cette foule, il put s'en convaincre, était particulièrement attirée par une épaisse poussière qui s'élevait de chaque côté de la Moselle, aux environs d'Ars. Le maréchal et les officiers de l'état-major prirent leurs lorgnettes et virent distinctement des colonnes d'infanterie, de cavalerie et de voitures passant la Seille et la Moselle pour gagner l'ouest.

De Montigny et des points élevés de la banlieue sud de Metz, on avait le même spectacle et quantité de gens étaient accourus pour y assister.

Dans les groupes on faisait des réflexions et le maréchal entendit le capitaine Séard de l'artillerie de la Garde dire en passant : « Pourquoi ne nous jetons-nous pas sur eux pour les prendre en flanc? »

Le maréchal, après avoir regardé le panorama animé

qui se déroulait à ses pieds et autour de lui, se remit en marche sans rien dire.

A l'extrémité du plateau, du côté de Metz, à un croisement de routes où s'élève un calvaire, il aperçut tout au bas d'une pente rapide le joli village de Plappeville, assemblage d'élégantes villas et de jardins.

A cet endroit, le maréchal fut accosté par le maire, M. Vianson-Ponté, avocat à Metz. Prévenu par le général Letellier-Blanchard, il s'était rendu à la limite de sa commune pour souhaiter la bienvenue au général en chef de l'armée française, un compatriote. Le père du maréchal en effet était né au village voisin de Sey, et une partie de sa famille portant également le nom de Bazaine continuait à y demeurer et à exercer le métier traditionnel de vignerons.

M. Vianson s'offrit au maréchal pour le conduire. La grande côte descendue et le village presque entièrement traversé, M. Vianson s'arrêtant devant une porte cochère à droite, dans la rue, la lui montra comme étant celle du quartier général. Cette villa, la plus belle des environs, appartenait à M. de Bouteiller, ancien officier d'artillerie, député et adjoint au maire de Metz.

Le jardinier Jean Renaud se présenta, excusa son maître retenu en ville par ses fonctions municipales et se mit à la disposition du maréchal et de ses officiers qui avaient pénétré dans la cour et descendaient de cheval.

Le général Jarras et les officiers de l'état-major général s'arrêtaient en face, de l'autre côté de la rue : ils mettaient aussi pied à terre devant la maison où ils devaient loger et le capitaine Arthur de France, en regardant les collines environnantes, dit à ses camarades : « Nous sortirons d'ici comme Mack est sorti d'Ulm. »

Sous le soleil d'aplomb de midi, ce 17 août 1870, Plappeville, avec ses maisons couvertes de plantes grimpantes et ses parterres de fleurs, présentait un aspect aussi riant qu'animé. Partout des généraux et des états-majors circulant dans les rues et s'installant dans les villas. Le général Bourbaki avec l'état-major de la Garde descendait chez le colonel Deville. Le général Soleille, amené en break, allait chez M. Vianson et son état-major chez les demoiselles Cochard. Le général du Frétay, commandant la brigade de cavalerie légère de la Garde, guides et chasseurs, et ses officiers étaient reçus par le curé, l'abbé Lennuyeux : le général de Saint-Sauveur et le général Letellier-Blanchard se rendaient chez M. Lisenfeld. Des médecins, les docteurs Marit et Poggiale, des employés du Trésor et des intendants se présentaient chez MM. de Saulcy, Hennet et Gibbier et, à chaque instant, passaient des officiers à cheval en quête de renseignements ou chargés de mission.

Aussitôt arrivé dans la villa Bouteiller, le maréchal Bazaine déjeuna avec ses aides de camp et officiers d'ordonnance, et alla dans le salon situé au premier étage sur la cour, de plain-pied sur le jardin.

C'était une énorme pièce à neuf fenêtres dont cinq donnaient sur le jardin. Au milieu se trouvait une grande table sur laquelle le maréchal fit étaler ses cartes et dans l'une des fenêtres le colonel Napoléon Boyer s'installa à un petit bureau.

Le maréchal était assis dans un fauteuil d'acajou

recouvert de tapisserie et fumait un cigare quand, vers une heure, le colonel Lamy vint lui transmettre les observations du maréchal Canrobert sur la situation dangereuse du 6ᵉ corps à Verneville.

Le maréchal Bazaine dicta alors la lettre que nous connaissons et qui autorisait le maréchal Canrobert à se rendre de Verneville à Saint-Privat; il fit appeler ensuite le général Jarras pour lui dicter ses ordres, concernant surtout le réapprovisionnement des corps en vivres et en munitions.

La dictée finie, l'intendant de Préval fut appelé au quartier général, et quand il en sortit il envoya ce télégramme.

« Metz, 17 août, 4 heures 1/4 du soir.

« *L'intendant en chef au ministre.*

« Envoyez-moi par train de vitesse et par jour 180 000 rations de biscuit et autant de vivres de campagne et du pain autant que possible.

« Urgence extrême. »

Après l'intendant on introduisit le sous-lieutenant Thomas, porteur d'une lettre du maréchal Canrobert demandant des vivres et des munitions.

Le maréchal Bazaine prit la lettre, l'ouvrit et la lut. « Votre maréchal est un halluciné, dit-il au jeune officier, » puis ayant « dicté à mi-voix sa réponse » il lui montra « sur une carte installée devant lui les nouveaux emplacements destinés au 6ᵉ corps ».

Il ajouta une recommandation pour des retranchements et congédia le sous-lieutenant Thomas.

Le maréchal Bazaine, dans l'après-midi du 17, prévoyait pour le lendemain une bataille et en prévenait un de ses lieutenants : mais quelque grave qu'il jugeât la situation, il ne prenait aucune disposition pour lui assurer les vivres et les munitions dont il avait besoin et ne lui parlait pas de renforts d'artillerie, de génie et de cavalerie dont son corps était dénué.

Sans chercher ce qu'eût fait Napoléon, la veille d'une bataille défensive sur un terrain choisi par lui, on peut, au moins, examiner comment aurait agi, non pas un génie militaire, mais un soldat animé du seul désir de faire son devoir.

Il eût pris avec lui les généraux commandant l'artillerie et le génie — à leur défaut leur chef d'état-major — et avant tout le sien propre et il eût parcouru les lignes de son armée.

Sur place et *de visu* il eût décidé avec chaque commandant de corps d'armée les dispositions à prendre, les travaux de défense, batteries et tranchées, à exécuter : il eût déterminé les points à battre par les feux et les positions avancées à occuper ; il eût fait mesurer les distances pour régler les tirs, et choisi les emplacements pour les réserves. Il eût prévu comment la retraite s'effectuerait, si sa ligne venait à être forcée, et comment aussi on pourrait changer en déroute un insuccès de l'ennemi dans ses tentatives contre nos positions.

Quel qu'eût été le résultat de ses efforts, le général en chef eût fait son devoir.

Le maréchal Bazaine resta dans la villa où il était

installé. Il se désintéressait de son armée et de la bataille du lendemain.

De la victoire, il ne s'en préoccupe pas. Si l'on est battu on se retirera sous Metz. Quand le lendemain la bataille deviendra imminente, quand sous nos yeux les Allemands viendront prendre leurs positions, quand le combat fera rage, que notre aile droite sera criblée par deux cent quatre-vingt-quatre pièces et encerclée par trois corps d'armée, il ne se départira pas de son insouciante placidité, ne se rendra pas sur le champ de bataille, ne donnera aucun ordre, ne prendra aucune mesure pour secourir les corps menacés ou pour mettre en déroute les parties de l'armée ennemie ébranlées et se contentera de répondre à toutes les communications, même les plus pressantes : « Ils ont de bonnes positions, qu'ils les gardent. »

Avec une telle apathie et une telle insuffisance chez notre chef, il était impossible que nous ne fussions pas vaincus.

Le général français n'existait pas : il n'était qu'un cadavre et l'armée française un corps décapité.

Dans la seconde partie de l'après-midi, le maréchal Bazaine reçut des télégrammes et demeura plongé dans l'étude des cartes. Vers 4 heures, il appela l'officier de service à l'état-major; c'était le capitaine Yung, connu par ses articles humoristiques de la *Vie Parisienne* signés « Mustapha » et souvent désigné sous le nom du « capitaine au lorgnon bleu », en raison de l'habitude qu'il avait d'en porter un.

Le maréchal, toujours assis devant ses cartes étalées, le reçut dans le grand salon : « Il lui exprima son désir de rapprocher davantage l'armée de Metz » et lui montra « les positions qu'il voulait faire occuper aux 4ᵉ et 6ᵉ corps ». Il désirait exécuter ce mouvement le plus vite possible et, pour le préparer, il demanda au capitaine Yung d'aller chercher le colonel Lewal.

Le colonel Lewal, chef de la section des renseignements, remplissait, sans qu'il en eût le titre, les fonctions de sous-chef d'état-major.

Il connaissait depuis longtemps et intimement le maréchal Bazaine et son entourage. « Je l'ai entendu parler, disait-il, j'ai discuté la plus grande partie des affaires avec lui. J'ai su bien des choses, ayant été pour ainsi dire son homme... A Metz, j'ai à peu près tout entendu, soit officiellement, soit d'une façon privée, car je connaissais presque tout, si ce n'est tout. J'avais des relations intimes avec toute sa maison militaire, que j'avais beaucoup connue au Mexique. »

Tout en étant « l'homme du maréchal Bazaine », le colonel Lewal — chose étonnante — jouissait aussi de la confiance de son chef d'état-major. A peine le général Jarras avait-il été nommé directeur au ministère de la guerre qu'il prit comme premier collaborateur le colonel Lewal, auquel il reconnaissait une facilité, une puissance de travail énorme, un esprit lucide et une grande droiture.

Le colonel Lewal était en effet un officier de haute valeur, il avait des idées claires et les exprimait bien ; mais il était quelquefois utopiste et ramenait toutes choses à des formules, croyant résoudre, comme une équation mathématique, les problèmes où les passions et le caractère des hommes sont en jeu.

Quoiqu'il fût sentimental et qu'il eût le cœur chaud, il avait généralement l'aspect glacial et était quelquefois très dur avec ses inférieurs. Doué d'imagination, il a même fait quelques essais littéraires et dramatiques; ses nombreux écrits sont clairs, secs et surtout théoriques.

Au physique, il était grand, mince, toujours correct, avec un teint jaune cireux et un regard fixe; on l'eût pris pour un clergyman anglais.

Au reste, il était loyal. Dans un grand dîner à Mexico il affecta de n'appeler Napoléon III que du nom de « Badinguet » : on le sut aux Tuileries et au ministère de la guerre, où le maréchal Randon alors ministre se montra fort choqué. Pour punir le colonel Lewal, il le raya de la promotion de fin d'année où il devait figurer; mais quand il vint soumettre ses propositions à l'Empereur : « Je ne vois pas, dit le souverain, le nom du lieutenant-colonel Lewal; c'est son tour de passer colonel; il n'y a aucune raison pour lui causer un préjudice. Rapportez-moi cette liste avec son nom. »

Le colonel Lewal n'oublia jamais la conduite de Napoléon III en cette circonstance.

Quand le général Jarras, en 1868, le prit comme collaborateur, il le chargea de l'étude de la frontière de l'Est. Le général Lewal envoya en mission une cinquantaine d'officiers, collationna leur travail et rédigea deux énormes volumes sur les itinéraires des provinces rhénanes. Il fit aussi un plan de campagne en collaboration avec le colonel d'Andlau : se basant sur le projet d'invasion de la France de Clauzewitz, il s'y opposait en envahissant immédiatement toute la rive gauche du Rhin. Le gouvernement autrichien empêcha Napoléon III de mettre à exécution ce dessein.

Si le colonel Lewal n'avait jamais commandé de

troupes et ne tenait pas assez compte du cœur humain dans les conceptions stratégiques, il n'en jouissait pas moins d'une réputation méritée dans les états-majors et il avait en particulier sur celui de l'armée du Rhin une haute autorité.

Quand le colonel Lewal se présenta au quartier général le 17 août, vers 5 heures, le maréchal Bazaine lui répéta ce qu'il venait de dire au capitaine Jung et lui ordonna de réunir le lendemain matin les sous-chefs d'état-major de chaque corps, pour aller avec eux reconnaître aux abords de la place des emplacements où s'établirait l'armée. Le maréchal termina son explication par cette réflexion que le colonel répéta le lendemain à ses compagnons : « Les armées ne sont pas faites pour couvrir les places fortes, ce sont au contraire les places fortes qui sont faites pour couvrir les armées. »

Le maréchal Bazaine donnait un corps à son idée, il était décidé à se faire bloquer dans Metz et il exposait au colonel Lewal de quelle manière il voulait atteindre son but.

Il ne lui sautait pas aux yeux que l'investissement de son armée était la plus monstrueuse des combinaisons.

Il ne pensait pas qu'il venait d'envoyer les télégrammes les plus alarmants pour demander avec instance et de la façon la plus urgente l'envoi de vivres et de munitions par la ligne des Ardennes, et que la retraite sous Metz amenait la destruction de cette voie.

Il oubliait aussi de prévenir immédiatement Napoléon III et le gouvernement de son retour en arrière.

Le souverain et le ministre attendent avec impatience son arrivée à Verdun et lui demandent sans cesse de ses nouvelles par le télégraphe. Son projet étant inavouable, il répondra aux télégrammes de l'Empereur, du ministre et de ses lieutenants sans rien leur dire et encore ne le fera-t-il qu'à la dernière extrémité, quand il saura le télégraphe sur le point d'être coupé.

Depuis la veille 11 heures du soir, où il a décidé la retraite « sur le plateau de Plappeville », il n'a pas encore annoncé l'arrêt de sa marche, il n'a pas même rendu compte de la bataille de la veille et a attendu dix heures pour prévenir le ministre de la pénurie de vivres et de munitions invoquée par lui pour justifier aux yeux de l'armée son retour en arrière.

A Paris, le gouvernement et la régente, à Châlons l'Empereur et le maréchal de Mac-Mahon ignoraient encore le 17 août à 4 heures du soir qu'une grande rencontre avait eu lieu la veille.

Le ministre cependant restait en communication avec le maréchal Bazaine et lui adressait pendant la nuit qui suivait la bataille deux télégrammes qui furent remis, d'après les mentions inscrites sur les ampliations, à 5 h. 15 et à 5 h. 45 du matin.

Le premier de ces télégrammes, daté de 1 h. 5 du matin, confirmait la marche sur Paris de l'armée du prince royal dont les têtes de colonne étaient parvenues à Saint-Mihiel et à Apremont.

Le deuxième télégramme, daté de 2 h. 40, était ainsi conçu : « Est-il vrai, lui disait le ministre, que les Prussiens ont demandé un armistice pour enterrer leurs morts et relever leurs blessés : *Réponse immédiate.* »

Malgré ces derniers mots, le maréchal n'envoya rien et le ministre, impatient d'être fixé, lui formula trois fois sa question avant midi. A 2 heures et demie de l'après-midi seulement, il prit la plume et répondit : « Je n'en ai pas connaissance, mais c'est possible que la présence sur le champ de bataille des membres de la Société internationale (Croix-Rouge) ait donné lieu à ce bruit. »

Pas un mot ni sur la bataille de Rezonville, ni sur le changement apporté aux opérations en cours, ni sur le manque de vivres et de munitions.

La veille il avait fait partir le lieutenant de mobiles Belle à cheval dans la nuit et par des routes peu sûres à la recherche de l'Empereur pour lui remettre une lettre. Pour quelle raison n'avait-il pas doublé cette lettre d'un télégramme? N'avait-il pas envoyé presqu'en même temps le capitaine Fix à Metz auprès du gouverneur; il aurait pu le charger de porter au bureau central un télégramme pour l'Empereur et le gouvernement. Dans la nuit même on eût été prévenu à Paris et à Châlons de la retraite de l'armée et de ses besoins en vivres et en munitions.

A midi, quand le maréchal Bazaine arrive à Plappeville, MM. Brisson et Eschbacher, employés du bureau de Paris, l'avisent qu'ils ont établi deux postes télégraphiques, l'un à la ferme de Moscou et l'autre au fort de Plappeville, tout à côté de lui, qu'ils sont en communication avec le bureau de Metz et peuvent transmettre toutes ses dépêches.

A 3 heures et demie de l'après-midi, après avoir gardé le silence seize heures, il se décide à annoncer au ministre la nouvelle de la bataille.

« *Le maréchal Bazaine au ministre.*

« Metz, 17 août, 3 heures 30 soir.

« Nous avons été attaqués le 14 dans nos lignes devant Borny, au moment où une partie de l'armée était déjà sur la rive gauche de la Moselle.

« Hier, 16 août, une bataille a été soutenue de 9 heures du matin à 8 heures du soir, sur la position que nous occupions entre Doncourt et Vionville, contre les corps réunis du prince Frédéric-Charles et du général Steinmetz. L'ennemi a été repoussé dans les deux rencontres en subissant des pertes considérables : les nôtres sont sensibles.

« L'Empereur a dû vous répondre d'Étain au sujet de la destination à donner au 7ᵉ corps. »

Cette dernière phrase se rapportait à un télégramme de trois jours de date, du 15 août, 10 heures du matin, où le ministre lui disait : « Quels sont vos premiers ordres pour Douay qui est toujours à Belfort? » Il avait attendu ces trois jours pour envoyer une réponse dilatoire tendant à faire croire qu'il n'était pas investi du commandement suprême : toujours la préoccupation de ne pas assumer une responsabilité, comme si on peut s'en affranchir, lorsqu'on commande en chef devant l'ennemi.

Si, laissant ce post-scriptum, on lit attentivement cette dépêche de 3 heures et demie, on y remarque que le maréchal Bazaine ne fait même allusion ni au résultat de la bataille ni à ses projets. Il ne dit pas non plus avoir battu en retraite ; sa dépêche est même conçue de façon à laisser croire qu'il suit toujours le plan convenu, et continue sa marche sur Verdun.

Il ne peut cependant cacher plus longtemps sa retraite et sans doute s'en rend compte ; aussi à 4 heures il envoie ce second télégramme :

« *Le maréchal Bazaine au ministre.*

« 4 heures soir.

« Hier, pendant toute la journée j'ai livré bataille à l'armée prussienne entre *Doncourt et Vionville*.

« L'ennemi a été repoussé et nous avons passé la nuit sur les positions conquises.

« J'arrête quelques heures mon mouvement pour remettre mes munitions au grand complet.

« Nous avons eu devant nous les corps du prince Frédéric-Charles et du général Steinmetz. »

Cette fois il annonce un « retard de quelques heures », il parle de la bataille comme d'une victoire, laisse entendre que la reprise de la marche aura lieu d'un moment à l'autre et ne souffle mot du manque de munitions et de vivres.

Depuis le matin l'Empereur, au camp de Châlons, attendait avec impatience la nouvelle de l'apparition à Verdun de l'avant-garde de l'armée. N'ayant rien reçu à 2 heures et commençant à devenir inquiet, il faisait télégraphier au général Coffinières à Metz, par l'aide de camp de service :

« *Aide de camp de l'Empereur au général Coffinières.*

« Camp de Châlons, 17 août, 2 heures 5 soir.

« Par ordre de l'Empereur : Avez-vous des nouvelles de l'armée du maréchal Bazaine ? Envoyez-les d'urgence à Sa Majesté... »

En possession de cette dépêche le général Coffinières y répondit par celle-ci :

« *Commandant supérieur à l'Empereur.*

« Metz, 17 août, 3 heures 15 soir.

« Hier 16, a eu lieu une affaire très sérieuse du côté de Gravelotte : nous avons eu l'avantage dans le combat, mais nos pertes sont grandes. Le maréchal s'est concentré sur Metz et campe sur les hauteurs de Plappeville. Nous demandons du biscuit et de la poudre. Metz est à peu près bloquée. »

Au milieu des angoisses sans nombre qui assaillirent Napoléon III dans cette journée, la nouvelle de la retraite de l'armée et de son blocus presque certain fut pour le malheureux souverain un coup terrible. Impatient d'avoir des détails et croyant, par suite d'une erreur télégraphique, le maréchal Bazaine auteur de la dépêche du général Coffinières qu'il venait de recevoir, il lui fit envoyer immédiatement un nouveau télégramme.

« *Aide de camp de l'Empereur au maréchal Bazaine.*

« Camp de Châlons, 17 août, 4 heures 13 soir.

« Par ordre de l'Empereur : Reçu votre dépêche. Donnez plus de détails. Pouvez-vous recevoir ce que vous demandez? »

Avant l'arrivée à Metz de ce télégramme, le maréchal Bazaine était prévenu des demandes de renseignements que l'Empereur adressait au général Coffinières et pour y répondre il faisait, à 4 heures, chiffrer ce télégramme :

« *A l'Empereur.*

« 17 août, 4 heures 30 soir.

« Hier soir, j'ai eu l'honneur d'écrire à Votre Majesté — (lettre emportée par M. Belle qui ne fut remise que le 18 au matin) — pour l'informer de la bataille soutenue de 9 heures du matin à 9 heures du soir contre l'armée prussienne qui nous attaquait dans nos positions de *Doncourt à Vionville*.

« L'ennemi a été repoussé et nous avons passé la nuit sur les positions *conquises*.

« La grande consommation qui a été faite de munitions d'artillerie et d'infanterie et la seule journée de vivres qui restait aux hommes m'ont obligé de me rapprocher de Metz pour réapprovisionner le plus vite possible nos parcs et nos convois.

« J'ai établi l'armée sur les positions comprises entre Saint-Privat et Rozerieulles. Je pense *pouvoir me mettre en marche après-demain*, en prenant une direction plus au nord, de façon à pouvoir déboucher sur la gauche de la position d'Haudiomont, dans le cas où l'ennemi l'occuperait en force pour nous barrer la route de Verdun et pour éviter les combats inutiles qui retarderaient notre marche. Le chemin de fer des Ardennes est toujours libre jusqu'à Metz, ce qui indique que l'ennemi a pour objectif Châlons et Paris. On parle toujours de la jonction des armées des deux princes. Nous avions hier devant nous le prince Frédéric-Charles et le général Steinmetz. »

Pour la première fois il parle de la pénurie de vivres et de munitions, annonce un arrêt de quarante-huit heures dans sa marche et une modification dans son itinéraire sur Verdun.

Il ne se dirigera plus directement par Mars-la-Tour et Étain, mais par le nord au-dessus d'Haudiomont, en se rapprochant de Montmédy et en faisant un grand détour.

C'est pendant que le capitaine de Mornay-Soult est occupé à chiffrer ce télégramme où il annonce à l'Empereur son départ dans quarante-huit heures pour aller le rejoindre, qu'il donne l'ordre au colonel Lewal de préparer la retraite de son armée sous les forts de Metz dans des positions d'où il déclarera plus tard qu'il lui était impossible de sortir.

Comment expliquer une contradiction aussi flagrante ?

Vers 4 heures il reçoit un télégramme du maréchal de Mac-Mahon daté d'une heure et demie, du camp de Châlons, lui annonçant la constitution de l'armée dite de Châlons et lui demandant des ordres.

Le général de Rochebouët vient lui parler de la question des munitions, une discussion s'élève entre eux.

Le maréchal Bazaine déclare se trouver dans une pénurie complète. Et le général de Rochebouët lui répond : « On a toujours assez de munitions quand on est décidé à gagner la bataille, on n'en a jamais assez quand on a envie de la perdre. » Puis, passant à un autre sujet, le maréchal Bazaine communique à son visiteur le contenu de la dépêche du maréchal de Mac-Mahon qui lui apprenait la concentration au camp de Châlons des 1er, 5e et 7e corps.

Après avoir congédié le général de Rochebouët, il se remet à sa table à écrire et envoie ce télégramme d'ordre intime :

« *Maréchal Bazaine à la maréchale. Versailles.*

« Metz, 17 août, 4 h. 25 soir.

« Je vais bien ainsi que mes neveux, malgré la grande bataille livrée hier pendant toute la journée.

« Maréchal BAZAINE. »

A 6 heures et demie lui parvient cette troisième question de l'Empereur :

« *L'Empereur au maréchal Bazaine.*

« Camp de Châlons, 17 août; exp. 6 h. 5 soir.

« Dites-moi la vérité sur votre situation afin de régler ma conduite ici. Répondez-moi en chiffres.

« NAPOLÉON. »

Ce n'est plus un aide de camp, c'est l'Empereur lui-même qui demande la vérité et signe.

L'avenir de la France est en jeu. Pour prendre une décision, pour mettre en mouvement l'armée de Châlons, il faut savoir la situation à Metz et le souverain demande au maréchal Bazaine de la lui faire connaître.

A cette prière pressante, le maréchal réfléchit et pendant qu'il pense à la réponse à faire à l'Empereur, on lui apporte ce télégramme :

« Êtes-vous victorieux ?

« Maréchale Bazaine. »

Avec la maréchale il peut se taire, mais avec l'Empereur c'est impossible.

Alors, pourquoi ne pas s'ouvrir franchement à lui ? Pourquoi ne pas faire connaître son projet de retraite derrière les forts que le colonel Lewal est occupé en ce moment même à mettre au point ?

Il a déjà eu tant de mal à annoncer un retard dans la marche de l'armée et il lui faudrait avouer que ce n'est pas d'un arrêt momentané qu'il s'agit, mais bien d'une immobilité définitive : ça lui est impossible.

Avant tout il veut cacher à l'Empereur son idée. Mais quoi lui télégraphier ?

Le général Soleille vient encore le tirer d'embarras comme la veille au soir. Il lui fait remettre par son secrétaire, M. Romain Desfossés, la note et le double du télégramme que nous l'avons vu rédiger, où il déclare que les ressources de l'arsenal sont nulles, que « l'armée est dans une pénurie inquiétante » et que l'envoi d'urgence de cartouches et de charges à canon est indispensable.

Voilà la base de sa réponse trouvée. Il prend sa plume et écrit :

« *A l'Empereur.*

« Plappeville, 17 août, 6 h. 30 soir.

« Au moment où je reçois votre dépêche, j'écris à Votre Majesté. Le commandant Magnan porte une lettre et donnera à Votre Majesté tous les détails qui pourront l'intéresser, les rapports des commandants de corps ne m'étant pas parvenus. »

Ce télégramme ainsi rédigé, il écrit la lettre annoncée.

« Sire,

« J'ai l'honneur de confirmer à Votre Majesté ma dépêche télégraphique en date de ce jour.

« Je ne puis connaître encore le chiffre de nos pertes...

« On dit aujourd'hui que le roi de Prusse serait à Pange ou au château d'Aubigny; qu'il est suivi d'une armée de 100 000 hommes et qu'en outre, des troupes nombreuses ont été vues sur la route de Verdun. Leur avant-garde occuperait Fresnes et Mont-sous-les-Côtes.

« Ce qui parait donner une certaine vraisemblance à cette nouvelle de l'arrivée du roi de Prusse, c'est qu'en ce moment les Prussiens... dirigent une attaque sérieuse sur le fort de Queuleu...

« Quant à nous, les corps sont peu riches en vivres.

Je vais tâcher d'en faire venir par la ligne des Ardennes, qui est encore libre.

« Le général Soleille, que j'ai envoyé dans la place, me rend compte qu'elle est peu approvisionnée en munitions et *qu'elle ne peut nous donner que 800 000 cartouches, ce qui pour nos soldats est l'affaire d'une journée*. Il y a également un petit nombre de coups de 4. »

Enfin il ajoute que l'établissement pyrotechnique n'a pas les moyens nécessaires pour confectionner des cartouches.

« Le général Soleille, continue-t-il, a dû demander à Paris ce qui est indispensable pour remonter l'outillage, mais cela arrivera-t-il à temps?...

« Nous allons faire tous nos efforts pour reconstituer nos approvisionnements de toutes sortes afin de pouvoir reprendre notre marche dans deux jours, si cela est possible, et je prendrai la route de Briey.

« Nous ne perdrons pas de temps, à moins que de nouveaux combats ne déjouent mes combinaisons.

« J'adresse à Votre Majesté la traduction d'un ordre de combat trouvé sur un colonel prussien tué à la bataille du 16. Il mettra Votre Majesté au courant des mouvements de l'ennemi durant cette journée.

« J'y joins une note du général Soleille qui indique le peu de ressources qu'offre la place de Metz pour le ravitaillement en munitions. »

Le maréchal reste dans le vague : il « reprendra la marche dans deux jours, *si cela est possible* » et suivra « la route de Briey » sans indication d'objectif.

Le reste de la lettre est une paraphrase des notes du général Soleille, mais elle ne contient aucune allusion à la surveillance de la ligne de Thionville promise en son nom au ministre. »

Cette lettre écrite, il la lit au commandant Magnan ainsi que les deux notes du général Soleille : il lui remet le tout pour l'Empereur et le charge « de donner des détails sur la bataille de la veille : il lui exposera la pénurie de munitions où est l'armée et remettra à l'appui les pièces dont il est porteur. »

Il doit aussi demander à l'Empereur le rappel du général Frossard et le remplacement du général Jarras par le général de Cissey, — mutations de sa compétence et ne regardant en rien le souverain, auquel il en réfère inutilement.

Il ne charge le commandant Magnan d'aucune instruction particulière pour le maréchal de Mac-Mahon ni pour les généraux de Failly et Félix Douay. Quoique ces trois commandants de corps d'armée lui en eussent demandé tous les jours depuis le 12 août et qu'il ne leur en ait pas encore fait parvenir, le maréchal Bazaine ne profite pas du départ de son aide de camp, qui va les rencontrer, pour leur en donner.

Au procès de Trianon, le commissaire du gouvernement et les juges ont paru croire à une mission secrète confiée au commandant Magnan. Nous ne partageons pas leur sentiment. « Le maréchal ne m'avait pas chargé, a déclaré le commandant Magnan, d'indiquer à l'Empereur la route qu'il suivrait d'une manière absolue : il n'était pas encore fixé. » Nous sommes convaincus de l'exactitude de cette déclaration. Si le maréchal s'était ouvert de son projet de retraite sous Metz au colonel Lewal et au capitaine Jung, il n'en avait rien dit aux officiers de son état-major personnel et particulièrement au commandant Magnan, tenant avant tout à cacher son dessein à l'Empereur.

Le but du maréchal Bazaine, en envoyant son aide de camp à Napoléon, est d'obtenir une parole qui l'autorise à rester à Metz. C'est pour cela que dans ses télégrammes, ses lettres et dans les communications verbales dont est chargé le commandant Magnan, les difficultés de la marche sur Verdun sont grossies à souhait. Le maréchal parle de la pénurie de munitions et de vivres et de la présence des armées ennemies réunies sous les ordres du Roi pour guetter sa marche et l'arrêter. Il espère ainsi convaincre l'Empereur de l'impossibilité de mener à bien la retraite de l'armée sur Châlons et l'amener à lui donner le conseil d'y renoncer. Un autre aurait parlé net, aurait déclaré la continuation du mouvement trop dangereuse. Général en chef, c'était à lui de réfléchir et de décider S'il jugeait bon de retourner à Metz, c'était son droit et son devoir de le faire. Il lui suffisait de le dire. Le souverain n'avait qu'à se conformer à sa décision et n'avait pas à lui imposer un plan. Mais la timidité du maréchal Bazaine et sa crainte d'une discussion avec l'Empereur le retenaient.

« J'attendais constamment — a-t-il dit dans l'une des audiences de son procès — de nouvelles instructions de Châlons me disant : « N'entreprenez pas cette marche par le nord, elle est périlleuse. »

« Le commandant Magnan a exposé à l'Empereur mes idées à cet égard et je restais dans les mêmes intentions jusqu'à ce que l'on me dise : « Ne continuez « pas. »

« Je croyais que l'Empereur, s'il désapprouvait le

projet, — de la marche par le nord — m'enverrait de nouvelles instructions. »

Napoléon III, s'il eût démêlé dans les télégrammes et les lettres du maréchal Bazaine le fond de sa pensée, lui aurait répondu : « A vous de décider, c'est du ressort du général en chef de commander et à lui seul la responsabilité, mais faites connaître vos résolutions pour que le gouvernement puisse aider à leur réalisation. »

Ayant donné ses instructions au commandant Magnan, il fit, devant lui, envoyer au ministre par pli spécial la copie des notes sur la pénurie de munitions, puis il télégraphia à Napoléon III :

« 8 h. 15 soir. — Comme je le dis dans ma dernière dépêche à Votre Majesté, le commandant Magnan part ce soir pour lui porter une lettre et lui donner de vive voix plus de détails qu'elle n'en contient. »

Le commandant est déjà en route pour la gare de Devant-les-Ponts où un train spécial doit l'emmener, quand à 8 heures et demie le maréchal Bazaine envoie chercher l'intendant de Préval.

Tous deux se connaissaient depuis la prise de Kinburn, où le maréchal était commandant du corps expéditionnaire et M. de Préval chef de l'intendance. Ils s'étaient liés en cette circonstance et, depuis, leurs relations n'avaient pas cessé d'être courtoises.

L'intendant de Préval, d'un aspect distingué avec de beaux traits, une belle prestance et un regard clair, se présente au quartier général vers 9 heures.

Voici comment, dans ses notes, il raconte son entretien.

« Le maréchal me confie, pour la première fois son projet : ce n'est plus sur Verdun, mais sur le nord qu'il compte s'élever ; il m'ordonne d'aller prendre à Thionville, au besoin à Châlons en poussant sur Longuyon, Montmédy et les différents points de la ligne des Ardennes, tout ce que je pourrai rencontrer en pain et biscuit. Il m'indique Longuyon comme point de concentration où il me prescrit de réunir le plus de ressources possible.

« Il ne se souvenait sans doute pas de sa conversation de la veille avec l'intendant en chef M. Wolf, à qui il avait confié la même mission que celle dont il me chargeait, mais j'ignorais alors ce fait.

« Je me contentai de lui demander à prendre quelques bagages. « Non, c'est pressé, j'ai fait prépa-
« rer un cheval pour vous, il est dans la cour, filez à la
« gare de Devant-les-Ponts, vous trouverez mon aide de
« camp Léopold Magnan, il va auprès de l'Empereur.
« vous ferez route avec lui. »

Puis se rappelant que le maréchal Canrobert lui avait écrit pour lui demander des vivres, il invita l'intendant à donner des ordres pour le satisfaire avant son départ.

M. de Préval s'entendit en hâte avec ses adjoints, les sous-intendants Mony et Gaffiot, sur les mesures à prendre pendant son absence, les mit au courant des demandes adressées au ministre et partit après leur avoir dicté les trois pièces suivantes :

« *Aux intendants de corps d'armée.*

« Les intendants de corps d'armée iront désormais se ravitailler à Metz.

« Il a été demandé au ministre de nouveaux envois par les Ardennes.

« Fabriquez de votre côté le plus de pain possible. J'ai besoin de tout votre concours.

« Le chargement des convois auxiliaires rentrés au Ban-Saint-Martin va être distribué à l'armée.

« DE PRÉVAL. »

« *L'intendant en chef aux sous-intendants à Mézières et à commandants de place à Sedan, Longwy et Montmédy.*

« Faites diriger sur Longuyon, pour y être arrivé demain soir, tout ce que vous pourrez en pain, biscuit, riz, café, sucre, sel et eau-de-vie et faites connaître au maire de Longuyon ce qu'il devra recevoir. »

« *Au maire de Longuyon.*

« Je prescris à MM. les commandants de place de Sedan, Mézières, Longwy et Montmédy de faire diriger sur Longuyon, pour y être arrivé demain soir, tout ce qu'ils pourront réunir en pain, biscuit, sucre, café, riz et eau-de-vie, et de vous faire connaître par le télégraphe ce que vous devez attendre. Je vous prie de prendre toutes les mesures nécessaires pour la réception immédiate de ces denrées. »

En dernier lieu il fut convenu que l'officier comptable Triballat emporterait 35 000 rations le lendemain matin pour le 6e corps à Saint-Privat.

L'intendant de Préval considérait sa mission comme secrète ; il n'en dit pas plus long à ses deux collaborateurs et durant sa route il ne s'ouvrit pas davantage au commandant Magnan, qui fut également muet de son côté.

Vers 9 heures, le directeur des postes, M. Desgranges, vint à Plappeville remettre au maréchal Bazaine un lot assez considérable de dépêches et de plis apportés de Verdun par le courrier Metzinger qui les avait reçus la veille, 16 août, à 5 heures.

Dans une de ces dépêches, le général Margueritte demandait des ordres et dans une autre les intendants Vigo-Roussillon et Richard annonçaient avoir réuni à Verdun de quoi nourrir l'armée pendant plusieurs jours.

Peu après, on communique au maréchal Bazaine divers renseignements sur l'ennemi. Le lieutenant-colonel Saint-Cyr-Nugues lui dit avoir vu déboucher du bois de Gorze un certain nombre de bataillons allemands se portant sur Rezonville. Le général Frossard lui fait savoir qu'on « signale le passage de 40 000 Allemands à Ars, sur la rive gauche de la Moselle », et le commandant Lenfumé de Lignières, vers 11 heures du soir, envoyé par le maréchal Le Bœuf, affirme avoir constaté l'occupation de Gravelotte par les Allemands où ils lui ont semblé élever des épaulements.

Des médecins et des membres de la Croix-Rouge sont rentrés dans la soirée après avoir été à Vionville, Rezonville et Gravelotte, et suivant leurs dires l'armée ennemie se concentre autour de Vionville.

Entre temps, on lui expédie de Metz ce nouveau télégramme de l'Empereur : « Je vous félicite de votre succès. Je regrette de ne pas y avoir assisté. Remerciez en mon nom officiers, sous-officiers et soldats. La Patrie applaudit à leurs travaux.

« Napoléon. »

A 9 heures 35, un planton lui apporte un autre télégramme du ministre :

« 17 août, 5 h. 5 du soir.

« *Au maréchal Bazaine, à Verdun ou à Metz. Faire suivre.*

« Il est arrivé à Verdun ce matin, à 4 heures, un convoi de 1 200 000 cartouches Chassepot sous la conduite du commandant Porte. Il y a un convoi du commandant Aubert comprenant 8 000 coups de 4, 720 de 12 et 340 920 cartouches Chassepot. Verdun est bondé de biscuits et je fais continuer les envois. »

A 11 heures du soir il reçoit l'annonce de l'envoi à Metz de trois convois de munitions par Thionville.

Le maréchal s'endort après avoir arrêté son dessein : il se retirera avec l'armée sous le camp retranché. Il laissera à l'ennemi sa liberté d'action et lui abandonnera le pays : sa ligne de ravitaillement, dont il a un urgent besoin, sera coupée, soit; mais sous la place de Metz il sera invaincu et cela lui suffit.

A défaut d'un avis du souverain, il se couvrira de l'opinion de deux de ses lieutenants, les généraux Soleille et Coffinières. D'après leur déclaration, l'armée n'a plus de munitions pour livrer bataille et la ville de Metz sera obligée de se rendre si l'armée s'en éloigne.

Souvent on lui a prêté au 17 août des vues et des combinaisons politiques.

Prévoyant la chute de l'Empire et la paix prochaine, il voudrait se réserver et garder son armée intacte pour demeurer la seule autorité existante en France. Non. Il n'était ni un ambitieux ni un Machiavel d'envergure. Sa pensée était moins élevée et ses projets plus terre à terre; ses combinaisons se réduisaient à ne pas risquer sa popularité, à ne pas faire connaître ses projets et à ne pas rendre compte de ses actes. Il manquait, sans s'en rendre compte, à tous ses devoirs de général en chef : il abandonnait son armée la veille d'une bataille, demeurant immobile dans sa demeure, sans s'inquiéter de ses troupes, sans s'informer d'elles et sans leur donner d'instructions. Il n'eût pas existé que l'armée française n'eût pas été privée davantage de direction. Les sentiments d'honneur et de morale lui faisaient défaut, il n'était pas hanté par l'idée qu'il trompait son souverain, son pays et son gouvernement et plus tard il ne sentira pas que sa veulerie, son insuffisance et sa duplicité les ont menés à la catastrophe.

PLANCHE III

POSITION
DES ARMÉES FRANÇAISE ET ALLEMANDE
LE 17 AOUT AU SOIR

L'armée française, 2e, 3e, 4e, 6e corps, sur la ligne Sainte-Ruffine, Saint-Privat, Roncourt : sa cavalerie (divisions Fortin, Valabrègue et Garde impériale) dans le ravin au nord de Sainte-Ruffine. L'infanterie de la Garde et la réserve d'artillerie devant les forts de Saint-Quentin et de Plappeville.

L'armée allemande forme une longue ligne face au nord. A l'extrême gauche, la cavalerie saxonne. La Garde royale à Hannonville, le XIIe corps (Saxons) à Mars-la-Tour et Puxieux, la 5e division de cavalerie (général de Rheinbaben, à Xonville; le IIIe corps à Vionville et Flavigny, avec la 6e division de cavalerie (duc de Mecklembourg). Le Xe corps en deuxième ligne au sud de Tronville et de Vionville, le IXe au nord-ouest de Gorze, le VIIIe au nord de Gorze; le VIIe au sud de Vaux, dans la vallée de la Mance, sa droite à Ars-sur-Moselle. Le IIe corps au sud, à Pont-à-Mousson, la 1re division de cavalerie sur la rive droite, à l'est de Corny, le 1er corps à Courcelles-sur-Nied, au sud-est de Metz.

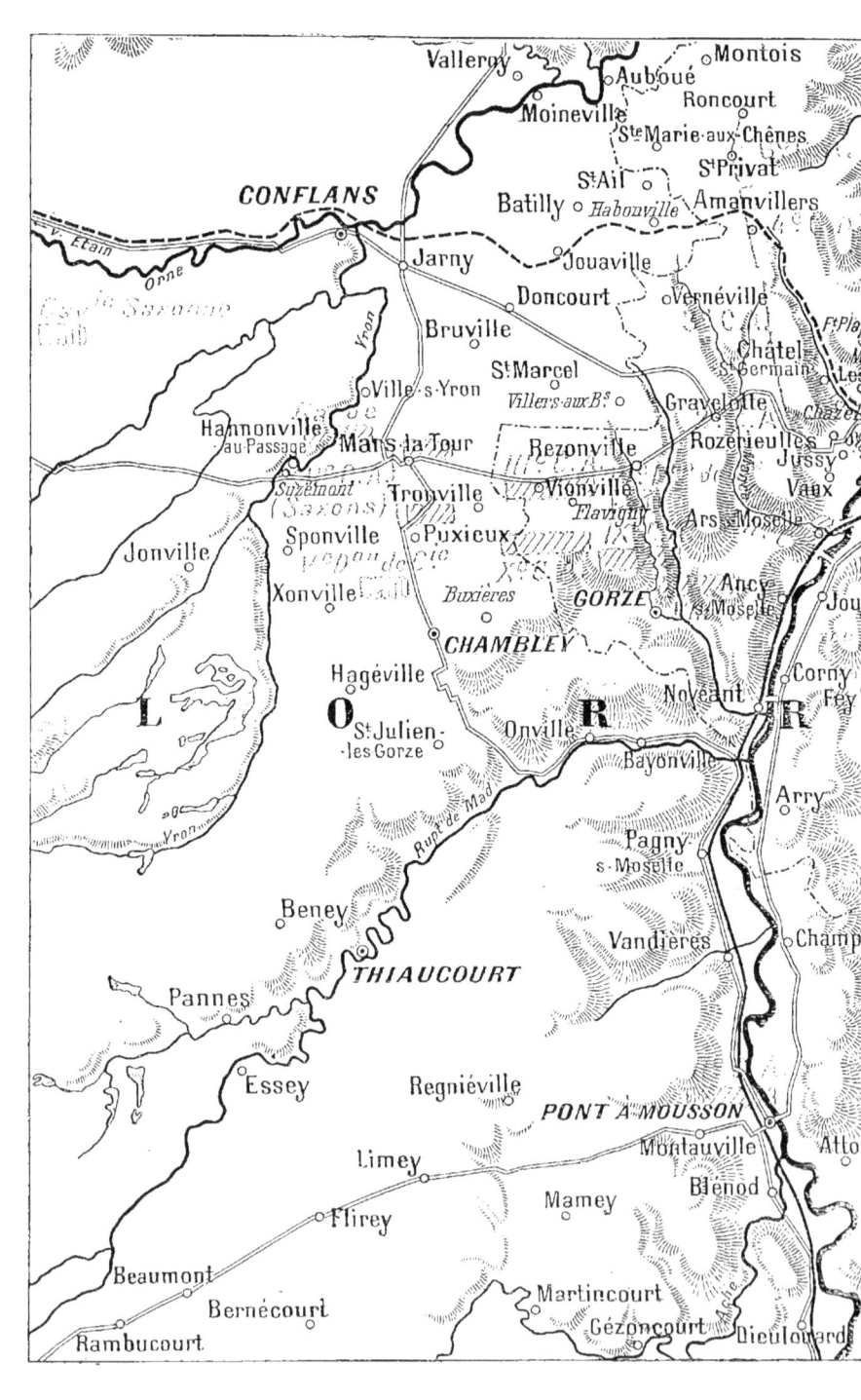

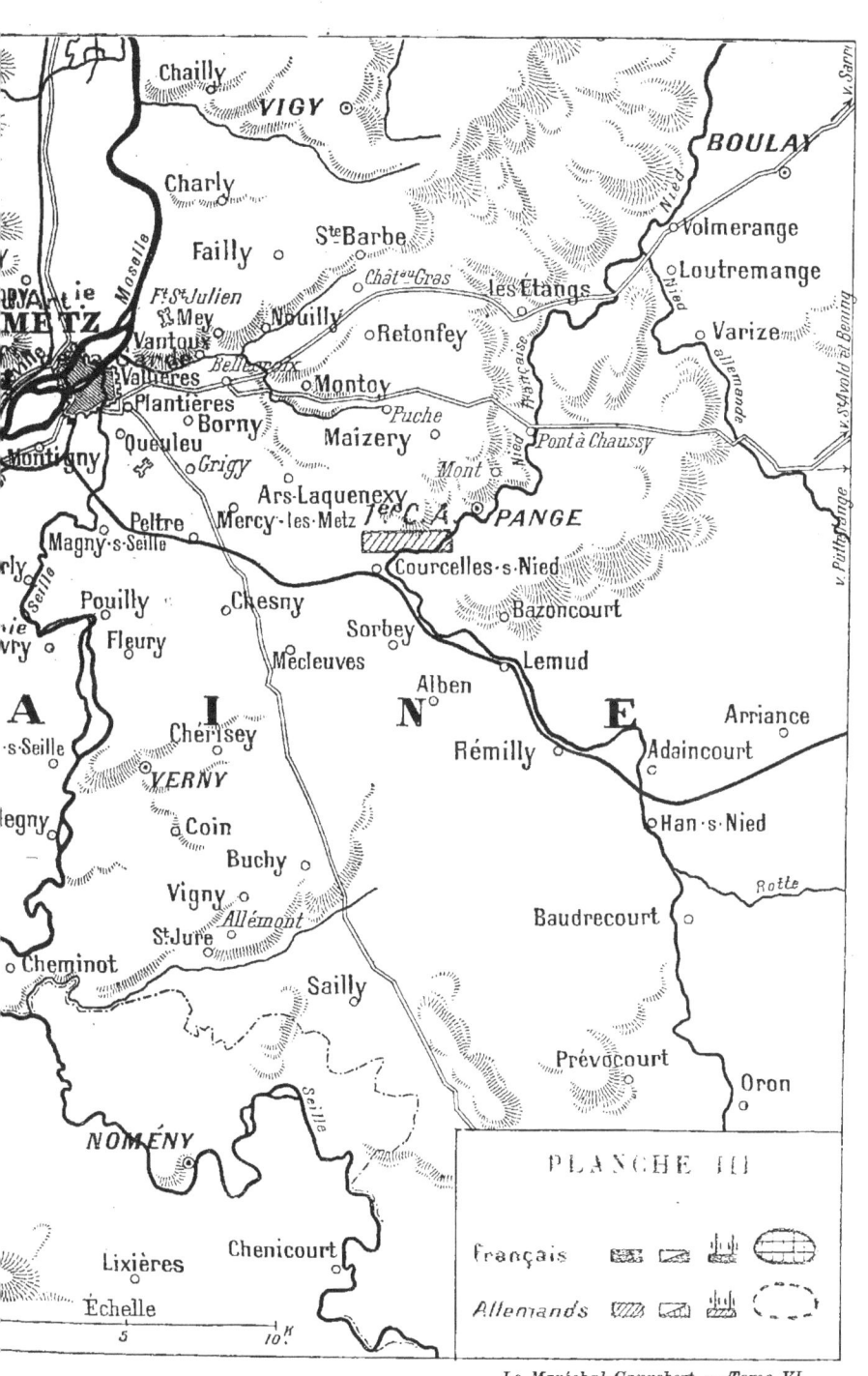

Le Maréchal Canrobert. — Tome VI.

CHAPITRE IX

LA SOIRÉE DU 17 A L'AILE GAUCHE ET A LA RÉSERVE. SENTIMENTS ET RÉFLEXIONS DE L'ARMÉE

Le général Frossard avait acquis avant midi la conviction que les Allemands nous attaqueraient soit dans la soirée, soit le lendemain. Les pertes subies par ses cadres, qui étaient réduits de plus de moitié, et l'abandon de positions qu'il jugeait utile d'occuper, mais qu'avait ordonné le maréchal Bazaine, lui causaient de l'inquiétude et du dépit. Vers une heure il parcourut le front de ses troupes et, avec son coup d'œil exercé, indiqua séance tenante les travaux à exécuter.

Il constitua une double ligne de tranchées-abris en faisant élargir et creuser les fossés de la route depuis le Point-du-Jour jusqu'au sud des carrières : il ordonna d'aplanir les pentes de ces carrières donnant de notre côté et de créneler les maisons placées au tournant de la route. En arrière, il indiqua l'emplacement de batteries avec vue sur la grande route de Gravelotte et sur les débouchés des bois.

Les deux compagnies divisionnaires du génie, aidées par des travailleurs de la ligne, eurent vivement réalisé ce programme des plus simples, et son corps d'armée présentait le lendemain une ligne redoutable avec des réserves massées hors de la vue de l'ennemi et prêtes à intervenir au moment opportun pour rejeter au loin les assaillants s'ils atteignaient ces défenses.

A l'extrême gauche, le général Lapasset, tout en laissant la portion principale de sa brigade sur l'éperon au nord-ouest de Rozerieulles pour se conformer aux ordres du maréchal Bazaine, poussa des grand'gardes au sud de la grande route à Sainte-Ruffine, à Jussy et sur les hauteurs dominant Vaux.

Au nord du 2e corps et au delà du Point-du-Jour était la division Aymard du 3e corps.

Le général Aymard, le 17 août vers une heure, en arrivant sur le terrain où il devait camper, demanda un bataillon pour aller occuper, à 600 mètres en avant, la ferme de Saint-Hubert, vaste bâtiment avec enclos et verger en bordure de la grande route.

Le commandant Bertrand du 1er bataillon du 80e, dont c'était le tour à marcher, était si occupé à aligner ses guides qu'il n'entendit pas le général Aymard. Le commandant Molière du 2e bataillon s'offrit alors et partit avec son monde au grand dépit des officiers du 1er bataillon.

« Pauvre commandant Bertrand, a écrit le capitaine Raynal de Tissonnière, l'avons-nous assez tracassé le soir, à la popote, au sujet de son zèle à aligner les guides! Le bataillon Molière se gobergeait maintenant à Saint-Hubert, y prenait toutes ses aises, et avait en abondance œufs, beurre, volailles, paille, vivres, même lits. Quel régal après quinze jours de privations! »

Dans le courant de l'après-midi, le lieutenant Marcy du génie vint à Saint-Hubert avec vingt-cinq sapeurs; il avait l'ordre de mettre les bâtiments en état de défense sans s'occuper des défenses extérieures. Le commandant Molière, vieil et brave officier, légendaire à cause de sa perruque, accueillit avec bienveillance son jeune camarade et lui donna une équipe de fantassins pour aider ses sapeurs.

Ayant indiqué les meurtrières et les passages à faire, le lieutenant Marcy fit remarquer au commandant Molière que la grande quantité de paille entassée dans les greniers et les granges constituait un danger d'incendie et le pressa vivement de profiter de la nuit pour mettre tout ce combustible dehors. En le quittant le soir pour rentrer à sa compagnie, l'officier du génie renouvela ses instances.

Au crépuscule, un groupe de cavaliers aux costumes les plus variés furent conduits au poste établi dans la ferme. Il y avait des Français et des Allemands : MM. Vidal et Beaudouin, de Paris, Gœtz, de Nancy, et un jeune Danois, le comte Sponek; puis le prince Edmond Radziwill, chapelain du prince Frédéric-Charles, le pasteur Gerlach et l'infirmier Jacobstœtter : ces messieurs apportaient avec eux le corps du général Marguenat, que l'on croyait être celui du général de Montaigu. Le lieutenant Pierre Bertrand du 80e, qui commandait le poste, malgré les explications de M. Vidal, prit tout ce monde pour des espions, les fit conduire sous bonne garde à l'état-major du maréchal Le Bœuf avec un rapport disant qu'ils avaient cherché à questionner ses hommes et demandant pour eux une stricte surveillance. Son avis fut trouvé juste : les six infirmiers et aumôniers, enfermés ensemble dans une grange de la ferme de Moscou avec le cadavre du général de Marguenat, ne furent délivrés que le lendemain matin.

Au Point-du-Jour, sur la grande route qui vient de Gravelotte, c'était un long et pénible défilé de voitures de blessés des deux nations et de cacolets; des écumeurs de champs de bataille se mêlaient aux infirmiers, traînant ou poussant des chevaux blessés ou abandonnés qu'ils avaient chargés de sacs remplis d'objets volés.

« Les chasseurs du 3ᵉ bataillon, nous dit le lieutenant Jean Picard, en arrêtèrent beaucoup. »

Vers 2 heures, les dernières troupes des 2ᵉ et 3ᵉ corps avaient établi leur camp, et les chefs de corps s'occupaient des mille détails de l'organisation ou de l'instruction de leur troupe; le colonel de Waldner, du 55ᵉ, entre autres, employa l'après-midi à apprendre à ses réservistes le maniement du chassepot.

Dans la plupart des camps on s'occupait de dresser les tentes, de se procurer un peu de paille et de foin pour se faire un lit; on se nettoyait et l'on préparait le repas pour le soir.

« Le ravin de Monveau, a écrit le capitaine Robert de France, présentait vers 3 ou 4 heures l'aspect le plus pittoresque : les bois fourmillent de soldats et le ruisseau est transformé en vaste lavoir. Partout des hommes lavant leurs chemises ou leurs effets, abattant du bois et préparant le repas du soir. Insouciants et sans préoccupation, ils ne pensent plus à la rude journée de la veille et aux fatigues des jours précédents. Tout au moment, au repos, aux soins de propreté, de toilette, du repas et de la couche pour le soir. On eût demandé l'impossible à de pareilles troupes! »

Par cette belle soirée d'été, sur le plateau cultivé de Moscou, avec la perspective d'un repas réconfortant et d'une nuit tranquille, la joie et la gaieté renaissent.

Quelques colonels font jouer leur musique et les soldats viennent l'entendre en foule.

Dans les états-majors on travaille. « Nous fûmes absorbés jusqu'à 8 heures du soir par les « fameuses propositions » , a écrit le capitaine Thomas.

« Je ne prévoyais rien de ce que l'avenir nous réservait. Nous étions bien près de Metz pour être attaqués dans nos lignes. L'ennemi devait avoir considérablement souffert. Il me semblait que, de part et d'autre, un repos de trois ou quatre jours allait être employé à réorganiser les cadres, ravitailler les troupes en vivres et en munitions, et qu'ensuite, par un effort général, nous nous dirigerions sur Verdun, distant seulement d'environ 50 kilomètres. La route d'Étain était encore libre et le chemin de fer par Thionville allait jusqu'à Paris. Je ne supposais même pas que notre armée pût être enfermée dans Metz. D'ailleurs, on nous avait dit que la ville n'était pas approvisionnée et depuis le 15 l'armée vivait à ses dépens. L'on n'avait pas de quoi subsister pendant plus de sept à huit jours.

« Ces reflexions ne firent que nous traverser l'esprit. Nous avions grande confiance dans la valeur de nos troupes. Nous devions donc refouler l'ennemi dès que nous en aurions l'occasion. »

Vers trois heures, l'intendant Friant, du 3ᵉ corps, vint rendre compte au maréchal Le Bœuf qu'il avait retrouvé à Metz le convoi laissé le 15, mais que le général Coffinières s'était opposé à ce qu'il en reprit possession. Le maréchal Le Bœuf l'envoya au maréchal Bazaine et celui-ci écrivit au général Coffinières : « On m'affirme que des ordres ont été donnés par vous pour empêcher la sortie des convois de la place. » Le général Coffinières répondit : « J'ai l'honneur de vous faire connaitre qu'aucun ordre n'a été donné... » Le convoi du 4ᵉ corps avait été retenu le matin et celui du 3ᵉ l'était dans l'après-midi. Qui trompait-on?

Vers 6 heures du soir, le maréchal Le Bœuf et le général Changarnier vinrent examiner l'horizon. Les colonels Saussier et de Launay s'approchèrent. On distinguait de la poussière et quelques cavaliers : on entendit deux salves de mitrailleuses tirées à quelques cents mètres en contre-bas. A ce moment le général Manèque, intervenant, insista auprès du maréchal Le Bœuf pour qu'il envoyât des pointes de cavalerie sur Gravelotte et la Malmaison : presque en même temps, le général de Rochebouët revint de Plappeville et raconta, devant le groupe des officiers présents, son entrevue avec le maréchal Bazaine. Le maréchal lui avait dit qu'il n'y avait plus à compter sur l'arsenal de Metz pour le réapprovisionnement de l'armée. Il lui avait annoncé la formation, sous les ordres du maréchal Mac-Mahon à Châlons, d'une armée de 50 à 60 000 hommes destinée à s'augmenter rapidement. « Nous considérions, a écrit le commandant Jamont, l'un des témoins de cette scène, la constitution de cette armée comme devant nous inciter à continuer notre marche par Verdun pour aller la rejoindre. »

Le jour baisse, le capitaine Alfred Danloux, des éclaireurs, part en reconnaissance; il s'avance sur la grande route, atteint Saint-Hubert; le peloton d'avant-garde, commandé par le lieutenant Picarel d'Assezat, passe le pont de la Mance, gravit la côte de Gravelotte, et tout d'un coup son sous-officier de pointe se heurte à quatre uhlans.

A la vue des Français, les Allemands font demi-tour et partent au galop. Presque aussitôt des paysans chassés de leurs villages et des charrettes de blessés se présentent. Aux questions du capitaine Danloux, ils disent que l'ennemi est en masse à Rezonville et qu'il occupe aussi Gravelotte. Il est impossible d'avancer et de gagner la Malmaison. Le capitaine Danloux reste en observation entre la Mance et Gravelotte.

Après une heure d'attente, ses vedettes signalent un bruit de voitures et l'une d'elles crie : « Qui vive? » — « Français », répond-on, et deux cavaliers, l'aumônier Meissas et l'aide-major Scrive, apparaissent dans l'obscurité ; ils annoncent 86 charrettes transportant 200 blessés : « Les Allemands, disent-ils, les font partir en vue d'une grande bataille. »

Un fermier du pays, ancien sous-officier de chasseurs à pied, accompagne le convoi : il raconte au capitaine Danloux qu'il a suivi les colonnes ennemies et que, parlant allemand, il a causé avec les traînards et les éclopés. Il donne les numéros de leurs régiments : il a su par eux l'arrivée du roi Guillaume : un ordre général a annoncé sa présence et il commandera demain dans la grande bataille qui doit terminer la guerre.

Muni de ces renseignements, le capitaine Danloux était à minuit au quartier général du général de Clérembaut. « Tout le monde dormait, a-t-il écrit, sauf le futur académicien, le lieutenant Albert de Mun. Le général, me dit-il, n'en pouvant plus de fatigue, a défendu de le réveiller pour quelque motif que ce soit. Au reste, vos renseignements sont tellement importants qu'il faut les transmettre immédiatement au corps d'armée. » Une lanterne allumée indiquait la tente du capitaine de Locmaria, de service pendant la nuit : le capitaine Danloux s'y rendit, exposa les faits à son camarade, écrivit un rapport sommaire qu'il lui laissa et rentra dans sa tente se coucher.

Le silence s'était fait, les feux allumés dans la soirée étaient éteints et quelques rares tisons brillaient encore de loin en loin, quand soudain le cri de : « Aux armes ! » partit des environs de Saint-Privat; « d'abord lointain, confus et faible, il se rapprocha du centre et arriva au Point-du-Jour à la gauche de l'armée, formidable, poussé par chacun avec violence.

« Les hommes, sortant de leurs tentes, se précipitèrent sur leurs faisceaux dans les tenues les plus incorrectes, a écrit le colonel de Waldner du 55ᵉ de ligne. Quelques coups de fusil se firent entendre; puis le calme se rétablit, les hommes replacèrent leurs armes où ils les avaient prises en répétant : « Il n'y a rien. »

« Ce nouveau cri alla en se perdant peu à peu et successivement jusqu'au point de départ du premier. On ne saurait mieux comparer cet effet, la nuit, qu'à une vague qui, partie du large, vient échouer à la plage pour retourner à son point de départ et disparaître. »

A la gauche, aux 2ᵉ et 3ᵉ corps, l'alerte fut de peu de durée; chacun se recoucha et put dormir jusqu'au matin. A la droite, au 6ᵉ corps, au contraire, les troupes, demeurées longtemps sur pied, ne reposèrent presque pas.

Derrière la ligne de bataille, orientée du sud-est au sud-ouest de Rozerieulles à Saint-Privat, la moitié de la cavalerie de l'armée a été bourrée dans l'échancrure qui sépare le plateau de Moscou de celui où s'élèvent les forts de Plappeville et de Saint-Quentin.

Treize régiments et cinq batteries à cheval se sont successivement engouffrés dans ce trou; les uns ont établi leur camp dans des champs de luzerne; ce sont les privilégiés; d'autres l'ont installé dans des vignes dont il faut arracher les piquets; une partie de la Garde est dans un marais.

L'installation faite, le premier sentiment est de goûter le repos et de préparer le repas. « Fatigués, éreintés, lisons-nous dans les notes du lieutenant de Laforcade du 1er dragons, nous accueillons avec enthousiasme une distribution de lard, mais, lorsqu'il s'agit de le manger avec la soupe, il est tellement rance que personne ne peut y toucher. »

Quant à la position du camp, « nous nous sentions parfaitement couverts, mais pensant au temps qu'il avait fallu pour aborder notre bivac, nous nous demandions par où et comment nous parviendrions à en sortir. »

Dans ces régiments serrés les uns contre les autres, les officiers, qui se connaissent presque tous, vont de l'un à l'autre, se retrouvent, échangent des nouvelles et s'informent des camarades.

« Quand je me reporte à cette soirée, m'a conté un officier du 7e dragons devenu général de division, je demeure stupéfait de la mentalité que nous avions alors, nous autres jeunes officiers; nous n'avions pas de termes assez énergiques pour maudire les Prussiens qui se tenaient toujours cachés dans les bois et n'osaient pas en sortir pour venir se mesurer face à face avec nous. C'était notre idée fixe et, ce soir-là, nous ne nous fîmes pas faute de l'exprimer à nos dragons. »

Dans cette armée il existait entre les soldats et leurs officiers un lien d'affection et d'estime qui se traduisait sans cesse par mille détails touchants. Ce soir-là le lieutenant de Laforcade, étant de grand'garde, parcourait la ligne de ses sentinelles, leur donnant des cigares et causant avec elles, pour les tenir éveillées malgré leurs fatigues : s'étant approché de l'un de ses dragons nommé Ruban : « Mon lieutenant, lui dit le soldat, nous sommes pays, permettez-moi de vous serrer la main et de vous prier, si j'étais tué, de parler quelquefois de moi à mes parents. »

Si la cavalerie était dans une cavité dont elle ne pouvait sortir, la Garde impériale, l'artillerie de réserve et les ponts de bateaux étaient sur la montagne du Saint-Quentin.

Des ponts sur une montagne! C'était un paradoxe; mais pourquoi mettre les réserves et l'artillerie de 12 sur les glacis des forts, derrière la position la plus solide de l'armée, position que ces forts et le cours de la Moselle rendaient inexpugnable?

L'infanterie de la Garde ne fut guère au haut du Saint-Quentin avant 3 heures et demie. Les plus anciens des zouaves, des grenadiers et des voltigeurs, ceux qui avaient fait la guerre, ne comprenaient pas la retraite et cherchaient à surprendre la pensée de leurs officiers à leur attitude ou à leurs paroles. « Je me cache sous ma tente pour éviter les questions et les regards anxieux de mes soldats, » a écrit le lieutenant Meyret du 1er voltigeurs.

Officiers d'artillerie de la Garde et de la réserve générale, du haut du Saint-Quentin, point culminant de la contrée, ont vite fait de se grouper et tant à l'œil nu qu'à la lorgnette, ils admirent le magnifique panorama qui se dégage à leurs pieds.

Un soleil radieux dore en se couchant les cimes des collines. On voit, toutes brillantes, les eaux de la Moselle et de la Seille et des centaines de villages aux clochers pointus : tout près, c'est Metz avec ses huit ponts et sa superbe cathédrale à la flèche si élégante. Ces officiers contemplent ces différents sites. Leur jeunesse s'est passée à les parcourir, ils en connaissent tous les aspects dont chacun leur rappelle mille souvenirs joyeux de leurs vingt ans lorsqu'ils sortaient de l'École polytechnique.

Vers 7 heures du soir, une canonnade s'échange entre le fort de Queuleu et des batteries allemandes éloignées d'environ une lieue : les coups se succèdent. Du Saint-Quentin on distingue les lames de feu et les nuages de fumée, mais on n'entend pas une détonation. « Et nous avons la naïveté de croire que ce sont les Prussiens qui repassent la Moselle », a noté un des officiers témoins de ce combat.

Le général Bourbaki vient de s'installer dans la maison du colonel d'artillerie Deville, quand on lui apporte un pli émanant de l'un de ses divisionnaires, le général Deligny.

A peine descendu de cheval le général Deligny a dicté au capitaine Blanchot, de son état-major, une lettre pour son chef direct où il le prie de ne plus permettre à l'avenir la dislocation de la Garde : ce corps d'élite forme une réserve, dont l'ensemble peut frapper un grand coup : si on l'use par petits paquets, son action sera nulle et l'on ne pourra pas décider la victoire par son intervention en masse.

Le général Bourbaki, très frappé de la communication de son lieutenant, pensait déjà à la transmettre au maréchal Bazaine, quand lui arriva l'ordre du grand quartier général d'envoyer en hâte un régiment au haut de Châtel-Saint-Germain : « S'il n'y a rien, ce régiment reviendra à son bivac; si demain le général Frossard était attaqué, le même régiment reprendrait sa position. » Ainsi s'exprimait le général en chef.

Aucun ordre ne pouvait en ce moment causer plus d'ennui au général Bourbaki. Si en effet ses relations avec son vieil ami le général Picard étaient intimes, avec le général Deligny elles se maintenaient aux rapports de service, d'autant plus que le général Deligny, convaincu, à juste titre, de sa valeur, jugeait souvent ses chefs en termes acerbes. Comment, après sa lettre, allait-il prendre ce nouvel ordre d'égrener la Garde?

Envoyer immédiatement des observations au maréchal Bazaine paraissait au général Bourbaki un refus déguisé d'obéissance. Il décida de patienter et de transmettre au général Deligny l'ordre tel qu'il l'avait reçu en y ajoutant cette ligne : « C'est le maréchal Bazaine qui désire tout cela. »

Dans Metz on était fort agité. On savait qu'une bataille avait eu lieu la veille, mais on n'en connaissait pas le résultat. Dans la soirée et toute la nuit, les blessés ne cessèrent d'affluer à la porte de France. On parlait, sans l'affirmer, de la présence du maréchal de Mac-Mahon sur le champ de bataille et mille récits fantaisistes couraient dans les cafés et sur l'Esplanade.

Le 17 le général Coffinières fit afficher une proclamation commençant par ces mots : « La bataille de Gravelotte a été glorieuse pour nos armées, l'ennemi a été vigoureusement repoussé... » Il demandait ensuite aux habitants de prendre chez eux des blessés. « Présentez-vous à la porte de France, par où ils arrivent, terminait-il, et recueillez chez vous les héros blessés de Gravelotte. »

Dans l'après-midi les journaux firent paraître des suppléments et comme ils ne savaient rien ils publièrent les cancans qui couraient les rues. « Les Prussiens sont sur le point de repasser la Moselle. » Ils parlaient aussi de l'arrivée opportune du maréchal de Mac-Mahon sur le champ de bataille : « Il aurait même coupé la retraite aux Prussiens », disait le *Courrier de la Moselle*.

De très bonne heure le général Coffinières avait tenu un conseil à son hôtel. Le général de Mecquenem, le colonel Salanson et le capitaine Fix y assistaient. Il demanda au général de Mecquenem quelles étaient les ressources en munitions de la place. La réponse fut telle, dit le lieutenant Fix, que le général Coffinières fit un soubresaut.

Le général de Mecquenem croyait ne plus avoir à l'arsenal qu'une réserve d'un million de cartouches. Il était mal renseigné : la place en avait encore dix millions pour son usage propre, sans compter celles des hommes comprenant la garnison. Ces dix millions de cartouches furent livrées aux Prussiens lors de la capitulation (exactement 9 833 844, tel est le chiffre donné sur l'état fourni par la direction de l'artillerie de la place de Metz).

Sans s'inquiéter outre mesure de cette prétendue

pénurie de munitions, le colonel de Girels, directeur de l'arsenal, a préparé dans la nuit un convoi de 80 voitures prêtes à se porter là où le général Soleille le prescrira. En véritable administrateur pratique, il laisse de côté les paperasses inutiles et quand des caissons vides viennent à l'arsenal, il ordonne de les remplir. Dans les quarante-huit heures qui suivent, il délivrera ainsi à l'armée 40 000 coups de canon pour remplacer ceux tirés depuis le 14.

La pénurie de munitions, rappelons-le encore, était une légende.

L'adjoint au colonel de Girels, le colonel Mauger, était comme lui un officier d'artillerie de haute valeur : il était chargé de l'armement des forts et déjà il avait mis en batterie 300 pièces suffisamment approvisionnées : à la fin du mois ce chiffre s'élèvera à 577.

Le 17 et le 18, il ne cessa de faire travailler sous ses yeux, et dans la soirée du 17, on acquit la preuve que le fort de Queuleu se trouvait dans un état satisfaisant.

Il était 5 heures et quart, lorsque trois batteries allemandes de campagne ouvrirent subitement le feu de Pouilly, de Peltre et de Mercy-le-Haut. Les premiers obus tombèrent dans les eaux de la Seille et dans des vignes, puis le tir se rectifia et fut dirigé sur le fort de Queuleu dont les pièces ripostèrent.

La canonnade dura une heure trois quarts : nous fîmes sauter un caisson à l'ennemi et de notre côté, sans la corniche d'une caserne qui en tombant tua un homme, nous n'aurions pas eu de pertes.

« Je présume, dit le chef d'escadron Toussaint, commandant l'artillerie du fort, que le feu, ouvert à l'heure de la soupe, avait pour but de favoriser le passage des colonnes ennemies *en retraite*. Nous avons tiré dans les bas-fonds nombre de coups qui ont dû gêner leur passage. »

Le chef d'escadron Robert, commandant du Saint-Quentin, voyait plus juste : « L'attaque du fort Queuleu, télégraphiait-il à 6 h. 40, paraît destinée à détourner l'attention des mouvements de troupes vers la Moselle. »

Toute la nuit le commandant Toussaint alluma les feux rouges pour troubler les Prussiens. « J'avais remarqué, écrivait-il le lendemain, que les Allemands se transmettent des signaux avec des feux rouges. J'en ai fait acheter et nous les avons allumés ; ils ont répondu sur toute la ligne. »

Dans la journée un train de 500 blessés avait été envoyé à Thionville et M. Scal, ingénieur de la Compagnie de l'Est, prolongeait une ligne jusque dans l'intérieur de la ville pour y amener les denrées et marchandises restées dans les voies de garage.

Quant à la population, elle se montrait admirable de dévouement. Toutes les familles, même les plus modestes, tenaient à honneur d'avoir chez elle un blessé à soigner. Les femmes et les jeunes filles se transformaient en gardes-malades. Jamais on ne dira assez le noble exemple que donnèrent alors les habitants de Metz. Nous aurons l'occasion d'en parler plus tard.

PLANCHE IV

POSITION DES DEUX ARMÉES
A 11 HEURES DU MATIN
LE 18 AOUT

L'armée française, sur les lignes Rozerieulles, Saint-Privat, Roncourt, n'a pas bougé.

L'armée allemande a commencé son grand mouvement de conversion à droite. Le VIIe corps, au pivot, est sur la route d'Ars-sur-Moselle à Gravelotte; le VIIIe à Rezonville, le IXe à l'est de Saint-Marcel, son avant-garde près d'atteindre Vernéville; la Garde à Doncourt, le XIIe (Saxons) à Jarny, à l'extrême gauche; en deuxième ligne, le IIIe à Vionville et le Xe à Tronville. La cavalerie saxonne est au nord de Conflans, du côté de Valleroy.

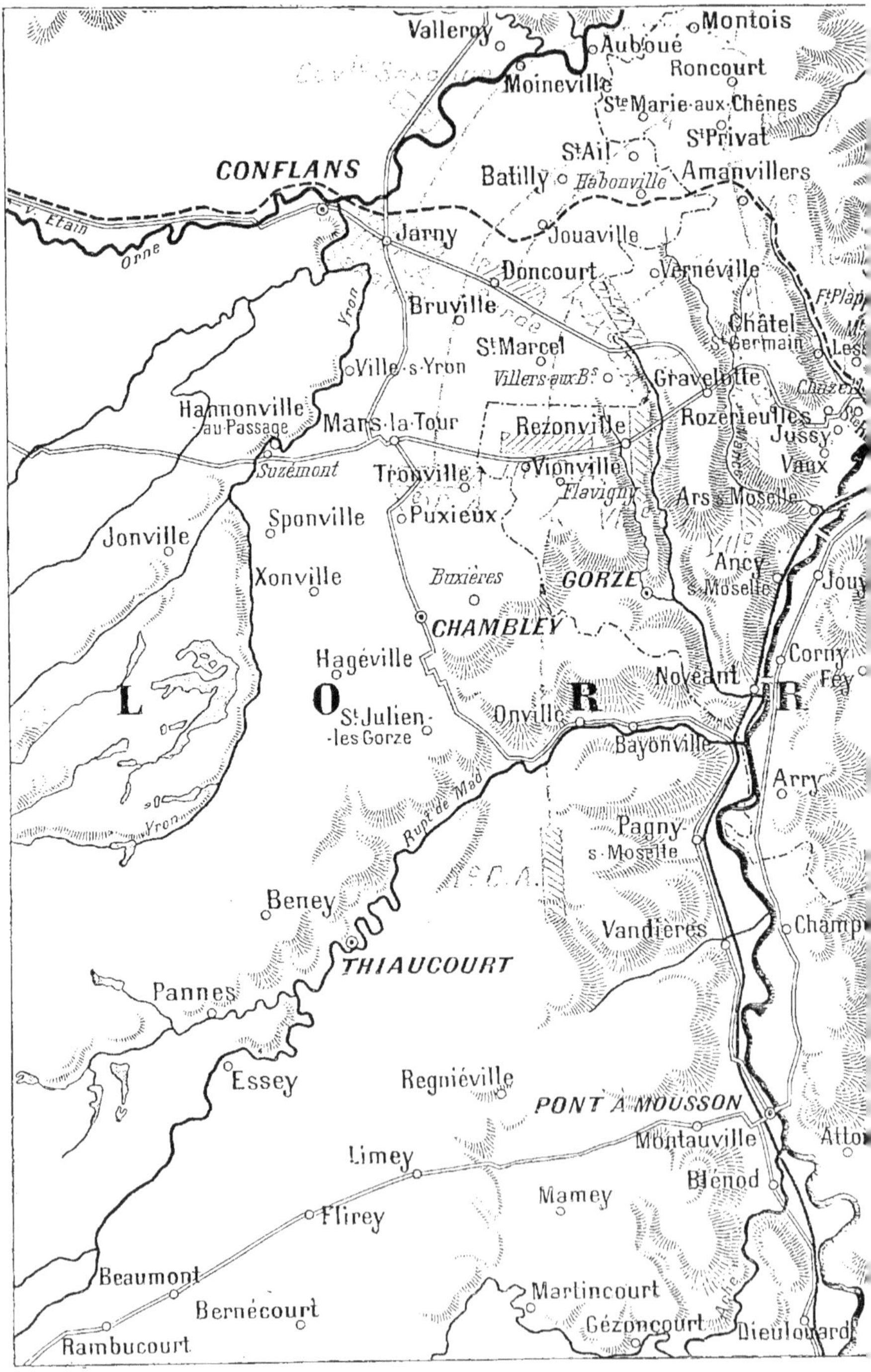
Valleroy
Montois
Auboué
Roncourt
Moineville
Ste Marie-aux-Chênes
St Privat
St Ail
Batilly
Habonville
Amanvillers
CONFLANS
Etain
Orne
Jarny
Jouaville
Doncourt
Vernéville
Bruville
Châtel
St Germain
Yron
St Marcel
Ville-s-Yron
Villers-aux-Bs
Gravelotte
Hannonville
au Passage
Mars-la-Tour
Rezonville
Rozerieulles
Jussy
Vaux
Suzémont
Tronville
Vionville
Flavigny
Ars-s-Moselle
Sponville
Puxieux
Jonville
Ancy
s-Moselle
Xonville
Buxières
GORZE
Jouy
CHAMBLEY
Corny
Hagéville
Novéant
Fey
L
O
R
R.
St Julien
-les Gorze
Onville
Bayonville
Rupt de Mad
Arry
Yron
Pagny
s-Moselle
Beney
Vandières
THIAUCOURT
Pannes
Essey
Regniéville
PONT A MOUSSON
Montauville
Limey
Blénod
Mamey
Flirey
Beaumont
Martincourt
Bernécourt
Gézoncourt
Dieulouard
Rambucourt

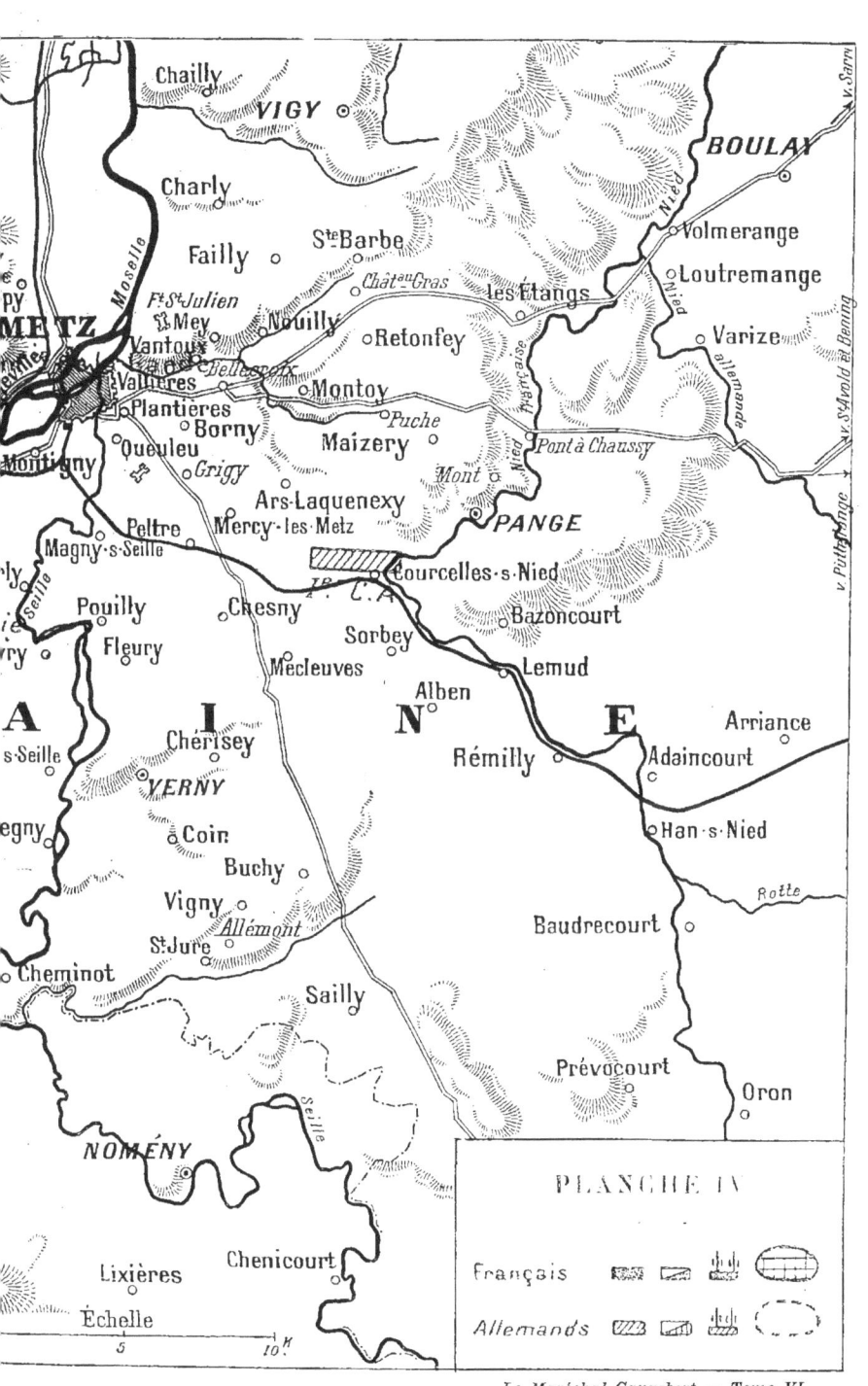

PLANCHE IV

Le Maréchal Canrobert. — Tome VI.

LIVRE II

CHAPITRE PREMIER

L'ARMÉE ALLEMANDE DANS LA MATINÉE DU 18 AOUT

L'ordre du maréchal de Moltke du 17 août est de rechercher l'armée française et de la battre là où on la rencontrera. Si elle est en retraite vers le nord, on l'acculera à la frontière; si elle s'est retirée sur Metz, on l'y enfermera.

Mais laquelle de ces deux directions ont suivi les Français? L'état-major allemand l'ignore.

Les reconnaissances de cavalerie dans la journée du 17 ont été si mollement conduites qu'elles n'ont rapporté aucun renseignement.

A l'extrême droite allemande, le VIIe corps n'a pas perdu contact, du côté du bois de Vaux, avec les avant-postes du 2e corps et de temps en temps les sentinelles échangent des coups de fusil, mais les Allemands croient avoir affaire à une arrière-garde ou à un détachement peu nombreux.

Sur la longue arête en amphithéâtre qui s'étend du Point-du-Jour à Saint-Privat, nos tentes se détachent en blanc sur le sol ; à la nuit, nos feux brillent par milliers ; dans la soirée et au réveil, nos tambours, nos clairons et nos musiques battent, sonnent et jouent. L'armée allemande, aux écoutes et aux aguets, ne voit rien et n'entend rien. Jusqu'à 10 heures et demie du matin, le 18, quoiqu'elle eût interrogé ses blessés et les nôtres restés dans les villages abandonnés par nous, elle ne peut découvrir où s'est portée cette masse de 150 000 hommes.

Il n'y a rien là d'étonnant : à Briey et à Étain, distants de quelques kilomètres du champ de bataille de Rezonville, on ne connaît pas encore le résultat de l'action et le sous-préfet comme le maire sont incapables de donner des renseignements au gouvernement.

A la guerre, sur le terrain même des événements, on ne sait souvent rien et c'est très longtemps après l'accomplissement des faits que l'on est fixé.

Au lever du jour le 18 août, l'armée allemande occupe une ligne de 19 kilomètres d'étendue, d'Ars à Hannonville, faisant face au nord. — Voir pl. III.

Le prince Frédéric-Charles, à 5 heures, donne ses instructions verbales à ses commandants de corps. « La 2e armée a la mission de rejeter l'ennemi hors de sa direction de retraite (Verdun) et *de le battre là où il se trouve.* » Dans cette phrase est défini le but auquel chacun devra tendre.

Le prince prescrit en conséquence une marche en échelons l'aile gauche en avant, sorte de conversion sur l'aile droite formée des VIIe et VIIIe corps à Ars et à Gorze.

A 8 heures et demie, cette conversion est en cours d'exécution et l'armée allemande, orientée au réveil vers le nord, occupe maintenant de Vaux à Jarny une ligne qui fait face au nord-est. L'état-major n'a pas pu encore savoir où sont les Français et dans l'incertitude où il est, il suspend le mouvement commencé.

Vers 10 heures et demie, la présence de l'armée française sur le plateau de Moscou est enfin reconnue. Mais jusqu'où s'étend sa ligne? Jusqu'à la Folie ou à Montigny-la-Grange, croit le maréchal de Moltke; et sans attendre, il prescrit au général de Manstein, commandant du IXe corps, de quitter la Caulre, où il est, pour attaquer les Français à la Folie si leur droite ne s'étend pas au delà.

La cavalerie allemande, surtout celle des Saxons, a multiplié ses reconnaissances et fini par acquérir la certitude du prolongement de la ligne française au delà de Saint-Privat jusqu'à Roncourt.

Ce renseignement est transmis en même temps au prince Frédéric-Charles, au prince royal de Saxe, commandant le XIIe corps, et au prince de Wurtemberg, commandant la garde.

La position des Français connue, l'arrêt ordonné à 8 h. 1/2 n'a plus de raison d'être et les deux princes se mettent aussitôt en marche sur Moineville et Valleroy, vers le nord-est, pour déborder les Français. En route ils reçoivent de nouveaux ordres du prince Frédéric-Charles leur prescrivant de gagner Amanvillers et Sainte-Marie-aux-Chênes; ils les considèrent comme non avenus, le prince les ayant dictés avant d'être fixé sur les positions françaises, qu'ils savent beaucoup plus étendues qu'il ne le supposait, et ils continuent leur grand mouvement convergent vers le nord. Ils ne s'attachent pas à la lettre mais à l'esprit des instructions du prince Frédéric-Charles : ils font preuve d'initiative et agissent rationnellement.

Le général de Manstein ne montre pas la même perspicacité : à peine a-t-il reçu l'avis d'attaquer qu'il court avec une impatience non déguisée à la hauteur du télégraphe au sud-ouest de Verneville et constate à la lorgnette la présence des Français. Il les croyait en retraite et déjà loin ; il laisse déborder sa joie.

« Ils ne sont pas encore partis, s'écrie-t-il ; ils font la soupe... ils n'ont pas d'avant-postes... » sans s'assurer de l'étendue de notre ligne, comme il lui est prescrit, et quoiqu'il n'ait que peu de monde, il ordonne à la seule batterie sous sa main, de commencer à tirer et il engage la bataille : il est 11 h. 50.

CHAPITRE II

L'ARMÉE FRANÇAISE DANS LA MATINÉE DU 18 AOUT

De l'armée allemande venons à nos camps et parcourons-les de la gauche à la droite. Le 2e corps est en demi-cercle autour du Point-du-Jour et de Rozerieulles : son extrême gauche est formée par la brigade Lapasset placée sur l'éperon de Rozerieulles avec des grand'-gardes à Sainte-Ruffine et à Jussy surveillant le cours de la Moselle : à sa droite, la division Vergé est déployée le long de la grande route depuis la pointe sud des carrières jusqu'au Point-du Jour et ses grand'gardes ont des sentinelles jusqu'aux bas-fonds boisés de la Mance.

En arrière de la ligne de combat, la division Fauvart-Bastoul est campée le long de la voie romaine.

Au milieu des tentes blanches s'allument des feux et on creuse des tranchées devant le camp.

Ce corps de 20 000 hommes est resserré sur un espace d'un kilomètre carré : ses troupes ne peuvent guère se mouvoir et son front de combat serait à peine suffisant pour son artillerie si on la déployait. C'est le maréchal Bazaine qui en a ordonné ainsi.

L'état-major est dans la vallée de Monveau à Châtel-Saint-Germain.

Les troupes du 2e corps — quoique beaucoup d'entre elles eussent perdu leurs sacs et leurs ustensiles de cuisine — s'étaient reposées la veille depuis midi, avaient mangé et passé une nuit relativement tranquille. Ces troupes furent ce jour-là à la hauteur de leur tâche et elles eussent pu même remporter la victoire si on leur eût ordonné l'offensive.

Au lever du jour, les postes avancés signalèrent la présence de grand'gardes ennemies à leur portée et des coups de feu commencèrent à s'échanger.

Des blessés, des paysans et des gens qui revenaient de Gravelotte et des villages avoisinants donnaient des détails identiques à ceux rapportés la veille au 3ᵉ corps par le capitaine Alf. Danloux. Des uhlans et des hussards prussiens étaient venus la veille au soir à Gravelotte au moment où l'on sonnait l'angélus. Ils avaient menacé de tuer le curé et de mettre le feu au village si les cloches ne se taisaient immédiatement. A Mogador, un officier de uhlans était venu prévenir le docteur Roudet d'avoir à faire sortir les blessés des bâtiments de la ferme. Grâce au major baron de Heister, qui avait pris les blessés français sous sa protection, on avait pu les ramener au petit jour dans nos lignes. Des habitants de Vaux et d'Ars parlaient de masses allemandes, infanterie, artillerie et cavalerie, en marche sur Gravelotte et une poussière considérable qui s'élevait au-dessus des ravins d'Ars et de Gorze confirmait leurs dires. Les Allemands attaqueraient vraisemblablement vers midi.

Le général Frossard fit prévenir le maréchal Bazaine des mouvements de l'ennemi par le capitaine Parisot de son état-major et modifia ses premières dispositions : il ordonna de creuser de nouvelles tranchées, envoya le capitaine Barbary, du génie, à la recherche du parc égaré du côté de Metz et remplaça au Point-du-Jour deux batteries de 4, de portée trop restreinte, par ses deux batteries de 12.

Vers 9 heures, le colonel de Cools le priait d'assigner à sa cavalerie un autre bivac moins dangereux que celui du fond de Longeau; quelques minutes après, le capitaine Guioth, de l'état-major général, venait s'informer de la part du général Jarras de ce qui s'était passé au 2° corps pendant la nuit.

Le général Frossard profita de la présence d'un officier de l'état-major général pour faire demander au maréchal Bazaine l'autorisation de déplacer sa cavalerie et insista encore sur la nécessité immédiate de la reconstitution de ses cadres

« Ses troupes avaient beaucoup souffert, ses chefs de corps étaient presque tous tués ou blessés et dans le cas où une affaire sérieuse aurait lieu, les officiers restants n'étaient pas certains de la solidité de leurs hommes. »

Le général Frossard fit en dernier lieu une critique très juste de la position de l'armée. La plupart des troupes étaient concentrées, artillerie, infanterie et cavalerie, sur le point le plus fort et si serrées les unes contre les autres qu'elles ne pouvaient évoluer, tandis que la droite, privée de réserves, demeurait à découvert et pouvait être tournée.

Devant Gravelotte et du côté des bois de Vaux, la fusillade ennemie, commencée dès 8 heures, prit plus d'intensité vers 10 heures et demie : on tira même quelques coups de canon à 10 heures et quart.

Au contraire, dans la direction du nord, au 3° corps, tout demeura silencieux pendant la matinée.

Les soldats s'occupaient de faire la soupe et de mettre leurs armes en état; dans la cavalerie et l'artillerie on envoyait les chevaux boire aux ruisseaux les plus rapprochés.

A 4 heures et demie du matin, le maréchal Le Bœuf résuma dans une lettre les renseignements importants apportés durant la nuit par le capitaine Danloux : occupation de Gravelotte par l'ennemi et présence du roi de Prusse à l'armée. Avant 6 heures le lieutenant Petit de Coupray remettait cette lettre en mains propres au maréchal Bazaine.

L'état-major de la division Montaudon fut le premier à apercevoir de « fortes masses à l'ouest de Gravelotte », et « à s'attendre à être attaqué ». Il était entre 5 et 6 heures du matin. Aussitôt le général Montaudon mit en observation plusieurs officiers sur des points dominants et envoya en reconnaissance sur Verneville et Bagneux deux pelotons de l'escadron du 10ᵉ chasseurs mis à sa disposition. Le commandant Jamont était présent et parlait avec le lieutenant-colonel Fourgous, commandant l'artillerie de la division Montaudon. A peine eut-il vu, avec les autres officiers, le mouvement de l'ennemi, qu'il courut au colonel de Bar, directeur du parc du 3ᵉ corps, et l'engagea à emmener ses voitures chargées de munitions qui étaient sur le plateau tout près du ravin. Le colonel de Bar suivit l'avis, et deux heures après tous ses caissons étaient à l'abri dans la vallée de Châtel-Saint-Germain.

Rentré au quartier général du 3ᵉ corps, à *l'Arbre mort*, le commandant Jamont trouva tous ses camarades occupés à suivre la marche de l'ennemi au delà de Gravelotte. Ses colonnes s'avançaient, comme au champ de Mars, et semblaient se diriger sur Saint-Marcel obliquement à notre ligne de bataille : à la lorgnette on distinguait les officiers à cheval et les groupes d'artillerie intercalés dans l'infanterie.

« Le soleil faisait miroiter la pointe des casques et les armes, a écrit le capitaine Danloux ; peut-être même ce scintillement nous faisait-il voir des masses encore plus considérables qu'elles n'étaient. A la jumelle nous distinguions, plus loin vers l'est, de la poussière soulevée par d'autres colonnes suivant une direction parallèle à celles qui étaient devant nous non loin de Gravelotte. Celles-ci étaient si visibles à l'œil nu que des soldats autour de moi disaient : « Qu'est-ce qu'on attend pour tomber sur ces cochons-là qui se fichent de nous ! »

A la vue de la marche de l'armée allemande, le maréchal Le Bœuf et le général Manèque s'entendent sur les mesures à prendre. Le général Manèque, le 15 au matin, avait accueilli sèchement le maréchal Le Bœuf lorsqu'il venait prendre le commandement du 3e corps, mais ces deux natures loyales et ouvertes s'étaient vite comprises et rapprochées. Le maréchal et son chef d'état-major agissaient, dès le lendemain, dans une entente parfaite et avec une confiance réciproque.

Le maréchal Le Bœuf et le général Manèque firent partir en reconnaissance sur Verneville et la Malmaison les escadrons du 3e chasseurs des capitaines d'Urbal et Scheurer. Une heure après, deux pelotons sous les ordres des lieutenants de Mareschal et de Monspey se heurtaient à des uhlans dans le bois des

Génivaux et voyaient des troupes allemandes se dirigeant sur Saint-Marcel.

Ces détails, rapportés à l'état-major du 3ᵉ corps, coïncidaient avec la marche en avant des VIIIᵉ et IXᵉ corps allemands; le maréchal Le Bœuf envoya le lieutenant de Brem prévenir le maréchal Bazaine. Peu d'instants après, l'ennemi s'approchant de Gravelotte, il fit porter à Plappeville par son neveu, le lieutenant Petit de Coupray, un nouveau billet où il parlait « de forces ennemies considérables en marche sur Gravelotte »; « il semble, terminait-il, qu'une affaire se prépare pour aujourd'hui. »

Le lieutenant de Brem, aussitôt de retour, était envoyé par le maréchal Le Bœuf à Amanvillers et Saint-Privat prévenir le général de Ladmirault et le maréchal Canrobert de ce qui se passait.

Des ordres étaient aussi donnés à chacune des divisions du 3ᵉ corps de lever leurs camps, de rouler leurs tentes et de prendre les armes : les compagnies du génie devaient établir des retranchements sur la crête, élever des abris pour les batteries et mettre en état de défense les fermes de Leipzig et de Moscou.

Les troupes se formèrent avec calme et le général de Clérembaut fut seul à s'affoler. Courant devant le front de ses dragons et de ses chasseurs, il leur cria en gesticulant : « Dépêchez-vous et chargez vos carabines si vous ne voulez pas être surpris. » Il n'y avait aucun ennemi; le général eut le temps de se calmer et sa division de cavalerie, après être montée à cheval sans précipitation, vint se placer derrière la soudure des 3ᵉ et 4ᵉ corps.

Sous la direction du général Viala, les différentes

compagnies du génie se sont mises à l'œuvre et partout on creuse la terre, on perce des meurtrières et l'on fait des passages dans des murs.

Le lieutenant de Lardemelle est envoyé presser l'évacuation de Moscou pour permettre aux sapeurs de commencer leurs travaux.

« Quand j'arrivai, a-t-il écrit, je trouvai le fermier dans sa cuisine, et je le prévins d'avoir à emmener bêtes et gens : il m'avisa de la présence d'un général et me montra la porte de sa chambre. Je frappai et je me trouvai devant le général Changarnier occupé à s'habiller ; à ma communication il me répondit « C'est bien. Le temps de mettre ma perruque et je m'en vais. »
« Mais, me dit alors le fermier, il y a encore un autre général, seulement il est mort, que faut-il en faire ? »
Il me conduisit à un petit réduit qui lui servait de maréchalerie et je vis un cadavre sur une botte de paille. On le laissa là. » Peu de temps après, le prince Edmond Radziwill, le pasteur Gerlach et trois délégués de la Croix Rouge qui l'avaient amené la veille et que l'on avait gardés prisonniers pendant la nuit, l'emportèrent à Plappeville sur l'ordre du maréchal Le Bœuf.

Le général Viala du génie, cherchant à élargir le champ de tir des batteries dont il construisait les épaulements, ordonna d'essayer d'incendier le bois des Génivaux.

Des corvées du 90e, dirigées par le colonel de Courcy, amenèrent des bottes de paille et y mirent le feu : ce fut peine perdue, le taillis ne s'alluma pas. Ne pouvant détruire le bois, le colonel de Courcy le fit occuper : à la pointe nord, par un bataillon du 69e ; au centre, par son régiment, le 90ᵉ; à la gauche, par le 7ᵉ bataillon de chasseurs.

Le bataillon du 69ᵉ conduit par le colonel Letourneur longea le fourré par le nord ; il était si épais et si rempli d'épines qu'on ne pouvait y pénétrer : en tournant à la pointe du bois, son bataillon se heurta à un détachement prussien.

Les deux troupes s'arrêtèrent, se regardèrent, reculèrent de quelques pas, puis une fusillade, partie du bois de la Charmoise occupé par nous, atteignit les deux partis et leur fit simultanément rebrousser chemin.

Le 7ᵉ bataillon de chasseurs avait pendant ce temps occupé la lisière du bois des Génivaux dans sa partie sud.

Le 7ᵉ et le 18ᵉ bataillons de chasseurs appartenaient tous deux au 3ᵉ corps et étaient commandés par deux officiers du nom de Rigaud. Le Rigaud du 18ᵉ avait longtemps servi aux zouaves et s'y était acquis, par de nombreux actes de courage, une réputation de bravoure et d'énergie universelle dans toute l'armée. Depuis le siège de Puebla, on le désignait généralement par le nom de « Rigaud la lanterne », parce que, dans l'obscurité des « quadres », il s'attachait une lanterne allumée sur la poitrine pour que les zouaves ne le perdissent point de vue. Le commandant Rigaud chargé d'occuper le sud du bois des Génivaux n'était pas « Rigaud la lanterne ». Il comprit sans doute mal les ordres du colonel de Courcy, n'occupa pas la lisière du bois, et quand les Prussiens se présentèrent ils y pénétrèrent sans recevoir un coup de fusil.

De grand matin, le lieutenant Marcy, était retourné

à la ferme Saint-Hubert finir les travaux de défense ; il constata que, malgré ses observations de la veille, la paille était restée dans les bâtiments. Quand le commandant Molière avait voulu la faire enlever, le fermier et la fermière enfermés dans leur cave en sortirent et vinrent supplier qu'on ne les privât pas de leur bien. Le commandant ne résista pas à leurs larmes, et dans la journée cette paille amena l'incendie d'un des bâtiments.

Le général Montaudon avait, aussitôt après avoir distingué les mouvements des Allemands, envoyé les deux pelotons des lieutenants Javac de Lagarde et Champagne de La Briolle, du 10e chasseurs, du côté de Verneville : ils revinrent après s'être heurtés, du côté du *télégraphe,* à des cavaliers allemands sortant de Bagneux ; en même temps, le capitaine adjudant-major Mouton du 62e prévenait le général Montaudon que l'on voyait maintenant de l'infanterie se diriger sur Verneville.

Le général Montaudon gagna, avec le colonel Follope, un endroit où, par une percée dans les bois, on voyait en arrière de Verneville et, à la lorgnette, il constata les mouvements qui lui étaient signalés. Jugeant nécessaire d'aviser le général de Ladmirault, il lui envoya son aide de camp, le capitaine Haillot. Une demi-heure après, le capitaine Haillot de retour affirmait au général Montaudon qu'au 4e corps on n'avait pas accordé grande attention à ses avertissements, et qu'aucune précaution n'était prise en vue d'une bataille.

Pour dissiper toute équivoque le général Montaudon fit partir successivement à une demi-heure d'intervalle le capitaine Lahalle et le lieutenant Penaud, de son état-major. Le général Osmont était à table quand ils se présentèrent : il sortit de la ferme de Montigny, la serviette à la main, et assura les deux officiers que le général de Ladmirault allait prévenir ses divisionnaires.

A Plappeville, le lieutenant Petit de Coupray avait remis le billet de son oncle au maréchal Bazaine et il sortait de la villa Bouteiller quand il rencontra le capitaine Guioth qui se rendait auprès du maréchal Le Bœuf et du général Frossard.

Ayant à aller tous deux à l'*Arbre mort*, ils firent route ensemble et causèrent. Le maréchal Bazaine, dit le capitaine Guioth à son compagnon, gardait avec un soin jaloux les télégrammes et les renseignements : son cabinet était seul au courant de ses projets et des événements, tandis que l'état-major général demeurait dans une ignorance complète.

Le capitaine Guioth était auprès du maréchal Le Bœuf à 9 heures. « Je le trouvai à cheval, a-t-il déclaré, donnant des ordres... il me fit connaître que son ravitaillement avait été gêné par l'étroitesse du chemin de Lessy. Il me chargea de dire au maréchal Bazaine qu'il faisait avancer son corps d'armée par échelons, de façon à occuper le bois des Génivaux. »

En quittant le maréchal Le Bœuf, le capitaine Guioth parcourut le front des 3ᵉ et 2ᵉ corps et se rendit à Châtel-Saint-Germain, où il eut avec les généraux Frossard et Saget une conversation que nous avons déjà reproduite d'après ses souvenirs.

On continua les travaux sur tout le front du 3ᵉ corps d'armée jusqu'au moment où commença l'action. Grâce à ces défenses, les troupes sous les ordres du maréchal Le Bœuf eurent peu de pertes à subir durant la bataille.

CHAPITRE III

LE 4ᵉ CORPS DANS LA MATINÉE DU 18 AOUT

Le 4ᵉ corps s'étendait sur un front d'environ 3 kilomètres de Montigny-la-Grange à un kilomètre au sud de Saint-Privat. En première ligne étaient, à gauche, la division Grenier campée sur l'espace compris entre Montigny et Amanvillers, et à droite, au nord d'Amanvillers, la division de Cissey qui se reliait au 6ᵉ corps. En seconde ligne, derrière Amanvillers, se trouvait la division de cavalerie, et à 1 500 mètres vers l'est, dans la clairière des bois de Saulny, entre la ferme Saint-Maurice et celle de Saint-Vincent, campait la division Lorencez.

La division Grenier faisait face à l'ouest; la division Cissey avait ses deux brigades dos à dos; l'une regardant l'ennemi, l'autre tournée vers Metz. La division Lorencez était aussi orientée du côté de Metz.

Les divisions de première ligne eurent une nuit agitée. A tout instant des détachements perdus, des traînards, des maraudeurs du 6ᵉ corps et des égarés à la recherche de leurs bivacs, étaient venus butter dans les faisceaux ou les tentes et tirer les dormeurs de leur sommeil. A plusieurs reprises, il y eut des alertes. On cria : « Aux armes! » et les hommes, courant aux faisceaux, se rangèrent derrière.

A la division Grenier, des plantons allèrent réveiller les chefs de corps en pleine nuit, pour leur réclamer les rapports sur la bataille de l'avant-veille et des listes de propositions d'avancement.

L'ordre général du maréchal Bazaine en date du 17 fut sans doute apporté à Montigny-la-Grange, où était le quartier général du 4ᵉ corps, à une heure avancée, et le lendemain vers 5 heures, le général de Ladmirault en faisait une paraphrase pour ses généraux de division.

« Les soins du maréchal commandant en chef, disait-il, tendent à arriver à une avance de quatre jours de vivres dans le sac. Les munitions seront complétées... je vous prie de me faire connaitre vos besoins en effets de campement, chaussures, etc. Le maréchal commandant en chef désire qu'on profite *du temps que nous consacrerons à cette opération pour* que les armes soient nettoyées...

« Dans leur nouvelle position les troupes devront exécuter les travaux de défense nécessaires pour s'y établir *solidement*. Il y aura lieu de reconnaitre les communications en arrière... » Un peu plus tard un nouvel ordre prescrivait de mettre à la disposition de l'intendance tous les moyens de transport dont disposaient les corps (voitures à quatre ou à deux roues).

Ces deux ordres furent considérés comme l'annonce d'une journée de repos. On avait donc le temps de se retourner et personne, pas même le général Prudon, commandant le génie du 4ᵉ corps, n'interpréta l'ordre du général de Ladmirault du 18 au matin comme prescrivant l'ouverture de tranchées séance tenante.

Dans tous les corps de troupes on s'occupa des

corvées ; la plus importante fut celle de l'eau ; il fallait courir au loin pour s'en procurer. La cavalerie et l'artillerie envoyèrent les chevaux dans les directions les plus divergentes ; quelques batteries allèrent à Verneville, aux fermes de Champenois et de l'Envie. D'autres descendirent dans le ravin de Châtel où le 3ᵉ corps avait déjà organisé des abreuvoirs.

Les blessés demeurés à leur corps se faisaient panser ; on coupait du bois, on s'efforçait de trouver de la viande et du pain et quand on s'en était procuré, on allumait des feux pour faire cuire la soupe.

Dans chaque camp règne l'animation ordinaire des jours de repos. Dans les états-majors du corps d'armée et des divisions, les officiers travaillent sans répit à l'établissement des propositions d'avancement et des plantons courent réclamer aux chefs de corps les pièces à l'appui.

Au 2ᵉ hussards, où la plupart des officiers et des cavaliers ont reçu l'avant-veille des estafilades plus ou moins profondes, les officiers se réunissent vers 8 heures pour assister à la vente des effets du capitaine Jouvenot tué le 9 août. « Jumelle, l'officier payeur, la tête enveloppée de linges, — il a reçu deux coups de sabre le 16, — la dirige. »

Les enchères sont vives sur les dix cartes entoilées de Metz et des environs trouvées dans la cantine du capitaine.

Le lieutenant d'Astanières les pousse contre le sous-lieutenant de Seroux et elles sont adjugées à ce dernier 125 francs !

A l'état-major de la division de cavalerie, dont tous les officiers, sauf un, sont blessés, « on se berce de l'espoir d'une journée tranquille et d'une bonne nuit dans une maison. » On déjeune. Le capitaine d'état-major Meynier, la tête couturée de coups de sabre et couverte de bandages, a invité son camarade, le capitaine des Garets, également blessé la veille d'une balle qui lui a traversé la cuisse. Le repas est gai ; on ne pense plus à ses blessures, mais à peine a-t-on fini que le colonel Campenon invite ses officiers en termes énergiques, comme il en use d'ordinaire, à reprendre le travail de bureau.

La même quiétude règne à l'état-major du génie. « Je vais à Amanvillers acheter une poule, » lisons-nous sur le carnet du lieutenant Joly, de la compagnie de réserve du corps d'armée. Le général Prudon traite ses officiers et leur fait des recommandations : « Nous allons rester ici quelques jours, dit-il. Vous aurez le temps d'étudier le terrain et de le fortifier ; mais avant tout, pressez l'établissement des propositions d'avancement. »

La division Lorencez, entourée de bois à 2 kilomètres en arrière, a eu la chance de n'être point réveillée par l'alerte qui a mis toute la ligne de bataille sens dessus dessous. Elle est durant la matinée sans avis et au repos.

Le général de Cissey visite les blessés de sa division. Il demande son sous-intendant, M. Bouvard. On le cherche longtemps : on le trouve enfin à l'église où il venait de communier et de servir la messe à l'abbé Grosmaire, l'aumônier de la division.

M. Bouvard est l'une des personnalités les plus originales de l'armée du Rhin : bel homme avec des traits réguliers, son regard inspiré, sa longue barbe et ses cheveux tout blancs lui donnent un air d'apôtre : il est au reste d'un mysticisme exalté. Une de ses particularités est de ne jamais vouloir parler administration : « Ce fonctionnaire brouillon, ainsi le qualifie le général de Cissey, d'une intrépidité extraordinaire, fruit d'un profond sentiment religieux, ne cesse de parcourir le champ de bataille pour relever les blessés. »

A 10 heures on transmet aux troupes l'ordre de décharger les bagages, de les mettre à terre et d'envoyer les voitures régimentaires chercher des vivres. C'est une preuve de sécurité complète. La confiance s'accroît encore quand l'on voit, vers 10 heures et demie, le convoi du corps d'armée déboucher en arrière d'Amanvillers et les distributions commencer aussitôt.

A 10 heures et demie, le général de Ladmirault disait au capitaine Longuet, aide de camp du général Legrand tué la veille, « qu'il croyait qu'il n'y aurait rien. »

Le général de Ladmirault et son chef d'état-major le général Osmont se supposaient entièrement couverts par le 6º corps, ignorant encore que le maréchal Canrobert s'était rendu la veille au soir de Verneville à Saint-Privat.

Un tel fait paraîtra invraisemblable ; il est cependant positif et montre combien souvent à la guerre on est dans une ignorance complète de ce qui se passe presque sous vos yeux.

Ainsi, la veille, toute une division du 4º corps, celle du général Lorencez, a défilé le long du chemin de fer devant les têtes de colonnes du 6º corps en leur barrant le chemin ; un peu plus tard le général de Cissey a été obligé de bouleverser ses bivacs à cause de l'arrivée du 6ᵉ corps à Saint-Privat; il a même eu à ce sujet une altercation avec les commandants Louclas et Roussel, aide de camp et officier de l'état-major du maréchal Canrobert; durant la nuit, les divisions de Cissey et Grenier ont eu des alertes causées par l'arrivée inopinée dans leurs lignes de traînards du 6ᵉ corps, et le général de Ladmirault ignore le lendemain que le 6ᵉ corps n'est plus devant lui à Verneville et qu'il s'est posté depuis la veille à Saint-Privat où il encadre le 4ᵉ corps.

Aucun doute n'est possible, les trois rapports du général de Ladmirault et du général Osmont et une note du lieutenant-colonel Saget sur la bataille de Saint-Privat relatent tous que le mouvement du 6ᵉ corps s'est opéré dans la matinée du 18 août.

Le général de Cissey avait profité du changement des bivacs de sa division pour modifier les dispositions prescrites par le général de Ladmirault : c'est peut-être la raison qui l'amena à ne rien dire. Cependant il avait l'habitude de ne pas prévenir son chef des événements dont sa division était le théâtre. Ainsi, plus tard, pendant le blocus, quoique le fameux Régnier eût traversé quatre fois ses lignes, qu'il eût couché à son état-major, qu'il eût été conduit au maréchal Bazaine, sur son ordre, par un de ses officiers, le capitaine Garcin, et qu'il fût ressorti la dernière fois par ses avant-postes en compagnie de huit individus habillés en bourgeois, dont le général Bourbaki, le général de Cissey ne fit rien savoir de ces faits au corps d'armée. C'est en captivité, par la lecture des brochures de Régnier, que le général de Ladmirault en eut connaissance.

Le lieutenant de Brem d'abord, puis les capitaines Haillot et Laballe et le lieutenant Pénaud ont été annoncer au général de Ladmirault la probabilité d'une bataille : leurs renseignements sont confirmés par le lieutenant de Champs du 33ᵉ, qui vient d'amener à son ami le capitaine de La Tour du Pin un cheval pris l'avant-veille et le prévient que « des troupes prussiennes nombreuses lui semblent se diriger dans la direction d'Amanvillers en suivant la ligne des bois ».

Malgré tous ces avertissements, l'état-major du 4ᵉ corps demeure sceptique.

D'après le capitaine Doreau de cet état-major, on n'accorda d'abord aucune importance à ces diverses communications, parce que d'abord l'on crut à la présence du 6ᵉ corps à Verneville et parce que, dans la seconde partie de la matinée, l'on demeura persuadé que les troupes en marche signalées comme étant des troupes allemandes étaient celles du maréchal Canrobert.

Toutefois, au second avis du général Montaudon, le général Laffaille, commandant l'artillerie du corps d'armée, fit atteler les six batteries de la réserve, les plaça en avant d'Amanvillers et leur ordonna de rester sur cet emplacement jusqu'à midi.

A 11 heures les patrouilles et les cavaliers ennemis devenaient plus nombreux autour de Verneville et des détachements d'infanterie apparaissaient dans les clairières ou les champs.

Du camp de la division Grenier on les apercevait. Les capitaines Bourguignon et Bartet, commandant les grand'gardes du 13ᵉ et du 64ᵉ, signalèrent leur présence. Le capitaine Bourguignon alla prévenir le général Grenier et fut vertement blâmé d'avoir quitté son poste.

« Nous pouvions distinguer, dit le sous-lieutenant Courson de La Villeneuve du 43ᵉ, les préliminaires du combat; mais on persistait à croire que les troupes noires qu'on voyait devant soi ne pouvaient être que des chasseurs à pied français. »

Cet aveuglement devient difficile à comprendre quand on sait que dès 10 heures du matin les sapeurs du 43ᵉ, qui avaient été chercher du tabac à Verneville, en étaient revenus en criant : « Aux armes »,... après avoir « été poursuivis par de l'infanterie et de la cavalerie allemande. La plupart des officiers ne voulaient pas les croire : il semblait impossible que nos grand'gardes aient pu laisser l'ennemi venir aussi près, sans en avoir prévenu. »

Le lieutenant-colonel Verdeil du 43ᵉ, vers 10 heures et demie, monta à cheval et alla « demander des ordres au général Bellecourt », mais ne put en obtenir.

Au rapport, à 9 heures, le général Grenier prescrivait l'appel quotidien pour 11 heures et demie et annonçait une attaque prochaine sans donner aucune instruction pour le cas où elle se produirait.

Du camp de la division de Cissey l'on voit aussi des mouvements de troupes. Dans un groupe d'officiers on discute leur nationalité : « Eh, mais c'est Canrobert », dit le commandant Pleuvier du génie.

Le capitaine Albert de La Boulaye, chargé par le général de Cissey de voir comment sa division est reliée à celle du général Grenier, interroge des paysans qu'il croise : ils viennent, disent-ils, de Verneville et d'Habonville d'où ils se sont sauvés à l'arrivée des

Prussiens. « Je n'attachai aucune importance à ces renseignements, a-t-il écrit; j'étais habitué aux exagérations des habitants du pays et ce qu'ils avaient dit la veille sur la présence des Prussiens entre nous et Metz m'avait édifié. A l'état-major, quand je rapportai leurs propos, on n'en tint pas compte davantage. »

On est si rassuré qu'au 43°, les capitaines passent une revue de chaussures. Quand elle est terminée, « nous écrivons à nos familles, dit le sous-officier Girard; nous portons nos lettres à la boîte du vaguemestre et comme elle est trop petite pour les contenir, nous les mettons en tas avec une pierre dessus pour les empêcher de s'envoler au vent. »

Au 54°, le colonel a prescrit une inspection d'armes.

Il est 11 heures et demie. On fait l'appel dans toute la division Grenier. Les hommes sont à leur rang derrière les faisceaux. Les capitaines passent devant leur compagnie, les sergents lisent les noms et les officiers de semaine forment le cercle autour du chef de bataillon de jour quand un coup de canon retentit.

Les officiers de la division de Cissey venaient de déjeuner et de prendre le café; plusieurs d'entre eux, étendus « sur le dos pour goûter d'un rayon de soleil, se préparaient à faire la sieste » quand ils sont réveillés par les détonations.

Tout le monde se lève et crie : « Aux faisceaux, aux armes ! » En un clin d'œil les régiments d'infanterie sont en ligne; les sacs demeurent à terre et les tentes restent dressées.

Le désarroi est plus grand dans le camp de la cavalerie. Il y a des chevaux à l'abreuvoir et ceux attachés au piquet s'excitent et s'affolent.

« Au moment où nous allions déjeuner, voilà les obus qui tombent et éclatent dans notre camp, dit le sous-lieutenant de Seroux du 2e hussards : stupéfaction générale.

« Je m'occupe de mon peloton et je hâte sa mise en selle; j'en oublie ma sacoche contenant mon argent, mes notes prises au jour le jour et mes cartes achetées à l'instant même 125 francs. »

« Des chevaux à la corde sont éventrés, — dit un autre officier, — les hussards essayent de plier leurs tentes. Inutile. Tout est brisé et incendié. Les chevaux et les cavaliers courent dans un tumulte qui dure une demi-heure.

« Un grand nombre d'hommes ne sont même pas habillés; leurs vêtements lavés dans la matinée sèchent. »

« A la fin de notre déjeuner, on dit que le canon gronde non loin de nous, a écrit le lieutenant Cretin de l'état-major de la division de cavalerie. Incrédules, le colonel Campenon et moi nous reprenons notre travail de propositions; c'était pourtant le canon, et à deux pas de nous! Il faut sauter à cheval et courir à nos troupes déjà formées devant nos tentes. Je saute dans mes bottes et suis mes camarades; un obus tombe dans les brancards d'une de nos voitures. D'autres labourent notre jardin; le plus grand nombre s'abat sur nos tentes. Nos ordonnances chargent à la hâte la seule voiture qui nous reste et laissent ce qu'elle ne peut contenir. Nous allons prendre position derrière les lignes d'infanterie, entre Amanvillers et Saint-Privat. »

L'état-major du corps d'armée était à déjeuner dans une grande salle de la ferme de Montigny-la-Grange, quand une quinzaine d'obus tombent coup sur coup « sur du fumier, dans la cour, et pendant cinq minutes il n'est pas possible de sortir », — a écrit le capitaine Bourelly.

CHAPITRE IV

LA MATINÉE AU 6ᵉ CORPS

Les troupes du 6ᵉ corps se levèrent avec le jour. Loin d'avoir pu reposer, elles avaient été tenues longtemps éveillées par des alertes et au lieu d'un sommeil réparateur la nuit ne leur avait procuré qu'un surcroît de fatigues.

A 4 heures et quart, le maréchal Canrobert était sur le point de monter à cheval avec deux de ses officiers d'ordonnance, MM. de Forsanz et de Reyniès, quand le fermier Terroine, maire de Saint-Privat, lui amena les six habitants envoyés la veille au soir aux nouvelles dans les villages de Coincy et de Moineville; on n'y avait encore vu aucun Prussien et les maires faisaient savoir que des coupures et des abatis exécutés par l'administration forestière gêneraient beaucoup la marche des Allemands s'ils venaient de ce côté.

Quoique le maréchal ne saisît pas le sens exact de ce renseignement, il recommanda au général Henry de le transmettre à l'état-major général, qui connaîtrait peut-être sa signification.

En effet le maréchal Canrobert aurait dû être avisé des travaux exécutés sur l'Orne et dans la forêt de Moyeuvre.

Le 16 août, sur une dépêche de l'Impératrice, annonçant la marche d'une armée allemande entre Metz et Thionville, l'Empereur avait fait télégraphier par le préfet, M. Odent, au sous-préfet de Briey pour ordonner à l'inspecteur des forêts, M. Prouvé-Drouot, petit-neveu du général Drouot, « d'intercepter par des tranchées et des abatis tous les chemins des forêts, bordant la route conduisant à Verdun par Étain, cette dernière route restant libre ». Le 15 au soir tout le massif entre Audun-le-Roman et Metz était fermé par des abatis, particulièrement la route d'Auboué à Moyeuvre et le gué de Jœuf.

Le service qui reçut le rapport de M. Prouvé-Drouot aurait dû aviser le commandant des troupes appelé à manœuvrer sur le territoire obstrué. Si le maréchal Canrobert eût été au courant, il eût sans doute réussi à empêcher la marche de la cavalerie allemande sur sa droite et eût reculé de vingt-quatre heures au moins la destruction du chemin de fer et du télégraphe.

Le maréchal Canrobert, après avoir remercié les habitants de Saint-Privat, sortit du quartier général, traversa le village, et ayant gagné la grande route, la descendit dans la direction de Sainte-Marie-aux-Chênes jusqu'à hauteur du camp de sa cavalerie. S'étant arrêté, il fit appeler le général du Barail et lui prescrivit « d'envoyer des reconnaissances le plus loin possible, et de recueillir des renseignements des habitants ».

Il longea ensuite ses grand'gardes de la gauche à la droite. Elles étaient, comme il le supposait, presque contre la ligne des faisceaux. D'abord il fit avancer jusqu'au bas du glacis les petits postes de la division

Le Vassor-Sorval du côté de Saint-Ail, puis, traversant la route pour remonter au nord, il parcourut ceux de la division Lafont de Villiers.

« Qui commande cette grand'garde, demande-t-il à l'un des postes du 75e? » Un capitaine blond, d'une figure ouverte avec de beaux traits et des yeux bleus intelligents, d'aspect martial et distingué, se présente : c'est le capitaine Degoutin, un ancien de Crimée et de Magenta que le maréchal reconnaît.

« Mon régiment, a-t-il écrit, avait établi ses bivouacs à 400 mètres au nord-ouest de ce village. J'avais reçu l'ordre à 9 heures du soir de partir avec ma compagnie en grand'garde et de m'établir sur notre droite. Mes instructions n'allaient pas au delà. Ainsi abandonné à moi-même et ne voyant rien, — c'était la nuit, — je m'étais assez mal orienté et j'avais placé mes postes d'une façon pitoyable à deux pas de nos bivacs. C'est là que, le lendemain, à la pointe du jour, me trouva le maréchal Canrobert. Il me secoua d'importance et m'invita à porter immédiatement ma compagnie en avant et beaucoup plus à droite. Je me rappelle ses dernières paroles : « Envoyez des patrouilles et ayez « les yeux sur Montois », dont il me montrait les maisons. »

Un peu plus loin le maréchal fut abordé par le capitaine Planès du 94e, commandant la grand'garde en face Auboué. — « Il y a de la poussière devant nous, lui dit le capitaine Planès et j'en ai avisé le colonel de Geslin : ce sont des masses allemandes qui vont nous attaquer. » Le maréchal le calma, il n'y avait pas de masses allemandes de ce côté, tout au plus des reconnaissances de cavalerie ; des gens du pays venaient de l'affirmer. Le maréchal avait absolument raison : l'armée allemande n'était en ce moment pas à moins de dix kilomètres au sud de Saint-Privat.

De la division Lafont de Villiers, le maréchal Canrobert se rendit à Roncourt et de là rentra à Saint-Privat.

Au cours de sa tournée, le maréchal Canrobert prescrivit au commandant Féraud, du génie, de creuser une tranchée à droite de Saint-Privat en avant du chemin qui mène à Roncourt. Aussitôt, le capitaine Audier et le lieutenant Mangard mirent leur section au travail. Ils disposaient de cinquante pelles et pioches; ils organisèrent des relais de travailleurs et la tranchée, à midi, avait plus de 150 mètres de longueur, avec l'épaisseur de talus réglementaire.

L'autre section, sous les ordres du capitaine Lamiral, fut envoyée à Roncourt pour y organiser la défense.

Après les rectifications que le maréchal venait de faire subir à sa ligne de bataille, elle s'étendait d'Amanvillers jusqu'au delà de Roncourt : en première ligne était la division Le Vassor-Sorval sur la crête entre Amanvillers et Saint-Privat; à droite la « division Lafont de Villiers au nord de ce village, faisant face à l'Orne jusqu'où elle avait des postes. La division Tixier en réserve était en arrière à gauche de Roncourt contre la forêt de Jaumont. »

« En revenant à Saint-Privat, ma tournée finie, — c'est le maréchal Canrobert qui parle, — je fus entouré par une masse de soldats qui criaient.

« Que voulez-vous? » leur demandai-je? — « Nous avons faim... » — « Eh bien, mangez. » — « Mais nous n'avons rien. » — « Comment? Vous devez en avoir encore pour aujourd'hui. » — « Nous n'avons rien ».

Je vais aux officiers : « Comment? Vous permettez à vos soldats de s'adresser à un maréchal de France pour avoir des vivres? Vous auriez dû, vous-mêmes, cette nuit, informer votre intendant ou votre chef d'état-major et ne pas attendre. » Je rentre aussitôt et je donne l'ordre au général Henry d'envoyer chercher des vivres comme il pourrait, puisque nous n'avions pas de voitures. Le convoi du grand quartier général était bien chargé de nous approvisionner, mais il était à Metz et nous à Saint-Privat. »

Vers 6 heures, le maréchal rentrait dans le jardin carré de la maison de M. Noirel-Dardare. Un prêtre, l'abbé Cherpin, aumônier de la division du Barail, l'attendait en se promenant dans les allées bordées de buis avec des plates-bandes de reines-marguerites et de giroflées. Il avait passé la journée de la veille et la nuit au milieu des Allemands, auprès des blessés restés à Villers-aux-Bois : des détachements de cavalerie y étaient venus vers 4 heures de l'après-midi et avaient poussé un peu plus loin; ce matin il en avait encore vu du côté de Verneville et ils devaient être maintenant sur l'Orne. Le maréchal pria l'aumônier de rapporter lui-même ces renseignements au général du Barail, à qui il ordonna de multiplier les reconnaissances.

Le soleil s'était levé promettant une journée splendide et des plus chaudes. De la fenêtre de sa chambre où il était monté, le maréchal découvrait le vaste glacis qui dévale en demi-cercle de Saint-Privat. Dans le village même, à sa droite, s'élevait la modeste église aux murs de pisé et au clocher carré : elle était précédée d'une petite place et entourée d'un vieux cimetière large de trois ou quatre mètres dont des croix de pierre ou de bois émergeaient d'une herbe touffue et haute, parsemée de fleurs. Une porte de pierre au fronton Louis XV s'élevait sur la place et donnait accès à l'église.

A deux kilomètres et demi, toujours à droite et un peu en arrière, apparaissaient dans les arbres les premières maisons de Roncourt. En avant, encore à droite mais plus à l'ouest, des files de peupliers indiquaient les sinuosités du cours de l'Orne qui serpente dans le vert des prairies, et dont, par place, les eaux brillaient au soleil. Devant le maréchal, la grande route bordée d'énormes peupliers-trembles, descendait toute droite de Saint-Privat à Sainte-Marie-aux-Chênes par une pente douce et continue de trois kilomètres, coupant des chaumes et des luzernes. Au delà de Sainte-Marie-aux-Chênes, d'autres villages, Coinville, Moineville, Auboué, Valleroy, etc., au milieu des bois. Un peu à gauche, — au sud, — Saint-Ail avec les bois de la Cusse et Habonville ombragée par des peupliers d'Italie. A gauche, — plus au sud, — sur la crête des hauteurs où campait l'armée, à trois kilomètres, on distinguait le clocher et les toits d'Amanvillers, et devant ce village, le remblai du chemin de fer de Metz à Verdun qui allait parallèlement à la grande route de Saint-Privat à Sainte-Marie-aux-Chênes. Autour de Saint-Privat et tout le long de l'arête qui s'étend jusqu'à Rozerieulles, se trouvaient des camps dont les petites tentes faisaient des taches blanches sur le vert ou le brun du terrain.

Entre Saint-Privat et l'Orne, on aurait cru voir une

véritable fourmilière, tant étaient continuelles et nombreuses les allées et venues des soldats.

Depuis le matin, tout le 6ᵉ corps et une partie du 4ᵉ vont chercher de l'eau à la rivière, puisqu'il n'y en a ni à Saint-Privat ni à Amanvillers. Les chevaux de l'artillerie n'ont pas bu depuis quarante-huit heures : on les conduit à l'abreuvoir du côté d'Auboué : il y a peut-être, aux abords de ce village, sur la berge, un millier de chevaux et davantage de soldats de toutes armes.

A la vue de cette agitation, le maréchal prescrit au général Henry d'envoyer une compagnie d'infanterie à Auboué avec deux pièces d'artillerie pour protéger les corvées et les détachements qui s'y rendent.

Le maréchal entend parler sous sa fenêtre, il regarde : deux hommes, un garde champêtre, coiffé d'un vieux chapeau en bataille, muni de sa cocarde, et un paysan vêtu d'une blouse bleue, avec des guêtres de cuir jaune aux jambes et un chapeau de paille sur la tête, causent avec le commandant Caffarel. « Qu'est-ce? » demande-t-il. « Un garde forestier du nom de Scalabrino, amené par le garde champêtre de Béchamp : il apporte une dépêche de Verdun pour le maréchal Bazaine. — Qu'on le conduise tout de suite à Plappeville. »

Le capitaine Leps est aussi là : il désire rendre compte au maréchal des résultats de l'interrogatoire subi par des Prussiens faits prisonniers la veille au soir : Voici ces renseignements tels qu'on les lit sur son carnet. « Quatre prisonniers du 24ᵉ régiment : ils prenaient de l'eau à neuf heures du soir, quand ils ont été faits prisonniers : ils sont, disent-ils, trente mille hommes qui ont marché vingt-trois heures; ils avaient auparavant passé deux jours et une nuit en chemin de fer : ils parlent des généraux Steinmetz et de Graf von Halfensleben *(sic)*. »

Le lieutenant de Brem, du 10ᵉ chasseurs à cheval, vient de la part du maréchal Le Bœuf. Le commandant Lonclas le reçoit et le conduit à la chambre où le maréchal fait sa barbe : « Depuis ce matin, dit le lieutenant de Brem, nous avons vu des colonnes allemandes se diriger en arrière de Gravelotte, de gauche à droite. En passant j'ai été à Montigny donner le même renseignement à l'état-major du 4ᵉ corps. »

Le maréchal, après avoir écouté, charge le commandant Lonclas de faire partir un escadron en reconnaissance en avant de son front avec un capitaine d'état-major pour se rendre compte de la marche des Allemands qu'on vient de lui annoncer.

« En revenant, a écrit le lieutenant de Brem, je passai au campement du 75ᵉ que commandait mon frère. Je le prévins qu'il allait être attaqué. Il fit rallier ses hommes, dont beaucoup, torturés par la faim, erraient dans les environs pour se procurer quelque chose à manger, et il renvoya à Metz les voitures de bagages de ses officiers. »

C'était le tour du capitaine Leps à marcher; le maréchal lui montra sur la carte les points à explorer et lui donna ses instructions que nous trouvons ainsi résumées sur son carnet : « Faire une reconnaissance en avant de Saint-Privat et d'Amanvillers, la pousser jusqu'à Batilly, Saint-Ail et Habonville. »

Demeuré seul, le maréchal Canrobert finissait de faire sa barbe quand on lui annonça le capitaine

Deloye de l'état-major de l'artillerie. Il est chargé de lui remettre une lettre. Le maréchal la lit : « En l'absence du général Labastie, commandant l'artillerie du 6ᵉ corps, le général Soleille désigne le lieutenant-colonel Jamet pour le remplacer. » Le maréchal ne fait aucune observation, mais pose cette question au capitaine Deloye « : Retournez-vous à Plappeville? — Oui. — Eh bien, voyez le maréchal Bazaine et dites-lui, de ma part, que nous avons un fichu bivac... pas d'eau... il faut aller à l'Orne, à 5 kilomètres d'ici, pour en trouver. C'est une procession ininterrompue jusqu'aux berges de cette rivière transformée en abreuvoir du côté d'Auboué. J'ai dû prendre des précautions et mettre une section d'artillerie en batterie pour arrêter les coureurs ennemis qui seraient tentés de venir inquiéter nos corvées. Si l'on entendait le canon, ce pourrait être un incident sans importance et il ne faudrait pas conclure, sans renseignements complémentaires, à un engagement sérieux. Dites encore au maréchal Bazaine que nos reconnaissances n'ont pas encore signalé d'éclaireurs allemands de mon côté : surtout, dites-lui que je n'ai reçu ni les vivres ni les munitions qu'il m'a annoncés. »

Le capitaine Deloye ayant pris congé, le maréchal fit parvenir au lieutenant-colonel Jamet l'avis de sa nomination.

L'absence du commandant d'artillerie dans le 6ᵉ corps et d'un état-major centralisant le service des munitions était préjudiciable. Malheureusement le lieutenant-colonel Jamet, officier usé et manquant de sang-froid, était incapable d'exercer un commandement aussi complexe que celui de l'artillerie d'un corps d'armée.

Le maréchal Bazaine aurait dû ce matin même nommer le général de Berckheim au commandement de l'artillerie du 6ᵉ corps, comme il le fit six jours plus tard.

Le général de Berckheim était un magnifique officier, grand, élégant, de formes toujours affables, avec des cheveux tout blancs et des yeux bleus pleins d'expression. Il était à la fois technicien et homme de guerre. Sur le terrain il avait la vue juste et la décision prompte. Énergique, animé du feu sacré, actif, excellent cavalier et toujours bien monté, il ne se ménageait pas, se trouvait partout où sa présence était utile, savait inspirer la confiance, ne craignait pas les responsabilités et n'hésitait pas à prendre sur lui de donner des ordres quand il le jugeait utile.

S'il eût été, le 18 août, à la tête de l'artillerie à Saint-Privat, il eût apporté un concours précieux au maréchal Canrobert et eût évité bien des fautes, tandis que, durant toute cette journée, il demeura pour ainsi dire sans commandement, et réduit à un rôle au-dessous de sa valeur.

Un officier de l'état-major général, le capitaine Campionnet, chargé de s'informer des conditions où se trouve le 6ᵉ corps, vient d'arriver.

Il est aussitôt introduit : « Nous n'avons plus de vivres et peu de munitions d'artillerie et d'infanterie, lui dit le maréchal Canrobert. On ne nous a pas réapprovisionnés depuis deux jours... Je suis en l'air ici et je peux être tourné », et, après avoir réfléchi un instant, il ajoute : « Gardez ces dernières paroles pour vous et ne les répétez pas au maréchal Bazaine. »

La veille, ses observations sur les défectuosités de la position de Verneville transmises de sa part par le colonel Lamy avaient été mal accueillies, et le maréchal Bazaine l'avait traité d' « halluciné ». Il ne voulait pas paraître indiscipliné, ni fournir aucun motif à de nouvelles récriminations. Il se réservait, quand les reconnaissances auraient signalé la direction des mouvements de l'ennemi, de demander des secours.

En cela il avait tort : il aurait dû faire connaître nettement son appréciation au général en chef et à celui-ci appartenait de décider en toute autorité.

On annonce le retour de six paysans envoyés le matin en avant de nos lignes. Le maréchal les fait entrer et les interroge en présence du capitaine Campionnet. Ils n'ont rien vu ; dans les villages où ils se sont rendus, des éclaireurs isolés avaient seuls paru et on n'avait pas entendu parler de la présence de troupes d'infanterie dans les environs.

Le maréchal les fait répéter, leur pose quelques questions, charge le capitaine Campionnet de rapporter ce qu'il vient d'entendre, et de remettre au quartier général le rapport d'une première reconnaissance de cavalerie avec le résumé de l'interrogatoire des prisonniers fait par le capitaine Leps.

Il est neuf heures et demie du matin ; le capitaine Campionnet a déjà quitté Saint-Privat et approche de Montigny-la-Grange où il doit aller chercher le drapeau prussien pris l'avant-veille pour le rapporter au maréchal Bazaine; les premières reconnaissances de chasseurs d'Afrique rentrent, elles traversent les bivacs du 75ᵉ et du 9ᵉ de ligne; le capitaine Delmas de Grammont va à un officier de sa connaissance : « Eh bien, lui dit-il. » — « Nous avons été au diable : il n'y a pas un Prussien devant nous », répond un lieutenant, et le capitaine commandant l'escadron fait un rapport dans le même sens à l'état-major du 6ᵉ corps.

Ainsi ni les chasseurs d'Afrique ni les paysans n'ont encore signalé la présence de troupes ennemies dans les environs du 6ᵉ corps. L'ordre de décharger les voitures de bagages pour les envoyer à Plappeville chercher des vivres, déjà apporté pendant la nuit, est renouvelé par un avis pressant du grand quartier général; la conviction se répand aussitôt parmi les troupes que la journée sera tranquille; si l'on devait être attaqué, on ne mettrait pas les bagages à terre pour les abandonner à l'ennemi; aussi la quiétude et l'insouciance règnent partout. On se préoccupe d'avoir de l'eau, de chercher de quoi manger et de mettre ses armes et ses effets en état.

A l'avis d'envoyer des voitures à Plappeville est jointe la double recommandation de presser l'établissement des propositions pour l'avancement, et de surveiller par des détachements les débouchés sur la Moselle en arrière de la ligne de bataille.

Si, pour les troupes, la mise à terre des bagages est interprétée comme un indice de calme, la façon dont on insiste pour l'achèvement des listes de propositions fait naître un sentiment identique chez les chefs.

Quant à l'avis de surveiller la Moselle, d'où peut-il venir? C'est encore cette légende de l'armée du général Vogel de Falkenstein dont « tout le monde parle, mais que personne n'a vue », comme l'a écrit le lieutenant-colonel Fay.

Puisque tel est l'ordre du général en chef, une compagnie du 12ᵉ de ligne, commandée par le capitaine Zédé, ira du côté de Norroy-le-Veneur. Bientôt elle est installée sur une éminence d'où l'on découvre le cours de la Moselle à perte de vue, mais on a beau regarder on ne voit personne.

Malgré les instructions tranquillisantes du quartier général, le maréchal Canrobert cherchait à démêler les projets de l'ennemi. Si les rapports des paysans et ceux d'une première reconnaissance de cavalerie ne signalaient aucun Allemand en face de lui, la conversation de l'abbé Cherpin lui donnait à réfléchir.

Vers 9 heures et demie, un paysan vêtu d'une longue blouse bleue, coiffé d'un chapeau de haute forme râpé et bosselé, passe devant le quartier général en traînant une vache par une corde attachée à ses cornes.

« Il demande à faire une communication au maréchal, — c'est le lieutenant Poterat de Billy du 28ᵉ, commandant du poste de garde, qui parle. Nous nous amusons à questionner ce bonhomme : « Y en a, y en « a à pied; y en a à cheval » répète-t-il. Au bruit que nous faisons, le maréchal regarde, et le paysan de lui répéter sa phrase : « Allez, mon brave homme, les « Prussiens ne mangeront pas votre vache aujour- « d'hui », lui dit le maréchal; et, hochant la tête, le vieux Lorrain s'éloigna, répétant toujours : « Y en a « à pied, y en a à cheval. »

Voici quelque chose de plus précis : le sous-lieutenant Martin, de l'escorte du maréchal, est parti de bonne heure ce matin du côté de l'Orne, avec les chevaux de son escadron : il n'a rien vu, mais pendant qu'il se trouvait à Aboué, le maire est venu le prévenir que des paysans des environs affirmaient la présence d'une nombreuse cavalerie dans les bois de Valleroy en avant de Sainte-Marie-aux-Chênes. Le sous-lieutenant Martin l'a prié de venir lui-même faire son rapport au maréchal : il s'est récusé, déclarant ne pouvoir quitter sa commune, mais son fils, âgé de 15 ans, en sait autant que lui ; il ira à sa place et donnera tous les renseignements désirables.

Le lieutenant Martin présente ce jeune homme au maréchal Canrobert, qui l'interroge et trouve son récit intéressant.

Il décide de renvoyer le sous-lieutenant Martin, avec un peloton, fouiller le bois où l'ennemi a été vu et de faire partir en reconnaissance dans les villages rapprochés des deux rives de l'Orne la totalité du 2e chasseurs au lieu d'un seul escadron, comme il l'avait prescrit, un quart d'heure auparavant. Pendant que le capitaine Grosjean transmet cet ordre au général du Barail, le maréchal, jugeant important de prévenir le général en chef, lui écrit ce billet :

« 6e corps, Saint-Privat, 18 août, 10 h. 1/4 matin.

« L'officier de chasseurs envoyé en reconnaissance à Aboué, à quatre heures et demie, sur la droite de Saint-Privat et chargé d'éclairer sur ce point les abords de la rivière et faciliter l'abreuvoir des chevaux (privés d'eau ici), me rend compte, à l'instant, de la présence de troupes ennemies vers Valleroy et le long de la rive gauche de l'Orne.

« J'arrête les détachements qui allaient à l'abreuvoir, me réservant, si la nécessité m'y oblige, de faire moi-même une grosse reconnaissance offensive pour faciliter l'abreuvoir de mes chevaux.

« Maréchal CANROBERT. »

Quand le capitaine Grosjean atteignit le camp de la cavalerie, l'escadron du capitaine Lartigue était à cheval et le peloton du lieutenant Petit, qui en formait la pointe, avait déjà pris les devants.

Le colonel Pelletier monta à cheval avec ses deux derniers escadrons, descendit la grande route et disparut avec son régiment derrière les maisons de Sainte-Marie-aux-Chênes.

Il croisa dans sa route des colonnes de chevaux que l'on conduisait boire à l'Orne, entre autres ceux des batteries du commandant Kesner, sous les ordres du lieutenant Claris. « Un détachement de chasseurs d'Afrique, nous dit cet officier, étant venu à passer : « Quoi de nouveau? » demandai-je. « Nous n'avons rien vu », répondit un camarade. Je donnai alors à quelques hommes la permission d'aller à Auboué acheter du pain ; mais à peine avions-nous parcouru la moitié de notre route que ces hommes et des cavaliers de toutes armes revinrent au galop, nous annonçant les Prussiens. »

A un kilomètre plus à l'ouest, les premiers chevaux de l'artillerie de la division Tixier étaient dans la rivière quand on cria : « Des Prussiens!... des Prussiens! » On voyait bien des cavaliers au loin, mais étaient-ce des Allemands? Dans les alentours, les fricoteurs et les soldats en corvée étaient en débandade. Les canonniers ne paraissant pas rassurés, le lieutenant Thorel qui les commandait trouva plus prudent de revenir; à son retour, le lieutenant-colonel de Montluisant l'envoya au maréchal Canrobert; celui-ci écouta puis demanda : « Mais, étaient-ce des chasseurs ou des Allemands? » Le lieutenant Thorel ne pouvant répondre, le maréchal le congédia en lui exprimant le regret qu'il ne fût pas mieux renseigné.

Enfin les doutes se dissipent. Deux pelotons du 1ᵉʳ escadron des chasseurs d'Afrique, lieutenants Heysch et Wallon, en observation au delà du pont d'Auboué, voient devant eux des cavaliers qui grossissent subitement : ils peuvent être une trentaine et l'un d'eux s'avance. Le lieutenant Heysch se lance sur lui, le désarme et le fait prisonnier. Ce cavalier, en uniforme noir, est amené à Saint-Privat où le hussard Jean de Montebello l'interroge en allemand devant le maréchal Canrobert.

Il dit être Saxon et volontaire d'un an; il est à coup sûr instruit, fort intelligent et de manières distinguées. Son régiment est depuis quelque temps en service d'exploration, tellement en avant de son corps d'armée qu'il a perdu contact avec lui : « Tout de même, dit à demi-voix le maréchal Canrobert au lieutenant de Forsanz, la cavalerie allemande fait mieux son service que la nôtre. »

« Oui, la cavalerie allemande est très supérieure », répond le Saxon dans un excellent français. On se regarde un instant un peu gêné et l'interrogatoire continue.

A ce premier contact avec les uhlans et les hussards

saxons, à 9 heures et demie, en succèdent beaucoup d'autres. Tour à tour des pointes du 2ᵉ chasseurs se heurtent à un escadron des hussards de la garde prussienne, à un peloton de cavalerie hessoise et à des détachements de cavaliers saxons aux abords de Saint-Ail, en avant de Sainte-Marie-aux-Chênes et à Coinville-sur-l'Orne.

Les isolés et les maraudeurs reviennent effarés en courant et en criant : « Voilà les Prussiens ! » Des hauteurs de Saint-Privat on les voit se presser pour rejoindre nos lignes ; aussitôt se répand bientôt dans le camp la nouvelle de l'approche de l'ennemi.

Le maréchal Canrobert attend le rapport du 2ᵉ chasseurs pour prendre des dispositions. Il a tort : il est maintenant certain d'une bataille ; il devrait, sans attendre l'arrivée de l'infanterie ennemie, ordonner la levée du camp à son corps d'armée, faire vérifier les champs de tir et mesurer les distances, d'autant plus qu'il sait plusieurs de ses généraux incapables de prendre d'eux-mêmes une disposition quelconque ou de donner un ordre.

Le général Tixier et le colonel Fourchaud, qui ont vu le retour des maraudeurs, font plier les tentes et boucler les sacs ; les officiers inspectent les armes.

Les généraux Le Vassor-Sorval et Lafont de Villiers, enfermés dans la maison où ils logent, ne s'inquiètent de rien, pas plus que leurs chefs d'état-major.

Le capitaine Lafite-Rouzet du 28ᵉ, chargé de la conduite des voitures envoyées aux vivres, à Plappeville, vient demander à se faire remplacer dans cette corvée pour demeurer à son régiment en cas de bataille.

« Vous pouvez être tranquille, il n'y aura rien

aujourd'hui », lui répond, en présence du général Le Vassor-Sorval, le colonel Melin. Les officiers de l'état-major de cette division n'avaient autre chose à faire que les fameux états de propositions réclamés par le général en chef avec tant d'insistance.

« Je passai la matinée à l'état-major, a écrit le capitaine Martner, à coordonner les rapports sur la bataille du 16, puis j'allai porter quelques ordres à Saint-Privat. Je rencontrai le 2⁰ chasseurs d'Afrique qui revenait de reconnaissance : il n'avait rien vu. Nous déjeunâmes tranquillement, mais en guise de cigares la canonnade s'engagea à notre gauche. »

En revenant des villages, les apeurés se croisaient avec les escadrons du 2ᵉ chasseurs. Le capitaine Leps arrêta plusieurs de ces débandés et voulut les interroger; il ne put rien tirer d'eux : « Les Prussiens, les Prussiens sont là, » répétaient-ils. Auprès de Batilly, un peloton de chasseurs au trot butta sur des cavaliers hessois ; après s'être arrêtées et regardées, les deux troupes firent demi-tour. Les bords de l'Orne, si animés tout à l'heure, étaient devenus déserts. Le colonel Pelletier rallia son régiment et se retira. Il avait quitté Sainte-Marie-aux-Chênes et marchait sur Saint-Privat, quand le canon éclata à plusieurs kilomètres au sud : il confia au lieutenant Fongond le soin de protéger sa retraite, surtout celle de tous les isolés encore occupés à marauder aux environs, et avec l'ensemble de son régiment rentra au trot à son camp au-dessous de Saint-Privat, pendant que le capitaine Leps partait au galop rendre compte au maréchal Canrobert de ce qu'il avait vu ou appris.

Malgré les reconnaissances de cavalerie répétées

depuis 4 heures du matin, c'était le canon allemand qui annonçait la présence de l'armée.

Ce canon, il est vrai, était tiré par une avant-garde peu nombreuse, engagée témérairement à 5 kilomètres au sud du 6ᵉ corps, alors que le gros des forces allemandes était encore beaucoup plus loin.

Cependant l'aile droite française (4ᵉ et 6ᵉ corps) était surprise.

Au 6ᵉ corps, la division Tixier, déjà prête, mit sac au dos et rompit les faisceaux. A la division Lafont de Villiers, beaucoup coururent à la crête et examinèrent le long glacis qui s'étendait à leurs pieds. On ne distinguait que notre cavalerie sur la route et des traînards qui revenaient le plus vite qu'ils pouvaient; pas un Prussien n'apparaissait encore. « Tout au loin, a noté le lieutenant Munier, on voyait de la fumée. Des villageois à ce moment passaient près de nous gagnant le nord et emmenant leurs bestiaux et leurs familles. »

L'artillerie du commandant Kesner était attelée; elle fut prête en un instant et s'avança du côté de Saint-Ail. Les deux divisions Le Vassor-Sorval et Lafont de Villiers levèrent leur camp, prirent les armes et attendirent sur place plus d'une heure avant qu'un seul Allemand fût en vue.

CHAPITRE V

LA CAVALERIE, LA GARDE, LA RÉSERVE ET L'ÉTAT-MAJOR DE L'ARTILLERIE

Les treize régiments de cavalerie restèrent immobiles dans le ravin de Longeau. Le matin, des reconnaissances furent envoyées à Vaux et à Saulny et jusqu'à midi un escadron du 5e chasseurs, en grand'garde au sud du 2e corps, échangea des coups de mousqueton avec les éclaireurs allemands postés dans le bois de Vaux. Ce fut là toute l'activité déployée par cette masse de 7 000 cavaliers d'élite.

Le général de Forton, et son état-major auquel étaient attachés plusieurs jeunes gens de famille et de grande fortune, demeura tranquillement dans la maison où il s'était installé. Le général Desvaux ne cessa de pester contre l'absurde disposition de sa troupe : « La situation de ces trois divisions de cavalerie entassées dans cette vallée est des plus graves et un rien peut causer une panique : cette idée m'a préoccupé tout le jour », a-t-il écrit dans ses notes personnelles. Cependant, en subordonné discipliné avant tout, il ne présenta aucune observation à ses chefs; il repoussa même les propositions du colonel de Cools envoyé par le général de Valabrègue le prier de joindre sa requête à la sienne pour demander un changement de bivac au maréchal Bazaine.

Le général de Valabrègue éconduit se contenta d'envoyer le capitaine de Germiny au général Frossard pour lui exposer sa situation.

Si l'on quitte le ravin de Longeau où est la cavalerie et si l'on remonte le versant du côté de l'est, on atteint les deux plateaux de Saint-Quentin et de Plappeville, couronnés par les deux forts de ce nom.

Sur le premier de ces plateaux, celui de Saint-Quentin, « fourmille quantité d'hommes et de chevaux; l'infanterie de la Garde a prolongé son campement dans les vignes presque au delà du col de Lessy, sur le contrefort du plateau de Plappeville, et toutes les pentes sont couvertes de tentes blanches, de faisceaux d'armes d'acier, de tambours ou d'instruments de musique en cuivre qui brillent au soleil. Chacun s'agite; les uns vont au bois, les autres à l'eau; les feux des cuisines s'allument sur les deux coteaux et l'on voit la fumée monter au ciel. Des officiers se dirigent sur Metz; c'est si près, à cheval on y est en un quart d'heure. La plupart vont faire des emplettes pour remplacer les objets perdus la veille: d'autres vont prendre un bain; des soldats, surtout des non-combattants, musiciens, cantiniers, ordonnances, tringlots, vont chercher quelques douceurs, du pain blanc, du vin, des légumes ou du tabac.

Dans les états-majors de la Garde, on s'occupe des états de propositions. Le général Bourbaki donne des ordres pour que chaque homme de son corps d'armée soit pourvu en vivres jusqu'au 22 août et que le complet de 90 cartouches soit à jour.

Toujours aussi inquiet et agité, il écrit une lettre

au maréchal Bazaine pour lui demander d'augmenter les régiments de la Garde de 500 hommes chacun, la division de grenadiers, à elle seule, ayant perdu 1 500 hommes.

Vers 9 heures, le capitaine Mornay-Soult lui remet un billet écrit par le colonel Napoléon Boyer au nom du maréchal Bazaine, disant d'envoyer, comme la veille, une brigade sur le plateau de Moscou, en arrière du point de jonction des 2ᵉ et 3ᵉ corps; à ce billet est jointe la note du maréchal Le Bœuf annonçant une bataille imminente.

« Après avoir lu, a raconté le général Bourbaki, je demandai au capitaine de Mornay quelle était l'opinion du maréchal Bazaine sur le contenu de la note du maréchal Le Bœuf. « Heuh! me répondit-il, le maré-« chal ne croit pas que ce soit aussi sérieux que ça : « dans tous les cas nos positions sont excellentes. » — « Mais quels sont les ordres du maréchal? » — « Le « maréchal vous laisse libre. »

Cette liberté était « relative », puisque le général en chef ordonnait l'envoi de deux régiments sur le plateau et recommençait cette funeste dislocation de la Garde. Comme la veille, le général Bourbaki transmit au général Deligny l'ordre qu'il venait de recevoir, mais cette fois-ci il se décida à faire des observations au maréchal Bazaine. La lettre où il demande l'augmentation de ses régiments n'est pas signée : il y ajoute un long paragraphe reproduisant ce que le général Deligny lui écrivit la veille au soir. « Si la Garde était désunie, elle ne « serait plus en mesure de produire les « résultats qu'on est en droit d'attendre d'elle... »

« Si au contraire elle est employée en totalité, elle

pourrait produire un vigoureux effort, soit qu'il s'agisse de tourner l'ennemi par la gauche pour le rejeter sur la Moselle, soit que vous préfériez lui couper les communications avec les divers points de passage de cette rivière, en opérant contre sa droite. Il serait, au contraire, impossible de compter sur la Garde si elle se trouvait répartie en un certain nombre de points de la ligne de bataille. »

Cette lettre était partie depuis une demi-heure quand on lui en remet une du maréchal Bazaine : c'est certainement une réponse approbative. Il ouvre le pli et il lit :

« J'entends de mon habitation des clairons qui font des sonneries réglementaires, ils appartiennent à la Garde ; prière de faire cesser ces sonneries. »

« Maréchal BAZAINE ».

Du maintien de la réserve de l'armée en une seule masse, de tourner l'ennemi ou de le couper de sa base d'opération, pas un mot.

Le général Bourbaki avait à peine eu le temps de faire prendre les armes à la brigade envoyée au haut du plateau de Moscou qu'il recevait une nouvelle communication du maréchal Bazaine. Cette fois, c'est une réponse à sa requête. Il l'ouvre et il lit : « Vous pouvez laisser la brigade ou la rappeler. »

Ainsi le maréchal Bazaine répondait aux observations du général Bourbaki comme il avait répondu la veille à celles du maréchal Canrobert : « Faites comme vous voudrez. » Le commandant en chef ne pouvait et ne voulait pas commander; donner un ordre était pour lui chose impossible; un de ses lieutenants lui faisait-il une observation, il répondait en lui disant d'agir à sa guise : de cette façon, s'il survenait un événement malheureux, il accuserait son subordonné d'en avoir été la cause. Et toujours pas un mot de ses intentions ni du but à atteindre.

Comment le général Bourbaki aidera-t-il à la réalisation des projets de son chef, puisque celui-ci ne veut pas les lui confier?

Désemparé par le mutisme du maréchal Bazaine, son jugement n'a plus sa rectitude ordinaire; aussi dans la journée il manquera de perspicacité et ne parviendra pas à prendre une décision.

Le 1er et le 2e voltigeurs sont en route pour le haut du plateau de Châtel : ils grimpent en de longs rubans par des sentiers de chèvres; ils sont partis sans sacs, leurs tentes restant dressées, laissant au camp les muletiers, les ordonnances, les cuisiniers, les musiciens, les cantiniers.

Voici déjà un tiers de la Garde indisponible.

A côté de son camp, contre le glacis du fort du Saint-Quentin, sont les 18e et 13e d'artillerie qui constituent la réserve générale de l'armée.

Le colonel Salvador du 13e, dépossédé de presque tout son régiment depuis plusieurs jours, est tout heureux d'avoir retrouvé les batteries laissées à la place de Metz le 14.

Voulant reprendre d'une façon ostensible le commandement de son monde, il emploie la matinée à passer une revue générale de ses six batteries. La revue terminée, il laisse ses officiers et ses canonniers au repos et ordonne d'envoyer les chevaux à l'abreuvoir après le déjeuner.

Le colonel Toussaint, du 18ᵉ d'artillerie, ne prescrit aucun service. Les officiers, du haut du fort Saint-Quentin, regardaient sans se lasser le panorama déroulé à leurs pieds : le merveilleux soleil de cette matinée réchauffait leurs cœurs et leur apportait la gaieté. Le capitaine Mondon disait à ses camarades que les Allemands avaient dû repasser la Moselle. Et à vrai dire, à voir la placidité des camps de la Garde et de la réserve d'artillerie, on aurait cru n'avoir plus rien à redouter de l'ennemi.

Le général Soleille était installé dans le hameau de Tignomont chez M. Vianson-Ponté, le maire de Plappeville, et son état-major s'occupait à faire des écritures dans la villa des demoiselles Cochard, les tantes du capitaine d'artillerie Cochard.

Le général Soleille, toujours malade, reste couché pendant la matinée. Son chef et son sous-chef d'état-major, le colonel Vasse-Saint-Ouen et le lieutenant-colonel Ducos de la Hitte, son beau-frère, entrent seuls dans sa chambre.

Sa crainte de manquer de munitions augmente encore et le rend de plus en plus formaliste : il lui faut des rapports, des propositions, des états de situation d'hommes, de chevaux, des coups de canon tirés et restant à tirer.

Par son ordre le commandant Abraham est envoyé au 4ᵉ et au 6ᵉ corps pour en réclamer, le capitaine Aufrie aux 2ᵉ et 3ᵉ corps et le capitaine Morlière à la Garde et à la réserve d'artillerie.

Tous les autres officiers écrivent des lettres. « Oh ! la

paperasse! » a noté l'un d'eux sur son carnet. Dans ces lettres, les officiers insistent sur « le peu de ressources disponibles » et sur la nécessité « de faire parvenir des états » si les corps veulent toucher des munitions.

La veille le général Soleille a transmis aux commandants de corps d'armée un avis les invitant à envoyer leurs caissons vides à Plappeville pour se ravitailler au parc mobile que le commandant Maignien a amené de l'arsenal.

Ce matin, il est pris du regret de voir disparaître le contenu de ce parc et il prescrit au colonel Vasse-Saint-Ouen de défendre toute distribution hors de sa présence ou sans son autorisation écrite.

Il va en résulter que les officiers envoyés pour chercher des coups de canon courront après le colonel Vasse toute l'après-midi, et quand ils l'auront rencontré, il leur prescrira de revenir plus tard : ainsi le commandant Joyeux recevra l'avis à midi d'attendre jusqu'à 3 heures pour le réapprovisionnement des caissons du 4e corps; le commandant Dorlodot des Essarts, du parc de la Garde, restera de 11 heures jusqu'à 4 heures sans pouvoir se faire délivrer une charge, « les gardes d'artillerie préposés à la surveillance du convoi refusant de rien donner. »

Le commandant Abraham, les capitaines Morlière et Anfrie rentraient successivement et faisaient leur rapport.

A la Garde, au 2e et au 3e corps, les munitions étaient suffisantes; les batteries avaient leur complet et les parcs envoyaient leurs caissons se remplir à l'arsenal à Metz ou au parc mobile de Plappeville.

Le général Laffaille « avait recomplété ses batteries en épuisant son parc et avait aussi fait partir ses caissons pour son réapprovisionnement ».

Au 6ᵉ corps, la situation était plus défavorable par suite de l'absence d'un parc et d'un état-major.

Les batteries avaient encore une moyenne de cent coups par pièce. C'est le chiffre donné par le commandant Abraham dans son rapport; — ce chiffre peut être un peu relevé pour les trois batteries du colonel Jamet, dont une, celle du capitaine Grimard, n'avait encore tiré que onze coups et pour les deux batteries à cheval de la division du Barail, dont les coffres étaient pleins.

Il fallait cependant recompléter les munitions du 6ᵉ corps, mais il ne semble pas que le général Soleille s'en soit préoccupé avant 3 heures de l'après-midi, et malheureusement il était trop tard

Enfermé chez M. Vianson, couché jusqu'à midi, puis en robe de chambre, le général Soleille ne croyait nullement à une bataille. Il était au reste en communauté d'idées avec le maréchal Bazaine et demeurait convaincu que la retraite sous les forts était le meilleur parti à prendre.

« J'espère, écrivait ce matin du 18 août le capitaine de La Bégassière, son second aide de camp, fort avant dans sa confiance, j'espère que *sous la protection des forts,* nous pourrons attendre que l'armée de Châlons vienne nous aider. »

Au télégramme où le général Soleille lui avait annoncé que l'arsenal se trouvait dans l'impossibilité de rien fournir à l'armée, le ministre répond à 9 h. 25 :

« *Le ministre au général Soleille.*

« 9 h. 25 matin.

« Je vous fais envoyer aujourd'hui par Thionville — ordre donné hier soir — des munitions d'artillerie et d'infanterie. En ce qui concerne les munitions d'artillerie, Metz possède, outre les munitions confectionnées, des projectiles, des boites à mitraille, des fusées, des sachets en quantités considérables... Vous pouvez donc faire confectionner des munitions... »

Le général Soleille, aussitôt en possession de cette réponse, envoie cette dépêche au chef de gare de Thionville à 11 h. 25 : « Le ministre m'annonce ce matin un convoi de munitions par la voie de Thionville. Prière de donner avis immédiatement de l'arrivée de ce convoi. »

Puis il fait de nouvelles demandes en insistant encore sur la pénurie imaginaire de l'arsenal.

« *Le général Soleille au ministre à Paris.*

« Metz, 11 h. 35 matin.

« Je demande qu'on envoie, le plus tôt possible... un approvisionnement important de gaze de soie et de tous les éléments nécessaires à la fabrication des cartouches. Cette fabrication, qui pourrait s'élever à

40 000 par jour... ne peut avoir lieu faute des éléments constituants. »

Puis, après s'être assuré auprès de M. Combier, ingénieur de la Compagnie de l'Est, du fonctionnement régulier du chemin de fer, le général Soleille télégraphie de nouveau au ministre à midi 5 minutes :

« Le chef de la Compagnie m'affirme que, dans les circonstances actuelles, il peut amener à Metz les convois qui seraient expédiés par cette voie. Profitez-en pour me réapprovisionner le plus largement possible.

« Comme je vous le mande dans mes dépêches antérieures, je demanderai au maréchal Bazaine de faire protéger demain et après-demain la ligne de Thionville à Metz par de la cavalerie. Les Prussiens n'ont pas fait jusqu'à présent de détachement sérieux sur cette ligne. »

Au premier des télégrammes, relatif à la fabrication des cartouches, le général Susane, directeur de l'artillerie au ministère de la guerre, répond à midi un quart au nom du ministre :

« La poudrerie de Metz possède des matières pour travailler pendant trente jours à 40 000 cartouches par jour. On envoie cependant à Thionville pour un million de cartouches. La poudrerie enverra chercher ces objets à Thionville. »

Un peu plus tard, le général Soleille insistera encore auprès du général Susane : « Je vous remercie de l'envoi... annoncé par votre télégramme. Quant à confectionner des munitions à Metz, comme vous me le conseillez, je me suis assuré hier, *par moi-même*, que cela est devenu impossible : les bras et les choses manquent à la place de Metz ; il ne faut plus se faire d'illusion sur le concours de l'arsenal pour pourvoir aux besoins de l'armée. »

Il confirme ces différents télégrammes par une lettre privée : « J'ai voulu me rendre compte des ressources qui restaient à l'arsenal... J'ai vidé les magasins de la place et il ne me reste plus aucune ressource... » Et il insiste pour « faire approcher le plus près possible, sur la voie de Thionville, des munitions d'artillerie et d'infanterie ».

Cependant il se prend à penser qu'il a peut-être dépassé la mesure dans ses appels de détresse et il s'en excuse : « J'ai cru devoir ne pas dissimuler au ministre la gravité de la situation, la responsabilité de l'artillerie pouvant se trouver fortement engagée... »

Ce malheureux général a la monomanie de vouloir cacher sa maladie et de ne pas paraître impotent. Quoiqu'il n'ait pas quitté son lit l'avant-veille, il affirme avoir été à l'arsenal et avoir constaté par lui-même l'état de choses. A Paris comme à l'armée on le croira et on sera convaincu que l'armée de Metz manque de munitions quand elle a plus que le nécessaire.

Le général Soleille désire demeurer tranquille derrière les forts où il n'aura plus à monter à cheval et à subir des accidents douloureux comme sur le champ de bataille de Rezonville; mais il ne croit pas, il ne peut même pas lui venir à l'idée que le maréchal Bazaine ne gardera pas à tout prix notre dernière ligne de communication. Comment ne ferait-il pas tout au monde pour la conserver, puisque c'est notre seule ancre de salut. Par cette unique voie peuvent venir les approvisionnements demandés avec tant d'instance.

Entre lui et le maréchal Bazaine il y a eu la veille

au soir et il y a dans cette matinée échange de communications. Il a demandé la veille au maréchal Bazaine de garder la ligne de Thionville. Il l'a dit au ministre, il vient de le lui redire et il le répétera encore dans la journée, quand il renouvellera ses instances pour presser les envois, et cependant ni un cavalier ni un pionnier ne sera affecté à la surveillance de cette voie.

Il est midi, le canon tonne; on ne l'entend pas dans le fond de Tignomont; mais on est aussitôt prévenu de la bataille. « Nous nous préparâmes à monter à cheval. Le général Soleille fit prendre les ordres du maréchal Bazaine et il lui fut répondu qu'il n'y avait pas lieu de se mettre en mouvement », a écrit dans son journal le capitaine Morlière... « C'était cependant une action générale. »

« Enfermés dans le salon de la villa des demoiselles Cochard, nous avions tous plus ou moins, chacun suivant notre tempérament, la fièvre de l'impatience; nous guettions l'arrivée d'un planton du grand quartier général venant nous apporter l'ordre de marcher quand le beau-frère du général Soleille, le lieutenant-colonel Ducos de la Hitte, faisant une de ces entrées solennelles que nous n'aimions pas, nous donna à copier une très longue circulaire adressée aux généraux d'artillerie sur la manière fâcheuse dont leurs batteries avaient été engagées les 14 et 16 et sur les règles à suivre désormais. La prose était bonne, le fond aussi, mais... ça manquait d'à-propos.

« Il eût fallu monter à cheval, courir sur la ligne de combat et diriger la bataille d'artillerie dans son plein en ce moment. De la pratique, au lieu d'une dissertation théorique et intempestive.

« A 3 heures, notre besogne de copiste était finie et le planton tant attendu ne paraissait pas encore. Tout à coup le lieutenant-colonel Saint-Cyr-Nugues fit irruption chez nous. « Les Prussiens, nous dit-il, « menacent de gravir les pentes du Saint-Quentin : le « maréchal Bazaine s'est transporté au fort et il a « défendu à l'état-major de le suivre. »

« Le commandant en chef de l'armée étant en route, le commandant de l'artillerie aurait dû monter immédiatement à cheval pour le rejoindre. On attela le break. Impossible d'aller en cet équipage à Amanvillers.

« Hommes impotents, ne vous mêlez pas de faire la guerre ! »

Sans la venue en coup de vent du lieutenant-colonel Saint-Cyr-Nugues, le général Soleille n'aurait sans doute pas quitté la maison Vianson.

Il y avait une heure que l'action était engagée ; le capitaine Langlois, instructeur du 17ᵉ d'artillerie, depuis membre de l'Académie française, désireux de savoir la cause de la canonnade, était venu voir son camarade La Bégassière, qu'il avait trouvé avec une fluxion et une mentonnière sur la figure : « Ça chauffe ferme. Tu vas monter à cheval, » lui dit-il. — « Non, ce n'est rien, le maréchal Bazaine vient de nous faire dire de ne pas bouger et le patron (général Soleille) n'est pas en tenue », avait répondu l'aide de camp.

Après s'être habillé, le général Soleille se rendit en break sur le Saint-Quentin où il retrouva le maréchal Bazaine. Un planton lui remit en chemin un télégramme du général Mitrécé, directeur des parcs de l'armée, daté du camp de Châlons de midi 22, annonçant l'envoi à Metz du quart des ressources existant au camp de Châlons et parlant des convois de munitions amenés à Verdun par le commandant Porte.

Un quart d'heure après, le maréchal Bazaine et le général Soleille s'entretenaient et dans leur conversation en tête à tête au haut du Saint-Quentin, ils parlaient de la question qui domine toutes les autres en ce moment : la conservation de la ligne du chemin de fer de Thionville par où nous sont envoyés vivres et munitions demandés depuis vingt-quatre heures avec tant d'insistance et déjà en route. Sans doute ils vont prendre toutes les mesures nécessaires pour la garder coûte que coûte.

CHAPITRE VI

LE QUARTIER GÉNÉRAL FRANÇAIS DANS LA MATINÉE DU 18 AOUT

Dans cette journée néfaste pour la France, les traits saillants du caractère du maréchal Bazaine apparaissent avec plus de netteté que dans les journées précédentes.

Ne rien faire est son but irrévocablement fixé et pour l'atteindre il met en jeu toutes les ressources de son intelligence.

Faut-il agir, il n'a plus aucune idée et accepte le premier avis donné avec l'arrière-pensée, si les choses tournent mal, de se décharger sur son auteur. Son apathie, la peur de l'impopularité, la conscience de son insuffisance, l'absence du sentiment du devoir et le manque de sens moral lui enlèvent la volonté de décider, d'ordonner, de faire un effort et de tenter quelque chose.

Le maréchal Bazaine n'est plus qu'une momie qui entraine avec lui son armée dans la mort.

Son idée de s'enfermer derrière les forts est arrêtée depuis le 16 au soir. « Nous allons nous retirer sur le plateau de Plappeville », a-t-il écrit à 11 heures.

Durant la journée du 17 août, il a voulu donner le change ; il a parlé à l'Empereur de se remettre en route d'ici quarante-huit heures ; la mission du commandant Magnan et surtout celle de l'intendant de Préval ont eu pour but de maintenir ses illusions. Mais dans la soirée il s'ouvre au colonel Lewal et lui prescrit de préparer des ordres pour la retraite de l'armée sous les forts.

Dans la journée du 18, à 10 heures, avant la bataille, il écrira au maréchal Canrobert pour lui recommander de battre en retraite « si l'ennemi semble vouloir l'attaquer sérieusement ».

Voilà son idée précisée : tous ses actes et ses ordres tendront à la réaliser, si bien qu'à la fin de la journée, l'armée sera enfermée dans Metz.

Ses troupes se feront hacher sur place pour conserver leurs positions ; grâce au sacrifice de milliers et de milliers d'existences, elles seront sur le point de réussir ; il dépendra de lui seul de remporter la victoire : qu'il satisfasse aux demandes réitérées du maréchal Canrobert, qu'il paraisse sur le terrain, il jugera de la situation et usera à propos de ses réserves jusqu'alors inutilisées. Mais non, il se désintéresse de la bataille, il ne répond pas aux appels de son lieutenant, c'est en pure perte que tant de sang est répandu et que sont déployés tant d'efforts et de dévouements.

« Ordonner la retraite le jour qui suivra la bataille sans y être forcé par l'ennemi », c'est là son but, a-t-il déclaré, et si, contre ses vues, les Allemands nous contraignent à nous retirer dans la journée, le mouvement se fera quelques heures avant le moment fixé : « Le beau malheur, après tout », dira-t-il encore.

Quel mobile peut le faire agir ainsi? L'espoir de

demeurer seul invaincu, ses camarades et ses lieutenants ayant été battus? Si tel eût été son dessein, il eût cherché à résister, à ne pas abandonner ses positions à l'ennemi et se fût efforcé de garder la ligne de chemin de fer le temps nécessaire pour l'arrivage des approvisionnements qu'il a demandés avec tant d'instance.

N'a-t-il pas fait promettre au ministre de veiller sur cette dernière ligne de communication?

Cependant il n'a pris aucune disposition pour la protéger dans la soirée du 17 et ne fera rien non plus dans la journée du 18. Pendant ces vingt-quatre heures, des télégrammes, des lettres, des communications verbales lui rappelleront sans cesse l'importance de cette ligne pour l'armée et plus de cent fois il sera incité à prendre des mesures pour sa conservation.

Aucune prière, aucun avertissement, aucune suggestion ne le touchera : il est décidé à s'enfermer avec son armée dans le camp retranché et le 19 au matin ce sera un fait accompli.

Pourquoi donc se tant presser et se priver de ses moyens d'existence? Pourquoi demander d'urgence ces immenses approvisionnements dans le moment même où il règle toutes choses pour empêcher leur arrivée. Pourquoi n'entend-il aucun de ces avertissements répétés?

Toujours cette crainte des responsabilités : le maréchal de Mac-Mahon, les généraux de Failly et Douay lui réclament des ordres depuis six jours. L'Empereur lui demande quels sont ses projets et le ministre intervient pour le presser. Il ne veut rien leur dire : en répondant il pourrait se compromettre; s'il garde le silence on le lui reprochera. Il est un moyen bien plus simple d'éviter les récriminations : c'est de faire couper le télégraphe.

C'est par suite de force majeure qu'il aura été contraint au mutisme; on ne pourra plus rien lui dire.

Le procédé est si mesquin qu'on hésitera bien longtemps avant de le croire exact; mais à y réfléchir, à peser chaque fait, on arrive à cette conviction que le maréchal Bazaine a sacrifié le pays et l'armée pour éviter de donner des ordres à ses lieutenants et de communiquer ses projets au gouvernement.

Les journées précédentes avaient fatigué le maréchal Bazaine et la contusion qu'il avait reçue à la poitrine le 14 août, pendant la bataille de Borny, le faisait souffrir.

A son lever, vers 6 heures, le capitaine de Mornay lui communiqua un télégramme du préfet de la Meuse déjà reçu et confirmé la veille. Le ministre de la Guerre le trouvait si important qu'il en avait fait transmettre une troisième ampliation à une heure un quart du matin :

« Corps d'armée considérable dans les environs d'Apremont, disait le préfet de la Meuse, Saint-Mihiel occupé depuis le 15 au soir. On attend 6 à 8 000 hommes devant se diriger sur Bar-le-Duc. »

La nouvelle était grave : l'armée du prince royal, après sa victoire de Frœschwiller, se dirigeait sur Châlons et, si les faits étaient exacts, l'armée de Metz débordée au sud allait être cernée d'un moment à l'autre.

Le maréchal ne répondit rien au ministre : on eût dit que les événements s'accomplissaient en conformité de ses vues.

A 6 heures et demie, le soleil clair du matin envoyait ses rayons sur le parterre de la villa Bouteiller; le maréchal y pénétra par une porte du salon de plain-pied avec le jardin. Il se promenait dans les allées droites, bien sablées, bordées de buis odorant dont le vert sombre faisait ressortir l'éclat des plates-bandes et des massifs de fleurs, principalement des géraniums rouges au milieu desquels s'élevaient à intervalles égaux des rosiers en tiges. Il se trouvait à l'extrémité de ce parterre, non loin d'un petit étang, ombragé d'arbres rares, quand le lieutenant d'artillerie Petit de Coupray, officier d'ordonnance et neveu du maréchal Le Bœuf, lui fut amené par le capitaine de Mornay, pour lui remettre une lettre. Le maréchal la lut; elle donnait le résumé du résultat de la reconnaissance du capitaine Danloux et lui apprenait l'existence « de forces ennemies assez sérieuses » dans les bois des environs de Gravelotte et de Verneville. La lettre parlait de nuages de poussière aperçus la veille et faisant croire à « la marche de colonnes ennemies filant de notre droite vers notre gauche »; elle se terminait par une demande de mesures destinées à faciliter le ravitaillement des troupes.

Après avoir remercié le capitaine de Coupray et avoir écouté ses explications complémentaires, le maréchal Bazaine cueillit une rose et la lui donna en l'invitant à répondre au maréchal Le Bœuf « de tenir bon dans la position qui lui avait été assignée. »

Le maréchal Bazaine est rentré dans le salon quand

un planton vient annoncer le garde forestier Scalabrino de Verdun, envoyé de Saint-Privat par le maréchal Canrobert; on le fait monter; sur le palier, le capitaine de Mornay prend la dépêche dont il est chargé et l'apporte au maréchal.

« Le général Guérin de Waldersbach, gouverneur de Verdun, au maréchal Bazaine.

« 16 août.

« Le grand parc possède dans Verdun 1 200 000 cartouches et quelques munitions pour canons de 12 et de 4.

« Il y a également à Verdun quatre jours de vivres pour toute l'armée. »

Ce billet est la confirmation d'une dépêche du ministre reçue la veille vers 9 heures et demie annonçant l'arrivée de munitions et de vivres à Verdun et se terminant ainsi : « La ville est bondée de biscuits et je fais continuer les envois. »

Quoiqu'il soit décidé à ne plus se rendre à Verdun, le maréchal Bazaine croit inutile de le dire. Il veut seulement savoir comment Scalabrino a pu arriver jusqu'à lui. Le capitaine de Mornay va le chercher. Le maréchal est assis dans un fauteuil devant une table; il invite l'émissaire à « se mettre tout près de lui », lui demande les endroits par où il a passé et suit du doigt sur une carte ses pérégrinations. Il pose ensuite à Scalabrino des questions relatives aux troupes allemandes qu'il a rencontrées. Quand il se trouve renseigné, il lui remet vingt francs, en lui conseillant d'aller se reposer pour revenir à 5 heures et le congédie.

Le général Jarras est introduit et le maréchal lui dicte ses instructions, quand le capitaine Parisot se présente.

Le général Frossard l'a envoyé annoncer qu' « à partir de 7 heures et demie on avait vu un mouvement de troupes ennemies de notre gauche vers notre droite devant les positions du 3ᵉ corps, et qu'à 8 heures ce mouvement prenait plus d'importance. »

Le maréchal répond et le capitaine Parisot saisit son crayon pour griffonner rapidement ses paroles : « Le 2ᵉ corps n'a qu'à tenir, à faire des travaux et à se presser. Le général Bourbaki va être prévenu de diriger une brigade sur la cote 213 à droite de Châtel, entre les corps du maréchal Le Bœuf et du général Frossard », et le maréchal montre du doigt l'emplacement sur la carte.

« Le général Frossard devra masser son monde sur le chemin, réunir les chevaux sur la demi-pente, déployer les réserves d'artillerie le long de la pente, — pas dans le ravin — ne pas brûler de cartouches inutilement et faire des abatis. L'attaque ne sera pas sérieuse : ils ont envie de nous rejeter sur Metz. Il faudra faire des feux d'ensemble pour les recevoir; reconnaître les débouchés en arrière et faire des sentiers allant de notre position à la route de Châtel à Saint-Privat. » Le maréchal s'était tu. Le général Jarras ajouta : « Nous n'avons pas reçu votre rapport sur la journée d'avant-hier; il faut nous l'envoyer avec vos propositions d'avancement. »

A la fin de cet entretien le maréchal Bazaine sortit

de nouveau et alla s'asseoir sous une charmille du jardin où il alluma un cigare. Un instant après, M. de Mornay lui présentait le lieutenant de Brem, du 10ᵉ chasseurs à cheval, officier d'ordonnance du maréchal Le Bœuf, chargé d'un billet important.

« 3ᵉ corps, au bivouac de l'Arbre-Sec,
8 h. 25, 18 août.

« Changement de front oblique à gauche. Les forces principales semblent se diriger sur Saint-Marcel et au sud de Saint-Marcel.

« De nouvelles têtes de colonnes sortent des bois d'Ars se dirigeant également sur les hauteurs à l'ouest de Rezonville déjà fortement occupé.

*« Le colonel, premier aide de camp
du maréchal Le Bœuf,*
« D'ORNANT. »

« Dites au maréchal Le Bœuf qu'il a de bonnes positions et qu'il n'a qu'à les défendre », répéta le maréchal Bazaine en se levant pour rentrer.

Peu après le départ du lieutenant de Brem, des environs de l'Arbre-Sec on vit s'accentuer la marche de l'ennemi. On distinguait un « défilé de masses considérables en arrière de Gravelotte. De différents côtés, on vint le dire au maréchal Le Bœuf. C'est alors qu'il écrivit le billet où il annonçait une affaire « pour aujourd'hui. » Le capitaine Petit de Coupray porta ce mot à Plappeville. En y arrivant il croisa son camarade Poilloüe de Saint-Perrier, de la Garde, occupé à surveiller la conduite des chevaux de sa batterie à l'abreuvoir : « Où vas-tu? », lui cria ce dernier. — « Je n'ai pas le temps de m'arrêter. Je porte une dépêche de mon oncle au maréchal Bazaine : on va se flanquer un coup de torchon... »

Deux ou trois minutes après ce colloque, le lieutenant de Coupray remettait le billet de son oncle et le maréchal Bazaine lui renouvelait ses recommandations :

« Le 3e corps a une position très forte. Il a à compléter les défenses commencées. Au surplus, l'attaque ne peut pas être sérieuse; elle ne peut réussir. »

Le général Jarras, présent à cet entretien, retint ces paroles qui le frappèrent. « La confiance du général en chef ne pouvait être ébranlée par rien, et en ma présence, a-t-il écrit, il répondit à d'autres envoyés des commandants de corps dans des termes qui ne peuvent laisser aucun doute à ce sujet. Il était si rassuré qu'il considéra pendant longtemps comme inutile de se rendre sur le lieu du combat. »

Il fit donner l'ordre au général Bourbaki d'envoyer une brigade de voltigeurs derrière les 2e et 3e corps; en même temps il lui communiquait le billet du maréchal Le Bœuf qu'il rendrait après en avoir pris connaissance.

Le maréchal Bazaine voulait l'envoyer ensuite au maréchal Canrobert avec une lettre le prévenant que, dans le cas où « l'ennemi semblerait vouloir attaquer sérieusement Saint-Privat », il aurait à se retirer sur « les positions qu'on est en train de reconnaître ».

« J'avais donné l'ordre au maréchal Canrobert, a depuis écrit le maréchal Bazaine, de reployer la droite en cas d'attaque sérieuse. » « Le maréchal Canrobert, a-t-il dit une autre fois, était parfaitement autorisé, dans le cas où il y aurait eu affaire avec un ennemi beaucoup trop supérieur, à se replier; c'était la conséquence des instructions qui lui avaient été transmises à 10 heures du matin le 18. »

Dans sa lettre au maréchal Canrobert, le général en chef prévoyait un mouvement tournant de l'ennemi et, loin d'y parer, il n'ordonnait l'envoi d'aucun secours sur ce point. Il avait cependant sous la main 15 régiments de cavalerie, 24 batteries d'artillerie et toute la Garde impériale qui devait demeurer inutile.

Son attention depuis le matin a été déjà attirée plusieurs fois sur la ligne de Thionville. Il a reçu un premier télégramme du général Susane, directeur de l'artillerie au ministère, daté de 11 h. 5 de la veille au soir, lui annonçant l'arrivée prochaine de trois convois de munitions partant de Châlons, de La Fère et de Vincennes dirigés par Thionville sur Metz.

Vers 10 heures et demie, on lui en remet deux coup sur coup, émanant de l'intendant de Préval. Le premier en date de Reims 7 h. 29 du matin : « 12 wagons de pain partis à 4 heures de Reims pour Metz, vitesse accélérée. » Le second de Montmédy 9 h. 30.

« *Intendant en chef au plus tôt au maréchal Bazaine.*

« Je parcours la ligne pour pousser du biscuit à la gare de Devant-les-Ponts. Rien à Thionville, Longuyon, Montmédy. Je pousse à Mézières et Châlons s'il le faut. J'ai demandé ravitaillement urgent au ministre. »

Le maréchal lit ces deux dépêches et fait rappeler MM. Mony et Gaffiot, chargés de l'administration de l'armée en l'absence de l'intendant en chef et de son remplaçant.

Quand ils sont là, il leur prescrit de se mettre en rapport avec les intendants de l'armée, d'aider à l'alignement en vivres des corps et de rechercher dans les villages tous les fours pour y cuire le pain en attendant l'arrivée des convois annoncés.

Sur une observation de M. Mony, il décide de prévenir le sous-intendant Bonfillion (de la division Lafont de Villiers) d'aller puiser dans les magasins de la place l'approvisionnement d'un jour pour le 6ᵉ corps; le général Jarras, présent, est chargé d'en aviser le général Coffinières.

Il est 10 h. 15, on entend le canon du côté de Saint-Quentin. Le maréchal Bazaine écoute et dit au général Jarras « d'envoyer trois plantons de l'artillerie de la Garde savoir pourquoi l'on tire. » Puis il lui dicte la suite de ses instructions.

« Le maréchal Le Bœuf donnera sa brigade de cavalerie légère à titre provisoire au maréchal Canrobert.

« La cavalerie du 4ᵉ corps devra envoyer régiment par régiment pour surveiller et garder le chemin de fer de Thionville.

« La division Forton fera des reconnaissances en avant de Moulins, le long de la Moselle, et la cavalerie du 2ᵉ corps se joindra à elle.

« La Garde n'a pas à faire ce service.

« Prescrire au général Bourbaki de mettre un poste au col de Lessy pour maintenir l'ordre et y organiser la circulation; il devra faire passer les chevaux, allant à l'abreuvoir, par la route du bas qui traverse Plappeville et tenir réservée aux voitures la route stratégique du fort de Plappeville à Metz. »

Quelques-unes de ces prescriptions, nous ne savons comment, furent modifiées et d'autres annulées.

En premier lieu ce furent le 4° voltigeurs et les chasseurs à pied de la Garde qui, à la place du 2° corps, fournirent les compagnies chargées de protéger les communications du côté de Moulins. L'envoi au maréchal Canrobert de la brigade de cavalerie légère fut sans doute retardé, car elle fut avisée de se rendre à Saint-Privat lorsque la bataille était commencée et le 3° chasseurs put seul obéir.

L'ordre le plus important — celui de l'envoi de régiments de cavalerie du 4° corps, pour garder le chemin de fer de Thionville — vaut qu'on s'y arrête.

La cavalerie du 4° corps, fortement éprouvée la veille et campée à Amanvillers, n'aurait pas dû être désignée pour aller dans les vallées de l'Orne et de la Moselle : elle avait à faire le service de reconnaissance devant son corps d'armée. La cavalerie de réserve au contraire, celle de la Garde et celle du 2° corps étaient toutes désignées pour aller sur la basse Moselle. Mais, tel qu'il était, l'ordre du maréchal Bazaine, c'est là le fait important, ne fut ni enregistré, ni transmis : il n'est pas sur le livre d'ordres de l'état-major général et les officiers des états-majors du général de Ladmirault et du général de Gondrecourt, le commandant de la cavalerie du 4° corps, n'en ont jamais entendu parler.

Le général Jarras étant sorti, le maire de Plappeville, M. Vianson, et le chef de gare de Metz, M. Beneyton, demandent à parler au maréchal Bazaine. Ils entrent ensemble; M. Vianson présente M. Beneyton au maréchal et lui annonce que, suivant son désir, il a logé M. Arnous-Rivière et ses francs-tireurs dans une maison proche de la villa Bouteiller; il lui remet aussi l'état des fours existant dans sa commune.

M. Beneyton fait ensuite une communication des plus importantes. Les voies de garage des abords de Metz sont encombrées par des trains de toutes sortes d'approvisionnements; et même, près des magasins de la citadelle, il y a 4 millions et demi de cartouches amenées, le 13 au matin, dans des wagons rattachés au convoi qui transportait le général Henry et l'état-major du 6e corps. Le garde d'artillerie Grivaux a bien été avisé, ainsi que le général Soleille; seulement, les feuilles d'expédition manquant, ils considèrent cet envoi comme inexistant.

M. Beneyton prie en conséquence le maréchal de prendre possession de toutes ces marchandises appartenant à l'armée et surtout de débarrasser la Compagnie de l'Est des cartouches dont la présence constitue un danger permanent.

Après avoir écouté, le maréchal se plaint de ce qu'on lui a affirmé qu'il n'y avait rien dans les gares. Puis il fait revenir le général Jarras et lui dit de donner des ordres et des réquisitions au directeur des établissements Wendel et à la Compagnie de l'Est dans la personne de M. Beneyton pour mettre à la disposition de l'armée tout leur matériel et leurs moyens de transport. Il recommande aussi d'écrire au général Coffinières de laisser circuler librement M. Beneyton et ses agents et de presser la construction d'une voie de raccord de la gare à l'Esplanade destinée à faciliter l'entrée en ville des denrées abandonnées sur les voies. Quant aux cartouches, il donnera lui-même les ordres à l'artillerie pour les faire enlever.

Le maréchal, en présence de MM. Beneyton et Vianson, fait revenir M. Mony et lui reproche de ne pas l'avoir prévenu de la présence d'approvisionnements sur les voies de garage. L'ayant interrogé ensuite sur la question de la confection quotidienne des rations, le sous-intendant répond que l'armée va manquer de pain, les fours de la ville et de la banlieue n'étant pas suffisants pour la fabrication nécessaire à la subsistance quotidienne de l'armée et de la population ; M. Vianson peut le confirmer.

Le maréchal congédie MM. Mony, Vianson et Beneyton et fait entrer le sous-intendant Gaffiot.

Il vient parler de l'évacuation partielle des blessés et malades hospitalisés dans Metz au nombre « de 15 000 presque sans secours, vu l'absence de personnel médical, de linge, de médicaments et d'instruments d'opération. »

La veille au soir, en quittant Metz, M. de Préval avait proposé au maréchal Bazaine « de grandes évacuations avec drapeaux internationaux, par Thionville et Mézières, jusqu'aux places fortes du Nord de la division militaire de Lille ». Le maréchal avait accédé à cette proposition, mais vu la précipitation de son départ, l'intendant de Préval n'avait pu prévenir verbalement ni M. Gaffiot, ni l'intendant de la place de Metz, M. Dennecey de Cevilly, et il leur avait télégraphié de Reims à 7 h. 27, ce matin.

M. Gaffiot venait donc proposer au maréchal d'évacuer 1 000 blessés avec le matériel actuellement disponible et de faire venir dans la journée un nombre suffisant de wagons pour en emporter 6 000 autres. Pour amener les blessés des hôpitaux jusqu'à la gare de Devant-les-Ponts, il emploierait, si le maréchal ne s'y opposait pas, l'une des demi-compagnies du train du quartier général.

Le maréchal écouta sans faire aucune observation : cependant il savait ces préparatifs inutiles, puisque les wagons n'arriveraient pas avant le lendemain, c'est-à-dire au moment où l'ennemi aurait coupé le chemin de fer.

Le capitaine Guioth, après avoir vu le maréchal Le Bœuf et le général Frossard, vint rendre compte de ses conversations avec eux. Il avait trouvé le maréchal Le Bœuf à cheval surveillant la confection de tranchées ; il l'avait chargé de dire au maréchal Bazaine que « l'ennemi continuait à se déployer devant lui en s'étendant vers notre droite et que de son côté il faisait avancer son corps d'armée en échelons : il avait suffisamment de vivres et de munitions. »

Sur tout le front du 2ᵉ corps le capitaine Guioth avait vu également travailler à des tranchées et des batteries. Le général Frossard lui avait fait observer le danger que courait la cavalerie dans le fond où elle était, avait critiqué la faiblesse de l'aile droite et exprimé la crainte de voir la ligne du chemin de fer coupée par l'ennemi. Il était encore revenu sur les pertes subies par ses cadres, avait demandé à les compléter, certaines compagnies étant commandées par des caporaux : « Ses troupes sans chefs ne pouvaient pas, insistait-il, présenter une solidité égale à celle d'unités bien encadrées. »

A cette dernière phrase, le maréchal Bazaine arrêta le capitaine Guioth et dit : « Que faire d'un corps d'armée où le commandant n'a pas confiance dans ses troupes et les troupes dans leur chef? »

Revenant aux observations du général Frossard sur les positions occupées par l'armée, le maréchal Bazaine insista sur la force de l'éperon de Rozerieulles et termina ainsi : « Le général Frossard n'a pas à se plaindre de sa position. »

Le capitaine Guioth, ayant demandé au maréchal sa décision au sujet du changement de la cavalerie, fut renvoyé au général Jarras pour s'entendre sur le choix d'un nouvel emplacement.

C'eût été l'occasion de confier à cette cavalerie le soin de protéger le chemin de fer et le télégraphe, mais le maréchal ne parut pas y penser.

Il ne faut pas croire pour cela qu'il se désintéressait des événements qui allaient se passer à la droite de son armée. S'il cherchait à faire croire à son insouciance, il tenait à être informé par un homme à lui, en dehors de l'état-major et sans qu'on s'en doutât. L'élu de son choix fut M. Arnous-Rivière, le chef des francs-tireurs ; il lui donna ses instructions sans témoins. A 1 heure, M. Arnous-Rivière était à Saint-Privat et aussitôt la retraite du 6ᵉ corps commencée, il rentrait au plus vite à Plappeville pour renseigner le maréchal Bazaine avant tout autre.

De 11 heures à midi, le maréchal demeura vraisemblablement seul et il en profita pour déjeuner. Il était frugal et son repas ne se prolongeait pas au delà de quelques minutes. Après, il aimait faire la sieste, ou tout au moins se reposer en fumant un cigare, vieille habitude d'Espagne, d'Afrique et du Mexique.

Il profita de cet instant de tranquillité pour examiner les télégrammes auxquels il n'avait pas répondu.

Nous ne connaissons pas toutes les dépêches envoyées au maréchal Bazaine depuis sa prise du commandement. Certaines d'entre elles, détruites au moment de leur réception, n'ont pas été retrouvées dans les archives ou dans les bureaux de transmission. Il en reste cependant un certain nombre et, lors de l'instruction du procès du maréchal Bazaine, une enquête minutieuse menée par le lieutenant-colonel Coste, du génie, depuis commandant de la place de Paris et actuellement en retraite dans le Gard, a établi l'heure de leur transmission et de leur expédition au cabinet du maréchal.

Les télégrammes adressés au général en chef lui furent remis directement; le lieutenant-colonel Fay l'a déclaré : « J'étais chargé de recueillir tous les renseignements, a-t-il dit. Or, le 18, nous ne savions rien : toutes les dépêches arrivaient au maréchal Bazaine. »

M. Petitpas de la Vasselais, directeur du télégraphe à Metz, a aussi affirmé que ces dépêches avaient été expédiées au destinataire et délivrées contre des reçus : le maréchal Bazaine, présent lors de ces deux déclarations, n'y a fait aucune objection.

Entre 11 heures et midi, le maréchal Bazaine reçut deux télégrammes : l'un, du ministre, lui confirmait pour la seconde fois le mouvement enveloppant des Allemands et leur présence sur plusieurs points intermédiaires entre Metz et Verdun ; le second, dont il était en possession à 11 heures, émanait du maréchal de

Mac-Mahon et était ainsi conçu : « Demain soir toutes les troupes sous mes ordres seront réorganisées..... Failly est à Vitry-le-François; Margueritte, avec une division de cavalerie, à Sainte-Menehould. Si l'armée du Prince royal arrivait en forces sur moi, je prendrais position entre Épernay et Reims, de manière à me rallier à vous ou à marcher sur Paris si les circonstances me forcent à le faire. »

C'était, à notre connaissance, le douzième télégramme adressé par le maréchal de Mac-Mahon au maréchal Bazaine pour lui demander ses instructions.

Le général de Failly avait également télégraphié dans le même sens les 13, 14 et 15 août et le ministre avait lui aussi, le 14, demandé des ordres pour le général Douay, mais aucun d'eux n'avait encore eu signe de vie du général en chef.

A midi, le maréchal Bazaine se décide, après six jours de mutisme, à télégraphier au maréchal de Mac-Mahon et au général de Failly. Les deux derniers télégrammes du maréchal de Mac-Mahon sont datés du camp de Châlons. Le maréchal Bazaine, au lieu d'y adresser sa réponse, l'envoie à Bar-sur-Aube, quoiqu'il sache que le maréchal de Mac-Mahon n'y est plus depuis quarante-huit heures, puisque la veille il a annoncé au général de Rochebouët son arrivée au camp de Châlons.

Voilà cette réponse :

« Je reçois votre dépêche ce matin seulement : je présume que le ministre vous aura donné des ordres, vos opérations étant tout à fait en dehors de ma zone d'action. Pour le moment, je craindrais de vous donner une fausse direction. »

Pour éviter d'envoyer des instructions, il suppose que le ministre l'a déjà fait, quand au contraire il le presse d'en donner.

Avec le général Failly, le maréchal Bazaine procède d'une façon encore plus bizarre. Le dernier télégramme du général est de Neuilly-l'Évêque, 15 août, 1 heure de l'après-midi. Il annonce qu'il sera le lendemain 16 à Chaumont et demande à y faire séjourner son corps d'armée. Le maréchal lui répond trois jours après.

« Metz, 18 août, midi.

« *Au général de Failly, Neuilly-l'Évêque.*

« Je reçois aujourd'hui votre dépêche *du 15* et je ne puis répondre à votre demande de séjour. C'est à vous de régler votre marche selon les événements. »

Le maréchal Bazaine, par les dépêches qu'il a en mains, sait que le général de Failly est à Vitry et c'est à Neuilly l'Évêque, qu'il a quitté depuis trois jours, qu'il lui expédie sa réponse !

De cette façon de procéder il faut conclure que, tout en ayant l'air de répondre à ses lieutenants, il désire que ses télégrammes ne leur arrivent pas ou leur soient remis le plus tard possible.

Quant au fond des deux réponses, il se résumait à cette formule : « Faites ce que vous voudrez. »

Combien de fois l'a-t-on déjà constaté ! Donner un ordre était pour lui une impossibilité, et il finit par le déclarer au ministre.

« J'ai reçu et je reçois encore, lui écrit-il dans cette

matinée du 18 août, tous les jours un assez grand nombre de lettres de service, ordres et autres documents concernant les 1er, 5e et 7e corps.

« J'ai l'honneur de faire observer à Votre Excellence que mes communications avec ces corps n'existent pas. Je n'ai aucun moyen de faire exécuter ces ordres ni transmettre ces documents.

« Votre Excellence jugera sans doute opportun, dans ces conditions, de ne plus m'envoyer cette correspondance et de la faire adresser directement aux intéressés. »

Vers midi un quart, quand la canonnade commençait à s'entendre, le capitaine Deloye était introduit au quartier général.

« Le maréchal Canrobert m'a chargé de vous faire savoir, dit-il, qu'il n'a reçu ni vivres ni munitions et cependant vous lui en avez annoncé. »

Le maréchal écouta sans faire d'observation, remercia et congédia le capitaine Deloye, puis dicta cette note pour le général Jarras :

« Plappeville, 18 août.

« *Le maréchal commandant en chef au général chef d'état-major général.*

« Écrivez d'urgence à MM. les commandants de corps d'armée de donner l'ordre aux commandants de leur artillerie d'envoyer prendre sur le plateau de Plappeville les munitions d'artillerie et d'infanterie qui leur sont destinées, en fournissant en même temps l'état de leur consommation. Je suis étonné qu'on ne mette pas plus de zèle dans l'accomplissement de mes ordres à cet égard.

« MM. les commandants de corps d'armée doivent stimuler le zèle de tous et chercher à exécuter un ordre donné dans le plus bref délai et avec tous les moyens possibles. »

La lettre rédigée conformément aux prescriptions de cette note arriva à destination en pleine bataille et fut comme non avenue.

Le maréchal Le Bœuf et le général Bourbaki seuls y répondirent : « Les ordres envoyés ont été exécutés sans retard, disait le maréchal Le Bœuf, les voitures étant parties depuis ce matin. » « Toutes les voitures, disait le général Bourbaki, sont employées au transport des munitions ; cette opération est donc conduite avec toute la célérité possible. »

Ce n'était pas, du reste, aux commandants de corps que le maréchal aurait dû adresser des reproches, mais au général Soleille qui avait donné des ordres pour qu'on ne distribuât pas les munitions du parc mobile.

Quoique le canon fût déjà violent du côté de Montigny-la-Grange, on ne l'entendait pas dans le fond de Plappeville. Le capitaine Campionnet, en arrivant du plateau, fut vraisemblablement le premier à annoncer la bataille. Introduit dans le grand salon de la villa Bouteiller, il trouva le maréchal Bazaine assis sur un fauteuil près d'une grande table fumant un cigare. Le capitaine tenait en main le drapeau d'un des bataillons du 16° poméranien, pris l'avant-veille par le 57° de ligne. Il est tout fier de rapporter ce trophée. Tout à l'heure, il a croisé au haut de Châtel-Saint-Germain des voltigeurs de la Garde : se rappelant sa confraternité d'armes avec eux, quand à Solférino, aide de camp du général Manèque, il montait dans leurs rangs à l'assaut de la « Spia » d'Italie et les voyait prendre une batterie de canons, il a été à eux, il a déployé le drapeau prussien qu'il était chargé de rapporter et leur a parlé des hauts faits accomplis en commun. Les voltigeurs lui ont répondu par des vivats et des cris de « En avant! » d'autant plus ardents que le canon tonne et que ces soldats d'élite sont impatients de se battre.

Le capitaine Campionnet, après avoir remis le drapeau prussien au maréchal Bazaine, lui expose qu'au moment où il a quitté le maréchal Canrobert, les reconnaissances de cavalerie et les paysans envoyés aux nouvelles n'avaient pas encore constaté la présence de colonnes ennemies devant son front, mais qu'il y avait des cavaliers allemands dans les bois d'alentour.

« Quoique le maréchal Canrobert m'ait recommandé de ne pas vous le répéter, continua-t-il, il m'a dit se trouver en l'air à Saint-Privat et pouvoir y être facilement tourné. » « Il a une bonne position, il n'a qu'à s'y tenir », répondit le maréchal Bazaine, et comme si les communications de son lieutenant l'intéressaient peu : « Voyons donc ce drapeau », ajouta-t-il; alors le prenant, il l'étala sur la table par-dessus les cartes déployées, l'examina en détail, en tâta la soie, soupesa les franges, et lut les chiffres et les devises brodées sur l'étoffe.

Le capitaine Campionnet demeurait interdit : le canon grondait, le maréchal qui commandait l'aile droite était « en l'air », sous la menace d'être tourné, et le général en chef se préoccupait uniquement de regarder un drapeau !

Le capitaine Campionnet se retira et le général Jarras entra et attira l'attention du maréchal Bazaine sur une lettre où le gouverneur de Metz se plaignait que « l'armée vécût aux dépens de la place, dont les magasins étaient loin d'avoir leur complet en vivres et en munitions. »

« Il n'est donc pas admissible, concluait le général Coffinières, que la place soit obligée de se démunir au profit de l'armée. »

Le général Jarras confirma les assertions du gouverneur de Metz : les fonctionnaires de l'intendance avaient déclaré ce matin même au colonel H. Ducrot qu'il faudrait d'ici peu faire vivre l'armée sur les approvisionnements de la place si l'on ne recevait pas des trains de denrées diverses par la ligne des Ardennes.

Le maréchal affecta de mettre en doute ces renseignements et fit appeler le sous-intendant Mony pour l'interroger en présence du général Jarras : « Je tins à ne laisser aucun doute dans l'esprit du maréchal Bazaine, a déclaré M. Mony. Je voulais qu'il sût bien que si la dernière ligne de communication avec la France — la ligne des Ardennes — venait à être fermée, nous allions nous trouver dans une situation qui nous obligerait à compter les jours.

— Monsieur l'intendant, répondit le maréchal, la responsabilité de l'administration serait bien engagée si la situation était aussi mauvaise.

— Ce n'est pas la faute de l'administration si la guerre a été engagée sans préparation suffisante, objecta le sous-intendant; ce n'est pas sa faute non plus si en moins de quinze jours deux de nos lignes de communication ont été enlevées et si la troisième, celle des Ardennes, est sur le point de l'être. »

Là-dessus, jugeant qu'il n'avait plus rien à dire au général Jarras et au sous-intendant Mony, il les remercia au moment où on lui apportait un télégramme :

« *M. Franceschini Pietri au maréchal Bazaine.*

« Camp de Châlons, midi 15.

« Commandant Magnan part pour Reims et Thionville. Arrivera ce soir. »

C'est par la ligne des Ardennes que revient son aide de camp qui rapporte peut-être des communications importantes. Toujours la ligne des Ardennes : son emploi et sa conservation coûte que coûte, voilà ce que chaque télégramme, chaque conversation répétaient au maréchal Bazaine.

C'était à chaque minute le même tintement de cloche et qui sonnait chaque fois plus strident.

Le maréchal Bazaine n'a-t-il pas demandé l'expédition immédiate de trains de munitions? N'a-t-il pas ordonné de « grandes évacuations de blessés? N'a-t-il pas prescrit le retour sur Metz de tous les trains d'approvisionnements actuellement sur les voies? N'a-t-il pas réclamé 180 000 rations par jour avec « urgence extrême »? Des télégrammes répétés ne lui ont-ils pas appris l'envoi en vitesse accélérée de millions de cartouches, de milliers de charges à canon, de quintaux de biscuits et de pains par centaines de mille avec des caisses de pansements pour les blessés?

Et ses ordres sont donnés, et ses dispositions sont prises pour que dans la soirée, ou au plus tard le lendemain matin, la ligne soit aux mains de l'ennemi!

Il n'a pas réfléchi aux conséquences qu'aura sa décision ou bien les télégrammes et les avertissements lui paraissent peut-être exagérés.

Non, il sait la ligne menacée! et dans deux heures il annoncera sa destruction comme imminente!

Pour le moment il ne paraît pas s'intéresser au retour de son aide de camp, le commandant Magnan.

Cependant l'action devient de plus en plus violente et le maréchal Bazaine est tout d'abord informé de son importance par le capitaine Lemoyne, de l'état-major général.

Comme il le lui avait ordonné la veille au soir, le colonel Lewal avait convoqué les sous-chefs d'état-major à dix heures « devant l'église » de Châtel-Saint-Germain.

Le commandant Chennevière pour la Garde, le commandant de Crény pour le 2⁰ corps, le colonel Grangez du Rouet pour le 3ᵉ corps, le lieutenant-colonel Saget pour le 4ᵉ et le colonel Borson pour le 6ᵉ se trouvant réunis, le colonel Lewal leur exposa les intentions du maréchal Bazaine : il désirait replier l'armée sous les forts et il l'avait chargé de les convoquer, pour aller étudier les positions à l'intérieur du camp retranché. Il leur montra une carte où étaient indiqués les emplacements déjà choisis pour chaque corps d'armée et les prévint que la reconnaissance terminée, des ordres écrits donneraient des indications utiles aux troupes.

Comme il terminait, le colonel Lewal répéta les paroles que le maréchal avait dites la veille pour lui faire saisir sa pensée : « Ce ne sont pas les armées qui sont faites pour protéger les places fortes, mais bien les places fortes qui sont construites pour protéger les armées. »

S'étant aussitôt mis en route au trot allongé, les sous-chefs d'état-major avaient été arrêtés par le général Frossard qui avait sèchement reproché au colonel Lewal de galoper avec un groupe compact au milieu de ses campements sans l'avoir préalablement avisé.

Vers onze heures trois quarts, la reconnaissance se trouvait en arrière d'Amanvillers quand le canon retentit.

Les sous-chefs d'état-major, après avoir constaté la violence de la canonnade, avaient tous demandé à rejoindre leurs corps; le colonel Lewal ne s'y était point opposé, avait envoyé le capitaine Lemoyne mettre le maréchal Bazaine au courant et, avec le commandant Tiersonnier et les capitaines Gavard et de La Ferté, avait continué l'étude des positions.

Peu après la venue du capitaine Lemoyne à Plappeville, le lieutenant de Bellegarde, du 6e chasseurs à cheval, apportait au maréchal Bazaine un billet du maréchal Canrobert annonçant l'attaque de Saint-Privat par les Allemands.

Il devait être une heure.

Le général Jarras, prévenu de l'importance de l'engagement par le capitaine Lemoyne, retourna à la villa Bouteiller. « J'étais convaincu, a-t-il dit, que je trouverais le maréchal prêt à partir. Il me renvoya en m'invitant à prendre patience et en me recommandant de pousser avec la plus grande activité un travail d'avancement impatiemment attendu. » Ces derniers mots étaient une allusion aux observations réitérées du général Frossard sur la destruction de ses cadres.

Le maréchal Bazaine sait une de ses ailes menacées, et il lui suffit d'avoir prévenu celui qui la commande de se retirer si l'ennemi le presse sérieusement; il ne pense pas, pour essayer de remporter la victoire ou au moins pour faire durer la résistance le plus longtemps possible, à lui envoyer ses réserves inutilement gardées dans le trou ou sur la montagne où il les a placées. Il pourrait au moins se rendre sur le champ de bataille pour juger par lui-même. Cela lui paraît inutile. Nos positions doivent être abandonnées, il veut s'enfermer dans Metz, il ne voit pas que l'internement où il se condamne équivaut à la pire des défaites sur le champ de bataille, conduit son armée à la capitulation et prive la France de tous ses moyens de défense.

Il ne se rend pas compte qu'en se refusant à communiquer ses projets, en ne répondant ni à l'Empereur, ni au gouvernement, ni à ses lieutenants, il les induit en erreur et les achemine au désastre.

Par moments, quand on a longuement et mûrement étudié les faits, quand on en a pesé les conséquences, et qu'on a scruté le mobile des actes du maréchal Bazaine, on ne peut s'empêcher d'être pris de dégoût ou d'indignation et de se laisser aller à des accès de rage et de révolte devant tant de veulerie, de mesquinerie et de duplicité.

Puis, à force de réfléchir, l'esprit se calme et à voir le maréchal Bazaine, le cerveau presque vide, le cœur sans élévation, le caractère et le sens moral absents à tel degré qu'il ne comprend pas l'odieux et l'inutilité de sa conduite, le courroux tombe et l'on se sent envahi par un sentiment de profonde pitié.

LIVRE III

CHAPITRE PREMIER

VUE D'ENSEMBLE DE LA BATAILLE DE SAINT-PRIVAT

La bataille de Saint-Privat est une action des plus simples. Les deux armées sont sur deux lignes opposées l'une à l'autre : l'armée allemande attaque sans discontinuer ; l'armée française, confinée dans la défensive, reste immobile sur l'emplacement de son camp.

Les Allemands mènent les événements et les Français les subissent. Les Allemands par leur offensive continuelle prennent l'ascendant moral et nous imposent leur volonté.

Le centre allemand engage le combat, la droite l'imite peu après, enfin la gauche, composée de trois corps d'armée, prend ses dispositions pour déborder notre droite et la contraindre à la retraite ; c'est ce mouvement décisif de la journée qui détermine notre défaite.

Les Allemands livrent deux batailles aux deux ailes et un combat intermédiaire au centre.

Nous étudierons chacune de ces actions séparément

en commençant par la bataille du Point-du-Jour ; nous suivrons par le combat d'Amanvillers et nous terminerons par la bataille de Saint-Privat proprement dite. Nous examinerons d'abord sur chacun de ces points les mouvements des Allemands et nous verrons ensuite quelle répercussion ils produisent sur nos troupes.

Nous empruntons cette division, qui nous a paru la plus logique, au général Bonnal qui l'a adoptée dans son magistral ouvrage de stratégie *la Manœuvre de Saint-Privat*.

CHAPITRE II

ATTAQUES DES ALLEMANDS CONTRE L'AILE GAUCHE FRANÇAISE AU POINT-DU-JOUR

Le général de Steinmetz, ayant sous ses ordres les VIIe et VIIIe corps allemands, était chargé d'attaquer notre aile gauche. Dès qu'il entendit le canon du général de Manstein à Verneville, il prépara l'assaut de nos positions en déployant d'abord 106 puis 132 pièces d'artillerie sur la croupe qui court de la Malmaison au bois des Ognons en passant par Gravelotte. Ces pièces eurent vite fait de réduire les nôtres au silence et vers 2 heures les Allemands s'avancèrent dessinant trois attaques, l'une contre la position avancée de Saint-Hubert, la deuxième contre le Point-du-Jour, et la troisième au sud contre la brigade Lapasset à Vaux et à Sainte-Ruffine.

Vers 3 heures, la ferme de Saint-Hubert, en butte au feu de 48 pièces, est entourée par 5 000 hommes environ; le bataillon français qui l'occupe se retire précipitamment. Un hourrah formidable s'élève et les Allemands s'élancent tous à la fois sur les bâtiments et le verger, où ils ne trouvent plus que quelques Français qui n'ont pas eu le temps de fuir.

Au sud de la grande route, d'autres détachements allemands franchissent la Mance et prennent pied dans les carrières et les sablières en avant du Point-du-Jour.

Ce succès exalte l'impétueux général de Steinmetz; il nous voit déjà en retraite sur Metz, il veut nous y suivre, nous culbuter et nous enfermer dans la place.

Sur son ordre, artillerie, cavalerie, infanterie se précipitent dans l'entonnoir que forme la grande route descendant de Gravelotte à la Mance. L'infanterie est pressée entre les canons et les chevaux, et toutes les troupes viennent s'entasser dans l'engorgement du pont de la Mance et former une foule compacte, désordonnée, qui s'écrase sans pouvoir avancer.

Les scènes de désordre et les encombrements dont la retraite de l'armée française la veille au matin a donné le spectacle se renouvellent en ce moment dans l'armée allemande.

Des hauteurs où ils sont, les nôtres voient cette cohue et aussitôt la fusillade éclate, d'une violence et d'une rapidité inouïes : les chassepots portent dans le tas, le trouble augmente, une bousculade s'ensuit et détermine une panique; une batterie se jette hors de la route dans les marécages et y restera blottie toute la journée; l'infanterie se disperse et se cache dans les fourrés; la cavalerie fait demi-tour et part au galop sur Gravelotte, entraînant des fantassins et des attelages d'artillerie.

A Saint-Hubert, les assaillants ne sont plus qu'une masse informe où les officiers cherchent à remettre de l'ordre. La grêle de balles qui les frappent les disperse et ils courent dans les fonds boisés de la Mance pour se dérober à nos coups.

Si nous descendons des hauteurs, si nous nous jetons sur l'ennemi, c'est la victoire.

Mais nous ne bougeons pas et les Allemands ont tout le temps de se reformer au delà de la zone dangereuse.

A l'extrême droite des Allemands, une brigade partant de Vaux se dirige sur Jussy et en déloge les grand'gardes de la brigade Lapasset. Sur la rive droite de la Moselle, une autre brigade appartenant au Ier corps allemand se déploie, une batterie envoie des obus sur Moulins et un bataillon menace de passer le gué du Moulin-Rouge.

Quelques détachements allemands ayant pénétré dans les carrières et les sablières du Point-du-Jour, des bataillons, sortant des bois, cherchent à les rejoindre et à s'emparer de la totalité de ces excavations. Une charge à la baïonnette des nôtres les repousse dans le fourré.

Après cet incident, une accalmie suivit.

Profitant de ce moment de répit, des soldats allemands débandés et épuisés par la chaleur viennent goûter le frais sur le bord de la Mance près de Saint-Hubert, si bien qu'à la fin de la journée il y a là une dizaine de mille hommes. Des batteries françaises placées du côté de Moscou et jusqu'alors silencieuses les ayant aperçus, ouvrent le feu sur eux et aussitôt nos fantassins commencent la fusillade. Il est environ 6 h. 45.

Surpris par cette avalanche inopinée de projectiles, ces hommes s'enfuient en poussant des cris de terreur et vont pour la plupart se cacher dans les taillis de la Mance. Les plus agiles passent le ravin, remontent les pentes occidentales et se jettent dans les batteries en position sur la croupe de la Malmaison-Gravelotte. On a beau les recevoir à coups de plat de sabre, faire appel à leurs sentiments, ils ne s'arrêtent pas et empêchent les canonniers de tirer.

Le crépuscule tombait : on annonçait l'approche du IIe corps allemand parti le matin de Pont-à-Mousson. Voulant à toute force nous chasser du plateau, le général de Gœben réunit toutes celles de ses troupes encore intactes et les lance sur nos positions. Elles sont arrêtées et un régiment de hussards s'enfuit et traverse Gravelotte dans une débandade complète.

Au crépuscule succédait la nuit et cette lutte interminable commençait à mécontenter le roi Guillaume, qui se tenait auprès de la ferme de Mogador. Quoique ses troupes eussent été repoussées dans cette dernière tentative, notre immobilité lui fit croire à notre épuisement et l'amena à tenter un effort décisif pour en finir.

Le IIe corps débouchait de Rezonville ; il donna l'ordre de le lancer à l'assaut pendant que les fractions du VIIe corps, demeurés jusqu'alors en expectative dans les bois de Vaux, feraient une diversion sur notre extrême gauche.

Le IIe corps aux ordres du général Fransecky s'avance en rangs serrés au bruit des musiques, des fifres et des tambours. Aux environs de Gravelotte, il se déploie et descend dans le fond de la Mance pour remonter la pente opposée et atteindre le Point-du-Jour.

Dans l'obscurité maintenant complète, les bataillons qui marchent sur Saint-Hubert, croyant cette ferme occupée par les Français, ouvrent le feu sur ses bâtiments à petite portée ; ceux qui y sont ripostent, la fusillade devient instantanément terrible et tous les embusqués se sauvent en déterminant sur leur parcours une panique ; des coups de fusil s'échangent entre Allemands.

« Le désordre prend des proportions effrayantes. »

Sur un espace d'un kilomètre et demi carré, coupé par un ravin, parsemé de marécages et de fourrés épais, le IIe corps et les débris du VIIIe sont serrés au point de ne pas pouvoir se mouvoir. Avant tout il faut faire cesser la fusillade : le général Fransecky, avec une énergie admirable, court de rangs en rangs, calme l'émotion et fait sonner les cornets pour rallier les bataillons et étcindre le feu. Il va aux endroits où la fusillade est la plus vive, parle aux uns, donne à tous l'exemple du sang-froid, finit par avoir raison du désordre et vers 11 heures, ramène la plus grande partie de son corps d'armée autour de Gravelotte où il fait reformer ses régiments.

Cette dernière attaque des Allemands avait échoué comme les précédentes : la victoire s'était offerte à nous, mais nous étions restés figés sur la hauteur et nous n'avions pas su profiter de l'occasion. Elle ne se renouvellera plus maintenant.

CHAPITRE III

AILE GAUCHE FRANÇAISE

Les Allemands ont attaqué la gauche de nos lignes avec une inlassable énergie : malgré des échecs répétés, ils ont renouvelé leur assaut jusqu'à la nuit close, et leurs généraux, tant qu'ils ont eu une troupe sous la main, l'ont lancée sur nos positions.

Nous offrons un spectacle absolument opposé. Au lieu de cette énergie indomptable et de cette offensive persistante, nous demeurons sur place passifs. Nous ne reculons pas ; c'est tout.

L'immobilité exerce son action déprimante sur nos officiers et nos soldats et, à la fin de la bataille, leur esprit est envahi par une vague inquiétude, sentiment avant-coureur de la défaite.

Le général Frossard, prévenu vers 10 heures et demie de la concentration des Allemands devant son front et de la violence croissante des échanges de coups de feu aux avant-postes, ordonna au capitaine Allaire, de son état-major, de déblayer toutes les routes en arrière, de mettre en marche le convoi, les parcs et toutes les voitures arrêtées sur les chemins, au besoin de les faire parquer sur les pentes de Saint-Quentin.

Ses recommandations faites, le général Frossard quitta Châtel-Saint-Germain vers 11 heures, accompagné des capitaines Sabouraud, du génie, et Le Mullier, de l'état-major. Une fois sur le plateau, il parcourut ses lignes de droite à gauche, s'arrêtant aux points culminants pour examiner l'ennemi, dont on distinguait les mouvements à Gravelotte, à Rezonville et à la Malmaison.

Au nord du Point-du-Jour, le maréchal Le Bœuf, en compagnie des généraux de Rochebouët et Vialla, surveillait le travail des tranchées et le placement des batteries.

Le maréchal Le Bœuf et le général Frossard étaient des chefs de grande valeur.

Depuis l'ouverture des hostilités, ils avaient été placés, tous deux, dans des situations pour lesquelles ils n'étaient pas préparés et qu'ils n'auraient pas dû accepter. Les événements leur ayant été contraires, l'opinion publique, toujours désireuse dans les calamités d'avoir des boucs émissaires et qui les choisit sans discernement, les accusait de la façon la plus injuste. Les calomnies et les injures ne les atteignaient pas; ils avaient le cœur trop haut placé; mais la situation morale qui leur était faite influa sur leur façon d'exercer leur commandement. Ils n'osèrent plus agir sans instructions et encore moins passer outre aux ordres du général en chef quand les circonstances les engageaient à le faire.

Devant un chef que la voix de l'armée et tous les partis en France avaient désigné pour le poste suprême, ils se tinrent dans le rôle de lieutenants respectueux et disciplinés. Ils ne pouvaient guère faire autrement.

Le maréchal Bazaine dans la matinée leur avait plusieurs fois recommandé de demeurer sur place et de ménager leurs munitions. Pour satisfaire à ces prescriptions, ils jugèrent inutile de mettre en ligne toute leur artillerie : elle subirait des pertes hors de proportion avec les résultats qu'elle obtiendrait. Si, au cours de l'action, ils recevaient l'ordre de passer de la défensive à l'offensive, alors ils feraient avancer leurs batteries pour préparer et aider la marche de l'infanterie.

Tous deux avaient le jugement sain et voyaient les choses sous un jour exact. Les remarques faites dans la matinée par le général Frossard au capitaine Guioth prouvent que pour sa part il prévoyait l'issue de la bataille. Le maréchal Le Bœuf ne pensait pas autrement. Vers 2 heures, le lieutenant d'état-major Lombart de Ginnibral, envoyé aux nouvelles par le général de Forton, vint butter sur l'Arbre-Mort. « Rapportez à votre général, lui dit le maréchal Le Bœuf, que la position du général Frossard et la mienne sont bonnes et que nous sommes tous deux entièrement rassurés ; le général de Ladmirault à ma droite tiendra probablement. Quant au maréchal Canrobert, il est exposé à être tourné... il se peut qu'il tienne, mais ce n'est pas sûr. »

Quand le général de Steinmetz fit ouvrir le feu, notre gauche se trouvait ainsi disposée : la division Metman au sud de Leipzig, la division Aymard à sa gauche, jusqu'au Point-du-Jour, la division Vergé au sud du Point-du-Jour et la brigade Lapasset en crochet en avant de Rozerieulles, la division Bataille en réserve sur la voie romaine, en arrière du Point-du-Jour.

La ligne de bataille était tracée par des tranchées et des abris de batteries Une avant-ligne était constituée par trois bataillons de la division Metman dans le bois des Génivaux, par un bataillon de la division

Aymard dans la ferme de Saint-Hubert et aux environs, par divers détachements de la division Vergé dans les carrières et les sablières au sud du Point-du-Jour et à l'extrême gauche, par deux bataillons de la brigade Lapasset, dans les bois de Vaux, à Jussy et à Sainte-Ruffine.

Celles de nos batteries en position ripostèrent d'abord à celles des Allemands; puis après avoir subi, malgré leurs abris, des pertes cruelles, elles se retirèrent laissant à l'infanterie seule le soin de lutter.

Sur ce front Leipzig-Rozerieulles, le premier engagement d'infanterie eut lieu au bois des Génivaux où se trouvaient un bataillon du 29°, un autre du 71° et le 7° bataillon de chasseurs.

« Nous n'avions reçu aucune instruction, dit le lieutenant d'Ivoley, du 7° bataillon de chasseurs. Le capitaine d'état-major Tardif, qui avait guidé nos compagnies, en plaça trois à la lisière du bois, les autres en réserve dans une clairière. Marchant à la file indienne, les chasseurs de ma compagnie s'engagèrent dans un étroit sentier bordé d'épais taillis. A un moment donné la tête s'arrête, je vais à mon capitaine « Quels ordres avez-vous? » — « Aucun, on m'a dit de rester là et d'attendre. Nous attendons en cassant un biscuit. »

« Pourtant le combat s'engage et les obus passent au-dessus de nos têtes; entourés de taillis, nous ne pouvons ni attaquer ni nous défendre.

« Je viens de reconnaitre une clairière voisine : si les Prussiens occupent le bois, ils passeront par là, je demande à mon capitaine à y aller : « Impossible.
« Je ne dois pas bouger d'ici sans ordre : allez en
« demander au commandant. »

« J'y cours : « Ce n'est pas moi qui vous ai mis là ; « adressez-vous au général de brigade. »

« J'explore tous les sentiers ; je rencontre enfin le général de Potier : « C'est bien, dit-il, placez-vous « comme il vous plaît. »

« Mon retour est salué par des balles venant de la lisière et nous sommes envahis par un flot de chasseurs qui nous annoncent que les Prussiens se sont emparés de la lisière. »

Il y a un instant de trouble : les coups de feu s'échangent dans le fourré, entre des détachements qui se prennent mutuellement pour des Allemands : le feu finit par cesser et le bataillon se retire pêle-mêle sans que personne le commande. Les capitaines Castain, Mariotte et Mallarmé avaient été tués et les chasseurs, en voyant des Prussiens dans le bois derrière eux, avaient filé se croyant cernés.

Cependant une fois sur le plateau les lieutenants Vigre, Chassepot, Clavaud, d'Ivoley, Turcas et Vilar se concertent, font appel à leurs chasseurs et rentrent avec eux dans le taillis, où ils se maintiennent jusqu'à 6 heures et demie du soir sur une bande d'une cinquantaine de mètres d'épaisseur.

Si nous avons insisté sur cette échauffourée, c'est pour faire comprendre que l'initiative des officiers de troupe peut rétablir une situation compromise.

Le reflux du 7ᵉ bataillon s'était fait sentir jusque dans les tranchées de la crête, où plusieurs soldats quittèrent leurs rangs à la suite des chasseurs. En en voyant quelques-uns gagner le bois de Châtel, le maréchal Le Bœuf cria au capitaine de Vaudrimey-Davout de les arrêter. Le sabre haut, le capitaine se jeta en travers des fuyards, les menaça de sa pointe et les fit rentrer dans leur tranchée.

Le combat d'infanterie s'était étendu du bois des Génivaux aux abords de Saint Hubert et ensuite aux extrémités des sablières et des carrières au sud de la grande route.

Sur toute la ligne, des groupes de tirailleurs allemands se montraient dans les fonds de la Mance et échangeaient des coups de fusil avec nos avant-postes.

L'artillerie allemande soutenait ces tirailleurs par son feu; elle le dirigeait surtout sur les maisons du Point-du-Jour dont les masses blanches leur fournissaient une cible visible entre toutes.

« Les coups frappaient sur les pignons, dit le lieutenant Jean Picard du 3ᵉ bataillon de chasseurs, et tout le terrain alentour était criblé d'éclats d'obus et de pierres. »

« Un certain nombre d'hommes s'étaient établis au rez-de-chaussée de la maison sud; un obus y pénétra et en éclatant frappa plus ou moins ceux qui y étaient enfermés.

« Les survivants, criant et gémissant, sortirent en un seul flot au moment où un canonnier qui écouvillonnait sa pièce venait d'avoir le bras emporté par le coup qu'il refoulait. Ses cris horribles s'ajoutant à ceux du groupe échappé de la maison glaçaient les cœurs des assistants. »

Sous les explosions répétées des obus, les chasseurs du 3ᵉ bataillon sortent de la tranchée creusée près des maisons et s'enfuient. La violence des hurlements humains épouvantables, et la vue de plaies hideuses les avaient peu à peu ébranlés et avaient fini par leur enlever leur énergie.

Heureusement la fermeté du commandant Petit et des officiers les arrêta; ils se rallièrent et, ramenés à leur position, n'en bougèrent plus. L'attitude de leurs chefs avait suffi pour les faire redevenir eux-mêmes. Le soir, sur 27 officiers partis avec le bataillon le 19 juillet, six demeuraient sans blessures.

Les maisons du Point-du-Jour étaient en feu : la fumée et la lueur des flammes qui s'en échappaient servaient de cible aux artilleurs allemands dont les coups devenaient de plus en plus rapides et précis. La dernière batterie française encore en position derrière les retranchements s'étant retirée, le général Vergé, dans la crainte d'un assaut des Allemands, envoya le commandant Peloux demander au général Fauvart-Bastoul sa batterie de mitrailleuses.

Prévenu, le capitaine Dupré conduit ses pièces juste entre les deux maisons du Point-du-Jour où tombaient la presque totalité des projectiles prussiens. En un instant les attelages se bousculent; des conducteurs sont tués et des chevaux s'abattent; d'autres blessés se débattent dans leurs traits, une immense lueur blanche s'élève; une détonation retentit et un nuage de fumée jaunâtre et âcre cache les alentours; un instant après, une nouvelle lueur apparait, identique, suivie de la même détonation et d'une fumée plus épaisse encore.

Deux coffres avaient sauté : une quinzaine de canonniers et autant de fantassins étaient tués ou blessés; quelques-uns horriblement mutilés et brûlés. L'un d'eux a les deux jambes et les bras arrachés et sa figure tuméfiée est toute noire, il vit encore : d'autres poussent des cris épouvantables.

Le capitaine Raynal de Tissonnière du 80° fait ramener et transporter ces malheureux derrière l'une des maisons et l'on emporte plus loin, dans des couvertures tenues aux quatre coins, les plus gravement atteints pour ne pas les laisser voir aux combattants.

Presque aussitôt un obus vient donner sur l'un des grands peupliers de la route; l'arbre penche lentement, fait entendre un craquement et s'abat en tuant deux hommes.

Cette avalanche de projectiles n'amena aucune défaillance dans la troupe, mais augmenta dans les états-majors la conviction d'un assaut prochain; les Allemands allaient profiter du désarroi causé par la double explosion qui avait été vue et entendue au loin. Le lieutenant-colonel Loysel, tant pour sauver les mitrailleuses que pour recevoir l'ennemi s'il émergait des nuages de fumée qui cachaient tout à vingt-cinq pas, galopa à un bataillon du 23° et cria au commandant Harty de Pierrebourg : « Sauvez les mitrailleuses. »

Le bataillon entraîné par son commandant part au pas de course; une partie des hommes se jettent dans les tranchées ou se placent derrière des arbres; d'autres aident les canonniers à raccrocher les pièces. Une d'elles restait encore; un officier de la batterie, le lieutenant Zimmermann, vint la chercher, il l'attacha par une corde à un sous-verge et l'emmena.

« Bravo ! » crièrent les soldats du 23°.

Vers 3 heures, l'artillerie allemande cessa de tirer sur les tranchées pour concentrer son feu sur la ferme de

Saint-Hubert. Le bataillon du 80° qui l'occupait riposta à coups de fusil.

Du Point du Jour on domine ce combat et on en suit les péripéties. La fumée intercepte quelquefois la vue, mais quand elle se dissipe, on voit le bataillon enserré dans le verger de la ferme où il offre une masse compacte aux coups de l'ennemi.

Une ligne épaisse et noire forme un demi-cercle autour des bâtiments : il y a bien là 5 à 6 000 hommes ; et de la ferme les nôtres tirent tant qu'ils peuvent.

Des obus éclatent dans le verger ; on voit une masse d'hommes se presser contre les deux brèches faites la veille dans le mur du côté de nos lignes et s'échapper comme deux bouffées de fumée.

La fusillade continue encore des fenêtres et des toits pendant que les échappés remontent le glacis du plateau de Moscou.

Le demi-cercle noir des Allemands se resserre, se rompt ; ses tronçons se précipitent tous ensemble sur les bâtiments et un formidable hourrah monte jusqu'à nos tranchées.

Le verger et la cour sont noirs de monde ; la fusillade diminue et cesse. Dans les enclos, sous la porte charretière ou aux alentours, cette foule de cinq à six mille hommes échauffés et mélangés, crie et s'agite : on dirait une fourmilière géante retournée avec une bêche.

Une vingtaine des nôtres, dont le capitaine Lamarle, l'adjudant Lequien, les sous-officiers Palat, Gres et Jaumet, enfermés dans le grenier, ont répondu aux sommations de se rendre en continuant à tirer : les Prussiens les ont massacrés après avoir enfoncé les portes : scène identique à celle des « dernières cartouches » de Sedan immortalisée par Alphonse de Neuville.

La ferme prise, le général de Steinmetz croit pouvoir prendre pied sur le plateau et nous rejeter dans Metz : pour faciliter la marche de ses troupes, il pousse ses batteries le plus avant et fait redoubler leur feu.

Les obus incendient la ferme de Moscou : les flammes, la fumée, les beuglements des bêtes qui brûlent jettent le trouble dans les troupes du voisinage et il y a une débandade locale. Le général de Brauer, qui a vu les fuyards, va à un de ses bataillons et, faisant sonner la charge, l'entraîne. « Nous le vîmes tous, a écrit le lieutenant de Lardemelle, faisant prendre le pas gymnastique à ses hommes ; un instant après, tout était dans l'ordre. »

Il fallait enlever au plus vite les blessés couchés autour des bâtiments de Moscou en feu ; les chasseurs du 11e s'en chargèrent.

« Plus au sud, à la droite du Point-du-Jour, les défenseurs de Saint-Hubert remontaient au trot vers nous, dit le capitaine Raynal de Tissonnière.

« Ils s'écoulent en arrière de ma droite, enlevant au passage ma première escouade qui suit leur torrent malgré mes efforts.

« Au-devant d'eux, le lieutenant-colonel de Langourian, à cheval, recommande le calme de sa forte voix : « Au pas, au pas, messieurs les officiers ! Ce n'est pas ainsi qu'on bat en retraite. » On l'écoute et le bataillon a repris forme quand il disparaît derrière la crête.

« Maintenant c'est à moi et au commandant Bertrand

qu'en ont les Prussiens... Nous souffrons peu, à peine un blessé par-ci par-là... Une batterie vient d'apparaître... Elle est escortée de cavaliers et tire sur le bois des Génivaux. N'est-elle pas française? Aucun de nous n'a de lorgnette. Un soldat s'écrie : « Ils ont six chevaux, ce sont des Prussiens. » Il fait feu; tous l'imitent. J'ai un fusil en main et je tire, moi aussi.

« En un instant, tout tombe, tout se sauve ; des pièces sont abandonnées. Les cartouches commencent à se faire rares. J'envoie un sous-officier à la recherche du caisson de munitions : la fusillade se ralentit. »

Le 3ᵉ bataillon de chasseurs à pied, entre les deux maisons du Point-du-Jour, par suite d'une bosse du terrain, n'avait de vue que jusqu'à 100 mètres de la tranchée. « Mais dès que la ligne de tête des fantassins allemands apparaissait, le feu était immédiatement ouvert, a dit le sous-lieutenant Jean Picard, et les officiers le faisaient cesser quand la fumée empêchait de voir ; le clairon et le sifflet étaient alors insuffisants ; il fallait frapper les hommes à coups de canne pour les faire obéir. »

A chaque interruption du feu « on s'attendait à supporter le choc de l'ennemi. Nos hommes, baïonnette au canon, étaient prêts à s'élancer » ; mais nos chasseurs avaient déjà arrêté les Allemands.

« Il arrivait par la grande route des bandes de chevaux effarés, les uns aux chabraques de hussards, les autres avec des selles de hulans ou des harnachements d'artillerie : quand ils ruaient et gambadaient, les soldats les piquaient de leurs baïonnettes pour les éloigner et s'ils s'arrêtaient; on s'en emparait; nous en prîmes ainsi plus d'une trentaine. »

Le 55ᵉ est à gauche du 3ᵉ bataillon de chasseurs : la moitié du régiment est dans les tranchées avec des petits postes en avant dans les sablières. L'autre moitié est en réserve et parfaitement à l'abri.

« Les obus nous laissent indifférents, dit le sous-lieutenant Couturier, dont la compagnie est dans la tranchée; presque tous passent au-dessus de nous et vont éclater sur la contre-pente à 500 mètres en arrière. Quelques-uns frappent en avant, mais sans effet grâce à nos abris. Par contre, les balles ne manquent pas.

« L'affaire a commencé à Saint-Hubert, hors de notre champ d'action, et s'étend progressivement au sud sur toute la lisière du bois d'où les Allemands cherchent à déboucher. Au début nous nous contentons de nos bons tireurs postés par devant. Puis, lorsque les Allemands sont à 300 mètres, nous replions nos tireurs et toute la ligne ouvre un feu à volonté. L'un des plus adroits, le soldat Pareau, debout, appuyé à un peuplier de la route, tire sans arrêter, en visant posément chaque fois.

« Nous laissons brûler une dizaine de cartouches, puis nous faisons arrêter la fusillade; quand la fumée est dissipée, le terrain est couvert de morts et on voit les retardataires rentrer précipitamment dans le bois.

« Je ne peux pas dire combien de fois cette scène s'est produite; au moins six fois; les cadavres se comptaient par centaines en avant de notre front.

« Je ne sais non plus à quelle distance de nos tranchées les Allemands ont pu parvenir, la fumée empêchait de voir.

« Il y a eu cependant plusieurs corps à corps à

notre droite devant le 1ᵉʳ bataillon du 55ᵉ, et à gauche au 76ᵉ.

« Voici ce qui s'est passé de mon côté : une centaine d'Allemands arrivèrent jusqu'à la sablière, dont le déblai, du côté où ils venaient, était de trois mètres de hauteur à pic.

« Sous l'action de notre feu, les Allemands se jettent dans le trou pour se mettre à l'abri. Ce que voyant, au cri de notre lieutenant Borreil, — le capitaine était absent, — nos hommes sautent les tranchées et courent, la baïonnette en avant, sur les Prussiens; pris entre nous et l'escarpement, ceux-ci sont tués ou obligés de se rendre. »

A gauche, un bataillon allemand cherchait à attaquer notre ligne en la tournant par les bois. Le général Jollivet, voyant leur mouvement, ordonna au commandant Brauneck du 76ᵉ de séparer cette colonne du reste des assaillants et de se rabattre ensuite sur ceux-ci.

« Le mouvement du commandant Brauneck, dit le général Jollivet, eut un plein succès; la colonne disparut et les groupes allemands engagés dans les carrières furent presque anéantis. »

La longue station des troupes sous le feu avait agacé les hommes; l'insuccès des Allemands leur redonna du cœur et de l'énergie. Si, au lieu de s'en tenir à ces coups de boutoir, on eût marché sur Gravelotte !

Par suite de la disposition du terrain, des positions occupées par le 2ᵉ corps on n'avait pas vu la débandade des troupes allemandes empilées dans l'entonnoir de la grande route au passage de la Mance. De la hauteur de l'Arbre-Mort, là où se tenait le maréchal Le Bœuf, grâce à l'éloignement de la fumée et à certaines échappées on pouvait se rendre mieux compte des faits. Le maréchal Le Bœuf avait de mauvais yeux, mais le général Changarnier dont la vue était perçante, au moment de la débâcle allemande, s'écria : « Ah çà, qu'attend donc Bazaine pour faire marcher en avant et faire battre la charge sur toute la ligne : ces gens-là ne demandent qu'à s'en aller. »

Le maréchal Le Bœuf aurait pu se concerter avec le général Frossard pour prendre l'offensive simultanément et achever la déroute des Allemands. Ni l'un ni l'autre ne semble y avoir pensé. Depuis le matin ils avaient reçu plus de cinq à six fois l'avis de se tenir sur leurs positions et depuis deux heures tous deux savaient, par leur sous-chef d'état-major, la retraite sous Metz décidée au plus tard pour la matinée du lendemain. Se lancer au loin sur l'ennemi contrarierait les plans du général en chef. Il n'y avait donc pas à y songer.

Le maréchal Bazaine, ne l'oublions pas, jouissait encore ce jour-là d'une popularité complète; sa réputation de chef d'une habileté consommée subsistait et aucun de ses lieutenants n'aurait osé prendre sur lui d'agir en contradiction avec ses instructions.

Par suite de l'immobilité où furent maintenues les troupes françaises, le combat cessa presque complètement à la droite allemande et à la gauche française jusqu'à 6 heures et demie du soir.

Le général Frossard, profitant de cette accalmie, se rendit à Rozerieulles auprès du général Lapasset et envoya le capitaine Allaire à l'état-major général rendre compte des événements.

Le capitaine Allaire rencontra le colonel Lewal et lui exposa les faits en présence du maréchal Bazaine qui ne demanda rien.

A Rozerieulles le général Lapasset dirigeait lui-même ses tirailleurs dans les vignes au moyen de sonneries de clairon : plusieurs batteries placées au-dessus de Sainte-Ruffine et au pied du Saint-Quentin, du côté de Scy, tiraient sur les Allemands dans la vallée de la Moselle. « Nous distinguions, dit le capitaine Thomas, à 7 ou 8 kilomètres, sur les rives de la Moselle, des masses assez considérables au repos... Le Saint-Quentin, avec de gros projectiles, contribuait à empêcher l'approche des têtes de colonne qui faisaient mine de vouloir avancer.

« Le soleil commençait à baisser ; quelques balles vinrent jusqu'à nous et blessèrent le commandant Kienlin et plusieurs cavaliers de l'escorte. Il semblait que les Prussiens renonçaient à une attaque violente. Nous nous bercions de l'espoir que l'aile droite de notre armée avait dû être renforcée et avait pu déborder la gauche prussienne.

« Nous fûmes confirmés dans ces idées en voyant les campements de la Garde sur le Saint-Quentin se regarnir. » C'était le 3ᵉ voltigeurs rappelé de Châtel.

« Nous pensions que son concours avait été superflu. Il y avait encore une heure de jour et trois quarts d'heure de crépuscule. Je trouvais cependant étrange ce retour de la Garde. Car avec les Prussiens on peut toujours craindre une attaque à la dernière heure. Aussi regardions-nous nos montres avec anxiété.

« A une très grande distance vers l'extrême droite, au-dessus de plusieurs vallées et forêts, on apercevait une épaisse poussière. Je le fis remarquer au commandant du génie Sinn et au lieutenant de Ville-d'Avray du 24ᵉ. Cet officier avait une longue-vue. Je la lui empruntai ; mais je ne vis rien de précis. Je crus à un choc de cavalerie. En ce moment la fusillade recommença en avant de notre centre et les incendies des maisons du Point-du-Jour et de Moscou, au jour baissant, faisaient des lueurs rouges entourées du noir de la fumée qui montait.

« La fusillade a pris en un instant une vivacité extraordinaire. Tout le terrain est sillonné de feux et l'artillerie allemande tire à toute volée.

« Il n'y a pas de doute, l'ennemi fait une attaque générale et peut nous repousser sur Metz. »

C'est en effet l'assaut suprême des Allemands. Le IIᵉ corps, aidé des unités disponibles des VIIᵉ et VIIIᵉ corps, fait une dernière tentative contre le Point-du-Jour.

Les troupes françaises, maintenues depuis le commencement de la bataille dans les tranchées, étaient suffisantes pour repousser cette tentative ; il eût suffi de leur faire parvenir des cartouches, dont elles commençaient à manquer.

Cependant, le général Frossard et le général Aymard crurent sage de faire avancer leurs réserves. Malheureusement l'artillerie allemande du plateau de Gravelotte-Malmaison les vit se former ; elle accueillit leur entrée en ligne par des salves répétées qui déterminèrent quelques troubles dans nos rangs et nous causèrent des pertes cruelles, principalement au 80ᵉ de ligne.

« De ma place, dit le capitaine R. de Tissonnière de ce régiment, je vois des trous se faire dans le bataillon qui vient partager les abris à peine suffisants pour nos hommes : on se met sur deux ou trois rangs... Le commandant Maréchal m'aborde... je vois sa manche se trouer et le sang jaillir... il se hâte vers le Point-du-Jour criant : « Aïe, aïe ! »

« ... Je vais serrer la main à Sourdrille (adjudant-major) porté par ses hommes ; il est affaissé, ses yeux sont mornes et sa figure est en sueur ; il murmure : « Je suis fichu ! » Puis c'est Dieu (capitaine) qui passe se tenant le flanc... C'est Moquier, Barthe, Puech (capitaines et lieutenant), c'est mon pauvre Renard qui me crie : « Mon capitaine, j'ai mon compte ; permet-« tez-moi de m'en aller. » Trois jours après, il était mort.

« On eût pu se dispenser de m'envoyer tout ce monde, car je n'avais besoin que de cartouches. »

Quand on vient prévenir le colonel de Waldner du 55ᵉ qu'il allait être relevé, il envoya le capitaine Chapuis demander qu'on le laissât en place. Il perdrait plus de monde à se retirer en terrain découvert, disait-il, que de rester dans nos tranchées où il garantissait tenir. Le général Frossard le laissa.

Prévenu par le capitaine Thomas d'aller soutenir la division Vergé, le 8ᵉ de ligne s'avançait derrière les maisons du Point-du-Jour.

« Il y avait beaucoup d'élan dans cette troupe, nous dit le lieutenant Jean Picard, la musique jouait la *Marseillaise* » ; les obus et les balles des Allemands blessèrent le colonel Hacca qui marchait en tête ; un capitaine dut prendre le commandement sous la pluie des obus qui criblaient le régiment ; il y eut du trouble et des débandades partielles ; un capitaine suédois,

M. Axel de Rappe, depuis ministre de la Guerre en Suède, déjà blessé l'avant-veille, rallia plusieurs compagnies en déroute. Devant les officiers de l'état-major du général Frossard, aux dernières lueurs du jour, le bras gauche en écharpe, l'épée dans la main droite, il courut de rangs en rangs, fit reprendre à chacun sa place et conduisit deux ou trois compagnies en avant.

En voyant tomber plusieurs de leurs camarades, les troupes de renfort se crurent en première ligne et automatiquement se mirent à tirer. Les coups allèrent sur le 3ᵉ bataillon de chasseurs et sur le 80ᵉ de ligne.

« Des cris s'élèvent de toutes parts pour faire cesser le feu ; les hommes se tiennent blottis dans leurs tranchées et les officiers cherchent un refuge derrière les murs des maisons.

« Nous sonnons cessez le feu, dit le capitaine Raynal de Tissonnière, nous faisons des signaux ; rien n'y fait. Mon sous-lieutenant Tournebize me demande la permission d'aller dissiper l'erreur. Il s'élance sous une grêle de balles venant d'avant et d'arrière, arrive aux officiers du 23ᵉ et trouve parmi eux des incrédules qui lui demandent « s'il est bien vrai qu'il soit Français ».

« Le feu cesse à la fin, un bataillon du 8ᵉ court vers nous. Où se mettre ? Tout le monde s'aplatit sur la route derrière des abris de batteries. Pour comble, le feu recommence. On est sur dix rangs : les hommes en première ligne crient qu'on leur tire dessus et menacent de riposter.

« Je tape à coups de canne sur les plus près de moi et je finis par m'adosser à un remblai du *côté prussien* : c'est moins dangereux. Tout est mêlé : je n'ai plus que quelques hommes autour de moi... le feu se ralentit.

« Ne sont-ce pas des cavaliers là-bas à gauche?...

« Attention, les enfants : laissez-les approcher. »

« Tout est silence. Du fond du ravin s'élève une buée épaisse...

« Un cri éclate : « Les voilà! les voilà! à la baïon-
« nette ! »

« A cinquante pas émerge du brouillard une colonne marchant au pas, la baïonnette croisée, la tête basse. Un gros sous-officier crie : « Vorwœrtz! » Je l'ajuste et fais feu.

« Tout le monde s'élance, tout le monde tire, tout le monde crie.

« C'est l'instant où les coups de feu font flamme et éblouissent l'œil.

« Plus de commandement! Plus de direction! Les cris cessent, le feu s'apaise : on revient par la route. »

Le combat est aussi violent, mais mieux ordonné au sud du Point-du-Jour. « Au moment où la nuit est complète, nous dit le sous-lieutenant Couturier du 55°, une rumeur d'abord vague et sourde, qui se fait peu à peu plus perceptible, s'élève du fond de la Mance, puis éclate en hourras furieux. Le colonel de Waldner a pressenti l'assaut et prévenu ses officiers. Ceux qui ont des vues sur Saint-Hubert tirent dans ce trou d'où s'élève un effroyable vacarme. De vagues silhouettes, de gros paquets d'hommes apparaissent à notre droite : on vise dans le tas. Pas un Allemand ne vient jusqu'à nous. Les bruits décroissent peu à peu et cessent.

« Cette fois nous sommes relevés par le 66°. »

L'appel de renforts sur la ligne de combat fut malencontreuse.

Les réserves auraient dû être lancées en avant sur l'ennemi déjà ébranlé; elles l'eussent mis dans une déroute complète.

Le général Changarnier ne se trompait pas quand il disait : « Ces gens-là ne demandent qu'à s'en aller. »

Il eût fallu les y aider; personne n'osa le faire.

Si le maréchal Bazaine, désireux de gagner la bataille, avait été sur le terrain, il eût donné l'ordre de se jeter sur l'ennemi.

S'il ne saisissait pas l'ensemble d'une grande bataille, il pouvait conduire judicieusement et énergiquement un combat sur un terrain restreint qu'il embrassait de la vue; il avait de l'autorité sur le soldat et savait l'entraîner; le combat de San Lorenzo en est une preuve.

Mais cette bataille ne l'intéressait pas; il n'y parut pas, et ne chercha même pas à être informé de ses péripéties.

La nuit était tombée. L'ennemi avait été repoussé à notre gauche, mais notre droite battait en retraite; le maréchal Le Bœuf et le général Frossard le savaient. Tous deux décidèrent, quoiqu'ils n'eussent aucun ordre positif, de tenir et de se préparer à recommencer la lutte le lendemain.

Le général Frossard envoya le capitaine Allaire auprès du général Lapasset pour avoir de ses nouvelles et refit l'inspection de sa position avec le colonel Le Masson du génie. Il lui indiqua les nouveaux travaux à exécuter et les améliorations à apporter à ceux qui existaient déjà.

Le colonel Le Masson, accompagné du capitaine Dérédinger, courut au Ban-Saint-Martin où se trouvait le parc du génie et la compagnie de réserve. Il les mit en route en pleine nuit, mais quand il atteignit le Point-du-Jour la retraite était déjà en partie effectuée.

« Après avoir donné ses ordres, le général Frossard, nous dit le capitaine Thomas, descendit à Châtel avec une partie de l'état-major; le général Saget, Destremeau, Sabouraud et moi, nous restâmes sur le champ de bataille, afin d'assurer les dernières dispositions.

« Les restes fumants des maisons brûlées servaient de point de repère, car partout l'obscurité était si profonde qu'on ne distinguait même pas les oreilles de son cheval.

« Après un certain temps de calme, le feu recommença depuis le Point-du-Jour jusqu'à la gauche des carrières. Des balles sifflaient à nos oreilles ; cet engagement ne pouvait être sérieux, il se ralentissait, puis reprenait et flottait de la droite à la gauche. Il dut avoir des conséquences terribles pour les Prussiens, qui s'avançaient à découvert : il en eut très peu pour nos hommes, abrités dans des tranchées.

« Nous pensions d'abord que nos soldats tiraient dans la nuit sans y voir, mais nous étant approchés, nous fûmes édifiés.

« Les sonneries et les batteries de régiments se mêlaient aux crépitements de la fusillade, qui cessa peu à peu, et les bataillons cherchèrent à se reformer.

« Nous reprîmes silencieusement le ravin du moulin de Châtel ; on entendait les plaintes des blessés : la plupart des combattants s'étaient étendus pêle-mêle et dormaient déjà. »

Le général Frossard se préparait à descendre la côte

de Châtel, quand il fut rejoint par le capitaine Allaire porteur d'un billet du général Lapasset; à la lueur d'allumettes, le général le lut :

« Mon Général,

« J'ai l'honneur de vous rendre compte que des forces considérables (les officiers me parlent d'une division) ont envahi les bois et bosquets de bois en avant de mon front. Le bataillon qui s'y trouvait de grand'-garde a été obligé de se replier. Par suite, cette position à 1 000 mètres de mon front est au pouvoir de l'ennemi. Il est à craindre que demain matin, profitant de leur avantage, ils n'y mettent un grand nombre de pièces en batterie *(sic)* en nous attaquant en même temps sur notre flanc droit et forcent l'évacuation de Sainte-Ruffine.

« Dans cette prévision il n'y a à mon sens que deux partis à prendre.

« Le premier, faire occuper la crête boisée par des forces assez considérables (trois brigades au moins). Cela fait, s'y établir au moyen d'abatis, etc., pour s'y maintenir.

« La deuxième, d'abandonner ma position pour me reporter plus en arrière et laisser le champ libre à l'artillerie du Saint-Quentin.

« Peut-être y a-t-il un autre parti à prendre. J'attendrai vos ordres afin de me conformer à vos vues.

« Profond respect.

« Général Lapasset. »

Le général Frossard décida, avant de répondre, de descendre à Châtel, où il trouverait peut-être des instructions. En effet on lui remit, à son arrivée, une lettre du maréchal Bazaine le prévenant de la retraite du maréchal Canrobert et du général de Ladmirault, lui prescrivant de se précautionner sur sa droite et annonçant d'un instant à l'autre un ordre de retraite. Il l'attendait encore entre dix et onze heures.

Quand les capitaines Thomas et Destremeau rejoignirent le quartier général, leurs réflexions étaient moroses. « Nous nous demandions — c'est le capitaine Thomas qui parle — quelles pourraient être pour la France et pour l'armée les conséquences de cette journée. Comment cette bataille, qui semblait un succès complet pour l'aile gauche, était-elle une défaite pour le 4ᵉ et le 6ᵉ corps? Nous savions seulement que l'action avait été sanglante et que le moral d'une partie des troupes était atteint. Beaucoup d'officiers disaient : « Nos soldats ne tiennent plus », et en entendant ces plaintes je pensais que le général Frossard avait eu bien raison la veille dans sa discussion avec le général Jarras sur la reconstitution de ses cadres.

« ... Nous avions perdu une notable partie de nos meilleurs soldats. Tous nos officiers supérieurs et les adjudants-majors étaient tués ou blessés et beaucoup d'officiers d'élite avaient aussi succombé dans les compagnies. Le 2ᵉ corps était le plus malchanceux sous ce rapport, mais les autres souffraient aussi du même mal.

« Aussi je ne pouvais envisager l'avenir sans un certain effroi. Avec les éléments ainsi affaiblis, il fallait un chef décidé à déployer la plus grande vigueur.

« Heureusement, ceux qui avaient connu le maréchal Bazaine le disaient un homme d'une haute intelligence, d'une grande finesse politique et possédant une connaissance approfondie du cœur humain.

« Nous pouvions donc encore avoir confiance dans sa sagesse. »

A 11 heures, n'ayant pas encore reçu les instructions annoncées à 9 heures, le général Frossard envoya le commandant de Crény au maréchal Bazaine : du côté de Lessy, le commandant rencontra le baron de Gargan et apprit de lui les événements accomplis du côté de Saint-Privat.

Arrivé à la villa Bouteiller, qu'il connaissait pour y avoir souvent dîné, il pénétra dans le salon. « Le colonel Napoléon Boyer, m'a-t-il raconté, se couchait; le maréchal m'écouta, me dit de prendre une copie de l'ordre de retraite chez le général Jarras; me montrant ensuite une dépêche annonçant la rupture de la voie du côté de Maizière, il ajouta : « Maintenant, nous sommes cernés », et il me congédia.

Vers une heure du matin, le général Saget rédigea pour le 2ᵉ corps un ordre fort laconique reproduisant les vagues indications fournies par celui apporté par le commandant de Crény et envoya les capitaines Destremeau, Parisot et Texier de la Pommeraye conduire les troupes à leur nouvel emplacement.

Depuis la tombée de la nuit la fusillade avait continué sur le plateau et à certains instants était devenue si violente que nous croyions sans cesse être en butte à de nouveaux assauts. L'ennemi avait les mêmes craintes; ses feux précipités n'avaient pas d'autres causes que sa nervosité surexcitée et ses coups tirés au hasard portaient souvent sur ses propres troupes.

Quand le silence se fit, vers 11 heures, il régnait aux abords et particulièrement au nord du Point-du-Jour un désordre dont le capitaine Raynal de Tissonnière du 80° nous fait encore un tableau poignant.

« Derrière nous la retraite sonne : « Le 80°! le 80°! » On s'appelle. J'ai autour de moi... quatorze hommes de ma compagnie. Je pique droit au nord dans le noir... Saint-Hubert tiraille... Du côté de Rozerieulles les feux d'une ligne de tirailleurs piquent les ténèbres : leurs balles sifflent en tous sens : mon vieux sergent Barbaza a la main fracassée,

« ... A droite et à gauche... sont des troupes couchées desquelles s'élève un murmure de voix.

« Plus loin, dans le ravin de Châtel, un grand bruit de voitures.

« Une ombre nous rejoint ; c'est l'adjudant Sertorius : « Mon capitaine, je cours après vous. Le lieutenant Renouard, dans la tranchée, vous demande des ordres.

— Des ordres! et le commandant?

— Mort.

— Et le capitaine Apchié?

— Parti avec le drapeau ; c'est vous qui commandez.

« ... Guidés par l'adjudant, nous dépassons plusieurs lignes couchées. Renouard vient à moi.

— Eh bien, quels ordres?

— Aucun.

— A mon tour de vous demander : que faites-vous là?

— ... Je n'ai pas voulu partir sans ordres...

« ... Une fusillade éclatante me coupe la parole. De

Saint-Hubert on répond. Le clairon sonne et resonne « Cessez le feu... »

« Je reprends mon entretien.

— Qu'avez-vous fait toute la journée? Avez-vous beaucoup souffert?

— Le même obus a tué le commandant Bertrand et le capitaine Grangié! Venez les voir.

« Le commandant a la bouche et les yeux grands ouverts, les mains crispées et tendues en avant... tout le côté gauche est ouvert : la sacoche qu'il portait s'est vidée dans la plaie où brillent çà et là des pièces d'or.

« Le capitaine est recouvert d'un manteau... son chien grogne quand on l'approche.

« ... On a couché les morts sur le revers de la tranchée, les blessés sont allongés dans le fond et poussent des gémissements.

« Ni cartouches, ni à boire, ni à manger, mais le pire c'est la privation du sommeil.

« Le spectacle est grandiose.

« En face, Gravelotte en flammes éclaire la vallée de lueurs sinistres. A notre gauche les toitures du Point-du-Jour achèvent de brûler et les poutres s'effondrent en faisant jaillir des gerbes d'étincelles.

« En arrière, Moscou... forme un vaste brasier d'où s'échappent les cris aigus des porcs soumis dans les caves à une chaleur intense.

« Du fond de Saint-Hubert s'élève un hurrah. Une voix âpre, heurtée, lui succède. Nouveau hurrah! *(sic)* puis un chant religieux suivi d'un commandement bref et le silence.

« Les porcs ne crient plus; il est minuit. Un général sort de l'ombre... « Qui commande ici? »

— Moi.

— Eh bien, ne bougez pas... Voici le 8ᵉ de ligne au Point-du-Jour et le 66ᵉ.

— Je ne le crois pas... les Prussiens y étaient... venez voir. »

... Un bataillon du 66ᵉ s'y est glissé sans bruit.

« ... Eh bien, mon cher capitaine, vous restez là ?

— « ... Je n'ai plus de munitions : je suis encombré de blessés et nous n'avons pas mangé depuis hier soir.

— Je vais vous envoyer des munitions, du pain, des brancards, et je vous soutiendrai... », me dit le général Mangin. Je ne l'ai plus revu. »

« Je réveille Renouard endormi sur l'herbe et le prie de me laisser dormir quelques minutes.

« ... Mon sommeil était profond, car l'adjudant eut beaucoup de peine à m'en tirer en me secouant ; le jour venait.

L'ordre de retraite fut mal accueilli des troupes. « Nos hommes ont mangé comme ils ont pu, dit le sous-lieutenant Couturier du 55ᵉ, je me suis étendu à terre et j'ai dormi. Tous ont dû en faire autant. Quand nous nous sommes repliés, on a grogné. On ne savait pas la défaite du 6ᵉ corps : « A quoi sert-il d'être vainqueurs « s'il faut toujours fiche le camp ? » C'était le refrain général des troupes qui s'étaient battues dans les tranchées. »

« Après notre résistance, — c'est maintenant le lieutenant Tronsens de l'artillerie de la division Aymard qui nous renseigne sur son état d'âme et celui de ses canonniers, — dans l'ignorance où nous étions de ce qui s'était passé au corps Canrobert, nous nous laissions aller à l'espérance. Dans la nuit cet espoir se changea en tristesse quand nous reçûmes l'ordre de battre en retraite, surtout quand nous vîmes des troupes de toutes armes se précipiter pêle-mêle dans la vallée de Châtel. Nous comprîmes, seulement alors, que nous venions d'être battus. Nous accusions le commandement de n'avoir pas su profiter de la journée du 16 qui nous avait semblé une victoire. Nous cachions notre tristesse aux soldats; ils avaient du reste trop le sentiment de la discipline et trop de confiance en leurs officiers pour avoir le moindre découragement.

« La fatigue seule les accablait et après quelques heures de repos ils eussent été prêts à marcher comme au premier jour. »

Au nord de la division Aymard, le 3ᵉ corps n'avait pour ainsi dire point été engagé. Il était à l'angle mort compris entre l'attaque menée par le général de Steinmetz contre notre aile gauche et le combat de Verneville que dirigeait le général de Manstein contre le général de Ladmirault.

N'ayant qu'un rideau insignifiant d'Allemands devant lui, le 3ᵉ corps aurait dû déborder l'armée du général de Steinmetz par sa gauche ou le corps du général de Manstein par sa droite en se jetant sur l'un ou sur l'autre.

Du plateau de Moscou on n'avait que des vues restreintes sur les positions allemandes, et réciproquement, les Allemands ne voyaient les positions du 3ᵉ corps que par ces mêmes échappées, « sans cela, nous a dit le général Jamont, leur artillerie nous eût arrosés bien autrement qu'elle le fit. »

Plusieurs fois dans la deuxième partie de la journée le maréchal Le Bœuf voulut se servir de l'une de ces trouées pour canonner les Allemands embusqués dans la ferme et les environs de Saint-Hubert.

Les batteries Huet et d'Hennin, puis celles des capitaines de Maillier et Gebhart ouvrirent le feu sur les masses de soldats allemands débandés dans les fonds et les déterminèrent à aller se cacher ailleurs; mais aussitôt, les batteries ennemies tirèrent sur les nôtres et leur causèrent des pertes sérieuses. Après quelques salves, les généraux Rochebouët et de Berckheim leur ordonnèrent de se retirer, les pertes qu'elles subissaient n'étant pas en rapport avec les résultats obtenus; si l'on avait pris l'offensive, ils eussent fait continuer le feu; mais pour rester en place il était inutile de sacrifier la vie de braves gens. Au crépuscule le maréchal Le Bœuf et son état-major toujours, à l'Arbre-Mort, virent le feu se ranimer puis une panique se produire à Saint-Hubert et sur la grande route.

« Le disque du soleil tout rouge était presque à l'horizon, nous a raconté le général Berge qui avait été blessé peu auparavant, quand nous assistâmes du haut du plateau à une canonnade et une fusillade terribles; tout d'un coup nous distinguâmes des batteries, des fantassins, des cavaliers qui filaient sur le plateau de Gravelotte; puis le feu cessait peu à peu et nous constations que les nôtres étaient restés sans bouger là où ils étaient. Je ne peux mieux comparer ce qui venait de se passer sous nos yeux qu'au choc de deux billes de billard lancées l'une contre l'autre, quand l'une, arrêtée net, demeure sur place et l'autre recule en hésitant sans direction fixe. »

Quoique la poursuite ne fût nulle part entamée, cependant, autour du maréchal Le Bœuf, on croyait à la victoire. On fut détrompé par le capitaine de Locmaria, par les officiers d'état-major du 4ᵉ corps envoyés de minute en minute demander des secours et enfin par le général de Ladmirault lui-même qui vint annoncer au maréchal Le Bœuf que « tout était perdu ».

Puisque le 4ᵉ et le 6ᵉ corps étaient battus, le 3ᵉ devrait tenir jusqu'à la dernière extrémité sur le plateau de Moscou. Le général Manèque fit transmettre des instructions à chacune des divisions et chargea le capitaine de Locmaria de prévenir le général Frossard de la retraite de l'aile droite et des dispositions prises au 3ᵉ corps pour parer au danger amené par l'abandon d'Amanvillers et de Saint-Privat.

Le général Manèque envoya aussi le lieutenant Bonneau du Martray s'assurer de notre situation à l'extrême gauche, à Jussy et Rozerieulles.

L'ordre d'exécuter la retraite dans la nuit même fut apporté par le commandant Mojon à 1 heure du matin.

On ignorait dans la troupe la défaite de la droite. Tous étaient brisés de fatigue, beaucoup n'avaient rien mangé, souffraient cruellement de l'absence d'eau et par-dessus tout n'en pouvaient plus de sommeil. Certains même n'ayant pas dormi depuis plusieurs jours étaient en proie à un énervement qui leur donnait des hallucinations.

Le calme venu, les officiers allaient de rangs en rangs se renseigner.

Les réflexions étaient moroses. « L'unité du commandement a manqué, dit le commandant Rigaud, il en est résulté confusion, panique même et cette vieille bravoure française a échoué. »

« En repassant les événements de la journée, dit le

lieutenant d'Ivoley, je pensais à la puissance de l'artillerie allemande qui avait réduit la nôtre au silence, à l'obéissance des fantassins allemands et au bon marché qu'ils font de leur vie. »

Nous n'avions pas su prendre l'offensive et nous avions subi celle de l'ennemi. Nous avions reçu passivement ses coups et nous lui avions laissé toute liberté pour agir.

Si de notre côté on avait sonné la charge et crié : « En avant! » et si l'on s'était jeté sur l'ennemi, nous aurions eu raison de lui malgré toutes ses qualités.

Nous ne fûmes battus que parce que nous nous tînmes sur la défensive, et le combat fini nous demeurâmes déprimés du seul fait de n'avoir pas marché à l'ennemi.

CHAPITRE IV

L'ATTAQUE DU CENTRE FRANÇAIS PAR LE IXe CORPS ALLEMAND

Le IXe corps, massé autour de la ferme de Caulre dans les premières heures de la matinée, y avait fait une longue halte.

A 10 h. 30 son chef, l'impétueux général de Manstein, avait reçu un billet du prince Frédéric-Charles lui prescrivant de se diriger sur Verneville et sur la Folie et, « si l'ennemi y avait sa droite, de l'attaquer ».

Le général de Manstein, impatient de combattre, galope à Verneville et constate à la jumelle la présence de camps français à Montigny et à Amanvillers.

D'autant plus pressé qu'il croyait l'armée française en retraite vers le nord et qu'il craignait de la voir lui échapper, il ordonne, sans attendre le gros de ses troupes, à sa batterie d'avant-garde, la seule présente, de commencer le feu et lance l'avant-garde de son infanterie sur le bois de la Cusse, sur la ferme de l'Envie et sur Chantrenne. Huit batteries, appelées aussitôt, prennent le galop et viennent appuyer celle de l'avant-garde. Mais l'infanterie ne peut venir aussi vite et cette ligne de 54 pièces est exposée sans soutien au feu d'une artillerie française plus nombreuse et à celui de nos fantassins qui fusillent canonniers et chevaux. La situation des batteries allemandes devient précaire; les servants et les attelages sont obligés de se retirer dans les bois et d'abandonner leurs pièces. Quelques Français s'approchent et s'emparent de deux canons : si nous avions pris l'offensive, c'en était fait de cette artillerie, mais pas plus qu'à la gauche nous ne bougeons pas.

Devant notre inertie, le général de Manstein a le temps de réparer son échec.

Les attelages allemands reviennent à leurs pièces, les batteries désemparées peuvent se retirer et se refaire en arrière pendant que l'infanterie, le restant de l'artillerie du IXe corps et celle de la réserve du IIIe corps allemand entrent en ligne.

Le général de Manstein se rend compte que, loin d'avoir attaqué la droite de l'armée française, il en a attaqué le centre et que, loin d'être en retraite, nous recevons son attaque de pied ferme. Il lui faut donc entretenir le combat et le faire traîner pour laisser à la gauche allemande le temps de dépasser notre front, de le déborder et prendre à revers notre aile droite.

Son offensive peut être traitée d'inconsidérée; elle n'en a pas moins le grand avantage d'avoir frappé notre imagination au point de nous figer sur place, de nous retirer toute velléité de mener des contre-attaques et de profiter des pertes infligées par nos chassepots pour nous élancer sur l'ennemi.

Notre inaction permet à l'infanterie du IXe corps de se déployer comme il lui convient : une fois maîtresse des positions dominantes, elle protège l'artillerie qui, vers 2 heures et demie, prend la supériorité sur la nôtre et éteint son feu.

A 4 heures une accalmie se produit et le combat reprend violemment vers 6 heures quand le général de Manstein voit l'aile gauche allemande dessiner son grand mouvement enveloppant sur Saint-Privat; alors il lance toutes ses forces disponibles sur Amanvillers, Montigny et le bois de la Charmoise. Ces troupes, principalement la 4° brigade de la garde mise à sa disposition, avancent péniblement et à 7 heures elles sont encore devant les positions françaises sans en avoir occupé aucune.

Au coucher du soleil, le général de Manstein rencontre le prince Frédéric-Charles à Verneville. Le prince est « convaincu » de la prise de Saint-Privat et pense « compléter par une attaque générale de toute son armée la victoire de son aile gauche ».

Pour le général de Manstein, « le combat doit se terminer par la retraite des Français sur Metz, mais il ne croit pas avec ses seules forces obtenir ce résultat ».

Le prince, se rendant à ses désirs, donne l'ordre au général Constantin d'Alvensleben de faire avancer une de ses brigades pour soutenir le IX° corps.

Mais sans attendre ce renfort, le général de Manstein fait reprendre l'assaut d'Amanvillers; une percée est faite dans notre ligne entre Amanvillers et Saint-Privat. Les nôtres abandonnent Amanvillers; les Allemands y prennent pied mais ne s'avancent pas au delà et ne peuvent nous chasser de Montigny, où nous demeurons jusqu'au lendemain.

CHAPITRE V

COMBAT D'AMANVILLERS ET DE MONTIGNY-LA-GRANGE. — LE CENTRE FRANÇAIS. — DIVISIONS NAYRAL ET MONTAUDON, DU 3ᵉ CORPS, GRENIER ET LORENCEZ, DU 4ᵉ. — DIVISION DE CAVALERIE CLÉREMBAULT.

Quand le général de Manstein surprit le 4ᵉ corps par les coups de canon inopinés de son artillerie d'avant-garde, les six batteries de la réserve du 4ᵉ corps se formaient en ligne à l'ouest d'Amanvillers. Elles ripostèrent immédiatement et peu d'instants après les trois batteries de la division Grenier, les plus rapprochées du lieu de l'engagement, vinrent les doubler. Le 3ᵉ bataillon de chasseurs, réuni devant les faisceaux pour l'appel de 11 heures, prit les armes et, sans attendre d'ordre, suivit l'artillerie; des tirailleurs s'intercalèrent entre les pièces dès qu'elles furent en batterie et le gros du bataillon leur servit de soutien.

Le lieutenant-colonel de Verdeil du 43ᵉ forma son régiment en bataille devant son camp qu'il laissa tout dressé, et, une fois ses hommes alignés, les porta en avant au nord de Montigny où il leur fit commencer le feu.

Le 13ᵉ était également sur son front de bandière pour l'appel; ses chefs de bataillon firent prendre les armes et alignèrent leurs bataillons comme au champ de manœuvre sur les drapeaux et les guides. Puis ils attendirent une demi-heure le colonel : quand il se présenta, il porta son régiment dans l'espace de terrain vide laissé entre le 5e bataillon de chasseurs et le 43e, c'est-à-dire entre Amanvillers et Montigny.

A la gauche, aux abords de Montigny, le général Pradier laissa sa brigade concentrée, se contentant de déployer en avant deux bataillons le long d'un chemin de terre bordé d'une haie et d'une ligne de peupliers en fuseau. Ces deux bataillons poussèrent à 2 ou 300 mètres de leur gros deux compagnies déployées en tirailleurs.

Les premiers obus allemands étaient tombés dans le camp de la cavalerie, où dragons et hussards avaient sauté sur leurs chevaux, laissant leurs tentes tendues, leurs effets paquetés et leurs cuisines allumées.

Les officiers du génie sortaient de chez le général Prudon où ils avaient déjeuné et les sapeurs se reposaient sous leurs tentes; deux obus vinrent éclater de chaque côté de celle des officiers; les sapeurs eurent un instant de trouble et d'hésitation. « Tas de poltrons! » leur cria le capitaine Lambert, et ils se reprirent aussitôt.

A la ferme de Montigny l'alerte fut plus chaude et le trouble plus grand qu'ailleurs.

La cour était pleine de fourgons, d'ordonnances, de convoyeurs et de voitures diverses : un obus brise un timon, un autre s'enfonce dans le fumier, un troisième éventre un cheval et met en miettes une prolonge; hommes et chevaux s'affolent; plusieurs veulent franchir la porte charretière; ils s'y entassent et l'obstruent. Les généraux de Ladmirault et Grenier et leurs états-majors étaient à déjeuner ou au travail; ils se précipitent aux fenêtres et aux portes; il leur faut demeurer en place; il est pour le moment impossible de sortir.

Le tir des Allemands s'étant modifié, quatre officiers, dont le capitaine Doreau, prennent leurs chevaux, les traînent par la bride, sautent dessus et partent au triple galop pour donner l'ordre aux troupes de se déployer, faire garer le convoi et le mettre à l'abri.

La brusque attaque des Allemands avait trouvé le 4ᵉ corps dans une quiétude complète : il n'en résulta par bonheur aucune panique parmi les troupes; elles se formèrent en ordre, mais elles durent pour la plupart abandonner campement, effets, sacs et cantines, qui furent perdus.

Les officiers se préoccupèrent surtout de faire prendre les armes à leurs hommes et de se préparer eux-mêmes au combat; seuls quelques esprits réfléchis comme le lieutenant Cardot, du 98ᵉ, furent profondément affectés.

« Toute ma vie, a écrit le lieutenant Cardot, je garderai le souvenir de l'impression pénible que j'ai éprouvée le 18 août quand le premier obus de Verneville éclata à côté de mon bataillon à Montigny-la-Grange. Nous étions en train de déjeuner, je jetai ma serviette sur ma cantine et je courus aux faisceaux avec les autres, mais je dus lutter pendant quelques instants dans mon for intérieur contre ce sentiment de dépression — car c'était bien une dépression. Ce n'était pas seulement l'effet de surprise de ces coups de canon qui m'agaçait : les coups de canon même attendus sont toujours inattendus au moment où ils arrivent; le champ de bataille est le paradis des surprises. Non, ma pensée très nette, trop nette était autre. Ils nous attaquent encore ; ils nous cherchent et nous ne les cherchons pas. Ils prennent le contact, ils nous l'imposent, ils ont barre sur nous. Je sentais enfin la mainmise d'une volonté plus forte que la nôtre.

« Dans la bagarre, je me débarrassai bien vite de cette obsession, mais comme elle a pesé sur l'attitude et les actes du commandement et comme elle explique bien sa paralysie! Je ne parle pas de la paralysie d'en haut, du cerveau, qui était déjà un fait accompli, mais de la paralysie des organes qui fut incurable et qu'aucune des fautes de l'adversaire ne devait plus secouer. »

La division Grenier aussitôt déployée fut protégée sur les deux ailes : au nord par la division de Cissey, au sud par celle du général Montaudon.

La division Montaudon était à la Folie et occupait en avant de son front le bois de la Charmoise et la pointe nord de celui des Génivaux. Les trois batteries placées un peu en avant de la Folie et soutenues par d'autres batteries de la réserve du 3e corps envoyées par le maréchal Le Bœuf prirent d'écharpe l'artillerie allemande de Verneville.

Le général de Lorencez, campé avec ses troupes dans la clairière des bois de Saulny entre les fermes Saint-Vincent et Saint-Maurice, rassembla sa division, se mit à sa tête et la conduisit sur Amanvillers. Après avoir traversé ce village il déploya le 2e bataillon de chasseurs, qui le suivait, à côté du 5e bataillon.

Le bataillon marchait aligné en bataille; un obus

tombe et enlève le bras d'un tout jeune caporal. Celui-ci fait cinq à six pas en courant devant les rangs, agite son fusil en l'air de la main qui lui reste et crie : « Vive la France ! »

Le général de Lorencez, en quittant son bataillon de chasseurs, fut tout étonné de ne pas voir le surplus de sa division. Il retourna sur ses pas et dans la grande rue d'Amanvillers aperçut le commandant de sa 1re brigade, le général Pajol, en conversation avec le général de Ladmirault.

En un instant il les rejoint. Le général de Ladmirault, ne se trouvant pas suffisamment relié avec le 3e corps, avait retenu le général Pajol et lui ordonnait de se rendre à la ferme de Montigny avec le 33e pour y prendre position et y tenir coûte que coûte.

« On nous a fait prendre le pas gymnastique à une allure désordonnée en allant à Montigny, a écrit le lieutenant Cloquart ; ce n'était pas la peine de nous faire tant courir pour ce que nous allions faire. Jugez-en. Mon bataillon s'établit au sud de la ferme, couvert à peu de distance par des tirailleurs et demeura là toute la journée sans bouger. Les deux autres bataillons restèrent hors de la vue du mien et l'un d'eux seulement, le 1er, sous les ordres du lieutenant-colonel Derroja, fut engagé vers la fin de la journée.

Le général de Lorencez pressa alors la concentration des trois régiments encore à sa disposition et les plaça derrière Amanvillers du côté de la gare.

Jusqu'à présent l'engagement était limité aux abords de Verneville : nous avions l'avantage du nombre et une supériorité considérable d'artillerie. Les batteries allemandes, sous la pluie des balles de nos chassepots et des mitrailleuses des capitaines Barbe et de Saint-Germain, cessèrent peu à peu le feu et leurs soutiens se retirèrent des bois avec une partie des servants laissant plusieurs pièces abandonnées.

Le lieutenant Parent du 13e de ligne, placé sur un point d'où il les voyait, alla inciter son chef de bataillon, le commandant Gueden, à prendre les canons. Celui-ci avait l'ordre de ne pas bouger; il ne pouvait pas l'enfreindre, mais il laissait le lieutenant Parent libre d'obtenir du colonel Lion ou du général Bellecourt l'autorisation de s'emparer des pièces.

Le général Bellecourt donna son consentement pour le cas où « leur abandon serait constaté sur place ». Le lieutenant Parent, avec sa section, courut aux canons, s'en empara et envoya plusieurs émissaires annoncer leur prise. Ne recevant pas de réponse, il alla lui-même en chercher une : le général Grenier avait rappelé un bataillon déjà en marche, puis, sur les instances du général Bellecourt, avait fini par le laisser partir avec deux attelages d'artillerie qu'on attendait.

Les attelages sous les ordres du lieutenant Palle arrivés, le commandant Gueden les suivit avec son bataillon et s'arrêta à vingt pas des batteries allemandes abandonnées dont le lieutenant Palle fit enlever deux pièces : le commandant Gueden demeura là immobile quelque temps, sans profiter de la circonstance pour reconnaître les bois, les chemins et l'aspect des lieux, puis il ordonna la retraite et, en route, croisa les chevaux qui revenaient chercher deux autres pièces : le lieutenant Palle, en voyant le bataillon se retirer, se crut obligé de faire de même avec ses attelages et les autres pièces furent abandonnées par nous.

Pourquoi ne s'emparait-on pas de ces batteries, se demandait-on autour d'Amanvillers? Le capitaine adjudant-major de Négrier les montrant au commandant Le Tanneur l'invitait sans succès à aller les prendre; d'autres officiers étant venus renouveler ses instances, le commandant se décida à envoyer l'adjudant Gry prévenir le colonel Soleille, le frère du général du même nom, qui commandait la réserve d'artillerie du 4ᵉ corps; mais celui-ci était trop préoccupé de la pénurie de munitions pour s'inquiéter d'autre chose.

Au 43ᵉ, nous dit le lieutenant Guesle, « il n'y avait pas un Allemand devant le régiment et d'un bond on eût été sur les canons. » « Si seulement nous avions eu des tirailleurs, a écrit le lieutenant de Courson, la batterie prussienne eût été à nous. »

Le lieutenant Cardot du 98ᵉ eut l'idée d'aller trouver son chef de bataillon et de le prier de se jeter en avant : il hésita et à la fin s'abstint. Il craignait que son chef l'invitât à retourner à sa section et à ne pas se mêler de commander le bataillon à sa place.

Les Allemands, n'étant pas inquiétés, purent revenir à leurs canons et occuper peu à peu les boqueteaux des environs avec leur infanterie : protégées par elle, de nouvelles batteries entrèrent en ligne et les pièces désemparées purent être retirées et réparées. A la fin de la journée, elles étaient revenues au feu.

Après avoir été sur le point d'être battu, le IXᵉ corps allemand avait repris l'avantage sur nous. « Il n'y avait chez les Français ni vie ni activité », a dit un Allemand. Et c'était vrai : nous n'étions pas décidés à vaincre. Le 4ᵉ corps « subit l'ascendant d'une volonté supérieure, a écrit le capitaine Roy, et prit l'attitude d'une troupe résignée à la défaite ».

L'état d'esprit de certains chefs était tel que lorsque la victoire s'offrait à eux ils n'en voulaient pas et ne permettaient même pas aux officiers subalternes de saisir les occasions de succès.

L'importance du rôle des officiers de troupe de grade inférieur apparait clairement dans l'incident des canons. Dans la guerre actuelle elle serait encore accrue. De sa propre initiative le lieutenant Parent, quoique découragé par ses chefs, s'empare de deux batteries et en emmène deux pièces : s'il eût eu des imitateurs, le IXᵉ corps eût perdu une partie de son artillerie et les deux armées allemandes eussent combattu sans liaison entre elles.

Le général de Ladmirault ne sut rien de l'affaire des canons; il était à Amanvillers fort préoccupé du rapport que lui faisait le lieutenant-colonel Saget sur la reconnaissance des emplacements futurs de l'armée.

Dans son beau livre, *le 4ᵉ corps de l'armée du Rhin,* le colonel Rousset, qui l'a écrit avec le concours du lieutenant-colonel Saget, nous représente le général de Ladmirault « embarrassé » par l'attitude du maréchal Bazaine, et éprouvant « un découragement véritable » quand son sous-chef d'état-major lui apprend qu'il ne s'agit plus d'une retraite éventuelle et raisonnée... mais d'un repli définitif. »

« Sans illusion sur les conséquences funestes d'une mesure aussi inattendue, il prit, la mort dans l'âme, les dispositions nécessaires pour assurer la retraite. »

Ces dispositions consistaient à créer « deux points d'appui », l'un à Montigny, l'autre aux carrières de la Croix. Un bataillon du 15ᵉ déjà envoyé sur ce point y fut maintenu et le colonel Gallimard, du génie, eut à créneler les bâtiments de Montigny.

Le combat était à peine engagé depuis deux heures et nulle disposition n'était prise pour l'offensive et, par conséquent, pour la victoire. La retraite, *la défaite*, était seule prévue.

Le général de Ladmirault se dirigea vers 2 heures et demie sur la hauteur des carrières de la Croix, d'où il examina l'horizon : à la droite le 6ᵉ corps dessinait un mouvement en avant sur Sainte-Marie-aux-Chênes ; à sa gauche le 3ᵉ corps maintenait l'ennemi, et devant lui, dans le bois Doseuillons, au delà de Verneville, s'élevait une longue traînée de poussière.

Les officiers de son état-major, en groupe compact autour de lui, observaient l'expression de sa figure, tout en suivant les péripéties de l'action qui se développait devant leurs yeux. « Nous voyons distinctement à la lorgnette, a écrit le capitaine Doreau, les colonnes prussiennes se dirigeant de Batilly à Sainte-Marie-aux-Chênes. Vers 4 heures et demie, le mouvement du 6ᵉ corps s'arrête, la gauche des Allemands se prolonge au loin vers le nord, au delà de nos lignes, et leur canonnade suit ce mouvement d'extension par derrière Sainte-Marie-aux-Chênes.

« Nous commençons à comprendre que leur effort va se produire à la fin de la journée, entre Roncourt et Saint-Privat, quand ils nous auront fait épuiser toutes nos munitions. C'est deux corps entiers qui défilent sous nos yeux par Jouaville et Batilly. »

« Les visages se rembrunissent, le 6ᵉ corps paraît être menacé et avoir un trop grand front. Sa droite balance vers Roncourt ; la canonnade se ralentit ; la nôtre (celle du 4ᵉ corps) donne les mêmes signes de faiblesse. Le bois de la Cusse n'a pas été occupé par nous. Le 3ᵉ corps eût dû le prendre de flanc avec de l'artillerie. »

Les officiers de l'état-major échangent entre eux leurs impressions. D'abord le lieutenant-colonel Saget, « plein d'enthousiasme et de joie », a été annoncer la victoire au colonel Campenon devant le capitaine Cretin. De retour auprès du général de Ladmirault, son exaltation se calme et il attire l'attention de l'état-major sur la grande route en arrière de Saint-Privat : des groupes de piétons, des voitures, des habitants des villages voisins, des soldats débandés, des cantinières et des convoyeurs courent dans la direction de Metz.

Ainsi les rats se précipitent hors du navire avant son immersion.

Sur le front du 4ᵉ corps le combat était traînant. Les Allemands, après avoir reconstitué leur dispositif primitivement désorganisé, attendaient pour agir l'exécution du grand mouvement tournant ordonné contre notre droite par le prince Frédéric-Charles.

Nous nous plions docilement à la volonté de notre adversaire : pour le moment, l'ennemi se contente d'entretenir le feu sans avancer et le 4ᵉ corps en fait autant. Son infanterie est en ligne et l'artillerie tire lentement en espaçant de plus en plus ses coups.

« Étendus sur les bouts piquants des chaumes, dit le lieutenant Dubard du 15ᵉ de ligne, nous n'avons autre chose à faire que de fumer, dormir ou admirer les artilleurs de la batterie voisine qui manœuvrent comme à l'exercice.

« Cette batterie souffre beaucoup ; on voit emporter des blessés ; quelques-uns dans des couvertures d'où dégoutte le sang. Les caissons de réserve passent et repassent : le feu se ralentit, un dernier caisson nous traverse et l'adjudant dit en nous dépassant : « C'est « pour la forme : il n'y a plus de munitions. » Le feu s'arrête et les canonniers restent immobiles à leurs pièces dans la position réglementaire. »

L'adjudant-major Geoffroy, du 13ᵉ de ligne, nous fait un tableau identique de son bataillon : « On nous a prescrit de faire coucher nos hommes en avant des batteries ; nous attendons ainsi, dans l'immobilité la plus désespérante et la plus démoralisatrice, le résultat de cette lutte d'artillerie à laquelle nous ne prenons pas part.

« Derrière nous, tentes, cantines, effets divers volaient en l'air, déchirés par les obus. Des chevaux étaient emportés : un obus tomba sur un soldat de mon bataillon ; le malheureux fut soulevé à trois mètres du sol, les membres broyés et ses entrailles retombèrent sur ses camarades.

« Les hommes se taisaient et dans les batteries, lorsque les détonations cessaient, on entendait le commandement : « Telle pièce... feu. »

« Il devenait évident que notre artillerie ne pouvait pas lutter avec celle des Allemands. Des soldats vinrent me dire que des balles arrivaient de la droite : au même instant j'en reçus une venant de cette direction.

« ... Je ne pouvais pas marcher et je perdais beaucoup de sang. Le sergent Thareau me porta sur son dos aux cacolets les plus voisins ; je passai en cet état devant l'état-major du régiment à l'abri derrière une maison : « Où êtes-vous blessé ? » me cria-t-on. Nicolas Goyé, adjudant-major, fut seul à venir me serrer la main. »

« Il eût mieux valu marcher en avant que de rester couché, dit aussi le lieutenant Laurençot du 43ᵉ. Et nos hommes sont restés là sans bouger jusqu'à 6 heures du soir, ne répondant guère au canon des Allemands que par le feu de nos fusils : nous tirions le plus haut possible. »

Notre artillerie était fortement éprouvée. La batterie à cheval du capitaine Albenque eut 48 canonniers et 79 chevaux atteints ; celle du capitaine Baritot eut quatre explosions de coffres ; quand la fumée fut dissipée, 15 chevaux étaient éventrés ; les uns gisaient à terre, ou se débattaient dans leurs traits, d'autres erraient mutilés autour des débris de caissons ; plusieurs hommes avaient eu leurs membres projetés au loin ; des affûts, des timons, des roues et des flasques étaient brisés ou avariés.

Officier énergique et habile, le capitaine Baritot fit replier les pièces pour remettre de l'ordre dans son matériel et calmer l'émotion de ses canonniers. Quoiqu'il eût un personnel de fortune et sans cohésion, constitué à la hâte, lors de la déclaration de guerre, au moyen des déchets des autres batteries de son régiment, il n'en sut pas moins maintenir tout son monde à son poste.

Si élevées que fussent les pertes, elles ne troublaient pas autant les esprits que la perspective de manquer de munitions d'un moment à l'autre.

A l'ouverture du feu, le parc du corps d'armée se trouvait en arrière d'Amanvillers où presque toutes les réserves des batteries étaient venues le rejoindre. Quelques projectiles ayant éclaté non loin de cette masse de caissons, le colonel Luxer, craignant pour les munitions dont il avait la charge, les conduisit jusqu'aux abords de Lorry et quelques voitures des réserves l'imitèrent.

Le désordre et l'encombrement qui régnaient aux abords d'Amanvillers empêchèrent l'officier ou le sous-officier chargé de prévenir l'état-major de l'artillerie du corps d'armée de remplir sa mission et le général Laffaille ayant voulu donner des ordres au parc fut tout étonné de sa disparition. Il envoya à sa recherche; mais on revint sans rapporter de ses nouvelles et, toute la journée, il ignora où il était passé.

Cependant les batteries engagées depuis le matin avaient vidé leurs coffres et les capitaines faisaient partir leurs caissons vides pour les faire remplir et les ramener vivement.

Des hauteurs d'Amanvillers on voyait des files de voitures aller de droite et de gauche au trot et au pas : « Des officiers et des sous-officiers réclamaient le parc à tous les échos d'alentour et personne ne pouvait le leur indiquer » : quelques-uns longeaient la ligne du chemin de fer pour descendre dans la vallée de Châtel; d'autres s'engageaient dans le chemin boisé qui mène au plateau du Gros-Chêne. A force de galoper, plusieurs parvinrent à rejoindre les réserves de leurs batteries abritées dans un pli de terrain ou dans un fourré et retournèrent aussitôt au combat : mais la plupart d'entre eux ne purent se réapprovisionner.

Douze caissons ramenés de l'arsenal de Metz dans la matinée par le commandant Voisin et arrêtés derrière Amanvillers constituaient la seule ressource actuellement disponible pour le corps d'armée. Craignant de manquer complètement de coups de canon en cas d'une action décisive, le général Laffaille parcourut la ligne de son artillerie et la fit replier, sauf les deux batteries de 12 des capitaines Gastine et Florentin, auxquels il ordonna de demeurer en place mais de cesser leur feu pour ne le reprendre que quand il « leur ferait dire. »

Le capitaine Florentin, dont le cheval venait d'être tué, prit dans ses fontes des paquets de cigares, les distribua à ses servants et ceux-ci les fumèrent, immobiles à côté de leurs pièces, sous le feu de l'artillerie allemande.

L'état moral de cette batterie était tel que l'artificier Fournier et les servants Level et Giflard, tous trois blessés, refusèrent d'aller à l'ambulance pour ne pas abandonner leurs camarades dans un moment critique.

En se retirant, l'artillerie subit des pertes cruelles. Le capitaine Prunot, au lieu de se défiler dans un pli de terrain, maintint quelque temps sa batterie en colonne par pièce sur une crête. Les Allemands tirèrent immédiatement dessus. Le capitaine fut tué, le lieutenant Micciol eut les deux jambes emportées et plusieurs canonniers furent également tués ou blessés.

La batterie Erb se replia en deux échelons : bientôt séparés par d'autres troupes, ils ne purent se rejoindre que le lendemain matin.

Les nouvelles du 6e corps devenaient mauvaises. Le

lieutenant d'état-major Desjardins de Géranviller, « chargé de la correspondance entre l'état-major du général de Ladmirault et celui du maréchal Canrobert », venait d'annoncer l'évacuation de Sainte-Marie-aux-Chênes au général de Ladmirault. « Il me fit répéter deux fois les détails, a-t-il écrit, en me recommandant de lui rapporter ce que j'avais vu et non pas ce qu'on m'avait prié de dire. » Puis il ajouta : « Silence à tous, c'est grave. » Et, se tournant vers son état-major, il prononça lentement ces paroles en élevant la voix : « Messieurs, tout va bien. »

« Le général de Ladmirault, d'après le lieutenant-colonel Rousset, n'augurait rien de bon de cette bataille dont il semblait que le commandement suprême fût désintéressé, mais il suivait avec une satisfaction visible les efforts que ses troupes opposaient à l'ennemi... Il attendait avant d'agir... que la situation, encore fort obscure, fût mieux accusée devant lui. Il gardait une expectative prudente. »

« Un point particulier de la ligne attirait son attention... L'entrée en action de l'artillerie de la garde prussienne au nord-est d'Habonville et la prise de Sainte-Marie-aux-Chênes indiquaient maintenant chez l'ennemi l'intention de nous déborder..... L'attitude défensive absolue à laquelle nous étions réduits donnait aux Allemands une liberté d'action presque complète. Nous étions condamnés à subir les volontés de l'ennemi et cette subordination annonçait la défaite... »

Après le lieutenant de Géranviller, le commandant Lonclas venait, au nom du maréchal Canrobert, demander au général de Ladmirault sa brigade de dragons et des munitions d'artillerie. Avec la plus parfaite bonne grâce et malgré l'avis du général Laffaille, le général de Ladmirault accéda aux deux demandes de son collègue avec la plus parfaite courtoisie.

La manœuvre enveloppante des Allemands se dessinait à notre extrême droite pendant que devant le 4e corps leur infanterie recommençait son feu et préparait un mouvement général d'offensive.

Le général de Ladmirault, avec son coup d'œil exercé, l'a saisi. Il a vite fait de prendre une décision pour parer au danger qui le menace. Il va à Amanvillers où il trouve le général de Lorencez : en deux mots il le met au courant; et tous deux vont au général Berger, demeuré en expectative, pied à terre, derrière une maison d'Amanvillers, et lui ordonnent de faire avancer les 54e et 65e gardés jusqu'alors en réserve.

Le général de Manstein se préparait à percer le 4e corps et à le repousser sur Metz. Il disposait ses troupes, renforcées de la 4e brigade de la garde royale prussienne, pour les lancer au moment propice sur Amanvillers et, dans le but de préparer leur action, il ordonnait un feu rapide de toute l'artillerie de son corps d'armée et de celle du IIIe corps allemand mise à sa disposition.

L'ouragan de projectiles déchaîné par l'ennemi produisit des effets terribles dans nos rangs. En une demi-heure, le général Pradier, les colonels Caillot, Fraboulet de Kerléadec, Verdeil et Sée et tous les officiers supérieurs et les adjudants-majors des 15e, 43e, 54e et 65e, sauf trois, furent atteints, la plupart mortellement.

Pour donner du courage à ses soldats, le général de

Ladmirault parcourt leurs lignes : il est à moitié chemin d'Amanvillers à Montigny lorsqu'un sous-officier de dragons de la Garde court après lui, l'aborde et lui remet un petit papier où le général Bourbaki lui annonce sa présence au Gros-Chêne. A la lecture de ce billet, il croit que son camarade vient à son secours, sa figure attristée s'illumine et ses yeux ont un regard d'espérance : « Messieurs, dit-il, la Garde vient à notre aide. » Il envoie le capitaine de La Tour du Pin presser le général Bourbaki et retourne auprès des généraux de Lorencez et Berger, à Amanvillers, leur annoncer la bonne nouvelle. Se dirigeant ensuite sur Montigny, à mesure qu'il passe à hauteur des compagnies et des bataillons, il leur crie l'arrivée prochaine de la Garde. A Montigny il voit les murs de la ferme crénelés, sans tirailleurs aux meurtrières et la compagnie du génie de réserve massée à cinquante pas. — « Allons, les sapeurs, dit-il, la Garde va venir, et puisque vous avez fait les créneaux, défendez-les! » Immédiatement les officiers placent leurs hommes.

De Montigny le général de Ladmirault regagne les carrières de la Croix. La situation depuis qu'il les a quittées s'est modifiée. Les batteries françaises retirées de la ligne de feu sont venues se placer sur la butte, les unes au-dessus des autres, comme une grappe dont les grains seraient des canons.

A droite tout autour de Saint-Privat, la fumée s'était élevée si épaisse qu'on ne voyait presque plus rien : cependant à la direction des nuages de poussière on pouvait « croire que le maréchal Canrobert avait fait face presque en arrière du côté de la forêt de Jaumont et si l'on regardait les routes menant à Metz, on voyait l'exode déjà observé tout à l'heure prendre une proportion inquiétante. »

Plus près, immédiatement au nord d'Amanvillers, la division Le Vassor-Sorval avait disparu laissant un vaste espace sans défense et les Prussiens commençaient à pénétrer par ce trou béant. Le général de Ladmirault redoute qu'ils ne viennent à couper notre ligne et à isoler le 4e corps du 6e. La présence de la Garde est urgente; elle bouchera cette brèche. Le capitaine de La Tour du Pin, envoyé il y a un quart d'heure pour presser sa marche, n'étant pas revenu, le commandant Pesmes part, à son tour, pour supplier le général Bourbaki d'intervenir le plus vite possible.

Le général de Ladmirault espère pouvoir tenir jusqu'à son apparition; il compte fiévreusement les minutes et guette avec une impatience croissante le retour de ses aides de camp. Les voilà : leurs figures n'annoncent rien de bon; le général Bourbaki, après avoir d'abord consenti à venir, s'y est définitivement refusé.

« A cette communication, mon chef — ainsi s'est exprimé le capitaine de la Tour du Pin — laissa tomber son bâton sur le cou de son cheval sans me répondre. Il demeurait sur place sans mot dire, absorbé, quand survint le commandant Lonclas : se découvrant et s'inclinant d'un air profondément abattu : « Le maréchal Canrobert, dit-il, a le regret de vous faire savoir *qu'il va être obligé d'abandonner* Saint-Privat et de commencer sa retraite par la route de Saulny. »

Ces paroles sont textuellement copiées sur le carnet du commandant Lonclas; on les retrouve identiques dans deux notes manuscrites du maréchal Canrobert. Elles ont été dénaturées quelquefois depuis.

Le général de Ladmirault, sans rien laisser paraître de son émotion, recommande aux capitaines Longuet et Doreau, présents à l'entretien, de ne rien dire de ce qu'ils venaient d'entendre pour ne pas semer le découragement.

Se tournant ensuite vers le capitaine de La Tour du Pin : « Allez vers le général Bourbaki, dites-lui que je vais être obligé de faire comme le maréchal Canrobert pour éviter d'être enveloppé. »

A quelques cents mètres en arrière de l'emplacement de la division Le Vassor-Sorval se trouvait la brigade de hussards du 4ᵉ corps. Le général de Ladmirault se dirigea de son côté et « désignant au général de Gondrecourt avec sa canne l'endroit où le vide était formé lui dit : « Portez-vous en avant et si les Prus- « siens menacent de percer... Allez... » « Ce mot était prononcé d'une telle façon que nous savions ce qui nous attendait », ont écrit les capitaines Cretin et Meynier.

Le général Laffaille, en butte à la même préoccupation, se rendit à ses deux batteries de 12 et les conduisit au nord de la gare d'Amanvillers, recommandant aux capitaines Florentin et Gastine de tirer leurs dernières boîtes à mitrailles sur l'ennemi s'il s'approchait.

Les Allemands pénétraient dans l'espace vide compris entre Saint-Privat et Amanvillers : les 2ᵉ et 5ᵉ bataillons de chasseurs et une partie du 54ᵉ étant débordés, les officiers « se concertèrent ». Ils n'avaient qu'un parti à prendre, celui de se diriger sur les hauteurs en arrière et d'y arriver avant l'ennemi. « Malheureusement ce mouvement dégénéra, dans plusieurs endroits, en course désordonnée. »

Toutefois le 5ᵉ bataillon se rallia derrière Amanvillers et le général de Ladmirault lui envoya l'ordre de s'arrêter aux carrières.

Plus à gauche le 2ᵉ bataillon de chasseurs se replia d'abord en ordre et lentement, « puis le mouvement de recul s'accentuant, le cri de « sauve qui peut » se fit entendre, et nous nous enfuîmes autant que nous avions de jambes », a écrit l'adjudant Gry.

« Après avoir parcouru de la sorte 100 mètres, nous sommes à bout de respiration, nous nous arrêtons et nous nous reprenons. « Comment! les chasseurs, « nous f... le camp..., crie-t-on. Halte! Baïonnette au « canon!... en avant! » Et nous voilà repartis du côté de l'ennemi; le caporal clairon, dont le souffle puissant est légendaire, sonne la charge de toute la force de ses poumons. L'ennemi recule franchement... Mais nous ne sommes plus guère que 150 et, après avoir épuisé nos cartouches, nous partons individuellement... »

Le gros du bataillon avait été se jeter dans le bois de Saulny où les grenadiers de la Garde le recueillirent.

Quand le colonel Verdeil du 43ᵉ et le lieutenant-colonel Derroja du 33ᵉ virent la retraite des troupes placées à leur droite, ils jugèrent qu'une offensive énergique pouvait seule arrêter l'ennemi et tous deux entraînèrent en avant les troupes en ce moment sous leur main.

Le colonel Derroja se mettant à la tête de quelques compagnies les mena jusqu'à une haie où elles s'arrêtèrent, mais quand il voulut la franchir il fut accueilli par un tel feu, qu'après avoir vu tomber plusieurs officiers dont le capitaine Terrade, le lieutenant Lejouteux, et pas mal de soldats, il y renonça.

Le lieutenant-colonel Verdeil commande à deux bataillons du 43ᵉ une marche en bataille : ces deux bataillons descendent dans une dépression de terrain, en remontent la pente opposée et atteignent la crête où ils voient à 150 mètres devant eux des batteries allemandes. « Cinq minutes pour souffler, puis le cri : « En avant! » tambours et clairons battent et sonnent la charge, dit un des combattants. Le régiment est sur le point d'atteindre les pièces. « Nous les tenons », répètent les soldats : Le cri de : « Halte! » retentit; un arrêt se produit; nous n'étions plus qu'à 100 mètres des pièces. Les Allemands, qui reculaient, reviennent et bientôt font « un cercle de feux de masse ». Nos gibernes se vident : « Beaucoup de nos hommes se retournent pour regarder en arrière : c'est mauvais signe! quelques-uns reculent en rampant; il y a un flottement : « les deux bataillons finalement, nous dit le lieutenant de Courson qui vient d'être blessé, sont emportés dans une déroute indescriptible », entraînant avec eux le 13ᵉ placé à leur droite.

A la gauche du 43ᵉ, le 15ᵉ de ligne s'est avancé pour le soutenir. « Nous avons d'abord nos hommes dans la main, dit le lieutenant Dubard; la fusillade augmentant et les obus venant à tomber plus dru dans les rangs, nos soldats jettent instinctivement un regard furtif sur les serre-files; ils semblent avoir des yeux derrière la tête pour voir le jeu de notre physionomie.

« A 600 mètres de l'ennemi, le colonel de Kerléadec

crie : « Feu de section à genou ! » Et à notre commandement les sections tirent « sans déchirer de la toile. » A la sixième salve de ma section, un homme du premier rang a la tête traversée par une balle d'un fusil du deuxième rang ; il tombe en criant : « Cochon ! » Son camarade a tiré sans mettre complètement en joue. »

« Quelques minutes après, le capitaine Creusvaux fut atteint près de l'oreille. Je le pansais avec mon mouchoir et lui parlais d'aller à l'ambulance : « Non, je reste « à mon poste », me répondit-il, et il se coucha sur le côté, à sa place de bataille ; peu après, il recevait une deuxième balle qui le tuait. Il laissait une jeune femme et un enfant : c'était l'homme du devoir. Malade depuis l'entrée en campagne, il avait supporté des souffrances horribles sans rien laisser paraître et sans jamais manquer à ses obligations, qu'il remplissait de la façon la plus stricte.

« Un soldat corse nommé Ottomani reçoit une balle dans la poitrine ; il sort du rang, me tend son fusil et me dit : « Mon lieutenant, vengez-moi. » Je tirai. Ottomani cria : « Merci. » Puis il alla rouler à terre et mourut. Il avait neuf frères sous les drapeaux. Le loustic Sambain (de Paris) ne cessait pas ses plaisanteries : il fut tué à la fin de la bataille. »

« Tapage assourdissant, balles, obus, shrapnels au bruit strident, mottes de terre soulevées, poussière si épaisse qu'on n'apercevait pas les pentes du plateau où nous avions campé ; tout ce bruit m'avait très excité et en passant derrière mon bataillon, le colonel me recommanda amicalement d'être plus calme. L'explosion d'un obus projeta les débris du soldat Brulé sur ma poitrine, me couvrant de sang et de morceaux de cervelle ; en même temps un éclat pulvérisa mon képi et me fit une coupure au-dessus de l'œil gauche. Au choc, je tournoyai et tombai comme assommé. Je me relevai, marchai et repris ma place, tenant toujours le fusil d'Ottomani à la main. »

Le colonel Fraboulet de Kerléadec, le lieutenant-colonel Macquaire et les deux chefs de bataillon Parron et Chapot du 15ᵉ étaient tués ou blessés. Le colonel de Kerléadec, atteint pour la deuxième fois, remit le commandement au capitaine Bonnet; puis, droit comme un I, il s'en alla prévenir le général de Lorencez qu'il était obligé de se retirer.

Le voyant sans blessures apparentes, aussi correct de tenue que d'habitude, le général et les officiers de son état-major se regardaient étonnés. Quelques heures après, le colonel de Kerléadec était mort : un obus, sans faire aucune plaie, lui avait occasionné des lésions internes.

Le 98ᵉ et le 64ᵉ tenaient toujours devant Montigny; à la demande du général Pradier, un bataillon du 33ᵉ de ligne, en réserve derrière les bâtiments de la ferme, fut envoyé le soutenir. Mal fixé par son général qui lui indiqua de loin et par gestes la direction, le commandant Béranger engagea son bataillon dans un chemin entre deux murs, et quand il en déboucha pour entrer en plaine, il fut accueilli par une volée de balles. « A trois ou quatre cents mètres, nous a raconté le lieutenant de Champs de ce régiment, une troupe placée sur la ligne d'horizon faisait un feu soutenu : nos hommes les prirent pour l'ennemi et commencèrent à tirer dessus. Nous essayâmes de les arrêter, j'en piquai même deux jusqu'au sang; efforts, cris, menaces et coups étaient inutiles, et le feu continuait, quand nous vîmes, entre les deux lignes, le général Pradier; il venait sur nous au petit galop; il s'arrêta et nous dit en prononçant lentement : « Vous ne voyez pas, mes « enfants, que vous tirez sur ma brigade. » La crânerie, la tranquillité et la douceur du ton agirent instantanément et le feu cessa net : nous étions tous saisis d'admiration pour le général Pradier. »

Après cet incident le bataillon du 33ᵉ s'arrêta où il se trouvait, et ne bougea plus jusqu'à 2 heures et demie du matin.

Sur la gauche du côté de la Folie, les fractions des divisions Montaudon et Nayral, embusquées dans les bois des Génivaux et de la Charmoise, repoussaient les attaques ennemies et menaçaient de prendre à revers le IXᵉ corps allemand, s'il s'avançait sur Montigny-la-Grange.

Malheureusement les batteries de la division Montaudon et celles de la réserve du 3ᵉ corps établies à Leipzig pour prendre d'écharpe celles de l'ennemi en action devant Verneville, avaient cessé leur feu, et le IXᵉ corps allemand pouvait, sans être gêné, accentuer son attaque sur Amanvillers.

Déjà la brigade Bellecourt se retirait à la suite des 2ᵉ et 5ᵉ bataillons de chasseurs et en quelques minutes sa retraite tournait à la débandade.

Il était impossible de retenir les hommes : ils allaient devant eux sans savoir où, pour se mettre à l'abri des coups. Ils passèrent à travers le 11ᵉ dragons, criant aux cavaliers : « C'est bien votre tour. » « On ne pouvait plus rien leur demander, on le voyait à leur attitude. » — « Nous en avons assez... On nous a laissé

massacrer... Nous n'avons plus de cartouches. »
C'étaient les refrains répétés à chaque instant, entremêlés de jurons et lancés sous le nez des officiers.

Le général de Ladmirault chargea le lieutenant de Fontange de s'assurer que les bagages, le trésor, les voitures du convoi étaient hors de la portée de l'ennemi. Puis, voyant les troupes entrer et disparaître dans les bois sans qu'il fût possible de les arrêter à la lisière, il envoya le lieutenant Léopold Niel au maréchal Le Bœuf le supplier de lui faire parvenir tous les secours dont il pourrait disposer.

Quelques minutes plus tard il faisait partir successivement les commandants Pesmes et de Polignac, et après eux le lieutenant-colonel Saget avec la même mission. Et comme son impatience allait en croissant et se trahissait par une nervosité peu habituelle chez lui, le capitaine Faugeron du génie s'offrit et lui aussi courut au maréchal Le Bœuf.

Des attelages lancés au triple galop frôlèrent l'état-major du général de Ladmirault et effrayèrent les chevaux de ses officiers. Le capitaine Doreau, envoyé l'instant d'avant du côté du bois de Saulny, revint en cet instant et trouva « tout le monde troublé » à l'état-major du 4ᵉ corps. C'est alors que le général de Ladmirault, en voyant la déroute de ses troupes autour d'Amanvillers et dans l'ignorance où il était de la résistance du général Pradier à Montigny, crut la situation désespérée et décida la retraite.

Un officier fut chargé d'aller au général de Lorencez lui donner l'ordre de se replier sur son emplacement de la veille au plateau du Gros-Chêne et de lui dire que cette retraite était nécessitée par le refus d'intervenir du général Bourbaki.

Le général de Lorencez, « ne se voyant menacé en aucune façon », ne tint pas compte de cette communication. « Il faisait encore jour, nous dit le capitaine Duquesnay, de son état-major; nous avions derrière nous un ravin et un coteau boisé sans chemins : l'abandon de nos positions eût été remarqué par l'ennemi qui les aurait occupées immédiatement, y aurait établi des batteries, nous aurait occasionné un mal considérable et serait peut-être parvenu à faire dégénérer notre défaite en véritable déroute; le général de Lorencez le comprit et ne se retira qu'à la nuit complète. A 9 heures 1/2 seulement commença son mouvement. »

La conduite du général de Lorencez mérite d'être louée et on peut la proposer comme exemple. Il sut prendre la responsabilité de désobéir à un ordre irraisonné et donné dans un moment d'affolement, ordre dont l'exécution ne pouvait être que néfaste.

« De ce fait, nous dit le capitaine Duquesnay, il a peut-être sauvé le corps d'armée. »

Le général Pajol, conformément aux instructions qu'il avait reçues à midi, était resté en réserve avec un bataillon du 33ᵉ à Montigny. L'avis de rentrer à son camp lui parvint directement à 8 heures; il se replia avec le colonel Bounetou et le seul bataillon resté sous sa main.

L'émotion signalée par le capitaine Doreau était telle autour du général de Ladmirault qu'un officier de son état-major courut jusqu'à la ferme de la Folie annoncer au général Montaudon « la retraite des troupes à sa droite et l'engager à en faire autant, afin d'éviter d'être pris de flanc. Stupéfait d'une pareille invitation, j'envoyai prévenir le maréchal Le Bœuf », nous dit le général Montaudon.

Les esprits s'égaraient, les imaginations divaguaient et la suggestion agissait sur les cerveaux. Le commandant Lonclas a annoncé l'évacuation prochaine de Saint-Privat. Les témoins de sa communication sont convaincus l'avoir entendu dire que le fait était déjà accompli : ils le répètent et le répéteront jusqu'à la fin de leur vie. Le maréchal Canrobert a fait demander des munitions d'artillerie : aussitôt le bruit se répand que dans l'impossibilité de continuer son feu il est rentré dans la place avec ses canons. Deux officiers d'état-major appartenant au 4e corps m'ont affirmé, quarante ans après, l'avoir vu vers 7 heures du soir passer à l'est d'Amanvillers, avec son artillerie derrière lui, se dirigeant sur Metz au pas de son cheval.

J'avais beau leur dire qu'ils devaient se tromper, que le maréchal n'avait point été de toute la journée à Amanvillers; ils l'avaient vu; ils en étaient sûrs!

Au nord de la ligne du chemin de fer, la division de Cissey était tournée et le général de Ladmirault lui ordonnait de se retirer pour se rallier sur les hauteurs de la Croix.

Quoiqu'il connût par le colonel Saget les positions à occuper le lendemain matin, le général de Ladmirault ne les désigna pas à ses divisionnaires. Seul le général de Lorencez, resté au plateau Saint-Vincent, fut instruit vers minuit, par le capitaine de La Tour du Pin, des ordres du grand quartier général et gagna ses emplacements dans la nuit.

Les divisions de Cissey et Grenier demeurèrent sans

direction, échappant complètement à leur commandant de corps : celle du général Grenier perdit même toute cohésion et demeura scindée en deux et sans contact avec son général de division qui se retira tout seul de son côté.

La plus grande partie de la division de Cissey, des fractions de la brigade Bellecourt et une partie de l'artillerie du corps d'armée, faute d'être fixées sur la direction à prendre, au lieu d'aller au Sansonnet et au Coupillon où devait être leur campement, vinrent se jeter sur la grande route à Saulny ou à Woippy et occupèrent les points désignés pour les bivacs du 6e corps, dont elles augmentèrent l'encombrement et le tumulte.

Les cinq officiers envoyés au maréchal Le Bœuf se succédèrent à l'Arbre-Mort. « Quoique son corps d'armée ne fût pas engagé sérieusement, nous a raconté le commandant Jamont, le maréchal Le Bœuf commença par refuser tout secours, mais le commandant Pesmes insista tellement que le maréchal Le Bœuf céda et offrit le 9e bataillon de chasseurs qui se ralliait à quelques pas de l'état-major. Son commandant prévenu donnait ses ordres, quand le général Changarnier intervint.

« Ce bataillon, monsieur le maréchal, dit-il, est mollement commandé ; il a eu ce matin, sans aucun motif, une débandade dans les bois ; il ne vaut pas grand'chose en ce moment. Envoyez donc le 41e. » Le maréchal se laissa persuader et finit par donner deux régiments : le 41e, colonel Saussier, le 71e, colonel de Férussac et 2 batteries (1re et 2e du 17e, capitaines de Mailler et Gebhart).

Toute la journée le général de Ladmirault s'était montré un véritable chef, admirable de calme et de décision, donnant à tous l'exemple de la bravoure et du sang-froid. Ayant prêté des munitions et la moitié de sa cavalerie au maréchal Canrobert, il comptait être protégé par lui jusqu'à la fin; il croyait également, après le billet du général Bourbaki, être secouru par la Garde.

Et voilà que toutes ses espérances s'écroulent. Le général Bourbaki ne veut pas venir, et le maréchal Canrobert va abandonner Saint-Privat.

Il n'a plus d'espoir que dans le maréchal Le Bœuf et devient de plus en plus impatient de connaître la réponse qu'il fera à ses instances.

Il n'y tient plus; craignant que ses officiers ne soient ni assez pressants ni assez persuasifs, il quitte Amanvillers, où il se tenait « contre une petite maison toute blanche », et se dirige vers le sud du côté de l'Arbre-Mort, suivi des généraux Laffaille et Prudon, des capitaines Longuet et Héricart de Thury. En route, il est rejoint par le commandant de Polignac et par le lieutenant Niel.

Il atteint d'abord la division de cavalerie Clérembault.

« A 7 heures, — ainsi s'exprime le général de Clérembault dans son rapport, — le général de Ladmirault passe devant le front de la division, annonce que l'ennemi a débordé la droite du 6º corps et qu'il faut battre en retraite. »

En passant devant l'escadron du capitaine de Castellane du 8º dragons, il s'exprime dans les mêmes termes : « Je suis tourné; il faut lever le camp. »

Peu après, a écrit le lieutenant Meyret dans son livre de souvenirs, il trouve les voltigeurs du général Brincourt et, apercevant le colonel Dumont, il lui crie, de manière que toute la droite du 1ᵉʳ régiment l'entend : « Canrobert a f... le camp... nous étions vainqueurs au centre. »

Il approchait de l'Arbre-Mort, quand le colonel d'Ornant, envoyé par le maréchal Le Bœuf pour s'assurer de l'entrée en ligne des renforts donnés au 4ᵉ corps, aperçut, dans la demi-obscurité, un général suivi d'un groupe avec un fanion. « M'étant avancé, m'a-t-il raconté, je reconnus le général de Ladmirault. Tout étonné, je lui dis : « Qu'y a-t-il, « mon général ? — La bataille est perdue, je vais « trouver le maréchal Le Bœuf. » De plus en plus étonné, je retournai au galop prévenir le maréchal. »

Quelques instants après, le général de Ladmirault apparaissait seul : ceux qui l'accompagnaient étaient demeurés à quelque distance.

Le maréchal Le Bœuf était à pied, à côté de lui se trouvaient les généraux Changarnier, de Rochebouët et Manèque, le colonel d'Ornant et une douzaine d'officiers : l'un d'eux, de l'état-major de l'artillerie, remarqua que son ancien chef, le général Laffaille, n'accompagnait pas le général de Ladmirault.

S'adressant au maréchal Le Bœuf : « Canrobert, répéta le général de Ladmirault, a lâché pied. La bataille est perdue... »

Le maréchal Le Bœuf restait muet, et derrière lui, une vingtaine d'officiers immobiles écoutaient. Un instant de silence se fit et le général Changarnier, s'avançant d'un pas, de sa voix grêle et nasillarde qui siffla comme une balle, répondit : « Ce n'est pas vous, Ladmirault, qui dites cela... D'abord, ce n'est pas exact ; et puis ce le serait, vous ne devriez pas le dire... Nous tenons, et entendez-vous la fusillade et la charge... c'est de votre côté... » En effet on percevait les vivats et les tambours du colonel Saussier du 41e qui s'avançait à gauche de Montigny... « Vous devriez retourner à votre corps d'armée. » Le général de Ladmirault s'éloigna.

Quelques minutes à peine s'étaient écoulées qu'un grand officier d'état-major, roux, venait à l'Arbre-Mort et s'adressant au maréchal Le Bœuf, lui dit : « Nous tenons toujours et nous avons repoussé une attaque des Prussiens, je viens le dire au général de Ladmirault : on m'avait dit qu'il était venu auprès de vous. »

En quittant le maréchal Le Bœuf, le général de Ladmirault repassa devant le 1er régiment de voltigeurs pour aller rejoindre le groupe d'officiers qu'il avait laissé en arrière ; « il s'arrêta auprès du commandant Elzéar de Négrier, dit dans ses notes le lieutenant Dubard, et lui raconta que l'artillerie du maréchal Canrobert avait tout à coup manqué de munitions et avait été obligée de rétrograder. La retraite avait déterminé une panique du corps Canrobert ; heureusement il était arrivé et avait tout réparé. Le commandant de Négrier nous a-t-il dit ça pour nous rassurer ? En tout cas nous nous tranquillisâmes en voyant le général de Ladmirault traverser nos lignes et reprendre au petit pas la route vers Metz. »

L'aumônier de la division Metman, l'abbé Meissas, était à cheval dans les environs ; ayant rencontré un état major en arrière du plateau de Moscou, a-t-il raconté dans ses mémoires, il demanda : « Pardon, capitaine, « quel est ce général que vous accompagnez? » — « Le général de Ladmirault. » — « ... Et vous allez « à Châtel? » — « Que voulez-vous? Il n'y a plus « rien à faire ici qu'à se faire tuer. Ce n'est pas la « peine. »

« Je me joignis à ces messieurs, continue l'aumônier, et nous descendîmes par un chemin horrible. »

Les généraux Prudon et Laffaille ne sachant où allait le général de Ladmirault le supplièrent de retourner à Amanvillers. Le général Prudon était particulièrement pressant. » Pour toute réponse le général de Ladmirault, a raconté le capitaine Longuet dans ses notes, lui répétait les paroles dont s'était servi le commandant Lonclas pour annoncer la retraite prochaine du maréchal Canrobert; en les prononçant le général s'inclinait très bas, saluait, prenait un air profondément abattu et imitait l'intonation, les gestes et l'attitude de l'aide de camp du maréchal. »

Après avoir erré quelque temps dans un silence qu'interrompaient les imprécations des officiers d'état-major « contre le maréchal Canrobert et le 6ᵉ corps qui avait lâché pied », le général de Ladmirault se trouva « dans la vallée de Monveaux, sur une route encombrée par la cavalerie de la Garde et par des convois qui le coupèrent de la plupart de ses compagnons.

Le général de Ladmirault continuait à marcher et dans l'obscurité il suivait un chemin montant; le général Laffaille qui était à côté de lui se heurta à un officier d'artillerie — le capitaine Maringer — qui sortait d'un champ. « Que faites-vous là? » demanda le général Laffaille. — « Nous n'avons pas voulu nous éloigner, pensant que l'on pourrait avoir besoin de nous pour protéger la retraite », répondit le capitaine. Le général Laffaille lui ayant demandé s'il avait de l'avoine et de l'eau, sur sa réponse affirmative, les généraux mirent pied à terre pour faire manger leurs chevaux. « Quelques instants après, nous partions tous pour Metz... », dit le capitaine Maringer dans son rapport.

En cheminant, les généraux Laffaille et Prudon aperçurent quelques lumières : c'étaient les premières maisons de Plappeville; ils obtinrent du général de Ladmirault de s'arrêter et d'y passer la nuit.

Avec les trois généraux se trouvaient encore le capitaine Héricart de Thury et le lieutenant Niel; les autres officiers n'avaient pu suivre. Le commandant de Polignac et le capitaine Longuet s'étaient arrêtés à Lessy; le lieutenant-colonel Saget restait à Amanvillers avec les capitaines Bourelly et Babin; les capitaines Marigues de Champrepus et Doreau étaient restés à la Folie et le lieutenant-colonel Gallimard, le chef d'état-major du génie, passait la nuit, « irrité et navré », à la division Metman.

Le capitaine de La Tour du Pin, après avoir quitté le général Bourbaki et cherché son chef là où il l'avait laissé, était allé à Plappeville au quartier général du maréchal Bazaine d'où il rapporta vers minuit des ordres de retraite pour le 4ᵉ corps.

Le lendemain matin au petit jour, dès 4 heures, le général de Ladmirault, malgré son âge et ses blessures dont il souffrait toujours, était à cheval au milieu de ses troupes, et les remettait en ordre.

Sur le plateau de Moscou la situation ne s'était pas modifiée.

Le maréchal Le Bœuf, voyant son corps d'armée repousser facilement les tentatives de l'ennemi, avait cru que nous tenions partout sur nos positions et que la journée finirait sans que nulle part elles fussent forcées. Autour de lui on partageait ses sentiments et ses officiers répétaient cette phrase qui résumait leur mentalité et celle de leur chef : « Si ça pouvait durer comme ça jusqu'à la nuit. »

Les demandes réitérées de secours du général de Ladmirault et ensuite son apparition à l'Arbre-Mort dessillèrent les yeux du maréchal Le Bœuf, mais n'amenèrent aucun découragement chez lui.

Puisque la droite a subi un échec, c'est à nous de le réparer : telle fut sa pensée et celle de son entourage. Aussitôt le général Ladmirault parti, il tint conseil avec les généraux Changarnier, Manèque et de Rochebouët et décida d'envoyer immédiatement le colonel d'Ornant dire au général Montaudon de prendre le commandement des troupes du 4ᵉ corps, demeurées sans chef sur le champ de bataille ; il chargea aussi le commandant Jamont d'aller voir ce qui se passait à la droite : il devait pousser au delà d'Amanvillers et surtout s'assurer de la situation de l'artillerie du 4ᵉ corps.

Les batteries ennemies avaient à plusieurs moments pris comme but l'état-major du maréchal Le Bœuf et un de leurs obus avait blessé le commandant Berge : vers 8 heures, son tir, qui s'était ralenti, redevint plus violent ; un autre obus éclata au milieu du groupe formé par les généraux et les officiers, les couvrit de poussière et blessa le commandant Hubert-Castex et le sous-lieutenant de La Celle.

On emportait le commandant Hubert-Castex quand apparut un cavalier de belle prestance et d'une silhouette élégante, monté sur un superbe cheval bai foncé avec une étoile blanche au front que l'on remarquait dans la demi-obscurité. C'était le lieutenant du 3ᵉ chasseurs à cheval Albert de Mun, officier d'ordonnance du général de Clérembault.

Son chef l'envoyait demander l'autorisation de se retirer sous Metz. Les paroles du général de Ladmirault l'avaient impressionné, et lui faisaient craindre de ne pas pouvoir opérer sa retraite; il était impatient de quitter le plateau de Moscou et les officiers de son état-major, écrit l'un d'eux, remarquaient « combien sa mine s'allongeait ».

Une heure plus tôt, en voyant la retraite du 4ᵉ corps commencer, le général de Clérembault avait réuni ses généraux et ses colonels pour leur annoncer une charge ; ceux-ci avaient couru prévenir leurs régiments de se préparer, mais il n'avait pu se décider à donner l'ordre d'exécution. En ce moment il était tellement pressé de se retirer qu'il n'attendit même pas le retour du lieutenant de Mun pour mettre sa division en mouvement.

Quand celui-ci retrouva son général, il avait déjà fait rompre ses escadrons. La réponse favorable du maréchal Le Bœuf lui rendit sa blague ordinaire, et ayant rencontré le général Nayral, il lui cria de son ton zézayant et gouailleur : « Eh, dites donc, vous : il ne fait pas bon ici. Moi, je m'en vais. »

Il se mit à la tête de sa division et s'engagea dans

un sentier de chèvres pour descendre dans le ravin de Châtel.

« La colonne par quatre, nous dit un officier de son état-major, se forme par deux, puis par un. Elle est morcelée en mille tronçons. La tête, où est le général de Clérembault, est à une allure désordonnée ; les capitaines Scellier de Lample et Dutheil de la Rochère, indignés, ne le suivent pas et restent avec les dragons. On croise des caissons d'artillerie. « Où allez-vous ? leur demande le général de Clérembault. — Sur le champ de bataille. — Ce n'est pas la peine, tout est perdu. » Ceux qui l'entourent demeurent stupéfaits et l'officier qui conduit les caissons continue sa marche.

Le colonel d'Ornant, quelques instants après avoir quitté le maréchal Le Bœuf, trouva le général Montaudon à la Folie et l'invita à prendre le commandement des fractions du 4ᵉ corps restées en position à sa droite ; le général s'y refusa : il ne les connaissait pas et comment pourrait-il, par l'obscurité, aller à leur recherche pour leur donner des ordres. D'ailleurs la situation ne paraissait pas si mauvaise : le 41ᵉ venait de faire une charge et de repousser l'ennemi des abords de Montigny ; avant tout il allait s'informer. Son aide de camp, le capitaine Haillot, se dirigea du côté d'Amanvillers ; une demi-heure après il était de retour ; il avait « trouvé le général Pradier avec sa brigade sur la position en face et à peu de distance de l'ennemi ; en revanche il s'était heurté à de nombreux détachements et à des isolés allant dans la direction de Metz. »

Après le départ d'Amanvillers du général de Ladmirault, les Allemands avaient continué leurs attaques contre la brigade Pradier et surtout contre le 15ᵉ de ligne déployé à sa droite. Les officiers supérieurs de ce régiment étant tous tués ou blessés le capitaine-adjudant-major Bonnet avait pris le commandement. Voyant que les hommes commençaient à céder, il saisit l'aigle et, le plantant en terre, ramena ses deux bataillons en avant : « Nous recevions, lisons-nous dans les notes du lieutenant Dubard, des projectiles de face et de droite et le canon tonnait de plus en plus fort sur notre droite. Un moment je fus saisi d'un mouvement de prostration. Il y avait bien des années que j'avais oublié les prières de mon enfance : l'une me revint à la mémoire et aussitôt dite, ma faiblesse cessa.

« Nos munitions étaient épuisées ; l'adjudant-major Bonnet, à genoux contre le drapeau, ayant à ses côtés le clairon Haas, dès que l'infanterie ennemie tentait de se porter en avant, faisait commencer le feu à volonté et l'arrêtait dès qu'elle reculait. A chaque moment de calme on entendait les lazzis de Gascon du capitaine Bonnet qui s'efforçait de distraire les hommes de leurs tristes réflexions. Il s'agissait de tenir jusqu'à la nuit... L'ennemi faisait un grand effort et se rapprochait. Le lieutenant Klein abattit de son cheval un officier allemand qui excitait sa troupe.

« La nuit était venue et on ne distinguait presque plus rien quand nous entendîmes des cris à notre gauche.

« Le 2ᵉ bataillon s'affole et recule. Une masse noire hurlante se devine à gauche. Les officiers hésitent avant de faire feu. Un cavalier accourt au galop. C'est le commandant Capdeville du 41ᵉ qui vient à notre secours; craignant une méprise, il s'était précipité pour nous prévenir. »

Quand il avait été avisé d'aller à l'aide du 4ᵉ corps avec son régiment, le colonel Saussier s'était mis immédiatement en marche.

Ses trois bataillons sont déployés à intervalles doubles pour faire croire à la présence d'une brigade de renfort, et tous les hommes, sur son ordre, se mettent à crier : « Vive la France! Vive l'Empereur! » Ces clameurs et ce déploiement démesuré ont donné le change aux Allemands : ils reculent dans le bois de la Cusse.

Ce fut sur le front du 4ᵉ corps le dernier incident du combat.

Le corps d'armée, par suite du départ du général de Ladmirault, demeurait sans direction : sa droite (division de Cissey et brigade Bellecourt) opérait sa retraite dans une dispersion complète. Sa gauche (division Lorencez et brigade Pradier), au contraire, tenait toujours sur sa position.

Le général Grenier avait abdiqué tout commandement : sa santé était mauvaise depuis longtemps, et puis il était fataliste, nous a dit un officier de son état-major. L'exercice de ses fonctions consistait à transmettre sans commentaire à ses brigadiers les ordres qu'il recevait. Était-il sans instructions, il n'en provoquait pas et ne prenait pas sur lui d'en donner. Si le combat s'engageait, il y assistait bravement, sans intervenir pour en modifier les conditions. En voyant la débâcle de la brigade Bellecourt, il considéra la partie comme perdue sans retour et jugea qu'il n'avait plus qu'à se retirer comme ses troupes. Il ignorait que la moitié de sa division, la brigade Pradier, se battait toujours sans reculer; il l'oublia, ne chercha pas à s'informer d'elle, encore moins à lui envoyer quelques avis et prit le chemin de Metz sans donner non plus d'indications aux fractions de la brigade Bellecourt susceptibles d'être ralliées. Il s'en alla isolément, avec son état-major, comme s'il n'avait pas charge d'âmes, et s'arrêta à la gare de Devant-les-Ponts, où il se coucha sur le canapé de la salle d'attente des premières.

Nous ignorons où se trouvait dans cette soirée le général Bellecourt; il était atteint d'une affection fort douloureuse et, comme son chef le général Grenier, était incapable de diriger ses troupes dans un moment aussi critique.

Le général Pradier faisait contraste avec son chef et son collègue; il était grand, droit, très maigre, avec des traits énergiques et des yeux noirs perçants. Tout en lui indiquait l'homme d'action. Après avoir repoussé les attaques réitérées des Allemands, il coucha sur place, sans se douter que son général et l'autre brigade de sa division étaient descendus jusqu'auprès de Metz. Il ne se retira que le dernier, le lendemain matin à 6 heures, montrant par là que notre retraite s'était opérée par suite de la volonté du général en chef et non pas sous la pression de l'ennemi.

La ténacité et le sang-froid du général Pradier furent cachés par crainte de la comparaison que l'on aurait pu faire de sa conduite avec celle de plusieurs autres généraux. La récompense méritée par lui alla à un autre qui aurait dû être blâmé pour sa pusillanimité et privé de son commandement en raison de son insuffisance.

Les régiments de la division Lorencez, moins deux bataillons, restaient avec le 41e, du colonel Saussier, à côté de la brigade Pradier; à la cessation du feu, le général de Lorencez parcourut leur ligne, fit placer des grand'gardes et partout recommanda la plus grande vigilance, l'ennemi pouvant profiter de l'obscurité pour tenter de nouvelles attaques.

Entre 9 heures et 9 heures et demie, ayant constaté le calme des Allemands, occupés surtout à rechercher leurs blessés, il acquit la conviction que la retraite de sa division n'offrait plus aucun danger. Il fit retirer les trois régiments, 15e, 54e et 65e de ligne, et laissa auprès de Montigny les deux bataillons du 33e sous les ordres du lieutenant-colonel Derroja. Il les supposait déjà, d'après ce que lui avait fait dire le général Pajol, rentrés à leur campement de la ferme Saint-Vincent.

Ces deux bataillons et le 41e demeurèrent avec le général Pradier et ne se retirèrent qu'à l'aube.

« Nous restâmes jusqu'à 2 heures et demie du matin, éclairés comme en plein jour par Amanvillers en feu, a écrit le lieutenant de Champs du 33e. Nous nous croyions vainqueurs et comme il nous manquait un bataillon, nos clairons sonnaient à tout instant au drapeau. De 8 heures à 2 heures du matin, nous avons passé notre temps à transporter des blessés. Les bâtiments et la cour de Montigny en regorgeaient. »

Il y avait entre autres le lieutenant Cardot, qui avait la mâchoire traversée.

A côté de lui était le jeune sous-lieutenant de Douglas, du 2e chasseurs à pied, mortellement atteint. Ayant eu d'abord les deux mains trouées d'une balle, il avait reçu peu après une autre balle dans les reins. Le lieutenant-colonel Bernot de Charant du 41ᵉ, ancien commandant du 2ᵉ bataillon de chasseurs, vint le voir avec le médecin-major Nuzillat et le veilla toute la nuit.

Le lendemain matin, les médecins français du 98ᵉ et du 64ᵉ voulaient se retirer avec leurs régiments, comme il leur était prescrit. Le lieutenant Cardot obligea l'aide-major Liénard à demeurer avec les 1 500 blessés entassés à Amanvillers et à Montigny. Heureusement les Prussiens soignèrent et nourrirent nos compatriotes du mieux qu'il leur fut possible.

Sur l'ordre du général de Lorencez les régiments de la division quittèrent leur emplacement, en silence, les uns après les autres et s'écoulèrent lentement, de 9 heures et demie à 11 heures, par la route de Lorry.

Le lieutenant Dubard, du 15ᵉ de ligne, nous a fait en ces termes le récit de sa retraite : « Nous arrivons au pied d'un escarpement à pic, on hisse les blessés tant bien que mal ; un homme, du haut du talus, me tend son fusil, un autre en bas me donne un vigoureux renfoncement et je suis projeté en haut comme un ballon.

« Nous traversons des grenadiers de la Garde furieux de n'avoir pas donné et qui grognent.

« Quand nous arrivons dans notre camp, il y a déjà beaucoup de monde : ce devait être des fuyards et des porteurs de blessés. Le désordre le plus complet règne : les tentes sont abattues, les effets de cuisine, les armes jonchent le sol. Les soldats se groupent par compagnies, les uns excités, les autres abattus.

« Des fermes et des maisons brûlaient au loin. Je

contemple ce spectacle répété de la nuit du 14 août, mais avec un tout autre esprit : plein d'espoir le 14, je n'en ai plus guère aujourd'hui. J'avale un morceau de viande cuite la veille et je me dirige vers un feu de troncs d'arbres où le médecin-major Cintrat panse des blessés. Il charcute, extrait des balles et les donne aux patients en leur disant : « Gardez-la, ce sera un « souvenir. » Je lui montre mon front : « Mettez-« vous de l'eau et un bandage. C'est tout. »

« J'ai, malgré tout, une soif ardente et la fièvre.

« L'appel de ma compagnie m'amena une grande tristesse. Il manquait beaucoup de monde : heureusement il en revenait à chaque instant.

« Vers minuit, ordre de prendre les armes sans bruit et de nous diriger sur Metz. Nos voitures ayant été prises le matin par l'intendance, nous devons laisser nos bagages. Je fais un ballot de ce qui me sera le plus utile, je l'ajuste sur mon dos et j'abandonne le reste. »

Le lieutenant-colonel Saget, vers huit heures du soir, après l'envoi à Montigny des 41e et 71e de ligne et des 1re et 2e batteries du 17e (capitaines de Maillier et Gebhart), était revenu à Amanvillers, pensant y retrouver le général de Ladmirault et son état-major.

N'ayant pu avoir de ses nouvelles, il alla sur le plateau du Gros-Chêne où il rencontra le général Bourbaki et le commandant Le Perche. « Je les accompagnai, a-t-il écrit, jusqu'à une ambulance, entre les fermes de Saint-Maurice et de Saint-Vincent, puis je suis retourné à Amanvillers, retrouver la division Lorencez et une partie de la cavalerie avec lesquelles je suis revenu sur le plateau du Gros-Chêne.

« C'est alors que j'ai été demander des ordres

au quartier général du maréchal Bazaine au sujet de la retraite sur Metz que je voyais exécuter à notre aile droite, sans que les Allemands nous inquiétassent en rien. Il pouvait être, quand je suis arrivé à Plappeville, 1 heure ou 2 heures du matin, et l'on me fit lire l'ordre de prendre sous Metz les positions qui avaient été indiquées par Lewal le matin à la réunion des sous chefs d'état-major à Châtel-Saint-Germain. »

Quand le lieutenant-colonel Saget fut de retour au plateau du Gros-Chêne, le capitaine de La Tour du Pin avait déjà remis depuis plus de deux heures l'ordre du maréchal Bazaine prescrivant au 4ᵉ corps de gagner sous Metz l'espace compris entre le Coupillon et le Sansonnet. Le général de Lorencez avait commencé le mouvement de son infanterie ; son artillerie devait suivre et celle de la division Grenier venir ensuite ; la brigade de hussards du corps d'armée fermerait la marche.

Le colonel Saget et le capitaine de La Tour du Pin s'occupèrent de régulariser l'écoulement de ces troupes et parcoururent les campements de la veille pour voir s'il ne restait pas encore quelques unités non averties du départ sur Metz.

La compagnie de réserve du génie avait vu le général Pajol s'en aller de Montigny avec le bataillon qu'il avait gardé auprès de lui. A 10 heures, n'ayant aucune nouvelle, les officiers s'étaient concertés et, ayant acquis la conviction de la retraite, avaient pris la direction suivie par le général Pajol. A 10 heures, la compagnie s'arrêtait près de la ferme Saint-Vincent et bivaquait dans un champ d'oignons. Officiers et sapeurs dormaient, quand le capitaine de La Tour du Pin les ayant reconnus, les fit lever et partir pour le Coupillon où ils finirent leur nuit dans un champ d'artichauts qui leur fit regretter les oignons de la ferme Saint-Vincent.

Le maréchal Le Bœuf, le combat fini, attendit des instructions en prenant toutes dispositions utiles pour recommencer la lutte le lendemain.

A 9 heures et demie il reçut du maréchal Bazaine le même mot que le général Frossard : il devait veiller sur sa droite et aurait d'ici peu de temps des instructions pour sa retraite. Une heure plus tard on les lui apportait : il devait commencer son mouvement à 4 heures et demie du matin.

Le général Manèque lui fit remarquer que les seules voies à sa disposition étaient des chemins de traverse courant dans des bois épais et sur des pentes escarpées. Le génie en avait bien aplani quelques-uns; il avait aussi consolidé quelques remblais et élargi des passages, mais l'écoulement de son corps d'armée pouvait être long et difficile : si l'ennemi l'attaquait lorsqu'il serait engagé dans ces passages étroits, sa situation deviendrait critique; il était plus sage de profiter de la nuit pour se retirer.

Le maréchal Le Bœuf, approuvant son chef d'état-major, envoya plusieurs officiers au maréchal Bazaine pour lui demander à commencer le mouvement sans plus attendre. Le commandant Mojon, le premier de retour, rapporta l'assentiment du général en chef et annonça la rupture du télégraphe et de la ligne des Ardennes.

Les ordres transmis aux divisions du 3ᵉ corps par les soins du général Manèque s'exécutèrent ponctuellement. Vers 3 heures, le maréchal Le Bœuf quitta l'Arbre-Mort avec les généraux Manèque, de Rochebouët et de Berckheim. Le général Changarnier, auquel le commandant Jamont avait prêté sa peau de bique et dont le cheval avait été tué, rentra sur un caisson de la batterie Brocard.

En occupant le centre français, composé de deux divisions d'infanterie du 3e corps et de deux autres du 4e, le général Manstein le maintint sur ses positions et l'empêcha de se jeter entre les deux armées allemandes pour les séparer l'une de l'autre, tourner l'une d'elles et la rejeter au loin.

PLANCHE V

POSITION DES ARMÉES
VERS 7 HEURES DU SOIR
AVANT L'ASSAUT DE SAINT-PRIVAT

A Saint-Privat, les divisions Lafont de Villiers et Le Vassor-Sorval se sont retirées le long de la forêt de Jaumont et l'artillerie est en demi-cercle autour des Carrières; le 4ᵉ corps est à Amanvillers, le 3ᵉ à Moscou et le 2ᵉ au Point-du-Jour et à Rozerieulles. La cavalerie a commencé à sortir du ravin au nord de Sainte-Ruffine et s'écoule par Lessy et par Moulins sur Devant-les-Ponts et le Ban-Saint-Martin. La Garde impériale (grenadiers) est dans la clairière du bois de Saulny; la réserve d'artillerie et les voltigeurs sur Saint-Quentin et au haut de Châtel.

L'armée allemande entoure (XIIᵉ corps et la Garde) les débris du 6ᵉ corps, encore dans Saint-Privat; l'infanterie du Xᵉ corps et du IIIᵉ, dont l'artillerie est engagée, est en deuxième ligne. Les IXᵉ, VIIᵉ, VIIIᵉ et IIᵉ corps sont devant les 4ᵉ, 3ᵉ et 2ᵉ corps français; une brigade du Iᵉʳ corps fait une démonstration sur la rive droite de la Moselle devant Moulins.

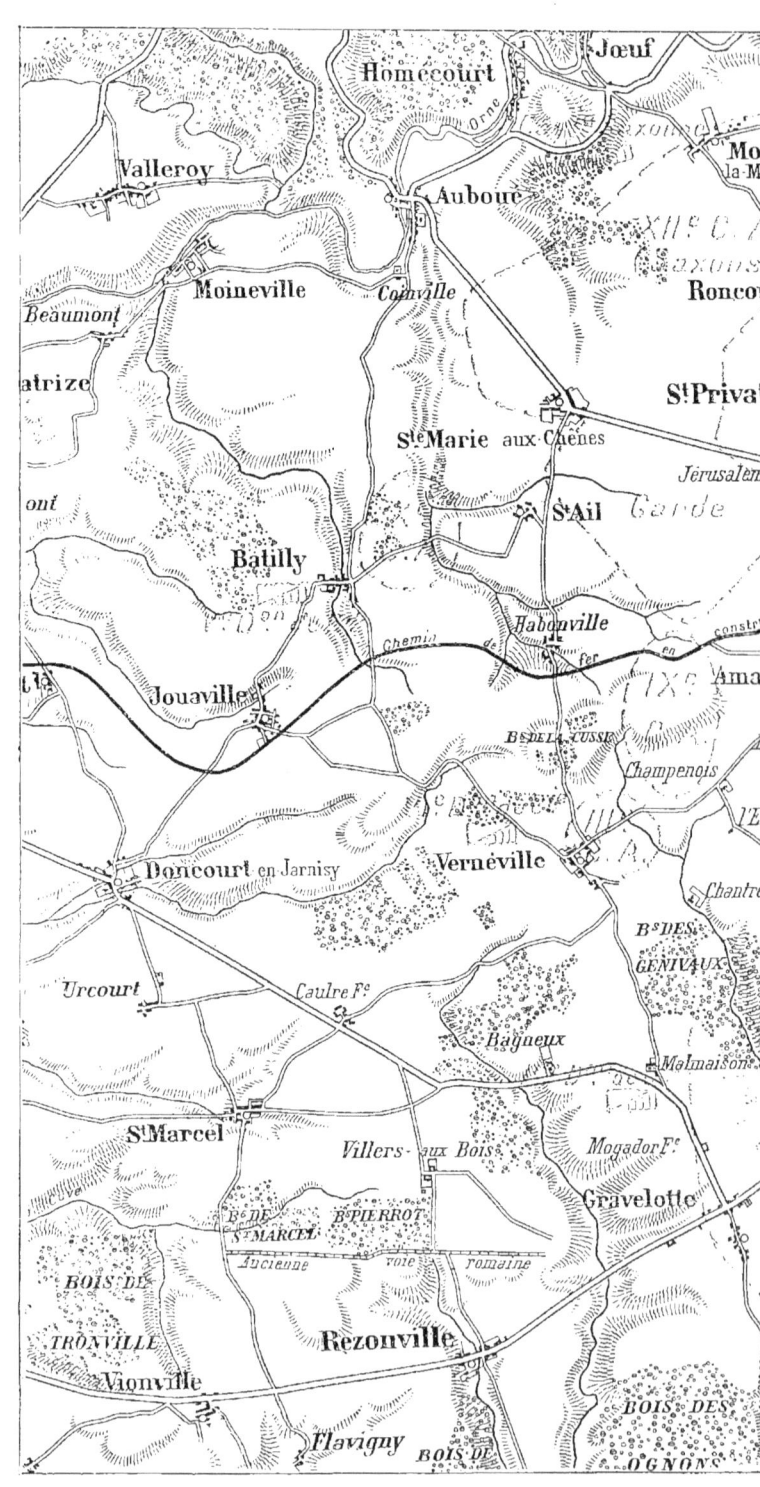

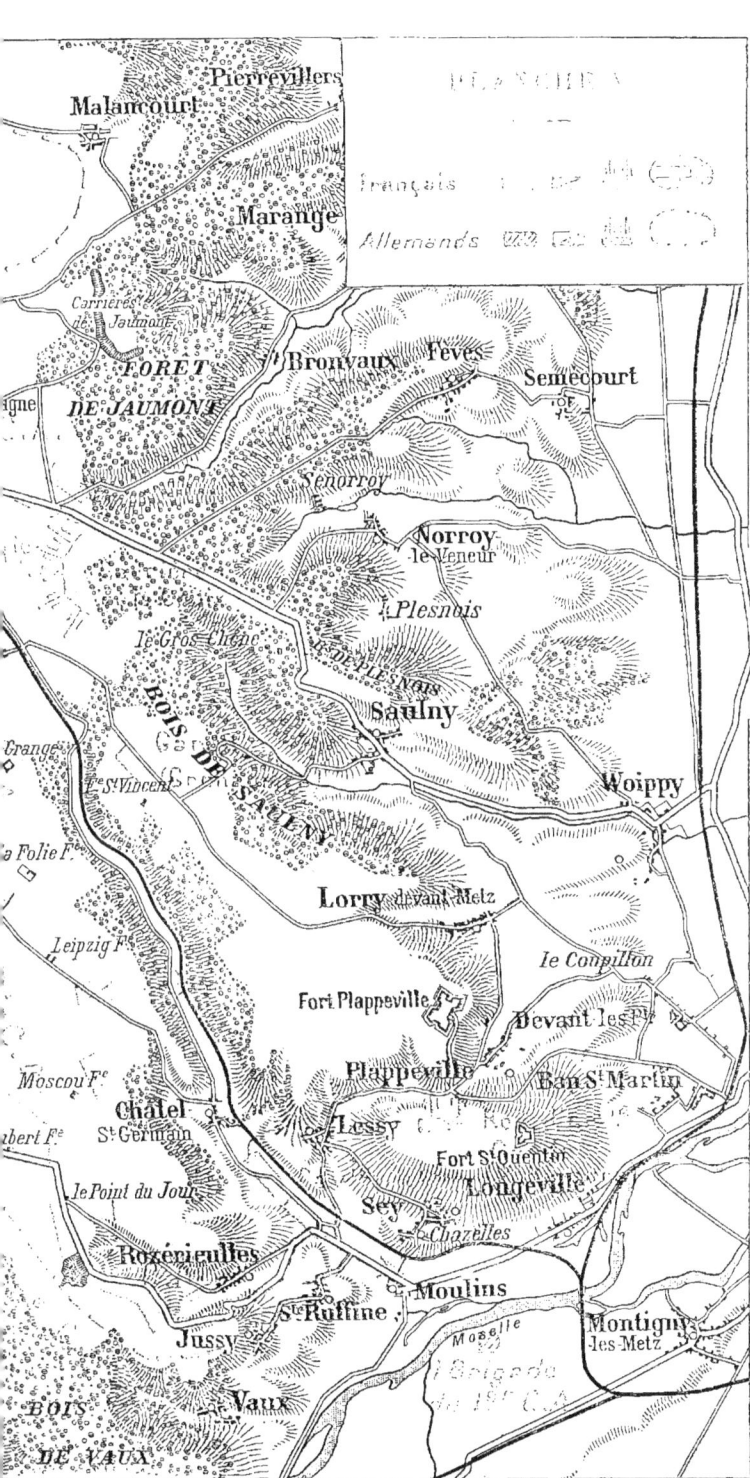

Le Maréchal Canrobert. — Tome VI.

LIVRE IV

CHAPITRE PREMIER

L'AILE GAUCHE ALLEMANDE PREND SAINT-PRIVAT

L'aile gauche allemande, aux ordres du prince Frédéric-Charles, se compose de trois corps d'armée : la garde royale, le Xe et le XIIe corps (saxons).

Ces trois corps vont attaquer de front et tourner Saint-Privat occupé par le 6e corps français commandé par le maréchal Canrobert et, en l'écrasant, ils gagneront la bataille de Saint-Privat.

Quand le général de Manstein fait tirer les premiers coups de canon contre les camps de la division Grenier, le prince Frédéric-Charles est à Vionville, et les trois corps de l'aile gauche allemande se trouvent encore loin de Saint-Privat.

La tête de colonne de la garde royale atteint Jouaville et se dirige sur Habonville où elle entre seulement à midi 45, une heure après l'ouverture du feu devant Verneville.

Le XIIe corps est près de Jarny : une partie suit les rives de l'Orne pour gagner Valleroy; une autre se dirige sur le château de Moncel et sur Sainte-Marie-aux-Chênes, par une route passant à Batilly; une troisième colonne marche entre les deux autres par Tichémont et le bois de Fleury pour rejoindre, à Sainte-Marie-aux-Chênes, la deuxième fraction.

Le X" corps est encore plus en arrière, non loin de Bruville : Saint-Ail est son point de direction.

Deux heures s'écoulent entre l'ouverture du feu et le contact de l'avant-garde de la garde royale avec les tirailleurs du 6° corps.

L'artillerie est déjà en action quand l'infanterie s'engage. Elle a pris le trot pour aller prolonger la ligne de pièces du IX° corps déployées au nord du bois de la Cusse. Vers une heure et demie, neuf batteries de la garde, placées entre Habonville et Saint-Ail, tirent sur celles du 6° corps et sur les bataillons de la division Le Vassor-Sorval couchés sur les pentes descendant de Saint-Privat et d'Amanvillers.

Un quart d'heure après, à 1 heure 45, le prince Frédéric-Charles est en arrière de Verneville; après avoir constaté que la droite française se prolonge au delà d'Amanvillers, il gagne Anoux-la-Grange, où l'horizon est plus vaste vers le nord et de là il voit la ligne française s'étendant jusqu'à Roncourt.

Les troupes de la garde débouchent d'Habonville en même temps que les Saxons s'avancent de Batilly sur Auboué.

Les éclaireurs signalent les Français à Sainte-Marie-aux-Chênes; immédiatement les généraux de la garde et ceux des Saxons s'entendent pour une attaque combinée : la garde s'avancera par le sud ; les Saxons par l'ouest. Quatre-vingt-huit pièces d'artillerie dirigent d'abord un feu convergent sur le village, puis quand on suppose le terrain suffisamment fouillé par les projectiles, sept bataillons de la garde et huit du corps saxon se jettent sur Sainte-Marie-aux-Chênes abandonnée par ses défenseurs. Les assaillants, essoufflés par leur course, mélangés dans l'assaut, entrent pêle-mêle et en désordre. Au nord-est, les 1 000 Français qui viennent de s'échapper se retirent, sans être inquiétés, par un ravin en couloir qui les cache aux Allemands.

La 47ᵉ brigade saxonne s'avance au delà du village sur les pentes du glacis de Saint-Privat; mais aussitôt une contre-attaque française la fait rétrograder.

Alors le combat devient traînant : les batteries françaises ont presque toutes cessé le feu, faute de munitions, tandis que celles de l'ennemi entretiennent le leur d'une façon continue qu'elles dirigent contre notre infanterie.

D'Anoux-la-Grange, le prince Frédéric-Charles s'est rendu sur le plateau au sud-ouest d'Habonville. Là il apprend à 3 heures que la première division saxonne attaque Sainte-Marie-aux-Chênes et que la seconde commence à contourner la droite française par Coinville et les petits bois à l'est de ce village.

A 3 heures et demie le général de Pape lui annonce la prise de Sainte-Marie-aux-Chênes.

Alors il envoie au prince royal de Saxe, qui dirige le grand mouvement enveloppant des Saxons par Coinville, Auboué et Montois, ce billet : « J'appelle l'attention de Votre Altesse Royale sur ce fait que l'unique communication de l'armée française avec Paris est située dans la vallée de la Moselle sur la rive gauche de cette rivière.

« Il est, par suite, d'une grande importance pour la décision de la campagne que Votre Altesse fasse détruire, aussitôt que possible, par sa cavalerie, le télégraphe et le chemin de fer Metz-Thionville, et fasse occuper la vallée de la Moselle.

« Prince FRÉDÉRIC-CHARLES. »

« Dieu soit loué ! Tout va bien jusqu'à présent. »

C'était la confirmation d'un ordre de 11 h. 30 où le commandant de la IIe armée invitait une première fois le prince royal de Saxe à « pousser sa cavalerie jusque dans la vallée de la Moselle afin d'y détruire le chemin de fer et la communication télégraphique entre Metz et Thionville ». Le prince de Saxe avait immédiatement envoyé deux détachements, l'un au nord entre Thionville et Longuyon, l'autre à l'est dans la vallée de la Moselle en aval de Metz, à mi-chemin entre Metz et Thionville.

A ce second message, il détacha deux autres escadrons : ils devaient partir d'Auboué, traverser la forêt de Moyeuvre et se diriger sur Uckange où ils couperaient chemin de fer et télégraphe.

Leur marche fut difficile et ils n'arrivèrent qu'à la nuit close ; les barrages et abatis exécutés l'avant-veille par M. Trouvé-Drouot les avaient sans cesse arrêtés.

Quelques gardes forestiers ou bien même les francs-tireurs de la Moselle auraient facilement empêché l'exécution des ordres du prince Frédéric-Charles. Malheureusement le maréchal Canrobert ignorait la nature des travaux exécutés par l'administration forestière et l'état-major général n'avait pris aucune disposition pour en tirer parti.

Si le prince Frédéric-Charles était pressé de couper notre dernière communication, le maréchal Bazaine — on ne peut s'empêcher d'y penser — avait réglé toutes choses pour que rien ne vînt s'opposer à la réalisation des projets de son adversaire.

Dans cette première partie de la bataille, les Allemands se sont bien approprié l'idée maîtresse de leur chef : déterminer le point extrême de la droite française pour la déborder. Le prince Frédéric-Charles n'a qu'à approuver les décisions des généraux sous ses ordres et il lui suffit de donner des instructions de détail comme celles relatives au chemin de fer et au télégraphe.

Après la prise de Sainte-Marie-aux-Chênes, l'infanterie de la garde royale se forma sur la ligne de Sainte-Marie-aux-Chênes à Habonville et son artillerie se déploya en avant de Saint-Ail. Les Saxons mirent 72 pièces en batterie au nord de Sainte-Marie-aux-Chênes et leur infanterie se porta vers l'est, la 25ᵉ division en se massant aux abords de Sainte-Marie-aux-Chênes et la 24ᵉ en longeant l'Orne, de manière à dépasser au nord la droite française pour se rabattre ensuite sur elle en la débordant.

Il est 5 heures ; il y a deux divisions d'infanterie en dispositif d'attaque face à Saint-Privat, trois brigades d'infanterie et une division de cavalerie en marche pour tourner cette position par le nord et le Xᵉ corps tout entier est en réserve à proximité, à Batilly.

La marche des Saxons le long de l'Orne, à traver des boqueteaux, est pénible ; sans cesse elle est arrêtée et la nature du terrain rend les communications difficiles entre les états-majors et les troupes. Les hommes marchent d'autant plus lentement que depuis trois jours ils ont supporté des fatigues excessives et n'ont presque pas eu de repos. Beaucoup de Saxons restent dans les champs ou sur les chemins ; un certain nombre moururent d'épuisement ce jour-là et le surlendemain.

La marche excentrique du XII° corps par la vallée de l'Orne est le mouvement décisif de cette journée, et la garde massée à Saint-Ail et à Sainte-Marie-aux-Chênes attend qu'il soit bien dessiné avant de se lancer à l'assaut de Saint-Privat.

Le duc de Wurtemberg, commandant de la garde, observe et croit s'apercevoir de l'épuisement des nôtres. Le prince royal de Saxe lui a prédit l'achèvement du mouvement tournant de ses troupes pour 5 heures et il est près de 6 heures : il ne veut plus attendre et donne l'ordre d'enlever Saint-Privat.

Aucune disposition préparatoire n'a été prise : l'artillerie n'est même pas prévenue que l'infanterie va gravir le glacis.

« Aussi cette attaque a présenté un ensemble de telles fautes, a écrit le général Maillard, qu'il est de mode en Allemagne de dire : « C'est comme à Saint-Privat » quand on veut parler d'un combat mal conduit. »

La critique est juste ; mais quelque maladroites que soient les dispositions du duc de Wurtemberg, les Allemands ont un but et chaque chef comme chaque soldat fera de son mieux pour l'atteindre ; chacun d'eux, dans la mesure du possible, corrigera les défectuosités du mouvement, et tous iront à la mort, qui les fauchera par milliers, avec un courage auquel il faut rendre justice.

Au sud de la grande route, deux régiments de grenadiers partent de Saint-Ail et marchent sur Jérusalem ; l'un de ces régiments est criblé d'abord par la brigade Gibon. Ses pertes sont énormes ; les grenadiers n'en avancent pas moins, et réduits de moitié, ils s'arrêtent avant d'avoir atteint nos positions ; leur offensive a été si hardie qu'ils ont pris l'ascendant sur la brigade Gibon et l'ont contrainte à se retirer.

Le général de Cissey, plus au sud, veut les arrêter et lui aussi cède devant eux.

L'artillerie de la garde prussienne, en voyant son infanterie marcher sous le feu, sans perdre de temps à demander des ordres, se lance en avant et vient dans ses rangs lui porter secours.

Plus au nord, une deuxième brigade s'efforce également de gravir les pentes, et, sous la rafale des balles de chassepots, les hommes s'avancent de biais, en se courbant et en se cachant la figure derrière leur bras replié, comme des gens que la grêle fouette au visage.

La 3ᵉ brigade lancée la dernière remplit le vide qui s'est fait entre les 2 premières brigades.

Malgré les pertes et grâce à l'héroïsme des officiers qui tombent presque tous en encourageant leurs soldats, l'assaut aboutit à l'occupation de la terrasse qui entoure Saint-Privat ; une fois là, il est impossible à la garde royale de faire un pas de plus.

« Cette audacieuse attaque, dit l'état-major allemand, n'avait pas abouti et l'élan était pour le moment brisé. Des milliers de morts et de blessés jonchaient le champ de bataille. Cependant ni les pertes, ni la disparition de tant d'officiers distingués n'avaient ébranlé le moral de la troupe, dont les débris encore debout et groupés autour de quelques officiers se cramponnaient aux pentes semées de soldats étendus à terre. »

« Les Français pouvaient prononcer d'un moment à l'autre un retour offensif et ils auraient facilement culbuté sur Sainte-Marie-aux-Chênes les lignes sans consistance des asssaillants. »

« Mais, chose singulière, rien de semblable ne se produisit. »

Il y eut cependant un essai de contre-attaque ; exécutée par peu de monde, sans conviction ni insistance, elle n'eut aucun effet.

L'artillerie allemande soutenait l'infanterie de toutes ses bouches à feu et, au moment de l'arrêt des assaillants, 36 batteries, soit 216 pièces, envoyaient des obus sur Saint-Privat.

Tout à l'heure le nombre des pièces en action s'élèvera jusqu'à 284 !

L'infanterie de la garde demeurant sur place, c'est cette artillerie qui entretient le combat jusqu'à ce que les Saxons aient enfin achevé leur mouvement tournant.

Ils se sont arrêtés une demi-heure devant Montois, qu'ils croyaient occupé : quelques maraudeurs égarés leur avaient fait croire à la présence de troupes nombreuses.

Il est 7 heures ou 7 heures un quart. Une division entière entoure Roncourt ; les Français ne s'y défendent pas, les Saxons y entrent et Saint-Privat, déjà attaqué par l'ouest et le sud, va l'être également par le nord.

De trois côtés la garde prussienne et les Saxons

vont donner l'assaut définitif. Et cette fois il sera aussi bien préparé qu'il l'était mal tout à l'heure.

Les troupes marchent concentriquement en liaison les unes avec les autres. Le plus formidable des feux d'artillerie que signalent les annales des guerres les aide et terrific les derniers défenseurs de Saint-Privat.

Entre 7 heures et demie et 8 heures, la garde et les Saxons entrent dans le village évacué par nous et un formidable hourrah annonce leur victoire. Victoire chèrement achetée.

« Aussi loin que s'étendait la vue, ainsi s'exprime un des vainqueurs, le terrain était couvert de morts et de nombreux groupes refluaient, comme un torrent, sur la grande route. De partout apparaissaient des isolés tout sanglants et mutilés et par terre on voyait une quantité de cadavres comme s'ils avaient été semés dans les champs. »

A 8 heures et demie, le prince Frédéric-Charles envoyait l'ordre suivant à son armée :

« 8 heures 30 du soir; sur le champ de bataille. Les corps d'armée s'installeront au bivac sur les emplacements occupés par eux à l'issue du combat.

« Ils placeront des avant-postes d'infanterie en liaison avec les corps voisins et se tiendront prêts à repousser une tentative désespérée de l'ennemi pour s'ouvrir un passage.

« Demain matin à 5 heures les chefs d'état-major des cinq corps d'armée se trouveront à Caulre, près de la route, pour rendre compte à Son Altesse Royale des emplacements occupés par leurs corps et recevoir des ordres.

« On appelle encore une fois l'attention du XII° corps sur l'importance qu'il y aurait à atteindre Woippy.

« Le quartier général de la deuxième armée se porte pour la nuit à Doncourt. »

La garde royale au prix de pertes effroyables avait d'abord crevé la ligne française entre Amanvillers et Jérusalem en mettant en déroute successivement la brigade Gibon (25° et 26° de ligne), celle du général de Chanaleilles, puis la division de Cissey. Enfin les Saxons avaient tourné notre droite par le nord, et avec les débris de la garde, avaient attaqué Saint-Privat sur trois faces et obligé le maréchal Canrobert à l'évacuer.

La bataille livrée par l'aile gauche allemande était gagnée. Notre aile droite était repoussée sur Metz et notre centre à découvert allait être tourné le lendemain.

CHAPITRE II

DÉFENSE DE SAINT-PRIVAT
LA DIVISION DE CISSEY DU 4ᵉ CORPS
ET LE 6ᵉ CORPS

« Nous étions au milieu de notre déjeuner quand le général de Ladmirault nous envoya prévenir que nous allions être attaqués — lisons-nous sur le carnet du capitaine Albert de La Boulaye, aide de camp du général de Cissey; au même moment éclata sur notre gauche la canonnade. Le général de Cissey est le premier à cheval, il nous envoie faire prendre les armes à sa division et la porter en avant de la route d'Amanvillers à Saint-Privat : les troupes n'ont pas le temps de prendre leurs sacs et de plier leurs tentes. »

De l'état-major, passons aux troupes.

« L'appel finissait, nous dit le sous-lieutenant de Chilly du 20ᵉ bataillon de chasseurs, et une partie des troupes était encore alignée sur le front de bandière tandis que l'autre avait rompu ses rangs, chacun allant à ses affaires.

« Nous entendons le canon derrière, nous étions campés face à l'est le long de la route. On sonne la marche du bataillon et tout le monde s'ébranle en ordre vers l'ouest. Nous laissons les sacs et les tentes montées. Déjà l'artillerie était en batterie à 1 500 mètres de notre camp. »

« L'appel était rendu, a écrit le sous-lieutenant Oudard du 6ᵉ de ligne. Au moment précis où nous nous asseyions par terre pour prendre notre repas, nous entendons une détonation. Nous nous relevons : « Aux « armes, rompez les faisceaux, laissez les sacs... vite. »

« Les compagnies prennent leus fusils en hâte et, sans aucune formation, se portent isolément et au plus vite à l'ouest d'Amanvillers, contre la voie ferrée, face au bois de la Cusse. L'ordre est rétabli au fur et à mesure de l'arrivée des unités et on se forme en ligne sur les pentes du mamelon 325 à cheval sur la voie ferrée. »

« Le colonel La Barthe commande : « Drapeaux et « guides généraux sur la ligne » et « veut faire prendre des alignements, mais Garcin le bouscule, » nous dit le capitaine Albert de La Boulaye.

« Nous allions manger la soupe, — c'est maintenant le lieutenant May du 57ᵉ qui parle, — quand nous entendons un coup de canon du côté opposé aux grand'-gardes. On nous donne l'ordre de faire face en arrière et nous laissons la plus grande partie de nos munitions, notre campement et nos effets. On ne peut expliquer cette manière d'agir que par l'ignorance dans laquelle se trouvaient nos états-majors au sujet de l'ennemi. Ils pensaient sans doute que l'attaque n'était pas sérieuse.

« Nous nous portons à 150 ou 200 mètres de notre camp... Le 57ᵉ était en bataille sur un rang, les hommes côte à côte, le centre du régiment à cheval sur la ligne du chemin de fer. Nous étions tous couchés : le colonel Giraud seul debout, fumant son cigare comme à l'ordinaire. Il nous maintint sur place en nous disant à plusieurs reprises : « Pas d'ordres ! ne bougeons pas. » Nous sommes restés dans cette position jusqu'à 7 heures du soir. Au début de l'action le commandant Dupuy de Podio reçut un éclat d'obus qui lui brisa la jambe ; il s'affaissa en criant : « Vive l'Empereur ! » Ce cri n'eut pas d'écho. Le capitaine Leroux, qui venait des zouaves, prit le commandement et organisa le combat, qui fut une série de feux de salves à volonté. »

L'artillerie de la division prévenue par avance avait devancé l'infanterie. « Nous déjeunons plus tôt, a écrit le lieutenant de Saint-Laurent de la batterie de mitrailleuses (capitaine Reufflet), et je demande la permission d'aller à cheval jusqu'aux batteries du 18e, du commandant Kesner. Quand j'arrive à ces batteries, je les trouve en branle-bas et le commandant Kesner, mon cousin, me dit : « Vois-tu là-bas un nuage de poussière (et il « me montrait la direction de Doncourt) ; ils arrivent et « nous allons nous mettre en batterie : cours rejoindre « les tiens. »

« Je revins au galop. Je rends compte au colonel de Narp : il fait lever le camp et rompre le parc.

« Nous gravissions une pente quand le canon retentit. Nous nous mettons en batterie à 200 mètres de notre camp, derrière une crête, et nous tirons sur les bois de Verneville. »

Le général de Cissey, au bruit du canon, envoya le capitaine Albert de La Boulaye demander des instructions au général de Ladmirault : « Il me fait répondre — c'est le général de Cissey qui parle — que je dois considérer Saint-Privat et Amanvillers comme deux bastions dont ma division serait la courtine : c'est-à-dire de relier le 6ᵉ corps à la division Grenier qui est à ma gauche : c'est me condamner à rester toute la bataille sous le feu du canon. »

Le général de Cissey se croit tenu par ses instructions de demeurer immobile sur la défensive; il dit dans ses notes que si les divisions placées à sa gauche et à sa droite avaient marché de l'avant et culbuté l'ennemi, « il les aurait appuyées par une vigoureuse marche en avant. » Il va même plus loin et affirme avoir eu plusieurs fois l'intention de prendre l'offensive que réclamaient ses troupes. Combien il est regrettable qu'il n'ait pas agi suivant son sentiment ni accédé aux désirs de ses officiers et de ses soldats !

« A l'ouverture du feu, le vieux capitaine Emmanuelli, officier expérimenté, proposa à son chef de bataillon, lisons-nous dans les notes du sous-lieutenant Wetzel du 73ᵉ, de se précipiter sur le bois de la Cusse. Ce chef de bataillon s'y opposa, ayant reçu du colonel Supervielle l'ordre de rester dans la tranchée du chemin de fer. »

« Nous comprenions qu'une marche en avant nous était interdite, dit le lieutenant May ; si nous eussions été appuyés par l'artillerie, nous aurions cédé au désir de nos hommes, et quoique sans instructions nous eussions essayé de bousculer les Allemands. » Malheureusement l'ordre n'était pas d'aller à l'ennemi, mais de le laisser venir à nous.

Tout d'abord des tirailleurs et l'artillerie de la division de Cissey entretiennent le feu avec les Allemands. « Nous répondons à une batterie placée au nord du bois de la Cusse, dit le lieutenant de Saint-Laurent ; derrière cette batterie, de grandes masses commencent à se montrer, marchant vers le nord ; laissant l'artillerie, nous tirons sur ces masses des salves progressives de 1 800 à 2 500 mètres.

« Deux escadrons apparaissent. Le capitaine Reutflet nous fait diriger une salve à 1 400 mètres ; elle tombe en plein dans le gros de l'ennemi : deux autres salves suivent et les cavaliers font demi-tour ; nous étions enthousiasmés. Nous reprenons notre feu contre les colonnes qui augmentent ; plusieurs batteries prussiennes viennent prolonger à gauche celle en face de nous ; nous voilà presque pris en rouage, il faut déguerpir. Nous allons derrière une route bordée de peupliers. »

La division de Cissey avait été formée en ligne quand les Allemands étaient encore loin d'être parvenus à sa hauteur et il s'écoula une demi-heure avant que ses tirailleurs les plus avancés au sud eussent tiré un coup de fusil.

Le 6e corps placé à la gauche de la division Cissey eut tout le temps de se préparer au combat : ses troupes les plus rapprochées de Verneville où s'engageait le combat n'en étaient pas à moins de 4 kilomètres ; quelques unités en étaient même tellement éloignées qu'elles n'entendirent pas le canon.

Certains régiments, comme le 75e prévenu par le lieutenant de Brem, avaient replié leurs tentes et bouclé leurs sacs.

Dans la plupart des camps il manquait beaucoup de combattants et si l'on eût parcouru les villages et les fermes de Metz à Batilly et à Moyeuvre on y eût trouvé plusieurs milliers de maraudeurs.

Il y avait même dans les bois de Jaumont quelques

officiers du 70ᵉ égarés avec une centaine de soldats depuis le 16 au soir.

Sauf les lâches et les ivrognes, tous rejoignirent leur régiment.

« Nous ne nous doutions pas de la présence de l'ennemi, a écrit le lieutenant Libersart, aide de camp du général Becquet de Sonnay, mais nous n'avons pas été surpris, car il s'écoula deux heures entre les premiers coups de canon et le moment où nous commençâmes à échanger des coups de fusil. »

Il y a partout et toujours des faiseurs d'embarras : « C'est inouï, lisons-nous, dans les « Notes cursives » du lieutenant-colonel de Montluisant. On n'a pas été averti de la présence des Prussiens ». Indignation factice et même ridicule. Le colonel de Montluisant devait être mieux que personne sur ses gardes. N'avait-il pas dans la matinée envoyé prévenir le maréchal Canrobert et le général Tixier de la présence auprès de l'abreuvoir de cavaliers supposés être des uhlans par ses canonniers qui, pris de peur, étaient revenus sans avoir fait boire leurs chevaux ?

Quand la première détonation retentit à Verneville, le 2ᵉ chasseurs à cheval remontait les pentes de Saint-Privat, venant de Sainte-Marie-aux-Chênes et le colonel Pelletier n'avait pas encore fait connaître au maréchal Canrobert les rencontres de ses pointes avec les uhlans.

Le général du Barail déjeunait sous sa tente avec ses officiers, et l'un d'eux, en sortant, criait au cuisinier : « Et ces pommes de terre ? »

Plusieurs officiers de l'état-major du corps d'armée étaient dans les camps, occupés des mesures à prendre pour l'alignement en vivres de la troupe : les autres finissaient de déjeuner.

Le commandant Lonclas, après s'être occupé toute la matinée de remettre de l'ordre dans la « smala » de l'état-major, annonçait au maréchal qu'ordonnances et chevaux étaient prêts.

En cinq minutes le maréchal Canrobert fut à cheval : il se dirigea vers le sud et vit les obus tomber assez loin des camps.

Il était près de la division de Cissey dont l'artillerie ouvrait le feu : il cria au commandant Kesner de porter en avant ses deux batteries à cheval pour prendre de flanc les Allemands.

Les douze pièces partirent d'un seul bond au galop, les servants à cheval alignés à un mètre des volées. Après une vaste conversion elles s'arrêtaient, quand le maréchal Canrobert, galopant pour rejoindre le commandant Kesner, lui dit de s'avancer encore de 800 mètres au sud-est dans la direction de Saint-Ail. Ensuite il ordonna à la division Le Vassor-Sorval un changement de front l'aile droite en avant, de manière à former une ligne allant de la division de Cissey à Sainte-Marie-aux-Chênes.

Alors il revint en avant de Saint-Privat et s'installa avec son état-major dans le verger à droite de la grande route, en avant de la première maison. Il se trouvait là sur le point culminant de la région et au centre de ses troupes ; il mit pied à terre, et regarda à la lorgnette. Devant lui un petit mur en pierres sèches couvert de viormes lui servit à installer ses cartes. Il voyait de nouvelles batteries allemandes venir prolonger de son côté la ligne de celles déjà en action contre le 4ᵉ corps, quand le lieutenant d'état-major Roget le salua et lui remit un petit mot du général du Barail. Il apprenait au maréchal la concentration de la cavalerie près de la forêt de Jaumont et l'arrivée du 3ᵉ chasseurs à cheval. Le maréchal ayant lu, le lieutenant Roget prend la parole : « Le général du Barail, en m'ordonnant de vous porter ce billet, m'a prescrit de vous dire que les reconnaissances de chasseurs d'Afrique envoyées dans la direction du nord entre l'Orne et la Moselle ont fouillé Montois, Pierrevilliers et Marange et n'y ont pas vu un seul ennemi. »

Le maréchal, le remerciant, lui demande : « Connaissez-vous le général Lafont de Villiers. » — « Non, monsieur le maréchal. » — « Eh bien, ça ne fait rien ; en retournant vous le chercherez en avant de la cavalerie ; dites-lui de n'avoir aucune crainte pour sa droite et d'appuyer le plus possible à gauche vers Sainte-Marie-aux-Chênes. Avez-vous bien compris ? » — « Oui, monsieur le maréchal. » — « Eh bien, répétez ! » — « C'est bien, mon lieutenant, je compte sur vous. »

Le lieutenant Roget erra quelque peu avant de trouver le général Lafont de Villiers et quand il lui transmit les paroles du maréchal Canrobert, le capitaine Aubry, que le maréchal, selon sa coutume, avait envoyé confirmer ses instructions, l'avait prévenu.

Peu à peu le maréchal pénétrait le dessein des Allemands : ils chercheraient à tourner notre droite pour nous rejeter sur Metz en nous coupant toute communication avec le reste du pays. Bientôt ses hypothèses devinrent certitude et il prit ses dispositions en conséquence.

D'abord il envoya le capitaine de Randal aviser le

lieutenant-colonel de Montluisant de venir avec son artillerie — six batteries — soutenir celle du commandant Kesner : en second lieu, certain qu'aucun corps ennemi n'avait passé la basse Moselle et ne le menaçait par derrière, il appela la division Tixier, de la bordure de la forêt de Jaumont, et l'envoya derrière sa gauche pour soutenir la division Le Vassor-Sorval ou celle du général de Cissey du 4ᵉ corps selon les circonstances.

Il était toujours appuyé sur le petit mur devant ses cartes déployées; son état-major avec son porte-fanion et une douzaine de chasseurs de son escorte se tenaient à quelques mètres en arrière. Se retournant, il demanda un officier de son escorte bien monté : « Bellegarde, Bellegarde », répéta-t-on, et le lieutenant de Bellegarde, désigné par ses camarades, s'avança sur sa jument truitée. Alors le maréchal, ayant fait approcher tout son monde, exposa la situation et ses projets avec son emphase ordinaire.

« Je demande des munitions parce que nous n'en avons pas assez. Je demande aussi de l'infanterie et de l'artillerie de 12, parce que les Allemands vont chercher à nous tourner avec des forces supérieures », et prenant le calepin du général Henry, à pied à côté de lui, il écrivit quelques mots au crayon de sa grosse écriture sur plusieurs feuillets qu'il arracha ; les ayant pliés, il les remit au lieutenant de Bellegarde qui les plaça dans sa giberne : « Avez-vous une carte ? » dit-il à cet officier. — « Non, monsieur le maréchal. — Eh ! bien, lisez sur la mienne », et le lieutenant étant descendu de cheval, le maréchal lui montra l'endroit où il était, lui fit voir ensuite Plappeville et le chemin le plus direct pour y aller.

C'est ainsi que les généraux Chamoin et de Bellegarde ont reproduit ces détails sur leur calepin ou dans leurs notes.

Le lieutenant de Bellegarde atteignit rapidement Plappeville, où le maréchal Bazaine le chargea d'annoncer au maréchal Canrobert qu'il donnait l'ordre de lui envoyer immédiatement en renfort une division de la Garde et une batterie de 12.

De retour vers 1 heure et demie, le lieutenant de Bellegarde vit le maréchal Canrobert seul en avant des dernières maisons du village : il était à pied, près d'une haie, regardant avec une jumelle du côté d'Habonville; à 80 mètres plus loin se tenait le groupe de son état-major. Laissant son cheval à un chasseur, il va à pied au maréchal et lui rend compte de sa mission : pendant qu'il parle, un obus s'enfonce dans le sol à peu de distance, éclate et envoie en l'air des mottes de terre dont l'une vient taper en plein dans le dos du lieutenant de Bellegarde, le projette en avant et l'envoie butter sur le maréchal; se secouant, il demande pardon : « C'est involontaire », dit-il, et il reprend le fil de sa narration. Le maréchal, redressant la tête, le fixe alors d'une façon intense comme pour lire dans ses yeux ses pensées les plus intimes. Le rapport fini, le maréchal remercie l'officier et l'invite à aller rejoindre ses camarades à Jérusalem où il le retrouvera s'il a encore besoin de lui.

Quelques instants après, le maréchal parlant au commandant Lonclas lui disait : « Ce lieutenant de Bellegarde, c'est un vaillant. »

Le feu se rapprochant, le maréchal remonta à

cheval et s'avança sur la crête du côté d'Amanvillers pour déterminer les progrès de l'ennemi. « A peine y étions-nous, a écrit le commandant Lonclas, que les coups de canon ennemis furent destinés au groupe de l'état-major du maréchal et nos chevaux furent tellement impressionnés par la masse subite des obus qui arrivèrent autour de nous que je dus abandonner le mien. »

Le maréchal Canrobert prit à ce moment la résolution de retarder le plus longtemps possible le mouvement tournant des Allemands pour donner le temps d'arriver aux renforts que le maréchal Bazaine venait de lui promettre par l'entremise du lieutenant de Bellegarde. Voulant avoir deux points d'arrêt, un à Sainte-Marie-aux-Chênes et un autre à Roncourt, il envoya le capitaine Grosjean porter ses instructions au général Lafont de Villiers.

La division Le Vassor-Sorval formait, à droite de la division de Cissey, une ligne face au sud-ouest. La brigade Colin (de la division Lafont de Villiers, 93e et 94e) devrait prolonger cette ligne et le 94e occuper Sainte-Marie-aux-Chênes. La 2e brigade (général Becquet de Sonnay) détacherait un bataillon à Roncourt mis depuis le matin en état de défense, et dans ce village, comme à Sainte-Marie-aux-Chênes, les troupes auraient à arrêter la marche des Allemands tant que cela leur serait possible.

Le surplus de la brigade Becquet de Sonnay appuierait le 94e.

Il est regrettable que le maréchal n'ait pas poussé cette brigade jusqu'à Auboué et ne l'ait pas chargée de disputer les boqueteaux et les terrains qui s'étendent de l'Orne à Roncourt, le village de Montois en particulier. Le général Lafont de Villiers aurait dû le faire de lui-même, au moins en référer au maréchal. Mais on sait que l'on ne pouvait rien lui demander d'autre que d'être un intermédiaire entre son chef et ses subordonnés.

Le maréchal chargea aussi le commandant Lonclas d'aller chercher les deux batteries à cheval du général du Barail (capitaines Jaubert et Bédarrides) et de les amener en avant de Jérusalem et de Saint-Privat.

Il était rentré dans l'enclos de la dernière maison de Saint-Privat contre la grande route et avait mis pied à terre, quand on lui remit la lettre que le maréchal Bazaine avait dictée, à 10 heures du matin, à la réception du billet du maréchal Le Bœuf annonçant une bataille probable.

« Je n'étais pas auprès du maréchal Canrobert quand il a reçu cette lettre, a écrit le commandant Lonclas : elle est parvenue lorsque la bataille était engagée depuis longtemps, mais j'ai su par le général Henry que le bulletin émanant du maréchal Le Bœuf ne s'y trouvait pas joint, quoiqu'elle l'annonçât. »

Le général Henry prit soin de dresser immédiatement une sorte de constat d'absence; aussi, plus tard, le maréchal Bazaine ayant soutenu que sa lettre et le billet du maréchal Le Bœuf annonçant une attaque prochaine de l'ennemi avaient été en possession du maréchal Canrobert vers 11 heures du matin, c'est-à-dire une heure avant la bataille, on put démontrer son erreur.

Voici cette lettre :

« Plappeville, 18 août.

« Le maréchal Le Bœuf m'informe que des forces ennemies, qui paraissent considérables, semblent marcher vers lui ; mais à l'instant où je vous écris, il m'envoie l'extrait ci-joint du rapport de ses reconnaissances — c'était cet extrait que le colonel Napoléon Boyer avait envoyé au général Bourbaki. — Quoi qu'il en soit, installez-vous le plus solidement possible. Reliez-vous bien avec la droite du 4ᵉ corps. Que vos troupes soient campées sur deux lignes et sur un front le plus restreint possible. Vous ferez également bien de faire reconnaître les routes qui, de Marange, viennent déboucher sur notre extrême droite et je prescris à M. le général de Ladmirault d'en faire autant par rapport au village de Norroy-le-Veneur. Si, par hasard, l'ennemi se prolongeant sur votre front semblait vouloir attaquer sérieusement Saint-Privat, prenez toutes les dispositions de défense nécessaires pour y tenir et permettre à toute l'aile droite de l'armée de faire un changement de front pour occuper les positions en arrière, si c'était nécessaire ; positions qu'on est en train de reconnaître (le colonel Lewal et tous les sous-chefs d'état-major des corps font cette reconnaissance).

« Je ne voudrais pas y être forcé par l'ennemi, et, si ce mouvement s'exécute, ce ne sera que pour rendre les ravitaillements plus faciles, donner une plus grande quantité d'eau aux animaux et permettre aux hommes de se laver.

« Votre nouvelle position doit vous rendre vos ravitaillements plus faciles par la route de Woippy. Profitez du moment de calme pour demander ou faire venir ce qui vous est nécessaire.

« J'apprends que la viande a été refusée hier soir parce qu'elle était trop avancée. Nous ne sommes pas aux économies et l'intendance aurait bien pu faire abattre pour donner de la viande fraiche.

« Je vous envoie la brigade Bruchard, qui sera provisoirement détachée du 3ᵉ corps jusqu'à ce que la division de cavalerie qui vous est destinée soit reconstituée. Je pense que votre commandant d'artillerie a reçu les munitions nécessaires pour compléter vos parcs.

« Agréez,

« *Le maréchal commandant en chef,*

« Bazaine. »

« P.-S. — J'ai reçu des dépêches télégraphiques de l'Empereur, qui est au camp de Châlons. »

Malgré toutes nos recherches nous n'avons pu retrouver le porteur de cette lettre. Nous aurions voulu savoir comment, datée de 10 heures du matin, et malgré son urgence, elle ne fut remise que trois heures après. Destinée à prévenir le maréchal Canrobert d'une attaque probable, elle arrivait trop tard.

Le passage où le général en chef indiquait la conduite à tenir au cas où l'action prévue s'engagerait était donc seul à retenir.

Le maréchal Canrobert, après avoir entendu la lecture de cette lettre, la relut lui-même avec la plus grande attention.

Pourquoi le maréchal Bazaine acceptait-il la bataille

s'il était déjà décidé, même en cas de victoire, à abandonner ses positions, comme s'il eût été vaincu? Des milliers de vies humaines seraient sacrifiées inutilement. Il savait que le 6ᵉ corps était exposé à supporter l'effort principal de l'ennemi et quoiqu'il fût privé de ses états-majors, de la moitié de son artillerie, de son génie et de ses services administratifs, quoique depuis l'avant-veille il fût sans vivres et dans une quasi pénurie de munitions, le général en chef ne parlait pas de le faire soutenir par ses réserves et l'invitait uniquement à se retirer « si l'ennemi semblait l'attaquer sérieusement ».

Des historiens ont supposé que, par esprit de jalousie, le maréchal Bazaine avait eu, ce jour-là, l'arrière-pensée de faire écraser un collègue plus ancien, plus aimé et plus estimé que lui. Une telle idée, je dois le déclarer, n'a jamais traversé le cerveau du maréchal Canrobert, ou du moins jamais un mot sorti de sa bouche n'a permis de le supposer. Personnellement, je ne crois pas à une telle combinaison de basse jalousie de la part du maréchal Bazaine.

Depuis le 16 août, 11 heures du soir, son esprit, flottant jusqu'alors, se fixait et peu à peu s'arrêtait au plan déjà indiqué la veille au colonel Lewal et au capitaine Jung et il le dévoilait en partie au maréchal Canrobert dans sa lettre : rupture des communications avec le reste du pays, blocus de l'armée dans Metz; alors il demeurerait tranquille, sans avoir à donner ou à recevoir des ordres, ni fournir des explications sur ses projets.

Il eût souhaité ramener l'armée en arrière sans y être contraint par l'ennemi. Tenir sur ses positions sans les abandonner tant qu'on se battrait : là se bornaient ses désirs. Mais, le combat fini, il se replierait, en déclarant ne battre en retraite que parce que tel était son plan.

Arguties qu'il développa lors de son procès.

Dans ce moment le maréchal Canrobert cherchait à percer le fond de sa pensée.

La marche sur Verdun n'était pas décommandée; elle était suspendue, mais seulement pour se ravitailler, et cependant le maréchal Bazaine laissait pressentir le projet tout contraire de s'immobiliser autour de Metz.

Le post-scriptum : « J'ai reçu des dépêches de l'empereur, qui est au camp de Châlons », attira encore l'attention du maréchal Canrobert. Le plan de jonction de l'armée de Metz avec celle de Châlons serait-il modifié d'accord avec le souverain? Alors, comment le maréchal Bazaine ne l'en avertissait-il pas?

Le porteur était là, attendant un accusé de réception; il fallait le lui donner.

La lettre étant écrite sur une double feuille de papier, le maréchal en détacha la seconde restée blanche, et y écrivit ces mots : « Je tiendrai tant que je pourrai et tant que j'aurai des munitions, mais elles s'épuisent »; et il pria l'officier de rapporter cette réponse le plus vite possible au maréchal Bazaine en lui faisant observer que le billet du maréchal Le Bœuf indiqué comme inclus dans la lettre n'y était pas.

Cinq minutes après, le colonel Borson venait rendre compte au maréchal Canrobert de la reconnaissance conduite par le colonel Lewal pour étudier les terrains destinés à être occupés par l'armée le lendemain matin, ou le soir même si elle y était obligée par l'ennemi.

« Vers 10 heures et demie, exposa-t-il, nous étions, tous les sous-chefs d'état-major ou ceux qui en faisaient fonction, devant l'école de Châtel-Saint-Germain. Le colonel Lewal nous a fait former en cercle : il nous a annoncé que l'armée se retirerait demain matin contre les forts, sur des emplacements que nous allions examiner avec lui et il nous les a montrés sur la carte. Nous l'avons ensuite suivi dans sa tournée, et, quand nous fûmes en arrière d'Amanvillers, nous avons entendu le canon. Tout d'abord, nous avons cru à une escarmouche, mais les détonations devinrent si violentes que nous avons demandé à rejoindre nos corps; le colonel Lewal a consenti; nous sommes partis et il a continué avec quatre officiers de l'état-major général l'étude du terrain.

« L'emplacement désigné pour le 6ᵉ corps est Woippy, au nord de Metz dans la vallée de la Moselle, la droite appuyée à cette rivière, la gauche au Sansonnet. »

Cette communication du colonel Borson augmentait les perplexités du maréchal Canrobert, en lui montrant l'internement sous Metz décidé par avance.

Le maréchal Canrobert, il nous l'a dit lui-même vingt cinq ans après, ne s'attarda pas à chercher à démêler les idées du général en chef; la bataille était engagée; l'honneur lui prescrivait de résister le plus longtemps possible; les secours promis par le maréchal Bazaine et annoncés par le lieutenant de Bellegarde arriveraient, alors il prendrait l'offensive et si l'ennemi, en le tournant, lui prêtait le flanc, il lui infligerait peut-être une défaite.

Il fallait d'abord gagner la bataille, ensuite on serait libre d'agir.

Dès cet instant, il se considéra comme Wellington à Waterloo, et résolut de tenir quand même, pour donner le temps d'arriver au général Bourbaki, qui, dans son esprit, allait avoir à jouer le rôle de Blücher.

Laissant ses réflexions, le maréchal ne pensa plus qu'au combat. Les deux batteries de la division du Barail venaient d'atteindre Saint-Privat; il plaça celle du capitaine Bédarrides en avant et à droite du village et celle du capitaine Jaubert à cheval sur la grande route tout près de lui.

Il était près de 2 heures lorsque le capitaine de Chalus vint lui annoncer, de la part du lieutenant-colonel Jamet, que l'on allait manquer de gargousses.

Avisé à 9 heures du matin de sa nomination de commandant de l'artillerie du 6e corps, le lieutenant-colonel Jamet, eût-il été un chef hors ligne, se trouvait dans l'impossibilité d'exercer ses fonctions, n'ayant ni le personnel ni les moyens matériels nécessaires.

Au retour du lieutenant de Bellegarde, le maréchal Canrobert l'avait fait prévenir, ainsi que le lieutenant-colonel de Montluisant, d'avoir à envoyer les caissons vides à Plappeville pour les faire remplir et deux convois venaient de partir sous les ordres du lieutenant Clément du 14e et du capitaine Lacofrète du 8e d'artillerie.

On ne savait quand ces caissons seraient de retour et il était urgent d'avoir des munitions.

« Vous êtes bien monté, n'est-ce pas? » demanda le maréchal Canrobert au capitaine de Chalus en fixant

« Queue de rat », son grand cheval irlandais réputé un des meilleurs de l'armée. « Eh bien! allez dire au maréchal Bazaine que nous manquons de munitions, que je le prie de nous en envoyer d'urgence et ramenez-les vous-même, sans attendre les caissons déjà partis » ; puis, montrant au capitaine la poussière soulevée par les colonnes prussiennes du côté de Batilly, il ajouta : « Dites au maréchal Bazaine ce que vous voyez et demandez-lui de presser l'envoi des renforts qu'il m'a promis », et, lui ayant montré sa route sur la carte, le maréchal l'invita à se presser.

Sur l'ordre transmis par le capitaine Grosjean d'occuper Sainte-Marie-aux-Chênes, le général Colin et le colonel de Geslin avaient déployé le 94ᵉ en demi-cercle autour de ce village.

Par suite d'un ordre bizarre apporté par le capitaine Gœdorp de la part du général Lafont de Villiers, le 94ᵉ n'occupa pas les crêtes autour de Sainte-Marie-aux-Chênes et resta dans un fond de cuvette. A sa gauche se trouvait le 93ᵉ : le général Colin le fit avancer et les sections des lieutenants Moynet et du Couédic vinrent jusqu'aux premières maisons du village au sud de la route.

Ainsi la ligne du 6ᵉ corps allait des mares près du chemin de fer de Verdun jusqu'au delà de Sainte-Marie-aux-Chênes, présentant un front d'environ deux kilomètres orienté vers le sud-ouest. Le général Lafont de Villiers, pour satisfaire aux instructions du maréchal Canrobert, aurait dû appuyer avec le surplus de sa division le mouvement de la brigade Colin (93ᵉ et 94ᵉ). Cependant sa première brigade ne bougea pas, et son artillerie, quoiqu'elle fût beaucoup trop loin, resta sur les hauteurs de Roncourt d'où elle ne pouvait atteindre l'ennemi.

Sainte-Marie-aux-Chênes fut bientôt bombardé par 80 pièces, et dix-sept bataillons allemands y encerclèrent le 94º. Le curé, monté au haut de son clocher, vit le danger, descendit précipitamment et courut prévenir le colonel de Geslin, qui ordonna la retraite : le général Colin, blessé, venait d'être transporté à l'église de Saint-Privat.

Le 94º se retira par un couloir qui remonte vers Roncourt, où il arriva sans avoir subi de grandes pertes.

La défense de Sainte-Marie-aux-Chênes par le 94º avait contraint les Prussiens à déployer une division et demie avec une masse d'artillerie considérable et avait arrêté leur mouvement pendant plus d'une heure et demie. Avec la demi-heure qu'allait exiger le ralliement des unités engagées dans cette action, c'était deux heures données à la Garde impériale pour arriver.

Le maréchal renvoya le capitaine Grosjean au général Becquet de Sonnay pour lui faire pousser immédiatement les 75º et 91º sur Sainte-Marie-aux-Chênes, où les troupes prussiennes étaient occupées à se remettre en ordre; leur contre-attaque protégerait la retraite du 94º et elle serait protégée elle-même par une brigade de la division Tixier qui allait s'avancer et occuper le glacis et les avancées de Saint-Privat.

Le général Tixier désigna pour cette opération les 10º et 12º de ligne dont il donna le commandement au général Le Roy de Dais, un petit homme d'une bravoure à toute épreuve.

Le mouvement s'opère par bataillons en masse. Le

maréchal Canrobert va au-devant de ces deux régiments et les voyant en formation compacte, crie : « Pas comme ça, disloquez-vous et mettez-vous à l'abri du canon. » Les ordres de rompre sont donnés, mais mal compris ou mal entendus ; il en résulte une confusion d'un quart d'heure, après lequel le 10ᵉ de ligne contourne Saint-Privat par le nord, tandis que le 12ᵉ le traverse par sa grande rue encombrée. De là des à-coups et des retards : à un croisement de voies, une batterie revenant du combat coupe le troisième bataillon. Le général Henry apparaît et voyant le commandant de Brunier de ce bataillon, lui crie : « Venez avec moi. » Le commandant fait observer qu'il doit suivre son colonel. Le général Henry maintient son ordre et emmène le bataillon par une ruelle où nombre de soldats se défilent pour avoir du pain ou du vin ; comme le commandant s'arrête pour les retenir, le général Henry, se retournant, lui crie : « Marchez donc... Avez-vous peur ? »

Étant enfin sorti du village du côté de l'église, le commandant de Brunier ordonna de se placer en avant des jardins et des vergers, face à l'est. De cet endroit on distinguait dans l'enclos près de la grande route le maréchal Canrobert et son état-major. On voyait surtout le maréchal à cause de son fameux mouchoir blanc sous son képi.

Le mouvement en avant du 75ᵉ et du 91ᵉ s'exécuta avec entrain : officiers et soldats étaient contents de marcher en avant ; leur feu détermina même certain trouble chez l'ennemi, mais leur effort fut isolé et il eût fallu un mouvement d'ensemble de tout le corps d'armée sur Sainte-Marie-aux-Chênes.

Notre artillerie en ce moment avait presque complètement cessé le feu et son silence impressionnait les troupes. Au commencement de la bataille le 6ᵉ corps avait 74 pièces réparties en treize batteries dont deux de 12; ces batteries, privées de parc, avaient en moyenne usé la moitié du contenu de leurs caissons l'avant-veille à Rezonville et n'avaient point été réapprovisionnées.

Depuis la veille le maréchal Canrobert avait écrit deux lettres et envoyé plusieurs officiers pour presser le ravitaillement de son corps d'armée. La bataille engagée, trois officiers avaient encore reçu de lui la même mission. Cependant rien n'était venu.

« Nous étions à cheval autour du maréchal Canrobert, à côté et au nord de la grande route, a écrit le colonel Borson, quand le capitaine Dupuy se présenta au nom du colonel de Montluisant et lui annonça que ses batteries avaient à peu près vidé leurs coffres Sans rien laisser voir sur sa figure, et avec ce calme dont il ne se départissait pas, il répondit au capitaine Dupuy : « Il « faut ralentir le feu et ne tirer un coup qu'à cinq « minutes d'intervalle. » Il est difficile d'exprimer le sentiment qui nous étreignit alors. C'était notre infériorité révélée, constatée... »

Le maréchal, après le départ du capitaine Dupuy, fit donner l'ordre au colonel Jamet de réunir tous les caissons vides; le lieutenant Bellegarde qui connaissait la route les conduirait à Plappeville.

Depuis le commencement de l'action, tout troublé du commandement qu'il avait reçu, le lieutenant-colonel Jamet s'agitait dans le vide, parlait à tort et à travers sans garder aucun sang-froid et semait le découragement en criant à tue-tête qu'il n'y avait plus une seule gargousse.

Quand il reçut l'avis du maréchal Canrobert de faire partir les caissons vides pour Plappeville, il venait de recevoir un éclat de pierre au-dessus de l'œil et il s'était mis un mouchoir en guise de bandeau autour du front.

Il courut, l'air égaré et fort excité, à Jérusalem où était l'escorte du maréchal et demanda « l'officier qui avait déjà été à Plappeville ». Le lieutenant de Bellegarde s'étant présenté : « Je vous requiers d'y conduire mes caissons vides pour les faire réapprovisionner. — Mais, mon colonel, vous n'avez pas besoin de me requérir, il suffit que vous me le demandiez et j'y vais. — Eh bien, je vais faire réunir ici les caissons et vous les conduirez. Les gradés d'artillerie qui les accompagneront reprendront la direction du convoi pour le retour quand vous leur aurez montré la route. »

Au même instant, le capitaine Grosjean venant à passer, le lieutenant de Bellegarde l'arrêta et lui demanda s'il avait quelque avis à transmettre au quartier général. « Dites bien que si nous avons des munitions et si la Garde vient à temps, nous pensons pouvoir tenir. » Les caissons se firent longtemps attendre ; les officiers de l'escorte durent même courir à droite et à gauche pour aller en chercher ; il n'en vint que sept ou huit avec un adjudant ; il était 5 heures ; croyant ne pas devoir patienter davantage, le lieutenant de Bellegarde se mit en route.

Pour la plupart des chefs de notre artillerie en 1870 le devoir primordial était de ne pas laisser prendre leurs pièces par l'ennemi. Beaucoup d'entre eux ne se rendaient pas compte qu'il fallait faire produire à leurs batteries le maximum d'effet utile. Ils ne savaient pas se lancer en avant, combiner leur feu avec celui de l'infanterie, se lier à elle, coopérer à ses mouvements, la soutenir moralement et effectivement en toutes circonstances; ils ne savaient pas non plus réunir un grand nombre de batteries pour agir sur un seul point. Abusant de la mobilité et de l'habileté manœuvrière de leur personnel, ils faisaient continuellement changer de place leurs pièces, croyant rendre par là le tir de l'ennemi inefficace et l'obliger sans cesse à de nouveaux réglages. Chaque capitaine agissait la plupart du temps pour son compte, tirait sur l'objectif qu'il jugeait le meilleur, sans entente avec les commandants des batteries voisines. Certes, nos pièces étaient inférieures à celles de l'ennemi, mais nous aurions pu en tirer un bien meilleur parti.

Dans cette journée du 18 août les deux chefs de l'artillerie du 6ᵉ corps, préoccupés surtout de ne pas exposer leur matériel, leur personnel et leurs chevaux, les retirèrent presque immédiatement du feu en abandonnant l'infanterie. Ils ne produisirent qu'une faible partie des résultats qu'ils auraient obtenus, malgré la pénurie de munitions et la défectuosité du matériel, s'ils avaient agi plus rationnellement.

Les deux batteries à cheval poussées en avant par le maréchal Canrobert vers midi avaient pris en rouage les batteries hessoises de Verneville et avaient contribué à les désemparer, mais leurs munitions se trouvant presque épuisées, le commandant Kesner ordonna la retraite.

Cette retraite fut regrettable.

Nos pièces intercalées dans les lignes de tirailleurs, quelque lent que fût leur tir, donnaient du cœur à l'infanterie; et tout dernièrement l'un des officiers de ces batteries, le colonel Pesret, écrivait : « Notre tir n'a pas été très efficace, mais notre présence fut très utile. Nous étions seuls d'artillerie sur cette ligne avancée. L'infanterie couchée derrière nous n'approuva pas notre départ quand nous reçûmes l'ordre de nous retirer.

« Plus tard, je me disais : quel malheur de ne pas être restés! Notre présence, je le répète, à gauche de Sainte-Marie-aux-Chênes, même sans tirer, était de la plus grande utilité. »

L'une de ces batteries, celle du capitaine Charpeaux, avait perdu 21 hommes et 28 chevaux : sa retraite fut difficile.

« Sauf deux caissons qui avaient sauté, a écrit le capitaine Charpeaux, je pus ramener mes pièces et mes voitures, quelques-unes traînées par un seul cheval et en arrivant à Saint-Privat mes conducteurs commençant à perdre la tête, il me fallut les menacer de mon revolver pour les forcer à rester au pas.

« Le colonel Jamet à cheval, un bandeau sur l'œil, en voyant rentrer notre batterie, nous cria : « Je vais « vous ramener. » Étant donné le calme relatif de l'endroit où il était, je m'étonnais qu'il nous parlât de nous ramener au feu, à nous qui y étions depuis plusieurs heures, sans que nous eussions mis un peu d'ordre dans nos attelages.

« On me demande à droite et à gauche; je ne peux cependant pas aller dans les chaumes avec un canon trainé par un seul cheval; je commence par reconstituer ma batterie, mais le capitaine Avon, envoyé par le général Bisson qui est du côté de Roncourt, est pressant, et l'ordre m'étant donné d'un autre côté de la part du maréchal Canrobert de me mettre à sa disposition, j'accède à son désir. »

Le lieutenant-colonel de Montluisant ayant aussi ordonné vers 2 heures la retraite de ses batteries, il ne resta plus à tirer au sud de Saint-Privat que celles des capitaines Flottes et Jaubert en action sous les yeux du maréchal Canrobert.

Le lieutenant-colonel de Montluisant était un technicien savant et habile doublé d'un administrateur de grande valeur : il avait dirigé depuis longtemps et avec distinction, les ateliers de précision de Saint-Thomas-d'Aquin mais n'avait pas encore commandé de troupes. Il considérait que l'artillerie doit toujours se tenir hors de la portée du fusil, mais en ce moment, la pénurie de munitions primait toutes ses autres préoccupations et il voulait garder ses derniers coups pour une circonstance décisive s'il s'en présentait. Il jugea que le mieux était de retirer ses pièces et de les concentrer en arrière de Marengo, sur la hauteur, où il les disposa en plusieurs étages.

Il ne savait pas combien l'action combinée de l'artillerie et de l'infanterie est nécessaire et quel appui moral la présence des canons donne aux combattants : il ne se rendait pas compte non plus de l'action déprimante que la retraite de l'artillerie et la cessation de ses détonations produit sur l'esprit de ceux qui restent dans la zone dangereuse.

A peine le maréchal eut-il vu le mouvement de recul

de ses batteries qu'il envoya le capitaine de Randal prescrire au lieutenant-colonel de Montluisant de maintenir en position au moins six pièces de 12 pour montrer à l'infanterie que l'artillerie ne l'abandonnait pas.

Le lieutenant-colonel de Montluisant désigna les sections des lieutenants Valuy, Thorel et de Bréban. Elles étaient déjà en retraite quand les trois lieutenants crièrent : « Halte !... Contremarche. » Comme s'ils n'avaient rien entendu, les conducteurs ne s'arrêtèrent pas : les officiers recommencèrent les commandements, allèrent aux chevaux de tête, les firent retourner et, se lançant au galop dans la direction de l'ennemi, décidèrent les canonniers à les suivre et à se séparer de leurs camarades.

Les munitions annoncées et promises par le maréchal Bazaine n'arrivant pas, le maréchal Canrobert envoya le lieutenant Bardenet de la batterie Jaubert en demander au général Laffaille du 4ᵉ corps qu'il supposait amplement pourvu par son parc. Le lieutenant Bardenet tardant à revenir, il chargea son aide de camp, le commandant Lonclas, d'aller exposer sa situation au général de Ladmirault et le prier de lui envoyer ce dont il pourrait disposer de charges d'artillerie.

Le général de Ladmirault était un excellent camarade : à la demande du maréchal il n'hésita pas et ordonna au général Laffaille de faire donner 4 caissons — 444 coups. — Le général Laffaille fit des observations : « Plusieurs de ses batteries ne tiraient plus que toutes les cinq minutes, il ne savait pas où était son parc, il avait 12 caissons amenés de Metz par le commandant Voisin ; c'était toutes ses ressources ; d'ici peu il manquerait complètement de charges et se refusait d'en céder. Le général de Ladmirault maintint son ordre et le capitaine Héricart de Thury, aide de camp du général Laffaille, galopa avec le commandant Lonclas jusqu'au convoi du commandant Voisin. Celui-ci hésitant à délivrer ce qu'on lui demandait, le capitaine Héricart de Thury lui dit : « C'est un ordre formel : peut-être que de ces quatre caissons dépend le sort de la bataille. »

Jusqu'à son dernier jour, le maréchal Canrobert aimait à rappeler le service immense que lui avait rendu le général de Ladmirault dans cette circonstance critique, d'autant plus méritoire qu'il avait dû passer outre aux justes objections du général Laffaille.

Les batteries de la division de Cissey s'étaient aussi repliées. Elles étaient commandées par deux officiers énergiques : le lieutenant-colonel de Narp et le chef d'escadron Putz. Ce n'était pas de leur faute si les capitaines avaient été se reconstituer en arrière. Tous deux, contrairement aux errements de l'époque, plaçaient leur artillerie en première ligne et l'y maintenaient. La première de leurs batteries qui se retira avait perdu son capitaine et deux chefs de section ; des roues, des timons et des affûts étaient brisés. Le commandant Putz alla à elle, pressa sa remise en état, la surveilla et quand les pièces furent en état de revenir au feu, il les reconduisit où elles étaient précédemment.

Le lieutenant de Saint-Laurent nous a conté les péripéties des mitrailleuses de cette division :

« Nous dirigions notre tir sur Sainte-Marie-aux-Chênes, dit-il, notre gauche appuyée aux *Mares*, à un kilomètre au sud de Saint-Privat : six ou huit batteries nous répondent et, sans la fumée, elles auraient vite fait de nous démolir. Tout réglage de tir est impossible ; mais par moments nous voyons des colonnes d'infanterie et nous tirons sur elles à volonté à 1 200 mètres.

« Nous tirons comme des enragés, nous perdons des hommes et des chevaux, mais pas une pièce n'est atteinte. Nous sommes forcés de nous retirer pour la deuxième fois de l'autre côté de la route de Saint-Privat à Amanvillers. Il faut achever des chevaux blessés qui nous suivent et nous encombrent. Nous sommes dans le camp du 57e, il y a une voiture de cantinière et nos hommes voudraient bien la piller : un obus tombe dans une ambulance.

« Des caissons de la réserve de notre batterie nous complètent en partie. Nous avions tiré 200 coups par pièce. Nos mitrailleuses ont fonctionné à merveille, aucune n'a été arrêtée. Le commandant Putz arrive au galop, nous fait honte de notre inaction et nous ramène en avant une troisième fois. »

Le mouvement tournant des Allemands prévu au commencement de la bataille par le maréchal Canrobert se dessine maintenant.

Devant Saint-Ail et Sainte-Marie-aux-Chênes, l'ennemi forme en première ligne une longue chaîne de tirailleurs ; on distingue derrière elle de petits carrés noirs, et plus en arrière encore, d'autres carrés de plus d'importance : ce sont des compagnies et des bataillons de soutien, préparés pour intervenir au moment opportun, fournir l'effort décisif et enlever d'assaut Saint-Privat.

Encore plus loin et au nord, dans les éclaircies des bois d'Auboué et le long de l'Orne, de longs serpents noirs ondulent et des flots de poussière les cachent par endroits, mais permettent de suivre les mouvements de leur ruban déroulé. Ils dépassent Auboué et atteignent presque Montois.

Le général de Cissey se tient sur la ligne de faîte qui court d'Amanvillers à Roncourt; de là il voit les Allemands et charge le capitaine Garcin de prévenir le maréchal Canrobert de leur marche.

« Lorsque j'abordai le maréchal, a écrit le capitaine Garcin, il était à cheval, près de Saint-Privat, tout son monde à quelque distance. L'ayant salué, je lui dis : « Le général de Cissey m'envoie vous prévenir que des « masses ennemies considérables passent à Saint-Ail et « remontent vers le nord. » Le maréchal restait absorbé sans rien répondre, comme s'il n'eût pas entendu. Assez ému, je repris : « Monsieur le maréchal, je crois « n'avoir pas été assez persuasif, mais je suis chargé « d'une mission de la plus haute importance et je me « permets de vous la redire. » — Redressant la tête et me fixant : « Vous êtes Breton? » me dit le maréchal. — « Non, je suis Lorrain », répondis-je. — « Eh bien, avez-vous vu sur votre chemin un point « d'où l'on découvre nettement les Allemands? Dans ce « cas, veuillez m'y conduire. » — Et l'ayant amené à 100 mètres à peine de l'endroit où il était, je lui montrai les colonnes qui s'allongeaient dans le lointain.

« Ayant regardé à la lorgnette, il me remercia et ajouta : « C'est bien; allez dire à Cissey de tenir le plus « longtemps possible, moi, je ferai de même et je vais « renforcer Saint-Privat. »

Le silence du canon amenait l'inquiétude dans les cœurs, et le général de Cissey, craignant que ses troupes n'en fussent impressionnées, envoya au maréchal Canrobert son aide de camp, le capitaine Albert de La Boulaye, et le lieutenant Frater de son état-major pour lui demander des batteries, les siennes étant en ce moment dans l'impossibilité de tirer.

« Je trouvai le maréchal près de Saint-Privat, — a écrit le lieutenant Frater ; — il me répondit que depuis longtemps il ne disposait plus d'aucune batterie et qu'il était lui-même au bout de ses munitions. Je m'attendais du reste à cette réponse, et quand je la rapportai au général de Cissey, elle ne parut pas le surprendre; il envoya alors le capitaine Gaston de La Boulaye pour ramener ses batteries, qui se reconstituaient en arrière. Elles revinrent au feu vers 5 heures. »

Le capitaine Albert de La Boulaye fut moins heureux que le lieutenant Frater. « Il m'est impossible — a-t-il écrit dans ses notes — de trouver le maréchal Canrobert, et comme le temps presse, je prends sur moi d'emmener deux batteries inactives du groupe du colonel de Montluisant, et de les conduire sur notre position d'où elles peuvent battre l'artillerie ennemie; mais en un instant elles sont démontées et forcées de se retirer. »

Du reste, manquant de munitions, elles n'auraient pu tirer que quelques coups.

Le maréchal Canrobert était revenu à son observatoire dans le verger de Saint-Privat bordant la grande route, quand le général du Barail, suivi du commandant de Lantivy, des capitaines de Saint-Sauveur et Chalanqui et du lieutenant Brossier de Buros, vint lui parler.

Ayant vu le 94ᵉ évacuer Sainte-Marie-aux-Chênes et

venir se rallier derrière la cavalerie, il voulait s'informer auprès du maréchal Canrobert de la tournure que prenait la bataille.

Montrant le glacis de Saint-Privat couvert de fumée et les obus tombant tout à l'entour, le maréchal lui dit : « Ils nous tapent dessus en ce moment, mais ça va changer : quand la Garde arrivera, nous les culbuterons... » A ce moment, un obus éclate dans l'enclos où ils se trouvaient, et le maréchal, en indiquant le nuage de poudre et de fumée, continue : « Qu'importe la peau d'un homme quand il s'agit de gagner la bataille ». — « Surtout quand c'est la peau du voisin », répondit le général du Barail en souriant.

Le commandant de Lantivy, le chef d'état-major du général du Barail, se tenait à côté de lui. Le maréchal Canrobert l'avait eu pendant plusieurs années dans son état-major et le savait toujours bien monté : « Vous avez un bon cheval, Lantivy? lui dit-il. — Oui, monsieur le maréchal. — Eh bien, vous allez vous rendre auprès du maréchal Bazaine lui porter un mot. » Sur ce, prenant le carnet du général Henry, le maréchal écrit sur un feuillet :

« L'attaque a cessé sur le front du 4e corps pour se porter plus intense sur la droite du 6e : un feu d'artillerie considérable a presque éteint le nôtre. Les munitions me manquent. » Il arrache la page où il vient de griffonner ces mots, les fait recopier par le commandant Lonclas sur son calepin et, cette précaution prise, il remet le billet au commandant Lantivy qui part au grand trot pour Plappeville et de là, gagne Saint-Quentin, où la présence du maréchal Bazaine lui est signalée.

EFFETS DES OBUS ALLEMANDS

Pour préparer l'attaque convergente de leur infanterie, les Allemands dirigeaient le feu de 150 pièces sur Saint-Privat et ses abords. L'explosion des obus, surtout quand elle avait lieu dans les rangs de nos soldats couchés par terre en ligne, frappait les esprits. Quelquefois un malheureux était projeté en l'air à deux ou trois mètres, et ses lambeaux retombaient sanglants avec des cailloux et des mottes de terre sur ses camarades.

« Au 25e de ligne, a écrit le chef de bataillon Philebert, qui le commandait, nos hommes étaient à plat ventre sans tirer... Parmi les tambours se trouvait un nègre nommé Joseph, couché derrière son bataillon avec les autres tambours; un obus vint éclater sur lui, lui coupant les cuisses au ras du tronc et mettant le feu à ses vêtements. Le malheureux se mit à pousser des cris épouvantables et d'une telle force qu'on les entendait au loin. Les hommes du bataillon, terrifiés, se retournaient, et je commençais à craindre que ces hurlements ne déterminassent une panique. Je m'approchai, me demandant si mon devoir ne m'obligeait pas à faire achever le blessé pour faire cesser ses cris et le spectacle par trop cruel qu'il présentait. Il perdait tout son sang par son torse coupé en deux et mourut presque à l'instant... De quelque acier qu'on soit bâti, disait plus tard le général Philebert, il faut longtemps aux nerfs, après de pareilles scènes, pour se remettre... Que Dieu, ajoutait-il, ne vous impose jamais une tâche au-dessus de vos forces. »

Le général Philebert était un chef de premier ordre, d'une intelligence ouverte, d'un caractère et d'un cœur élevés, connaissant la guerre, qu'il faisait sans discontinuer depuis quinze ans, et d'un sang-froid qui lui laissait, dans les crises les plus graves, sa justesse de vue ; en un mot, c'était l'un des officiers les plus remarquables de l'armée du Rhin. Or, si un tel homme se sentait ému, quel devait être l'état moral des autres combattants moins bien trempés que lui !

Qu'on pense aux sensations, aux émotions qu'éprouvent à chaque détonation ces soldats couchés à terre : il faudrait les faire bouger, mettre leur corps en mouvement et occuper leur esprit pour le détourner de la pensée de la mort et arracher leurs yeux des plus horribles spectacles.

Les officiers les plus braves, ceux qui se multiplient dans le danger, donnent l'exemple et maintiennent le moral, sont presque tous tués ou blessés. Il en est encore qui s'efforcent de montrer de l'insouciance et disent des bons mots ; d'autres cherchent à prendre une contenance. L'un d'eux m'a raconté avoir, dans ce moment critique, sculpté son bâton avec son couteau pour apporter à son esprit une autre préoccupation que celle du danger.

L'artillerie allemande accélère son tir, le nôtre s'éteint peu à peu et cesse même complètement. Les plus vaillants sentent l'angoisse les envahir et dans les rangs circulent ces mots : « Nous n'avons donc plus d'artillerie ? » Les hommes regardent à droite, à gauche, en arrière, et cherchent à voir de notre côté un nuage de fumée ou à entendre quelque détonation, mais leur espoir est vain.

Tout à l'heure les deux batteries des capitaines Flottes et Jaubert tiraient encore quelques coups, elles viennent de se retirer :

« Nous envoyions des salves de toutes nos pièces, a

écrit le capitaine Jaubert et nous en changions la portée, en relevant brusquement nos trajectoires. J'étais en avant de mes pièces, derrière un arbre, donnant mes instructions; des fantassins faisaient la chaine de la place de l'église, où mon parc était à l'abri, jusqu'à mes pièces, se passant les obus de main en main, à couvert par les maisons ». A un certain moment, le maréchal Canrobert s'approcha de moi et me questionna sur le temps que je pourrais tenir : « Si les Prussiens mettent « une batterie sur la route qui nous enfile, nous serons « broyés en cinq minutes. » A 5 heures seulement ce fait se réalisa. Alors, j'eus quantité de servants blessés; tous mes officiers et mes sous-officiers étaient plus ou moins atteints, et moi-même j'étais légèrement touché. Sur l'ordre du maréchal Canrobert, qui s'enquit si nous avions épuisé nos caissons, nous nous sommes retirés au pas sur la route et nous nous arrêtâmes à l'entrée du défilé. »

Le capitaine Flottes ne commandait plus le feu que toutes les cinq minutes. Il vient de brûler sa dernière charge et se met à se promener les bras croisés le long de ses canons à pas lents et réguliers sans vouloir reculer, espérant être ravitaillé d'un moment à l'autre.

L'artillerie prussienne depuis quelques instants a accentué son feu et elle s'acharne maintenant sur la division Le Vassor-Sorval, au sud de la grande route. La première ligne est commandée par le colonel Gibon. Infatigable, ardent et sagace dans l'action, il parcourt les rangs, parle aux hommes et dirige leur tir; il est monté sur un petit cheval tout blanc que les Allemands visent comme une cible, et blessent à la tête. Son maître l'abandonne et cette malheureuse bête erre toute la soirée entre les armées; quelques jours plus tard le prince Frédéric-Charles la renverra à son « propriétaire qui a déployé une si belle énergie dans la journée du 18 août. »

Le général Le Vassor-Sorval est sur la crête et, bien en vue, derrière les deux lignes de sa division, son état-major et ses chasseurs d'escorte à quelques pas plus loin. Son groupe sert de point de mire aux canonniers prussiens, et les obus tombent à droite, à gauche et en avant. En voilà un qui éclate entre les jambes de son cheval qu'il éventre. Le général, projeté en l'air, retombe à terre lourdement, mais sans être blessé. Les officiers de son état-major, d'abord inquiets, voyant qu'il n'est pas atteint, ne bougent pas et le regardent d'un air un peu narquois, se disant : « Comment va-t-il s'en tirer? »

Quoique lourd, il se relève tranquillement, se secoue pour enlever la poussière dont ses vêtements sont couverts, appelle un chasseur, le fait mettre pied à terre, et, toujours placidement, lui demande de l'aider à monter sur son cheval; il revient ensuite reprendre sa place devant son état-major et il continue à demeurer là immobile, comme étranger au drame dont il est spectateur.

Son état-major n'est pas plus actif : « Nous ne savions rien de ce qui se passait, a écrit l'un de ses officiers, et nous demeurions sur place. Je ressentais toujours la même sécheresse de la gorge. Le commandant Bourgeois avec qui je philosophais souvent, me disait : « Et dire qu'il y a des imbéciles qui chantent dans les « opéras-comiques qu'un jour de bataille est un jour de « bonheur ! » Bref, le temps s'écoulait bien lentement.

Nous n'avions presque aucun rapport avec nos troupes, que nous n'apercevions même pas, couchées qu'elles étaient à plat ventre, bien loin en avant de nous. Quelle singulière bataille! A ce moment, la garde prussienne commençait l'attaque de Saint-Privat. J'affirme que personne de nous ne s'en doutait. Nous étions donc pleins d'espoir, lorsqu'une grêle d'obus nous assaille de tous les côtés à la fois; c'était à en perdre la tête! »

Le mouvement ascensionnel de la garde prussienne commençait : deux régiments de grenadiers prussiens marchaient sur Jérusalem et sur la crête au sud de ce hameau. Devant eux se trouvait une ligne composée de droite à gauche de quelques compagnies du 93°, de la division Lafont de Villiers, de la division Le Vassor-Sorval et de la division de Cissey,

Nos soldats criblent les grenadiers prussiens, dont les rangs s'éclaircissent; des troupes de soutien viennent doubler leur première ligne réduite de moitié et une masse compacte monte lentement le glacis.

Les grenadiers tombent par paquets; ils avancent quand même, ils tombent encore, ils avancent toujours, et arrivés à 600 mètres de nos lignes ils commencent à riposter à nos coups.

Leur effort porte d'abord sur la première ligne de la division Le Vassor-Sorval éprouvée depuis plusieurs heures par les obus. Des hommes ont déjà quitté les rangs pour se défiler; l'attaque de la garde prussienne en fait partir un grand nombre.

Tout est prétexte pour s'en aller : on n'a plus de cartouches et l'on va en chercher; un camarade est blessé, on l'aide pour le conduire à l'ambulance et quelquefois c'est cinq ou six hommes qui l'accompagnent. Tous les officiers supérieurs et tous les capitaines du 25°, sauf trois, sont tués ou blessés. Ceux qui restent sont impuissants à maintenir leurs hommes, qui filent dès qu'on n'a plus les yeux fixés sur eux.

Le cri de : « Nous sommes tournés » retentit et la droite du 25° fuit dans une désorganisation complète. Le colonel Gibon et le commandant Philebert se jettent en travers des fuyards. Rien n'y fait : « le mouvement se propage avec la régularité d'une vague »; le cri de : « Nous sommes tournés » se répète et court de rangs en rangs comme le signal de la débandade. Les 25° et 26° ont disparu.

Le maréchal Canrobert part au galop, va au général Le Vassor-Sorval toujours impassible et immobile. « Mais arrêtez donc ces fuyards », lui crie-t-il, en lui montrant ses troupes en débandade. Le général met son cheval au trot et essaye de persuader ses soldats. « Rien de plus tristement comique, a écrit le capitaine Martner de son état-major, que notre pauvre général arrêtant successivement chaque soldat, en lui disant : « Voyons, mon ami, retournez au feu... » J'avais mis le sabre à la main, mais, malgré mes menaces, je ne pus ramener personne : les obus et les balles tombaient de plus belle; c'était un vacarme assourdissant; je crus ma dernière heure venue. Je vis alors distinctement, mais très loin, de longues lignes noires; c'est la première et la seule fois que j'aperçus les Prussiens... »

Le colonel Gibon et le commandant Philebert parvinrent à rallier la plus grande partie des 25° et 26° en arrière de Saint-Privat, près de la ferme de Marengo.

Ils firent distribuer des cartouches et décidèrent les plus braves à retourner au feu.

Le maréchal Canrobert, la brigade Gibon disparue, envoya le lieutenant de Reyniès donner ordre au général de Chanaleilles de prendre sa place. Il chargea en même temps le commandant Caffarel d'aller demander au général de Gondrecourt ses deux régiments de dragons : ils serviraient de réserve et chargeraient l'ennemi s'il finissait par percer la ligne.

Le général de Gondrecourt accéda immédiatement la demande du maréchal, ne doutant point de l'approbation de son chef dont il connaissait les sentiments; en effet, quand il put prévenir le général de Ladmirault, il lui fut répondu « qu'il avait bien agi. »

« Le général de Ladmirault m'a rendu deux grands services le jour de Saint-Privat », m'a plusieurs fois répété le maréchal Canrobert.

Les deux régiments de dragons s'avancent de quelques cents mètres et en même temps, sur la crête de Saulny derrière Marengo, apparait une colonne d'artillerie. Seraient-ce la Garde et les secours promis par le maréchal Bazaine?

En tête de la colonne par pièces est le commandant de Contamine serré dans sa veste, la taille cambrée, la moustache relevée; il regarde et cherche à s'orienter. Passe le capitaine Aubry, de l'état-major du 6ᵉ corps; il l'interroge : « Le maréchal Canrobert, répond-il, est là devant. Avez-vous-vu la Garde? »

Le commandant de Contamine continue à s'avancer. A gauche, près de Marengo, est une calèche : deux officiers blessés, dont le lieutenant-colonel Doléac, sont assis dans le fond ; Mme Archinard fait un pansement à quelques pas de là et le payeur du corps d'armée, M. de Boismenbrun, l'aide. Le commandant de Contamine, sans rien demander, voyant la batterie Flottes en position en avant et au sud de Saint-Privat, la double à sa droite avec ses 12 pièces et tire sur les batteries allemandes de Saint-Ail.

Le 70e, de la brigade Chanaleilles, s'était déployé et commençait le feu en esquissant un mouvement offensif.

Ce régiment était peu nombreux, par suite de ses pertes de l'avant-veille.

Enlevés par les trois commandants Berbegier, Mackintosh et Chambeau, les bataillons s'avancent sous le feu des pièces allemandes et celui des grenadiers de la garde prussienne.

Le commandant Chambeau et le commandant Mackintosh tombent, le premier grièvement blessé, le second tué net. Le régiment fauché par le feu, comme un champ de blé par la faux du moissonneur, s'arrête : le commandant Berbegier voit l'hésitation, et crie à son clairon : « Sonne la charge! » Le clairon tombe mort. Se jetant à bas de son cheval, le commandant ramasse l'instrument et, marchant devant son bataillon, sonne lui-même la charge. Soudain, un obus arrive de plein fouet et lui enlève l'épaule; il tombe, se relève, fait quelques pas comme ivre, il souffle toujours et du clairon sortent des cris aigus, lamentables, déchirants, saccadés; officiers et soldats le regardent le corps à moitié enlevé avec une horrible plaie rouge, béante et repoussante; il chancelle de plus en plus, et tombe comme une masse en poussant un dernier son terrible comme un cri d'agonie. —

Detaille a reproduit cette mort héroïque dans un tableau.

En voyant mourir ses chefs, le 70ᵉ s'arrête ; les capitaines font encore exécuter à leurs compagnies plusieurs feux, mais bientôt terrifiés les hommes se débandent : « Mon sous-lieutenant Cotillard qui tenait le drapeau, ainsi s'exprime le capitaine Pozzo di Borgo du 70ᵉ, est blessé aux deux mains par un éclat d'obus: l'aigle tombe, il est ramassé par le sergent Valina ; les capitaines Pouille et Tardy, le lieutenant I. B. Garcin et le sous-lieutenant Michel sont tués. Mon képi est enlevé et je me coiffe de celui du capitaine Tardy. Je crie : « En avant! » Une batterie sur le côté est au repos. « Mais tirez donc ! » crions-nous à un maréchal des logis : « Nous n'avons « plus de munitions, nous sommes là pour la forme », répond-il. On commence à se retirer : je cherche à rallier les fuyards : je saisis les hommes par la patelette de leur sac, je vois Niox sur un grand cheval. »

« Tas de lâches, tas de canailles » criait le capitaine Pozzo di Borgo. « Tiens, Niox, donne-leur des coups de sabre, à ces cochons-là, qu'ils fassent demi-tour. » Mais malgré ses efforts, le capitaine Pozzo di Borgo resta seul avec deux sous-officiers.

Le 70ᵉ étant en retraite, le général de Chanaleilles déploya le 28ᵉ à la gauche des batteries du commandant de Contamine, et sur l'ordre de leurs commandants les bataillons et les compagnies exécutèrent des feux de salve à genoux.

Commandés avec sang-froid, ces feux produisirent de véritables brèches dans les rangs prussiens : trois compagnies du 9ᵉ bataillon de chasseurs, de l'autre côté des batteries, faisaient aussi un feu à volonté ainsi que les 4e, 10e et 12e régiments placés dans Saint-Privat et dans les vergers d'alentour.

Les commandants du 28e Maganza et Séjourné avec le vieux capitaine Astier, aux cheveux blancs et au regard d'acier (il avait plus de quinze ans de grade), rallièrent plusieurs fois leurs hommes qui tourbillonnaient sous la trombe des obus, et les ramenèrent au feu.

Les projectiles allemands, en éclatant et en tombant sur les murgers, les maisons ou les murs des jardins, détachaient des silex qui rebondissaient, volaient en l'air et blessaient nos soldats à la figure, aux mains et aux yeux, leur causant de vives douleurs et les empêchant de voir.

En vingt minutes 650 hommes du 28e se trouvèrent atteints tant par des projectiles que par des cailloux; il y eut dans les rangs un flottement, les bataillons reculèrent et se replièrent avec les dernières compagnies du 70e. Le colonel Henrion-Bertier, ne voyant plus d'infanterie au sud de Saint-Privat, s'approcha du commandant de Contamine : « Vos pièces vont être enlevées si vous ne vous retirez pas », lui dit-il.

Il y avait une poussière mêlée de fumée et, quand elle s'éclaircissait, les rayons rasants du soleil à son déclin, en frappant de face dans les yeux, vous aveuglaient.

Craignant, après les paroles du colonel Henrion-Bertier, de voir les Allemands émerger d'un nuage de fumée et apparaître à quelques pas de ses pièces, le commandant de Contamine ordonna d'amener les avant-trains. Les deux chevaux de derrière d'une pièce de la batterie de Reynaud avaient été tués et en se débattant s'étaient empêtrés dans les roues : le lieutenant Meunier, les conducteurs et les soldats Bolmont et Talbot du 70ᵉ parvinrent à retirer leurs cadavres et le lieutenant Meunier, dont la monture avait été tuée, après avoir sauté sur un coffre, fit partir la pièce.

La batterie Flottes restait seule : elle épuisa deux caissons qu'elle venait de recevoir et se retira ensuite, s'arrêtant de temps en temps pour faire croire à l'ennemi qu'elle allait rouvrir le feu.

La division Le Vassor-Sorval avait laissé libre l'espace qu'elle occupait : en face de cette trouée les grenadiers prussiens, réduits de moitié, épuisés, haletants, s'étaient arrêtés à un chemin bordé d'une haie et, quoiqu'ils n'eussent personne devant eux, n'avançaient plus.

Quatre de leurs bataillons avaient marché contre la division Le Vassor-Sorval et deux autres plus à droite avaient donné contre la division de Cissey placée au sud du 6ᵉ corps.

Les régiments de cette division avaient été, comme ceux du général Le Vassor-Sorval, soumis au régime déprimant de l'immobilité sous les obus allemands. Vers 6 heures des hommes se détachaient des rangs : « Nous voyons défiler devant nous — a écrit le lieutenant de Seroux du 2ᵉ hussards — des milliers de blessés et des batteries désemparées. Tous les soldats que nous interrogeons disent qu'ils ne peuvent lutter contre l'artillerie prussienne et que toutes nos batteries sont détruites avant de pouvoir tirer. Et par le fait on n'entend plus de notre côté que la fusillade. »

Les apeurés du 6ᵉ et du 4ᵉ corps quittent de plus en plus les rangs et pullulent sur les arrières du champ de bataille : les uns se cachent dans les bois ; les autres s'en vont tranquillement, cherchant une habitation pour s'y reposer; sur la route de Saulny, ils marchent, sans rien dire, sans se presser.

Le lieutenant Patry, du 6ᵉ de ligne, l'un des régiments étendus à terre sous les obus, nous dépeint ainsi ses sensations et celles de ses soldats :

« Après avoir longtemps parlé à mes hommes, pour les distraire et me distraire moi-même, je pris le parti de me coucher aussi à ma place... le bataillon est porté en avant. Notre ligne se prolonge de chaque côté du chemin de fer, nous commençons le feu et nos hommes tirent à genoux.

« Passant continuellement derrière les rangs, nous faisions tous nos efforts pour les faire viser et pour les empêcher de gaspiller les cartouches... Les hommes, surexcités par le danger, émus par les vides qui se creusaient... tiraient, tiraient sans rien écouter... Je me sentais tout mollasse et cette bataille ne m'apparaissait que sous un aspect des plus moroses... Malgré moi... je m'étais surpris à désirer fortement me trouver ailleurs! Le temps me semblait long... »

« Le feu nous abrutit », ainsi s'exprime l'aide de camp du général de Cissey, le capitaine Albert de La Boulaye.

Le commandant Debize, le capitaine Garcin et le lieutenant Foulon reçoivent des contusions. Le général de Cissey met pied à terre et, suivi seulement de Garcin, s'avance au delà des tirailleurs pour voir l'ensemble de l'action.

« Il nous fait espacer, il n'y a plus que nous galopant dans la plaine. Aucun ordre du corps d'armée : le général de Ladmirault est du côté de la division

Grenier et quand on lui demande des instructions, il répond qu'il a une telle confiance dans le général de Cissey que tout ce qu'il fera sera bien fait. »

« Le maréchal Canrobert a fait répondre qu'il tiendra énergiquement dans Saint-Privat, mais qu'il est fortement menacé sur la droite et craint d'être tourné... Un instant nos visages s'illuminent : notre joie est de courte durée. Les tirailleurs sont repoussés et nous voyons paraître des masses profondes d'infanterie qui repoussent en désordre les troupes du maréchal Canrobert. »

« A ce moment toute la ligne ennemie se porte en avant drapeaux déployés et commence à gravir les pentes. Le général de Cissey devine leur mouvement : il envoie Gaston de La Boulaye, de son état-major, porter l'ordre à son aile gauche de s'avancer, et fait exécuter à toute sa ligne un changement de front. »

« L'ennemi arrête sa marche et même reperd le terrain gagné. »

Le général de Cissey a vu l'hésitation des sept compagnies prussiennes qui marchent sur sa division ; il a vu les brèches causées par le feu de ses soldats dans leurs rangs et il ordonne l'offensive : plusieurs bataillons s'avancent et ne sont plus qu'à 800 mètres des grenadiers prussiens, quand une batterie se démasque sur la ligne des tirailleurs allemands et se met à tirer à coups répétés. Stupéfaits, les nôtres s'arrêtent et se couchent. « L'infanterie tient bon encore dans ses lignes pendant une heure, a écrit le général de Cissey... et on ne saurait trop signaler l'héroïsme de ces malheureuses troupes, qui demandaient, malgré leurs pertes terribles, à être portées en avant, et aborder l'ennemi à la baïonnette. »

Il avait sous la main trois fois au moins plus de monde que l'ennemi et s'il eût cédé au désir de ses soldats, il aurait pris la batterie allemande et détruit les grenadiers prussiens encore debout.

Il subit l'ascendant de la puissance de l'offensive et de la coopération des armes différentes.

L'audace incroyable des grenadiers prussiens les avait quintuplés aux yeux du général de Cissey et la présence de canons en première ligne lui fit croire à l'inutilité de ses efforts.

Bientôt deux autres batteries allemandes viennent aider la première et tirent sur la division de Cissey.

« C'est un véritable ouragan, a écrit le lieutenant de Saint-Laurent, de la batterie de mitrailleuses. Les obus arrivent de tous côtés. « Je n'avais aucune idée d'un « pareil feu, » me dit le commandant Putz, à pied au milieu de ma section. Nous tirons à 800 mètres. Les attelages de mes deux avant-trains sont par terre et les caissons s'effondrent, les roues brisées. Il me reste trois hommes par pièce.

« Nous n'avons plus de charges et le capitaine propose de se retirer pour se réapprovisionner. « Non pas, « crie le commandant Putz. Restez, les Prussiens en « vous voyant croiront que vous les attendez à bonne « portée pour leur tirer dessus. »

Le commandant Putz finissait de parler qu'un obus tue sa monture, et il roule dessous : le brigadier Jundt saute à terre, l'aide à se dégager et lui donne son cheval. A peine remonté il ordonne de nouveau de rester en place.

Il est de taille moyenne, avec un nez d'aigle, un regard d'acier et de grosses moustaches; son ton d'autorité, sa bravoure, son sang-froid, ont fait l'admiration de ses canonniers et ils obéissent.

Une demi-heure après, le général Laffaille donnera l'ordre à l'artillerie de se retirer, le commandant Putz sera encore au milieu des pièces, et il quittera le dernier la position, après avoir aidé à l'enlèvement à bras d'une mitrailleuse et d'une pièce dont les chevaux ont été tués.

Le colonel Supervielle du 73e, voyant le désordre se mettre dans l'un de ses bataillons, saisit son drapeau et le plantant en terre, crie à ses soldats : « Défendez-le ». Un éclat d'obus lui arrache les deux jambes. Le colonel Frémont du 1er est grièvement blessé et « nos hommes commencent à tourbillonner sur eux-mêmes. » Le général de Cissey, nous dit son porte-fanion, le sous-officier Roux, tire son épée en criant aux officiers de son état-major : « Messieurs, suivez-moi, nous devons nous faire tuer ici. »

« Nos chevaux se refusent à avancer, — c'est de nouveau le capitaine Albert de La Boulaye qui parle ; — les hommes plient affolés et nous sommes impuissants à les maintenir. Le cheval de mon frère Gaston est tué raide et je pousse un cri de terreur et de joie en le voyant tomber, puis se relever. Frater a une balle dans l'épaule; le cheval de Garcin est tué aussi, puis celui du général de Cissey, puis celui de Debize. Le général prend la jument de son porte-fanion, le sous-officier Roux, et essaye d'arrêter la retraite ; mais le maréchal Canrobert a lâché pied (il s'agissait de la division Le Vassor-Sorval, car le maréchal était encore dans Saint-Privat) et nous sommes entrainés. Le général de Cissey m'envoie au général de Ladmirault. Je le trouve sur la hauteur, au-dessus d'Amanvillers. Je lui expose la situation et lui demande des ordres; il est profondément ému lui-même, et me répond avec amertume que le maréchal Canrobert vient de lui faire savoir qu'il est en complète retraite sur Metz; qu'il faut à notre tour abandonner nos positions, nous retirer sur la hauteur à la lisière du bois de Saulny et nous y maintenir le plus longtemps possible pendant qu'avec ses batteries il va faire des efforts pour arrêter l'ennemi.

« Je viens rapporter ces tristes nouvelles : nous traversons nos bivacs sans pouvoir reprendre nos sacs et nos tentes, car le feu de l'ennemi redouble. Il est près de 7 heures. Arrivés près de la lisière du bois, nous nous arrêtons. Un magnifique spectacle s'offre à nous.

« A l'horizon le soleil va se coucher dans un nuage de feu; à notre droite et à notre gauche les villages d'Amanvillers et de Saint-Privat laissent échapper de longs tourbillons de fumée et à deux pas de nous une masse d'artillerie vomit des torrents de feu.

« Le général de Cissey essaie de maintenir le reste de ses troupes; mais à peine sous bois les hommes se débandent. Le terrain est couvert de trous, de fondrières et d'accidents de toutes sortes; ils en profitent pour se dérober.

« Les officiers sont impuissants, quelques-uns même sont pris de panique comme leur troupe et se retirent avec elle, malgré nos efforts. Toute cette foule en désordre se glisse à travers bois ou s'engage pêle-mêle par un chemin étroit déjà encombré. »

« On nous dit qu'à notre droite la Garde vient d'arriver et va prendre l'offensive. Nous voulons tenter un dernier effort, mais nos montures refusent tout service. Gaston et Garcin en ont pris qui sont impossibles. Le cheval de trompette que j'ai depuis ce matin est à bout de forces. Celui de Foulon seul veut encore marcher : c'est abrutissant. »

Le général de Cissey ne cesse de gratter la mouche de sa lèvre inférieure, geste qui lui est familier dans les circonstances critiques ; le colonel Giraud du 57e le rejoint, il est « bourré et secoué d'importance. Tout le monde est ahuri. »

Par suite des blessures des généraux et des colonels, les ordres pour faire replier les troupes de la ligne de combat sur la lisière des bois de Saulny, où elles auront à se rallier et à opposer une nouvelle barrière à l'ennemi, sont mal transmis. Les officiers et les hommes se retirent dans un désordre complet, sans même savoir pour la plupart qu'ils doivent s'arrêter aux bois.

« Personne pour nous diriger, dit le lieutenant May du 57e, aucune indication d'itinéraire pour notre retraite. La panique se mit dans nos rangs et nous nous précipitâmes dans les bois dans un pêle-mêle indescriptible, tous les régiments confondus. »

Avant de se retirer, le commandant Saint-Martin, du 6e de ligne, voulant essayer de prendre les canons allemands placés sur la ligne des grenadiers prussiens, lance dessus son bataillon. Officiers et soldats partent : ils marchent sans flottement, quand le commandant Saint-Martin, à cheval devant eux, agite ses bras en l'air et tombe à terre tué net. A l'instant tout le monde s'arrête et les hommes ouvrent le feu. L'adjudant-major Leguire veut encore les entraîner : il leur dit quelques mots et commande : « Debout et en avant ! »

« Nous nous levons, dit le lieutenant Patry... nous nous précipitons... mais cinq minutes après nous nous retrouvons à plus d'un kilomètre en arrière, hors d'atteinte des projectiles de l'ennemi... Nous y étions tous, soldats, officiers et Leguire aussi. Comment cela avait-il pu se faire? Après vingt-cinq ans, je ne peux encore m'en rendre compte. »

Pourquoi, bien résolue à aller de l'avant, cette troupe tout entière avait-elle été en sens diamétralement opposé? Parce qu'elle était déprimée par la défensive et avait épuisé toute son énergie à demeurer inerte sous le feu. Si on l'avait lancé en avant deux ou trois heures plus tôt, ce bataillon, composé de braves soldats, eût foncé sur l'ennemi au lieu de lui tourner le dos.

Il y eut en ce moment des défaillances comme dans toutes les crises, mais il y eut aussi des actes d'héroïsme, de dévouement, d'abnégation, et ils furent nombreux.

« Dans la retraite de mon bataillon, dit le sous-lieutenant Oudart du 6ᵉ de ligne, je vois encore notre brave lieutenant-colonel Étienne arrêtant une fraction du régiment et lui ordonnant d'ouvrir le feu. Le clairon Vidal exécute la sonnerie : atteint d'une balle dans le bras droit, il laisse tomber son instrument; il déboutonne sa capote, place sa main droite, de la gauche ramasse son clairon et recommence à sonner; un éclat d'obus lui brise son second bras; il reste néanmoins à côté du lieutenant-colonel et le suit dans la retraite. Je n'ai jamais rien vu de plus sublime. »

« Le capitaine Emmanuelli du 73ᵉ, dit le sous-lieutenant Wetzel, avait par son ascendant gardé sa compagnie en main dans la tranchée du chemin de fer où il restait isolé. Voyant le lieutenant-colonel Breton du 1ᵉʳ de ligne à quelque distance, il m'envoie lui demander de prendre le commandement de sa compagnie et des hommes qui se sont joints à elle. « Nous sommes ici pour mourir, f...-moi la paix », me répond le lieutenant-colonel. Je retourne, j'entends un cri et je vois un tourbillon d'hommes à allure vertigineuse sauter haies et fossés, venir sur nous et nous englober.

« Mon vieux capitaine leur crie quelques mots et son accent est tel qu'une partie reste avec lui et fait face à l'ennemi.

« C'était la fin de la bataille, là où j'étais. Nous partîmes peu après. »

La division de Cissey est parvenue à la lisière des bois et presque tous ses soldats y pénètrent sans s'arrêter.

« Le colonel Giraud — c'est encore le capitaine Albert de La Boulaye qui parle — est parvenu à réunir quelques hommes autour de son drapeau; sous la pression du général de Cissey, nous essayons de les reporter en avant; c'est inutile, la nuit est arrivée; personne ne répond à notre voix; nous ne pouvons que rallier des débris et les amener sur la grande route de Woippy à Metz.

« On sonne la marche des régiments et nous attendons plus d'une heure que les derniers combattants viennent se rallier. »

Le général de Cissey était furieux et l'a écrit dans ses notes :

« Nous traversons le terrain de nos bivacs, dit-il, mais il n'est pas possible de faire prendre les sacs au passage : les projectiles ennemis nous arrivent encore en plein et je compte, parvenu sur la lisière du bois, envoyer des hommes pour prendre leurs effets; mais une fois dans le taillis il n'y a plus moyen de retenir personne. Les officiers ne songent qu'à regagner Metz et je n'ai plus avec moi que mon état-major, le colonel Giraud du 57º, quelques fractions de son régiment et les sapeurs du génie.

« De ma vie je n'ai vu un spectacle plus navrant. Pas un officier de l'état-major ne se trouve sur la route pour essayer de mettre de l'ordre.

« Les généraux du 6º corps ne s'occupent pas de leurs troupes et l'un d'eux, un général de division, dès 6 heures et demie est arrivé à Woippy, où il dîne tranquillement et se couche dans un bon lit... *Lorsque le maréchal Canrobert a commencé son mouvement de retraite, il a prétexté le manque de cartouches et cependant deux régiments de son corps d'armée n'ont pas tiré un coup de fusil. Ses troupes, accumulées sur un espace trop restreint, n'ont fait qu'appuyer alternativement à droite et à gauche et n'ont jamais été engagées sérieusement.* »

Ainsi s'exprime le général de Cissey, sous le coup de l'excitation et de la rage.

L'attaque de la brigade de la garde prussienne au sud de Saint-Privat avait eu plein succès. Si mal préparée qu'elle eût été, elle n'en avait pas moins repoussé deux divisions françaises : ce résultat, répétons-le, avait été obtenu par l'offensive et la coopération de l'artillerie avec l'infanterie.

L'audace des Allemands nous les fit croire dix fois plus nombreux qu'ils n'étaient : l'apparition de leur artillerie sur la ligne des tirailleurs nous persuada de la présence d'une grande quantité de bouches à feu : « Soixante-dix pièces tiraient sur nous, » affirme le capitaine de La Boulaye. Il y en avait d'abord six, ensuite dix-huit !

Nos troupes, il est vrai, avaient perdu leur valeur dans la longue et déprimante attente où elles avaient été maintenues immobiles sous les obus. Nous avons déjà dit souvent que rien n'est plus funeste. Aux témoignages déjà cités, joignons celui du général Bonnal, extrait de son étude magistrale sur la manœuvre de Saint-Privat.

« Il faut avoir fait partie comme nous, a-t-il écrit, d'une grande unité d'infanterie déployée en terrain découvert sous le feu de l'artillerie ennemie et qui supporte pendant de longues heures l'effet de la canonnade, pour savoir à quel degré d'énervement peuvent tomber les troupes soumises à un tel régime. »

Le moindre incident suffit pour leur faire lâcher pied. Un cri parti, on ne sait d'où, en entraîne un ou deux et leur départ est comme une traînée de poudre ; il faudrait arrêter la débandade à l'instant même où elle se manifeste. Les chefs ne doivent reculer devant aucun moyen pour éteindre à sa naissance cet appel à la fuite.

Cependant la brigade des 2ᵉ et 4ᵉ grenadiers prussiens, qui avait attaqué la ligne française entre Saint-Privat et Amanvillers, était tellement à bout de forces qu'elle s'était arrêtée devant les mares et le chemin bordé de haies coté 326-333 sur la carte au $\frac{1}{50\,000}$.

Derrière elle et sous sa protection, la 1re division de la garde prussienne s'était mise en mouvement et s'avançait plus au nord sur Saint-Privat, où se tenait le maréchal Canrobert, avec la plus grande partie du 6e corps.

De la position dominante où elles sont, des clôtures en pierres sèches, des tranchées creusées par le génie ou des maisons crénelées et mises en état de défense, les troupes du 6e corps commencent un feu soutenu à bonne portée.

Sous l'action des chassepots, la ligne des tirailleurs ennemis s'éclaircit, s'arrête et flotte; elle est renforcée par les soutiens qui s'avancent et bouchent ses vides en doublant son épaisseur tandis que les réserves plus en arrière se rapprochent.

Tout le glacis est couvert de soldats de la garde prussienne : de loin on croirait à une invasion de fourmis. Le feu est infernal et la marche des assaillants est arrêtée soudain, comme si un choc électrique les eût fixés en place. La ligne, n'avançant plus, se rompt par endroits : les tronçons brisés reculent, puis reviennent en avant, se rejoignent, puis se rompent encore et s'arrêtent, ou reculent de nouveau.

L'hésitation de l'ennemi se voit; sur tout le chemin parcouru, il a laissé des traces nombreuses. Ses pertes sont énormes. « Nous en voyions tomber des trois files à la fois, a écrit le lieutenant Vialla du 12e de ligne; il n'y avait pas de doute, il fallait que ce fût une troupe d'élite pour ne pas s'enfuir. »

« Je crus sentir — c'est le lieutenant du Couédic,

du 93ᵉ qui parle — que le moment était critique pour les Allemands, et avec un de mes camarades, je pris un fusil et tirai pendant un certain temps. On eût dit des tas de feuilles mortes soulevées par un ouragan. »

« Il y a par endroits des mouvements de recul chez l'ennemi, on voit des officiers allemands sortir des rangs, se placer en avant de leurs hommes après avoir détaché leur ceinture de service, et l'avoir mise au bout de leur épée comme signe de ralliement.

« J'entre dans un verger, dit le lieutenant Plée du 12ᵉ de ligne qui vient d'être blessé ; il est plein de soldats et de chasseurs sur trois et quatre rangs : les premiers sont couchés, les autres à genoux et debout.

« On aperçoit les lignes prussiennes, on entend le tambour et le son aigre des fifres. Les officiers poussent leurs hommes : un grand drapeau avec un immense aigle noir attire les regards ; plusieurs fois, il s'incline et avance. A trois ou quatre cents mètres, les Allemands s'arrêtent. A plusieurs reprises ils essayent de marcher encore, mais cela leur est impossible. »

« En face de Jérusalem, où sont trois compagnies de chasseurs, les Allemands en cessant d'avancer cessent aussi de tirer : « Nous en faisons autant, et nous nous « regardons », dit le sous-lieutenant Gallevier de Mierry.

Le maréchal Canrobert, de l'enclos où il est, au point culminant du glacis de Saint-Privat, voit l'hésitation, l'épuisement et l'arrêt des assaillants. Il pense que si l'on essaie l'offensive on les rejettera au loin. Il envoie le commandant Roussel au général du Barail lui dire de charger et donne au lieutenant de Reyniès le même ordre à porter au colonel de Verneville.

Il prie en même temps les capitaines Grosjean, Aubry et Leps d'aller au-devant de la Garde par les routes de Saulny, de Lorry et de Châtel, et il leur montre sur la carte l'itinéraire à suivre par chacun d'eux.

Le lieutenant de Reyniès trouve le colonel de Verneville du côté d'Amanvillers : « Le maréchal vous demande de vous porter en avant et de charger », lui dit-il. « Nous partîmes au trot, a écrit le capitaine Dulac du 11e dragons. Nous ne distinguons pas de troupes ennemies : le colonel de Verneville nous fait mettre au pas et envoie le lieutenant d'état-major Desjardin de Géranviller demander quel est son objectif. En nous apercevant, l'artillerie nous salue de ses obus. Quant à nous, nous ne voyons que de l'infanterie couchée. C'était imposant et terrible. Nous avançons toujours. Les dragons se serrent instinctivement les uns contre les autres. Nous traversons des lignes de fantassins couchés; espérant que nous allons bousculer l'ennemi, ils crient : « Vivent les dragons! » Enfin Géranviller revient; l'occasion est passée; ordre de battre en retraite.

« Le colonel de Verneville commande : « Demi-tour. Marche. » Un obus arrache la tête d'un cheval.

« Chacun espérait prendre le trot, mais le colonel nous maintint au pas. Si nous nous étions retirés vivement, l'infanterie nous aurait suivis. Il nous fallut allonger des coups de plat de sabre sur le chanfrein des chevaux qui dépassaient l'alignement.

« A peine derrière la crête et remis face en tête, nous voyons des fantassins se replier, et les incendies s'allumer à Saint-Privat.

« Nous nous formons face au nord, des groupes nombreux passent devant et derrière nous : leurs officiers et les sonneries ne parviennent pas à les arrêter. Tous nous crient qu'ils sont sans cartouches, et s'en vont dans les bois. Nous n'avons plus d'infanterie devant nous. »

Le maréchal Canrobert ne voyant pas le mouvement de sa cavalerie se dessiner sur la droite fit partir le colonel Borson pour presser le général du Barail de charger et envoya le lieutenant de Forsanz porter la même recommandation au général François de La Jaille, dont on voyait les chasseurs d'Afrique au nord de Marengo.

La cavalerie prévenue, le maréchal, voulant lui-même enlever son infanterie, remonta à cheval pour passer devant les régiments, les haranguer et les lancer sur l'ennemi.

La première troupe à sa portée était un bataillon du 12e de ligne : « Le maréchal nous donna l'ordre, dit le commandant de Brunier, de prononcer un mouvement offensif contre les Allemands et de les charger à la baïonnette. Sous l'action de la marche ascendante de l'ennemi, j'avais dû laisser mes hommes rentrer à l'abri des petits murs. Ils me le demandaient depuis longtemps déjà, mais je résistais à leur désir, parce que je savais par expérience que les projectiles, venant à frapper contre les pierres des clôtures, nous feraient beaucoup plus de blessés en raison des éclats qui en résulteraient. C'est ce qui arriva.

« Quoiqu'il fût abrité, je parvins à enlever mon bataillon, et me portai en avant au pas de course, mais les Prussiens virent notre mouvement, je ne pus les atteindre et mon cheval fut tué à ce moment. »

En s'avançant dans la direction du nord, le maréchal s'approcha de la tranchée-abri occupée par les sapeurs qui l'ont creusée, et par un bataillon du 10ᵉ de ligne; il crie aux uns et aux autres de charger à la baïonnette. Le capitaine Audier du génie lève son sabre et entraîne ses sapeurs; le bataillon du 10ᵉ de ligne ne bouge pas. Le général Tixier, suivi du capitaine d'Ambois et des lieutenants Plazanet et Raymond Duval, fait sauter son cheval dans la tranchée et agit tant et si bien que tous ceux qui s'y cachaient en sortent et vont de l'avant.

Retournant à un autre bataillon du 12ᵉ couché derrière des haies près de la route, le maréchal Canrobert veut aussi le faire lever. Le commandant Gény crie : « A la baïonnette! » Mais sous l'effet terrifiant des obus personne n'obéit : « Levez-vous donc, mes enfants, vous ne tenez pas plus de place debout que couchés. » Ce mot agit sur les hommes; ils sortent de leur abri et marchent en exécutant des feux à volonté. Après quelque cent pas, le commandant Gény blessé tombe de cheval : ceux qui le suivent s'arrêtent, tiraillent encore quelques minutes, puis reculent individuellement ou groupés, reviennent là où ils étaient, s'en vont encore plus loin en arrière et disparaissent.

L'ennemi déploie un demi-cercle d'artillerie immense dont le feu rapide envoie des projectiles par rafales répétées sur Saint-Privat.

Le maréchal Canrobert espère cependant voir apparaître sa cavalerie sur sa droite; elle tomberait sur les débris de la garde prussienne épuisée et blottie dans des plis de terrain à quelque trois cents mètres devant le chemin de Saint-Privat à Roncourt. Deux escadrons apparaissent, disparaissent, et c'est tout.

Toute la journée les cavaliers en ligne devant la forêt de Jaumont avaient vu des blessés, des fuyards, des débandés traverser les intervalles de leurs escadrons et ce spectacle lamentable avait frappé officiers et soldats.

« Dès 4 heures du soir, a dit le lieutenant Brossier de Buros, officier d'ordonnance du général du Barail, on commençait à trouver le temps long, et l'on tirait sa montre. »

L'inquiétude grandissait lorsque le général du Barail reçut de divers officiers et coup sur coup la demande de charger. D'abord le lieutenant d'état-major Libersart, envoyé par le général Becquet de Sonney, lui demanda d'essayer de dégager la division Lafont de Villiers. « Le général du Barail me repondit — a écrit le lieutenant Libersart — que le terrain ne se prêtait pas aux évolutions de sa cavalerie et pour qu'il opérât le mouvement que je lui demandais, il lui fallait un ordre du maréchal Canrobert. » Le commandant Roussel, apporta l'ordre réclamé, mais le général du Barail ayant fait des objections, le commandant Roussel, d'une nature ardente et fort échauffé en ce moment, répondit en élevant la voix : « Eh bien, mon général, je vais dire au maréchal que vous refusez. » — Non, vous n'irez pas, c'est moi qui vais y aller », répondit le général. La venue du colonel Borson, toujours des plus courtois, calma la discussion :

« Autant que je m'en souviens, a écrit cet officier, je rencontrai le général du Barail à deux kilomètres de Saint-Privat. Sa cavalerie était au repos, et les commandants des escadrons à pied à la tête de leurs chevaux. Le général du Barail, dans ses mémoires, rapporte le dialogue tenu en cette circonstance. Mais ma mémoire — c'est toujours le colonel Borson qui parle — n'en a gardé aucun souvenir : j'ai mis peut-être dans la transmission de l'ordre du maréchal Canrobert un peu de l'excitation que me donnait la vue du drame qui se jouait devant mes yeux, mais je suis presque sûr qu'aucune objection ne me fut faite, et je n'eus qu'à retourner rendre compte au maréchal que ma mission était remplie. »

Le lieutenant Plazanet semble être venu presque au même moment « pour demander également une intervention de la cavalerie contre la garde prussienne. Je trouvai le général du Barail, a-t-il écrit, entre Roncourt et Saint-Privat. « Conduisez-moi voir le but « de la charge », me dit-il, et quand je lui montrai les lignes de la garde prussienne, il me répondit : « Impossible de tenir devant le feu intense des batte-« ries ennemies. »

Dans ses mémoires, le général maintient la difficulté où il était de faire donner sa cavalerie. « C'était impossible, dit-il, il aurait fallu faire 500 mètres pour atteindre l'infanterie et 2 kilomètres pour atteindre l'artillerie. »

Cependant le général du Barail, cédant à ces demandes répétées, donna l'ordre au général de Bruchard de faire lancer ses deux régiments, 2e et 3e chasseurs, et ses instructions verbales se terminèrent par cette recommandation qu'entendit le sous-lieutenant de Mareschal : « Bruchard, soyez jeune ! »

L'adjudant-major Gaillard et l'adjudant Allong sont envoyés reconnaître le terrain : le cheval du capitaine, énervé par les explosions, se refuse d'avancer : l'adjudant Allong part seul, et avant qu'il soit revenu la tête du 3ᵉ chasseurs s'ébranle.

Le général de Bruchard était devant le régiment formé en colonne serrée par escadron. « Il marcha dans la direction de l'ennemi ayant, à droite, son aide de camp, le capitaine Abblart, et à gauche son officier d'ordonnance, le sous-lieutenant Kiffert, mais sans faire de commandement. » Le 1ᵉʳ et le 2ᵉ escadrons, capitaines Scheurer et d'Urbal, le suivirent et les officiers et chasseurs qui en faisaient partie entendirent le lieutenant-colonel de Puységur crier d'un ton énergique le commandement de : « Halte aux autres escadrons! »

« Bientôt le général de Bruchard, à vingt pas en avant, prit le galop, et toujours pas de commandement. »

Quand les deux escadrons apparurent sur la crête, il y eut de l'hésitation : la ligne claire de leurs chevaux blancs ou gris pommelés servait de point de mire aux Allemands.

Cavaliers et chevaux flottaient, hésitants : le lieutenant de Monspey, se retournant, cria à ses hommes : « En avant! » et prit le galop; ses cavaliers le suivirent et entraîné par l'exemple tout l'escadron, franchissant des petits murs, galopa sur l'ennemi. L'escadron de gauche, où se tenait le colonel Sanson de Sansal, obliquant du côté du village, alla butter sur des enclos et des maisons, s'arrêta, resta là quelques minutes et revint se rallier aux autres escadrons demeurés en deçà de la crête.

« En plein galop, le corps penché sur l'encolure des

chevaux, a écrit le sous-lieutenant de Monspey, nous regardions devant nous, sabrant si c'était possible à droite et à gauche ; nous ne songions qu'à rester à hauteur du général de Bruchard ; les chevaux ne s'effrayaient pas ; dans le vertige du galop, ils avançaient même s'ils étaient touchés par des balles, des pierres ou des graviers soulevés par des projectiles. »

« A peine partis, nous a raconté le sous-lieutenant de Mareschal de Luciane, du même escadron que le lieutenant de Monspey, le feu augmenta : le terrain était coupé de petits murs qui nous forçaient à chercher des passages de côté ; de là des retards. Peu à peu le galop se changea en galop de charge, le feu de l'infanterie prussienne se concentra sur nous et la fusillade devint si vive qu'elle ressemblait à une de ces grosses pluies d'orage où d'énormes gouttes tapent le sol avec force.

« Je n'étais plus guère maître de mon cheval, surexcité qu'il était par la fusillade et emballé ; c'est à peine si je pouvais maintenir sa direction vers l'ennemi. Tout à coup la masse de nos cavaliers fit demi-tour et je fis comme les autres. Le général de Bruchard a dû donner le signal du ralliement en faisant lui-même demi-tour, car nous sommes revenus avec lui auprès des trois escadrons de notre régiment restés sur le plateau. Il me semble avoir vu un moment des Prussiens en tirailleurs couchés à terre ; nous aurions donc atteint les premières lignes ennemies, mais c'est une impression vague... »

L'aide de camp du général de Bruchard, le capitaine Abblart, était mortellement blessé ; le général et son officier d'ordonnance avaient leurs chevaux atteints, deux officiers étaient blessés et deux chasseurs tués. Les chevaux surtout avaient reçu des balles.

Au moment où le général de Bruchard rejoignit les trois derniers escadrons du 3e chasseurs, immobiles derrière la crête, il fit devant la troupe des reproches au colonel Sanson de Sansal et il commençait à prendre à partie le lieutenant-colonel de Puységur, lorsque celui-ci, l'interrompant, déclara n'avoir rien à se reprocher : « Il n'avait pas tenu à lui d'être empêché de charger », déclara-t-il : bref, il se justifia si bien que le général de Bruchard ne lui dit plus rien.

Le 2e chasseurs s'était formé en bataille et avait pris le trot à la suite du 3e; mais laissé sans direction, il avait appuyé à gauche au hasard et était venu se jeter sur les tranchées creusées à droite de Saint-Privat où se trouvaient un ou deux bataillons tirant par-dessus le remblai. Le régiment s'arrêta et le colonel Pelletier, après quelques minutes d'hésitation, le ramena là où il était.

Le général François de La Jaille, quand il reçut l'avis de lancer les chasseurs d'Afrique sur la garde prussienne, fit exécuter différents mouvements préparatoires, puis, craignant de n'avoir pas bien compris, se dirigea vers Saint-Privat pour demander au maréchal Canrobert des instructions plus précises. Quand il le trouva, il en reçut cette réponse : « Il est trop tard ; il y a trois quarts d'heure que je vous ai fait prévenir; l'occasion est perdue maintenant. »

La cavalerie avait cru qu'on lui demandait de se sacrifier en chargeant la garde prussienne victorieuse pour arrêter son élan et permettre à notre infanterie d'échapper à ses coups. Cette perspective avait produit sur l'esprit de ses chefs l'effet d'une douche froide. Deux escadrons seuls avaient fait une démonstration et un seul avait poussé jusqu'à l'ennemi quand il eût fallu une charge à fond des trois régiments présents.

En usant des couloirs qui courent sur le glacis, la cavalerie se fût abritée à son départ contre le feu de l'ennemi, serait arrivée sans être vue à toute petite distance des débris de la garde prussienne et aurait pu les sabrer à l'improviste.

L'avortement de cette tentative d'offensive avait convaincu le maréchal Canrobert de l'impossibilité où il était avec ses propres troupes de chasser la garde prussienne des positions intermédiaires qu'elle venait de conquérir. Ses régiments étaient épuisés au moral et au physique et certains des généraux sous ses ordres n'étaient pas à même d'exercer leur commandement : ils avaient perdu confiance et demeuraient inertes en présence des événements.

Toutefois, si le 6ᵉ corps se maintenait à Saint-Privat, la Garde impériale pouvait encore intervenir utilement. Le maréchal Bazaine ayant annoncé son envoi à 1 heure et demie, elle ne pouvait pas être loin; elle devait même déboucher d'un moment à l'autre; elle se formerait sous la protection du 6ᵉ corps, foncerait sur les Allemands épuisés et les chasserait.

Deux régiments, le 4ᵉ et le 100ᵉ de ligne, restaient en réserve sous les ordres du général Péchot.

Le maréchal Canrobert envoya le colonel Fourchaud chercher le général Péchot et quelques minutes après il lui confiait le soin de défendre Saint-Privat.

Le maréchal revint ensuite dans l'enclos à l'ouest

du village d'où il dominait le glacis descendant à Sainte-Marie-aux-Chênes.

« La propriétaire, a écrit le lieutenant de Forsanz, une femme âgée, toute décrépite, plus ridée qu'une vieille pomme et courbée en deux, sans aucun souci du danger, trottinait de çà et de là en répétant : « Mes « choux, mes choux ! » sur un ton et avec des gestes qui nous faisaient rire aux larmes, malgré la situation. Deux ou trois fois, le maréchal lui cria : « Allez-vous- « en, vous allez vous faire tuer. » Elle ne l'entendait pas et il fallut que Chamoin et Coubertin la prissent chacun par un bras pour l'emmener. »

La pauvre vieille venait d'être mise à l'abri dans une cave et trois ou quatre officiers avec le porte-fanion du maréchal se trouvaient groupés à quelques pas derrière lui, quand, dans le vacarme des obus qui éclataient, un bruit sec et tout particulier se fit entendre : les officiers se mettent à rire et le maréchal se retournant leur demande : « Qu'est-ce ? — Rien, c'est la gourde de Chamoin qui vient d'être mise en pièces par un éclat d'obus » et des fontes du lieutenant Chamoin coulaient quelques gouttes de liquide.

Le maréchal se rendit ensuite sur la place de l'église pour attendre le 4ᵉ de ligne et parler aux soldats. Quand apparut le colonel Vincendon avec ses tambours et ses clairons, le maréchal lui cria : « Vous voilà, Vincendon. Je compte sur vous », et s'adressant aux premiers rangs qui suivaient leur colonel : « Allons, mes enfants, c'est à votre tour! » L'attitude du maréchal, les incendies qui éclairaient son visage, les projectiles qui tombaient de tous les côtés, les toits des maisons qui s'effondraient, les ardoises et les tuiles qui se brisaient et culbutaient avec un fracas de vaisselle qui se casse, le crépitement de la fusillade, les coups sourds et majestueux du canon se succédant à chaque seconde, suivis des détonations des obus qui éclataient, produisirent sur les soldats du 4ᵉ une émotion et un enthousiasme qui se traduisirent par un cri dominant tous les autres bruits : « Vive le maréchal Canrobert! » et chaque compagnie, en passant devant le maréchal, répétait ce cri. Combien de fois, encore tout ému de ce souvenir, le général Vincendon m'a-t-il fait le tableau de cette scène à laquelle il semblait encore assister.

Pendant le défilé du 4ᵉ de ligne, le capitaine Avon pénétrait sur la place de l'église; le général Bisson l'envoyait prévenir le maréchal Canrobert que Roncourt venait d'être pris par les Saxons.

Le maréchal Canrobert se sentit désormais condamné à la défaite. Les Saxons allaient d'un moment à l'autre attaquer Saint-Privat par le nord et le nord-est et il lui faudrait se retirer pour éviter d'être pris.

Il avait dans sa poche la lettre du maréchal Bazaine, datée de 10 heures et demie, où il lui était prescrit de se replier sur Metz si « l'ennemi semblait l'attaquer sérieusement ». Jusqu'alors il l'avait considérée comme non avenue et son unique pensée avait été de tenir sur ses positions jusqu'à l'arrivée de la Garde et, avec son concours, chasser les Allemands au loin, mais si elle ne venait pas, il serait réduit à obéir.

Il prit donc ses dispositions pour préparer sa retraite, qu'il n'exécuterait qu'à la dernière extrémité, la Garde pouvant encore déboucher.

Se tournant vers son aide de camp, le commandant

Lonclas, qui venait de serrer la main pour la dernière fois à son frère capitaine au 4ᵉ de ligne, le maréchal lui donne l'ordre d'aller prévenir le général de Ladmirault « *qu'il va être obligé* d'abandonner Saint-Privat et commencer sa retraite par la route de Saulny. »

« Je devais ensuite — c'est le commandant Lonclas qui s'exprime ainsi dans ses notes — aller au devant du général Bourbaki, que le maréchal supposait en marche vers nous, pour le prévenir de notre mouvement en arrière qu'il devrait protéger. »

La garde prussienne demeurait toujours immobile à trois ou quatre cents mètres de Saint-Privat, échangeant avec nos soldats une fusillade ininterrompue pendant que l'artillerie ennemie — plus de 200 pièces, — tout à l'heure, les Allemands en mettront en ligne jusqu'à 284, — canonnait le village et ses abords. Les Saxons, c'était là le danger le plus menaçant, occupaient Roncourt et se préparaient à en déboucher pour nous couper la retraite.

Jusqu'alors ils avaient poursuivi leur marche excentrique par Auboué, Homécourt et Montois sans rencontrer d'autres obstacles que ceux du terrain.

Le maréchal Canrobert avait eu le tort de ne pas faire occuper, par quelques détachements, au besoin par les chasseurs d'Afrique, les bois d'Auboué et le village de Montois. La présence de quelques égarés dans cette localité avait obligé les Saxons à prendre des dispositions pour y pénétrer et les avait arrêtés trois quarts d'heure. Si chaque obstacle leur avait été disputé, il leur eût été impossible d'exécuter leur mouvement.

Si même Roncourt avait été défendu, comme le maréchal était en droit de l'espérer en raison des dispositions qu'il avait prises, ils n'auraient pas pu nous déborder avant la nuit.

Jugeant cette position importante parce qu'elle couvrait notre droite, il avait, à 10 heures et demie du matin, chargé le capitaine Lamiral du génie de créneler les maisons et de faire des tranchées aux abords du village que le général Bisson devait occuper avec le 9e de ligne. Dans l'après-midi, quand il avait vu se dessiner le mouvement enveloppant de l'ennemi, il avait tenu à augmenter le nombre des défenseurs de Roncourt et y avait envoyé en renfort un bataillon du 75e, que le général Becquet de Sonnay plaça suivant ses indications.

Aussi était-il loin de supposer que le général Bisson avait retiré deux de ses bataillons pour en disposer ailleurs et que le colonel Fourchaud venait d'emmener celui du 75e.

Il était 6 heures et demie du soir, le colonel Fourchaud, aussi rouge et excité que de coutume, s'était rendu à Roncourt et s'adressant au chef de bataillon Fornier de Viollet du 75e lui avait donné l'ordre de le suivre à Saint-Privat. Le commandant, qui ne le connaissait pas, lui demanda qui il était et lui fit observer que n'étant point sous ses ordres il n'avait pas à obtempérer à ses injonctions ; qu'au surplus c'était sur les instructions du maréchal Canrobert qu'il était là, et qu'il ne pouvait en bouger également que sur son ordre. Les officiers du 75e, surtout le capitaine Desgoutins, approuvaient la résistance de leur chef. Alors, hors de lui, le colonel Fourchaud injuria le commandant Fournier de Viollet et lui demanda s'il avait peur.

Devant cet argument le commandant céda et se rendit à Saint-Privat.

Le colonel Fourchaud était brave et énergique, mais il s'excitait au feu jusqu'au point d'agir sans discernement. Chargé d'amener à Saint-Privat les troupes restées en réserve, il prenait toutes celles qu'il rencontrait sans s'inquiéter si elles étaient nécessaires là où elles se trouvaient. Ainsi, de son fait, les Saxons trouvèrent Roncourt à peu près dégarni.

L'occupation par l'ennemi de ce village en arrière de notre ligne détermina la retraite de notre droite. La division Lafont de Villiers, qui la composait, réduite à trois régiments par le ralliement en arrière du 94e, avait perdu l'avant-veille la moitié de ses officiers et ses meilleurs soldats. Depuis plus d'une heure ses rangs s'égrenaient et les capitaines d'état-major Tisseyre, Clément et Hiver « parcouraient la ligne de bataille, m'a raconté l'un d'eux, pour arrêter les groupes qui faisaient demi-tour l'arme sur l'épaule et se retiraient disant ne plus avoir de cartouches. »

Aussitôt à Roncourt, les Saxons ouvrirent le feu sur la division Lafont de Villiers en la prenant à revers, et des hussards, formant leur avant-garde, sabrèrent des soldats du 75e.

Recevant des balles dans le dos, la division recula et en voyant des cavaliers, le général de Sonnay la forma en deux carrés.

Le général Lafont de Villiers égaré dans le flot des débandés fut entraîné du côté de Metz et le lendemain le maréchal Canrobert, quand il le retrouvera après l'avoir longtemps cherché, lui en fera reproche.

Si l'on n'arrêtait pas les Saxons, Saint-Privat allait être attaqué sur deux faces et le maréchal Canrobert avec ses compagnons d'armes y seraient faits prisonniers.

Le colonel Fourchaud, dont le zèle irraisonné était en partie cause du danger, s'en rendit compte et chargea le lieutenant Plazanet d'aller chercher le 100ᵉ de ligne, la dernière réserve du corps d'armée.

« Dites au colonel Gremion, ainsi s'exprima-t-il, que nous sommes f..., mais le maréchal Canrobert ne veut pas s'en aller et il s'agit de le dégager. » Le lieutenant Plazanet trouva le gros colonel Gremion à pied fumant sa pipe : il commença par la débourrer, puis fit avancer les 2ᵉ et 3ᵉ bataillons sur Saint-Privat et resta avec le 1ᵉʳ sur la lisière de la forêt de Jaumont, où il fut inutile.

En voyant le 2ᵉ bataillon se diriger du côté où s'avançaient les Saxons, le général Tixier se porta devant le front, tira son épée, fit battre et sonner tambours et clairons et se mettant en tête avec son état-major, marcha sur l'ennemi.

Il y avait aux environs des quantités de soldats débandés ; le général Tixier leur criait : « Venez avec nous ; si vous n'avez plus de cartouches, vous avez encore vos baïonnettes. Plusieurs centaines d'hommes obéirent et vinrent prolonger le bataillon du 100ᵉ à droite et à gauche.

En le voyant s'avancer avec résolution, les Saxons crurent à l'arrivée de réserves : ils s'arrêtèrent, leurs éclaireurs reculèrent sur le gros de leurs forces et leur marche fut encore retardée.

Le 3ᵉ bataillon du 100ᵉ, après avoir fait quelques cents mètres, s'était massé derrière Saint-Privat. Le colonel Fourchaud le voyant au repos galopa au commandant Poilloüe de Saint-Mars : « Que faites-vous là », cria-t-il. « J'ai été placé là pour attendre des ordres. — Eh bien, le maréchal Canrobert vous demande si vous allez laisser enlever le village? — Que faut-il faire? — Il faut vous jeter dans Saint-Privat, baïonnette au canon, les Prussiens commencent à y entrer. » L'assertion était prématurée, dit le lieutenant Lemaire de Montifaut, mais le village était en ce moment sous une douche de projectiles.

« Le commandant Poilloüe de Saint-Mars nous mit au pas gymnastique et, lui en tête, nous dirigea à l'entrée par la grande route.

« Cette course dans des terres labourées amena du désordre dans les rangs. Ma compagnie était en queue de colonne. Il y avait des traînards : un de mes réservistes s'écria : « On nous mène à la boucherie. » Je lui mis mon revolver sous le nez, le prévenant qu'un mot de plus, je lâchais le coup. D'autres grognaient et disaient : « On va nous faire tuer... » Le moral avait disparu.

« Aux premières maisons du village le bataillon s'arrêta instinctivement. Devant nous les poteaux télégraphiques et les peupliers étaient à chaque instant ébranlés; les obus en avaient coupé quelques-uns qui gisaient à terre avec de grosses branches; des blocs du macadam de la chaussée étaient projetés en l'air et retombaient plus loin comme une masse de mitraille.

« Impossible de traverser cette route, criblée comme elle l'était, et le bataillon demeurait à l'état de troupeau contre les murs d'une maison, le commandant et les officiers s'efforçant de rétablir l'ordre. Une détonation retentit puis de la fumée et une bousculade : en me retournant, je vis le cheval du commandant à un galop échevelé et sans cavalier.

« A quelques pas il y avait un groupe. Je m'approchai : au milieu était le commandant Poilloüe de Saint-Mars : « Je veux, disait-il, qu'on me laisse. » Il avait la jambe droite à moitié enlevée : on le hissa sur le cheval de l'adjudant-major Lansac et on le conduisit en le maintenant jusqu'à l'ambulance la plus voisine.

« Cette scène dramatique dont tout le bataillon avait été spectateur augmentait encore le trouble des esprits.

« Le capitaine Kieffert prit le commandement. Le jour baissait : les batteries allemandes accéléraient leur feu; Saint-Privat brûlait en partie. Les blessés se sauvaient des maisons où l'incendie les menaçait et ceux qui ne pouvaient se lever poussaient des cris effroyables. Le départ des hommes, des sections, des compagnies et même des bataillons, s'accentuait. »

Les officiers avaient toutes les peines du monde à maintenir encore derrière les murs et dans les maisons ceux de leurs hommes qui ne pouvaient plus, faute de munitions, rendre les coups qu'ils recevaient et voilà que des balles venaient les frapper de flanc et par derrière. Ce fut une dernière épreuve pour beaucoup qui abandonnèrent la lutte, et particulièrement, entre Saint-Privat et Amanvillers, il ne resta presque plus personne.

L'ennemi s'en aperçut et reprit aussitôt l'offensive. Enlevés par leurs officiers survivants et doublés par une partie du corps saxon accouru à leur aide, les soldats de la garde prussienne se levèrent et montèrent à l'assaut de Saint-Privat.

A l'est et au nord leur marche fut encore arrêtée par nos feux, mais au sud-est ils purent avancer sur le terrain laissé vide par le départ de la division Le Vassor-

Sorval et bientôt ils entourèrent le hameau de Jérusalem dont les défenseurs se sauvèrent pour ne pas être pris.

Les braves qui se maintenaient dans les vergers de l'est et du nord de Saint-Privat cherchaient des cartouches sur les morts ou ramassaient des paquets abandonnés.

Certains conservaient encore la gaieté et l'esprit de blague. Une compagnie était en réserve dans Saint-Privat; entre deux explosions d'obus, un sous-officier en serre-file se met à dire : « Quelqu'un a-t-il une glace? » Le capitaine se retournant : « Pourquoi faire? — Oh, pour voir la... figure que nous faisons. » Et tous d'éclater de rire.

A côté du général Le Roy de Dais, des soldats du 12e fouillaient les gibernes des morts et après avoir pris les cartouches, se tournant vers le général, lui disaient : « Regardez, mon général, je parie que je fais tomber ce chef à cheval qui est là-bas près de cette haie. »

Non loin de l'entrée de Saint-Privat, où le maréchal Canrobert venait de se rendre, un groupe de soldats revenait. Tout à coup surgit, devant eux, sortant d'on ne sait où, un petit sergent qui se redresse, et barrant le passage avec son fusil s'écrie : « Arrêtez-vous; mettez-vous derrière ce mur et tirez vos dernières cartouches. Si vous n'en avez pas, je vais vous en donner. » Son air d'autorité, son courage en imposèrent; les hommes s'arrêtèrent, se retournèrent et recommencèrent le feu.

Le maréchal alla au sergent et lui dit : « Jeune homme, donnez la main au maréchal Canrobert », en lui tendant la sienne.

Je n'ai pu retrouver le nom du sergent, mais s'il vit encore, il doit se souvenir avec une légitime fierté de ce fait que m'ont raconté les officiers d'ordonnance du maréchal qui en furent les témoins.

Sur le front du 4ᵉ de ligne un vieux soldat nommé Audissier tombe au moment où sa compagnie recule, et quand ses camarades s'arrêtent, ils le voient seul exposé aux obus et aux balles. Le soldat Hutin saute le petit mur qui l'abrite, court au blessé, le rapporte sur son dos jusqu'à l'ambulance de l'église et revient à sa compagnie.

Des officiers d'état-major, le commandant Caffarel, les capitaines Tisseyre, Paul de Saint-Sauveur, les lieutenants Chamoin, de Forsanz et Raymond Duval galopaient après les groupes, les exhortaient, et souvent les faisaient revenir au combat; quand ils en avaient décidé quelques-uns, ils allaient en rechercher d'autres.

« Nous nous repliâmes, a écrit le lieutenant Delor du 10ᵉ de ligne, et quelques-uns de nos hommes firent notre admiration : ils s'arrêtaient, se groupaient, tiraient, puis reprenaient leur marche et s'arrêtaient encore pour tirer. Nous atteignîmes ainsi la place de l'église. Le maréchal Canrobert était à cheval; nous le saluâmes et mon capitaine, M. Roque, lui exposa pourquoi nous battions en retraite; il nous répondit par quelques paroles d'encouragement et nous dit de nous mettre derrière les petits murs extérieurs de Saint-Privat. »

Il est 7 heures un quart ou 7 heures et demie; les Prussiens sont entrés dans Jérusalem et 284 canons criblent Saint-Privat d'un feu précipité : les obus enfilent la grande rue et tombent en pluie autour de l'église.

Des fractions des 4ᵉ, 10ᵉ et 12ᵉ de ligne sont dans les maisons et dans les vergers. Le chef de bataillon Morin, qui commande le 10ᵉ, se promène les bras en l'air et en criant : « C'est comme à Inkermann. » Le capitaine Tillette de Clermont-Tonnerre continue à faire exécuter des feux avec sang-froid. Le capitaine Zédé du 12ᵉ, un peu plus au nord, fait de même, mais les cartouches commencent à manquer et beaucoup ont épuisé leur force morale et physique.

« J'ai l'impression que l'heure est tragique, écrit le lieutenant Munier; derrière nous pas d'infanterie pour nous soutenir, mais, au loin, près de la forêt, les chasseurs d'Afrique dont les chevaux sont rendus fous par les obus. Tout à coup des cris de : « En retraite! » sont prononcés à la fois par des voix différentes. Les hommes très nerveux se lèvent d'un bond et partent au pas de course. La réaction se produit heureusement : « Au pas », répète-t-on, et on se calme; les hommes marchent et s'arrêtent pour faire feu, mais leur tir n'a plus guère d'efficacité! Le sous-lieutenant Berthelot tombe : le soldat Jacob le relève et le charge sur ses épaules; un obus les atteint et les jette à terre. Au delà de Saint-Privat nous sommes pris en écharpe par des troupes qui viennent de Roncourt. Les régiments se mêlent, les appels s'entre-croisent; c'est le désordre : j'ai ma section avec moi, mais j'ai perdu mon capitaine. »

La toiture du clocher de l'église brûlait et dans l'intérieur, où étaient accumulés plusieurs centaines de blessés, l'autel était brisé, les statues jetées à terre, la chaire arrachée du mur et renversée dans le milieu de la nef. Le curé se multipliait auprès des malheureux qui y restaient et que l'on s'efforçait d'emporter. Le jeune lieutenant de Martimprey en sortait tenant dans ses bras le général Colin.

Autour, les maisons étaient en partie éventrées, les toits crevés; des pans de murailles éboulées par endroits s'échappait une fumée épaisse et âcre avec des bouffées de flammes rouges. Dans les maisons où les obus n'avaient pas allumé d'incendie, les soldats des 4e et 100e de ligne, les derniers engagés et encore en possession de cartouches, tiraient sans cesser dans trois directions. « On eût dit, a écrit le colonel Borson, autant de vaisseaux entourés de toutes parts et faisant feu à la fois de tribord et de bâbord. »

A droite et au fond de la place de l'église se tenait en bataille la compagnie du drapeau du 10e de ligne, et nombre de soldats de ce régiment qui revenaient, leurs cartouchières vides, se ralliaient à sa gauche, prêts encore à marcher à la baïonnette.

« C'était un charivari extraordinaire, a dit le lieutenant de Forsanz, les obus qui éclataient, les tuiles qui se cassaient avec fracas et qui tombaient en se brisant en mille pièces sur le sol, les cris des mourants et des blessés que l'on transportait, la fumée, l'incendie, la fusillade, l'écroulement des murs des maisons, tout cela troublait les esprits les plus rassis tellement que leur mémoire en a perdu sa précision; on ressentait comme une calotte de plomb qui vous enserrait la tête; c'était une féerie, sanglante, horrible, impressionnante, qui me hante encore. »

Si devant de pareilles horreurs, beaucoup perdirent

contenance, si la tension nerveuse devint si violente chez certains que leur caractère et leur nature se transformèrent, il en est d'autres qui montrèrent les plus nobles et les plus belles qualités. Comme le maréchal Canrobert le fit au conseil de guerre de Trianon, on doit rendre hommage à ces modestes soldats, serviteurs de la patrie, fidèles à l'honneur et au devoir, qui restèrent à Saint-Privat jusqu'au dernier moment. Seuls ceux qui ont vécu cette heure dramatique peuvent dire ce qu'il a fallu de fermeté de cœur pour demeurer là jusqu'à ce que l'ordre de se retirer fût arrivé et pour ne pas céder à cette suggestion presque irrésistible de désespoir et d'affolement qui parcourut bien des rangs de l'armée dans cette soirée.

Un obus arrivant sur le porche de l'église enlève un morceau du fronton et de la croix de pierre qui le surmontent et ses éclats viennent tuer le chasseur Thomas et frapper les chevaux du maréchal et des officiers de son escorte.

Passant de maison en maison, le « vaillant petit Péchot » va à droite, à gauche, parlant tranquillement aux uns et aux autres, donnant ses ordres et veillant à la défense du village.

Le général Le Roy de Dais, à pied, sa canne à la main, est au débouché d'une rue, donnant l'exemple à ses soldats embusqués dans les maisons d'alentour; ses hommes n'ayant plus de cartouches, il envoie son officier d'ordonnance, le lieutenant Vialla, demander au maréchal s'il faut faire mettre baïonnette au canon à ce qui lui reste de braves et tenter une charge.

Voilà des renforts. Serait-ce enfin la Garde? Ce sont le colonel Gibon, le commandant Séjourné et le capitaine Astier qui ramènent chacun des groupes ralliés à force d'énergie.

Une autre troupe apparaît conduite par le commandant Philebert : « Nous avions été — a-t-il écrit — chargés de soutenir deux batteries qui étaient arrivées à l'angle sud du village (batteries de Contamine); cette artillerie, ayant subi de grandes pertes, s'est retirée. Il est impossible de rester en cet endroit où nous ne pouvons rien faire et où les obus et les éclats de pierre des murs sont lancés dans toutes les directions.

« Nous nous retirons quand un officier d'ordonnance du général du Barail (le capitaine Paul de Saint-Sauveur) vient nous dire que le maréchal Canrobert est dans le village et en danger. Je demandai aux hommes qui restaient autour de moi s'ils voulaient m'accompagner à Saint-Privat. Ils me répondirent par acclamation et nous nous mîmes en marche. Je les plaçai derrière un mur; alors il se produisit chez eux une hésitation : ils se regardaient de cet œil fixe qui dénote l'indécision, et ils eurent un mouvement de rotation instinctif comme celui des troupeaux de moutons. Se croyant à l'abri, ces hommes ne se souciant pas de retourner au danger, un vieux capitaine, M. Faucon, tirant son sabre, cria : « Allons, au mur ! » et poussant les hommes qu'il avait devant lui, il leur commanda de faire feu. Frappés de l'énergie de cet officier, entraînés par son ascendant, tous se ressaisirent et tinrent ferme. »

Il arrivait même à Saint-Privat des soldats du 4ᵉ corps. « Ce n'est pas la direction de la division de Cissey, a écrit le capitaine Mège, du 1ᵉʳ de ligne, mais me voici aux premières maisons de Saint-Privat... où il y a plusieurs régiments que le maréchal Canrobert contient... Il se place au milieu de la rue... nous sommes trois ou quatre cents... il donne l'ordre de garder les issues et ce mouvement me semble exécuté avec assez de précision. »

« Je pénètre dans le village avec quelques hommes de ma compagnie, a également écrit le sous-lieutenant de La Freslonnière du 70e. Nous sommes à l'église, le maréchal Canrobert, à cheval, donne des ordres et organise la défense de Saint-Privat : de nombreuses maisons sont en flammes et les obus pleuvent. Ceux qui ont vu le maréchal en ce moment ne l'oublieront jamais, allant de groupe en groupe et encourageant chacun. Mais bientôt mes hommes me préviennent que l'on entend le refrain de notre régiment en arrière; nous y allons et nous retrouvons le gros du 70e. »

Le commandant Féraud, qui accourait à cheval pour rallier la compagnie du génie restée dans la tranchée, fut projeté en l'air par un obus qui éventra son cheval; on le crut mort, il n'était que fortement contusionné. Le lieutenant-colonel Saint-Martin, blessé, revenait aussi avec le lieutenant du Couédic et une centaine d'hommes du 93e sans cartouches. Tout d'un coup les flammes et la fumée qui sortaient du clocher de l'église eurent une poussée énorme et s'élevèrent à plusieurs mètres; un énorme craquement se fit entendre, puis un bruit sourd : le toit du clocher s'effondrait, les cloches tombaient à terre et leur choc produisait un bruit sourd et métallique.

Le commandant Caffarel, qui avait été à Roncourt, revint annonçant les progrès des Saxons sur notre droite et nos derrières : il était très échauffé et suppliait le maréchal de se retirer. Aucune réponse, aucun geste; le maréchal, comme absorbé, ne semblait pas l'entendre; alors s'excitant d'autant plus, il devint si pressant que, tournant tranquillement la tête et le regardant, le maréchal lui dit en se redressant : « Un maréchal de France ne recule pas devant l'ennemi! » Le commandant, de plus en plus emballé, riposta : « Ça vaut encore mieux cependant que de se laisser prendre. »

Le commmandant Lonclas, de retour d'Amanvillers où il avait été prévenir le général de Ladmirault de la retraite prochaine du 6ᵉ corps, joignit ses instances à celles du commandant Caffarel, et ajouta pour le convaincre « que cette journée, malgré son horreur, serait la plus belle de sa carrière ». Le moment était venu d'abandonner Saint-Privat; le maréchal le comprit. Il calcula que le général de Ladmirault avait eu le temps de prendre ses dispositions en vue de l'évacuation de Saint-Privat et pensant pouvoir tenir sur la crête en avant du défilé de Saulny, il donna lui-même l'ordre aux généraux Péchot et Le Roy de Dais de se retirer en arrière de Saint-Privat et au général Tixier « de former deux échelons avec les deux bataillons restant du 100ᵉ régiment de ligne pour protéger la retraite des défenseurs de Saint-Privat. »

Il était exactement 7 heures et demie, le disque d'or du soleil avait disparu et un long nuage rouge prolongeait l'horizon. Le colonel Borson en fit la remarque à ceux de l'état-major qui étaient là.

Déjà depuis un quart d'heure une suite de détonations d'artillerie se succédant coup sur coup en éclatant en arrière sur notre gauche, était venue ramener l'espérance chez les plus énergiques. Était-ce la réserve générale de l'artillerie de l'armée et la Garde qui débouchaient enfin?

Depuis que les batteries du 6ᵉ corps avaient quitté le champ de bataille, le lieutenant-colonel de Montluisant les avait presque toutes réunies sur la butte des Carrières, où il avait été possible de les ravitailler au moyen de plusieurs caissons de munitions et c'étaient elles qui venaient de rouvrir le feu.

L'ordre de retraite fut difficile à exécuter dans Saint-Privat.

Le gros des défenseurs était composé de soldats du 4ᵉ de ligne et si le 3ᵉ bataillon, le plus au nord, put être réuni par le colonel Vincendon, il n'en fut pas de même pour cinq compagnies du 1ᵉʳ, engagées sur le front est et sud-est. Le capitaine adjudant-major Poirier fut chargé de les prévenir. « Mais avant que j'eusse pu voir tous les capitaines, a-t-il écrit, l'ennemi arrivait sur la position. »

Le capitaine Poirier voulut quand même accomplir sa mission.

« Arrivé au centre du village, nous dit-il encore, je rencontrai un groupe de fantassins ennemis, je faillis être pris et je m'échappai grâce à mon cheval. »

Heureusement les compagnies non prévenues parvinrent à s'évader et presque tous les officiers et les hommes valides rejoignirent le régiment le soir et le lendemain. Mais une vingtaine de médecins, des fonctionnaires de l'intendance et presque tous les blessés furent faits prisonniers.

Le maréchal Canrobert avait déjà envoyé cinq officiers au maréchal Bazaine pour le tenir au courant et lui demander du secours ; il lui en envoya un sixième l'informer de la nécessité où il était d'abandonner Saint-Privat et lui demander ses instructions. Il considérait dans un pareil moment comme non avenues celles qui lui prescrivaient de se retirer sur Metz et en quittant Saint-Privat, il me l'a dit, il pensait que le maréchal Bazaine lui indiquerait une position sur le plateau de Saulny où il devrait garder un débouché en cas de reprise d'offensive et en même temps un point de résistance pour arrêter la poursuite.

Le commandant Caffarel étant là, le maréchal lui fit suivre du doigt sur la carte la route qui va à Saulny, lui montra les positions dominantes qu'elle longe et sur lesquelles il jugeait possible de continuer la résistance si la Garde venait le soutenir ; puis il lui indiqua à partir de Saulny le chemin le plus court pour gagner Plappeville.

PLANCHE VI

POSITION DES ARMÉES

VERS 10 HEURES DU SOIR
APRÈS LA RETRAITE DU 6ᵉ CORPS
DE LA DIVISION CISSEY
ET DE LA BRIGADE BELLECOURT DU 4ᵉ CORPS

Le 6ᵉ corps et la division de Cissey sont en retraite se dirigeant sur Woippy, la brigade Bellecourt sur Lorry. La brigade Pradier et la division Lorencez, soutenues par les 41ᵉ et 71ᵉ du 3ᵉ corps, restent à Montigny-la-Grange; les 3ᵉ et 2ᵉ corps n'ont pas bougé. La division de cavalerie Clérembault, du 3ᵉ corps, est en retraite sur Plappeville; les trois divisions de cavalerie (de la Garde, Forton et Valabrègue) sont sur le point de s'installer au Ban-Saint-Martin et à Devant-les-Ponts.

Les Allemands débordent notre aile droite. Les Saxons (XIIᵉ corps) sont entrés dans la forêt de Jaumont; avec la Garde ils occupent Saint-Privat, et le Xᵉ corps s'avance de Saint-Ail vers Saint-Privat; le IXᵉ corps est devant Amanvillers, le IIIᵉ entre Vernéville et Chantrenne; les IIᵉ, VIIᵉ et VIIIᵉ de Gravelotte à Vaux et Jussy, devant le 2ᵉ corps français.

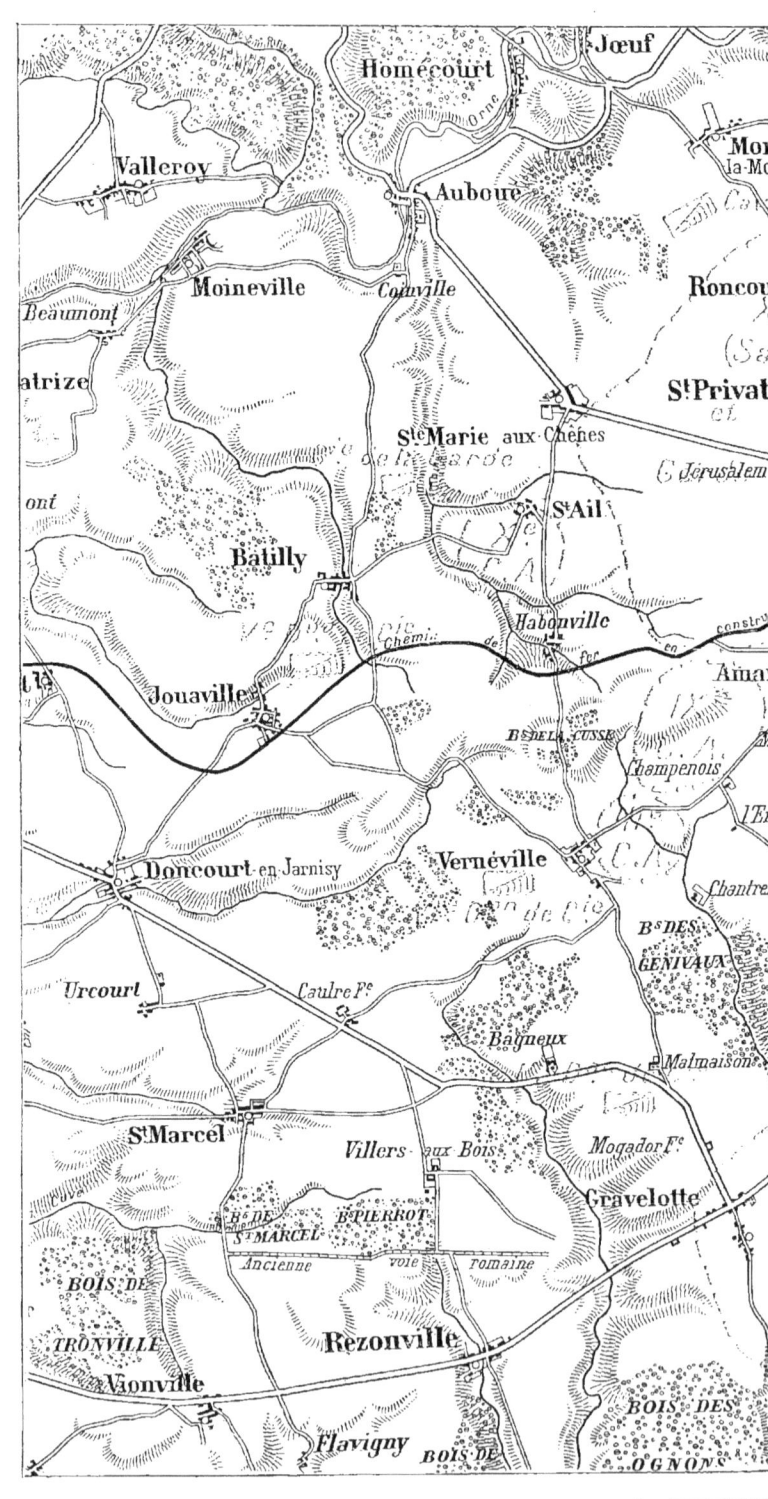

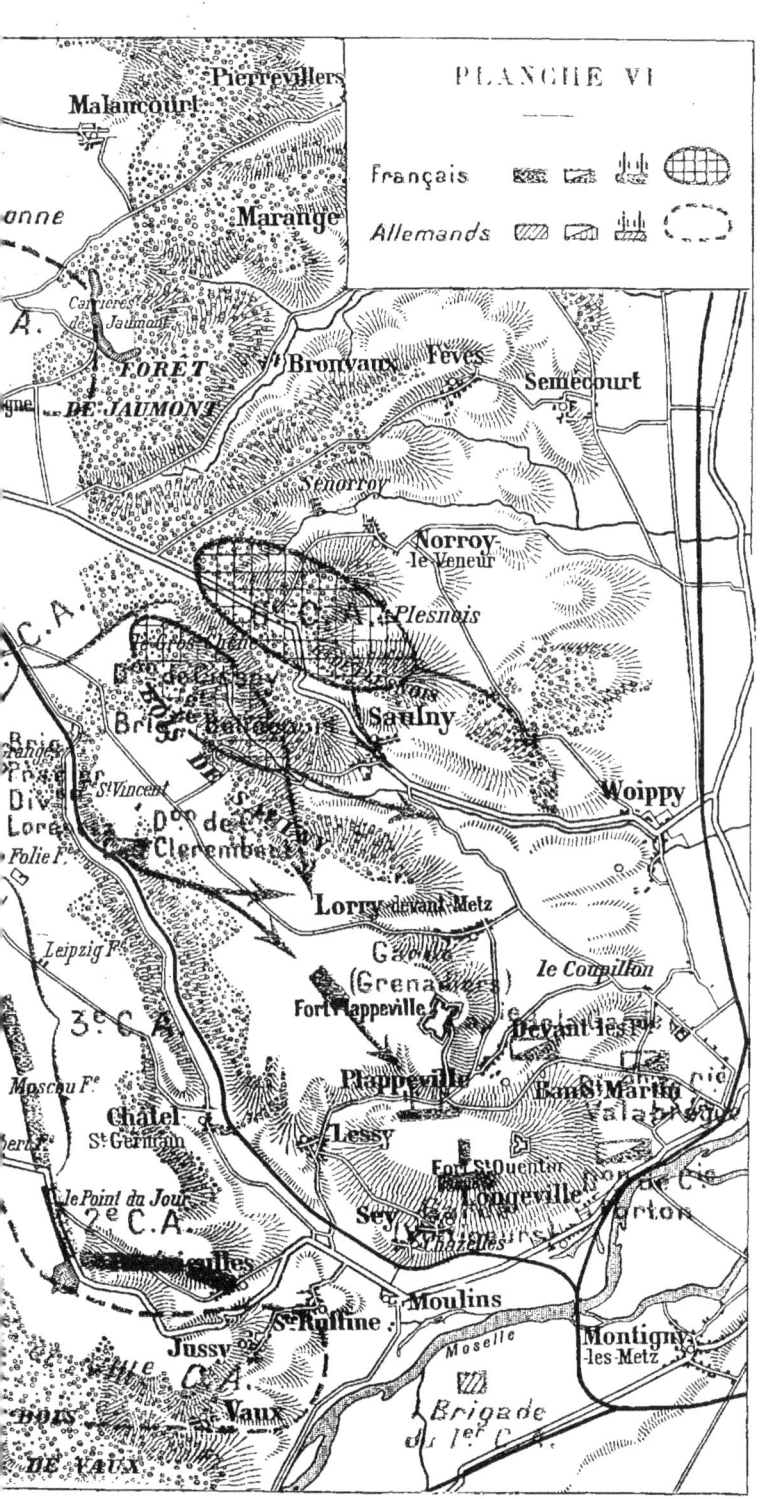

Le Maréchal Canrobert. — Tome VI.

CHAPITRE III

RETRAITE DE L'AILE DROITE FRANÇAISE

Le commandant Caffarel m'a fait souvent le récit de sa mission. Parti au trot, il traversa la partie ouest du village et gagna la grande route à Marengo; des maisons brûlaient et son cheval marchait sur des brindilles enflammées; dans les rues et aux fenêtres des maisons, des combattants excités, aux carrefours, des hommes se groupaient et se ralliaient. C'était partout l'excitation et l'ardeur de la lutte désespérée.

Une fois en plaine, l'aspect était tout autre. C'était le désordre, la débandade, la fuite et la défaite. Par places, des groupes se retiraient compacts; sur certains points, d'autres groupes immobiles attendaient, et à chaque moment, des hommes débandés venaient les augmenter; des isolés s'en allaient à travers champs ou par la route; des blessés, des chevaux morts, des débris de voitures, des sacs, des marmites et toutes sortes d'effets couvraient le sol; à gauche, des lignes de cavalerie, et puis, sur la colline, à droite, des pièces dont le feu était continuel. Des officiers à cheval couraient pour retenir et rallier les débandés, pour redonner du cœur à tous, les ramener en avant, au moins leur faire faire face à l'ennemi. Le commandant dépassa des files de cacolets et de blessés transportés à bras ou sur le dos d'un camarade. Au milieu de ce vaste espace, des chevaux blessés ou effarés couraient au hasard, par bandes, ou bien broutaient tranquillement là où il y avait de l'herbe.

Sur la chaussée et sur ses bas côtés gazonnés, une colonne hétéroclite de soldats de tous les corps; les uns emportent leurs armes et leurs sacs, les autres ont tout jeté et marchent les bras ballants; des blessés crient : tous vont au pas ordinaire, dans un désordre complet mais sans trouble, mornes, la figure basse, les yeux à terre, accablés.

Quand le commandant Caffarel fut sur le point d'atteindre la crête du plateau de Saulny, il distingua, malgré le bruit du canon, les accents cuivrés d'une musique qui jouait la *Marseillaise*, des tambours et des clairons battant ou sonnant la charge.

C'est enfin la Garde, pensa-t-il, mais devant rapporter le plus vite possible les instructions du général en chef, il continua son chemin sans s'assurer du fait.

Depuis l'entrée de la forêt la route, très large, bordée de vastes bas côtés et de fossés, monte droit jusqu'au bois de Vémont, près du village de Plesnois, où elle atteint la cote 380, la plus élevée de la contrée. A droite, à gauche sont des bois fourrés, épais, difficilement pénétrables, d'autant plus que presque partout il y a des fondrières, des trous, des excavations abruptes.

De l'épais taillis qui borde la route, à chaque moment sortaient des apeurés qui s'y étaient blottis : ils passaient d'abord la tête, comme une bête qui sort de son terrier, puis après s'être assurés que le danger était loin, ils risquaient tout le corps et venaient, sur la chaussée, grossir le torrent disparate qui roulait vers Metz.

Aux abords de Saulny des voitures abandonnées, les unes renversées, toutes dételées, la plupart à moitié déchargées et pillées, étaient mêlées à des caissons d'artillerie également abandonnés et témoignaient d'une panique de convoyeurs.

Après avoir dépassé Saulny, le commandant Caffarel prit un chemin de traverse qui, par Vigneulles, conduit directement à Plappeville. Il espérait, ayant quitté la grande route, pouvoir pousser son cheval et même parfois prendre le galop; il fut vite détrompé; il y avait partout des fuyards, des voitures et des cacolets qui obstruaient les chemins. A Lorry, les rues étaient aussi embarrassées que celles de Saulny; il entendit même en traversant ce village un bruit de charrettes ou de lourdes voitures au galop : c'était une de ces paniques partielles comme il y en a dans les arrières de toutes les armées.

Malgré toute son ardeur, il ne parvint à Plappeville qu'aux environs de 9 heures et, sur sa demande, il fut aussitôt introduit dans la salle à manger au rez-de-chaussée où le maréchal Bazaine, le colonel Boyer, le commandant Willette, le capitaine de Mornay, le lieutenant Alb. Bazaine et le peintre Beaucé finissaient de dîner.

Pendant que le commandant Caffarel se rend à Plappeville, qu'il s'entretient avec le maréchal Bazaine et qu'il revient pour rapporter ses instructions, le combat se continue d'abord autour de Saint-Privat et la retraite s'opère sur Woippy, par Saulny.

Quoique la situation eût paru bien mauvaise au maréchal Canrobert, elle l'était encore plus qu'il ne l'avait supposé et quand il eut franchi un talus qui l'empêchait de voir, un spectacle lamentable s'offrit à sa vue.

Devant lui s'étendait la plaine en forme de cuvette, bordée à 12 ou 1 500 mètres par des bois en demi-cercle, au centre la ferme de Marengo et à droite les hauteurs des carrières. A la pénombre on distinguait des masses compactes grouillantes qui se déversaient sur la grande route comme des centaines de ruisseaux se précipitent dans un fleuve après la pluie. Toute cette masse se repliait sur Metz, ou se groupait pour s'y rendre; avec ces troupes désagrégées et pressées de trouver un abri et du repos, on ne pourrait opposer de résistance à l'ennemi s'il se présentait.

Il était donc impossible de se maintenir sur les hauteurs de Saulny.

Que tout le corps d'armée pût s'écouler sous la protection d'une arrière-garde sans être pressé par les Allemands, c'était tout ce qu'il était permis d'espérer de mieux.

Depuis le commencement de la bataille la grande route de Metz par Saulny est le déversoir de toute l'aile droite française.

Convois de vivres, bagages, fourgons du trésor, caissons d'artillerie, ont d'abord circulé seuls; des blessés sont bientôt venus avec des paysans se sauvant de l'ennemi; puis sont apparus des fuyards isolés; leur nombre a augmenté; ils sont venus par bandes et maintenant ce sont des fractions du corps d'armée qui s'écoulent. La colonne qui monte au bois de Plesnois et descend après sur Metz est épaisse, compacte, mélangée de tous les éléments de l'armée et son écoulement est lent, continu et sujet à des arrêts répétés.

Elle était surtout composée des divisions Lafont de Villiers et Le Vassor-Sorval, dont l'exode avait commencé à 6 heures et demie.

Exhortés par des officiers, quelques soldats étaient retournés au combat, mais depuis quelques instants le bruit courait que l'ordre de la retraite était donné : beaucoup le croyaient, le répétaient et se retiraient sur Metz.

Le général Le Vassor-Sorval, « après une demi-heure d'efforts pour retenir ses troupes sur le champ de bataille, nous dit le capitaine Martner, suivit le mouvement : nous constatâmes alors que la débandade était générale. Saint-Privat et Jérusalem étaient en flammes. Des musiques arrivaient jouant la *Marseillaise* et leurs sons me mirent les larmes aux yeux. Des soldats reprenaient le refrain en chœur, faisaient plusieurs pas en avant, puis hésitaient et retournaient. »

Le général Le Vassor-Sorval n'aurait pas voulu s'en aller; il s'arrêta indécis; son chef d'état-major, le colonel Melin, insista : « Il n'y a plus qu'à se retirer », déclara-t-il. « Moi, je reste », lui répondit le capitaine Niox. « Moi aussi », ajouta le capitaine Picheu et tous deux retournèrent à Saint-Privat. Un canonnier mangeait un morceau de pain assis sur le talus de la route; en entendant ce dialogue. « Ah! vous vous en allez, vous autres. Eh bien, j'en fais autant », dit-il; puis il se leva et suivit la foule.

« Bientôt, dit encore le capitaine Martner, nous fûmes au grand trot. De toutes parts, la route était couverte de fuyards ainsi que les bois à droite et à gauche : honteux de prêter la main à cette panique, nous reprenons le pas, et aussitôt on en fait autant autour de nous. A chaque instant la chaussée était encombrée de voitures renversées et de chevaux morts, abattus et dépecés.

« A Saulny, les gendarmes, pistolet au poing, voulaient nous arrêter; nous les forçâmes, malgré leurs menaces.

« Pour moi, je n'avais qu'une préoccupation : suivre le colonel chef d'état-major qui avait la responsabilité de nos actes, d'autant plus qu'il m'avait grossièrement reproché la veille de ne pas être constamment resté auprès de lui.

« A Woippy, sous le feu des canons de Metz, nous étions sauvés et nous nous postâmes pour recevoir notre général dont nous avions été séparés et qui ne tarda pas à nous rejoindre. Nous nous installâmes dans la première maison venue. J'étais anéanti et dans le plus profond désespoir; je me serais laissé tuer sans me défendre tant j'étais démoralisé. Mon ordonnance vint à mon secours et, à 10 heures, je me couchai enveloppé dans mon manteau, mais à chaque bruit, nous croyions entendre les uhlans arriver. »

Il est des moments où le désespoir envahit les cœurs, où les esprits les plus rassis se troublent, où les caractères les plus fermes faiblissent et où d'autres deviennent indifférents à tout, se laissent aller au gré des événements ou des mouvements de la multitude.

Dans la soirée et la nuit qui suivit la bataille de Saint-Privat, bien des cerveaux solides, hantés par le spectre de la défaite, perdirent leur faculté de raisonnement et devinrent le jouet d'une terreur irréfléchie et instinctive.

Le même fait s'est produit et se reproduira dans toutes les défaites; tandis que certains grandissent et deviennent héroïques jusqu'à être sublimes, d'autres s'éclipsent, perdent leur assurance et sont complètement annihilés.

Le général Lafont de Villiers, qui jadis avait donné maintes fois des preuves de sang-froid, de ténacité et d'intrépidité, était sans volonté, incapable d'agir et de parler, entraîné par la foule et ballotté par ses remous.

« Vers 7 heures, nous raconte le capitaine Saux, prévôt de la division Lorencez, le général Lafont de Villiers s'avance, suivi de son état-major; il est du reste parfaitement calme au milieu de la panique et se laisse diriger par son cheval sur la route de Saulny, dans la direction de Metz. Ni lui ni ses officiers n'agissaient et ne donnaient d'ordre pour arrêter cette fuite. Les hommes sur la route jetaient sacs et fusils.

« Alors, le sabre à la main, je me dirigeai au galop de mon cheval, suivi de plusieurs gendarmes, vers ce général, lui demandant où il voulait arrêter cette débandade. Il ne répondit pas et continua à se laisser diriger par sa monture.

« Aidé du gendarme Muller et de plusieurs autres, je parvins à retenir momentanément les fuyards. Je formai un groupe devant moi de l'effectif d'une compagnie; j'exhortai ces hommes à aller se faire tuer au lieu de fuir : des officiers s'arrêtaient et regardaient comme ahuris.

« En cet instant vinrent deux caissons de cartouches d'infanterie; j'en fis distribuer, mais au milieu du tumulte les deux caissons disparurent. Plusieurs musiques s'étant mises à jouer le *Chant du départ* et la *Marseillaise* et à se diriger du côté du champ de bataille, il se produisit un mouvement en avant, mais bientôt la peur reprit son action, les hommes recommençaient à jeter sacs et fusils et s'enfuyaient vers Metz. Deux officiers de chasseurs d'Afrique, MM. Paul de Saint-Sauveur et Jules de Chabot, de l'état-major du général du Barail, excitaient les soldats leur disant : « Venez, mes amis, nous sommes vainqueurs, c'est le « maréchal qui nous envoie vous chercher. »

« Le général Lafont de Villiers fit alors demi-tour et retourna du côté du champ de bataille. »

Le jour baissait rapidement et la colline des Carrières de la Croix attirait les regards par les lueurs rouges et les détonations qui en partaient sans cesser.

Du haut en bas, des pièces étagées faisaient un feu accéléré, et plus au sud une autre ligne d'artillerie se prolongeait en arrière et en amont d'Amanvillers. Toute l'artillerie prussienne — 284 pièces — répondait; dans la nuit les lames de feu se croisaient et leurs lueurs rouge et or apparaissaient rapides et éclatantes.

Le lieutenant-colonel Jamet était venu joindre ses batteries à celles du lieutenant-colonel de Montluisant.

Placées en étage, leurs pièces avaient ouvert le feu vers 7 heures un quart un peu au hasard. La fumée et la poussière empêchaient de voir. « Où dois-je tirer ? » demandait au colonel Jamet le capitaine Heintz : « Sur la lune, » répondait le colonel. « Et vous, à 60 mètres à droite de la lune, » disait-il ensuite au capitaine Delabrousse devant l'adjudant Kamerlocher. La lune, c'était le disque rouge du soleil qui s'enfonçait derrière l'horizon.

Un peu plus tard, le chef d'escadron Lardenois, du 3ᵉ chasseurs à cheval, voyant le lieutenant-colonel de Montluisant, lui demanda devant les lieutenants Masson de Kerloy et Baillœul : « Où tirez-vous ? — Droit devant moi... effet moral », répondit-il.

Le tir, on le comprend, dut être matériellement peu efficace ; celui des Allemands ne le fut pas davantage : tous leurs obus vinrent tomber à la base de la hauteur et pas un seul n'atteignit une de nos batteries.

Cependant le bruit des détonations, en se succédant avec rapidité, arrêta l'ennemi, qui ne dépassa pas Saint-Privat.

Le maréchal Canrobert, du haut du talus où il était, vit le général Péchot et le colonel Vincendon sortir du village ; avec eux étaient plusieurs compagnies encore groupées et à 50 mètres plus en arrière, une ligne de tirailleurs auxquels ils faisaient exécuter la retraite en échelons comme à la parade, chaque section s'arrêtant au commandement et faisant face à l'ennemi jusqu'à ce que celle d'à côté, après avoir pris position, eût recommencé le feu.

Le maréchal appela près de lui le général Péchot et le colonel Vincendon, leur serra la main et les félicita. Les lieutenants de Forsanz et Chamoin voient encore cette scène, mais ne peuvent se souvenir des paroles du maréchal.

Dans l'intervalle des détonations, on distinguait des bruits de clairons et de tambours battant la charge et des musiques jouant la *Marseillaise*. « Est-ce enfin la Garde ? » se demanda-t-on.

Non : c'était le général Henry qui avait eu l'heureuse idée, pour redonner du cœur aux derniers combattants, de faire jouer et battre tout ce qu'il rencontrait de musiques et de tambours.

Le maréchal Canrobert gagna la grande route : à 700 ou 800 mètres de Saint-Privat, il s'arrêta et regarda autour de lui.

Les Prussiens ne poussaient pas leur succès; ils se contentaient de continuer la canonnade, mais aucune troupe ne dépassait le village.

A la droite, près du bois, était la cavalerie intacte, devant laquelle revenait une partie du 9e de ligne avec le général Bisson à pied. En le voyant marcher péniblement dans les chaumes, appuyé au bras du lieutenant Gantois, le général du Barail fit démonter un chasseur d'Afrique pour lui prêter son cheval.

Le maréchal passa devant le 94e : aussitôt le colonel de Geslin le forma en bataille face à l'ennemi, baïonnette au canon, et les hommes présentèrent les armes.

Le 2e chasseurs s'ébranla peu après, traversa une foule confuse et disparate pour gagner la grande route et au moment où il l'atteignait, un millier de débandés entourèrent tout d'un coup le maréchal Canrobert, comme sur la grève un flot à la marée montante envahit un monticule de sable; beaucoup criaient : « Nous n'avons plus de cartouches! » Le maréchal se redressant alors sur ses étriers, levant ses deux mains en l'air et les abaissant, leur dit : « Du calme, du calme, mes enfants... Vous avez vos baïonnettes. Venez avec moi aider vos camarades. » Et faisant battre la charge aux tambours qui étaient là, il ramena toute cette cohue jusqu'à la ligne des tirailleurs du général Péchot.

Un instant après, le colonel du 2e chasseurs, pour

éviter la grande route trop obstruée, engagea son régiment dans l'enclos de la ferme de Marengo, croyant trouver par derrière une issue qui lui permettrait de gagner les hauteurs de Saulny. Malheureusement la ferme formait un cul-de-sac et il fallut, lorsque la moitié du régiment avait franchi la grande porte, l'arrêter et lui faire rebrousser chemin.

Il en résulta pendant un quart d'heure un surcroit d'encombrement.

Il faisait nuit, — 8 heures un quart, — la Garde n'était pas venue, et le 6e corps s'écoulait sur Metz dans un désordre complet sans qu'il fût possible de l'arrêter; le maréchal crut alors nécessaire de suivre les instructions du maréchal Bazaine et de se replier sur Woippy. Il confia au général Péchot le soin de défendre l'entrée du défilé jusqu'à l'écoulement complet du corps d'armée et de l'artillerie placée aux carrières : il aurait, avec le colonel Vincendon et le 4e de ligne, les deux bataillons du 100e toujours déployés face au nord, le 94e que le colonel de Geslin maintenait en bataille près de Marengo et le 2e chasseurs d'Afrique. Ces instructions données, le maréchal revint sur ses pas et suivit la route pour dépasser Marengo et remonter sur la crête du côté de Saulny ; il fut bientôt à hauteur d'une troupe groupée autour de son drapeau enfermé dans sa gaine de cuir. Le colonel Borson, le montrant au maréchal, lui proposa de le faire déployer et de ramener en avant ceux qui l'entouraient : « C'est inutile, maintenant », répondit-il.

Un peu plus loin, le colonel Gibon et le commandant Philebert retournaient encore vers Saint-Privat avec quelques braves. Le maréchal les remercia, et leur dit que la journée était finie ; l'on recommencerait bientôt ; ce soir ils devaient aller à Woippy pour se reconstituer.

Quittant la route à hauteur de la colline des carrières, le maréchal se dirigea vers ses premières pentes. Ayant rencontré le capitaine Flottes, il lui serra la main devant plusieurs canonniers, dont le conducteur Revel, le félicita de la tenue de sa batterie durant la journée et le pria de lui envoyer le lieutenant-colonel de Montluisant, qui arriva peu après. Le maréchal lui adressa aussi des félicitations et lui recommanda de commencer la retraite de toutes ses voitures, que le général Péchot protégerait.

Les capitaines Tisseyre et Hiver, de l'état-major de la division Lafont de Villiers, vinrent alors se mettre aux ordres du maréchal. Il les envoya au général Péchot pour l'aider dans la retraite.

A l'endroit où la grande route pénètre dans le bois, le maréchal s'arrêta un instant, près d'un pommier planté sur le bas côté, se retourna et regarda. A côté de lui, le colonel Borson, qui en fit autant, a dépeint les sentiments de cette minute en ces termes :

« Malgré la gravité de la situation, je ne pouvais m'empêcher d'être saisi de la grandeur du spectacle. Le soleil s'était couché dans un ciel embrasé, et l'incendie du village se détachait dans la nuit avec ses lueurs rougeâtres et sa fumée épaisse. Ce tableau demeure pour moi en traits ineffaçables. » Et se souvenant de la bataille de Novare où il avait combattu en qualité d'aide de camp du général en chef de l'armée sarde, il fit part de ses impressions au commandant Roussel et « du rapprochement des circonstances où se trouvait Charles-Albert ce jour-là et Napoléon III dont la chute lui parut désormais probable ».

Une batterie à cheval du 4ᵉ corps était en position à cent mètres dans le rentrant du bois de Châtel qui borde la route; ainsi placée elle aurait tiré sur notre arrière-garde. Le maréchal alla à son commandant, le capitaine Albenque, et lui dit : « La journée est finie, nous prendrons notre revanche demain; maintenant, il faut vous retirer. » Le colonel Soleille, de l'artillerie du 4ᵉ corps, le frère du général, présent à cette scène, fit un signe d'assentiment; la batterie se mit en colonne et s'engagea sur la route.

A son tour le maréchal entra dans la foule qui roulait vers Metz comme les flots d'un torrent; des soldats, en s'écartant pour le laisser passer, le reconnurent et quelques-uns crièrent : « Vive le maréchal Canrobert! », puis le silence se fit. C'était une masse désagrégée de fantassins, de cavaliers, de voitures d'artillerie ou du train, de cacolets et de charrettes avec des blessés. Tout ce monde allait silencieusement. Il fallait que des voitures arrêtées barrassent la route ou que des blessés fussent menacés d'être bousculés et foulés au pied pour qu'on entendit des imprécations, des injures ou des jurons. Les hommes marchaient les pieds traînants, le dos voûté, la tête penchée vers la terre, soulevant des flots de poussière qui augmentaient l'ombre de la nuit.

Ils allaient sans savoir où ils étaient ni où ils se dirigeaient, sans penser, suivant ceux qui les précédaient, s'arrêtant quand ils s'arrêtaient, poussés par l'idée de fuir la bataille et d'échapper à la mort et aux coups.

Beaucoup, quand ils se sentaient loin de tout danger, s'arrêtaient pour se reposer.

Le maréchal se heurta à un caisson d'artillerie sur lequel un général blessé pleurait à chaudes larmes; des cavaliers, arrêtés par des cacolets et des blessés, voulaient les jeter dans les fossés; les blessés hurlaient; le colonel Borson s'interposa et ramena les plus excités à des sentiments d'humanité; des bagages accumulés sur des voitures de toutes sortes dételées embarrassaient la route et un à-coup prolongé en résultait. « Ce spectacle était affreux, écrivait le lendemain le commandant Lonclas; parfois les troupes devaient passer sous bois; des hommes harassés, nerveux, mourant de faim et de soif, se dispersaient à la recherche de quelque nourriture; malgré tout, nous dûmes renoncer à mettre de l'ordre dans cette cohue, d'autant que nous eûmes la douleur de voir même des généraux et leurs chefs d'état-major devançant leurs troupes et ne songeant plus qu'à eux-mêmes. »

Dans ces désastres, c'est triste à dire, l'homme devient d'un égoïsme féroce, ses souffrances l'empêchent de penser à celles des autres, il ne se préoccupe que de trouver à manger et de pouvoir dormir.

Les caractères trempés savent seuls faire abstraction d'eux-mêmes et se dévouer encore à l'intérêt commun.

« Durant cette retraite, le maréchal affligé — a écrit le lieutenant de Forsanz — n'échangea que quelques mots pour donner des ordres au commandant Lonclas, et je crois qu'aucun de nous n'ouvrit la bouche jusqu'à l'arrivée à Woippy. Sans prévoir la tristesse de l'avenir, nous avions tous le sentiment de la gravité de cette terrible journée. »

Il fallait autant que possible remettre de l'ordre dans le corps d'armée en indiquant à chaque détachement l'emplacement où il devait s'établir. Le maréchal, avant d'atteindre Saulny, chargea le colonel Borson de cette mission ; il irait « jusqu'à mi-chemin du Sansonnet à Woippy, y établirait un barrage pour donner les indications du campement en se conformant aux instructions données dans la matinée par le colonel Lewal. Le commandant Roussel, les capitaines Leps et de Valin, avec un peloton de l'escorte, l'aideraient dans sa tâche.

Il était urgent aussi de prévenir le maréchal Bazaine de la retraite du 6ᵉ corps à Woippy. « Le maréchal me prescrivit, lit-on sur le carnet du commandant Lonclas, d'aller avertir le général en chef des derniers événements de la journée.

« J'étais très surexcité, je partis avec un guide et deux chasseurs; il faisait une nuit noire; les chemins étaient encombrés et mon cheval était éreinté. »

Pendant que le commandant Lonclas se dirige sur Plappeville, le colonel Borson et ses compagnons s'efforcent de gagner Woippy.

« Nous voulions atteindre les points où auraient dû s'établir les troupes, — a écrit le commandant Roussel — mais la nuit obscure, la foule compacte et interminable au milieu de laquelle nous étions noyés nous en empêchèrent; il nous fut impossible de songer à autre chose que de nous laisser entraîner par le courant humain irrésistible et ininterrompu.

« En passant devant une auberge bondée de toutes sortes de gens, nous descendîmes de nos chevaux, que deux soldats consentirent à garder, et nous demandâmes l'aubergiste; il nous fit monter dans sa chambre où il nous servit son meilleur vin en disant : « Il vaut mieux que vous en profitiez que les Prussiens. » Puis nous reprimes nos chevaux. La foule roulait toujours vers Metz; après quelques moments, nous nous trouvâmes séparés et de la nuit il ne nous fut plus possible de nous rejoindre.

« Après avoir marché deux heures dans la colonne grouillante, je reconnus l'impossibilité où j'étais de retrouver le colonel Borson et l'état-major; je gagnai un feu de bivac allumé dans une prairie, je m'étendis par terre dans mon caoutchouc, tenant mon cheval par la bride, et je m'endormis. La foule en marchant produisait un bruit confus dont l'arrêt me réveilla; je m'aperçus alors que son écoulement était terminé, il pouvait être trois heures du matin, je remontai à cheval et parvins à gagner Woippy. »

A l'arrière-garde, le général Péchot, conformément aux ordres du maréchal Canrobert, avait déployé les 4ᵉ et 94ᵉ de ligne avec les chasseurs d'Afrique à hauteur de Marengo et, sous leur protection, les unités demeurées en avant des bois s'engouffrèrent les unes après les autres dans la grande route.

L'artillerie cessa de tirer quand l'obscurité fut complète et toutes les batteries vinrent augmenter la presse; les chasseurs d'Afrique les suivirent avec des fractions du 100ᵉ; puis le 4ᵉ, le 94ᵉ et un peloton de chasseurs d'Afrique sous les ordres du lieutenant Petit fermèrent la marche.

A trois heures du matin, le général Péchot, qui marchait à l'extrême arrière-garde, fut à Woippy.

Le maréchal Canrobert n'a jamais oublié le dévouement dont firent preuve cette nuit-là « le brave petit Péchot », comme il l'appelait, et les colonels de Geslin et Vincendon.

Diverses fractions du corps d'armée avaient pris par le bois de Jaumont au nord de la grande route, entre autres des bataillons des 9°, 10°, 75° et 100° de ligne. D'autres détachements et beaucoup d'égarés se faufilaient au sud par d'étroits sentiers ou s'arrêtaient et se cachaient dans les fossés des routes, dans des clairières, dans les fourrés, les habitations isolées ou les villages. Tous les régiments et les armes étaient mélangés, pas une unité qui ne fût disloquée et morcelée en plusieurs tronçons.

Cheminons avec quelques officiers et demandons-leur leurs souvenirs et leurs émotions pour revivre avec eux ces heures dramatiques et assister au spectacle dont ils furent témoins et acteurs.

D'abord, sortons de Saint-Privat avec le sous-lieutenant Plée du 12° de ligne.

« Nous avions fait environ deux cents mètres, dit-il, quand je suis bousculé par un flot de fuyards et séparé du colonel. Je ne sais où il est passé et la route est encombrée de soldats de tous les régiments : beaucoup se jettent dans les champs pour se mettre plus vite à l'abri dans les bois. Je suis la route avec une dizaine d'hommes qui se sont réunis à moi. Nous rencontrons à la lisière du bois les chasseurs d'Afrique à cheval : la plupart des officiers portaient la barbe, avaient une ceinture bleue et des grandes bottes en cuir fauve. C'était la première fois que je voyais des chasseurs d'Afrique. Le sous-lieutenant Claverie, de mes camarades de Saint-Cyr, vient à moi me serrer la main;

des commandements se font entendre, les chasseurs d'Afrique rompent par quatre et s'éloignent au trot.

« La nuit est venue; je ne sais où nous sommes, ni ce qu'est devenu mon régiment. Ma blessure me donne la fièvre; la fusillade a cessé; le canon retentit encore. »

Entrons dans la forêt de Jaumont avec le lieutenant Munier du 10ᵉ de ligne : « Nous descendons une pente raide à travers le taillis, a-t-il écrit, et nous sautons dans un chemin menant à Bronvaux : je m'arrête sur ce chemin et rassemble rapidement mes hommes auxquels s'en joignent d'autres de divers régiments qui demandent à me suivre. Deux officiers avec la valeur d'une compagnie passent à côté de nous allant en sens inverse, je leur demande s'il y a des ordres de ralliement; ils me répondent que le 6ᵉ corps est en retraite sur Metz et qu'ils veulent passer par Bronveaux, Fèves, Sémécourt et Woippy. Je les suis : il y a une masse de blessés dont beaucoup n'ont pas été pansés. Nous n'avons aucun moyen de les transporter. Je vois le capitaine Jobit de mon régiment : il a une balle dans l'épaule et son ordonnance veille sur lui. Heureusement passe un sous-officier d'artillerie; il descend de son cheval, nous y hissons le capitaine; soutenu de chaque côté par un soldat et conduit par le sous-officier, il parvient à Metz.

« A Woippy, nous atteignons la grande route de Briey à Metz; elle est couverte de troupes, nous nous mêlons à leurs flots. On s'appelle, on se retrouve; nous sommes éreintés et profondément peinés; nous nous demandons avec rage pourquoi l'on nous a laissé écraser sans essayer de nous aider...

« Je me décide à m'arrêter et à passer la nuit où je

me trouve, avec la vingtaine d'hommes demeurés avec moi. Il y a tout près des charrettes chargées de vivres : elles sont abandonnées le long de la route et quelques-unes sont renversées dans le fossé. Mes hommes prennent du pain et un bidon de vin.

« Les refrains des régiments se font entendre à chaque instant.

« Vers minuit, le silence se fait et je m'endors à l'abri d'une haie. Dans la nuit je reprends la route, et à 7 heures du matin, après bien des recherches, j'apprends que mon régiment est à la ferme Saint-Éloi. »

Dans un sentier voisin, un détachement du 9ᵉ de ligne traverse aussi la forêt de Jaumont à la suite du capitaine Delmas de Grammont : « Nous marchons dans des chemins forestiers, nous dit-il, laissant à droite et à gauche des groupes d'isolés arrêtés autour de feux qu'ils allumaient. Le souvenir le plus net de cette marche de nuit est celui d'une halte auprès d'une grosse maison forestière où se trouvait un fourgon de poste : je confiai à l'employé un billet au crayon pour Paris; il n'est jamais parvenu. Après avoir marché toute la nuit, je fus tout estomaqué, aux premières lueurs blafardes, de me trouver sur le glacis de Metz. »

Un groupe de soldats du 100ᵉ de ligne s'avance sur la route avec le lieutenant Lemaire de Montifaut.

« On voyait, ainsi s'exprime-t-il, sur les bas côtés des voitures de vivres en partie pillées, des caisses et des tonneaux défoncés. Après une heure de marche nous traversâmes un village formant défilé (Saulny) : il fallut rejoindre la route et nous mélanger à cette retraite désordonnée au milieu de voitures sur plusieurs files; l'exiguïté du passage causait sans cesse des arrêts; après un quart d'heure de piétinement au milieu de ces voitures qui nous obligeaient à nous disperser, je constatai que, de 115 hommes groupés avec moi au départ du champ de bataille, je n'en avais plus que 70. Je fus rejoint par un cavalier qui m'interpella. C'était mon colonel; il me demanda des renseignements sur la direction des trois bataillons; il s'inquiétait surtout du 2ᵉ où était le drapeau et qui avait dû passer à travers bois. Je ne pus le renseigner. « Je vais tâcher de rassembler, me dit-il, quelques « fragments du régiment, suivez-moi, vous formerez « le premier groupe. »

« Son cheval marchait vite, nous dûmes plusieurs fois prendre le pas de gymnastique et mon groupe s'égrena peu à peu; après vingt minutes de cette course avec des hommes éreintés, il ne m'en restait plus qu'une vingtaine.

« Un général surgit dans l'obscurité; il parla au colonel des événements de la journée et il répétait souvent : « Et la Garde? pourquoi n'est-elle pas « venue? » C'était la pensée de tous. Nous avions été écrasés faute de renforts. Quelques minutes après, le général dit au colonel : « Dites donc, Grémion, si « nous voulons dîner, nous ferions bien de piquer un « temps de trot jusqu'à Metz; » et les deux cavaliers disparurent sans nous laisser un ordre; les soldats, se voyant lâchés, poussèrent des exclamations pittoresques mais peu flatteuses.

« Sortis du village, nous pûmes prendre dans les champs quand nous rencontrions un embarras et la marche devint plus facile. Vers 10 heures du soir je me trouvais égaré et ne sachant où porter mes pas : à une centaine de mètres au sud un groupe nombreux avait allumé un feu; j'y envoyai; c'étaient des hommes de mon régiment; j'allai à eux avec mes vingt compagnons; ils formèrent les faisceaux et mirent sac à terre. Tous étaient abattus et harassés : plus d'entrain. On était en quête d'ordres, au moins de nouvelles : sur la route, à 100 mètres de nous, la retraite désordonnée continuait et nous en entendions le bruit monotone et continu. Il me semble avoir encore dans l'oreille le roulement des voitures, le choc des ferrailles et le frôlement des pieds fatigués rasant le sol. J'envoyai un clairon sur le bas côté avec la consigne de sonner le refrain du régiment de deux minutes en deux minutes : « Marie trempe ton pain... » Au bout d'une demi-heure, nous étions plus de 200. Les hommes se groupaient par compagnies, et les faisceaux formés, se jetaient à terre : quelques-uns organisaient des abris avec des toiles de tentes et une heure après notre arrivée, malgré le bruit de la cohue qui s'écoulait, tout le monde dormait. La fatigue avait fait oublier la faim.

« A la pointe du jour je me réveillai et j'allai à la route; il y avait encore des voitures ramenant des blessés et quelques traînards; ils avaient dû passer la nuit dans les bois. Enfin j'aperçus un officier vêtu d'un caban déchiré de balles : c'était Saint-James, de ma promotion; il allait à Metz à la recherche des débris de son corps (26ᵉ de ligne).

« Un officier envoyé aux renseignements revint pour nous conduire à l'emplacement où notre régiment commençait à s'installer : nous partîmes à 5 heures et demie et nous retrouvâmes nous camarades près des glacis de la ville. »

La retraite de la division de Cissey s'opérait avec encore plus de décousu. Tandis que le 6ᵉ corps avait la grande route à sa disposition, la division de Cissey devait traverser les fourrés du bois de Saulny ou suivre des sentiers de chèvres qui conduisaient au village de Saulny ou à la fondrière du Chesnoy.

Le maréchal Canrobert savait où devait camper son corps d'armée et avait envoyé des officiers d'état-major veiller à l'emplacement de son camp dans la mesure du possible. Le général de Cissey ignorait où il devait aller.

A mesure que ses troupes se repliaient sur les bois au sud du monticule des carrières de la Croix, elles se faufilaient dans les taillis malgré les efforts des officiers pour les retenir. Dans les fourrés, elles se dispersaient et la plupart des soldats, marchant devant eux, finissaient par atteindre la grande route où ils se mêlaient aux hommes du 6ᵉ corps.

Après une heure d'efforts infructueux, le général de Cissey et son état-major prirent la même direction et vinrent aussi tomber sur la grande route.

« Une quantité de voitures, les chevaux dételés et les chargements jetés à terre, embarrassent le chemin, nous dit le capitaine Albert de La Boulaye. L'artillerie passe au milieu bousculant tout sur son passage. C'est le chaos et nous mourons de faim et de fatigue. Nous défonçons une caisse de biscuits et chacun en met dans ses fontes.

« Nous trouvons, dans les sacoches du cheval que mon frère a pris, un morceau de pain vite dévoré, et un manteau dans lequel s'enveloppe le général de Cissey. Il garde un morne silence. *Les invectives tombent*

RETRAITE DE LA DIVISION CISSEY

à profusion sur le maréchal Canrobert qui a si rapidement lâché pied et dont les troupes, sans avoir été engagées, ont si vite filé sur Metz.

« C'est à peine si nous pouvons avancer : le bois touche maintenant à la route. Nous ne pouvons plus marcher que dans les fossés. Chacun est à pied et traîne son cheval.

« A Saulny, c'est pire encore : impossibilité matérielle de se frayer un passage. On fait de nouveau sonner la marche des régiments. Le sous-intendant de la division Lorencez, M. Taisson, nous donne du pain et une bouteille de café que nous mêlons à un peu d'eau que mon frère a pu découvrir.

« Les conducteurs ont abandonné leurs attelages et se saoulent dans le village ou aux tonneaux d'eau-de-vie qu'ils ont défoncés. Personne n'obéit plus; on nous répond par des injures et nous croyons être obligés de nous servir de nos revolvers. »

Le lieutenant Frater du même état-major, qui a été blessé, s'arrête un instant auprès d'une voiture d'avoine, et fait charger le cheval d'un hussard de l'escorte d'un sac à moitié plein : bien lui en prit, les chevaux de l'état-major, sans cette précaution, n'auraient rien mangé ce soir-là.

Dans les sentiers du bois de Saulny, les hommes du 73ᵉ marchent un à un. Le capitaine Dulac du 11ᵉ dragons fait sonner le refrain de son régiment, quand dans l'obscurité le commandant Côte du 73ᵉ lui crie : « Ne fais donc pas sonner, les Prussiens sont sur nos talons. » Et au même moment le commandant Bonnot de Mably, du même régiment, confirme le dire de son camarade. « Broyés par la mitraille, écrivait le lendemain le capitaine Dulac sur son calepin, ces officiers croyaient toujours l'ennemi après eux. » Le capitaine Dulac eut en un instant quantité d'imitateurs et « à tous les carrefours on entendait des sonneries ou des cris de ralliement, : c'était inutile, le bois était touffu, les sentiers multiples et la nuit noire : on ne pouvait s'y reconnaître.

« Je marchais sans savoir où j'allais, nous dit le lieutenant Wezel du 73ᵉ. Je m'arrêtai pour frapper à la porte d'un chalet; au clair de lune, il me paraissait de gracieuse apparence. On m'ouvrit après de l'hésitation. Deux dames, dont l'une toute jeune, me reçurent; je leur demandai n'importe quoi à boire et à manger. Elles m'offrirent du vin et des biscuits. La jeune me demanda si j'avais des nouvelles de son mari, le lieutenant X... Je ne le connaissais pas. Je partis le cœur gros, je suivis un chemin quelconque et je me trouvai à l'aube au village de Woippy où je me couchai sous un arbre. »

Les compagnies avaient perdu leurs officiers, et les officiers ne retrouvaient plus leurs hommes.

Tel était le cas du lieutenant Patry et du sous-lieutenant Rousset du 6ᵉ de ligne : ils ne savaient ce qu'étaient devenus leur capitaine et leurs soldats : « Nous suivons le mouvement, a écrit le lieutenant Patry, nous avions une faim de loup. A la descente de Saulny, nous rencontrâmes une voiture d'administration. Des hommes montés sur le haut du chargement tendaient des pains aux hommes qui passaient. Rousset en attrapa un, et nous fîmes un souper délicieux. Toute la nuit se passa à piétiner et le jour venu nous n'étions pas encore sous Metz. »

Le 2ᵉ bataillon de chasseurs était coupé en deux : deux compagnies placées en soutien des batteries, ne sachant où aller, couchèrent dans une grange et des hangars sans savoir où ils étaient. La plus grande portion du 1ᵉʳ de ligne se réunit à Woippy, au milieu de divers régiments du 6ᵉ corps, et vers une heure du matin alla dans les vignes près du Sansonnet.

Le général de Cissey en arrivant à Woippy gagna la maison de M. Pasquier d'Hauteroche, où il avait passé la journée et la nuit l'avant-veille.

Il était toujours très surexcité et souffrant. Il se coucha après avoir recommandé aux capitaines Albert et Gaston de La Boulaye de rallier ses troupes.

Le lieutenant Frater s'occupait des chevaux, dont les officiers d'état-major allaient avoir besoin d'ici peu ; les autres officiers mangeaient.

Le capitaine de Randal, officier d'ordonnance du maréchal Canrobert, vint quelque temps après sonner à la grille de la propriété de M. Pasquier d'Hauteroche, pour y établir le quartier général du maréchal ; mais quand il sut la maison occupée par le général de Cissey malade et déjà couché, il se retira. Le capitaine de Kerdrel, aide de camp du général de Chanaleilles, y vint ensuite. Ayant habité la maison les 14 et 15 août avec son général, il y retournait. Reçu par le capitaine Garcin et avisé par lui de la présence du général de Cissey, souffrant et au lit, il se retira pour installer son général un peu plus loin, et revint après faire honneur au diner que finissaient de dévorer les officiers de l'état-major.

Les deux capitaines de La Boulaye ont fini de manger et se mettent en route pour rallier les divisions. Laissons la parole à l'un d'eux, il nous montrera l'état de leurs troupes dans cette nuit.

« Les hommes que nous avons conduits jusqu'à Saulny ont fini par se débander. Les uns se sont arrêtés dans les bivacs du 6ᵉ corps déjà installés au hasard le long de la route; quelques-uns sont entrés dans des maisons, d'autres se sont perdus dans la nuit et se sont mêlés aux traînards de tous les corps engagés sur la route.

« Nous avons beau aller, venir, crier, tempêter, nous n'arrivons qu'à réunir à peine quelques centaines d'hommes, que nous plaçons dans leur bivac de l'avant-veille.

« De guerre lasse, nous allons retrouver l'état-major, nous attachons nos chevaux aux arbres du jardin, et nous couchons par terre dans la salle à manger. »

L'artillerie de la division n'avait pas suivi l'infanterie, et s'était retirée sur Lorry.

« La nuit tombe, nous descendons à Lorry, nous dit le lieutenant de Saint-Laurent, de la batterie de mitrailleuses : partout des fuyards et des débandés. A la sortie du village, nous tournons à gauche et nous parquons dans un champ de pommiers : la nuit est fort obscure. Le capitaine Reufflet m'envoie au fort de Plappeville avec les caissons chercher des munitions. J'arrive à minuit aux glacis, je trouve le colonel Luxer, le directeur du parc du corps d'armée ; je lui apprends notre défaite, je fais remplir les caissons et je reviens. Le lendemain matin nous allions au Ban-Saint-Martin. »

Les dragons de la division de cavalerie avaient combattu avec le 6ᵉ corps, ils le suivirent et campèrent à côté de lui à Woippy.

Les hussards restèrent longtemps en arrière à Amanvillers. Vers 9 heures et demie, le général de Gondrecourt, ne voyant plus personne, envoya le lieutenant de Maistre demander des ordres.

« Il me dit — ainsi s'exprime le lieutenant de Maistre — d'aller vers des feux de bivac que l'on apercevait vers l'ouest ; je descendis de cheval, passai à travers bois, et j'arrivai à une clairière où je rencontrai le général Pajol : « Nous sommes comme le général de « Gondrecourt, sans ordres, dit-il, mais l'ennemi est « en face et près de nous. Nous allons nous replier sur « Metz : dites à votre général qu'il fera bien de nous « suivre, s'il ne veut pas être surpris demain matin. »

Le général de Gondrecourt fit comme il lui était conseillé : il rejoignit la division Lorencez et se replia avec elle.

Nous avons laissé le maréchal Canrobert, suivi de ses officiers d'ordonnance, descendant la grande côte de Saulny au milieu de la cohue disparate qui allait vers Metz. En traversant ce village il fut péniblement affecté du spectacle qui s'offrit à sa vue.

Les auberges et les maisons étaient pleines d'hommes dont les silhouettes s'agitaient à la lueur des lumières. Il y eut quantité de pillages. Une armée de 150 000 hommes compte des voleurs et des chenapans. On devrait en purger complètement nos régiments ; ils entraînent les autres à certains moments, comme dans la nuit de Saint-Privat, et ils sont capables d'assassinat à l'occasion. Ce soir il n'y avait plus de discipline dans beaucoup d'unités ; les chefs avaient perdu leur autorité : en eussent-ils conservé, ils n'auraient pu être partout à la fois, ni voir dans l'obscurité pour faire rentrer les pillards dans l'ordre. D'ailleurs ils étaient éreintés et préoccupés pour la plupart, comme leurs soldats, de pouvoir manger et dormir.

A Woippy le maréchal se dirigea vers l'église, au pied de laquelle s'élevait la maison choisie pour quartier général par le capitaine de Randal.

Le propriétaire reçut le maréchal sur le pas de sa porte et le conduisit à sa chambre située au premier étage.

Le maréchal s'y enferma déclarant vouloir être seul et ne rien prendre. Peu d'instants après, le propriétaire cogna à sa porte et lui proposa deux œufs à la coque qui furent refusés. Le maréchal avait toujours dans sa poche un morceau de pain plus ou moins rassis : ce soir-là ce fut tout son repas.

En bas, le capitaine de Randal et les lieutenants de Forsanz, de Reyniès et de Bellegarde dévoraient ce qu'on leur apportait; ils se taisaient. A un moment la porte de la salle à manger s'ouvrit. Le maréchal entra, prit une chaise, se mit à cheval dessus, tapa le carreau qui dallait la salle deux ou trois fois avec sa canne et dit sans lever la tête : « Je les avais prévenus; ils m'ont pris pour un Cassandre... C'est la première fois que je recule... » Puis il demeura silencieux. Tous le regardaient sans bouger ni rien dire. Quelques secondes s'écoulèrent, le maréchal reprit : « Messieurs, dépêchez-vous de manger, remontez à cheval et tâchez d'indiquer le plus tôt possible à chacun son emplacement. » Puis il se retira.

Entre minuit et 2 heures du matin, les commandants Lonclas et Caffarel et le capitaine Grosjean, de retour de Plappeville, entraient dans sa chambre, lui remettaient l'ordre de retraite et l'instruisaient des incidents de leur mission. Le maréchal ne laissa rien paraître, et les prévint de se tenir prêts à 4 heures pour aller avec lui réorganiser et placer le corps d'armée.

Plus tard, dans une conversation intime, repassant en mémoire les événements de cette journée, il laissa voir ses sentiments : « Le récit de Caffarel, a-t-il dit, a jeté le doute dans mon esprit et c'est sous le coup d'une profonde stupeur que je me retrouvais sous Metz. Je ne comprenais pas ce qu'avait voulu le maréchal Bazaine. »

Pendant que le gros du 6e corps descendait à Woippy dans la vallée de la Moselle, le général Péchot se maintenait à Marengo. Bientôt l'obscurité devenait complète : les Allemands cessaient le feu de leur artillerie et l'on n'entendait plus que des fusillades intermittentes. Ils ne nous poursuivaient pas.

Lorsque toute l'artillerie placée aux carrières se fut engouffrée dans le défilé, le général Péchot fit rompre les chasseurs d'Afrique, qui s'y engagèrent et à leur suite les deux régiments d'infanterie ; il demeura longtemps sur la hauteur et ne partit qu'avec les dernières troupes composées d'une compagnie de chaque régiment et d'un peloton de cavalerie sous les ordres du colonel de Geslin.

Il a été fait bien des récits de la prise de Saint-Privat et il ne semble pas que l'on soit parvenu à établir comment les Allemands s'en étaient emparés.

Nous avons recherché avec le plus grand soin les médecins, les fonctionnaires de l'intendance et les blessés demeurés dans le village, tombés aux mains de l'ennemi et survivant encore. Nous les avons interrogés, nous avons consulté leurs notes et recueilli leurs souvenirs. Mais sous l'action de l'émotion profonde qui les étreignait, quelques-uns n'ont pas conservé la mémoire précise des faits, d'autres se les représentent avec des contradictions ou des exagérations et, quelque nombreux qu'aient été les témoignages recueillis par nous, nous n'avons pas pu donner autant de précision que nous l'aurions souhaité à la description de la fin du combat dans Saint-Privat.

Il était 7 heures et demie : les obus lancés par les 284 pièces que les Allemands viennent de mettre en batterie ont allumé une quinzaine d'incendies dans le village, entouré sur trois faces. Le maréchal vient de se retirer et d'ordonner la retraite. Une double attaque va être dirigée, au sud-ouest et à l'ouest par la garde royale, au nord par les Saxons et quelques fractions de la garde.

Au sud et à l'ouest de Jérusalem et de Saint-Privat, les chefs allemands, qui nous ont vus partir, croient maintenant pouvoir donner l'assaut; aux sonneries qu'ils ordonnent répondent des hourras, et de derrière des monceaux de cadavres, se lèvent tous les grenadiers et les fusiliers de la garde royale encore susceptibles de marcher : les tambours, les fifres et les clairons battent, jouent et sonnent.

Ils s'élancent, escaladent les murs des vergers, envahissent les maisons de Jérusalem et pénètrent peu à peu, en se faufilant un à un, hésitant et se cachant comme des gens qui ont peur de tomber dans un guet-apens. Dans quelques maisons ils trouvent des défenseurs qui n'ont pas été prévenus de la retraite ; malgré plusieurs combats individuels, ils s'avancent par les deux rues venant du sud et arrivent sur la place de l'église où sont établies des ambulances régimentaires et celle de la division Lafont de Villiers.

Il y a là entassés un millier de blessés, dont la moitié dans l'église : « Des projectiles s'abattaient sur le toit, nous dit le capitaine La Tour d'Affaure ; le sang, la sueur, l'acide phénique composaient une odeur fétide irrespirable, la fumée s'engouffrait dans la nef et nous faisait suffoquer. Des amputés ou des agonisants essayaient de fuir. » Le lieutenant de Martimprey venait d'emporter dans ses bras le général Colin. L'aide-major Margantin avait voulu faire évacuer les blessés, « mais, nous a-t-il raconté, les deux premiers brancardiers ayant été blessés, il fallut attendre. On ne savait que faire, terrifié que l'on était par les dégâts épouvantables de la canonnade. On était incapable d'agir ; le feu se mit dans les combles ; à ce moment les Allemands pénétrèrent sur la place. »

De la fenêtre du premier étage du presbytère, l'aide-major Jeunehomme, occupé à soigner les blessés de son bataillon (9ᵉ chasseurs), les voit arriver.

« Tout à coup, nous dit-il, deux coups de feu sont tirés dans la rue qui va de Jérusalem à Saint-Privat. Le docteur Servent et moi nous allons à la fenêtre et nous apercevons les Prussiens arriver un à un, rasant les maisons, tirant quelques coups dans les carreaux et enfonçant les portes fermées. Pas de défenseurs. Pas d'habitants... Des Prussiens donnent des coups de crosse dans la porte du presbytère. Je vais ouvrir, criant en mauvais allemand de ne pas faire de bruit, la maison étant pleine de blessés... Nous voyons maintenant une masse énorme pressée contre l'église. Dans le minuscule cimetière qui l'entoure, des intendants, des médecins et un aumônier, le crucifix à la main, réclament protection pour les blessés. Il y a de la confusion : les fourgons d'ambulance sont pris et emmenés... »

Les soldats de la garde prussienne s'agitent, très excités ; plusieurs traversent le cimetière et veulent entrer dans l'église, mais ils s'arrêtent saisis. « La toiture flambait, nous dit le capitaine La Tour d'Affaure, les poutres fléchissaient, nous allions être brûlés ou ensevelis sous les décombres. On entendait des craquements au-dessus de nous et des cris d'épouvante chez nos compagnons. Un sous-intendant (M. Bouvard) était monté sur la table d'opérations et récitait à haute voix l'*Ave Maria*... »

De la fenêtre où il est, le docteur Jeunehomme a vu des flammes sortir des ardoises du toit de l'église ; il court au premier officier qu'il aperçoit : il est bousculé et « envoyé promener ». Un autre, un Saxon, l'écoute et lui répond : « Nous sauverons vos blessés », et aussitôt appelant sa compagnie, il pénètre dans l'église dont il fait emporter ceux qui sont incapables de marcher.

Le colonel Hanrion du 26e, le commandant Pan et le capitaine La Tour d'Affaure en sortirent les derniers, comme les commandants d'un vaisseau en perdition.

Les Prussiens et les Saxons pénétraient de tous les côtés à la fois ; les rues, les places, les cours des fermes en regorgeaient. L'ambulance de la division Tixier et celles de plusieurs régiments avaient été installées dans la partie orientale du village, dans un château appartenant à M. Dominique Hippolyte, et dans des granges et des étables avoisinantes.

« Les premiers Allemands qui se risquèrent de ce côté, nous a dit l'aide-major Forgues, donnaient des coups de crosse dans les volets et les portes : de temps en temps partaient des coups de fusil, on en tirait même des maisons occupées par les blessés ; des Français demeurés en arrière passaient encore en courant et en se baissant pour aller rejoindre leur régiment. Un infirmier alsacien cria aux Allemands quand ils apparurent devant le château : « C'est ici le lazareth, vous pouvez entrer. »

Le feu cessa avec la nuit. D'après le sous-intendant Gatumeau, « les Allemands visitèrent les ambulances et se retirèrent après avoir pris tout ce qu'ils avaient trouvé de nourriture ».

Au sud et à l'ouest, il n'y avait pour ainsi dire pas eu de lutte. Au nord, les Saxons rencontrèrent une résistance d'une poignée de braves qui les arrêta et leur fit subir des pertes sérieuses.

Des soldats du 4e de ligne que n'avait pas atteints l'ordre de retraite restaient dans les vergers et les dernières maisons situées au nord de chaque côté du chemin de Roncourt.

La première de ces maisons, à gauche de la route en regardant Roncourt, appartenait à M. Vital Ravenel : elle était entourée d'un jardin avec un mur en pierres de taille ornées de sculptures, chef-d'œuvre de son propriétaire. Après la bataille de Saint-Privat, les officiers allemands tués dans le combat ont été enterrés dans ce jardin, qui depuis est resté dénommé « cimetière des Allemands ». En face de la maison Vital Ravenel, à droite de la route, en était une autre appartenant à M. François Marchal : elle venait à peine d'être terminée et était encore toute « blanche » : une cinquantaine de soldats s'étaient retirés dans ces deux habitations, décidés à s'y défendre.

Accueillis par un feu nourri quand ils se présentent, les Saxons s'arrêtent et les nôtres, sortant de leurs abris, se précipitent sur eux ; mais plusieurs bataillons ennemis les entourent et les forcent à rentrer. Une longue ligne épaisse se forme en demi-cercle, entoure les deux maisons et s'avance en se rétrécissant : il y a là plusieurs milliers d'hommes contre une cinquantaine ; le feu de ceux-ci est si violent qu'il faut avoir recours au canon pour les réduire ; un obus fait une brèche dans le mur du jardin Vital Ravenel, les Saxons l'agrandissent à la main et par ce trou béant fusillent un à un les défenseurs, qu'ils tuent tous sans laisser un blessé. Ils se tournent alors contre la maison neuve de M. François Marchal. Des fenêtres, des maisons voisines et des toits ils tirent sur les derniers défenseurs de Saint-Privat, et comme à la maison Vital Ravenel, ils n'en laissent pas un vivant, nous dit la relation de l'état-major allemand.

Nul des nôtres n'ayant survécu on ne peut avoir de ces faits d'autres renseignements que ceux des Allemands.

Des blessés, dont le colonel Hanrion, le lieutenant-colonel Hulot, une cinquantaine d'officiers et plus de 1 500 soldats, les sous-intendants Gatumeau, Moyse et Bonfillion, tous les fonctionnaires sous leurs ordres et une trentaine de médecins furent faits prisonniers.

Les flammes de quinze foyers d'incendie éclairaient de lueurs sinistres la poussée des Allemands dans Saint-

Privat. Éreintés et furieux de la résistance et des pertes éprouvées, ils étaient si pressés dans les rues et les cours qu'ils ne pouvaient remuer et dans la confusion et le mélange de tous les corps il était presque impossible à leurs chefs de donner des ordres. La préoccupation de tous ces hommes était de trouver à manger, à boire et à se reposer. En marche depuis quarante-huit heures, ils ne tenaient plus debout.

Nous avons représenté, dans cette journée du 18 août 1870, le maréchal Canrobert tel que nous l'ont dépeint ceux qui lui ont parlé et l'ont vu.

Nous n'avons rien voulu cacher de ses erreurs. Bien des critiques lui furent et lui sont journellement adressées; des reproches, des récriminations violentes et nombreuses s'élevèrent dès le soir même — nous l'avons vu — et continuèrent à s'élever dans les jours qui suivirent.

Elles diminuèrent peu à peu et une opinion contraire commença à s'affirmer lorsque le lieutenant-colonel Fay eut traduit le rapport du prince Frédéric-Charles sur la bataille de Saint-Privat; la valeur dont le 6ᵉ corps avait fait preuve dans la défense de ses positions y était démontrée et on y constatait les pertes terribles qu'il avait infligées à la garde prussienne.

Lors de la capitulation, cette opinion s'accentua encore : les officiers d'état-major français reçurent des compliments des officiers allemands sur la conduite du maréchal Canrobert et aucun ne fut plus élogieux que le colonel de Caprivi, qui devait succéder au prince de Bismarck comme chancelier de l'Empire allemand. Il affirmait qu'il avait fallu mettre en action jusqu'à

284 pièces d'artillerie pour avoir raison du maréchal et de ses compagnons.

Peu à peu, la légende se fit : dans les casernes, comme dans le roman, le soldat ou l'académicien, quand ils voulaient parler d'une page glorieuse, accouplaient les noms de Saint-Privat et de Canrobert et depuis, Alphonse de Neuville, dans une peinture dramatique, a popularisé les derniers défenseurs de Saint-Privat.

A son retour de captivité, le maréchal Canrobert alla faire visite à M. Thiers, alors président de la République ; celui-ci l'accueillit par ces mots : « Vous et vos soldats avez eu une bien belle conduite à Saint-Privat. — Hélas, bien inutile, monsieur le Président. — Inutile, oh non, s'écria M. Thiers, en se levant et en lui prenant les mains. Savez-vous que la ligne frontière acceptée par les arbitres des deux pays avait laissé Saint-Privat à la France? Quand l'empereur d'Allemagne l'apprit : « C'est impossible, s'écria-t-il, je veux pos-
« séder le sol où est tombée ma garde. Je veux l'avoir
« pour y élever un tombeau à mes soldats. Je céderai
« en échange un terrain double ou triple... celui que
« voudra la France. »

« Lorsque ces paroles me furent rapportées, je demandai à la place de *votre* champ de bataille la banlieue de Belfort qu'on nous avait retirée pour nous empêcher de fortifier cette place. Ce fut accepté, et déjà nous étudions le moyen de boucher cette trouée que l'Allemagne espérait nous obliger à laisser béante. C'est à vous, monsieur le maréchal, et à vos soldats que le pays devra cette citadelle qui barrera le chemin à une nouvelle invasion. »

C'est de la bouche de Mlle Dosne que je tiens ces détails que le maréchal ne m'avait point rapportés.

Laissons la légende de côté ; ne nous préoccupons que de la vérité : le maréchal Canrobert a dans cette journée fait son devoir et l'a fait jusqu'au bout.

CHAPITRE IV

LA GARDE, LA CAVALERIE ET L'ARTILLERIE DE RÉSERVE

Et la Garde impériale? dira-t-on.

Son chef, le général Bourbaki, désillusionné par nos premières défaites, déprimé par notre insuccès de Rezonville, troublé par les observations du général Deligny et dérouté par l'ignorance où le maréchal Bazaine le maintenait, n'était pas, le 18 août 1870, dans la plénitude de ses facultés.

Devant le mutisme du maréchal Bazaine, la contradiction de ses ordres et l'indifférence affichée par lui pour leur exécution, le général Bourbaki aurait dû ne s'inspirer que de lui-même et, puisqu'il jugeait utile de conserver la Garde tout entière dans sa main pour en obtenir « des résultats sérieux », il aurait pu profiter de la permission que le maréchal Bazaine lui donnait de laisser ou de rappeler à son choix la brigade envoyée à Châtel-Saint-Germain pour la faire revenir immédiatement.

En refusant des ordres positifs au général Bourbaki, en le laissant dans l'incertitude, en gênant son action, le maréchal Bazaine augmentait son trouble et annihilait sa valeur et celle de sa troupe. Toute la journée, le commandant de la Garde cherchera ce qu'il devait faire, comment il pourrait le mieux satisfaire aux intentions de son chef et coopérer le plus utilement au gain de la bataille; mais, sans indication sur la conduite à tenir, il restera hésitant, redoutant de mal agir, et finira par demeurer inutile alors qu'il eût pu changer le cours des événements et nous procurer la victoire.

A 1 heure un quart, un billet laconique lui apprend que « le maréchal Canrobert est attaqué sur la droite ». Il consigne les troupes de la Garde et il attend. Un quart d'heure après, à 1 heure et demie, il envoie le capitaine Perrier de son état-major aux nouvelles et fait seller les chevaux.

Vers 2 heures et demie, le capitaine Perrier est de retour; il a rencontré au-dessus de Châtel le capitaine de Locmaria qui lui a affirmé l'importance et l'acharnement de la bataille : toute l'armée est engagée et la canonnade devient terrible. Déjà nerveux, cette nouvelle le surexcite davantage, et n'y tenant plus, il envoie le général Dauvergne chez le maréchal Bazaine, pour lui demander des instructions.

Il ne veut pas rester à l'intérieur de la villa Deville, il sort très agité et se promène en long et en large sur la grande route devant la grille du jardin où se tiennent les officiers et les ordonnances avec les chevaux sellés et bridés. Le capitaine Noël, du parc de la Garde, se présente et lui demande des ordres; il ne peut pas lui en donner, mais s'il y a lieu il lui en enverra.

Le général Dauvergne revient de la villa Bouteiller : le maréchal Bazaine n'y était plus. Il a été chez le général Jarras, qui s'est déclaré dans l'impossibilité de lui donner aucun renseignement.

Sur cette réponse, le général Bourbaki désigne pour l'accompagner le général Dauvergne, le commandant Le Perche, le capitaine Nègre du Clat, ses aides de camp, le capitaine Perrier de son état-major, et un peloton de dragons sous les ordres du capitaine de Beaumont ; puis il monte à cheval et part « en curieux » disant au commandant Le Perche : « Allons voir ce qui se passe. »

A peine en route, il charge le capitaine Perrier d'aller dire au général Picard de faire prendre les armes à la division de grenadiers.

Le quartier général des grenadiers était établi tout à côté de celui du général Bourbaki dans la villa de M. de Bazelaire, le président du tribunal civil de Metz ; le capitaine Perrier eut vite fait de s'y rendre. Le capitaine Sonnois, aide de camp du général Picard, se trouvait sur le pas de la porte ; du plus loin qu'il vit son camarade il lui demanda ce qui se passait. « Le général Bourbaki a reçu l'avis d'une attaque dirigée contre le maréchal Canrobert, sans autre renseignement ni instruction ; il m'envoie prévenir le général Picard de faire prendre les armes aux zouaves et aux grenadiers et de les tenir prêts à marcher au premier avis. » Le capitaine Perrier, ayant serré la main au capitaine Sonnois, s'éloigna au grand trot. Quand il rejoignit son chef, il le trouva sur les hauteurs occupé à écouter et à suivre la direction de la canonnade. Quelques instants après, le général Bourbaki, ayant constaté qu'elle était plus violente au nord-est, s'avança par la route menant à Amanvillers entre le bois de Châtel et celui de Vigneulle.

Le bruit de la présence du côté de Thionville d'une

armée prussienne de 80 000 hommes sous les ordres du général Vogel de Falkenstein était venu aux oreilles du général Bourbaki depuis deux ou trois jours ; il en avait parlé à plusieurs reprises à son aide de camp de confiance, le commandant Le Perche, et l'avis du maréchal Bazaine de la veille au soir, l'invitant à envoyer des reconnaissances de cavalerie du côté de Saulny, l'avait amené à prendre au sérieux ces rumeurs : il en avait même l'esprit si préoccupé que, quand il atteignit la ferme Saint-Vincent, il crut voir à la lorgnette, dans la vallée de la Moselle, au delà de Sémécourt et de Norroy-le-Veneur, « de la poussière et des taches sombres ».

C'était, il en était sûr, des troupes se préparant à franchir la Moselle pour nous prendre à dos.

Toute la journée ce mirage lui passera devant les yeux et à chaque instant nous le verrons saisir sa jumelle et chercher à découvrir derrière lui l'armée allemande qui est par devant.

Son attention est cependant attirée par la canonnade qu'il entend à l'ouest, et quand il regarde de ce côté, au-dessus de la cime des hêtres du bois des Rappes, il voit à perte de vue « de la fumée, beaucoup de fumée ».

Alors il envoie de nouveau le capitaine Perrier au général Picard, lui dire de le rejoindre immédiatement avec sa division ; il est 3 heures 20, d'après le carnet du commandant Le Perche, toujours si précis.

La division se met immédiatement en marche, les zouaves en tête, les trois régiments de grenadiers venant ensuite, puis les trois batteries d'artillerie à quatre pièces chacune et les guides en queue.

Sans plus attendre, le général Bourbaki, toujours

inquiet, envoie le commandant Le Perche du côté de la Moselle, à Norroy-le-Veneur, et quand le général Picard le rejoint au lieu dit « le Gros-Chêne », il le prie de diriger du même côté un peloton de guides sous les ordres du lieutenant Boyé.

« Je crus même un instant, a-t-il dit plus tard, que je me trouverais obligé de faire face par derrière à une attaque des Allemands avec 3 ou 4 000 grenadiers seulement. »

Pour se couvrir contre la diversion qu'il redoute, il fait occuper la ferme Saint-Maurice, d'où l'on domine la vallée de la Moselle, et y place une batterie pour en balayer les pentes. « Je fis alors écrire — c'est toujours le général Bourbaki qui parle — par mon aide de camp, le capitaine Nègre du Clat, un petit mot rendant compte au maréchal Bazaine des dispositions que je croyais devoir prendre et des inquiétudes qu'il m'était permis de concevoir du côté des routes de Briey et de Thionville. Je signai et un sous-officier de dragons porta ce mot, mais le maréchal ne m'adressa aucune réponse. Néanmoins je restai là. »

Quand ils débouchent sur le plateau, les zouaves et les grenadiers se forment en masse de chaque côté de la route où se tient le général Bourbaki : officiers et soldats le voient aller, revenir, puis s'arrêter pour regarder à la lorgnette du côté opposé à celui où on se bat, et repartir aussitôt après pour s'arrêter et regarder encore.

On se demande pourquoi on attend. « Énorme perte de temps », — lit-on sur le carnet du capitaine de Brye, de l'état-major de la division de grenadiers. — Le commandant Cœuret de Saint-Georges, du même état-major, demande à son camarade Perrier si l'on ne va pas sur le champ de bataille : « Nous sommes là pour garder la route de Woippy », lui est-il répondu.

Le général Picard envoie son aide de camp, le capitaine Sonnois, et son officier d'ordonnance, le lieutenant Grousset, des guides, sur le théâtre de l'action pour le renseigner. Ils partent au galop, sortent des bois et voient Amanvillers, devant eux, entouré de feu : « Nous sommes revenus quatre à quatre — a écrit le capitaine Sonnois — dire au général Picard qu'il n'était que temps de marcher. »

Le général Bourbaki a mis pied à terre et s'est assis sur le rebord de la route pour allonger sa jambe malade. Le général Picard lui fait part de la communication de son aide de camp, mais le général Bourbaki lui apprend qu'il a envoyé prévenir le maréchal Bazaine et attend sa réponse. Il craint toujours d'être attaqué par derrière et, agacé de ne pas voir revenir le commandant Le Perche, il fait partir à dix minutes d'intervalle deux pelotons de guides sous les ordres des lieutenants Delachoue de la Mettrie et Chappuis pour Saulny. Quelques minutes après, il charge le capitaine de Beaumont d'aller au Saint-Quentin s'informer auprès du commandant du fort de ce qui se passe sur la gauche de l'armée et sur la Moselle en amont de Metz.

« A 6 heures moins le quart, le commandant Le Perche, a déclaré le général Bourbaki, était de retour, et me certifiait que l'ennemi ne paraissait pas de ce côté, mais en même temps j'apercevais dans cette direction un mouvement rétrograde... et je supposai que les choses avaient pu changer pendant le trajet fait par mon aide de camp pour revenir près de moi. »

Les nuages de poussière du côté de Saulny étaient soulevés par la panique des convoyeurs du 6ᵉ corps et le général Bourbaki en fut peu après informé par le commandant Boutard, le prévôt du 6ᵉ corps, qui courait furieux après les fuyards.

Vers 5 heures et demie, sur les instances du général Picard, il fit porter au général de Ladmirault, par un sous-officier de dragons, un petit billet lui annonçant sa présence. Le billet dut parvenir à son destinataire quand il venait d'accorder, si généreusement et coup sur coup, quatre caissons de munitions et une brigade de cavalerie au maréchal Canrobert. Tout heureux d'apprendre la présence de la Garde, il envoya son aide de camp, le commandant de La Tour du Pin, au général Bourbaki pour lui demander de lui venir immédiatement en aide.

Le capitaine de La Tour du Pin trouva le général Bourbaki devant la division de zouaves et de grenadiers : « Je lui exposai la situation, a-t-il écrit, l'extrême tension des forces en lutte, et la certitude que l'apparition d'une réserve romprait victorieusement l'équilibre. Mais contre mon attente, le général m'objecta le danger d'être tourné par la vallée de la Moselle et les bois de Plénois. En vain je lui affirmai que je venais de fouiller cette région. « Il faut être aveugle, « me disait-il, pour ne pas distinguer des troupes en « marche contre nous. » — « Mon général, répon-« dis-je, moi qui ai débuté auprès de vous, qui suis « votre élève, votre enfant, je ne voudrais pas vous « compromettre... Le danger n'est pas là : il est « devant vous et la victoire aussi... Venez... « Venez... », mais mes efforts furent vains.

Autour du général et du capitaine de La Tour du Pin, dont le colloque devenait de plus en plus animé, s'était formé un groupe de plusieurs officiers de zouaves : le capitaine Berthier de Viviers, le lieutenant de Carini de la Grua et le sous-lieutenant Hamon. Le capitaine de La Tour du Pin, n'ayant pu convaincre le général Bourbaki, répéta au capitaine Berthier de Viviers, son cousin, ainsi qu'aux autres officiers ce qu'il venait de dire. Les Prussiens étaient à bout, et, si la Garde intervenait, c'était le succès. Tandis qu'il parlait au milieu du groupe qui allait en grossissant, survint le commandant Pesme, premier aide de camp du général de Ladmirault : il insista encore plus vivement auprès du général Bourbaki pour l'intervention de la Garde, non pas seulement au nom de son chef, mais encore de la part du maréchal Canrobert, qui demandait des secours au 4e corps.

Les instances du commandant Pesme, jointes à celles du capitaine de La Tour du Pin, finirent par faire céder le général Bourbaki. Le capitaine de La Tour du Pin alla l'annoncer à son chef : « Sur mon chemin — a-t-il écrit — je criais aux hommes la bonne nouvelle et ils répondaient : « C'est pas trop tôt. »

Après avoir prévenu le général de Ladmirault, le capitaine de La Tour du Pin retourna auprès du général Bourbaki pour le presser et croisa sur sa route le capitaine Babin qui s'évertuait à dégager la chaussée.

Le général Bourbaki venait de donner l'ordre aux zouaves et au 1er régiment de grenadiers de passer le défilé formé par les bois en arrière d'Amanvillers, quand le capitaine de Beaumont, de retour du Saint-Quentin, rejoignit son état-major et communiqua au général Dauvergne l'ordre du maréchal Bazaine de rentrer avec la Garde : « Vous voyez, en présence de ce qui se passe, répondit le général Dauvergne, cet ordre n'a plus d'importance », et il montrait la fumée qui s'élevait par-dessus le bois. Le capitaine de Beaumont alla ensuite au général Bourbaki, « mais — a-t-il déclaré plus tard, — le général fit peu d'attention aux ordres dont j'étais porteur et me dit de retourner au Saint-Quentin chercher l'artillerie à cheval de la Garde. Tout était en feu autour de nous, et la route, unique voie de retraite des grenadiers, était pleine de monde. »

Les officiers d'ordonnance du général Bourbaki, qui avaient croisé le maréchal Bazaine au col de Lessy, rejoignirent leur général lorsque la division s'engageait entre les deux bois : ils allèrent répéter au général Dauvergne les quelques mots que leur avait dits le maréchal, mais il ne leur fût pas accordé plus d'attention qu'au capitaine de Beaumont.

Laissés à Plappeville sans ordres ni renseignements, les officiers d'ordonnance du général Bourbaki et ceux de l'état-major de la Garde avaient eu bientôt connaissance de la bataille; le commandant Chennevières, le plus élevé en grade, s'était rendu à la villa du colonel Deville, où il avait appris que le général Bourbaki était parti sans dire où il allait.

Entre ces officiers s'était alors élevée une discussion fort animée. Certains soutenaient qu'il fallait immédiatement monter à cheval et courir après le commandant de la Garde et se mettre à ses ordres; quelques-uns disaient qu'il fallait aller sur le champ de bataille pour se renseigner; d'autres enfin étaient d'avis que, n'ayant pas d'ordres, ils n'avaient qu'à attendre; si on avait besoin d'eux on les trouverait. L'arrivée du dragon prévenant les officiers d'ordonnance de venir sur le plateau les avait tous décidés à rejoindre leur chef.

Sur les instances des deux aides de camp du général de Ladmirault, les zouaves et les grenadiers, le général Bourbaki en tête, s'avançaient par la route de Lorry à Amanvillers bordée de fourrés épais; à chaque instant on croisait des fuyards et des blessés dont les groupes retardaient la marche en obstruant le passage. Leur masse impressionna le général Bourbaki : un malheureux qu'on emportait, le ventre perforé, lui ayant crié : « Achevez-moi donc ! » ses traits se contractèrent. En débouchant du bois en arrière d'Amanvillers, il vit des débandés revenir en criant : « Nous n'avons plus de cartouches ! » Il en était qui injuriaient la Garde : « Tas de c..., vous ne pouviez pas venir plus tôt... Vous nous avez laissé massacrer. »

Déjà les zouaves et les deux bataillons du 1er grenadiers, sortis du défilé, s'étaient formés à droite et à gauche de la route en ligne de colonnes de bataillon par division et de nombreux soldats débandés les regardaient. Soudain des voitures d'artillerie, probablement les réserves des batteries de la division Grenier, apparaissent se dirigeant vers Metz. Dans leur retraite trop rapide elles entraînent d'autres voitures chargées de bagages ou de vivres; toutes prennent bientôt le galop et se précipitent comme une trombe dans la route où sont encore des grenadiers et des zouaves. Devant ces attelages affolés, le général Bourbaki croit à la présence de l'ennemi et crie : «Baïonnette au canon, à droite et à gauche dans le bois» ; le lieutenant-colonel de Lahayrie, sorte d'hercule à la voix de stentor, répète le commandement et après lui d'autres officiers. Au bruit des attelages au grand galop, aux cris des fuyards affolés et des blessés qui suivent les voitures, zouaves et grenadiers se jettent dans le bois : « Qu'y a-t-il ? » répète-t-on. — « C'est une charge de cavalerie. »

On se gare comme on peut. Il y a de l'affolement par endroits et des coups de fusil sont tirés au hasard dans le bois, tellement touffu qu'on ne voit rien. Il y a plusieurs accidents.

Quelques vieux zouaves se joignent à la garde de l'aigle du régiment et de force entraînent le sous-lieutenant Michel, porte-drapeau, dans les taillis, prêts à déchirer l'étoffe et à cacher l'aigle si les Prussiens viennent à le cerner. Des zouaves crient : « On nous trahit. »

Le général Bourbaki les entend et sa nervosité s'accroît. A ce moment le capitaine de La Tour du Pin revient. Dès qu'il l'aperçoit, le général furieux l'accueille par ces mots :

« Ce n'est pas bien, capitaine, c'est une plaisanterie... Vous m'aviez promis une victoire et c'est une déroute. Vous êtes battu comme on n'est pas battu... Vous m'avez engagé dans un coupe-gorge... Mes hommes vont être entassés sous le canon de l'ennemi... Vous m'avez fait quitter des positions magnifiques... Vous n'en aviez pas le droit, capitaine... — Mais, mon général, vous pouvez les reprendre. — Certainement. » Et le général ordonne de revenir derrière les bois sur le plateau du Gros-Chêne.

Au commandement de : Demi-tour, que le général Bourbaki lance de sa voix sonore, les chefs de bataillon hésitent, quelques-uns répètent le commandement timidement comme s'ils craignaient de se tromper;

certains, qui n'ont pas compris, se demandent si c'est une erreur et attendent. De nouveaux cris partent des rangs des zouaves : « On nous trahit... Toujours tourner le dos!... » Quelques-uns même vont jusqu'à briser leur fusil de rage.

Parmi les zouaves à longue barbe et à trois brisques, il en est beaucoup qui portent sur leur poitrine le « crasp » d'Inkermann; ils se souviennent de ce jour fameux où le colonel Bourbaki, sans compter les masses accumulées de l'ennemi, fonça, superbe, en entraînant ses zouaves dans un élan irrésistible qui décida la victoire. Ces vétérans d'Inkermann, de la gorge de Malakoff, de Ponte Nuovo di Magenta « mettent baïonnette au canon et veulent marcher quand même ». Un de leurs officiers, le sous-lieutenant Hamon, petit, d'une jolie figure aux traits doux, portant un pantalon de toile blanche et la médaille d'Italie, s'élance vers le général Bourbaki, saisit la bride de son cheval et la tire pour le faire retourner du côté où l'on se bat. « Vous nous meniez à l'ennemi autrefois, maintenant vous nous faites cacher dans les bois! »

Ce vétéran d'Afrique, de Crimée et d'Italie, qui symbolise dans l'armée la noblesse du cœur, l'élévation des sentiments, le courage chevaleresque, la *furia francese*, celui que tous les chefs, officiers et soldats, se donnent comme modèle, est sans volonté. L'occasion se présente de sauver la France et l'armée, à coup sûr de conserver l'honneur, et il hésite.

Au bout de quelques secondes il se reprend, ordonne au sous-lieutenant Hamon d'aller en reconnaissance avec son peloton, puis s'adressant à un groupe de zouaves sous les ordres des lieutenants Fuhro et Carini de la Grua : « Oui, vous avez raison, allez vous former sur la crête », et il étend la main du côté d'Amanvillers, d'où vient le bruit d'une canonnade terrible. Quelques-uns s'avancent en dehors du bois, mais la masse reste dans le fourré ou recule avec les voitures et les fuyards sur le plateau du Gros-Chêne, du côté de la ferme Saint-Vincent.

Avec sa franchise et sa loyauté ordinaires, le général Bourbaki ne craignait pas d'avouer plus tard s'être trompé à Saint-Privat : « Dans un mouvement de mauvaise humeur, disait-il, je commandai demi-tour, mais la réflexion venue je cherchai la position où je pouvais déployer ma colonne. »

Quand les voitures lancées au galop ont toutes passé le défilé, les officiers rappellent les zouaves et les grenadiers et s'efforcent de les faire sortir du fourré et de les ramener dans la clairière, sur le plateau du Gros-Chêne, pour les reformer ; ils reviennent par l'unique route bordée de bois et un sous-lieutenant d'infanterie blessé, huché sur une voiture abandonnée à l'issue du bois, leur crie quand ils passent : « Mais faites donc demi-tour : En avant! » Enfin, au bout d'un quart d'heure, les officiers finissent par reconstituer les quatre régiments.

Au moment de la débâcle, quand voitures et fuyards encombraient la route allant à Lorry, deux batteries à cheval sortaient du ravin de la Mance.

En atteignant le plateau, le commandant de cette artillerie, le colonel Delatte, s'écrie : « Voilà des lapins qui se sauvent parce que les Prussiens viennent ; montrons-leur que les canonniers, eux, ne s'en vont pas…

Chargez les pistolets et en avant ! » Arrivées sur la route, les deux batteries font halte, des canonniers sautent à terre, arrêtent deux des voitures qui filent et les mettent en travers de la chaussée. Ayant ainsi barré le passage, le colonel Delatte place ses 12 pièces en batterie en deçà de la voie du chemin de fer de Verdun, coupant également les champs aux fuyards.

Le désordre était sensiblement diminué lorsque apparut, venant de Plappeville, une colonne d'artillerie à cheval dont une immense poussière annonçait la marche.

Quand le capitaine de Beaumont était parvenu sur le plateau du Saint-Quentin pour dire au général Pé de Arros d'accourir avec les batteries à cheval de la Garde, l'artillerie de la réserve générale de l'armée, de la division de voltigeurs et des batteries à cheval de la Garde demeurait immobile; les quelques pièces mises en batterie du côté de la Moselle sous les yeux du maréchal Bazaine avaient même été ramenées à leur parc.

« Ne recevant aucun avis, lisons-nous sur le calepin du lieutenant d'Astier de la Vigerie, nous nous disposons à aller dîner, quand notre attention est attirée par des flots de poussière. Sur le plateau, vers la droite, au-dessus de Lorry, nous voyons des cavaliers, des voitures, une troupe de fuyards au galop et sur le versant opposé la masse des grenadiers de la Garde se dirigeant sur le champ de bataille.

« Un officier (le capitaine de Beaumont) se présente à la tente du général Pé de Arros; un quart d'heure après, nous étions à cheval et nous partions sans avoir retiré les sacs d'avoine placés sur les coffres.

« D'abord au grand trot, nous sommes bientôt au galop, le général Pé de Arros et le colonel Clappier en tête.

« Nous descendons et gravissons tour à tour les pentes de la grande route : attelages et servants en peloton derrière les pièces rivalisent d'entrain. Nous croisons les zouaves en bataille le long d'un bois, puis des fuyards, des blessés, des débandés. » Quelques-uns crient : « Trop tard la Garde! » ou « C'est pas trop tôt »; d'autres lancent des invectives en montrant le poing : « Salauds de prétoriens. »

« C'est trop tard » est un refrain qui revient sans cesse.

« Nous voyons une ligne de villages en feu, et sur un tertre le général Bourbaki. Le général Pé de Arros et le colonel Clappier vont prendre ses ordres. Le commandant en chef de la Garde est très ému et ne le cache pas assez aux troupes, qui s'en rendent compte... Il s'agite, et avec une lorgnette regarde sans cesse en arrière au nord-est. » Il prescrit au colonel Clappier d'aller avec les deux premières batteries de la réserve (commandant Archambault de Montfort), les huit pièces montées et la batterie de mitrailleuses de la division des grenadiers au delà des bois sur la crête qui domine Amanvillers et Saint-Privat et d'y arrêter les Prussiens; les deux autres batteries resteront en réserve; les zouaves et le 1ᵉʳ grenadiers suivront les batteries envoyées sur le champ de bataille et leur serviront de soutien.

« La route et le bois étaient pleins de fuyards qui disaient d'un air désespéré : « Vous arrivez trop tard, « la Garde! »

« Partout, on nous répétait la même phrase, nous dit le lieutenant Moureau. Une voiture vint à verser, deux cents soldats furent en un clin d'œil à se presser autour et vingt bras soulevèrent le véhicule aux cris répétés de : « Vite, vite. Dépêchez-vous. »

Un peu plus loin c'est un groupe de fuyards qui injurient les canonniers, leur montrent le poing et font simulacre de les mettre en joue. Les officiers ont de la peine à retenir leurs hommes qui veulent taper sur les plus exaltés.

Enfin les pièces sont en batterie.

« On veut nous faire ouvrir le feu sur de l'artillerie qui tire devant nous : nous nous apercevons à temps qu'elle est française, écrit le lieutenant Poilloüe de Saint Perrier du régiment à cheval de la Garde. Nous ne connaissons rien de nos positions ni de celles de l'ennemi et tout le monde autour de nous a perdu la tête. »

Les officiers de la batterie de mitrailleuses se concertent : où tireront-ils et sur quoi? Ils ne voient rien et n'ont aucune indication sur les situations des deux armées. Ils décident de ne pas ouvrir le feu.

Les commandants des autres batteries et les officiers des zouaves et du 1er grenadiers sont tout aussi hésitants. Personne ne sait quoi faire et on ne voit rien, tant on est entouré de fumée. Les zouaves marchent sans savoir où ils vont et se trouvent sans s'en douter à côté du 11e dragons. En les apercevant à travers la poussière et la fumée marcher comme à tâtons, le lieutenant Rives, des dragons, leur crie : « C'est moins agréable que la garnison de Saint-Cloud. »

Des fantassins du 4e corps continuent à se retirer;

ils traversent les batteries; les canonniers veulent les retenir et leur demandent où il faut tirer, mais ils se sauvent dans les bois.

Des clairons du 15ᵉ de ligne se placent derrière la batterie Gay et sonnent en vain le refrain de leur régiment.

Il y a du désordre; les esprits sont égarés. A l'obscurité causée par la poussière et la fumée s'ajoute celle de la nuit qui tombe. Le lieutenant d'état-major Desjardins de Géranviller émerge d'un nuage et vient butter sur la batterie du capitaine Meurdra. « Mais sur quoi tirez-vous : il n'y a personne dans la plaine », crie-t-il. Un instant après, on croit entendre l'infanterie allemande à quelques cents mètres et le colonel Melchior galope derrière la ligne d'artillerie, criant : « Il arrive de l'infanterie... A 500 mètres! et à mitraille!... » Dans certaines batteries on attelle les pièces à la prolonge pour les emmener si les fantassins allemands apparaissent. Dans d'autres batteries on les raccroche aux avant-trains. Le colonel Clappier, accourt : « Le premier qui cesse le feu, je lui passe mon sabre au travers du corps, » dit-il.

Cet homme réservé, qui, dans la vie de tous les jours, n'avait rien de brillant, était dans l'action un chef admirable, doué de décision et d'à-propos. Il se multipliait et apparaissait là où il était nécessaire, sachant calmer ou exciter selon les circonstances.

Presque au même instant on entendit le commandant Archambault de Montfort : « N'attelez pas vos pièces, disait-il. Vous avez de la cavalerie pour vous garder. » Et courant au lieutenant-colonel Robillot du 11ᵉ dragons il lui disait devant le commandant de Gail : « Faites charger votre régiment; on va enlever nos batteries! »

« Nous partons, dit le capitaine Dulac des dragons : nous entendons les obus de la Garde siffler au-dessus de nos têtes; nous galopons dans l'obscurité. Soudain on nous crie « A droite ». Nous changeons de direction et traversons la plaine sans rencontrer l'ombre d'une troupe ennemie; nous revenons. L'artillerie avait cessé son feu et changé de place. »

« Une nuée de fumée couvrait le sol, s'étendant comme une masse liquide, nous a raconté le lieutenant d'Astier de la Vigerie, et à la demi-obscurité nous crûmes d'abord voir les pieds des chevaux des dragons disparaître jusqu'aux genoux dans l'eau. Bientôt, c'est jusqu'au poitrail; la tête émerge encore, puis nous ne les voyons plus du tout. »

Un capitaine d'état-major du 4ᵉ corps vient reprocher au colonel Delatte de tirer sur les troupes encore à Amanvillers. Le colonel le prenant par le bras : « Je ne vous lâche pas que vous n'ayez vu toutes mes pièces », et il lui montre les volées dirigées sur Saint-Privat, en sens diamétralement opposé à Amanvillers.

On ne voyait plus rien du tout : le monticule des carrières était devenu silencieux et l'artillerie de la Garde avait aussi cessé son feu. Canonniers, zouaves et grenadiers sans instructions attendirent sur place. Vers 9 heures et demie ils repassèrent le défilé du bois de Saulny et revinrent au plateau du Gros-Chêne.

Le général Bourbaki envoya une section de zouaves et plusieurs pelotons de guides du côté de Saint-Privat. A leur retour tous assuraient que l'ennemi occupait ce village sans le dépasser. Le peloton de guides du lieutenant Boyé avait rencontré le commandant de Lantivy et le baron de Gargan; le premier cherchait le maréchal Canrobert et le second essayait de gagner Hayange.

Le général Bourbaki était auprès de la ferme de Saint-Vincent vers 10 heures et demie; le lieutenant-colonel Saget, qui ne parvenait pas à retrouver le général de Ladmirault, s'entretint avec lui. Pendant qu'ils parlaient, un exprès du maréchal Bazaine vint prescrire à la Garde de rentrer.

Son retour s'exécuta sur une route encombrée dans toutes ses parties. L'artillerie à cheval s'égara, descendit jusqu'à Lorry et fit le double de son chemin.

De toute la journée le général Bourbaki ne donna aucun ordre à la division de voltigeurs; il considéra que le maréchal Bazaine s'en était réservé l'usage.

Cette division de 10 000 soldats d'élite demeura inutile durant cette bataille décisive. Si elle eût agi comme le proposait le matin le général Bourbaki, sur l'une ou l'autre des ailes avec les grenadiers et les guides, de l'aveu des Allemands, c'eût été la victoire.

Les divisions de cavalerie Forton, Valabrègue et celle de la Garde n'avaient pas bougé du ravin de Longeau.

Les pelotons envoyés en reconnaissance dans la matinée étaient rentrés à midi et dans les camps régnait la quiétude. A 1 heure, aux premiers bruits d'une bataille, le général de Forton fit renverser les marmites, lever le camp et monter à cheval, puis une heure après il donna contre-ordre et l'on attendit pied à terre.

Vers 4 heures, à la suite de la prise de la ferme de Saint-Hubert par les Allemands, il y eut en arrière du champ de bataille une répercussion de la retraite précipitée du bataillon du 80ᵉ : des fuyards coururent jusqu'à Chatel-Saint-Germain, criant : « Voilà les Prussiens ! ». Plusieurs allèrent encore plus loin et descendirent par Longeau sur Moulins. Un tambour, ahuri, vint à tomber dans le bivac des cuirassiers de la garde établi le long de la route près de Longeau. « Arrêté et interrogé il prétendit rester seul de son bataillon, chargé de défendre une ferme (celle de Saint-Hubert). Le colonel Dupressoir l'ayant entendu, lui cria : « Ce n'est pas vrai. Retourne à ton régiment et plus vite que ça, ou je te passe ma latte à travers le corps. » Tous les cuirassiers d'éclater de rire et le tambour de retourner à toutes jambes par où il était venu.

A 5 heures, la situation de la cavalerie devint critique.

Les Allemands s'étant emparés de Jussy, des balles et des obus tombaient au milieu des chevaux et des tentes.

Sept mille hommes et autant de bêtes étaient serrés dans un trou profond et étroit d'où l'on ne voyait que le ciel. On entendait la canonnade se rapprocher et l'on ignorait ce qui se passait.

Allait-on pouvoir sortir de cette tranchée presque sans issue et si exiguë qu'on ne pouvait s'y mouvoir ?

Le général de Valabrègue avait fait demander à 8 heures du matin l'autorisation de se retirer et le général Frossard avait transmis cette demande au maréchal Bazaine.

Mais à 5 heures et demie, aucune réponse n'était envoyée. Le colonel de Cools, jugeant le danger pressant, insista auprès du général de Valabrègue qui consentit à partir.

Aussitôt le colonel de Cools et le capitaine de Germiny cherchèrent l'issue la moins défectueuse. La grande route de Moulins était si encombrée qu'il ne fallait pas songer à en user et au nord le chemin de Lessy n'était pas plus praticable ; alors le colonel de Cools se décida à prendre un sentier dans les vignes. « Nous nous y engageons, dit le capitaine de Germiny ; nous franchissons le chemin de fer de Verdun ; toute la division défile un par un et nous arrivons vers le soir au Ban-Saint-Martin où le capitaine de Saint-Arroman est déjà pour tracer le camp de la division de Forton. ».

Dans la troupe et même chez les officiers on ignorait la situation et le lieutenant Chiniac de La Bastide du 5ᵉ chasseurs à cheval croyait avec ses camarades aller à la poursuite de l'ennemi qui avait repassé la Moselle.

Au moment où la division Valabrègue montait en selle, le général de Forton crut apercevoir de l'infanterie ennemie venant de Sainte-Ruffine et s'approchant du « camp de la cavalerie ».

Son chef d'état-major, le colonel Durand de Villers, fait prévenir par un sous-officier de dragons le général Desvaux. Quoique sceptique, le colonel Galinier et les capitaines Dubreton et Delphin, de l'état-major de la division de cavalerie de la Garde, vont du côté soi-disant menacé. A cet instant, des obus envoyés de la rive gauche éclatent sur la grande route près de Longeau et le commandant du Saint-Quentin, ouvrant le feu avec ses grosses pièces, prie le général Desvaux « de dégager ses abords pour ne pas gêner son tir ».

Le maréchal Bazaine s'est enfin décidé à faire partir la division Forton et en avise son chef en lui prescrivant de gagner les abords de la porte de France.

En un instant cuirassiers et dragons sont prêts et s'ébranlent au moment où se produit une double panique dont le contre-coup se fait sentir jusqu'à Longeau, à la jonction des deux routes.

Les cuirassiers, qui marchaient en tête, suivirent d'abord un par un le sentier longeant le chemin de fer de Verdun ; arrivés à la grande route, ils se trouvèrent dans une débandade de paysans, de bourgeois et de chariots divers ; ils s'efforcèrent de se former par quatre, mais, excités par les voitures au galop et par les cris de ceux qui passaient à côté, leurs chevaux s'emballèrent et eux aussi furent bientôt à toute allure.

Les dragons partirent après les cuirassiers. « Nous pensions, a écrit le sous-lieutenant de Forcade du 1er dragons, en arrivant sur la grande route de Metz, tourner à droite et gagner le plateau pour prendre part au combat dont nous percevions toute la violence. Mais il s'agissait bien de cela : nos chefs avaient hâte de rejoindre les cuirassiers, si bien que, sans marquer le temps d'arrêt nécessaire pour faire serrer les distances et former les rangs, chaque cavalier sortait un à un du sentier, sautait sur la route et aussitôt partait à fond de train pour rejoindre ceux qui le précédaient ; c'est ainsi que nous avons traversé Moulins et Longeville ventre à terre et complètement débandés. »

Une batterie allemande établie non loin de Frescaty dirigea son tir sur la route ; mais cuirassiers et dragons soulevaient une telle poussière qu'ils restèrent invisibles et échappèrent aux coups de l'ennemi.

En sortant de Longeville, la tête des cuirassiers ayant

repris le pas, les rangs se reformèrent et c'est à peu près en ordre que les quatre régiments atteignirent les glacis de Metz, contre lesquels ils s'établirent au Ban-Saint-Martin côte à côte avec la division Valabrègue qui arrivait par Devant-les-Ponts.

Dans le camp de la Garde, on croyait aussi partir et des cavaliers avaient déjà sauté sur leurs chevaux : le colonel Dupressoir, en prenant un cuirassier par la botte, le fit redescendre à terre et ordonna aux autres d'en faire autant. Ils n'avaient pas à agir sans ordre.

Malgré la panique et les balles qui devenaient plus nombreuses, le général Desvaux « s'obstina encore à rester avec un entêtement qui eût pu nous être funeste », dit le capitaine Delphin dans ses notes.

Cependant il envoie le commandant Hennequin de Villermont « prévenir le maréchal Bazaine du danger que court la cavalerie accumulée dans une vallée, où les projectiles de l'ennemi pleuvent déjà et peuvent déterminer un grand désordre sur toute l'étendue du camp. »

Pour empêcher les troubles qu'amènerait une panique, de Rozerieulles il ordonne à la batterie Donop d'aller à Chazelle contrebattre celle des Prussiens établie sur la rive droite ; il fait mettre pied à terre à deux escadrons de dragons sous les ordres du capitaine Lavalette ; il joint à eux la batterie Forquerey ; il les conduit et les place lui-même dans les vignes avec les deux pièces du lieutenant Fouquet en batterie : il n'y a pas de terrain convenable pour les quatre autres.

Quand il revient à Longeau, les balles sifflent et tombent sur le camp et, « sans que nous en ayons su la cause, dit le capitaine Delphin, une trombe de voitures et de chevaux au galop, de paysans et de soldats criant : « Voilà les Prussiens », débouchent en face de la prairie où nous sommes.

Le général, dans ce moment critique, est « ferme et énergique pour maintenir son monde, mais il crie et menace trop. Il ramène cependant l'ordre et le calme. » Cette aventure le décide enfin au départ, quoique le commandant de Villermont ne soit pas encore revenu.

Il dirige la brigade des cuirassiers par Lessy et Châtel-Saint-Germain, celle des dragons et lanciers par le chemin qui monte presque à pic derrière nous et il donne à toutes deux Plappeville comme objectif.

Les cuirassiers partent les premiers : ils montent du côté de Châtel et dans leurs rangs circule le bruit qu'ils vont achever la victoire. A mi-côte ils voient revenir des voltigeurs qui quittent le plateau de Moscou pour rentrer au Saint-Quentin où les rappelle un ordre du maréchal Bazaine. Bientôt les cuirassiers font aussi demi-tour, reviennent sur leurs pas avec les voltigeurs et gagnent Lessy. Il n'est plus question de victoire et on ne sait où l'on va.

Les cuirassiers augmentent la presse dans les rues étroites de Lessy déjà remplies par les carabiniers. La nuit est tombée et elle est des plus noires : cuirassiers et carabiniers, dans leurs grands manteaux écarlates avec leurs casques d'acier ou dorés dont quelques-uns reflètent les lumières des maisons, ont l'air de dieux du Wahalla.

Des voitures d'ambulance obstruent en partie la rue principale. Les chevaux les bousculent ; les médecins qui opèrent ou qui soignent des blessés sortent furieux. Il y a des altercations et des disputes. Mêlés et pressés les uns contre les autres, ces géants cuirassés piétinent sur place ou restent immobiles sur leurs grands chevaux. Des dragons de la division Clérembault descendent du plateau de Moscou ; ils buttent sur des charrettes dont l'une est chargée de tonneaux ; ils les ont vite défoncés et boivent dans tous les récipients possibles, même dans leurs casques : beaucoup sont ivres ; c'est une scène pénible.

Après un certain temps d'attente, les cuirassiers et les carabiniers reviennent sur leurs pas ; la queue de leur colonne devient la tête et ils s'écoulent dans des sentiers à travers les vignes en contournant Lessy par le sud. Le général de Ladmirault tombe à ce moment dans leurs rangs, est entrainé par eux et séparé de la plupart des officiers de son état-major.

Coupés en deux tronçons, les cuirassiers et les carabiniers parvinrent vers 3 heures du matin au Ban-Saint-Martin et dans la plaine située entre Plappeville et Devant-les-Ponts auprès d'une ambulance. »

Le général Desvaux campa avec les généraux de France et du Fretay dans un champ près de Devant-les-Ponts.

Un peu plus tard, les dragons et les lanciers qui avaient pris par Scy vinrent rejoindre les cuirassiers et les carabiniers.

La sortie de la cavalerie du ravin de Longeau avait occasionné dans la soirée et la nuit, derrière la gauche de l'armée, un surcroît de désordre. Depuis 6 heures du soir jusqu'à 2 ou 3 heures du matin, il y eut un va-et-vient de régiments de cavalerie marchant au hasard, se croisant sans cesse, arrêtés par des convois ou des piétons et surtout par des files de blessés.

Au milieu des troupes, perdus dans l'obscurité, circulaient des généraux avec des états-major gagnant un gîte. Combien de blessés furent bousculés dans ce désordre et cette agitation !

Vers 9 heures du soir, aux abords du col de Lessy, cheminait lentement une charrette de paysan dans laquelle étaient étendus sur de la paille trois officiers : le colonel Caillot, le commandant Lamboley, tous deux du 54ᵉ et mortellement blessés, et le chef d'escadron d'état-major Hubert-Castex.

« Nous nous trouvions au milieu de colonnes en retraite, — c'est le commandant Hubert-Castex qui parle, — quand un bruit étrange qui grandissait, mêlé de cliquetis d'armes, de vociférations, de cris, d'exclamations nous assourdit... Nous fûmes enveloppés d'un nuage de poussière si épais que nous distinguâmes à peine des cavaliers lancés au galop. Ils semblaient fuir devant une vision terrifiante... S'arrêtant brusquement par suite de l'écrasement des pelotons les uns contre les autres, notre véhicule fut entouré de l'état-major d'un général qui nous apparut au milieu de la nuée qu'il avait soulevée. »

Le colonel Caillot du 54ᵉ s'exhaussant tout sanglant, et montrant le poing à ce général, l'apostropha de la façon la plus terrible en lui envoyant toutes ses malédictions.

Le commandant Hubert-Castex, croyant reconnaître un ami dans les officiers d'état-major qui l'entouraient, l'interpella ; personne ne répondit et l'on n'entendit que les imprécations de ses compagnons « qui souffraient le martyre », a-t-il écrit.

Carabiniers, cuirassiers de la Garde et dragons de la

division Clérembault connaissaient les résultats de la bataille, mais les illusions subsistaient encore dans le reste de la cavalerie et dans l'artillerie de réserve.

On se plaisait à espérer une victoire : « Puisque le maréchal Bazaine n'a pas besoin de nous, répétait-on, dans la soirée, c'est que l'issue de la bataille n'a pas même été douteuse. »

« Je suis parti un des derniers, — a écrit dans ses notes au jour le jour le lieutenant de Rougé du 3ᵉ lanciers; — déjà les boulets tombaient à la place où nous étions. Il passe à côté de nous des blessés et à un moment j'ai vu les habitants des faubourgs de Metz qui se sauvaient, disant que les Prussiens étaient là. Quand nous sommes arrivés à la porte, on nous a pris pour des Allemands et tous voulaient se sauver en ville. J'interrogeai des soldats qui venaient du combat : les uns disaient que nous étions bloqués et perdus, les autres que ça marchait très bien. Enfin je m'endormis dans une incertitude poignante. »

Comme la Garde et la cavalerie, l'artillerie de réserve demeura sans emploi dans cette journée.

Jusqu'à 3 heures le général Soleille était resté dans sa chambre chez M. Vianson, à Tignomont, et avait fait copier une circulaire à son état-major : aucun des officiers qui le composaient ne se doutait de l'importance de l'action engagée et vers 2 heures, le lieutenant Clément du 14ᵉ d'artillerie, étant venu au nom du maréchal Canrobert demander des munitions et annoncer une grande bataille, le capitaine Anfrie lui dit en souriant : « Ce bon maréchal, il exagère toujours. »

Prévenu par le colonel Saint-Cyr-Nugues que le maréchal Bazaine avait quitté la villa Bouteiller pour monter au Saint-Quentin, le général Soleille s'y fit conduire en break, accompagné de son premier aide de camp, le commandant Sers.

Il eut bientôt rejoint le maréchal Bazaine et aussitôt s'engagea entre eux une longue conversation à la fin de laquelle le général Soleille donna ordre au général Canu de faire partir deux batteries de 12 pour Saint-Privat où elles se mettraient à la disposition du maréchal Canrobert.

Par suite de l'envoi à midi des chevaux du 13ᵉ d'artillerie à la Moselle, il ne restait sur le Saint-Quentin que deux batteries de 12 : celles des capitaines de Reynaud et Bellorger, qui avaient refusé de se démunir de leurs attelages quand une bataille s'engageait. Le chef d'escadron de Contamine prit le commandement de ces deux batteries et elles partirent du Saint-Quentin vers 4 heures et demie sans leur réserve, avec 72 coups par pièce.

Le général Soleille envoya aussi à son chef d'état-major l'ordre de faire ravitailler le 6ᵉ corps au moyen de 20 caissons que conduirait le commandant Abraham.

Pendant que l'on attelle ces 20 caissons, les autres officiers de l'état-major de l'artillerie sont toujours à Tignomont.

« Nous attendons, exaspérés du rôle que l'on nous fait jouer, nous dit le capitaine Morlière ; nous questionnons tous ceux qui reviennent du champ de bataille et nous épions tous les indices. Des fuyards arrivaient déjà jusqu'à nous.

« Un officier d'infanterie passa devant notre maison et nous dit que les Prussiens étaient maîtres du Saint-Quentin et qu'ils allaient descendre à Plappeville.

Nous essayâmes de lui démontrer son absurdité : il haussa les épaules et continua sa route.

« Quelques instants après c'était un cantinier criant : « Voilà les Prussiens ! » Nous le secouons. « Où sont-ils ? les avez-vous vus ? » — « Si je les ai vus, ... j'ai « tout lâché, cheval, voiture, fourbi... »

« Le commandant Abraham, envoyé au 6ᵉ corps, nous fit en revenant un récit navrant de la bataille à Saint-Privat, mais il était convaincu que partout ailleurs nous tenions nos positions.

« Avant dans la soirée, on nous donna l'ordre de nous tenir prêts à déguerpir à la suite du grand quartier général. Nos préparatifs ne furent pas longs, car depuis le matin nos chevaux étaient sellés et en prévision d'un mouvement chacun avait plié son bagage. »

Le croira-t-on jamais ? La plus grande bataille du siècle se livrait et le général en chef de l'armée française trouvait superflue la présence sur le terrain de son état-major général et de celui des armes spéciales ! Les officiers de ces services, hommes de valeur et de dévouement, se morfondaient à copier des circulaires ou des états de mutations de chevaux quand se jouait le sort de la France.

Le général en chef n'avait pas besoin d'eux !

Il n'avait pas non plus besoin de l'artillerie de réserve !

Campées sur deux mamelons à 4 kilomètres en arrière du front, protégées de face par les deux ravins de la Mance et de Châtel-Saint-Germain, au sud par le cours de la Moselle et appuyées sur les deux forts de Plappeville et du Saint-Quentin, tous deux munis de grosses pièces, la réserve d'artillerie, comme les troupes de la Garde, s'étaient senties toute la matinée dans une sécurité complète et beaucoup d'officiers et même de soldats, principalement des musiciens ou des ordonnances, avaient obtenu la permission d'aller à Metz faire des emplettes et chercher des victuailles.

La plupart y étaient encore lorsque le canon éclata; ils se précipitèrent aussitôt pour regagner leurs campements, craignant de ne plus y retrouver leurs camarades; en revenant, ils furent stupéfaits de voir que personne n'avait bougé.

La réserve d'artillerie comprenait ce jour-là, parquées sur le Saint-Quentin, six batteries de 4 à cheval et autant de 12 montées; avec l'artillerie de la Garde comptant 12 batteries de 4, c'étaient 24 batteries : 130 pièces dont 36 de 12. Le maréchal Bazaine en envoya deux batteries vers 5 heures du soir au maréchal Canrobert; le général Bourbaki fit successivement partir les 3 batteries de sa division de grenadiers puis celles de la réserve de la Garde : en tout 9 batteries, soit 48 pièces. Quatre-vingt-deux pièces, dont 24 de gros calibre, restaient donc au parc du Saint-Quentin, leurs chevaux à la corde, quand 284 pièces allemandes forçaient par leur feu, l'un des plus terribles que l'on ait vus, le maréchal Canrobert et le 6e corps à abandonner Saint-Privat.

Vers 6 heures du soir, le général Soleille, après être resté sur le plateau de Saint-Quentin la fin de l'après-midi avec le maréchal Bazaine, rentra à Tignomont, se déshabilla immédiatement et revêtit un costume d'intérieur. A 7 heures et demie, le lieutenant de La Brosse, ayant été le prévenir de l'envoi des deux batteries du commandant de Vézins au nord du plateau de Plappeville où le maréchal Bazaine les avait fait demander, demeura « stupéfait de son élégante indifférence ».

Cependant sa soirée et sa nuit furent très agitées : vers 10 heures il faisait appeler son propriétaire, M. Vianson, et lui disait « qu'il lui fallait rentrer en ville immédiatement, parce que les Prussiens pouvaient être à Tignomont d'un instant à l'autre. » « Vers minuit, nous a écrit M. Vianson, il disait que la situation était perdue, que les Allemands poursuivaient l'armée française et pourraient bien entrer sur ses talons dans la ville. »

Ses craintes le déterminèrent à faire descendre en pleine nuit — vers 10 heures du soir — l'artillerie de réserve du Saint-Quentin pour l'envoyer au Ban-Saint-Martin.

C'est un branle-bas général : canons, caissons, forges, chariots de parcs, fourragères et fourgons de cartouches sont en branle, et déjà les premières batteries atteignent le Ban-Saint-Martin, quand le général Canu, qui marche en tête de cette masse d'artillerie et s'efforce d'en établir le parc pour la nuit, reçoit ce billet du général Soleille : « Par ordre du maréchal Bazaine, j'ai l'honneur de vous faire connaître que vous devez suspendre votre mouvement sur le Ban-Saint-Martin et rester dans votre camp... Dans le cas où votre mouvement serait déjà commencé, vous devez revenir à votre position... »

Il fallut retourner. Comment s'exécuta cette marche et la contremarche qui la suivit? Quels étaient les sentiments de ceux qui la firent? Le lieutenant de Galembert va nous l'apprendre : « Le canon a cessé. Nous attendons des nouvelles, incertains de l'issue de la lutte, a-t-il écrit. Nous n'avons vu personne en revenir... Il n'y a pas d'infanterie pour garder le parc : il faut prendre des canonniers pour constituer des postes de nuit. Vers 10 heures, un ordre de départ arrive inopinément : « Où allons-nous ?... » Nous attendons longtemps : enfin nous nous ébranlons au milieu de la nuit, et nous descendons les pentes à pic du Saint-Quentin. Je ne comprends pas comment nos voitures n'ont pas versé vingt fois ; le sol est rocailleux, semé de carrières, et d'une raideur extrême. Le chemin, à peine tracé, côtoie des abîmes dont on peut facilement deviner la profondeur. Après bien des arrêts et des efforts sans nombre, nous arrivons en bas. En ce point, je suis séparé de la tête de la colonne, et je confère avec le capitaine de la batterie qui suit. Un officier d'état-major passe et nous dit qu'il faut remonter et reprendre notre bivac de la journée. Nous ne pouvons le croire et nous attendons. Enfin je me décide à regravir les pentes avec mes quatre voitures, et deux heures après en être parti, je suis à notre ancien camp, où je retrouve toutes nos batteries.

« Les officiers se relayèrent jusqu'au matin pour veiller à toute surprise : des vedettes étaient à cinquante mètres en avant et les canonniers veillaient près des pièces chargées à mitraille, pour faire feu au premier signal.

« Précaution inutile : la nuit, une merveilleuse nuit d'août, s'acheva sans la moindre alerte. »

Le général Soleille avait perdu la notion exacte des faits : il avait constitué une réserve de 3 millions 800 000 cartouches sur des fourgons attelés par les compagnies 15ᵉ et 6ᵉ *bis* du train d'artillerie et par des chevaux et des conducteurs de réquisition dirigés par le sous-lieutenant Delporte. Craignant que l'ennemi ne vint à s'en emparer et ne sachant quoi faire de ce convoi, il l'envoya au milieu de la nuit au général Canu. Celui-ci fit parquer les fourgons à côté de ses pièces et au jour alla prier le général Soleille de le débarrasser de ces cartouches « dont il ne savait que faire, dont la réserve d'artillerie n'aurait aucun emploi et où il ne viendrait l'idée à personne d'aller les demander, puisqu'elle ne comptait aucune troupe d'infanterie ».

A minuit, le maréchal Bazaine, se souvenant de la communication faite le matin par M. Beneyton sur la présence de plusieurs autres millions de cartouches, dans la gare de Metz, envoya ce billet, écrit de sa main, au général Soleille :

« Le général Soleille est prévenu qu'un train de munitions, arrivé aujourd'hui, est en gare de Devant-les-Ponts. Il serait urgent de les faire enlever cette nuit même : les attelages des parcs peuvent servir à cette opération. »

Le général Soleille, aussitôt en possession de cette note autographe du maréchal Bazaine, chargea le capitaine Morlière d'aller constater l'arrivée du convoi et de vérifier son importance. « Je devais, a raconté le capitaine Morlière, faire atteler le parc de la Garde, et l'amener à Devant-les-Ponts pour y remplir ses coffres.

« Je partis le cœur plein d'espérance : nous croyions les ressources de la place épuisées; ce convoi était donc un retour inespéré de fortune. Je réveillai, en passant, le colonel de Vassoigne et le commandant Dorlodot des Essarts. En arrivant à la gare, je fus surpris du silence qui y régnait.

« J'entre dans le bureau du chef de gare; personne. Dans les salles, quelques officiers couchés se lèvent en sursaut. Un général de division était étendu sur le canapé. Je demande son nom : « le général Grenier ». Il avait poursuivi sa retraite jusque sur les fossés : les ponts étaient levés, sans cela il eût sans doute été coucher à l'hôtel de l'Europe.

« Je finis par découvrir le chef de gare; je lui parlai de munitions; il ne comprenait pas; il me donna un de ses employés et je me mis à visiter les wagons : quelques-uns renfermaient du pain, de la farine, du campement, mais pas la moindre trace de munitions. J'interrogeai encore le chef de gare. La mémoire sembla lui revenir; deux trains étaient signalés partant de Thionville; mais ces trains n'arriveront pas, me dit-il, car la ligne est coupée. »

« Je partis navré... je rendis compte au général Soleille; il m'envoya au maréchal Bazaine. Il dormait et je ne fus pas introduit. Je ne pus voir que le commandant Willette qui faisait charger les bagages; il se chargea de la commission. »

Le lieutenant Cadiot, du 1er grenadiers, de garde au quartier général, fut aussi envoyé pour veiller sur les wagons et accompagner les voitures qui devaient ramener ces munitions légendaires; il revint au milieu de la nuit sans avoir été plus heureux que le capitaine Morlière.

Quand, à 10 heures du matin, le maréchal Bazaine avait su l'existence de 4 000 000 de cartouches dans la gare de Metz, il aurait dû donner immédiatement des ordres et inviter M. Beneyton, qui se plaignait du danger que causait la présence de ces cartouches, à conduire lui-même et sur-le-champ les chariots destinés à les charger; de cette façon il ne les aurait pas envoyé chercher à Devant-les-Ponts quand elles étaient à Metz.

L'absence de mémoire du maréchal Bazaine et le manque d'empressement à entrer en possession de ressources inespérées montre une fois de plus l'affaiblissement de ses facultés et son insouciance dans une question vitale pour son armée : à moins que la pénurie de munitions qu'il signalait à l'Empereur et au ministre ne fût qu'un prétexte qu'il savait sans réalité.

CHAPITRE V

LES PANIQUES EN ARRIÈRE DU CHAMP DE BATAILLE

Il se produisit, au cours de la bataille de Saint-Privat et dans la soirée, plusieurs paniques en arrière de la ligne de combat.

La plus importante eut lieu, vers 5 heures, aux environs de Saulny, sur la grande route de Saint-Privat à Woippy.

Dès le commencement de l'action cette route fut encombrée par les bagages et les convois des 3°, 4° et 6° corps. Le sous-intendant Baratier et les commandants Gillet et Boutard, prévôts des 3° et 6° corps, le capitaine Hellouin et le sous-lieutenant Lhéritier de Chézelles du train, s'occupèrent aussitôt de déblayer la chaussée en garant les voitures dans des champs, dans les bois ou en les emmenant jusqu'aux abords de Metz, où elles furent parquées sur les glacis.

Grâce à leurs efforts la circulation était rétablie peu de temps après l'ouverture du feu et le défilé lamentable des blessés s'opéra régulièrement : les uns cherchaient une ambulance, quelques-uns s'efforçaient de gagner un village; des théories de cacolets et de voitures en emmenaient d'autres à Metz.

Peu à peu des fuyards, presque tous des réservistes, se mêlèrent aux blessés et leur nombre augmenta d'heure en heure. Des caissons vides, des charrettes de paysans envahissaient aussi la route; comme les fuyards, ces voitures devenaient de plus en plus nombreuses et vers 6 heures c'était un véritable fleuve dont les flots se composaient des éléments les plus disparates. Les piétons marchaient les bras ballants; les uns, hébétés, la tête basse, silencieux, mais portant leurs armes; les autres, ayant jeté fusils, gibernes et sacs pour mieux courir. Un petit nombre, excités, criaient qu'ils n'avaient plus de cartouches, qu'ils étaient depuis quarante-huit heures sans manger et que les chefs trahissaient. En arrivant à Saulny beaucoup s'arrêtaient, pénétraient d'abord dans les auberges et les cabarets qu'ils emplissaient, puis dans les autres maisons, dont quelques-unes furent pillées.

Malheureusement une fausse sentimentalité avait laissé relâcher les règlements et des malandrins, des repris de justice et des voleurs avaient été introduits dans les régiments : dans une armée, il ne faut jamais laisser entrer des condamnés de droit commun; ils doivent être sans aucune exception relégués dans des corps de discipline spéciaux. Ces individus, capables de tous les crimes, assassinats et vols, déterminent souvent dans le combat des paniques par leurs cris de « en retraite » ou de « sauve qui peut » ; dans les marches, dans les camps ou les cantonnements, ils pillent et leur exemple entraine quantité d'hommes à quitter les rangs et à marauder comme eux.

A Saulny, lâches et ivrognes, principalement des

réservistes, se gobergeaient ou se reposaient, tandis que leurs camarades se battaient, et dans la grande rue, de nouveaux arrivants, en voyant les habitations pleines de monde, s'en allaient plus loin chercher un village encore non envahi.

Vers 6 heures et demie, il y eut un arrêt dans le flot qui s'écoulait sur Metz.

Un convoi d'une cinquantaine de lourdes charrettes à blé chargées de vivres pour le 6ᵉ corps, conduit par l'officier Triballat, avait dépassé Woippy et gagnait Saulny. A mi-chemin sa tête avait heurté et arrêté un groupe compact de débandés.

En cet instant, le lieutenant de Bellegarde, suivi des caissons qu'il conduisait à Plappeville, était au haut de la pente de Saulny. « Derrière nous, m'a-t-il raconté, apparurent quelques chasseurs d'Afrique avec leur couvre-nuque blanc et leur ceinture rouge; à l'aspect de ces uniformes inconnus, un infirmier ou un soldat d'administration à épaulettes blanches, probablement déjà atteint d'aliénation ou ivre, perdit la tête: il grimpa sur un cheval blanc, se mit à gesticuler en l'excitant et en tapant dessus tant qu'il put; le cheval s'emballa et descendit la côte au grand galop, se faufilant entre des voitures et particulièrement des caissons et fourgons du train d'artillerie. Les yeux hors de la tête, hurlant : « Voilà les Prussiens! » et en agitant les bras, ce fou jeta l'alarme et l'épouvante. »

Les tringlots ou convoyeurs prirent d'abord peur; les uns se sauvèrent laissant là leurs voitures, les autres s'efforcèrent de les retourner et de mettre leurs chevaux au galop pour s'enfuir sur Metz. Au bas de la côte, hommes et chevaux éperdus foncèrent sur le convoi conduit par M. Triballat, le bousculèrent et s'enchevêtrèrent dans ses voitures. Les conducteurs de ce convoi, choisis parmi les mobiles de la Moselle, prirent peur, coupèrent les traits, sautèrent sur les chevaux, s'enfuirent aussi, criant à leur tour : « Les Prussiens, les Prussiens ! » et allèrent dans les villages des environs qu'ils connaissaient.

« Des voitures s'accrochaient, se culbutaient, se renversaient, et en un instant une nuée de pillards s'abattaient dessus et les éventraient. Les gendarmes de la prévôté du 6ᵉ corps, en nombre trop restreint, accouraient sous les ordres du commandant Boutard et cherchaient à rétablir l'ordre.

La réserve des deux batteries à cheval du commandant Kesner, que le maréchal Canrobert avait envoyées se réapprovisionner à Plappeville, sortait de Saulny et gagnait Vigneulles : des convoyeurs sur des chevaux à poil, et des voitures au galop vinrent heurter la queue de sa colonne et y mettre le trouble. Le capitaine Bessières fut jeté à bas de son cheval et deux ou trois caissons renversés, mais le capitaine Bessières, qui s'était relevé, empêcha un plus grand désordre en barrant le chemin aux fuyards.

Grâce à ses mesures, son détachement n'eut que trois servants démontés et deux voitures avariées, alors que toutes eussent pu être dispersées ou brisées.

Le plus grand nombre des convoyeurs et les débandés pris de panique à Saulny s'enfuirent vers Woippy. Par bonheur, un peloton de guides sous les ordres du sous-lieutenant Delachoue de la Mettrie se trouvait là. L'attitude des cavaliers, qui barraient la route, calma l'effervescence des affolés dont beaucoup s'étaient déjà arrêtés faute de souffle. Le calme revint et l'écoulement continua dans le même désordre mais sans trouble ni tumulte.

Cette multitude avait peu à peu gagné Metz et commencé à se déverser sur les avancées du fort Moselle et de la porte de Thionville ; là elle était contrainte de s'arrêter devant le barrage ordonné par le général Coffinières ; elle se répandait alors dans la zone militaire, entrant dans les villages les plus rapprochés et s'installant dans les guinguettes et les échoppes qui s'élevaient le long des routes à la sortie de la ville.

D'abord l'affluence demeura tranquille, puis le bruit de la panique de Saulny amena de l'excitation.

Des blessés, en voiture ou à pied, se présentaient aux portes ; ils criaient aux soldats du génie ou aux chasseurs à pied de garde aux barrières de les laisser passer.

Les consignes étaient sévères et il fallait pour être autorisé à entrer en ville avoir montré ses blessures. Une fois admis on traversait les ouvrages avancés par un chemin étroit, on franchissait des ponts et des poternes et alors seulement on se trouvait dans la ville. Prévenu de l'agitation, le général Coffinières avait envoyé au fort Moselle son aide de camp, le commandant Guichard, avec deux compagnies de génie et lui-même s'y rendit vers 7 heures.

Du haut du parapet il vit la foule disparate qui s'agitait : paysans se sauvant devant les Prussiens, cantiniers, fuyards, débandés, blessés tout sanglants et conducteurs d'artillerie avec leurs caissons envoyés pour se ravitailler à l'arsenal ; tous criaient pour pénétrer dans la place.

Le général Coffinières, après avoir contemplé la multitude, maintint l'ordre de ne laisser entrer personne que les blessés et prescrivit au colonel Rivet, adjudant de place, de faire confectionner des barrières en bois pour empêcher l'accès des ponts-levis et des portes.

A 8 heures du soir, M. de Boismontbrun, payeur principal du 6ᵉ corps, s'étant présenté avec les fonds, eut toutes les peines du monde à mettre sa caisse à l'abri dans l'intérieur de la place et les employés du trésor qui l'accompagnaient durent rester dehors.

A Saulny, le calme, sinon l'ordre, était rétabli. Des voitures abandonnées et dételées se trouvaient au milieu de la route, quelques-unes renversées. Le commandant Boutard, avec ses gendarmes, était parvenu à les pousser sur les bas côtés et à dégager la chaussée et lorsque les convois de munitions du commandant Abraham et du lieutenant Clément atteignirent Saulny, ils purent traverser ce village sans être arrêtés.

Le commandant Abraham avait gagné le point culminant de la contrée où, au-dessus de Saulny, la route fait un coude pour se diriger au nord-ouest, quand les débandés qui croisaient ses voitures devinrent beaucoup plus nombreux.

« Ils se retiraient, a-t-il dit, tranquillement, sans panique. Je leur proposai des cartouches. « Ce n'est « pas des cartouches, c'est du pain qu'il nous faut », répondirent-ils. Un peu plus loin, il rencontra une batterie qui s'en allait aussi : « Pourquoi partez-vous? « — Nous n'avons plus de munitions. » J'emmenais le lieutenant et je lui donnais quatre caissons sur huit; deux autres batteries se retiraient également, je les emmenais à mes caissons comptant leur donner les quatre restant, mais ils étaient déjà pris.

« Je croisai un officier d'état-major, le capitaine Aubry, je lui demandai : « Où est le maréchal Canro-« bert? — Je n'ai pas le temps; il faut que j'aille à « Saulny chercher la Garde », répondit-il.

« Les hommes s'en allaient toujours. Un sous-lieutenant était là; il s'est mis en travers de la route : « Le premier qui passe outre, cria-t-il, je lui brûle la « cervelle. » Les hommes sont arrivés en masse et ont passé. Le sous-lieutenant, alors, s'en est allé.

« Je ne fis connaître ma présence à personne, j'étais très surexcité et je chargeai un capitaine de ramener les voitures à Metz. »

La venue de son convoi était trop tardive; si elle avait eu lieu deux heures plus tôt, ses résultats eussent été tout autres.

Quelque désordonnée que fût la retraite du 6e corps, il n'y eut plus, à partir de 6 heures et demie, de sauve-qui-peut ou d'affolement irraisonné sur la grande route de Saulny.

La deuxième panique de la journée eut lieu vers 7 heures du soir, en arrière d'Amanvillers. « Des soldats arrivaient éperdus, a écrit le capitaine Saux, prévôt de la division Lorencez. Ils disaient ne plus rien pouvoir et refusaient de se porter en avant parce qu'ils n'avaient plus de munitions; ils entraient dans les bois pour s'y cacher ». Les réserves des batteries et des voitures du convoi du 4e corps parquées à la bordure des bois reçurent en ce moment l'ordre de se retirer : étant parties au trot, elles furent bientôt au galop et des mercantis que l'on voit pulluler à la suite des armées, — comme les détrousseurs de morts apparaissent la nuit même qui suit la bataille, — leur emboîtèrent le pas.

« En un instant, les routes de Lorry et de Plappeville furent couvertes de gens et de voitures ; le colonel Delatte, de l'artillerie de réserve du 3ᵉ corps, en arrêta un certain nombre sur le plateau du Gros-Chêne ; d'autres se répandirent dans la plaine au sud des carrières et enfilèrent un chemin de terre qui va rejoindre la grande route au milieu des bois. Il y avait de ce côté des ambulances volantes établies sous des tentes ou en plein champ et tout autour des blessés attendaient leur tour pour être pansés : de ces ambulances partaient des voitures ou des cacolets qui emmenaient les blessés à Metz ou à d'autres ambulances mieux organisées. Des voitures et des cavaliers les bousculèrent.

Pour empêcher le renouvellement de scènes aussi pénibles, le capitaine Saux s'efforça de former une colonne de toutes les voitures errantes ou parquées en arrière du 4ᵉ corps et de les faire rentrer sous Metz. A une heure et demie du matin il avait réussi à réunir et à garer « 2 000 véhicules de toute nature dans des champs près de la gare de Devant-les-Ponts ».

Malgré les efforts pour arrêter les fuyards, plusieurs étaient venus jusqu'à Metz par les routes de Lorry, de Châtel-Saint-Germain et de Plappeville jusqu'au Ban-Saint-Martin, à Devant-les-Ponts et à la porte de France.

Lancés au triple galop, les chevaux avaient descendu les côtes à une allure vertigineuse et avaient bousculé tout ce qui se trouvait sur les routes, principalement des blessés que l'on ramenait à Metz. Voici le récit du capitaine Geoffroy, qui fut pris dans cette panique.

Après avoir été transporté sur un cacolet à l'ambulance de la ferme Saint-Maurice, on l'avait mis sur une charrette avec un lieutenant d'infanterie râlant, et un habitant du pays les conduisait à Metz :

« Un tourbillon de poussière nous enveloppa et notre paysan nous fit descendre dans le fossé. Des voitures d'artillerie et d'ambulance prises dans une panique d'un convoi de vivres galopaient sur nous dans un désordre inexprimable criant : « Tout est perdu ; les « Prussiens sont là. »

« Ne sachant si réellement des cavaliers allemands ne s'étaient pas glissés dans nos lignes, nous mimes une bande de pansement en brassard à notre conducteur et nous y dessinâmes avec notre sang une croix rouge.

« Aux abords de Metz la terreur était au comble. Toutes les femmes fuyaient avec leurs enfants criant : « Nous sommes perdus. » La femme de notre conducteur, voyant du sang au bras de son mari, le crut blessé et se mit à pousser des cris affreux.

« Une prolonge descendait la route ; les chevaux allaient ventre à terre ; dessus la prolonge étaient une demi-douzaine de braillards ivres. Si j'avais eu un revolver, je crois que j'aurais tiré sur ces misérables qui manquèrent nous écraser. Où donc sont les gendarmes ?

« A la nuit, nous arrivâmes à l'hôpital de Metz suivis d'un grand nombre d'habitants désireux de connaitre le résultat de la bataille.

« Le portier de l'hôpital refusa de nous recevoir : « Il « n'y a plus de place. » J'ordonnai de nous déposer sur le trottoir du quai. Une âme charitable aura pitié de nous. On nous coucha le long du parapet. La foule murmurait et l'on nous offrait asile quand un officier d'administration survint, bourra le concierge et nous fit transporter dans une salle de cent cinquante lits. »

La troisième panique eut lieu du côté de Rozerieulles lorsque les Prussiens s'emparèrent de Jussy. Des badauds étaient venus de Metz et des villages avoisinants pour assister à la bataille comme à un spectacle. Qu'ils aient aperçu de loin des Allemands, ou que quelques balles soient tombées auprès d'eux, ils se sauvèrent en poussant des cris perçants et en annonçant l'apparition des Prussiens. En un instant ils furent sur la grande route courant comme des fous.

Les bagages et les ambulances des divisions de cavalerie étaient arrêtés en files entre Longeau et Moulins et tout du long circulaient des caissons et des voitures diverses allant du 2ᵉ corps à Metz et réciproquement. « Les chevaux des voitures d'ambulance furent tellement effrayés à l'arrivée de la trombe des fuyards et s'emballèrent si spontanément que, médecins et infirmiers, nous a raconté l'un d'eux, le docteur Milet, se retrouvèrent aux portes de Metz comme si un géant les eût emportés dans ses bras et déposés à la porte de France. »

Cette panique terminée, il n'en y eut pas d'autres sur la grande route de Moulins. Mais toute la soirée et la nuit il y a un mouvement continuel et désordonné entre l'armée et la ville.

La retraite des 4ᵉ et 6ᵉ corps, le retour sur Metz de

la cavalerie, l'arrivée de blessés et de fuyards du champ de bataille qui annoncent les Prussiens derrière eux, et tous les bruits qui circulent répandent la peur et déterminent le départ de beaucoup d'habitants, qui, sans attendre le jour, veulent immédiatement rentrer dans Metz. Toute la soirée, la cavalerie, sortie du fond de Longeau, reflue par masses, allant à l'aventure dans la direction de la ville, croisant et arrêtant les convois, heurtant des parcs, des chevaux au piquet et des voitures en ligne. Sur tous les chemins il y a des bandes de soldats égarés cherchant un gîte, des pillards dévalisant les maisons abandonnées et des gens répétant les pires nouvelles.

L'exemple venait de haut. Le général Soleille ne parlait-il pas à son hôte de l'apparition des Allemands et ne lui conseillait-il pas de rentrer dans Metz sans plus attendre?

Vers 9 heures du soir, « un flot de voitures de cantiniers, de transports de bagages et de troupes débandées, a déclaré le commandant Welter, du parc du 2ᵉ corps, se précipitaient en hâte vers Metz et un tumulte extraordinaire se manifestait sur toutes les routes aboutissant à la porte de France. » Le colonel Brady, commandant du parc, qui avait montré beaucoup d'énergie à Rezonville, en présence de cette multitude, eut peur qu'elle ne vînt se jeter dans les piquets de ses chevaux ou dans ses caissons et ne mit le tout dans un désordre que l'obscurité et l'état de trouble régnant dans les environs auraient rendu irréparable. Il prit d'abord des dispositions pour empêcher une panique, mais bientôt, aux cris poussés par des individus qui venaient comme des fous, annonçant les

Prussiens, il crut à une attaque des Allemands et se décida, pour sauver les munitions dont il avait la charge, à ordonner d'atteler ses caissons et de les rentrer en ville. A 11 heures du soir, son parc bivaquait au fort Moselle ; il y passa la nuit et le lendemain matin les voitures étaient versées à l'arsenal.

Ces paniques avaient des causes multiples : la fatigue, le manque de sommeil et de nourriture amenaient les hommes à un état de surexcitation nerveuse qui diminuait leur résistance morale et physique. La présence des réservistes dans les rangs réduisait de beaucoup la valeur de la troupe. Ces réservistes, soldats inexercés et novices, quittaient les rangs et formaient au moment de la bataille une tourbe qui emplissait les bois et les villages, donnant le plus déplorable spectacle. Leur départ des rangs créait des vides et décourageait ceux qui continuaient à se battre.

La démoralisation de cette armée avait une autre cause qu'on ne discernait pas au premier abord, mais dont les effets amenèrent la défaite : c'était l'absence de tout commandement. Le général en chef, éloigné de son armée, se désintéressait de son sort et ne s'informait même pas des péripéties de cette bataille où nous avons vu se produire de nobles dévouements. Que pensait, que devenait le général en chef pendant que douze mille de ses soldats se faisaient tuer ou blesser? C'est ce que nous allons tâcher de découvrir.

CHAPITRE VI

LE QUARTIER GÉNÉRAL FRANÇAIS
PENDANT LA BATAILLE DE SAINT-PRIVAT

Le maréchal Bazaine était seul avec les officiers de son état-major particulier, le colonel Napoléon Boyer, le capitaine de Mornay, le lieutenant Albert Bazaine et le peintre Beaucé, quand vers une heure de l'après-midi, le lieutenant de Bellegarde, du 6e chasseurs à cheval, se présenta à la porte de la villa Bouteiller, porteur d'un mot du maréchal Canrobert annonçant l'attaque des Allemands et demandant des munitions et des renforts.

Parti de Saint-Privat au trot allongé, le lieutenant de Bellegarde avait suivi la grande route jusqu'à Saulny; là, il ralentit son allure pour descendre la grande côte dont la pente est si raide; une fois en bas, il tourna à droite, reprit le trot rapide et pénétra à Plappeville par la principale rue, entièrement déserte.

Le soleil tape d'aplomb et fait rentrer tout le monde dans les maisons. Pas le moindre bruit, pas la moindre répercussion des détonations qui ne discontinuent pas de l'autre côté de la colline; on se dirait dans un village abandonné. Voilà la grande porte cochère du quartier général; le lieutenant de Bellegarde la franchit, entre dans la cour, descend de son cheval, le confie à des hussards assis sur un banc, sur leur indication pénètre dans le vestibule et monte l'escalier jusqu'au premier étage. Au bruit de ses pas, une porte donnant sur le palier s'ouvre, le capitaine de Mornay-Soult apparaît et lui demande ce qui l'amène : « Une dépêche du maréchal Canrobert pour le maréchal Bazaine. » — « Donnez-la-moi. » — « J'ai l'ordre de la remettre moi-même en mains propres. » — Le capitaine de Mornay insiste : le lieutenant de Bellegarde ne cède pas et la discussion s'élève un peu : « Qu'est-ce qu'il y a ? » crie quelqu'un de la pièce dont la porte est restée entr'ouverte. — « C'est un officier qui apporte une dépêche du maréchal Canrobert et veut la remettre lui-même. — Eh bien ! qu'il entre. » Alors le capitaine de Mornay, ouvrant complètement la porte, invite son camarade à passer et le suit. Tout d'abord le lieutenant de Bellegarde, tout échauffé de sa course et ébloui par le soleil éclatant du dehors, ne sait pas où il est, mais se remettant vite il se voit dans un grand salon au milieu duquel plusieurs personnes, assises à une vaste table couverte d'un tapis vert, écrivent ou étudient des cartes étalées.

Au fond, dans un fauteuil en tapisserie, le maréchal Bazaine est assis, fumant un cigare. Le lieutenant s'approche, le salue, tire de sa giberne les feuillets écrits de la main du maréchal Canrobert et les lui remet. Le maréchal Bazaine les lit tranquillement, se lève, tape de sa main droite sur le bras du lieutenant de Bellegarde et lui dit en haussant les épaules : « C'est comme ça que se sont exécutés mes ordres...? » puis après une pause : « Vous direz au maréchal Canrobert que je fais transmettre au général Bourbaki l'avis de lui envoyer une division de la Garde ; je donne également l'ordre au général Solcille de lui adresser une batterie de 12. Pour les munitions, vous recommanderez au maréchal Canrobert de faire remplir ses caissons au parc de réserve qui se trouve ici. » — Le lieutenant de Bellegarde, à ces derniers mots, croit devoir faire une observation : « Mais… » commence-t-il. « Qu'est-ce que vous dites? » lui lance le maréchal Bazaine en se retournant et en le fixant d'un air d'autorité. Intimidé par le ton du général en chef, le lieutenant de Bellegarde se reprend : « Je voulais simplement, monsieur le maréchal, répéter ce que vous m'avez dit pour être sûr de ne point faire d'erreur » ; et après avoir récité mot à mot les paroles du maréchal, il sortit.

Toute sa vie, le général de Bellegarde, jusqu'à sa mort arrivée en 1907, a regretté de s'être laissé arrêter et de ne pas avoir poussé jusqu'au bout son observation, qu'il présentait ainsi :

« Mais, monsieur le maréchal, retourner à Saint-Privat, c'est trois quarts d'heure : réunir dans le trouble d'une bataille les caissons des batteries engagées et dispersées, les conduire à Plappeville, les ramener à Saint-Privat et enfin en faire la distribution, c'est cinq ou six heures et il sera peut-être trop tard. Si au contraire vous ordonniez l'envoi de caissons pleins, en deux heures leurs munitions auraient trouvé un emploi utile. »

Observations fort justes, que le maréchal Bazaine aurait certainement écoutées.

Trois quarts d'heure après avoir quitté Plappeville, le lieutenant de Bellegarde annonçait au maréchal Canrobert l'envoi immédiat de la Garde et d'une batterie de 12.

Quoiqu'il eût fait promettre des renforts à son lieutenant, le maréchal Bazaine ne put se décider à donner au général Bourbaki l'ordre d'aller se mettre à la disposition du maréchal Canrobert et se contenta de lui faire tenir ce message laconique : « Le maréchal Canrobert est attaqué sur la droite. » « J'ai laissé agir le général Bourbaki, déclarait-il plus tard. A des hommes de cette intelligence il faut donner une grande latitude. » Oui, mais aurait-il fallu au moins que le général Bourbaki connût l'idée du général en chef.

Lorsque le maréchal Le Bœuf a annoncé une bataille probable, le maréchal Bazaine a fait partir aussitôt une brigade de la Garde derrière sa gauche; mais quand le maréchal Canrobert lui demande des secours, le maréchal Bazaine lui en promet et ne lui en donne pas.

Cependant il a toujours déclaré que la droite, où était le maréchal Canrobert, était le point le moins fort de sa ligne; il reprochait même à son lieutenant de l'avoir affaiblie en l'étendant trop loin. Or, si la droite était dans une situation périlleuse, il n'y avait même pas à attendre des demandes de secours pour en envoyer, mais surtout il fallait tenir la main à leur départ quand on en avait promis. L'attention du maréchal Bazaine était à ce moment de la journée, 1 heure un quart, retenue par l'arrivée d'un flot de télégrammes envoyés du haut du clocher de la cathédrale, du fort de Plappeville et de celui du Saint-Quentin, où étaient établis des postes télégraphiques dirigés, le premier par le capitaine Lebagre, du génie, et les autres par MM. Brisson et Eschbacher, du bureau central.

Tous ces télégrammes signalaient une canonnade terrible et une bataille des plus acharnées de Rozerieulles à Sainte-Marie-aux-Chênes.

En même temps que des dépêches on lui remit deux notes : l'une, émanant du colonel Melchior, chef d'état-major de l'artillerie de la Garde, annonçait la marche, le long de la rive gauche de la Moselle, d'une colonne ennemie d'environ un régiment « venant d'Ars » et essayant de remonter par les villages de Vaux et de Jussy ou par Moulins « pour tourner la grande route de Metz » ; l'autre, émanant du général Letellier-Blanchard, signalait la présence du roi de Prusse et de M. de Bismarck au château d'Aubigny le 16 au soir et l'arrivée de M. de Moltke avec toutes les réserves prussiennes, 200 000 hommes.

Dépêches, rapports et notes concordaient à représenter l'action engagée comme une immense bataille. Le maréchal ne paraissait cependant pas se préparer à y assister et le général Jarras lui ayant de nouveau demandé s'il fallait monter à cheval avec l'état-major, il faisait pour la vingtième fois la même réponse : « il avait des ordres administratifs à donner et tenait beaucoup que l'on mît à jour le tableau d'avancement. »

Les trente officiers de l'état-major général restèrent à écrire des pensums : ce fut pendant la bataille de Saint-Privat qu'ont été établis par eux les états de mutation des chevaux de troupe attribués aux officiers hors cadres de l'armée du Rhin !

« Nous étions tous à bâiller, a écrit le colonel Foucher, de l'état-major général ; nous savions qu'on se battait et nous nous énervions à nous morfondre, sans seulement faire le travail de copiste qu'on nous avait distribué. On amena quelques prisonniers, dont un officier de hussards de fort bonne tournure. Nous voulions nous rendre sur le champ de bataille. Le général Jarras nous rabroua de belle façon. »

Le commandant La Veuve et le capitaine Arthur de France, à force d'instances, parvinrent à obtenir d'aller aux renseignements et plus tard les lieutenants-colonels Nugues et Fay, les capitaines Guioth et Fix reçurent diverses missions; mais la plus grande partie des officiers resta dans la salle de travail comme des écoliers en retenue, distraits de temps en temps par les boutades du gros commandant de l'Espée.

« Il avait été entendu entre nous, m'a raconté un officier de l'état-major général, que, pour pouvoir nous exprimer en toute liberté sur le général Jarras, même en sa présence, nous le désignerions sous le nom de Théodore. Le général étant venu pendant la journée du 18 août dans notre salle d'études, le commandant de l'Espée s'écria : « Théodore est un cormoran. » quoique ce n'eût aucun sens, nous voilà tous à éclater de rire et le général Jarras se laissant entraîner par notre hilarité se met aussi à rire, en haussant les épaules et en nous qualifiant de grands enfants. »

Voilà comment s'occupait l'état-major général pendant la bataille de Saint-Privat.

Il est tellement inadmissible qu'un général se prive dans une grande bataille de ses auxiliaires les plus utiles que le maréchal Bazaine plus tard voulut faire croire que le général Jarras avait ce jour-là agi de lui-même : « J'ignore, a-t-il dit une première fois, pourquoi le général Jarras ne m'a pas rejoint, » et plus tard dans une note dictée au colonel Willette, il exprima la même idée : « Le général Jarras était parfaitement libre de monter à cheval et de se faire renseigner; c'était dans sa fonction; c'était même son devoir. »

Le maréchal Bazaine avait oublié ses ordres renouvelés à plusieurs reprises.

Quelque brave qu'il soit, quelque plaisir qu'il ait à se montrer sous le feu avec cette impassibilité superbe qui fait l'admiration de tous, le maréchal Bazaine reste enfermé dans son quartier général, pendant cette bataille décisive.

Il ne se prépare toujours pas à se rendre sur le champ de bataille; il ne sort même pas du salon de la villa Bouteiller dont les fenêtres, donnant sur le jardin et orientées au nord, sont grandes ouvertes : du côté de la cour, au contraire, jalousies et persiennes sont fermées, car le soleil darde ses rayons d'aplomb et la chaleur est des plus vives.

Le maréchal Bazaine se livre à de profondes réflexions et à 2 heures rédige un télégramme qu'il adresse à M. Petitpas de la Vasselais, directeur des télégraphes de Metz :

« Plappeville, 18 août, 2 heures du soir.

« Demandez à Thionville ce qui se passe dans les environs, avec invitation à se mettre en relations avec la ligne des Ardennes et me tenir au courant de tout ce qu'il *(sic)* appprendra; mais autant que possible ne donnez que des renseignements certains. »

Le maréchal s'inquiète enfin de la ligne du chemin de fer et du télégraphe par Thionville.

Il envoie des prescriptions formelles d'avoir « à le

tenir au courant de tout ce que l'on apprendra » sur la ligne des Ardennes et de « ne donner que des renseignements certains ». Il se préoccupe enfin de cette dernière voie de salut. Quoique tardivement, il va prendre les mesures nécessaires ; ordonner à sa cavalerie de quitter le fond de Longeau pour aller couvrir la voie ferrée et envoyer son artillerie de réserve renforcer sa droite pour l'empêcher d'être tournée. Erreur. Son idée est autre.

S'il veut être minutieusement au courant, ce n'est pas pour assurer la conservation de ses communications, c'est au contraire parce qu'il est impatient d'apprendre leur interruption.

Depuis le 16 au soir, lorsqu'il a reçu les demandes d'ordres de ses lieutenants de l'armée de Châlons et le télégramme du ministre, lui disant de s'entendre pour une combinaison de plan avec le maréchal de Mac-Mahon, son idée fixe est de s'isoler et de trouver le moyen de demeurer dans sa tour d'ivoire sans être importuné.

Son absence d'idées et sa crainte des responsabilités l'ont poussé insensiblement mais irrévocablement à se laisser enfermer dans Metz, où il n'aura plus à fournir d'explications sur ses projets, ni d'ordres à donner.

Le chemin de fer et le télégraphe coupés, on le laissera enfin en paix ; son esprit obtus n'a pas assez de perspicacité pour voir la capitulation comme le terme inévitable de ses actes, et son cœur n'est pas assez élevé, comme son caractère assez imbu de sens moral pour se rendre compte qu'il manque à tous ses devoirs, qu'il trompe son souverain, livre son pays et son armée à l'ennemi, en abusant de la confiance et de l'espoir mis en lui.

Le général Arnaud de Saint-Sauveur, grand prévôt de l'armée, est dans la grande rue de Plappeville ; il se dirige du côté du quartier général et croise un jeune mobile de Paris qui fait fonction de secrétaire d'état-major, M. Delaire, aujourd'hui conseiller maître à la Cour des comptes. Ils sont tous deux seuls dans cette rue où la chaleur se répercute sur le sol et sur les murs blancs. En se souvenant de cette rencontre, M. Delaire ressent encore l'impression qu'il éprouva à la vue du quartier général de l'armée française silencieux comme s'il eût été abandonné.

Dans la cour de la villa, même absence de vie : les plantons se sont retirés dans l'intérieur de la maison pour goûter le frais et l'oreille la plus exercée ne perçoit rien du canon, dont les détonations sont si violentes sur le plateau de Moscou qu'elles empêchent de rien entendre.

Le grand prévôt de l'armée annonce au maréchal Bazaine que l'on a fait prisonnier le prince Edmond Radzivill, chapelain protestant du prince Frédéric-Charles, le pasteur Gerlach et l'infirmier Jacobsteter, attaché de la Croix-Rouge. Ces messieurs ont avec eux le corps d'un général qu'on croit être celui du général de Montaigu. Le général de Saint-Sauveur est très perplexe sur la conduite à tenir à l'égard de ces messieurs, car il ne connaît pas le texte de la convention de Genève, et il propose de les confier au curé de Plappeville qui les logera et « les surveillera sans en avoir l'air ».

Le maréchal, comme d'habitude, ayant acquiescé sans faire aucune observation, le général Arnaud de Saint-Sauveur se rend chez le curé de Plappeville, l'abbé Lennuyeux, digne ecclésiastique et aimable autant qu'esprit cultivé : le grand prévôt lui expose l'affaire et lui explique qu'il faut « garder le chapelain et ses deux compagnons parce qu'on craint qu'ils soient espions. » On ne voudrait pas cependant qu'ils se croient prisonniers. Le maréchal Bazaine désire qu'on leur témoigne le plus d'honneurs possible et leur a attaché un interprète polonais, M. X...

« J'acceptai, a écrit l'abbé Lennuyeux, et j'allai moi-même chercher ces messieurs dans le jardin de la villa Bouteiller où je les trouvai en conversation avec le lieutenant-colonel Fay. » L'abbé les conduisit dans son presbytère, les y installa de son mieux, causa avec eux une partie de la journée et, dans la soirée, leur donna à souper en compagnie du docteur Marit et de plusieurs chirurgiens de la Garde impériale.

Il est 2 heures et demie environ ; un second envoyé du maréchal Canrobert, le capitaine d'artillerie de Chalus, demande à parler au maréchal Bazaine. Le maréchal Canrobert l'a chargé de prier le maréchal Bazaine d'accélérer l'envoi des munitions et des renforts promis par lui au lieutenant de Bellegarde : « Les munitions commençaient à manquer au 6ᵉ corps et quand j'ai quitté le champ de bataille, ainsi s'exprime le capitaine Chalus, la situation devenait inquiétante.

« Je montrais au maréchal Bazaine sur une carte nos positions et j'exposais le fâcheux état des choses quand un officier d'état-major (le colonel Napoléon Boyer), occupé à écrire, releva la tête et m'interrompit par ces mots : « Cet officier n'a probablement rien vu ; c'est « un pessimiste ».

« Le maréchal me répondit — c'est toujours le capitaine de Chalus qui parle — que la colonne de

munitions était déjà partie, puis il ajouta : « Venez
« avec moi, je vais donner l'ordre que cette division —
« celle des grenadiers de la Garde — parte. » Mais on lui
apporta, quand il allait sortir, un petit mot d'un général
de division dans lequel on annonçait que ça allait bien
au 6ᵉ corps. Après avoir lu, le maréchal dit, en se tournant vers moi : « C'est bien, vous voyez. » La division
ne fut pas envoyée, mais le maréchal finit par me
donner quatre caissons de munitions. »

Souvent le capitaine de Chalus a raconté cette scène
aux siens et particulièrement à son frère, le comte
René de Chalus, et chaque fois, il disait combien « il
avait été écœuré de l'attitude *goguenarde* des officiers
de l'état-major personnel du maréchal Bazaine ».

Quel billet rassurant sur la situation du 6ᵉ corps
le maréchal Bazaine peut-il avoir reçu durant son entretien avec le capitaine de Chalus? Deux dépêches lui
furent remises un peu avant trois heures : l'une du
maréchal Le Bœuf datée de « l'Arbre-Mort », expédiée
du poste de la ferme de Moscou, à 2 h. 20; elle est ainsi
conçue :

« Attaque sur toute la ligne avec des forces nombreuses; nous tenons bien, je suis tranquille. Notre
artillerie tire trop, je la modère. »

La seconde, émanant du capitaine Lehagre, chef du
poste du clocher de la cathédrale, de 2 h. 15, disait :

« La canonnade paraît se calmer ou du moins s'éloigner sur les plateaux. Nos troupes occupent toujours
les mêmes positions... »

Ce dernier télégramme le rassurait complètement :
les troupes tenaient sur place ». C'était là tout son
désir. Les renforts devenaient inutiles. S'ils venaient

à point pour donner au maréchal Canrobert le moyen de remporter une victoire, ce serait l'effondrement de ses combinaisons. Il ne désirait pas — comme l'ont dit depuis certains historiens — la défaite de son aile droite et du maréchal Canrobert. Il n'était ni haineux, ni jaloux sans motif, mais il ne se souciait pas que son lieutenant, déjà populaire, s'acquît une gloire nouvelle dans une bataille où lui-même aurait joué un rôle passif et effacé.

Il lui fallait surtout empêcher son armée de sortir de ses lignes, de prendre l'offensive, de battre la campagne et de s'éloigner de la ville où il était décidé à s'enfermer.

A l'arrivée du capitaine de Chalus il n'avait pas encore, quoiqu'il l'eût promis, fait dire à la Garde et aux batteries de réserve d'aller au secours du maréchal Canrobert. Rappelé à ses promesses, il allait donner l'ordre annoncé, croyant son aile droite sous le coup d'être tournée et rejetée en déroute sur Metz, quand une dépêche lui apprend que le centre de son armée se maintient ; cela lui suffit et il arrête le départ des renforts impatiemment attendus, et devenus de minute en minute plus nécessaires.

Tous les efforts et tous les calculs de l'intelligence de cet homme, proclamé par l'opinion publique le génie sauveur de la patrie et imposé par tous les partis à Napoléon III comme chef suprême, se réduisent à des roueries d'écolier paresseux cherchant à en faire le moins possible.

Le maréchal Bazaine croit toucher à son but : le capitaine de Chalus préviendra le maréchal Canrobert qu'il n'a plus à compter sur la Garde. Cet avis suffira pour le maintenir sur la défensive et le déterminera au besoin à ordonner la retraite sans qu'il ait besoin de la prescrire d'une façon positive.

Si, le soir, l'ennemi n'a pas encore coupé la ligne du chemin de fer et du télégraphe, le lendemain matin, lorsque son armée se retirera, le premier soin des éclaireurs allemands sera de la détruire. Il est tellement sûr de ce fait qu'il en annonce la réalisation par avance au maréchal de Mac-Mahon par ce télégramme daté de 2 heures :

« Par suite des combats successifs que j'ai livrés le 14 et le 16, ma marche sur Verdun a été arrêtée et je suis obligé de séjourner dans la partie nord de Metz pour me ravitailler en munitions et surtout en vivres.

« Depuis ce matin, l'ennemi montre de fortes masses qui paraissent se diriger vers Briey et qui peuvent avoir l'intention d'attaquer le maréchal Canrobert, qui occupe Saint-Privat.....

« Nous sommes de nouveau sur la défensive jusqu'à ce que je sache la véritable direction des troupes qui sont devant nous, et surtout celle de l'armée de réserve que l'on dit être à Pange, sur la rive droite de la Moselle, sous les ordres du Roi, dont le quartier général serait au château d'Aubigny. »

« Transmettez cette dépêche à l'Empereur et au ministre de la guerre.

« *Je crains pour la voie ferrée des Ardennes.* »

Dans cette dernière dépêche de 2 heures de l'après-midi, comme dans celles de la matinée, il évite de donner aucune instruction mais il insinue que « les Prussiens *peuvent avoir* l'intention d'attaquer le maréchal Canrobert » quand il sait le 6ᵉ corps aux prises avec des forces supérieures, menacé d'être tourné, demandant des renforts et à court de munitions.

Enfin, dans la dernière ligne, il découvre le fond de sa pensée la plus intime : « *Je crains pour la ligne des Ardennes.* »

Mais loin de protéger cette dernière voie de salut, il n'y envoie ni détachements de pionniers, ni aucune de ses réserves inutilement accumulées à son aile gauche ; il s'abstient même de donner l'ordre à la division des grenadiers de la Garde d'aller à Saint-Privat, quoiqu'il l'ait promis à une heure au maréchal Canrobert.

Le télégramme au maréchal de Mac-Mahon rédigé, il en dicte un second pour l'Empereur : c'est un récit succinct de la bataille du 16. Il le laisse inachevé et fait part au colonel Napoléon Boyer de son intention de sortir pour aller voir ce qui se passe ; peut-être aura-t-il quelque chose à ajouter à ces deux télégrammes ?

M. Debains, qui vient d'interroger les prisonniers faits l'avant-veille par le 4º corps, lui demande l'autorisation d'envoyer au ministère de l'Intérieur une dépêche donnant un compte rendu rassurant et détaillé de la bataille du 16 août. Le maréchal y consent. Ce télégramme cependant devra avoir l'approbation du colonel Napoléon Boyer avant d'être transmis.

Alors montant à cheval, suivi du capitaine de Mornay, de son porte-fanion, d'un sous-officier et d'un demi-peloton de hussards, il grimpe la rampe qui conduit au plateau de Saint-Quentin.

A mi-côte, il rencontre le commandant La Veuve et le capitaine Arthur de France, de l'état-major général. Ces deux officiers ne peuvent faire autrement que de se joindre à lui

Enfermé dans sa maison, le général Jarras se tenait aux aguets; il fut immédiatement prévenu que le maréchal Bazaine allait monter à cheval; il traversa alors la rue et entra dans la maison Bouteiller. « Je fis dire au maréchal, a-t-il écrit, que je me mettais en devoir de l'accompagner; il me fit répondre qu'il n'avait pas besoin de moi ni de tous les officiers d'état-major; que je devais rester pour le travail d'avancement et lui envoyer seulement cinq officiers; il m'appellerait si l'affaire devenait grave. »

Cette communication se fit par l'intermédiaire d'un planton, le maréchal Bazaine ne jugeant pas à propos de s'expliquer directement avec son chef d'état-major en pareil moment. Le général Jarras n'insista pas, rentra, annonça aux officiers de l'état-major le départ du maréchal pour le Saint-Quentin, et désigna le colonel d'Andlau, le lieutenant-colonel de Klein de Kleinnenberg, le commandant Lepippre, les capitaines Jung et Amphoux pour suivre le général en chef. Les cinq élus montèrent à cheval, et coururent à la villa Bouteiller. « Le maréchal est déjà parti, leur dit un planton, mais montez un peu vite, vous allez le rattraper, il allait au pas. » Les officiers prirent le galop et entrèrent dans le fort de Plappeville : c'était sur le glacis qu'ils devaient aller, ils s'y rendirent et retrouvèrent le maréchal.

Les officiers et les cavaliers des deux escadrons d'escorte demeuraient en repos. « Le maréchal ne nous a pas demandés, a écrit le capitaine Roy de Vacquières, et le service des plantons est peu considérable. Nous montons en flâneurs sur le plateau, et nous trouvant avec quelques officiers près du fort de

Plappeville, nous apercevons sur notre gauche, à trois kilomètres au-dessus de Rozerieulles, du côté de la Moselle, le feu de deux ou trois batteries. Notre escadron, dont nous voyons le bivac à nos pieds, n'a pas bougé.

« Nous descendons rapidement, de crainte qu'on ait besoin de nous. Nous arrivons dix minutes après et nous apprenons que le maréchal vient de s'en aller à l'instant avec un demi-peloton et un sous-officier. Il est environ 4 heures. »

L'arrivée du maréchal Bazaine sur le point culminant, d'où le personnel de toute l'artillerie de la Garde et de la réserve pouvait le voir, a été ainsi notée par le lieutenant d'Astier de la Vigerie, de l'artillerie de la Garde : « Le maréchal Bazaine paraît et aussitôt, comme s'il avait été un miroir, toutes les grosses légumes viennent à la façon des alouettes autour de lui : le général Soleille, le général Pé de Arros, le général Deligny, le général Canu.

« Le maréchal met pied à terre et s'entretient avec le général Soleille. »

Ils parlent certainement de la ligne de Thionville.

Ce doit être pour tous deux la préoccupation qui prime toutes les autres. Le ministre a, deux fois depuis douze heures, télégraphié pour en recommander la surveillance et le général Soleille vient de lui affirmer par dépêche, il y a quelques minutes, que sa conservation était assurée. Des centaines de milliers de rations de pain et de biscuit, sept millions de cartouches, des trains de charges d'artillerie sont dirigés sur Metz par cette voie, et le général Soleille vient encore d'insister par dépêche auprès du ministre pour presser l'envoi de ces denrées et de ces munitions, que la pénurie des magasins de la place et de l'arsenal de Metz rend indispensables.

La conversation doit aussi rouler sur la position critique du maréchal Canrobert dont le corps, privé de plus de la moitié de son artillerie, et presque sans munitions, est menacé d'être tourné.

Nous savons par le commandant Sers, le premier aide de camp du général Soleille, qu'à la suite de cet entretien, deux batteries de 12 furent envoyées au maréchal Canrobert.

Étant donnée la crainte que les deux interlocuteurs ont des responsabilités, on ne peut dire si cette décision a été prise par le maréchal Bazaine ou par le général Soleille.

Plus tard, lors de l'instruction de son procès, lorsque le général Seré de Rivières demanda au maréchal Bazaine quels ordres il avait donnés pour envoyer des renforts au maréchal Canrobert dans la journée du 18, le maréchal répondit : « Le général Soleille aurait dû envoyer de l'artillerie au 6ᵉ corps, et s'il m'avait proposé quelque chose, j'eusse approuvé. » C'est bien en effet sa manière ordinaire de procéder : ne jamais donner un ordre, mais dire : « Vous voulez faire ça, eh bien, faites-le. »

La présence tardive de deux batteries à Saint-Privat ne devait guère avoir d'action. Il eût fallu aller à la droite avec toutes les réserves : vingt batteries d'artillerie, quinze régiments de cavalerie et les deux divisions d'infanterie de la Garde.

« Quant à moi, — a dit plus tard le maréchal Bazaine, — il m'était impossible de galoper par suite de ma contusion; j'ai été obligé de mettre pied à terre. » En effet, il se promenait sur le glacis du fort du Saint-Quentin suivi des généraux présents.

Auprès de lui sont les campements et les parcs des batteries de la Garde et de la réserve générale; au delà, les 3ᵉ et 4ᵉ voltigeurs et les chasseurs à pied et à cheval de la Garde attendent devant leurs tentes dressées ou derrière les faisceaux; plus loin, à l'endroit où le plateau commence à s'incliner, est le camp des grenadiers. Un instant auparavant, les officiers et les canonniers de la réserve les ont vus rompre les faisceaux et s'éloigner. Auraient-ils l'ordre d'aller à Saint-Privat?

Le maréchal et les officiers des troupes campées sur le plateau regardent la fusillade échangée le long de la Moselle, du côté de Sainte-Ruffine.

De l'endroit où il est, on ne distingue rien de la bataille engagée sur le front de Rozerieulles-Roncourt. Du Saint-Quentin, on en est éloigné de quatre kilomètres, et séparé par le ravin boisé de Châtel, où passe le chemin de fer de Verdun. On entend la canonnade, mais faiblement; on voit par moment des nuages de fumée, mais c'est tout : on n'aperçoit aucune troupe, et on ne peut, au son du canon, juger de la tournure de l'action.

« Je me rendis sur le plateau de Plappeville — a dit encore le maréchal Bazaine, — et tout en me rapprochant du champ de bataille, je restais à portée du télégraphe du fort de Plappeville, par lequel m'arrivaient les renseignements de l'observatoire de la cathédrale. »

Cette explication est peu satisfaisante : si le maréchal se rapprochait de la bataille, c'était de 4 ou

500 mètres quand il lui eût fallu faire 4 kilomètres pour voir une partie quelconque de l'action. Il eût trouvé sur le plateau de Moscou un poste télégraphique fonctionnant comme celui du fort de Plappeville et les télégrammes de la cathédrale lui eussent été expédiés avec autant de rapidité. Au reste, de la cathédrale et des forts on ne pouvait lui donner aucun renseignement circonstancié sur l'affaire, car on n'avait vue sur aucun des points où elle était engagée.

Si les péripéties du combat et son issue l'eussent intéressé, il aurait pu, même en restant au Saint-Quentin, se servir du télégraphe de Plappeville pour demander par celui de Moscou au maréchal Le Bœuf ce qu'il savait de la bataille : mais de toute la journée il ne questionna personne.

Pendant qu'il regardait la fusillade du côté de la Moselle, il fut rejoint par le capitaine Guioth, de l'état-major général : « Je trouvai le maréchal Bazaine — dit ce dernier — au Saint-Quentin observant la brigade Lapasset à Sainte-Ruffine et à Jussy et se plaignant du gaspillage qu'elle faisait de ses munitions. »

Le capitaine Guioth avait été demander au général Frossard s'il désirait le départ de sa cavalerie du fond de Châtel-Saint-Germain avec celui des divisions Desvaux et de Forton. « Il avait trouvé, dit-il au maréchal, le commandant du 2ᵉ corps sur son terrain, ses troupes placées, l'ennemi faisant une démonstration devant lui, dessinant vers sa gauche un mouvement tournant, mais la présence de la brigade Lapasset à Sainte-Ruffine lui enlevait toute inquiétude. » Il avait déjà exprimé les mêmes sentiments dans la matinée au capitaine Guioth et les avait répétés à son état-major au commencement de l'action : pour lui, l'attaque sérieuse serait faite contre l'aile opposée de l'armée.

En quittant le général Frossard, le capitaine Guioth, connu personnellement du maréchal Le Bœuf, avait été se mettre à sa disposition pour le cas où il aurait eu des communications à faire au maréchal Bazaine. Le maréchal l'avait remercié et chargé de dire au général en chef qu'il venait de repousser un assaut très vif sur son front et qu'il s'attendait à être attaqué de nouveau vers 5 heures; il avait déjà reçu en renfort une brigade de voltigeurs; si le maréchal Bazaine pouvait lui envoyer la division de grenadiers, cela lui ferait plaisir, mais il ne la demandait pas d'une manière formelle. Le maréchal Bazaine ne répondant pas, le capitaine Guioth pensa qu'il avait disposé de la division de grenadiers. « J'avais rencontré un régiment de voltigeurs, dit-il, sur la pente entre Lessy et Châtel; je lui fis observer qu'il pouvait être porté plus avant. Le maréchal envoya aussitôt un de ses officiers donner l'ordre à ce régiment de monter dans les bois jusque sur le plateau. »

« Le maréchal me demanda ensuite si je savais ce qui se passait à la droite de l'armée. Sur ma réponse négative, il me questionna sur l'intensité du feu de ce côté et je lui dis que la canonnade était si violente devant le 3ᵉ corps qu'il était impossible d'entendre ce qui se passait à cinquante pas de là. Je demeurai stupéfait qu'à 4 heures de l'après-midi, le maréchal Bazaine n'eût aucune nouvelle de la bataille. »

Le capitaine Guioth parlait encore qu'une dépêche du maréchal Le Bœuf venait confirmer ses dires.

Bientôt après, le capitaine de Locmaria se présentait au maréchal Bazaine. Le général Aymard avait demandé au général Brincourt de le soutenir avec ses voltigeurs, mais celui-ci avait objecté ne pouvoir le faire que sur un ordre formel : informé du fait, le maréchal Le Bœuf priait le maréchal Bazaine d'envoyer un des régiments de voltigeurs en soutien à la division Aymard.

« Le maréchal ayant écouté tout à fait indifférent, — a écrit le capitaine de Locmaria, — les regards tournés vers la Moselle, entouré des généraux Soleille, Canu et Pé de Arros, répondit sans même me regarder : « Allez prendre un régiment de la brigade Garnier et « amenez-le derrière la division Aymard. »

Sur cet ordre, le 3ᵉ voltigeurs, resté au Saint-Quentin, descendit à Châtel et commença à gravir les pentes du plateau de Moscou.

Jusqu'alors, l'ensemble des télégrammes de la cathédrale et des forts donnait des indications assez rassurantes, quoique peu précises, sur l'extrême gauche de l'armée du côté de Jussy, où avaient lieu de fausses attaques peu sérieuses et aucun de ces télégrammes ne donnait la moindre indication sur le centre et la droite (3ᵉ, 4ᵉ et 6ᵉ corps). Mais le maréchal Bazaine paraissait peu pressé d'être informé de son centre et surtout de son aile droite, et quoiqu'il eût déjà reçu trois exprès du maréchal Canrobert demandant des renforts et des munitions, il ne répondait pas à ses demandes et n'envoyait personne du côté de Saint-Privat pour se faire renseigner.

Quelques minutes après 4 heures, un télégramme de M. Petitpas de la Vasselais lui annonçait l'occupation de Briey par les Prussiens et la destruction de la ligne télégraphique de cette ville avec Paris, « celle de Metz par les Ardennes continuant encore à fonctionner. »

Le maréchal Bazaine faisait alors aviser le colonel Napoléon Boyer d'expédier à l'Empereur et au maréchal de Mac-Mahon les deux télégrammes dictés avant son départ de la villa Bouteiller, et d'ajouter à celui de l'Empereur ces lignes qui devaient être traduites avec le nouveau chiffre :

« En ce moment, 4 heures, une attaque conduite par le roi de Prusse en personne, avec des forces considérables, est dirigée sur tout le front de notre ligne.

« Les troupes tiennent bon jusqu'à présent, mais des batteries ont été obligées de cesser leur feu. »

Ces deux télégrammes, portés au bureau central de Metz, sont transmis à 4 h. 5 et 4 h. 15, soit à dix minutes d'intervalle. Dans le premier (au maréchal de Mac-Mahon), le maréchal Bazaine « annonce qu'il est sur la défensive » jusqu'à ce qu'il sache la véritable direction des troupes qui sont devant lui et surtout celle de l'armée de réserve, présumée à Pange sur la rive droite de la Moselle, sous les ordres du roi, dont le quartier général serait au château d'Aubigny.

Depuis la veille au soir le maréchal Bazaine connaissait la présence probable du roi Guillaume devant Metz; cette nouvelle lui avait été confirmée dans la matinée par le rapport du capitaine Danloux et vers midi par une note du général Letellier-Blanchard. Eut-il vers 4 heures la certitude de ces faits? on serait tenté de le croire à lire le post-scriptum de son télégramme à l'Empereur et surtout la déclaration suivante faite lors de son procès.

« Quand j'ai cru (4 heures et demie) que toutes les forces allemandes étaient déjà sur le plateau, — ainsi s'est-il exprimé, — quand j'ai connu l'arrivée du roi de Prusse, je n'avais pas besoin d'attendre la fin de la journée pour donner l'ordre de retraite, parce que je prévoyais bien que nous serions obligés de quitter nos positions. »

Dès 4 heures et demie, de son propre témoignage, le maréchal Bazaine jugeait la bataille perdue et considérait comme inutile tout effort pour la gagner ou atténuer les conséquences de la défaite à laquelle il s'avouait incapable d'échapper.

A le voir si calme devant ses réserves, dont l'intervention dans la lutte lui paraît sans nécessité, personne ne se doute que la défaite est déjà pour lui un fait acquis. Au contraire on croit que nos affaires marchent à souhait et dans les camps, canonniers, voltigeurs et chasseurs regardent de loin le groupe des grands chefs, convaincus que le signal de marcher va leur être donné incessamment. Les chevaux de l'artillerie reviennent de l'abreuvoir ; on les voit remonter les pentes du Saint-Quentin et les deux batteries Bellorger et de Reynaud de Villeverd sont attelées, toutes prêtes à partir.

Le maréchal Bazaine a-t-il reçu un nouvel exprès du maréchal Canrobert? C'est vraisemblable et il semble que ce soit l'officier de l'état-major général porteur de la lettre de 10 heures du matin qui le lui ait remis. Il se décide à répondre aux demandes réitérées de son lieutenant en lui envoyant un régiment et il charge le commandant La Veuve d'aller donner l'ordre au général Garnier de diriger le 4ᵉ voltigeurs sur Saint-Privat.

« Je me disposais à aller rejoindre le 3ᵉ voltigeurs envoyé en renfort au général Aymard, — a écrit le général Garnier, — quand je reçus coup sur coup l'ordre de porter le 4ᵉ voltigeurs à Saint-Privat, puis l'ordre de le maintenir au Saint-Quentin, puis enfin l'ordre de rappeler aussi le 3ᵉ. » C'est là une habitude du maréchal Bazaine : donner un ordre et aussitôt le révoquer.

Le général Garnier ne comprenant pas de si subits changements va lui-même demander au maréchal « s'il doit oui ou non aller à Saint-Privat. » Il lui est répondu de demeurer sur place avec le 4ᵉ voltigeurs et de faire revenir immédiatement le 3ᵉ.

Les deux batteries des capitaines Bellorger et Reynaud de Villeverd partent et une quarantaine de chevaux garnis viennent au parc mobile devant le fort de Plappeville atteler 20 caissons. Aucun avis n'est donné aux 17 batteries de la réserve générale et de la Garde encore inemployées :

« Ce calme contrastait avec la canonnade que l'on entendait à quelques kilomètres et la fumée que l'on voyait s'élever sur les crêtes. » C'est ainsi que le lieutenant de Galembert, du 18ᵉ d'artillerie, exprime son sentiment dans ses notes journalières.

« Pourquoi tenir immobile une partie de nos forces? Après tout, ça nous semble bon signe : si l'on ne nous appelle pas, c'est que l'on n'a pas besoin de nous. Cependant, que vient faire le maréchal sur le plateau du Saint-Quentin, tandis qu'on se bat à plusieurs kilomètres de là? Sa place est sur le champ de bataille. Là seulement il peut juger la situation. »

« Nous sommes très étonnés, lit-on encore sur le carnet du capitaine Brugère, du même régiment (18ᵉ d'artillerie), de voir le maréchal Bazaine sur le Saint-Quentin et non pas sur le champ de bataille : c'est là cependant et là seulement, qu'il peut juger la situation et faire donner ses réserves s'il y a lieu.

« Après un moment d'attente, voyant que rien n'arrive, la plupart des officiers d'artillerie viennent derrière le groupe que forment le maréchal et les généraux.

« Tout le monde observe la fusillade le long de la rive gauche de la Moselle. Nous scrutons l'horizon avec nos jumelles... une batterie s'établit sur la crête de Jussy et canonne Sainte-Ruffine. »

Le maréchal appelle alors le capitaine Gouzy, dont la batterie est la plus près et lui dit de riposter au canon prussien : un ou deux coups sont tirés et à la lorgnette les généraux les jugent trop courts. « Amenez du 12 », dit le maréchal. Alors le général Canu ordonne aux capitaines Blavier et Leclerc de prendre position plus à gauche; puis, voyant le capitaine Brugère, il l'appelle et l'invite devant le maréchal et son groupe à mesurer au télémètre la distance qui sépare le point où il se tient de la batterie allemande.

« Pendant que je fais mes relevés, le maréchal m'interroge et je lui réponds (c'est le capitaine Brugère qui parle). Le général Deligny intervient : « Ce n'est pas « juste; il y a plus que ce que vous dites d'ici à ce « point, dit-il. » Je réponds et le général le prend de très haut. On apporte une carte et j'ai raison. »

Le maréchal, s'adressant au capitaine Brugère, lui demande de lui expliquer le maniement du télémètre. Le capitaine obéit et pendant une demi-heure fait un cours au maréchal.

« Je suis stupéfait, a écrit le soir sur son carnet le capitaine Brugère, de voir le général en chef s'occuper de pareilles broutilles quand on entend une bataille terrible qui se livre à côté et dont il se désintéresse. »

Quand la démonstration du télémètre est finie, le maréchal dit au général Deligny de prendre ses dispositions pour couvrir les pentes du Saint-Quentin avec la brigade Garnier. Cette brigade est composée des 3e et 4e voltigeurs dont l'un était tout à l'heure en route pour le Point-du-Jour et l'autre pour Saint-Privat. C'est pour les déployer dans les vignes de la base du Saint-Quentin qu'ils ont été rappelés. Les voltigeurs n'étant pas encore là, on envoie plusieurs compagnies des chasseurs de la Garde dans les vignes.

Le maréchal, continuant à se promener sur le glacis du Saint-Quentin, gagne l'emplacement de la première batterie de 12, mise en position par son ordre quelques minutes auparavant et dont les pièces sont silencieuses : il demande au capitaine Leclerc, en présence des lieutenants de Maistre et Favarcq, pourquoi il ne tire pas : « Les trois pelés et les deux tondus qui sont éparpillés là-bas dans la vallée au milieu des vignes ne valent pas des obus de 12 », répond le capitaine. Le maréchal fait un signe d'assentiment et va jusqu'à la deuxième batterie, commandée par le capitaine Blavier ; « Sur quoi tirez-vous? demande-t-il. « Sur ces quelques tirailleurs que l'on voit dans les vignes là-bas. — C'est bien », répond le maréchal, qui reste un instant en place à suivre les coups.

A peine s'est-il éloigné que les capitaines Blavier et Leclerc étant allés l'un vers l'autre s'interrogent : « Qu'est-ce qu'il t'a dit? » — « Que je faisais bien de tirer. » — Et à toi? » — « Que je faisais bien de ne pas tirer. » Et les deux capitaines se quittent pour retourner à leurs pièces, édifiés sur la portée des paroles de leur général en chef.

Le lieutenant-colonel Fay, envoyé aux nouvelles par le général Jarras, survient. Ne sachant pas exactement où est le maréchal Bazaine, il a été le chercher au haut de Châtel, où le général Brincourt, en observation avec les voltigeurs, lui « a exprimé son regret de ne pas être employé dans une pareille bataille ». Le lieutenant-colonel le répète au maréchal qui ne répond rien.

Le colonel Lewal suit de peu le lieutenant-colonel Fay. Il a terminé la reconnaissance des emplacements et à sa rentrée à Plappeville a interrogé ses camarades sur la bataille, mais personne n'ayant pu lui répondre, il est allé chez le général Jarras pour lui rendre compte de sa mission. Le général l'a arrêté par ces mots : « Non, non ; remontez à cheval. Vous direz cela au maréchal Bazaine. Allez-y tout de suite. Il est parti il y a peu de temps, vous ne tarderez pas à le retrouver. » Le colonel Lewal a pris un cheval frais, est monté au col de Lessy ; là, des voltigeurs lui ont dit qu'il trouverait le maréchal au Saint-Quentin. « Je lui ai rendu compte de ma mission — a dit le colonel Lewal — et il ne m'a rien demandé. J'arrivais en retard de deux heures et je ne pouvais supposer qu'il manquât de renseignements. »

Il est 5 heures. « Voyant le calme du général en chef, qui ne nous donne aucune instruction, — a dit le capitaine Robineau-Bourgneuf, du 18ᵉ d'artillerie, — nous nous réunissons un certain nombre et nous installons une carte sur une table improvisée pour discuter les phases de la bataille. Un instant il y eut une petite alerte : « Du côté d'Augny, — nous laissons la parole au lieutenant de Galembert, — à 6 ou 8 kilomètres, on aperçoit de grosses poussières : des colonnes débouchent et s'engagent dans la plaine. Les Prussiens veulent prendre en flanc la gauche de nos positions : cette infanterie se compose de quatre colonnes de force inégale qui se suivent en ondoyant comme un serpent. Il peut y avoir deux ou trois régiments. Voilà qu'ils se dirigent franchement de notre côté, ils traversent la route, puis le chemin de fer. Leur intention est de passer la Moselle au gué de la Maison Rouge, à nos pieds. Ils commencent à arriver à portée; dans un quart d'heure ils seront à la rivière et, même sans la traverser, ils pourront inquiéter nos convois qui suivent la route de Moulins à Metz. La distance est bien un peu grande, 2 400 mètres, mais nous tirons.

« Les Allemands ne s'y attendaient pas ; ils étaient venus paisiblement, comptant sur un succès facile. Notre feu et surtout celui du Saint-Quentin leur fait rebrousser chemin ; ils se sauvent du côté d'Ars et disparaissent. La batterie de Jussy cesse aussi bientôt son feu. »

A ce moment, un sous-officier de dragons apporte au maréchal Bazaine un billet signé du général Bourbaki et écrit de la main du capitaine Nègre du Clat.

Le commandant de la Garde a des inquiétudes pour les routes de Briey et de Thionville par où les Allemands semblent vouloir nous tourner et, pour parer à cette menace, il a établi les grenadiers au Gros-Chêne, au-dessus de Saulny. »

Le capitaine Fix vient aussi aux informations, envoyé par le général Jarras.

Vers 6 heures, les officiers du régiment d'artillerie à cheval de la Garde voient un officier d'état-major — le commandant de Lantivy — remettre un billet au maréchal Bazaine. C'est celui par lequel le maréchal Canrobert annonce que son feu est presque complètement éteint, que celui de l'ennemi devient de plus en plus intense et son attaque plus vive. Ce billet, écrit dans des termes angoissants, ne provoque aucun mouvement chez le maréchal, qui remercie le commandant de Lantivy sans rien ajouter.

Le maréchal Bazaine a auprès de lui, outre le capitaine de Mornay-Soult, une dizaine d'officiers de l'état-major général : les colonels Lewal et d'Andlau, les lieutenants-colonels de Kleinnenberg et Fay, les commandants La Veuve et Le Pippre, les capitaines Jung, de France, Amphoux et Gavard. Le maréchal va sans doute aller sur le plateau de Moscou, et rattraper le temps qu'il vient de perdre à observer le tir de quelques pièces ou à se faire expliquer par le capitaine Brugère le maniement du télémètre pendant que le destin de la France et de son armée se joue à 5 ou 6 kilomètres!

« Il remonte à cheval, dit l'un des officiers présents, le colonel d'Andlau, et traverse les bivouacs de cette réserve d'artillerie dont les pièces sont au parc, dont les chevaux ne sont même pas garnis; plus loin il trouve les batteries de la Garde qui ne sont pas attelées et ne songe pas qu'il a là 120 bouches à feu, dont un tiers de gros calibre, qui devraient être depuis longtemps sur le champ de bataille. A-t-il donc oublié et notre infériorité numérique et la disproportion de notre artillerie, comme calibre et comme chiffre, pour inutiliser ainsi la plus précieuse de nos ressources?

Après avoir exploré le plateau de Plappeville au sud, il allait l'examiner au nord quand on lui apporte cette dépêche de la cathédrale :

Expédiée de 5 h. 25.

« Une colonne d'un régiment d'infanterie passe à Mercy-le-Haut et descend sur Peltre, semblant se diriger vers la Moselle pour apporter des renforts à la droite prussienne contre notre gauche qui fléchit déjà. Depuis le 15 de grands mouvements de troupes se font par les vallées d'Ars et de Novéant pour gagner les plateaux. »

Après l'avoir lue, il la remet au capitaine Fix pour aller la porter au général Jarras qui en prendra connaissance et l'enverra au général Deligny en lui faisant dire de « rester en position *avec l'artillerie de réserve jusqu'à ce que l'ennemi se soit retiré.* »

Il s'agissait de la contre-attaque de la rive droite qui échoua complètement devant le canon du Saint-Quentin.

Le maréchal Bazaine, après avoir atteint puis franchi le col de Lessy, se dirige à travers champs vers le carrefour de la route de Lorry et de celle de Lessy.

Tandis qu'il chemine au pas, un capitaine des dragons de l'Impératrice, suivant le même chemin au trot, le dépasse. Le maréchal l'appelle et reconnaît M. de Beaumont, beau-frère du maréchal de Mac-Mahon et commandant de l'escorte du général Bourbaki. Interpellé sur ce qu'il fait, il explique que le général Bourbaki est au Gros-Chêne et l'a envoyé au fort Saint-Quentin « s'informer si l'ennemi faisait des progrès sur la Moselle (au sud) ». — « Le commandant du fort, le chef d'escadron d'artillerie Robert, et moi, dit-il, n'avons rien constaté de sérieux de ce côté et je vais le dire au général Bourbaki. — Eh bien, dites-lui aussi qu'il prévienne le maréchal Canrobert qu'il rentre avec toute la Garde. » C'est le même ordre qu'il a donné tout à l'heure au général Garnier après l'avoir envoyé quelques instants auparavant à Saint-Privat. Le capitaine de Mornay-Soult intervient : « C'est le général Bourbaki, dit-il, qui doit prévenir le maréchal qu'il ne l'appuie plus ». Et le maréchal Bazaine ajoute pour terminer : « Mais certainement, les Prussiens ont voulu nous tâter, la journée est finie, je vais rentrer. »

Le capitaine de Beaumont s'éloigne au trot et quelques pas plus loin le maréchal Bazaine croise plusieurs cavaliers en groupe : « Vous allez rejoindre Bourbaki? » leur dit le maréchal qui les avait reconnus pour être les officiers d'ordonnance du commandant de la Garde; c'étaient en effet le capitaine d'artillerie Jorna de Lacale, le lieutenant des lanciers de Sancy de Parabère, le lieutenant de zouaves Sédillot et le sous-officier Paul Frémy, des chasseurs de la Garde, porte-fanion.

— « Le général Bourbaki vient de nous faire prévenir

par un dragon de son escorte, dit le capitaine Jorna de Lacale, de le rejoindre le plus vite possible. » — « C'est inutile, tout est fini, vous pouvez rentrer, la Garde va revenir à son camp. »

Mais les trois officiers ayant salué continuèrent leur chemin.

Tel est le sens des paroles du maréchal certifié par les lettres de MM. Jorna de Lacale, de Sancy de Parabère, Sédillot et Frémy et par les notes du carnet du capitaine de Beaumont écrites au jour le jour.

Depuis, le maréchal Bazaine a été appelé à plusieurs reprises à s'expliquer sur ce fait : chaque fois ses récits ont varié et quelquefois même il a contredit ses précédentes affirmations et a été obligé de reconnaître la fausseté de certaines de ses allégations ; cependant à l'instruction il finit par admettre qu'à un moment où il n'entendait plus le canon, il avait *peut-être* donné l'ordre à la Garde de revenir à ses bivacs.

Le maréchal Bazaine, en quittant les officiers d'ordonnance du général Bourbaki, se disposait à rentrer à son quartier général lorsque son attention fut attirée par des flots de fumée et de poussière qui s'élevaient au nord ; la canonnade devenait tellement forte que le colonel d'Andlau s'approchant lui dit : « Ne voyez-vous pas comme le feu nous gagne sur la droite et l'intensité avec laquelle il se produit ? » — Les généraux ont de bonnes positions, qu'ils les défendent... Je vais faire placer deux batteries du côté de Plappeville pour assurer le débouché de la route de Briey, » répondit-il.

« Il rencontre quelques officiers qui lui donnent des nouvelles ; les uns passent au galop avec leurs caissons ;

ils vont chercher des munitions au parc pour les batteries du 6ᵉ corps qui n'en n'ont plus... Il atteint un des points culminants du plateau. »

« De là on voyait — a dit encore le colonel d'Andlau — le feu comme si on y avait été et le maréchal n'a envoyé aucun officier aux informations. Nous étions cependant tous prêts à y aller. »

« Le maréchal suivait avec attention le bruit et la fumée et paraissait y attacher une grande importance, a dit aussi le capitaine Jung ; au moment de la débandade il s'est écrié : « Que faire avec de pareilles troupes ! »

Le maréchal et son état-major se trouvaient en présence du triste spectacle d'une panique :

« La poussière l'empêche de distinguer les formes qui passent au milieu de ces épais nuages ; on peut croire à un désastre et à la déroute de notre artillerie ; il ne témoigne pas d'inquiétude, et pense avoir tout prévu et tout réparé en déterminant l'emplacement de deux batteries près de l'endroit où il est. »

Le général Canu est parti les chercher ; le maréchal, ne les voyant pas apparaître, envoie le colonel d'Andlau et le capitaine Jung presser leur arrivée.

Elles débouchent bientôt : ce sont les 11ᵉ et 12ᵉ du 13ᵉ régiment, capitaines Audoy et Zoegger, commandant de Vesins. Le maréchal se retire et, en croisant les batteries, ordonne de diriger quelques pièces sur la basse Moselle.

Le commandant de Vesins disposa la 11ᵉ batterie, les six pièces en ligne, de manière à enfiler la route venant d'Amanvillers ; la 12ᵉ batterie eut deux pièces dans la même direction, deux autres « devant battre les hauteurs du bois de Vigneulles », les deux dernières pointées du côté de Saulny pour atteindre, à l'est de ce village, la grande route de Saint-Privat à Metz. »

Le maréchal Bazaine allait au pas dans la direction de Plappeville et, suivi d'un groupe assez nombreux, était parvenu à la crête qui domine la dépression du col de Lessy quand il vit en face, de l'autre côté du col, l'artillerie à cheval de la Garde venant au grand trot ; un grand nombre d'attelages étaient même au galop et soulevaient des nuages de poussière. A 300 mètres en avant, le capitaine Saillard, aide de camp du général Pé de Arros, était au grand galop.

Quand il fut à la portée de la voix, le maréchal lui cria : « Ah ! vous partez, c'est bien. » Au général Pé de Arros qui venait un peu après, il dit aussi : « Il y a de l'émotion à la droite, votre présence rétablira la situation. » Enfin, quand derrière ses trompettes parut le colonel Clappier, en tête de ses pièces, le maréchal donna encore son approbation : « C'est bien, continuez, » dit-il.

Jugeant après ce dernier mot que son rôle de général en chef était fini pour cette journée, il rentra directement à son quartier général où il arriva vers 7 heures. A ce moment même le capitaine Lehagre télégraphiait de la cathédrale au général Coffinières :

« 7 h. 5 soir.

« Que signifie cette déroute de chevaux et de voitures ? Avez-vous des nouvelles ?... On paraît se battre encore vigoureusement du côté du bois de Saulny ? »

A cette demande il était répondu :

« De la place, 7 h. 5 soir.

« Il paraît que c'est une déroute partielle du corps de Canrobert provenant du manque de munitions. Le général Coffinières est au fort Moselle. »

Le gouverneur de Metz, prévenu de la défaite de l'aile droite, s'était rendu aux portes de la ville pour prendre les mesures nécessaires. Si le maréchal avait pris intérêt aux phases du combat, il eût été tenu aussi vite au courant.

A peine est-il rentré, que le colonel Boyer lui communique cette dépêche :

« *L'Empereur au maréchal Bazaine.*

« Camp de Châlons, 5 h. 25 soir, expédiée 6 h.

« Faut-il laisser à Verdun le grand approvisionnement qui y est ? »

Par suite d'une erreur, le nom de l'Empereur avait été substitué à celui du maréchal de Mac-Mahon, ce qui ne changeait pas la question : « Comptez-vous toujours venir à Verdun? Et dans le cas où vous auriez changé d'avis, où faut-il envoyer les munitions réunies dans cette ville pour votre armée? »

Le maréchal rédigea vers 7 heures environ la réponse suivante :

« J'ignore l'importance de l'approvisionnement de Verdun. Je crois qu'il est nécessaire de n'y laisser que ce dont j'aurai besoin si je parviens à gagner la place.

« J'arrive du plateau. L'attaque a été très vive. En ce moment (7 heures) le feu cesse. Nos troupes constamment restées sur leurs positions. Un régiment, le 60ᵉ, a beaucoup souffert en défendant la ferme de Saint-Hubert. »

Dans le premier paragraphe, le maréchal évitait de répondre à la question qu'on lui posait en prétextant ignorer « l'importance de l'approvisionnement de Verdun ». Or, l'avant-veille, 16 août, il avait reçu un premier télégramme à 2 h. 5 du soir, du ministre, lui annonçant la présence de 600 000 rations de biscuit, en outre du pain, de la farine et de l'avoine; la veille (17 août) il en avait reçu un second de 7 h. 5 du soir lui apprenant l'arrivée d'un million et demi de cartouches et de 8 000 coups de 4 : « La place est bondée de biscuit et je fais continuer les envois. » Ainsi se terminait ce télégramme.

Enfin, dans la matinée, il avait eu du garde forestier Scalabrino ce billet daté du 16 août (avant-hier) du général Guérin de Waldersbach, gouverneur de Verdun : « Le grand parc d'artillerie possède dans Verdun 1 200 000 cartouches et quelques munitions pour canons de 12 et de 4. Il y a également pour 4 jours de vivres pour toute l'armée. »

Il était donc à même de répondre à la question posée, et s'il évitait de le faire, ce n'était pas par ignorance, comme il le prétendait, mais parce qu'il était décidé à cacher ses projets.

A examiner la seconde partie de ce télégramme relative à la bataille, on ne peut comprendre comment il pouvait à ce point déguiser la vérité.

« J'arrive du plateau : l'attaque a été très vive. »

L'Empereur devra croire que le maréchal était sur le plateau de Moscou, d'Amanvillers ou de Saint-Privat où avait lieu l'action, tandis qu'il est resté loin du champ de bataille dont il n'a rien vu. Il dit ensuite qu' « à sept heures le feu cesse » quand c'est le moment où il est le plus terrible, où les Allemands redoublent leurs efforts et où, dans une heure, ils vont contraindre le maréchal Canrobert et le 6ᵉ corps à abandonner Saint-Privat, après l'avoir criblé des obus de 284 pièces en batterie!

La bataille n'est sous sa plume qu'une escarmouche sans importance : il parle d'un régiment qui a beaucoup souffert quand 12 000 des nôtres viennent d'être tués ou blessés! Et jusque dans le renseignement qu'il veut laisser croire précis, il se trompe, car ce n'est pas le 60ᵉ, mais le 2ᵉ bataillon du 80ᵉ qui était à la ferme de Saint-Hubert.

Le général Jarras, aussitôt prévenu de son retour, vient prendre ses ordres. Le maréchal se montra avec lui aussi tranquillisé que dans son télégramme à l'Empereur : « La journée avait été satisfaisante; l'attaque de l'ennemi avait échoué et nos troupes s'étaient maintenues derrière la ligne inexpugnable qu'il leur avait fait prendre. »

Les officiers qui l'ont suivi confirment ses dires au général Jarras, lorsqu'il les interroge. Évidemment tout s'est bien passé. Le maréchal n'a pas été inquiété un instant par les messages apportés du champ de bataille et n'a eu besoin ni de son artillerie ni de sa cavalerie de réserve.

Son premier soin, en rentrant, est de prescrire au colonel Lewal d'envoyer l'ordre de retraite tel qu'il lui a recommandé de le rédiger la veille : ordre dont l'exécution aura « incontestablement » comme résultat — c'est l'expression du colonel Lewal — de nous priver de notre liberté d'action.

Des ampliations de cet ordre de retraite ont pu être envoyées au maréchal Canrobert dans la journée; car son texte prouve qu'il a été rédigé avant la fin de la bataille, quand on n'en connaissait pas encore les différentes phases; on y prescrit en effet à tous les corps de coucher sur leurs positions et d'effectuer leur retraite le lendemain matin, après avoir fait partir les bagages dans la nuit à 3 heures. « Toutes les troupes se mettront en route à 4 heures et demie, sauf la réserve d'artillerie qui attendra jusqu'à 11 heures de l'après-midi. »

Si les souvenirs du colonel Lewal sont exacts, c'est vers 8 heures ou 8 heures et demie qu'il commença à dicter à sept ou huit officiers l'ordre de retraite. A cet instant, on était encore si confiant au quartier général que les officiers de l'état-major sans service ce soir-là allèrent se coucher, « tout étant dans l'ordre ».

« Rassuré par le calme extraordinaire du général en chef, a dit le lieutenant-colonel Fay, et n'ayant ni entendu ni rien vu de l'infernale canonnade d'Amanvillers, chacun autour du maréchal Bazaine se félicitait. »

Mais voilà qui est plus extraordinaire : dans une maison de Plappeville, non loin du quartier général, étaient installés les bureaux de l'Intendance de l'armée, dont le sous-intendant Gaffiot avait pris la direction depuis la veille au soir.

Il s'était occupé, avec les fonctionnaires sous ses

ordres, de réorganiser le service disloqué par le licenciement des convois ordonné le 15 août.

Il avait aussi cherché à assurer à l'armée sa subsistance quotidienne et, convaincu que le maréchal Bazaine défendrait jusqu'à la dernière extrémité la ligne des Ardennes, il avait envoyé des lettres et des télégrammes comme celui-ci :

« *Intendant général à ministre.*

« 5 h. 30 du soir.

« Je vous prie d'envoyer chaque jour à Metz par la ligne des Ardennes 180 000 rations de biscuit au minimum. Le premier convoi est urgent. »

N'entendant pas la canonnade, il était demeuré toute la journée absorbé dans son travail, qu'il n'avait pas terminé à huit heures du soir quand l'officier d'administration Triballat, forçant sa porte, pénétra chez lui dans un état d'excitation violent.

Le convoi qu'il conduisait au 6ᵉ corps avait été pris dans une panique à Saulny, abandonné de ses conducteurs et en partie pillé par des débandés : il venait rendre compte de l'événement et demander du personnel pour retrouver ce qui restait.

Par indifférence, par oubli ou par cachotterie, le maréchal Bazaine n'avait pas prévenu le général Jarras du départ de l'intendant de Préval et de son remplacement par le sous-intendant Gaffiot. Il avait aussi oublié de faire préparer de nouveaux hôpitaux pour les blessés et, quoiqu'il sût le 6ᵉ corps privé de la plus grande partie de son personnel et de son matériel sanitaire, il n'avait pas fait dire au médecin chef de l'ambulance du quartier général d'aller se mettre à la disposition du maréchal Canrobert. Cet oubli aurait pu être réparé par le général Jarras ou le sous-intendant Gaffiot, mais étant dans l'ignorance des projets du maréchal et des événements, ils ne purent donner aucun ordre et l'ambulance du quartier général, à laquelle appartenaient les médecins et les praticiens les plus habiles, resta à Plappeville toute la journée quand 3 000 blessés étaient abandonnés dans Saint-Privat et dans Amanvillers.

Lorsque le général Seré de Rivières demanda plus tard au maréchal Bazaine comment il se faisait que cette ambulance considérable n'avait pas bougé, pendant cette bataille meurtrière, il ne put répondre que par ces mots : « Je l'ignore. »

L'ordre de retraite dicté par le général Lewal n'était pas encore envoyé, quand le commandant Caffarel fut introduit auprès du maréchal Bazaine.

Très ému, échauffé par sa course et excité par le combat, il s'exprime ainsi : « Le maréchal Canrobert m'a chargé de vous annoncer qu'ayant épuisé ses munitions, il a été contraint d'évacuer Saint-Privat et a pris ses dispositions pour défendre l'entrée de la gorge de Saulny. »

« Le maréchal ne parut pas affecté de l'échec que nous venions d'éprouver — ajoute le commandant Caffarel — et après m'avoir demandé quelques détails sur la bataille, il me dit : « Vous n'avez pas à vous attrister
« de cette retraite. Le mouvement qui s'opère en ce
« moment devait être exécuté demain matin : nous le
« faisons donc douze heures plus tôt et les Prussiens

« n'auront pas à se vanter de nous avoir fait reculer.
« Dites au maréchal Canrobert de prendre demain les
« campements que le colonel Lewal a dû faire connaître
« à chacun des sous-chefs d'état-major. »

Ces paroles firent sur le commandant Caffarel l'effet
d'une commotion électrique et se rebiffant, la voix
tremblante de rage, il s'écria : « Eh bien, monsieur le
maréchal, ce n'était pas la peine de faire tuer un tas de
braves et de faire subir une défaite à une partie de
votre armée commandée par un maréchal de France. »

Jusqu'alors très calme, et l'air bonhomme, le maréchal, se sentant cinglé par cette apostrophe, se redressa
et, d'un ton d'autorité, répondit : « Vous le prenez de
bien haut... Allez à l'état-major, on vous y remettra les
ordres. »

Le commandant Caffarel traversa la rue et entra
dans la maison du général Jarras, où le lieutenant-colonel Fay, les commandants La Veuve, Lepippre,
Samuel et le capitaine Guioth l'entourèrent et le pressèrent de questions. Tandis qu'on l'interroge, on entend
du bruit dans la rue : c'est un cavalier qui appelle. Le
capitaine Guioth reconnaît la voix du capitaine de La
Tour du Pin ; il sort et le ramène.

Envoyé vers 7 heures faire savoir au général Bourbaki que le général de Ladmirault allait se retirer, le
capitaine de La Tour du Pin n'avait pu, à son retour,
retrouver son général : un officier d'état-major lui
ayant dit qu'il était allé à l'Arbre-Mort parler au maréchal Le Bœuf, il s'était dirigé de ce côté, s'était égaré,
avait été entraîné par un flot de dragons de la division
Clérembault et emmené à Plappeville sans qu'il s'en
doutât.

« Je reconnus, a-t-il écrit, la voix d'un ami, du capitaine Guioth ; aussitôt je suis entouré, choyé par des camarades, conduit au grand quartier général, introduit auprès du général Jarras et ensuite — je ne savais pourquoi — chez le commandant en chef.

« Ébloui par les lumières de la table autour de laquelle le maréchal achevait de dîner, tout troublé, je m'assis sur la première chaise à ma portée ; c'était celle du maréchal Bazaine, qui s'était levé. Interrogé par lui, qui restait debout, j'hésitai à répondre à ses questions et à l'attente curieuse que je voyais sur tous les visages... Je m'exprimai alors en ces termes : « Au « coucher du soleil, le général de Lorencez tenait en- « core à Amanvillers et le général Pajol à Montigny... « Le 6ᵉ corps seul a disparu... la garde forme un flanc « droit suffisant. Rien n'est perdu, nous pouvons re- « commencer la bataille demain matin. » — « Il s'agit « bien de cela, répondit le maréchal, on devait se « replier demain matin ; on se repliera ce soir. » Et le maréchal congédia le capitaine avec ces mots : « Le « beau malheur, après tout ! » — mots que le capitaine a supprimés de ses dépositions dans un généreux sentiment.

Le capitaine de Mornay, aimable et bon camarade, emmena le capitaine de La Tour du Pin pour lui donner un verre de vin et une aile de poulet. Pendant qu'il mangeait à belles dents, le commandant Lonclas lui succédait chez le maréchal Bazaine.

Les sous-officiers de planton n'avaient d'abord pas voulu le laisser pénétrer ; éconduit, il s'était dirigé chez le général Jarras, qui lui avait fait raconter les événements et l'avait amené au général en chef en déclarant aux plantons qu'en qualité de chef d'état-major il avait le droit de toujours entrer.

« Je trouvai le maréchal finissant de souper en compagnie de son neveu Albert, de Boyer, de Willette et du peintre Beaucé, — a écrit le colonel Lonclas, sur son carnet ; — je lui retraçai les événements et surtout les derniers moments où la Garde nous avait fait si grand défaut et où les munitions nous avaient complètement manqué, ce qui nous avait obligés à quitter une position admirablement défendue.

« Le maréchal Bazaine, après m'avoir écouté avec le plus grand calme, semblait taxer mon récit d'exagération et cherchait à diminuer l'importance des faits que je lui exposais. Il connaissait les résultats de l'*engagement*, me dit-il (et il appuyait sur ce mot) : il venait de donner des ordres pour la concentration sur Metz et je pouvais les porter au maréchal. J'allai alors assez froissé à l'état-major général, où le général Jarras me fit donner à manger, car je tombais d'épuisement et d'inanition. »

L'émotion était grande parmi les officiers de l'état-major général ; ils questionnaient anxieusement les trois officiers arrivant du champ de bataille quand en survint un quatrième, le capitaine Grosjean.

Envoyé à la recherche de la Garde par le maréchal Canrobert, il avait couru un peu partout, autour d'Amanvillers et, de proche en proche, dans le désordre et le désarroi qui régnaient, était venu jusqu'à Plappeville.

Les ordres de retraite étant maintenant copiés, on en remit un exemplaire au commandant Lonclas pour le maréchal Canrobert et un autre au capitaine de La Tour du Pin pour le général de Ladmirault.

Avant de repartir, les commandants Lonclas et Caffarel se rendirent de nouveau chez le maréchal Bazaine pour lui demander s'il avait des instructions particulières pour le maréchal Canrobert. Le maréchal leur dit n'avoir rien de plus que l'ordre qu'ils emportaient; mais comme la nuit était très noire, il invita Arnous-Rivière, de retour de Saint-Privat, à leur donner un guide. Après avoir rejoint le capitaine Grosjean, ils partirent sous la conduite d'un homme du pays et arrivèrent à 2 heures ou 2 heures et demie du matin à Woippy, où ils retrouvèrent le maréchal Canrobert.

Le capitaine de La Tour du Pin, après les avoir accompagnés un instant, remonta sur le plateau du Gros-Chêne où il chercha en vain à joindre le général de Ladmirault. Désespérant de le trouver dans la nuit, il ouvrit vers minuit le pli dont il était porteur et le communiqua au général de Lorencez.

Le village de Plappeville s'emplissait de revenants du combat, blessés qui se traînaient ou que ramenaient des paysans dans des charrettes; fuyards, convoyeurs avec des charrois de bagages, canonniers conduisant des caissons d'artillerie vides à la recherche de leurs parcs, compagnies du train avec des cacolets et des femmes portant des enfants dévalaient des plateaux, les uns vers Châtel-Saint-Germain, les autres par Lorry et Tignomont, criant : « Voilà les Prussiens! » Dans l'obscurité complète, le bruit des voitures au triple galop, les cris d'effroi semant la peur et le découragement, faisaient aussi sortir de leurs demeures nombre d'habitants des villages de la banlieue qui s'enfuyaient dans Metz.

Successivement des blessés, jusqu'au nombre de

vingt, vinrent cogner à la porte de la villa Bouteiller : les plantons les accueillirent, les couchèrent dans les écuries et la cuisine, sur du foin et de la paille.

Le maréchal Bazaine est seul avec son état-major particulier depuis le départ des commandants Lonclas et Caffarel. Les faits rapportés par eux l'ont décidé à prévenir les commandants de corps d'armée de la défaite de notre aile droite et il dicte ce billet :

« A la suite des événements d'aujourd'hui, le maréchal Canrobert nous a fait connaître qu'il est dans l'obligation de se retirer... ce mouvement découvre notre droite et je m'empresse de vous en prévenir afin que vous recommandiez la plus grande vigilance de ce côté. J'ajoute que vous recevrez bientôt mes instructions relatives aux dispositions à prendre pour vous mettre dans les positions que commande la situation actuelle.

« Maréchal Bazaine. »

Le général Frossard reçut cette lettre vers 9 heures et demie et elle ne semble pas être parvenue aux autres commandants de corps d'armée.

Vers 9 heures le maréchal reçoit ce télégramme de M. Petitpas de la Vasselais :

« Metz, 8 h. 50 du soir.

« Toutes nos communications avec Paris sont interrompues. Les fils télégraphiques viennent d'être coupés par les Prussiens à Hagondange et Kédange.

« Les dépêches de Votre Excellence pour Sa Majesté et pour Madame la Maréchale ne peuvent être transmises. »

La dépêche à l'Empereur était celle qui commençait par ces mots : « J'ignore l'importance de l'approvisionnement de Verdun », et parlait de la bataille comme d'un fait secondaire : « J'arrive du plateau... nos troupes restées sur leurs positions... » Le télégramme à la maréchale lui donnait simplement des nouvelles du maréchal et de ses neveux.

Il ne communique pas à son chef d'état-major la nouvelle si importante de la rupture des communications avec le reste du pays et de l'encerclement de son armée.

Les rapports déjà si froids du général en chef et de son chef d'état-major s'étaient tendus davantage depuis la veille.

Le maréchal Bazaine avait caché, avec encore plus de soin que précédemment, ses idées et ses projets au général Jarras et par contre avait confié au colonel Lewal, l'un de ses subordonnés, le soin de rédiger ses ordres, travail de la compétence exclusive du chef d'état-major. Jusqu'alors il avait cherché, pendant les batailles, à s'éloigner du général Jarras et à l'éviter avec soin, mais dans cette journée il avait été plus loin, en lui faisant l'affront de lui défendre de le suivre sur le terrain quoiqu'il emmenât avec lui plusieurs officiers de l'état-major.

Au retour du maréchal Bazaine la confiance affectée par lui et démentie par les envoyés du maréchal Canrobert et du général de Ladmirault avait paru au général Jarras être encore une combinaison du maréchal destinée à lui donner le change sur la situation. Enfin la façon dont la porte du quartier général lui avait été fermée dans des circonstances graves et l'obligation où il avait été de se disputer avec des plantons pour y pénétrer, avaient encore avivé son amertume et blessé sa susceptibilité. Privé de la confiance de son chef, il laissa au colonel Lewal, qui en était favorisé, le soin d'assurer l'exécution de projets dont il connaissait mieux que lui les raisons et le but.

Dans cette soirée et cette nuit où les événements devenaient graves, où des décisions importantes auraient dû être prises, il n'y eut aucun échange de vue entre le général en chef et son chef d'état-major; ils ne se rencontrèrent pas. Le maréchal Bazaine, s'étant décidé à quitter dans la nuit la villa Bouteiller, n'avertit même pas le général Jarras de son départ nocturne et ne lui fit pas connaître l'endroit où il allait établir son quartier général.

L'ordre de retraite avait été écrit la veille au soir ou dans la matinée. Le colonel Lewal y avait ajouté dans la soirée deux ou trois recommandations et précisé plusieurs points. Rédigé par un officier d'état-major de grande valeur, cet ordre était à peu près exécutable quoique son auteur eût omis de donner les indications d'heure. Au moins il prévoyait pour chaque corps d'armée une voie différente. Pour le 6e corps, dont l'emplacement devait être au nord-ouest de la Moselle, la grande route de Saulny; pour le 4e, dont le centre était le Coupillon, la route d'Amanvillers à Lorry; le 3e prenait, pour gagner le plateau de Plappeville, la route qui, du plateau de Moscou, descend à Châtel-Saint-Germain et le 2e suivait la grande route du Moulins pour venir à Scy et à Longeville.

Le commandant Lonclas et le capitaine de La Tour du Pin avaient des copies de cet ordre, et il ne semble pas que l'on se soit pressé de le faire parvenir au maréchal Le Bœuf ni au général Frossard.

Le maréchal Le Bœuf, impatient d'être fixé et ne recevant rien du quartier général, envoya, aussitôt que le feu eut cessé, le commandant Chatillon à Plappeville demander des ordres. A dix heures, ne le voyant pas revenir, il fit partir le capitaine Vaudrimey-Davout et vers dix heures et demie n'ayant encore aucune nouvelle, il chargea son aide de camp, le commandant Mojon, d'aller auprès du maréchal Bazaine pour obtenir des instructions positives.

« J'arrive vers onze heures et demie au milieu d'un gâchis complet, a écrit le commandant Mojon. Le maréchal Bazaine est penché sur une carte avec son neveu Albert et le capitaine de Mornay; mal éclairé par une seule lampe, il est très calme. « J'ai envoyé il y a deux « heures l'ordre de se retirer demain matin, » dit-il. — « Il n'y a qu'une route, reprend le commandant Mojon, et si nous ne profitons pas de la nuit, demain l'ennemi, puisque nous sommes découverts, pourra nous mettre en capilotade. » — « Comment, une route? il y en a deux... » et le maréchal montre un trait de démarcation qu'il avait pris pour une route. Alors toujours avec bienveillance : « Eh bien, le maréchal Le Bœuf est libre de se retirer comme il le voudra. » Puis après un instant : « Ce qui s'est passé est conforme à mon plan. En faisant occuper à mon armée une position défensive intermédiaire entre le champ de bataille du 16 et la ville de Metz, sous laquelle j'ai toujours eu l'intention de me retirer, j'ai forcé l'ennemi à passer la Moselle et à venir nous attaquer. Il a subi de grandes pertes, ce qui va l'obliger à nous laisser tranquilles pour le moment. »

« Je n'oublierai jamais cette singulière déclaration, surtout le ton dont elle fut faite », termine le commandant Mojon.

Le général Frossard, n'ayant pas reçu non plus à 11 heures du soir les instructions annoncées par la lettre de 8 heures, chargea le commandant de Crény d'aller les réclamer. A peine sorti de Châtel-Saint-Germain, le commandant de Crény, rencontrant le baron de Gargan, fit route avec lui et apprit de sa bouche les détails des événements de la droite dont il avait été témoin.

Il est une heure du matin lorsque le commandant de Crény est introduit dans le salon de la villa Bouteiller. Le maréchal est assis à la grande table, il écrit. Au fond, le colonel Napoléon Boyer, en bonnet de coton et en caleçon, se couche sur un lit de camp.

Le maréchal est toujours aussi maître de lui : il accueille le commandant de Crény avec bienveillance et lui explique en quelques mots l'ordre de retraite, puis lui tendant une dépêche, — celle qui annonce la rupture du télégraphe et du chemin de fer de Thionville à Hagondange et à Kédange, — il lui dit : « Nous sommes complètement cernés. » La placidité de son ton et de son allure stupéfièrent l'envoyé du général Frossard ; c'était avec bonne humeur, comme s'il s'était agi d'une heureuse nouvelle, qu'il annonçait ce désastre.

Ce calme imperturbable dont il ne se départit pas d'une minute était loin d'être partagé autour de lui. Les nouvelles fausses ou exagérées augmentaient l'inquiétude et l'ordre de retraite contribuait à faire croire vraies les nouvelles les plus invraisemblables, comme celle de l'arrivée incessante des Prussiens à Plappeville et aux portes de Metz.

Le maréchal ne voulut pas attendre le jour pour aller établir son quartier général contre les remparts de la place.

Dans la nuit, vers une heure du matin, si l'on doit croire le général Letellier-Blanchard, commandant du quartier général, il envoya son neveu le lieutenant Albert Bazaine au Ban-Saint-Martin, au château de M. Herbin, pour y préparer son établissement.

Arrivé pendant la nuit, le jeune lieutenant réveilla le concierge Maujean, lui ordonna de se lever et de lui montrer les pièces du château. Au cours de la visite, le concierge, une lanterne à la main, ne trouvant pas la clé d'une porte qu'il cherchait dans un énorme trousseau, le lieutenant, désirant en finir, voulait faire forcer la porte.

D'après les notes du général Letellier-Blanchard, confirmées par celles du capitaine Arnous-Rivière, le maréchal, aussitôt avisé des convenances que présentait la propriété de M. Herbin, quitta la villa Bouteiller, entre 2 heures et 3 heures du matin, sans en aviser personne.

Le général Jarras prévenu vers 3 heures et demie, fait lever l'état-major et charger les bagages; il donne l'ordre à l'officier qui les conduit « de s'établir dans le voisinage des voitures du maréchal que l'on trouvera sans doute au fort de Moselle, ou à l'intérieur de la ville — il ne sait où son chef est allé ». — Quant à lui, il pense s'installer, comme il l'était avant le 14 août, aux abords de la préfecture et fait ses recommandations pour son logement personnel dans l'une des maisons voisines.

Les différents services, l'intendance, les médecins, le Trésor, l'état-major général de l'armée et celui de l'artillerie errèrent toute la fin de la nuit et la matinée dans la banlieue et les rues de la ville, allant du fort Moselle à la préfecture, de la préfecture à l'arsenal ou à l'école d'artillerie sans que nulle part on pût les renseigner sur ce qu'était devenu le maréchal Bazaine. A 8 heures du matin l'état-major général le retrouvait installé dans le château de M. Herbin et s'établissait dans une maison à côté de la sienne.

Le Trésor, l'intendance et l'ambulance du quartier général s'échouèrent de guerre lasse au fort Moselle où à 10 heures on vint leur annoncer la présence du maréchal Bazaine au Ban-Saint-Martin : ils s'y rendirent et leurs pérégrinations étaient terminées un peu avant midi.

CONCLUSION

Il est douteux que, même victorieux, les Allemands eussent pu recommencer le combat dans la matinée du lendemain.

Ils tombaient d'épuisement et au jour on ne put pas faire lever les Saxons avant neuf heures du matin.

Leurs pertes dans certains corps avaient été effroyables : les régiments de la garde, à l'attaque de Saint-Privat, avaient été fauchés comme des blés mûrs par la faux du moissonneur. « Nous avions épuisé nos cartouches, a dit un officier du régiment de l'Empereur Alexandre, et après avoir attendu un temps qui nous parut terriblement long, nous vîmes arriver nos soutiens : les tirailleurs du régiment de la Reine Élisabeth ; j'étais à terre avec un coup de feu au bras et un autre à l'épaule, je criai à mes hommes : « Chargez à la baïonnette », ils n'étaient plus que trois !

« Tous les officiers du bataillon étaient morts ou blessés, il restait 400 hommes sur 1 000. Ce régiment était le plus beau de l'armée prussienne, tous ses soldats étaient des tireurs émérites et les officiers appartenaient à l'élite de la société de Berlin. »

Devant les 2e et 3e corps, les attaques allemandes avaient toutes été infructueuses et leurs assauts avaient amené des paniques autrement importantes que les nôtres, limitées à des déroutes de convois et de services d'arrière-garde.

Nos blessés demeurés à Rezonville assistèrent « à une déroute extraordinaire : les Allemands filaient dans toutes les directions, hommes et voitures. La victoire semblait nous appartenir », dit un témoin. Les Allemands sont encore plus explicites : « Une masse confuse de tous les régiments affolés, a écrit l'un d'eux, se précipitait... Ces hommes étaient épuisés moralement et aucun ordre ne pouvait les émouvoir... On menaça de les mitrailler. Rien n'y fit... »

A la nuit, des unités prussiennes affolées se fusillaient les unes les autres ayant perdu toute notion des réalités.

De notre côté notre aile droite était en pleine décomposition et en retraite sur Metz. Cependant nous tenions toujours le plateau de Moscou et le Point-du-Jour. Aurions-nous pu nous y maintenir?

Assurément il aurait fallu l'essayer, car une fois rejetés dans les fonds de la Moselle, il nous deviendrait bien difficile de chasser les Prussiens des hauteurs pour y reprendre pied.

Mais le général en chef était décidé depuis l'après-midi de la veille à s'enfermer dans Metz : il l'avait répété dans la soirée à plusieurs officiers quand il leur transmettait l'ordre de se retirer sous les forts. « Nous devions faire ce mouvement demain matin. Nous y *aurions* été forcés à cause des renforts considérables qu'avait reçus l'ennemi. Eh bien, nous le ferons cette nuit. »

Toutes ses actions et ses décisions depuis quarante-huit heures avaient pour but unique de préparer cette retraite, l'internement de l'armée dans Metz et la rupture des communications avec le reste de la France.

Il est donc superflu de discuter les chances que l'on avait encore de tenir nos positions, puisque le maréchal Bazaine avant la bataille était décidé, même si nous étions victorieux, à les abandonner.

On s'étonnera toujours de l'insouciance que le général en chef de l'armée française montra durant la bataille, dans la nuit et la matinée du lendemain.

Pourra-t-on même comprendre quel était son état mental ?

La plus grande bataille du siècle se livrait, et il n'avait aucun avis à donner à ses lieutenants.

Quand il apprend la déroute de son aile droite, il n'a encore rien à dire à celui qui la commande. Il trouve importunes les demandes d'instructions que les commandants de corps d'armée lui font parvenir dans la soirée. Il ne veut pas être dérangé ; il disparaît au milieu de la nuit et va par l'obscurité se terrer dans une cachette où personne de son armée ne pourra le découvrir avant midi.

Son armée bat en retraite par des défilés escarpés à travers des bois, l'ennemi victorieux pourrait se jeter sur ses colonnes entassées dans d'étroits chemins et changer notre défaite en désastre, il n'en a cure et a pris toutes ses dispositions pour qu'on ne puisse seulement pas le prévenir.

*
* *

L'étude d'événements aussi considérables amène à faire bien des réflexions et donne de nombreux enseignements que l'on doit retenir.

Tout d'abord en 1870 les généraux étaient trop

âgés, presque tous étaient malades et beaucoup fort mécontents d'être arrachés à la vie sédentaire qu'ils menaient.

Lors de la déclaration de guerre, l'un d'eux, le général Capriol de Béchaffaut, se refusa à aller prendre son poste; il se disait tellement frappé par la perte d'une fille unique, qu'il n'avait plus les capacités nécessaires pour faire la guerre.

En 1871, on le fit passer devant un conseil de réforme qui lui infligea un blâme. On aurait dû le féliciter et sévir au contraire contre ceux qui, par fausse honte, n'osèrent pas refuser un commandement que l'état de leur santé les rendait incapables d'exercer. Certains grognaient, se plaignaient dans les restaurants de Metz d'avoir été obligés de suspendre une saison d'eau ou d'avoir été arrachés à leurs habitudes paisibles. Mécontents, usés, incapables de supporter de grandes fatigues, ils cherchaient leurs aises et redoutaient les grandes fatigues. On comprend que de tels hommes manquaient totalement d'initiative et éteignaient toutes les inspirations qui auraient pu se produire chez leurs subordonnés.

Un général de plus de cinquante ans ne devrait pas être désigné pour un poste actif à la guerre.

Napoléon n'en eut pas d'aussi âgés dans ses armées.

Les chefs de l'armée du Rhin avaient tous été, quinze ou vingt ans auparavant, ardents et vigoureux, poussant l'offensive à fond, culbutant tout et saisissant les occasions, sans attendre les ordres.

Depuis 1855 et 1859, avec l'âge sont venus les infirmités, les rhumatismes, les maladies, les habitudes casanières; l'esprit et le cœur se sont refroidis et éteints; le doute, l'indécision, la crainte de la responsabilité se sont substitués à la confiance et à l'ardeur de la jeunesse. Ils sont en 1870 incapables de faire campagne.

Le peuple qui se décidera, en temps de guerre, à confier le commandement à des généraux de trente à quarante ans se donnera beaucoup de chances.

Il serait à souhaiter que les choix ne fussent plus faits à la faveur mais uniquement motivés par la capacité et la supériorité morale. Souvent les gouvernements ont peur des hommes de valeur, préfèrent les médiocres, surtout les gens sans caractère et les sceptiques. Rien n'est plus funeste; une armée commandée par un sceptique ou par un homme auquel le caractère et la volonté font défaut est toujours battue. La République devrait rompre avec ces erreurs du passé.

La vieillesse des généraux n'était pas la seule cause de l'état léthargique de l'armée.

Des raisons plus graves avaient éteint l'esprit et la pratique de l'offensive. Dans les dernières années du second Empire, les idées de pacifisme s'étaient propagées un peu partout et avaient tué chez beaucoup l'idée d'offensive.

« La guerre offensive est le plus grand des crimes, répétait-on à la tribune et dans les journaux, la guerre défensive est seule légitime. » De nos jours encore on enseigne pareille théorie dans nos écoles.

Or il faut que les gouvernants comme les représentants du pays et tous les citoyens le sachent bien : cette théorie est celle de la défaite et sa mise en pratique aura comme résultat infaillible, en cas de guerre, de faire battre, envahir et livrer à la merci de son adversaire la nation qui y aura cru. Du jour où deux hommes en viennent aux mains et où des peuples se font la guerre, ils n'ont qu'un moyen de vaincre, et ils n'en auront jamais d'autres : l'attaque, c'est-à-dire l'offensive à outrance.

La défensive n'a jamais conduit qu'à la défaite.

Quiconque prêche la défensive, prêche la défaite, c'est-à-dire la ruine de sa patrie et la mort de milliers de ses concitoyens que sauverait la victoire.

Si l'on veut conserver la paix, rien ne la maintiendra et n'effrayera celui qui voudrait la troubler que de savoir qu'il aura affaire avec une armée créée pour l'offensive. Fitche et Hegel nous l'ont appris.

Il y a des illusionnés ou des antipatriotes — ceux-là sont dans leur rôle — qui parlent de maudire les peuples qui en envahissent d'autres. C'est là du sophisme. Le véritable agresseur, qui assume la responsabilité de la rupture de la paix, n'est pas celui qui déclare la guerre ou qui envahit le territoire ennemi, c'est celui dont la politique rend la guerre inévitable.

Celui des deux peuples qui, lorsqu'il est provoqué, et quand il est menacé dans son existence, prend les devants en portant la guerre au delà de ses frontières fait preuve de sagesse : il met les chances de son côté en s'emparant de suite de l'ascendant et entraîne les pays neutres dans ses intérêts.

Je sais bien que nous ne pouvons pas agir ainsi, liés que nous sommes par les termes de notre constitution. Une déclaration de guerre de notre part, dans le cas où nous serions insultés ou provoqués, exige de telles formalités qu'avant qu'elles aient pu être remplies, l'ennemi sera sur notre territoire.

Nous devons donc renoncer à attaquer et il faut nous préparer au contraire à subir l'envahissement de nos frontières.

Nous n'avons qu'un moyen de parer à cet avantage immense qu'a l'Allemagne sur nous, ce sera, aussitôt les hostilités engagées, de nous précipiter tête baissée sur l'ennemi avec la dernière audace : plus nous serons téméraires, plus nous serons sages.

Demandez aux Allemands le secret de leurs succès en 1870 : ils vous répondront que le prince Frédéric-Charles, un penseur doublé d'un homme de cœur, frappé de nos victoires de Crimée et d'Italie, après avoir étudié *De la manière de se battre des Français*, publia sous ce titre un petit livre qui servit de *vade mecum* à toute l'armée allemande. Le thème se résumait ainsi : « Lorsqu'une troupe française rencontre l'ennemi, elle se jette dessus, à fond, sans compter le nombre de ceux qu'elle a devant elle et l'ennemi décontenancé, assailli de tous côtés, est infailliblement amené à être battu. »

Plutôt que d'enseigner la défensive et maudire l'offensive, il vaut mieux prêcher le désarmement et la suppression des armées ; ce serait plus franc et beaucoup moins dangereux, car une armée préparée pour une guerre défensive est un mauvais outil qui se cassera du premier coup et occasionnera, sans aucune utilité, la mort d'une quantité de ceux qui la composeront, sans qu'ils puissent s'opposer en rien à l'invasion.

Une telle armée coûte aussi cher qu'une armée sérieuse et il serait plus sage de la supprimer et d'employer les immenses dépenses qu'elle exige à des œuvres sociales et philanthropiques. Ce ne serait pas au moins de l'argent perdu.

Il faut rendre justice aux officiers et aux soldats de notre armée de 1870 : ils ont agi de leur mieux. Ils ont accompli leur devoir. Ils ignoraient l'objectif à atteindre et ne savaient que faire. Par suite de l'insouciance du chef, de la sénilité de beaucoup de ses lieutenants, leur initiative et leur élan étaient arrêtés, et les principales qualités françaises étaient taries.

Nos troupes surent résister sur place, supporter des privations et des pertes dans les conditions les plus défavorables. Les Allemands subirent des pertes encore plus élevées et des fatigues plus grandes, mais ils savaient pourquoi on les exigeait d'eux et ils étaient soutenus par l'idée que leurs sacrifices seraient utiles et concourraient à l'accomplissement de l'œuvre projetée.

Dans l'étude des grandes crises de l'humanité, où le sang coule, on se laisse entraîner à voir par-dessus tout les horreurs. Je ne veux pas tomber dans cette erreur. A tout bien peser, s'il y a des défaillances dans nos rangs, il y a bien plus de courage et de dévouement et la grande masse de nos officiers et de nos soldats a fait son devoir. La somme du bien l'emporte beaucoup sur la somme du mal. Dans les batailles sous Metz, il y a dans l'armée française plus d'abnégation, de grandeur d'âme, d'énergie, de sang-froid, d'humanité, de noblesse de sentiments que d'égoïsme, de faiblesse, de lâcheté, de petitesse d'esprit et de brutalité.

Si nous nous reculons et si nous examinons l'ensemble des actes et des pensées de cette masse d'hommes, nous constatons que la grande majorité agissait selon sa conscience et d'après les sentiments de l'honneur.

Lorsque nous aurons une armée à hauteur de celle des Allemands, si nous voulons être victorieux, il faudra l'entraîner, lui faire quelquefois donner un effort énorme pour qu'officiers et soldats se rendent bien compte qu'ils en sont capables. Il faudra bien persuader chaque homme du devoir qui lui incombe et de tout ce qu'il lui faudra endurer.

Nous exaltons chaque année nos troupes lors des manœuvres, nous avons raison; elles méritent des éloges, mais il est nécessaire aussi que nous sachions les fatigues effroyables imposées aux armées allemandes dès le temps de paix.

L'officier français a montré une abnégation et a donné une somme de labeur énorme. Depuis quarante ans, il a travaillé en silence. Il a beaucoup appris, il sait son métier d'officier et de citoyen, il a éduqué les soldats sous ses ordres et leur a donné l'exemple des vertus militaires et civiques. Il a eu d'autant plus de mérite qu'il n'a pas été encouragé.

Il semble que les pouvoirs publics, en maintes occasions, aient cherché à amoindrir son prestige et son autorité. Déjà en 1870, l'Empire était entré dans cette même voie et le résultat a été funeste. A des hommes dont le devoir est de s'exposer les premiers en conduisant leurs concitoyens à la mort, il faut que le gouvernement et le pays accordent une confiance absolue, il faut qu'ils se sachent encouragés dans cette mission, la plus difficile comme la plus haute en ce monde.

Le rôle des officiers de troupe a été considérable en

1870. Il sera encore plus important. Les gouvernants devraient penser à les encourager, à leur rendre les quelques avantages qu'ils possédaient et qu'on leur a retirés. Ils devraient surtout entretenir la camaraderie et la fraternité entre eux.

L'opinion publique encouragera tout gouvernement qui entrera dans cette voie : elle a applaudi aux efforts des officiers : elle a vu avec enthousiasme la suppression des mesures de défiance prises contre eux, et le peuple tout entier s'est fait une joie du rétablissement des fêtes militaires auxquelles il participe avec enthousiasme.

Si à Rezonville et à Saint-Privat on vit des traînards et des soldats abandonner leurs rangs, il faut se souvenir que beaucoup de réservistes incorporés depuis la déclaration de guerre, n'avaient pas eu le temps d'apprendre le maniement de leur arme, de se rompre à la discipline et de connaître leurs chefs; en un mot de devenir des soldats.

Au point de vue du métier et de la tactique, tout a été changé dans notre armée depuis quarante ans : la cavalerie, dont nous avons montré le rôle insignifiant, est devenu hardie, entreprenante et susceptible, si elle a des cavaliers exercés, — car toute la question est là aujourd'hui, — de rendre de grands services.

L'artillerie a fait encore plus de progrès. Sous l'action d'un maître comme le général Langlois, elle a changé ses méthodes, s'est rendu compte du rôle considérable qu'elle doit jouer et le tiendra si elle a également des soldats exercés. Qu'elle soit surtout audacieuse.

Les idées, les mœurs et les lois se sont modifiées depuis

1870, mais les passions des hommes sont restées les mêmes. Nous verrons toujours dans la surexcitation des batailles les individus changer leurs manières ordinaires. Sous la pression nerveuse les caractères se transforment, et s'il en est dont le sang-froid augmente, d'autres au contraire exhalent leurs sentiments d'une façon bruyante et anormale.

Nous avons raconté la colère qui s'empara du général de Cissey à la fin de la bataille de Saint-Privat et comment il s'exprima sur le compte du maréchal Canrobert et de son corps d'armée. Je voudrais mettre en garde les jeunes officiers contre de tels faits qui se représenteront encore dans chaque action émouvante. Qu'ils n'y attachent aucune importance. Le lendemain de Saint-Privat, le général de Cissey se retrouvait déférent et respectueux vis-à-vis du maréchal Canrobert, et jusqu'à la fin de sa vie, il a dans des lettres privées et intimes témoigné son admiration pour la conduite du maréchal à Saint-Privat. De son côté, le maréchal Canrobert n'a jamais manqué de déclarer la haute estime qu'il avait pour le général de Cissey. Tous deux, l'excitation du combat passée, avaient tout oublié. Qu'à l'avenir, quand le cas se renouvellera, — et il se renouvellera, — les intéressés et les témoins n'y accordent pas davantage d'attention.

Dans les combats sous Metz, les pertes dans certaines troupes allemandes s'élevaient à 50 pour 100 et chez nous, à 25 et 30 pour 100. Seules des troupes composées de soldats et bien encadrées en peuvent subir d'aussi grandes.

Les armées composées en majorité d'hommes rappelés la veille sous les drapeaux ne les supporteraient pas, auparavant elles seraient débandées.

Peut-être finira-t-on par s'apercevoir de la folie du nombre? Ce ne sont pas des armées nombreuses, mais des armées exercées et bien dans la main de leurs chefs, qu'il faut avoir. Le peuple qui reviendra à une armée restreinte, mais composée de véritables soldats, aura raison des masses insuffisamment préparées, mal disciplinées et sans cadres suffisants.

Nous avons dit en commençant qu'un peuple doit également étudier ses défaites et ses victoires. Je demande à ceux qui auront bien voulu lire ces pages jusqu'au bout de ne pas s'arrêter à cette conclusion, mais de reprendre ensuite le récit de la campagne d'Italie de 1796 ou celle de Prusse de 1806. Alors ils verront de quoi les armées françaises sont capables, mais ils verront aussi que, pour obtenir la victoire, il faut donner une somme d'efforts surhumains. Les vainqueurs de Rivoli, d'Austerlitz, d'Iéna ont fourni des travaux et des fatigues qui nous stupéfient.

Pensons que la France se relève toujours. Jamais elle n'est tombée moralement aussi bas qu'en 1815; cependant en 1854, elle était redevenue la première puissance militaire du monde et elle était en 1856 l'arbitre de l'Europe au congrès de Paris.

Persuadons-nous que rien ne résiste à une volonté ferme et résolue, qu'un grand résultat final est plus fréquemment produit par beaucoup de combinaisons vulgaires inlassablement mises en œuvre que par l'effet d'un seul et puissant effort. Je m'adresse à tous ceux qui liront ces lignes : la France est menacée par l'accroissement démesuré de la puissance militaire de ses voisins, et à l'intérieur il est de ses enfants qui veulent livrer leur pays à l'étranger, ou du moins qui font tout au monde pour l'empêcher de se défendre. A nous Français de cœur de lutter pour la patrie! De notre énergie, de la continuité de nos efforts, de la puissance et de la persévérance de notre volonté dépendent l'intégrité du pays et le maintien du génie français dans le monde.

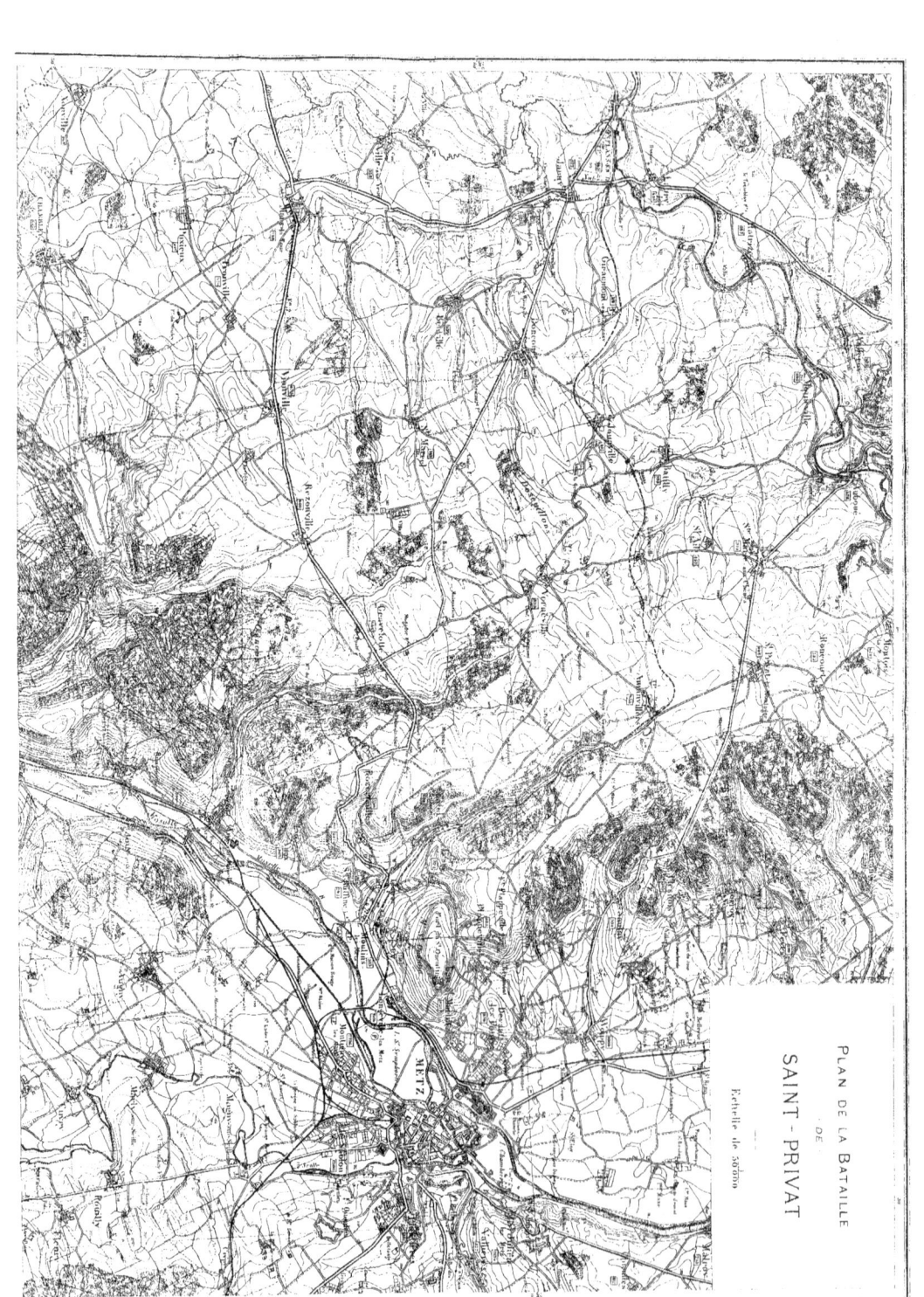

PLAN DE LA BATAILLE DE SAINT-PRIVAT

Échelle de 50000

TABLE DES MATIÈRES

LIVRE PREMIER

CHAPITRE PREMIER

LES DEUX ARMÉES LE LENDEMAIN DE LA BATAILLE

Comment les Allemands nous ont attaqués la veille, leur énergie et leur persistance. — Principes d'offensive. — Sa nécessité : on doit enseigner l'offensive dans les écoles. — Exemples de l'influence de l'offensive. — Position de l'armée française le soir de la bataille de Rezonville. — L'armée française est concentrée, l'armée allemande est dispersée. — Les généraux Changarnier et Bourbaki voudraient reprendre le combat. — Le maréchal Bazaine veut au contraire se retirer sous Metz. — Pendant la nuit, les Allemands commencent leur concentration. — Les ordres du général de Moltke, leur but. — Le prince Frédéric-Charles au réveil, le 17, croit l'armée française en retraite sur Briey dans la direction du nord et il est décidé à la couper de Châlons. — Incertitude où est l'armée française des plans du maréchal Bazaine. — Manque d'initiative dans l'armée française. — Celui qui prend l'offensive est toujours vainqueur de celui qui reste sur la défensive 1

CHAPITRE II

LA NUIT APRÈS LA BATAILLE DE REZONVILLE

Description du champ de bataille. — La grande route de Metz à Verdun par Rezonville et Gravelotte. — Obscurité complète. — État d'esprit des combattants. — Revue générale de la ligne de la gauche à la

608 CANROBERT

droite : brigade Lapasset. — Elle est concentrée et satisfaite d'avoir repoussé l'ennemi. — Le colonel Benoît du 84ᵉ et le capitaine de Garros du 14ᵉ bataillon de chasseurs. — La division Montaudon disséminée. — Le général Montaudon cherche à rallier ses régiments. — Son souper avec le général Lapasset : son déboire et celui du sous-intendant Puffeney. — Grenadiers, voltigeurs et canonniers de la Garde. — Réapprovisionnement des batteries de la Garde. — On amène au bivac du 1ᵉʳ grenadiers un hussard prussien fait prisonnier. — Le général Bourbaki et les généraux sous ses ordres ; ses pronostics. — Le général Deligny : son mécontentement. — Rezonville mis en état de défense. — La division Le Vassor-Sorval et la division Lafont de Villiers, leur dispersion. — Effet des charges de cavalerie sur le moral des officiers et des soldats. — Un cuirassier blanc prisonnier interrogé à l'état-major de la divison Lafont de Villiers. — Division Tixier : le lieutenant-colonel de Montluisant ignore ce que sont devenues ses batteries. — Le 4ᵉ de ligne et le colonel Vincendon. — Le 100ᵉ de ligne est en deux tronçons. — En grand'garde. — Le maréchal Le Bœuf veut coucher dans un champ : le général Manèque l'en dissuade ; il établit son quartier général à l'école de Saint-Marcel. — Visite du général Tixier. — Le général Changarnier voudrait que l'on recommençât la bataille sans attendre le jour. — On est mécontent au 3ᵉ corps. — A 3 heures du matin, le maréchal Le Bœuf reçoit l'ordre de retraite : étonnement qu'il cause. — Bivacs. — Au 4ᵉ corps, on a la conviction d'être victorieux. — Vers 11 heures du soir, le corps d'armée bat en retraite de 4 kilomètres. — Mécontentement du général de Cissey et des colonels. — A Rezonville le maréchal Canrobert, vers minuit, croit encore à la continuation de la marche sur Verdun et donne les ordres en conséquence : il passe la nuit dans la maison de Mme Dardenne. — Le général Bourbaki vient le voir vers une heure du matin. — Leur conversation. — Le général Bourbaki : son physique, son moral, sa réputation. — Le changement opéré en lui depuis dix ans. — Les premières défaites ont agi sur lui. — Sa santé est altérée. — Pendant la bataille il a montré du jugement et de la décision. — Il a voulu percer le centre allemand à Vionville. — L'ordre de retraite l'a atterré. — Le général Dauvergne est aussi déprimé. — L'ordre de retraite stupéfie ceux qui le reçoivent. — Fureur du général Deligny quand on le lui remet. — Le général Montaudon croit à une erreur. — Le maréchal Canrobert modifie ses ordres. — Fatigue des troupes : insignifiance des grand'gardes. — La rosée tombe en abondance. — A Gravelotte, le 2ᵉ corps est morose. — Plus près du village est la réserve de l'artillerie et plus au nord la cavalerie de la Garde. — Souvenirs du lieutenant Legrand de Vaux. — Encombrement dans Gravelotte ; le 2ᵉ voltigeurs y est désuni. — Entre le village et la ferme de Mogador est une énorme ambulance : le docteur Mouillac ; souvenirs du lieutenant de Monard et du docteur Le Reboulet. — La division Metman ; les petits postes ; souvenirs du lieutenant d'Ivoley.

— Le maréchal Bazaine : il dicte au général Jarras l'ordre de retraite. — Embarras du général Jarras pour assurer l'exécution de cet ordre tel qu'il est rédigé. — Le général Jarras cherche à réparer ses erreurs et à pallier ses défauts. — Il se décide à faire conduire chaque corps d'armée par un des chefs de section de l'état-major. — Les officiers, à la dictée de l'ordre, sont « stupéfaits ». — L'Empereur aurait-il donné des ordres secrets au maréchal Bazaine? — On se perd en conjectures sur ce qui a pu amener le maréchal Bazaine à décider la retraite. — Le général Le Tellier-Blanchard propose d'aller chercher des vivres à Metz si on en manque. — Les escadrons d'escorte du maréchal Bazaine sont prêts à monter à cheval et ils sont « assommés » quand ils apprennent que l'on revient sur Metz.   10

CHAPITRE III

LE 6ᵉ CORPS VA A VERNEVILLE

La position que va occuper l'armée française de Rozerieulles à Saint-Privat : ligne oblique de 12 kilomètres. — Le commandant Lonclas va prendre des nouvelles du commandant Boussenard : Mme Archinard la veille. — Scènes d'ambulances. — Le colonel Lamy annonce au maréchal Canrobert qu'il est désigné pour conduire son corps d'armée. — Rappel de la division de cavalerie Valabrègue. — Le maréchal Canrobert traverse le champ de bataille. — Défilé des grenadiers de la Garde : les deux drapeaux. — Le colonel Borson envoyé en reconnaissance. — Cormorans. — On discute l'ordre de retraite. — Sentiments intimes du maréchal Canrobert. — Il est sur le terrain de la charge Bredow. — Le lieutenant de Nyvenheim. — Château de Villers-aux-Bois. — Blessés. — Le maréchal rejoint la division Tixier et s'arrête à la ferme de Caulre. — Les divisions Nayral et Aymard défilent sur la route. — Le commandant Jamont parle au général Aymard. — La division Tixier se met en route. — Les sacs des sapeurs du 100ᵉ de ligne. — Défilé des retardaires et des bagages. — Incident du dragon. — Le maréchal ne le prend pas au sérieux. — Le colonel Henry Ducrot insiste pour qu'on rapporte le fait. — Difficulté et désordre du mouvement général de l'armée. — Le colonel Lewal n'y comprend rien. — Malgré tout, la confiance dans le maréchal Bazaine subsiste. — État d'esprit de la troupe. — Les lieutenants Desourteaux et Delmas de Grammont et le capitaine Coudert de la Vilatte. — Château de Verneville. — Accueil qu'y reçoivent le maréchal Canrobert et son état-major. — L'aspect familial de cette demeure : souvenirs du lieutenant Chamoin et du mobile Paul de Coubertin. — Le maréchal et ses officiers écrivent à leurs familles. — Lettres du maréchal et du commandant Lonclas à la maréchale. — Lettre du général Henry : son fils a été tué la veille. — Lettre du colonel Borson à Mme Borson et du hussard Jean de Montebello à son père. — La bravoure : sa nécessité dans certains cas. — Napoléon à Arcis-sur-Aube. — Le général de Ladmirault l'exige de ses généraux. — Le maréchal Canrobert fait la reconnaissance des abords de son camp. — Difficulté pour le 6ᵉ corps, privé de la moitié de son artillerie, de son génie et de ses états-majors spéciaux, d'occuper un terrain coupé de bois : le colonel Lamy reconnait avec le maréchal Canrobert ses défectuosités et est chargé de les signaler au maréchal Bazaine. — Déjeuner chez Mme de Verneville. — Des chasseurs d'Afrique vident l'étang du parc. — Coups de canon et panique. — — Le maréchal Canrobert envoie le lieutenant Thomas prévenir le maréchal Bazaine que le 6ᵉ corps n'est pas ravitaillé.......... 40

CHAPITRE IV

CHANGEMENT DE LIGNE DE BATAILLE. — LE 6ᵉ CORPS SE PORTE DE VERNEVILLE A SAINT-PRIVAT

Le maréchal Bazaine *autorise* le maréchal Canrobert à aller à Saint-Privat : discussions auxquelles donne lieu l'ordre *autorisant* le maréchal Canrobert à aller à Saint-Privat. — Le maréchal Canrobert interroge le capitaine Costa de Serda, porteur de l'ordre en question. — Le maréchal Bazaine ne prévient pas les autres commandants de corps d'armée du changement opéré par le 6ᵉ corps. — Le commandant Mojon, envoyé par le maréchal Le Bœuf en reconnaissance, en avise son chef. — Le général de Ladmirault n'apprend le changement que le lendemain vers 11 heures. — Bivac de Verneville. — Reconstitution des corps désunis pendant la bataille de la veille. — On s'empare de troupeaux errants. — Départ du corps d'armée. — En route il est arrêté à la voie du chemin de fer par le défilé du 4ᵉ corps. — Le maréchal Canrobert se rend près de Saint-Privat et étudie la position. — Le commandant Roussel, envoyé pour établir le camp de la division Le Vassor-Sorval, trouve la division de Cissey à Saint-Privat. — Le général de Cissey invité à se replier témoigne son mécontentement. — Le maréchal Canrobert établit son quartier général à Saint-Privat. — Le lieutenant Thomas rend compte de sa mission auprès du maréchal Bazaine. — Le maréchal Bazaine autorise de nouveau le maréchal Canrobert à aller à Saint-Privat ou en arrière de Verneville. — Recommandation de faire des tranchées. — Ce qu'aurait dû faire le maréchal Bazaine, et comment il explique sa façon d'agir. — Le maréchal Canrobert envoie des paysans aux nouvelles. — Arrivée tardive du 6ᵉ corps à Saint-Privat. — Le commandant Poilloüe de Saint-Mars à l'arrière-garde. — Notes du lieutenant Lemaire de Montifaut. — Apathie des généraux de division et de leur état-major. — Le colonel Melin : « Pourquoi me la foulerais-je? » — Le colonel Fourchaud : son cynisme, il abandonne son général et sa division. — Placement des grand'gardes à la nuit : notes du sous-lieutenant Heimburger. — Chacun doit faire de son mieux. — Les maraudeurs. — L'indiscipline. — Admirable conduite des officiers. — Les bivacs. — Le général Plombin. — Les troupes du 6ᵉ corps sont éreintées et beaucoup d'entre elles n'ont pas de nourriture.. 66

CHAPITRE V

RETRAITE DE L'AILE GAUCHE. — LE QUARTIER GÉNÉRAL A PLAPPEVILLE. — LA GARDE ET L'ARTILLERIE DE RÉSERVE SUR LE SAINT-QUENTIN. — LE 2ᵉ CORPS AU POINT-DU-JOUR.

A 3 heures du matin, le général Letellier-Blanchard et les gendarmes du quartier général sont devant la maison du maréchal Bazaine. — Départ des bagages : le capitaine Amphoux, qui les conduit, s'égare. — État des routes : leur encombrement ; absence de police. — La Garde est en marche : les voltigeurs tournent Gravelotte par le nord, rejoignent la grande route et gagnent Saint-Hubert. — Les grenadiers ne peuvent les suivre, le colonel d'Andlau les mène vers le nord. — Le colonel Lewal cherche le général Frossard et le presse de mettre en mouvement son corps d'armée. — Souvenirs du capitaine Thomas. — Les voltigeurs font halte au Point-du-Jour. — Récit touchant de la mort d'un voltigeur raconté par le capitaine de Saint-Joseph. — Le général Deligny. — Son irritation continue. — Son portrait : son mépris pour l'artillerie. — Sa volonté. — Les voltigeurs font l'ascension de Saint-Quentin. — Le 2ᵉ corps au pont de la Mance. — Le maréchal Bazaine dit au général Picard qu'il n'a plus « ni vivres ni munitions ». — Le maréchal Bazaine suit la grande route : il atteint le Point-du-Jour : il est rejoint par le général Frossard. — Altercation du général Frossard et du général Jarras. — Il est nécessaire de compléter les cadres du 2ᵉ corps. — Le général Frossard : ses hautes qualités. — Sa conduite à Sébastopol. — Son caractère. — Il aurait dû rester commandant en chef du génie. — Sa dignité : son irritation contre certains généraux. — Les troupes installées et ses grand'gardes placées. — Le maréchal Bazaine les fait venir en arrière. — La brigade Lapasset à Rozerieulles et la cavalerie dans le fond de Longeau. — Les grenadiers vont au nord à la Malmaison et à Chantrenne : ils gagnent Châtel-Saint-Germain et grimpent au Saint-Quentin. — Le général Bourbaki établit son quartier général à Plappeville. — La cavalerie de la Garde erre dans tous les sens. — Au dernier moment le général Dauvergne la conduit dans le fond de Longeau. — Le général Desvaux : son mécontentement ; souvenirs du colonel Delphin. — Absurdité et danger de placer la cavalerie dans un trou sans issue. — L'artillerie de réserve : souvenirs du lieutenant de Galembert ; les batteries croisent les cuirassiers de la Garde. — Les équipages de ponts dans les airs. — Souvenirs du colonel Laffon de Ladébat. — Odyssée des équipages de ponts. — Le grand convoi de l'armée. — Difficultés qu'éprouve le lieutenant-colonel Fay pour l'organiser : ses souvenirs. — Les chefs vont à Metz. — Le général Saget (l'aîné). — La division Metman à l'arrière-garde. — Elle voit défiler une division allemande devant elle. — Coups de mitrailleuses. — Des légendes se forment. — Le capitaine Saillard. — Souvenirs des lieutenants Poilloüe de Saint-Périer et Dubard et du capitaine Doyard de la Motte. — Sentiments des soldats de la Garde. — On interroge les officiers d'état-major : on est inquiet... 84

CHAPITRE VI

RETRAITE DE L'AILE DROITE (3ᵉ ET 4ᵉ CORPS)

Les troupes réveillées par la rosée. — Le maréchal Le Bœuf envoie sa cavalerie du côté du bois de Tronville : ses quatre divisions se mettent en marche. — Le général Aymard fait conduire la sienne par le lieutenant de Lardemelle. — Moscou et Leipzig? — Les batteries de Maillier et Gebhart protègent la retraite. — Souvenirs de ces deux capitaines. — Le capitaine Danloux en reconnaissance du côté d'Ars. — Ses souvenirs. — Sentiments de l'état-major du 3ᵉ corps : d'abord optimistes, ils deviennent moroses. — Le général Changarnier : son moral. — Souvenirs du lieutenant Muzac et du sous-officier Corniot. — Le 3ᵉ corps s'établit sur le plateau de Moscou. — A l'extrême droite le général du Barail s'est retiré pendant la nuit et a laissé ses deux batteries au nord de Bruville. — Souvenirs du capitaine Bédarrides. — Réveil pittoresque de la division Lorencez : bivac en compagnie de ruminants. — On en fait de la soupe. — Le général de Gondrecourt envoie des reconnaissances à Mars-la-Tour. — Souvenirs du sous-lieutenant de Scroux. — Le général de Ladmirault réunit ses chefs de service. — Le général Laffaille place ses deux batteries de 12 en avant de Jouaville : souvenirs des capitaines Florentin et Gastine et du lieutenant Segondat. — Service du porte-fanion Henry. — Le général de Ladmirault donne l'ordre de partir à 11 heures : ses instructions. — Ses vues d'après le colonel de La Tour du Pin. — Le lieutenant Lecat à la ferme Greyère. — Le général Berger prend peur et recule. — Le corps d'armée prend les armes et attend : il n'y a personne. — Souvenirs du lieutenant Wetzel. — Le corps d'armée se met en marche. — Sentiments du général de Ladmirault d'après le lieutenant-colonel Rousset. — Inquiétudes et murmures. — Le commandant Polignac craint l'arrivée d'une nouvelle armée allemande. — Notes du général de Cissey. — Altercation du général Grenier et du lieutenant-colonel Reggley de Kœnigsegg. — Reconnaissance d'Amanvillers par le lieutenant-colonel Saget. — Il croit à la présence des uhlans : incident du sapeur du génie prétendu assassiné. — Réflexions des officiers et des soldats. — Souvenirs du capitaine Dulac... 113

CHAPITRE VII

DES RAISONS INVOQUÉES POUR JUSTIFIER LA RETRAITE

Les moyens de transport manquant pour emmener les blessés, les sous-intendants déchargent les voitures de vivres parquées à Gravelotte : au moment d'abandonner le village, devant l'impossibilité d'emporter les denrées mises à terre, les sous-intendants émettent l'idée de les distribuer aux troupes. — Celles-ci prennent peu de chose, et il faut brûler la presque totalité. — L'intendant de Préval, avec l'assentiment du maréchal Bazaine, a réuni à Metz le convoi qui y était resté et le met en marche à 4 heures du matin. — Le convoi est en route : on le fait retourner. — Explication de l'intendant de Préval et du général Coffinières : changement d'idées du maréchal Bazaine. — Il faut conduire le convoi sur les nouveaux emplacements de l'armée. — Difficultés pour le retour du convoi : encombrement des routes. — Dispositions prises, sur l'ordre du maréchal Bazaine, à Verdun, Longwy et autres villes. — Futilité du premier prétexte invoqué pour justifier la retraite. — La pénurie de munitions est le second motif mis en avant. — Le général Soleille. — Son aménité et sa distinction. — Sa valeur : il tombe malade et devient infirme. — Son incapacité physique pour exercer un commandement actif. — Sa manie de croire toujours manquer de munitions et d'exiger une paperasserie indéfinie. Il est incapable de monter à cheval et circule en break. — Invité le 17 août à se rendre à l'arsenal, il reste alité et donne des renseignements de seconde main qui lui sont fournis par le général de Mecquenem. — Il envoie à Paris une dépêche alarmante et au maréchal Bazaine une note erronée. — Il fait croire que l'armée ne possède plus que 800 000 cartouches quand il y en a 28 millions dans les parcs et dans la place. — Conséquences désastreuses des renseignements fournis par le général Soleille.................................. 133

CHAPITRE VIII

AU QUARTIER GÉNÉRAL DE PLAPPEVILLE

Le maréchal Bazaine monte au Saint-Quentin. — Spectacle qui se déroule devant lui. — M. Vianson-Ponté, maire de Plappeville, vient au-devant de lui. — Arrivée du maréchal à la villa Bouteiller, et du général Jarras avec l'état-major à Plappeville. — Animation à Plappeville. — Villa Bouteiller : sa description. — Le colonel Lamy transmet au maréchal Bazaine les observations du maréchal Canrobert sur la position de Verneville. — L'intendant de Préval fait demander *d'urgence* des vivres à Paris. — Le lieutenant Thomas chez le maréchal Bazaine. — Inertie du maréchal Bazaine. — Les devoirs de général en chef. — « Ils ont de bonnes positions, qu'ils les gardent ! » — Absence de tout commandement. — A 4 heures le maréchal Bazaine se décide à faire replier l'armée contre les glacis de la place de Metz : son entrevue avec le capitaine Jung puis avec le colonel Lewal. — Le colonel Lewal : son intimité avec le maréchal, ses neveux et sa maison militaire. — Son caractère, sa haute valeur : noble conduite de Napoléon III à son égard. — « Les places fortes sont faites pour couvrir les armées. » — Quoiqu'il décide de s'enfermer dans le camp retranché, il n'en prévient ni l'Empereur, ni le ministre, ni ses lieutenants qui croient le voir percer du côté de Montmédy. — Mutisme du maréchal Bazaine : il ne répond pas aux télégrammes du ministre qui les confirme jusqu'à trois fois. — A 3 heures le maréchal Bazaine annonce la bataille de la veille au ministre sans lui faire part de sa retraite ni de ses projets ultérieurs. — A 4 heures il annonce au ministre un retard de « quelques heures ». — Inquiétudes de l'Empereur qui est sans nouvelles : il télégraphie au général Coffinières. — L'Empereur insiste et à 4 heures et demie le maréchal lui annonce qu'il « pense pouvoir se mettre en route après-demain ». — Conversation du maréchal Bazaine et du général de Rochebouët. — Télégramme du maréchal de Mac-Mahon. — Nouveau télégramme de l'Empereur. — Il lui est remis en même temps que la note du général Soleille sur les munitions. — Il annonce à l'Empereur l'envoi de son aide de camp, le commandant Magnan, qui emportera une lettre et donnera des renseignements de vive voix. — Dans sa lettre il parle de la pénurie de munitions et de masses allemandes concentrées entre Metz et Verdun et dit reprendre sa marche dans deux jours, *si c'est possible*. — Discussion postérieure, au moment du procès Bazaine, sur la nature de la mission confiée au commandant Magnan. — Le but caché du maréchal Bazaine est d'obtenir de l'Empereur un contre-ordre pour la marche sur Verdun. — Le maréchal Bazaine envoie aussi l'intendant de Préval sur la ligne des Ardennes : suite de son entretien, d'après les notes de l'intendant de Préval. — Mesures prises en hâte par l'intendant avant son départ. — M. Desgranges apporte au maréchal Bazaine un lot de dépêches. — Le lieutenant-colonel Saint-Cyr-Nugues vient lui rendre compte de la retraite de l'arrière-garde. — Il reçoit un télégramme de félicitations de l'Empereur. — Puis un télégramme du ministre lui annonçant l'arrivée d'une quantité de munitions et de vivres à Verdun. — Un autre télégramme lui annonce trois convois de munitions sur la ligne de Thionville. — Le maréchal Bazaine est décidé à s'enfermer dans le camp retranché ; les avis des généraux Coffinières et Soleille lui serviront à justifier cette décision. — Mesquinerie des vues et des idées du maréchal Bazaine.......... 149

TABLE DES MATIÈRES 615

CHAPITRE IX

LA SOIRÉE DU 17 A L'AILE GAUCHE ET A LA RÉSERVE.
SENTIMENTS ET RÉFLEXIONS DE L'ARMÉE

Le général Frossard étudie son terrain et le fait fortifier. — Le général Lapasset pousse des grand'gardes à Jussy et sur les hauteurs dominant Vaux. — Au nord du Point-du-Jour, le général Aymard fait occuper en avant de son front la ferme de Saint-Hubert. — Souvenirs du capitaine Raynal de Tissonnière. — Le lieutenant Marcy met Saint-Hubert en état de défense. — Incident du prince Edmond Radziwill et de plusieurs attachés de la Croix-Rouge. — Le corps du général Marguenat. — Le lieutenant Bertrand enferme le prince Radziwill et les personnes qui l'accompagnent et les signale comme des espions. — Défilé ininterrompu de blessés sur la grande route. — Aspect animé de la vallée de Monveaux. — Les musiques jouent. — Les états-majors travaillent. — Réflexions. — Souvenirs du capitaine Thomas. — L'intendant Friant se plaint qu'on retienne à Metz les vivres du 3ᵉ corps. — Le général Coffinières prétend que ce n'est pas exact. — « Qui trompe-t-on ? » — Le maréchal Le Bœuf et le général Changarnier observent l'horizon. — Le général de Rochebouët les rejoint et leur raconte son entretien avec le maréchal Bazaine : l'armée de Châlons ; réflexions du commandant Jamont. — Reconnaissance du capitaine Danloux du côté de Gravelotte. — Présence des Allemands dans cette localité : convoi de blessés. — Renseignements importants. — Le roi de Prusse serait arrivé à l'armée. — Le lieutenant Albert de Mun veille. — Le capitaine de Locmaria. — Alerte au milieu de la nuit. — Souvenirs du colonel de Waldner. — La cavalerie entassée dans le ravin de Longeau. — Souvenirs du lieutenant de Laforcade. — Réflexions et sentiments des jeunes officiers. — Affection réciproque des officiers et des soldats. — Aspect enchanteur de la vallée de la Moselle. — Canonnade au fort de Queuleu. — Le général Deligny se plaint de la dispersion de la Garde. — Le maréchal Bazaine, au même moment, en ordonne de nouveau la dislocation. — Pour envoyer un régiment au haut de Châtel. — A Metz on ignore les événements : les journaux reproduisent les récits fantaisistes qui courent dans les brasseries. — On s'occupe de recueillir des blessés. — Conseil tenu chez le général Coffinières. — La légende des munitions. — Les colonels de Girels et Mauger. — Canonnade du fort de Queuleu. — Justes réflexions du commandant Robert. — Évacuation des blessés : noble conduite des femmes et des jeunes filles de Metz 177

LIVRE II

CHAPITRE PREMIER
L'ARMÉE ALLEMANDE DANS LA MATINÉE DU 18 AOUT

La cavalerie allemande a perdu notre contact. — Les avant-postes allemands, du côté de Vaux, entretiennent la fusillade avec le 2ᵉ corps français. — Les Allemands ne voient ni nos feux la nuit, ni nos tentes blanches le jour. — L'armée allemande est face au nord. — Le prince Frédéric-Charles ordonne une vaste conversion à droite, Vaux servant de pivot. — A dix heures les Allemands reconnaissent la présence des Français à Moscou. — La conversion à moitié exécutée est suspendue, puis reprise. — La cavalerie allemande pousse ses pointes et détermine notre front ; l'armée allemande reprend son mouvement de conversion. — Le général de Manstein attaque inopinément le 4ᵉ corps français à Verneville 193

CHAPITRE II
L'ARMÉE FRANÇAISE DANS LA MATINÉE DU 18 AOUT

Le 2ᵉ corps est massé sur un espace d'un kilomètre carré au Point-du-Jour. — Un convoi de blessés venant de Mogador donne des renseignements sur les mouvements des Allemands. — Le général Frossard envoie le capitaine Parisot en prévenir le maréchal Bazaine. — Le colonel de Cools insiste sur la nécessité de faire sortir la cavalerie du trou où elle est. — Conversation du général Frossard avec le capitaine Guioth. — Au 3ᵉ corps on voit de Moscou et de l'Arbre-Mort le mouvement des Allemands. — Le capitaine Petit de Coupray est envoyé en prévenir le maréchal Bazaine. — Initiative du commandant Jamont. — Souvenirs du capitaine Danloux. — Rapports du maréchal Le Bœuf et du général Manèque. — Ils envoient des reconnaissances de cavalerie. — Le lieutenant de Brem va donner avis au maréchal Bazaine de la continuation du mouvement de l'ennemi. — Le 3ᵉ corps prend les armes. — Mise en état de défense de Moscou. — Souvenirs du lieutenant de Lardemelle. — Le général Changarnier et sa perruque. — Tentative d'incendie du bois des Génivaux. — Le colonel de Courcy règle son occupation. — Les deux Rigaud. — Nouvelle reconnaissance sur Verneville. — Le général Montaudon fait prévenir jusqu'à trois fois le général de Ladmirault du mouvement des Alle-

TABLE DES MATIÈRES

mands. — Le maréchal Le Bœuf envoie un billet au maréchal Bazaine pour le prévenir de l'imminence d'une bataille. — Mission du capitaine Guioth............................... 197

CHAPITRE III

LE 4ᵉ CORPS DANS LA MATINÉE DU 18 AOUT

Position des trois divisions d'infanterie du corps d'armée. — La nuit est agitée. — Paraphrase de l'ordre du maréchal Bazaine. — Envoi des chevaux à l'abreuvoir. — Travail de propositions. — Vente des effets du capitaine Jouvenot. — Ses cartes adjugées au sous-lieutenant de Seroux. — Les capitaines Meynier et des Garets. — Souvenirs du lieutenant Joly. — Recommandations émollientes du général Prudon. — Le général de Cissey et son intendant M. Bouvard. — Son jugement sur « ce fonctionnaire brouillon et mystique ». — Sécurité complète. — Les généraux de Ladmirault et Osmont croient le 4ᵉ corps couvert par le 6ᵉ corps. — Le général de Cissey a l'habitude de cacher les événements qui se passent dans son camp. — Avertissements répétés sur l'imminence du danger. — Scepticisme. — Souvenirs du capitaine Doreau. — Les grand'gardes préviennent de la présence de l'ennemi. Le lieutenant-colonel Verdeil demande en vain des ordres. — Le général Grenier annonce une bataille, mais ne donne aucune instruction. — « Eh! mais, c'est Canrobert. » — Souvenirs du capitaine Albert de La Boulaye. — Revue de chaussures. — Appel de 11 heures. — Le canon tonne. — Désarroi dans le camp de la cavalerie. — Souvenirs du capitaine Crétin. — L'état-major à déjeuner............. 203

CHAPITRE IV

LA MATINÉE AU 6ᵉ CORPS

Les troupes du 6ᵉ corps, par suite des alertes nocturnes, sont éreintées. — Des paysans viennent annoncer au général Canrobert qu'on n'a pas vu d'Allemands dans les environs et que les forêts d'alentour sont obstruées. — Ordres de l'Empereur. — Souvenirs de M. Prouvé-Drouot. — Le maréchal Canrobert va vérifier l'établissement de ses grand'gardes : il charge le général du Barail d'envoyer des reconnaissances; il longe la ligne de ses avant-postes et les fait pousser en avant. — Sa conversation avec le capitaine Degoutin. — Souvenirs de cet officier. — Le capitaine Planès. — Le maréchal prescrit l'ouverture de tranchées et envoie une section fortifier Roncourt. — Réclamations des soldats. — Ils n'ont pas de quoi manger. — L'abbé Cherpin. — Panorama dont jouit le maréchal Canrobert de la fenêtre de sa chambre. — L'Orne à Auboué est transformée en abreuvoir. — Le maréchal y envoie une garde. — Un garde forestier nommé Scalabrino, venant de Verdun, apporte une dépêche. — On le conduit à Plappeville. — Le capitaine Leps rend compte de l'interrogatoire de prisonniers allemands. — Le lieutenant de Brem prévient le maréchal des mouvements que font les Allemands devant le 3e corps. — Le maréchal ordonne une nouvelle reconnaissance de cavalerie avec un capitaine d'état-major. — Conversation du capitaine Deloye avec le maréchal Canrobert. — Le colonel Jamet, son insuffisance comme commandant de l'artillerie du 6e corps. — Le général de Berckheim, son caractère et sa valeur. Le capitaine Campionnet. — Sa conversation avec le maréchal. — Retour des paysans envoyés aux nouvelles. — On n'a pas entendu parler de la présence des Prussiens dans les environs. — Les reconnaissances des chasseurs d'Afrique reviennent sans avoir vu d'Allemands. — On reçoit l'avis de surveiller la Moselle. — Le capitaine Zédé y est envoyé avec une compagnie. — Le paysan et sa vache. — Le sous-lieutenant Martin ramène le fils du maire d'Auboué, qui affirme la présence de cavaliers allemands dans le bois de Valleroy. — Le lieutenant Martin repart à Valleroy avec un peloton. — Le maréchal donne l'ordre au général du Barail d'envoyer tout le 2e chasseurs du côté de l'Orne et prévient le maréchal Bazaine de ce qu'il vient d'apprendre. — Tous les chevaux de l'artillerie sont à l'abreuvoir. — A la vue de cavaliers dont on ne distingue pas la nationalité, ceux des batteries du lieutenant-colonel de Montluisant reviennent sans avoir bu. — Le lieutenant-colonel de Montluisant en prévient le maréchal Canrobet. — Le lieutenant Heysch fait prisonnier un cavalier saxon. — Le hussard Montebello l'interroge. — Le contact avec les cavaliers allemands est pris par les nôtres vers 11 heures. — Le général Tixier fait lever son camp. — Placidité du général Le Vassor-Sorval : souvenirs du capitaine Martner. — Retraite précipitée des maraudeurs et des corvées d'eau. — Le canon retentit au sud. — Une partie du corps d'armée est prête : l'autre lève son camp et prend les armes.................................... 219

CHAPITRE V

LA CAVALERIE, LA GARDE, LA RÉSERVE ET L'ÉTAT-MAJOR DE L'ARTILLERIE

La cavalerie envoie dans la matinée quelques reconnaissances du côté de Vaux. — Sentiments des généraux de Forton et Desvaux. — Le capitaine de Germiny va parler au général Frossard du danger que court sa cavalerie. — Quiétude dans les camps de la Garde. — Beaucoup d'officiers vont à Metz. — Le général Bourbaki demande à compléter la Garde. — Le capitaine de Mornay lui remet, de la part du maréchal Bazaine, le billet du maréchal Le Bœuf. — Conversation du général Bourbaki avec le capitaine de Mornay. — Le général Bourbaki se décide à envoyer au maréchal Bazaine des observations sur la dislocation de la Garde. — Le maréchal Bazaine lui répond que les sonneries de clairon l'importunent. — Ensuite il lui fait dire d'agir à sa guise. — Embarras du général Bourbaki. — Le colonel Salvador passe en revue le 13ᵉ d'artillerie. — Le général Soleille chez M. Vianson à Tignomont. — Il est enfermé dans sa chambre. — « Oh! sainte paperasse. » — Précautions prises pour qu'on ne distribue que le moins possible de munitions. — Situation du corps au point de vue de l'approvisionnement en munitions. — Le général Soleille considère dans cette matinée que l'armée n'a plus qu'à attendre des secours venus de l'intérieur. — Il échange des dépêches avec le ministre : il réclame toutes sortes de matériaux et le ministre soutient qu'ils existent à l'arsenal. — Le général Soleille insiste pour l'envoi de quantités considérables de munitions et promet que le maréchal Bazaine fera garder la ligne du chemin de fer. — Quand le canon tonne, le maréchal Bazaine fait dire au général Soleille qu'il n'a pas à monter à cheval. — Le général rédige une longue circulaire et la fait dicter aux officiers de son état-major. — Inopportunité de cette circulaire. — Conversation des capitaines Langlois et de La Bégassière. — Le colonel Saint-Cyr-Nugues prévient le général Soleille du départ du maréchal Bazaine pour le Saint-Quentin. — Le général Soleille part dans son break pour le rejoindre............. 238

CHAPITRE VI

LE QUARTIER GÉNÉRAL FRANÇAIS DANS LA MATINÉE DU 18 AOÛT

L'idée de s'enfermer dans le camp retranché apparaît d'une façon ostensible dans la conduite du maréchal Bazaine. — Ordonner la retraite sans y être forcé par l'ennemi, tel est son but. — Les télégrammes et les communications de toutes sortes le préviennent que la ligne de chemin de fer des Ardennes est menacée. — Quoique ce soit notre seule ligne de ravitaillement, le maréchal Bazaine ne prend aucune précaution pour la faire surveiller et la protéger. — Pourquoi agit-il ainsi? N'a-t-il pas demandé des quantités d'approvisionnements qui sont en route sur cette voie? — C'est par crainte de responsabilité et pour ne pas donner d'ordres à ses lieutenants. — Le maréchal Bazaine est fatigué. — Un télégramme du ministre lui apprend que Saint-Mihiel est occupé. — A 6 heures et demie, le capitaine de Coupray lui remet un pli du maréchal Le Bœuf. — Il répond que le maréchal Le Bœuf doit tenir bon dans ses positions. — Il reçoit ensuite le garde forestier Scalabrino, lit la dépêche dont il est porteur et l'interroge sur son itinéraire. — Il dicte ses ordres au général Jarras. — Le capitaine Parisot, introduit auprès de lui, est chargé de ses recommandations pour le général Frossard. — « Faire des feux d'ensemble. » — Le lieutenant de Brem apporte une nouvelle communication du maréchal Le Bœuf. — Une demi-heure après, c'est le capitaine de Coupray qui apporte un nouveau billet du maréchal Le Bœuf. — Souvenirs du lieutenant Poillouë de Saint-Périer. « L'attaque ne peut pas être sérieuse. » — Le maréchal Bazaine envoie le dernier billet du maréchal Le Bœuf au général Bourbaki. — Il écrit au maréchal Canrobert pour lui donner l'ordre, si l'ennemi semblait vouloir l'attaquer sérieusement, de se retirer sur Metz. — Quoiqu'il prévoie un mouvement tournant contre son aile droite il n'y envoie aucun des renforts accumulés sur le Saint-Quentin et dans le trou de Longeau où ils sont inutiles. — Une dépêche lui a annoncé l'arrivée prochaine de trois convois par la ligne des Ardennes, il en reçoit une autre vers 10 heures et demie de l'intendant de Préval lui annonçant du pain et le mettant au courant de ses efforts pour lui envoyer ce qu'il désire. — Le canon retentit du côté de Saint-Quentin, le maréchal envoie savoir ce qui se passe. — Il dicte de nouveau ses instructions au général Jarras, il lui prescrit entre autres choses d'envoyer des régiments de cavalerie du 4ᵉ corps le long de la voie de Thionville. — Cet ordre n'est pas transmis. — M. Vianson et le chef de gare de Metz, M. Beneyton, se présentent chez le maréchal Bazaine. — M. Beneyton lui annonce la présence de quantité de vivres dans la gare et d'un chargement de 4 500 000 cartouches et le prie de les faire enlever. — Réquisitions à la compagnie de l'Est et à M. de Wendel. — Entretien avec MM. Mony et Gaffiot. — Question des blessés. — Leur évacution projetée par la ligne des Ardennes — Le capitaine Guioth rend compte de sa mission au 2ᵉ et au 3ᵉ corps. — Le général Frossard insiste pour que l'on reconstitue ses cadres. — « Le général Frossard n'a pas à se plaindre de sa position. » — La question de l'emplacement de la cavalerie de nouveau soulevée. — Le maréchal envoie M. Arnous-Rivière à Saint-Privat. — Question des télégrammes : leur authenticité établie. — Le maréchal garde toutes le dépêches. — Le maréchal de Mac-Mahon envoie le douzième télégramme où il demande des instructions. — Le maréchal Bazaine, qui ne lui a pas encore répondu une seule fois, se décide à le faire. — Il répond aussi à plusieurs télégrammes antérieurs du général de Failly, mais il les adresse à des localités d'où il les sait partis depuis trois jours. — Au reste, ces télégrammes sont évasifs. — Le maréchal Bazaine écrit au ministre pour qu'on ne lui envoie plus de communications pour l'armée de Châlons. — Le capitaine Deloye lui fait la communication dont l'a chargé le maréchal Canrobert. — Lettre de reproches aux commandants de corps d'armée. — Réponse qu'y font le maréchal Le Bœuf et le général Bourbaki. — Le capitaine Campionnet apporte le drapeau pris l'avant-veille par le 57ᵉ de ligne. — Il lui transmet les demandes du maréchal Canrobert. — « Il a une bonne position : il n'a qu'à s'y tenir », répond le maréchal qui examine le drapeau. — Étonnement du capitaine Campionnet devant l'insouciance du général en chef quand une grande bataille est engagée. — Le général

TABLE DES MATIÈRES 621

Jarras attire l'attention du maréchal sur une lettre du général Coffinières se plaignant que l'armée vive sur les magasins de la place. — Le sous-intendant Mony, appelé, confirme ce fait et déclare que si *la ligne des Ardennes venait à être fermée* on se trouverait dans une situation précaire. — Dépêche annonçant le retour du commandant Magnan par la ligne des Ardennes. — Cette ligne est couverte de convois à destination de l'armée. — Le maréchal sait la ligne menacée et ne la fait pas protéger. — Le capitaine Lemoyne revient de la bataille et annonce son importance. — Reconnaissance des emplacements à hauteur des forts dirigée par le colonel Lewal. — A midi, en voyant la bataille, les sous-chefs d'état-major qu'accompagne le colonel Lewal retournent à leur corps d'armée et le colonel termine sa reconnaissance avec trois officiers de l'état-major général. — Le lieutenant de Bellegarde apporte au maréchal Bazaine un billet du maréchal Canrobert annonçant l'attaque prochaine de Saint-Privat. — Le général Jarras veut monter à cheval et aller sur le terrain. — Le maréchal Bazaine s'y oppose. — Le maréchal ne veut pas envoyer de secours au maréchal Canrobert ; réflexions qu'amène sa conduite 252

LIVRE III

CHAPITRE PREMIER

VUE D'ENSEMBLE DE LA BATAILLE DE SAINT-PRIVAT

Les Allemands dans cette bataille prennent partout l'offensive, nous recevons leurs coups et nous subissons leur volonté. — La bataille se divise en deux batailles à chacune des deux ailes et un combat intermédiaire au centre. — C'est à la bataille de l'aile droite française que l'action devient décisive : encerclement du 6ᵉ corps par trois corps d'armée allemands et par la retraite des nôtres 281

CHAPITRE II

ATTAQUE DES ALLEMANDS CONTRE L'AILE GAUCHE FRANÇAISE AU POINT-DU-JOUR

Le général de Steinmetz place une grande batterie sur la croupe Malmaison-Gravelotte et fait couvrir le Point-du-Jour d'obus. — Il lance ensuite une dizaine de mille hommes sur la ferme de Saint-Hubert et s'en empare. — Son exaltation. — Il mène le VIIIᵉ corps à l'assaut du Point-du-Jour. — Échec complet des Allemands. — Plusieurs paniques se déclarent dans leurs rangs. — A l'extrême gauche une brigade allemande chasse nos grand'gardes de Jussy ; une autre brigade sur la rive droite de la Moselle fait mine de vouloir passer la rivière et attaquer notre ligne de retraite à Moulins et à Longeville. — Le canon du Saint-Quentin l'arrête. — Accalmie de 4 heures et demie à 6 heures et demie. — Au crépuscule le VIIIe corps allemand, puis le IIe, tentent un nouvel assaut du Point-du-Jour. — Nouvel échec et nouvelles paniques. — Échauffourée à la ferme Saint-Hubert. — Difficulté de rétablir le calme et de faire cesser le feu chez les Allemands. — Nous ne profitons pas de l'insuccès de l'ennemi et nous ne bougeons pas........................ 283

CHAPITRE III

AILE GAUCHE FRANÇAISE

Différence de procédés des deux armées. — Action déprimante de la défensive. — Le général Frossard monte au Point-du-Jour vers 11 heures et prend ses dispositions. — Le maréchal Le Bœuf se prépare aussi à recevoir l'attaque de l'ennemi. — Sentiments des commandants du 2e et du 3e corps — Ils veulent ménager leur artillerie en cas d'offensive. — Conversation du maréchal Le Bœuf et du lieutenant Lombart de Ginnibral. — L'engagement commence dans le bois des Génivaux. — Mauvaises dispositions prises par le général Metman et le général de Potier. — Échauffourée. — Le 7e bataillon de chasseurs repoussé du bois; les officiers se concertent et ramènent leurs hommes. — Souvenirs des lieutenants d'Ivoley et Chassepot. — Le capitaine de Vaudrimey-Davout. — Le feu des Allemands se concentre sur le Point-du-Jour. — Souvenirs du lieutenant Jean Picard. — Fermeté du commandant Petit du 3e bataillon de chasseurs. — Batterie de mitrailleuses du capitaine Dupré. — Explosion de deux de ses caissons. — Le commandant Harty de Pierrebourg vient à son secours et ramène les voitures. — Attaque de Saint-Hubert. — La ferme est entourée. — Les défenseurs s'échappent pour la plupart. — Héroïque défense et mort de vingt officiers et soldats du 80e enfermés dans la maison. — Le capitaine Lamarle — L'artillerie ennemie incendie la ferme de Moscou ; panique chez des troupes placées à côté. — Énergie et sang-froid du général de Brauer. — Retraite des défenseurs de Saint-Hubert : souvenirs du capitaine Raynal de Tissonnière. — Le général Steinmetz veut enlever le Point-du-Jour, Attaque générale des Allemands. — Intensité incroyable du feu. — Des bandes de chevaux échappés viennent se jeter dans nos lignes. — Souvenirs du sous-lieutenant Couturier. — Le soldat Pareau. — Après quelque temps de feu, les officiers le font cesser pour essayer de voir. — Affaire des Sablières : le 55e et le 76e font prisonniers les

TABLE DES MATIÈRES 623

Allemands qui s'y sont jetés. — Le général Jollivet ordonne un mouvement tournant au commandant Brauneck du 76ᵉ. — Celui-ci cerne un groupe d'Allemands et rejette une colonne ennemie dans les bois. — De Moscou on voit la panique et la retraite des Allemands. — Le général Changarnier : sa vue perçante : « Ces gens-là ne demandent qu'à s'en aller. » — Si le maréchal Le Bœuf et le général Frossard se concertaient pour prendre l'offensive? — Le général Frossard se rend auprès du général Lapasset à Rozerieulles. — Souvenirs du capitaine Thomas. — De Rozerieulles on croit voir la Garde rentrer au Saint-Quentin. — Épaisse poussière à l'horizon. — Vivacité extraordinaire de la fusillade. — Suprême attaque des Allemands. — (VIIIᵉ, VIIᵉ et IIᵉ corps) sous les yeux du roi. — Le général Frossard et le général Aymard font avancer leurs réserves : souvenirs du capitaine Raynal de Tissonnière. — Le 80ᵉ de ligne est criblé et fait d'énormes pertes. — Le colonel de Waldner du 55ᵉ ne veut pas être relevé. — Intervention du 8ᵉ de ligne. — Le colonel Hacca blessé. — Belle conduite du capitaine suédois Axel de Rappe. — Il entraîne plusieurs compagnies. — Dans le désordre, une troupe de seconde ligne tire sur les premières lignes. — Sang-froid et dévouement du sous-lieutenant Tournebize. — Description du combat. — Le maréchal Bazaine aurait dû être sur le lieu de l'action. — On demeure immobile. — Le capitaine Allaire envoyé au général Lapasset. — Le colonel Lemasson prépare à compléter le système de défense du Point-du-Jour. — Aspect du champ de bataille. — Les incendies dans la nuit. — Lettre du général Lapasset annonçant la prise du bois en avant de son front par les Allemands. — Le général Frossard rentre à Châtel, on lui remet une lettre du maréchal Bazaine annonçant la retraite de l'aile droite et des instructions. — Réflexions et sentiments des officiers de l'état-major du 2ᵉ corps. — Le capitaine Thomas. — Le commandant de Creny envoyé chez le maréchal Bazaine. — « Maintenant, nous sommes cernés. » — Ordre de retraite rédigé par le général Saget pour le 2ᵉ corps. — Aspect et situation des troupes autour du Point-du-Jour : les blessés. — L'incendie de Moscou. — L'ordre de retraite est mal accueilli : souvenirs du capitaine Raynal de Tissonnière, du sous-lieutenant Couturier et du lieutenant Tronsens. — Admirable conduite des troupes. — Vues restreintes du plateau de Moscou. — Le maréchal Le Bœuf aurait voulu se servir des trouées existant dans les bois pour canonner les Allemands : impossibilité d'y maintenir nos batteries sous le feu écrasant de l'ennemi. — Les généraux de Rochebouët et de Berckheim, après quelques essais, font retirer les pièces. — Ce qu'on voit de l'Arbre-Mort. — Récit du commandant Berge. — On croit à la victoire du 3ᵉ corps. — Le capitaine de Locmaria, envoyé à Amanvillers, détrompe l'état-major. — Le maréchal Le Bœuf se décide à tenir quand même. — Le commandant Mojon apporte l'ordre de retraite. — Si nous avions pris l'offensive c'était la victoire.................... 288

CHAPITRE IV

L'ATTAQUE DU CENTRE FRANÇAIS PAR LE IXe CORPS ALLEMAND

Le général de Manstein : son impatience ; sa crainte de voir les Français lui échapper. — Il attaque avec son avant-garde : son artillerie, engagée sans soutien, est criblée par les balles des chassepots ; une partie de ses pièces sont abandonnées. — Les Français s'en emparent et en emmènent deux. — Mais nous ne prenons pas l'offensive : l'infanterie allemande accourt ; les pièces sont reprises, remises en état et le combat se poursuit traînant jusqu'à six heures et demie. — A ce moment le mouvement tournant de la gauche allemande se dessine. — Le général de Manstein reprend l'offensive. — Attaque d'Amanvillers par la 4e brigade de la garde prussienne. — Vers 7 heures et demie du soir, les Allemands s'emparent d'Amanvillers et la droite du 4e corps français se retire sur Metz.................... 319

CHAPITRE V

COMBAT D'AMANVILLERS ET DE MONTIGNY-LA-GRANGE. — LE CENTRE FRANÇAIS. — DIVISIONS NAYRAL ET MONTAUDON DU 3e CORPS, GRENIER ET LORENCEZ DU 4e. — DIVISION DE CAVALERIE DE CLÉREMBAULT.

La division Grenier prend les armes et laisse ses tentes dressées. — Effet des obus sur le camp de la cavalerie et du génie. — La cour de la ferme de Montigny. — Les états-majors : difficulté qu'ils ont pour sortir. — Réflexions du lieutenant Cardot. — « Ils ont barre sur nous. » — Division Montaudon et division Lorencez. — Déploiement du 2e bataillon de chasseurs. — Le général Pajol et le 33e envoyés à Montigny-la-Grange. — Souvenirs du lieutenant Cloquart. — Les batteries allemandes désemparées et abandonnées. — Le lieutenant Parent veut s'en emparer. — Mauvaise volonté des chefs. — Le lieutenant Parent s'empare des canons et le lieutenant Palle en emmène deux. — Une grande partie du corps d'armée témoin de l'abandon des canons allemands. — Le capitaine de Négrier insiste pour qu'on les prenne. — Le 4e corps, malgré ses succès, reste immobile. — Les Allemands reviennent en force, reprennent possession de leurs canons et en amènent d'autres. — Importance du rôle de l'officier de troupe : le général de Ladmirault « embarrassé ». — Ses sentiments, d'après le lieutenant-colonel Rousset. — La retraite est seule prévue. — Le général de Ladmirault aux carrières de la Croix. — Enthousiasme passager. — État moral des troupes couchées dans les champs : souvenirs du lieutenant Dubard et de l'adjudant-major Geoffroy. — Notre artillerie est très éprouvée : batteries des

TABLE DES MATIÈRES

capitaines Albenque et Baritot. — Le parc du corps d'armée emmené à Lorry : on le recherche en vain. — Le commandant Voisin amène un convoi de douze caissons. — Retraite de l'artillerie : maintien en ligne des deux seules batteries des capitaines Florentin et Gastine. — Mort du capitaine Prunot et du lieutenant Micciol. — Le lieutenant Desjardins de Geranviller annonce au général de Ladmirault l'abandon de Sainte-Marie-aux-Chênes par le 6e corps. — Le général de Ladmirault donne sa brigade de dragons avec la plus parfaite bonne grâce au maréchal Canrobert. — Le mouvement enveloppant des Allemands s'accentue. — Le général de Ladmirault, pour y parer, fait avancer une brigade de la division Lorencez. — Énormes pertes. — Billet du général Bourbaki au général de Ladmirault. — L'intervention de la Garde paraît vraisemblable. — Le général de Ladmirault à Montigny. — Le 4e corps, par suite de la retraite de la division Le Vassor-Sorval, est menacé d'être tourné sur sa droite. — Le commandant Pesme et le capitaine de La Tour du Pin envoyés au général Bourbaki. — Celui-ci ne veut pas intervenir. — Le commandant Lonclas annonce au général de Ladmirault l'abandon prochain de Saint-Privat par le 6e corps. — Le général de Ladmirault donne l'ordre à sa brigade de hussards de se tenir prête à charger. — Le général Laffaille place ses pièces de 12 là où l'ennemi menace de percer. — Retraite des 2e et 5e bataillons de chasseurs. — Souvenirs de l'adjudant Gry. — Offensive de deux bataillons du 43e sous les ordres du lieutenant-colonel Verdeil et d'un bataillon du 33e sous les ordres du lieutenant-colonel Derroja. — Lutte de deux bataillons du 15e de ligne. — Mort du colonel Fraboulet de Kerléadec. — Souvenirs du lieutenant Dubard. — Mort du capitaine Creusvaux. — Sang-froid et bravoure du général Pradier. — Retraite de la brigade Bellecourt. — Le général de Ladmirault envoie cinq officiers demander des secours au maréchal Le Bœuf. — Ordre de retraite donné par le général de Ladmirault au général de Lorencez. — Son refus d'obéir. — Communication irréfléchie faite au général Montaudon. — Trouble des esprits. — Les officiers envoyés au maréchal Le Bœuf le trouvent à l'Arbre-Mort. — Discussion du maréchal avec le général Changarnier. — Sur le conseil de ce dernier, il envoie le 41e et le 71e de ligne avec deux batteries à Montigny-la-Grange. — Désillusion du général de Ladmirault. — Il va à l'Arbre-Mort. — Sa rencontre avec le général de Clérembault, le colonel Dumont du 1er voltigeurs et le colonel d'Ornant. — Son entretien avec le maréchal Le Bœuf et le général Changarnier en présence de l'état-major du 3e corps. — Une attaque allemande contre Montigny repoussée. — Le général de Ladmirault croise le commandant Elzéar de Négrier et chemine avec l'abbé Meissas. — Il échange quelques mots avec le général Prudon et s'égare au milieu des cuirassiers de la Garde. — Sa rencontre avec le capitaine Maringer : il passe la nuit avec les généraux Prudon et Laffaille à Plappeville. — Dispersion de son état-major. — Le lendemain, à 4 heures du matin, le général de Ladmirault met de l'ordre dans son corps d'armée. — Optimisme autour du maréchal Le Bœuf. — Le capitaine de Locmaria et le général de Ladmirault font voir les choses sous leur véritable jour. — Dispositions prises par le maréchal Le Bœuf. — Le colonel d'Ornant envoyé au général Montaudon et le commandant Jamont chargé de s'assurer de la situation à Amanvillers. — Le commandant Berge blessé. — Le lieutenant Albert de Mun. — Le général de Clérembault demande à s'en aller. — Il se retire sous Metz. — Sa précipitation. — Le général Montaudon ne veut pas prendre le commandement des troupes du 4ᵉ corps. — Le capitaine Bonnet : souvenirs du lieutenant Dubard. — Belle charge du 41ᵉ commandée par le colonel Saussier. — Le général Grenier abandonne tout commandement. — Belle conduite et ténacité du général Pradier. — Le général de Lorencez maintient son monde en présence de l'ennemi. — Souvenirs du lieutenant de Champs. — Retraite de la division Lorencez. — Rencontre du lieutenant-colonel Saget et du général Bourbaki. — Le lieutenant-colonel Saget va chercher des ordres à Plappeville. — Le capitaine de La Tour du Pin l'y a devancé. — La retraite de la division Lorencez s'opère en deux fois et avec un ordre relatif malgré la nuit. — Les sapeurs dans un champ d'oignons. — Résolution prise en commun par le maréchal Le Bœuf et le général Manèque. — Mission du commandant Mojon. — Le général Changarnier met la peau de bique du commandant Jamont. — Retraite du 3ᵉ corps dans la nuit.   322

LIVRE IV

CHAPITRE PREMIER

L'AILE GAUCHE ALLEMANDE PREND SAINT-PRIVAT

Position de l'aile gauche allemande à 11 h. 45 : garde royale prussienne, Xᵉ et XIIᵉ corps. — Deux heures s'écoulent entre l'ouverture du feu et l'entrée en ligne de ces trois corps. — L'artillerie devance l'infanterie et prolonge la ligne des batteries du IXᵉ corps établies à Habonville. — Le prince Frédéric-Charles à Verneville et à Anoux-la-Grange. — Attaque combinée de la garde prussienne et des Saxons contre Sainte-Marie-aux-Chênes. — Prise de Sainte-Marie-aux-Chênes. — Ordre donné au prince royal de Saxe de couper le chemin de fer et le télégraphe de la ligne des Ardennes. — Escadrons saxons longtemps arrêtés par les travaux de M. Prouvé-Drouot. — Le grand mouvement tournant des Saxons se dessine. — La garde commence l'attaque de Saint-Privat et de Jérusalem. — Pertes effroyables. — Occupation de la terrasse avancée de Saint-Privat par la garde royale. — Épuisement de la garde royale. — Mise en batterie de 284 pièces allemandes qui tirent sur Saint-Privat. — Les Saxons prennent Roncourt. — Prise de Saint-Privat par la garde et les Saxons réunis. — Victoire de l'aile gauche allemande qui détermine notre défaite et notre retraite sous Metz................................. 368

CHAPITRE II

DÉFENSE DE SAINT-PRIVAT.
LA DIVISION DE CISSEY DU 4ᵉ CORPS ET LE 6ᵉ CORPS

Surprise de la division de Cissey. — Souvenirs du capitaine de La Boulaye et des lieutenants de Chilly, Oudard, May, de Seroux et de Saint-Laurent. — Demande d'instructions au général de Ladmirault. — Le général de Cissey doit tenir en place. — Les officiers de troupes proposent de prendre l'offensive. — Le 6ᵉ corps prend les armes : maraudeurs ; souvenirs du lieutenant Libersart. Les faiseurs d'embarras. — Le lieutenant-colonel de Montluisant. — Le général du Barail et les pommes de terre. — Le maréchal Canrobert place les batteries du commandant Kesner. — Le maréchal met pied à terre dans un verger à l'ouest de Saint-Privat. — Le lieutenant Roget. — Il n'y a pas d'ennemis sur la basse Moselle ni sur la rive droite de l'Orne. — Ordre donné au général Lafont de Villiers de se rapprocher de Saint-Privat : le maréchal place les batteries du lieutenant-colonel de Montluisant et envoie la division Tixier derrière la soudure des divisions Cissey et Le Vassor-Sorval. — Un officier bien monté : le maréchal expose à son état-major comment il comprend la situation. — Mission confiée au lieutenant de Bellegarde. — Il revient vers une heure et demie et annonce l'arrivée d'une division de la Garde et d'une batterie de 12. — Sa conversation avec le maréchal : une motte de terre dans le dos. — Coups de canon répétés. — Occupation de Sainte-Marie-aux-Chênes par le 94ᵉ et renforcement de Roncourt par un bataillon du 75ᵉ. — Erreur du maréchal Canrobert. — Les batteries Jaubert et Bédarides à Saint-Privat. — Lettre du maréchal Bazaine. — « Si l'ennemi semblait vouloir attaquer sérieusement Saint-Privat », l'armée se retirerait sous les forts. — Perplexité du maréchal à la réception de cette lettre. — Insinuations dénuées de preuves. — Projets réels du maréchal Bazaine. — Le maréchal Canrobert insiste pour l'envoi de munitions. — Le colonel Borson fait connaître au maréchal Canrobert les emplacements où son corps d'armée doit se replier le lendemain matin. — La bataille est engagée, il faut la gagner. — Souvenir de Waterloo. — Le capitaine de Chalus vient annoncer que l'on manque de munitions. — Il est envoyé à Plappeville en demander au maréchal Bazaine et presser l'envoi des secours promis. — Le 6ᵉ corps en ligne oblique. — Occupation de Sainte-Marie-aux-Chênes. — Attaque des Prussiens. — Prise du village. — Contre-attaque de la brigade Becquet de Sonnay sur les Saxons : entrée en ligne des 10ᵉ et 12ᵉ de ligne. — Souvenirs du commandant de Brunier. — Nouvelle communication sur le manque de munitions : sensation produite sur l'esprit des officiers de l'état-major par cette communication. — Le lieutenant-colonel Jamet : son insuffisance. — « Je vous requiers. » — La tactique des chefs de l'artillerie : leur préoccupation. — Inefficacité de leur tir : ses causes. — Retraite des batteries Kesner : souvenirs du lieutenant Pesret. — La batterie Charpeaux. — Excitation du lieutenant-colonel Jamet. — Le lieutenant-colonel de Montluisant, ses qualités, son ignorance des troupes. — Maintien au feu des sections Valuy, Thorel et de Bréban. — Le maréchal Canrobert demande des munitions au général de Ladmirault. — Observations du général Laffaille. — Batteries de la division de Cissey. — Le lieutenant-colonel de Narp et le commandant Putz. — Tir des mitrailleuses. — Le lieutenant de Saint-Laurent. — Le mouvement des Saxons sur les rives de l'Orne se dessine. — Le général de Cissey envoie le capitaine Garcin l'en prévenir. — Souvenirs du capitaine Garcin. — Le capitaine Albert de La Boulaye et le lieutenant Frater envoyés lui demander de l'artillerie. — Le capitaine de La Boulaye amène deux batteries du groupe Montluisant. — Conversation du maréchal Canrobert et du général du Barail. — Mission du commandant de Lantivy auprès du maréchal Bazaine. — Effet des obus : le nègre Joseph : souvenirs du commandant Philebert. — « Nous n'avons donc plus d'artillerie ? » : les capitaines Jaubert et Flottes. — Le colonel Gibon : son cheval blanc. — Le général Le Vassor-Sorval désarçonné. — Son état-major. — Attaque des grenadiers prussiens. — Déroute des 25ᵉ et 26ᵉ de ligne. — Mollesse du général Le Vassor-Sorval. — Énergie du colonel Gibon et du commandant Philebert. — La brigade de dragons du 4ᵉ corps prêtée au maréchal Canrobert par le général de Ladmirault. — Débouché des batteries de Contamine. — Mme Archinard. — Le 70ᵉ se déploie. Mort héroïque du commandant Berbegier. — Souvenirs du capitaine Pozzo di Borgo. — Le 70ᵉ est entraîné derrière Saint-Privat. — Déploiement du 28ᵉ : il perd 600 hommes en vingt minutes. — Le colonel Henrion-Bertier conseille au commandant de Contamine de se retirer. — Le lieutenant Meunier. — La division Le Vassor-Sorval est complètement repoussée. — Souvenirs du lieutenant de Seroux. — Souvenirs du lieutenant Patry. — L'état-major du général de Cissey est criblé et démonté. — Souvenirs du capitaine Albert de La Boulaye. — Le général de Cissey fait un changement de front. — L'audace incroyable des grenadiers prussiens nous en impose. — Trois batteries viennent se mêler à leurs rang. — Le commandant Putz. — Son énergie. — Ses mitrailleuses maintenues au

TABLE DES MATIÈRES 629

feu. — Le colonel Supervielle mortellement blessé. — La division de Cissey reçoit l'ordre de se retirer sur la lisière du bois de Saulny. — La déroute est complète. — Souvenirs du capitaine Albert de La Boulaye et du lieutenant May. — Tentative d'offensive du commandant Saint-Martin avec un bataillon du 6ᵉ de ligne : il est tué. — Souvenirs du lieutenant Oudart. — Héroïsme du clairon Vidal. — Souvenirs du lieutenant Wetzel. — Fureur du général de Cissey : notes qu'il a écrites. — Les imprécations contre le maréchal Canrobert. — La garde prussienne a repoussé les divisions Le Vassor-Sorval et de Cissey. — Effet déprimant des obus. — Souvenirs du général Bonnal. — Les grenadiers prussiens ont donné tout l'effort dont ils sont capables. — Ils ont subi des pertes effroyables. — Souvenirs du lieutenant Plée. — Le maréchal Canrobert veut prendre l'offensive : il envoie dire au général du Barail, au général de la Jaille et au colonel de Verneville de charger. — Marche en avant du 11ᵉ dragons : son arrêt et son retour. — Le maréchal enlève un bataillon du 12ᵉ de ligne. — Le capitaine Audier. — Le général Tixier fait sortir de la tranchée un bataillon du 10ᵉ et le maréchal lance un autre bataillon du 12ᵉ : le commandant Gény est blessé. — Le général du Barail, invité à charger, juge que c'est impossible. — Cédant aux instances répétées de divers côtés, le général du Barail ordonne au général Bruchard de charger. — Deux escadrons seulement sont lancés sur l'ennemi et une partie de l'un d'eux s'arrête aux maisons de Saint-Privat. — Brillante conduite du lieutenant de Monspey : ses souvenirs et ceux du lieutenant de Mareschal. — Scène entre le général de Bruchard, le colonel Sanson de Sansal et le lieutenant-colonel de Puységur. — Le général de Lajaille demande trop tard des explications au maréchal Canrobert. — Le maréchal confie au général Péchot le soin de défendre Saint-Privat. — Anecdote de la vieille femme et de la gourde du lieutenant Chamoin. — Arrivée du colonel Vincendon et du 4ᵉ de ligne. — Le maréchal fait prévenir le général de Ladmirault qu'il va être obligé d'abandonner Saint-Privat. — Mouvement débordant des Saxons : ils s'emparent de Montois et de Roncourt. — Maladresse du colonel Fourchaud. — Souvenirs du capitaine Degoutin. — Les capitaines Tisseyre, Clément et Hiver. — Retraite de la division Lafont de Villiers. — Le 100ᵉ de ligne appelé à Saint-Privat. — Énergie du général Tixier. — Le commandant Poilloüe de Saint-Mars. — Il est blessé. — Dévouements et actes de courage. — La glace. — Belle conduite d'un sergent. — Énergie des capitaines Astier, de Saint-Sauveur, Tysseire et des lieutenant Chamoin, de Forsans et Raymond Duval. — Dévouement du soldat Hutin. — Jérusalem est pris et Saint-Privat cerné. — Souvenirs du lieutenant Munier. — Incendie de l'église de Saint-Privat. — « On dirait des vaisseaux faisant feu de tribord et de bâbord. » — « Charivari extraordinaire. » — Hommage à rendre aux soldats. — Les généraux Péchot et Le Roy de Dais. — Le colonel Gibon et le commandant Philebert ramènent des troupes au combat. — Souvenirs du capitaine Mège et du lieutenant de la Freslonnière. — Le toit du clocher de l'église s'effondre. — Le commandant Caffarel insiste auprès du maréchal Canrobert pour qu'il se retire. — Le commandant Lonclas se joint à lui et décide le maréchal. — Les batteries réunies aux carrières de la Croix ouvrent le feu. — Difficulté de prévenir de la retraite les défenseurs de Saint-Privat. — Mission du commandant Caffarel. — Saint-Privat est évacué 377

CHAPITRE III

RETRAITE DE L'AILE DROITE FRANÇAISE

Le commandant Caffarel traverse la plaine de Marengo. — Il atteint Saulny, tourne à droite, passe à Vigneulle et à Lorry, il trouve le maréchal Bazaine à Plappeville finissant de dîner. — Le maréchal Canrobert à Marengo. — Aspect de la plaine et de la grande route. — Le général Le Vassor-Sorval et son état-major. — Désespoir. — Le général Lafont de Villiers et le capitaine Saux. — *La Marseillaise.* — Énergie du capitaine de Saint-Sauveur et du lieutenant de Chabot. — Feu des batteries des carrières de la Croix : « Où dois-je tirer ? — Sur la lune. » — Le maréchal serre la main au général Péchot et au colonel Vincendon et les félicite. — Le général Henry fait jouer *la Marseillaise.* — Le 94e présente les armes au maréchal. — Le maréchal calme et rallie une foule de débandés. — Le maréchal se résout à gagner Woippy et charge le général Péchot de défendre l'entrée du défilé. — Le maréchal félicite le capitaine Flottes et le colonel de Montluisant. — Réflexions du colonel Borson. — Descente sur Metz. — Désordre et mélange de tous les corps. — Pillage des villages et des fermes. — Tristesse de l'entourage du maréchal. — Mission du commandant Lonclas. — Le colonel Borson chargé de placer le corps d'armée avec le commandant Roussel. — Souvenirs du commandant Roussel. — Sang-froid du général Péchot dans le commandement de l'arrière-garde. — Retraite par la grande route, les chemins de traverse et les bois : souvenirs des lieutenants Plée et Munier. — Refrains de régiments dans la nuit. — Souvenirs du capitaine Delmas de Grammont et du lieutenant Lemaire de Montifaut. — Le colonel Gremion préoccupé de dîner. — Retraite de la division de Cissey : le général de Cissey et son état-major à travers bois puis dans le village de Saulny. — Souvenirs du capitaine Dulac : hallucination de deux commandants du 73e. — Souvenirs du lieutenant Wetzel. — Le général de Cissey à Woippy chez M. Pasquier d'Hauteroche : il est déjà couché quand le maréchal Canrobert atteint Woippy. — Inutilité des efforts des deux capitaines de La Boulaye pour rallier la division de Cissey. — Retraite de l'artillerie de la division de Cissey : souvenirs du lieutenant de Saint-Laurent. — Retraite des hussards : souvenirs du lieutenant de Maistre.

— Les pillards. — Le maréchal Canrobert établit son quartier général près de l'église de Woippy. — « Cassandre. » — Retour des commandants Lonclas et Caffarel. — Doute que leur récit introduit dans l'esprit du maréchal Canrobert. — Entrée des Allemands dans Saint-Privat. — Ils pénètrent dans Jérusalem et atteignent la place de l'Église. — Souvenirs du capitaine Latour d'Affaure. — Souvenirs des aides-majors Margantin et Jeunehomme. — M. Bouvard. — Évacuation des blessés : humanité d'un capitaine saxon. — Souvenirs de l'aide-major Forgues. — Défense héroïque d'une cinquantaine de Français au nord du village dans les maisons de MM. Vital Ravenel et François Marchal. — Ils sont tous massacrés, pas un blessé n'est laissé vivant. — Les ambulances, les services de l'intendance et les blessés sont faits prisonniers. — Résumé de la bataille. — La légende du maréchal Canrobert à Saint-Privat. — Le tableau d'Alphonse de Neuville. — M. Thiers. — C'est à la défense de Saint-Privat que nous devons la possession du camp retranché de Belfort.. 459

CHAPITRE IV

LA GARDE, LA CAVALERIE ET L'ARTILLERIE DE RÉSERVE

Désillusion du général Bourbaki : son trouble. — A une heure il sait que le maréchal Canrobert est attaqué. — Le capitaine Perrier envoyé aux nouvelles. — Nervosité du général Bourbaki. — Le général Dauvergne envoyé au quartier général en revient sans instructions. — Le général Bourbaki va « voir ce qui se passe ». — Il fait prendre les armes aux grenadiers. — L'armée-légende du général Vogel de Falkenstein. — Le général Bourbaki croit à la présence des troupes ennemies sur la basse Moselle. — Il y envoie le commandant Le Perche. Les zouaves et les grenadiers au plateau du Gros-Chêne. — Le général Picard envoie le capitaine Sonnois à Amanvillers. — « Il est temps de marcher. » — Retour du commandant Le Perche. — Le général Bourbaki envoie un billet au général de Ladmirault. — Le capitaine de La Tour du Pin : ses instances : « Venez, venez » ; son colloque avec le capitaine Berthier de Viviers. — Le commandant Pesme joint ses instances à celles du capitaine de La Tour du Pin. — Le général Bourbaki cède. — « C'est pas trop tôt. » — Le capitaine de Beaumont apporte l'ordre de rentrer à la Garde qui lui a été donné par le maréchal Bazaine. — Les officiers d'ordonnance du général Bourbaki confirment ce fait. — L'état-major de la Garde. — Le général Bourbaki débouche derrière Amanvillers. — Une débâcle a lieu sous ses yeux. — Discussion avec le capitaine de La Tour du Pin. — « Demi-tour. » — Trouble. — Le lieutenant Hamon des zouaves. — Le général Bourbaki fait revenir les zouaves, mais il est trop tard : ils se rallient sur le plateau du Gros-Chêne. — Panique des convoyeurs. — Le général Bourbaki fait demander les batteries à cheval de la Garde.

— La mission du capitaine de Beaumont. — Marche de l'artillerie. — Le général Bourbaki de plus en plus inquiet. — Une partie des batteries passe le défilé et ouvre le feu au sud du monticule des carrières. — La nuit tombe. — Les canonniers ne voient rien. — On croit à une attaque de l'infanterie. — Le 11ᵉ dragons s'avance dans la plaine. — Souvenirs du capitaine Dulac. — Avec l'obscurité le feu cesse. — La Garde attend sur place jusqu'à 10 heures. — Son retour. — Les divisions de cavalerie : à 4 heures des fuyards apparaissent dans leurs camps. — Le général de Valabrègue se décide à faire sortir sa division du trou de Longeau. — Elle sort par un sentier de vignes. — Souvenirs du lieutenant Chiniac de la Bastide. — Des balles tombent dans le camp de la cavalerie de la Garde. — La division Forton reçoit l'ordre de partir. — Cuirassiers et dragons sortent par la voie du chemin de fer et la grande route. — Au galop dans une panique. — La division se rallie à Moulins. — Le général Desvaux, pour arrêter la panique, conduit deux escadrons à pied et les place. — Souvenirs du capitaine Delphin. — Marche des carabiniers et des cuirassiers dans la nuit. — Dragons de la division Clérembault. — Les routes encombrées. — Les blessés. — Souvenirs du commandant Hubert-Castex. — Le colonel Caillot mortellement blessé. — Souvenirs du lieutenant de Rougé. — Le général Soleille : l'état-major de l'artillerie et l'artillerie de réserve. Le commandant Abraham va avec vingt caissons ravitailler le 6ᵉ corps. — Souvenirs du capitaine Morlière. — Affolement. — La réserve d'artillerie. — Quatre-vingt-deux pièces d'artillerie inutiles. — Terreurs du général Soleille. — Retraite par la nuit de l'artillerie de réserve. — Contre-ordre à son retour. — Souvenirs du lieutenant de Galembert. — Absence de mémoire du général Soleille. — 4 000 000 de cartouches qu'on envoie chercher là où elles ne sont pas. — Souvenirs du capitaine Morlière et du lieutenant Cadiot. — On ne peut voir personne au quartier général. — Insouciance du maréchal Bazaine 496

CHAPITRE V

LES PANIQUES EN ARRIÈRE DU CHAMP DE BATAILLE. PANIQUE DE SAULNY A 5 HEURES DU SOIR

Le sous-intendant Baratier et les commandants Boutard et Gillet font déblayer la grande route de Saulny. — Défilé des blessés. — Descente des débandés et des isolés sur Metz. — Aspect de cette foule. — Les malandrins et les voleurs. — Le convoi de l'adjoint Triballat. — Un infirmier pris d'aliénation mentale. — Désordre et panique. — Efforts du commandant Boutard pour rétablir l'ordre. — Réserves des batteries du commandant Kesner. — Énergie du capitaine Bessières. — Agglomération aux portes de Metz. — Les consignes aux portes. — M. de Boismontbrun. — Convoi du commandant Abraham.

TABLE DES MATIÈRES 633

— Le capitaine Aubry. — Souvenirs du commandant Abraham. — Panique en arrière d'Amanvillers. — Souvenirs du capitaine Saux. — Les routes de Lorry et de Plappeville encombrées de fuyards. — Souvenirs du capitaine Geoffroy. — A l'hôpital de Metz. — Panique de Rozerieulles et de Jussy. — Ambulance sur la grande route. — Mouvement sur les chemins. — Parc du 2ᵉ corps — Le colonel Brady veut les mettre à l'abri. — Sa rentrée dans Metz. — Le parc est versé à l'Arsenal. — Réservistes. — Leur présence diminue la valeur des troupes.. 531

CHAPITRE VI

LE QUARTIER GÉNÉRAL FRANÇAIS PENDANT LA BATAILLE DE SAINT-PRIVAT

Le lieutenant de Bellegarde à Plappeville. — Sa réception par le maréchal Bazaine : il lui remet le billet du maréchal Canrobert. — Le maréchal Bazaine le charge d'annoncer au maréchal Canrobert qu'il lui envoie la division de la Garde et une batterie de 12. — Incidents à propos des munitions. — Regrets du lieutenant de Bellegarde. — Le maréchal Bazaine ne donne d'ordre ni à la Garde ni à l'artillerie. — Télégrammes des forts et de la cathédrale : une grande bataille engagée. — Le maréchal reste dans le salon de la villa Boutciller. — L'état-major « bâille » et fait des pensums. — « Théodore est un cormoran. » — Le maréchal Bazaine désire savoir ce qui se passe à Thionville et aux environs. — Ses intentions, ses craintes de la responsabilité : il reste dans « sa tour d'ivoire ». — La rupture du chemin de fer et du télégraphe lui donnera la tranquillité. — Le général Arnaud de Saint-Sauveur. — Souvenirs de M. Delaire. — Le prince Edmond Radziwill confié au curé de Plappeville. — Souvenirs du curé de Plappeville. — Le capitaine de Chalus chez le maréchal Bazaine. — Il expose la situation du 6ᵉ corps. — « C'est un pessimiste. » — Le maréchal va donner l'ordre à la division de grenadiers de partir, quand il se ravise. — « Attitude goguenarde des officiers. » — Billet du maréchal Le Bœuf et du capitaine Lehagre. — Le maréchal Bazaine ne tient pas les promesses faites à la Garde. — Résultats prévus de ce changement d'attitude. — Télégramme au maréchal de Mac-Mahon. — « Je crains pour la voie ferrée des Ardennes. » — Télégramme à l'Empereur. — M. Debains. — Le maréchal monte à cheval et ne veut pas que le général Jarras le suive. — Cinq officiers seulement l'accompagneront. — Souvenirs du capitaine Roy de Vaquières. — Souvenirs du lieutenant d'Astier de la Vigerie. — « Les grosses légumes transformées en alouettes. » — Conversation du maréchal Bazaine et du général Soleille. — Reproches adressés plus tard par le maréchal Bazaine au général Soleille. — Envoi tardif de deux batteries au maréchal Canrobert. — De l'endroit où est le maréchal

Bazaine on ne voit rien de la bataille et le maréchal ne fait pas une seule fois demander des nouvelles. — Le capitaine Guioth. — Le maréchal Le Bœuf demande des renforts. — Le capitaine de Locmaria. — Envoi d'un régiment de voltigeurs à Châtel. — Télégramme de M. Petitpas de la Vasselais. — « Attaque conduite par le roi de Prusse » — Le maréchal Bazaine est dès à présent décidé à la retraite et à « quitter ses positions ». — Un régiment de voltigeurs envoyé au maréchal Canrobert est aussitôt rappelé. — Souvenirs du général Garnier et du lieutenant de Galembert. — Le capitaine Brugère : son entretien avec le maréchal Bazaine et le général Deligny. — Le capitaine Brugère fait la démonstration du télémètre pendant qu'on se bat. — Ses souvenirs. — Irritation du général Deligny. — Stupéfaction du capitaine Brugère. — Conversation du maréchal Bazaine avec les capitaines Leclerc et Blavier — Souvenirs des lieutenants de Maistre et Favarq. — Le colonel Lewal et le lieutenant-colonel Fay. — Les officiers d'artillerie étalent des cartes sur une table. — Souvenirs du capitaine Robineau-Bourgneuf et du lieutenant de Galembert. — On tire sur des Allemands en marche sur la rive droite de la Moselle : leur déroute. — Billet du général Bourbaki au maréchal Bazaine. — — Le maréchal n'y répond pas. — Le capitaine Fix. — Le commandant de Lantivy. — Le maréchal Bazaine se dirige sur le nord du plateau. — Envoi d'un télégramme au général Deligny avec l'ordre de rester en place avec l'artillerie de la Garde. — Au col de Lessy le maréchal rencontre le capitaine de Beaumont, puis les officiers d'ordonnance du général Bourbaki : il les charge de dire au général Bourbaki de rentrer avec la Garde. — Énorme fumée vers la droite. — « Les généraux ont de bonnes positions, qu'ils les gardent. » — « Que faire avec de pareilles troupes? » — Il y a une panique. — Le maréchal fait venir deux batteries. — Dispositions prescrites par le commandant de Vesins. — Retour du maréchal Bazaine — L'artillerie de la Garde. — « C'est bien. » — De la cathédrale on voit une déroute. — Télégramme de l'Empereur — Réponse évasive du maréchal Bazaine. — La bataille est pour lui une affaire sans importance. — « La journée a été satisfaisante. » — Le maréchal Bazaine prescrit l'envoi de l'ordre de retraite. — L'intendance renouvelle ses demandes de rations au ministre : oubli de l'ambulance du grand quartier général. — Arrivée du commandant Caffarel. — Altercation avec le maréchal Bazaine. — Arrivée du capitaine de La Tour du Pin. — La porte du quartier général refusée au général Jarras. — Le commandant Lonclas introduit. — Émotion de l'état-major général. — Le capitaine Grosjean. — Ces différents officiers emportent l'ordre de retraite. — Le maréchal Bazaine n'a aucune instruction particulière pour le maréchal Canrobert. — Plappeville s'emplit de blessés, de fuyards et de débandés. — Le télégraphe et la ligne de chemin de fer sont coupés. — Rapports de plus en plus tendus entre le maréchal Bazaine et le général Jarras. — Le commandant Mojon chez le maréchal Bazaine :

singulière déclaration du maréchal. — Le commandant de Creny suit le commandant Mojon : il est stupéfait de l'indifférence du maréchal. — Départ subit du maréchal Bazaine au milieu de la nuit : il cache l'endroit où il va. — Le lieutenant Albert Bazaine au Ban-Saint-Martin chez M. Herbin. — Souvenirs de M. Herbin. — Le général Jarras court toute la matinée après le maréchal. — Les intendants, les médecins et les chefs de service ne savent où est le maréchal et vont de place en place sans savoir où se fixer................... 543

CONCLUSION.................................... 594

TABLE 607

A LA MÊME LIBRAIRIE

Quarante-trois ans de vie militaire, par le général Cuny. Préface de M. Gabriel Hanotaux, de l'Académie française. Un volume in-8° écu avec un portrait. .... 5 fr.

Souvenirs politiques et parlementaires d'un témoin, par A. Claveau, chef honoraire des secrétaires-rédacteurs de la Chambre des députés.
Tome Ier. **1865-1870.** 2e édition. Un vol. in-8°........ 7 fr. 50

Mes Souvenirs, par le général Du Barail.
Tome I. 1820-1851. 15e édit. Un vol. in-8° avec un portrait. 7 fr. 50
Tome II. 1851-1864. 14e édit. Un vol. in-8° avec un portrait. 7 fr. 50
Tome III. 1864-1879. 13e édit. Un vol. in-8° avec un portrait. 7 fr. 50

La Guerre de 1870. *Causes et responsabilités.* par H. Welschinger, de l'Institut. 5e édition. Deux vol. in-8° avec cartes et fac-similés. .... 15 fr.

La Première Armée de la Loire, campagne de 1870-1871, par le général d'Aurelle de Paladines. 4e édition. Un volume in-18. Prix.. 4 fr.

L'Armée du Rhin, depuis le 12 août jusqu'au 29 octobre 1870, par le maréchal Bazaine. 2e édition. Un volume in-8°, avec 11 cartes et plans... 8 fr.

Volontaires du Génie dans l'Est, campagne de 1870-1871, par J. Garnier, chef de bataillon du génie. Un volume in-18 avec une carte spéciale. .... 4 fr.

La Deuxième Armée de la Loire, Campagne de 1870-1871, par le général Chanzy. 11e édition. Un volume in-18...... 4 fr.

Mes Souvenirs. **La Guerre contre l'Allemagne** (1870-1871), par le général Faverot de Kerbrech. 2e édition. Un vol. in-16.. 3 fr. 50

Souvenirs du général Jarras, chef d'état-major général de l'armée du Rhin (1870), publiés par Mme Jarras. Un vol. in-8°, accompagné d'une carte. .... 7 fr. 50

Orléans, Campagnes de 1870-1871, par le général Martin des Pallières, commandant en chef le 15e corps d'armée, député à l'Assemblée nationale. 2e édition. Un volume in-8° cavalier, enrichi de trois grandes cartes stratégiques et de fac-similés d'autographes. 8 fr.

1870. La Perte de l'Alsace, par Ernest Picard, chef d'escadron d'artillerie breveté. 4e édition. Un volume in-16......... 5 fr.

— **La Guerre en Lorraine,** par Ernest Picard, chef d'escadron d'artillerie breveté. 3e édition. Deux volumes in-16...... 10 fr.

— **Sedan,** par Ernest Picard. 3e édition. Deux volumes in-16 avec six cartes. .... 10 fr.

Siège de Paris, Campagnes de 1870-1871, par le général Vinoy. Opérations du 13e corps et de la troisième armée. 2e édition. Un vol. in-8°, accompagné d'un atlas de 14 cartes stratégiques en couleurs. Prix... 10 fr.

La Retraite de Mézières, — Campagne de 1870-1871, effectuée par le 13e corps d'armée, aux ordres du général Vinoy, par Charles Yriarte. Un vol. in-18..................................... 1 fr.

PARIS. — TYP. PLON-NOURRIT ET Cie, 8, RUE GARANCIÈRE. — 18265.